질적연구의 이론과 실제 SECOND EDITION

QUALITATIVE RESEARCH PRACTICE

A GUIDE FOR
SOCIAL SCIENCE STUDENTS & RESEARCHERS

SAGE

Los Angeles | London | New Delhi
Singapore | Washington DC

SAGE Publications Ltd
1 Oliver's Yard
55 City Road
London EC1Y 1SP

SAGE Publications Inc.
2455 Teller Road
Thousand Oaks, California 91320

SAGE Publications India Pvt Ltd
B 1/I 1 Mohan Cooperative Industrial Area
Mathura Road
New Delhi 110 044

SAGE Publications Asia-Pacific Pte Ltd
3 Church Street
#10-04 Samsung Hub
Singapore 049483

Editor: Katie Metzler
Assistant editor: Anna Horvai
Production editor: Ian Antcliff
Copyeditor: Rose James
Proofreader: Clare Weaver
Indexer: David Rudeforth
Marketing manager: Ben Griffin-Sherwood
Cover design: Francis Kenney
Typeset by: C&M Digitals (P) Ltd, Chennai, India
Printed and bound in Great Britain by Ashford Colour Press Ltd

First edition published 2003

Reprinted 2004, 2005, 2006, 2007, 2008, 2009, 2010 (twice), 2011, 2012. 2013

This edition published 2014

Library of Congress Control Number: 2013938039

British Library Cataloguing in Publication data

A catalogue record for this book is available from the British Library

ISBN 978-1-4462-0911-0
ISBN 978-1-4462-0912-7 (pbk)

질적연구의 이론과 실제

SECOND EDITION

QUALITATIVE RESEARCH PRACTICE

A GUIDE FOR
SOCIAL SCIENCE STUDENTS & RESEARCHERS

Jane Ritchie, Jane Lewis, Carol McNaughton Nicholls, Rachel Ormston 공저
이병숙 강성례 박영례 박은영 손행미 어용숙 전성숙 황경성 공역

NatCen
National Centre for Social Research

정담미디어

질적연구의 이론과 실제 2판

QUALITATIVE RESEARCH PRACTICE 2nd EDITION

2017년 9월 1일 1판 1쇄 인쇄
2017년 9월 15일 1판 1쇄 발행

지은이 | Jane Ritchie · Jane Lewis · Carol McNaughton Nicholls · Rachel Ormston
옮긴이 | 이병숙 외
펴낸이 | 김진환
펴낸곳 | 정담미디어 · (주) 학지사
04031 서울특별시 마포구 양화로15길 20 마인드월드빌딩
대표전화_ 02-330-5188 팩스_ 02-326-0338
등 록 | 2010년 2월 8일 제313-2010-36호
메 일 | jdmpub@jdmpub.com
홈페이지 | http://www.jdmpub.com

ISBN 978-89-6069-628-0 93510

가 격 | 28,000원

※ 정담미디어는 학지사의 자매회사입니다.

역자소개

이병숙 계명대학교

강성례 꽃동네대학교

박영례 군산대학교

박은영 가천대학교

손행미 울산대학교

어용숙 동국대학교

전성숙 부산대학교

황경성 나요로시립대학

역자서문

질적연구는 사회과학 분야의 주요 연구방법론으로서 확고한 위치를 구축하였으며, 적용 분야와 주제 및 적용의 목적도 더욱 확대되어 가고 있습니다. 질적연구에 대한 인식이 확대되면서 질적연구의 수가 눈에 띄게 증가하였을 뿐만 아니라 다양한 질적연구방법이 개발되어 사용되고 있습니다. 최근에는 질적연구가 발견의 맥락에서만이 아닌 검증과 일반화의 맥락에서도 유용성을 가지고 있음이 인정되고 있습니다.

한편, 과학적 탐구방법으로써 질적연구의 필요성과 유용성은 인정하지만, 실제 적용하려고 할 때에는 많은 어려움을 겪게 됩니다. 그 이유로는 질적연구가 양적연구에 비해 과학적 연구에 적용된 역사의 짧음을 들 수 있지만, 이 방법론을 포괄적이면서도 구체적으로 다룬 저서가 매우 부족하다는 점을 들 수도 있습니다. 이러한 상황에서 이 책은, 질적연구에 대한 입문서로써 일반적인 과학적 탐구의 틀 속에서 질적연구의 기본적인 내용을 포괄적이면서도 구체적으로 설명하고 있어, 질적연구 방법론에 대한 주요 정보를 효과적으로 제공해 주고 있습니다.

이 책의 저자들은 영국에서 가장 권위 있는 사회연구 기관인 NatCen Social Research(the National Centre for Social Research)에서 수년간 질적연구를 수행해온 전문가입니다. 저자들은 질적연구 방법론을 다룬 저서가 이론에 대한 설명과 함께, 실제적 적용의 안내서의 기능을 수행해야 한다고 인식하였습니다. 따라서 이 책에는 저자들의 질적연구에 대한 풍부한 지식과 경험을 바탕으로, 질적연구의 철학적 배경 및 이론뿐만 아니라 그 수행 방법과 절차에 대한 내용도 구체적으로 잘 설명되어 있습니다.

이 책은 질적연구를 처음 시도해 보는 초보자뿐만 아니라 질적연구의 경험이 많은 전문가들에게도 유용한 정보를 제공하고 있습니다. 특히 이 책은 새롭게 적용되고 있는 질적연구 접근법뿐만 아니라, 사회문제 해결에 필요한 정책연구를 위한 활용가능성도 폭넓게 제시하고 있습니다. 따라서 이 저서는 앞으로 한국의 사회연구 분야에서 질적연구가 나아가야 할 방향을 제시하는 좋은 도구가 될 수 있을 것입니다.

이 저서의 내용은 CHAPTER 1 질적연구의 기초, CHAPTER 2 사회연구에서 질적방법 적용하기, CHAPTER 3 설계의 문제, CHAPTER 4 질적연구에서의 윤리적 고려, CHAPTER 5 표본의 설계와 선정, CHAPTER 6 현장조사 설계, CHAPTER 7 심층면담, CHAPTER 8 포커스그룹, CHAPTER 9 관찰, CHAPTER 10 분석: 원리와 과정, CHAPTER 11 분석의 실제, CHAPTER 12 질적연구의 일반화, CHAPTER 13 질적연구에서의 글쓰기로 구분되어 있습니다.

역자들은 이 역서가 질적연구를 처음 접하는 사람들로부터 경험이 많은 전문가에 이르기까지 실제적인 도움이 될 수 있을 것으로 믿으며, 저서의 모든 내용을 가능한 한 빠짐없이 충실히 전달하기 위해 노력하였습니다. 그러나 역자들의 부족함으로 인해 부정확하거나 미흡한 부분이 반드시 있을 것이므로, 이 책을 사용하시는 분들은 기탄없는 지적과 조언을 해주시길 부탁합니다. 이 책이 나올 수 있도록 편집과 교정 등 많은 수고를 아끼지 않으신 정담미디어 사장님 이하, 임직원 여러분께 깊은 감사의 마음을 전합니다.

2017년 8월
역자 일동

저자서문

본서의 첫 번째 판이 2003년에 나왔을 때, 우리는 질적연구의 이론적 근거에 대한 설명과 함께 실제적인 수행방법의 세부적 내용까지 다룰 수 있는 저서가 되기를 희망하였다. 그러나 초판 저서를 사용했던 독자들이 반복적으로 요청했던 것은 본서가 질적연구 수행에 있어 보다 실제적인 도구가 되는 것이었다. 다시 말해 이들은 질적연구를 실제적으로 어떻게 수행할 것인가에 관한 질문에 답을 줄 수 있는 저서를 원하였다. 이에 두 번째 판에서는 이러한 독자들의 요구를 고려하여 다양한 범위의 질적연구 접근법과 실제적 기법을 더 충실히 다루기 위해 노력하였다.

본서는 질적연구 초보자를 대상으로 하고 있지만, 질적연구 전문가에게도 유용한 정보를 제공할 수 있기를 희망한다. 그러므로 대학, 정부기관, 연구소 등과 같은 곳에서 이루어지는 이론적 연구로부터, 목적성 연구기금에 의한 연구에 이르기까지 다양한 분야에서 활용될 수 있도록 구성하였다. 본서의 저자들은 영국의 선도적인 독립적 사회연구기관인 NatCen Social Research의 전 · 현직 연구자이다. 이 기관은 사회에 대한 깊은 이해를 통해, 실제적 응용에 적용할 수 있는 공공정책의 개발 및 평가 연구를 지향하고 있다. 따라서 본 저서의 내용은 질적연구의 순수한 이론적 측면뿐만 아니라, 사회적 정책과 실무의 개발 및 평가에 적용할 수 있는 응용연구에 초점을 두고 있다.

개정을 준비하면서 저자들은 우리 자신의 실무뿐만 아니라, 전반적인 질적연구 분야에서 발전이 있었음을 확인하였다. 이에 이번 판에서는 지난 수십 년 동안 이루어졌던 질적연구의 발전과 관련된 다음과 같은 주요 이슈를 반영하였다.

- 참여행위연구와 동료연구
- 질적연구에 있어 온라인 의사소통의 적용
- 시각적 방법 및 기술의 사용
- 응용 · 정책연구에 있어 관찰법 사용
- 질적자료 분석을 위한 컴퓨터 소프트웨어 사용
- 질적연구 윤리에 있어 윤리적 검토

질적연구 입문서의 저자로서 부딪히게 되는 두 가지 주요 문제가 있다. 첫 번째, 질적연구라는 이름하에 연구방법상의 다양한 이슈에 대해서 단순하게 접근할 위험성이 있다는 점이다. 두 번째, 본서와 같은 입문서에서 제시한 질적연구방법은 이 형태의 연구가 단순히 기술적 방법의 적용이 아니라는 생각으로 인해 추상적으로 흐를 위험성이 높다는 점이다.

이에 저자들은 본서의 저술에 있어서 이러한 점을 깊이 고려하였다. 첫 번째 문제와 관련해서는 질적연구의 다양한 배경 철학과 형태가 존재함을 인식하고 Chapter 1에서 이에 대한 개괄적 설명을 하였다. 이와 함께 실제론을 받아들이는 입장에서 질적연구가 외적 엄격성을 갖춘 방법으로 이루어져야 함을 강조하였다. 또한 사회세계의 본질에 관한 보다 광범위한 추론을 위해 질적연구가 이용될 수 있음을 강조하면서, 동시에 다양한 질적연구 접근법이 존재한다는 사실을 잘 인식하도록 하였다.

두 번째 문제와 관련해서는 가장 좋은 질적연구는 방법과 예술의 혼합이라는 점을 분명히 하였다. 즉, 질적연구는 경험적 탐구와 창조적 발견의 혼합이라는 점을 인식하고 설명을 전개하였다.

제대로 수행된 질적연구는 인간의 삶에 대한 적합한 방향을 지키면서도 독특한 이해를 가져오는 예술이다. 저자들은 질적연구를 수행하는 사람들이 본 저서를 통해 개방성, 창의성, 호기심을 가지고 그들의 솜씨를 효과적으로 발휘하게 할 수 있기를 바란다.

저자소개

- **제인 릿치** Jane Ritchie

  심리학자로서 평생 사회정책 연구에 기여해 왔다. 그녀는 NatCen Social Research에 1985년 QRU를 설립하였으며, 1998년까지 이 기구의 책임자였다. 그녀는 질적분석방법과 틀의 창시자 중 한 명으로 질적방법론에 관한 교육과 저술을 하고 있다.

- **제인 루이스** Jane Lewis

  1998~2007에 QRU의 책임자였다가 현재에는 국립아동국의 연구 및 평가 부서 책임자로 있다. 그녀는 아동 및 가족 분야에서 연구의 활용 및 수행에 관한 전문가이다.

- **캐롤 맥너튼 니콜스** Carol McNaughton Nicholls

  NatCen Social Research의 범죄 및 정의 팀에서 선임 연구위원으로서, 오랜 기간 민감한 사회적 이슈에 관한 질적연구를 수행해 왔다. 최근에는 노숙, 약물남용, 성폭력과 성적 학대 등에 관한 연구를 하고 있다.

- **레이첼 옴스톤** Rachel Ormston

  에딘버러 소재 ScotCen Social Research의 선임 연구위원으로서 2005년부터 이 기관에 근무하면서 질적 · 양적연구를 함께 수행하고 있다. 그녀는 특히 평가연구에 있어서 질적연구방법 사용에 관한 전문가이다.

차례

chapter **01**

질적연구의 기초

chapter **02**

사회연구에서 질적방법 적용하기

chapter 03
설계의 문제

chapter 04
질적연구에서의 윤리적 고려

chapter **05**

표본의 설계와 선정

chapter **06**

현장조사 설계

chapter **07**

심층면담

chapter **08**

포커스그룹

chapter **09**
관찰

chapter **10**
분석: 원리와 과정

chapter **11**
분석의 실제

chapter **12**
질적연구의 일반화

chapter **13**

질적연구에서의 글쓰기

chapter

1

질적연구의 기초

THE FOUNDATIONS OF QUALITATIVE RESEARCH

개요

Chapter outline

- 질적연구의 본질
- 사회조사에 있어서의 주요한 철학적 문제
- 실증주의와 과학적 방법
- 질적연구의 주요 발전과 전통
- 질적연구의 발전과 다양성
- 접근방법 선택하기
- 이 책의 '접근법'에 대한 입장

본 장에서는 질적연구의 발전과정에 초점을 맞추어 질적연구의 역사와 전통 그리고 철학적인 기반에 대해 간단히 설명하고자 한다. 질적연구의 역사와 기반에 대한 지식은 다음과 같은 점에서 중요하다.

첫 번째, 질적연구를 수행하는 데 있어서 일반적으로 인정받는 유일한 방법은 없다는 인식의 중요성을 깨닫도록 한다. 실제로, 연구자가 연구를 수행하는 방법에는 다양한 요소가 관련된다. 여기에는 사회세계의 본질에 관한 연구자의 신념(존재론), 지식의 본질과 그것이 획득되는 방법(인식론), 연구의 목표와 목적, 연구 참여자의 특성, 연구를 위한 공감자, 연구의 자금 제공자, 연구자 자신의 환경과 위치 등이 포함된다. 이와 같은 요소들의 조합에서 오는 차이점이 다양한 질적연구의 독특한 접근방식으로 나타나고 있다.

두 번째, 질적연구 수행의 질이 평가되어야 하는지 그리고 그것이 가능한지에 관한 관점은 주로 철학적인 논쟁에 있어 중요하게 여기는 영역에 관한 입장에 달려있다. 예를 들어 조사연구가 사람들에게 받아들여지는 정도는 거기에 포함되는 사람들(연구자, 자금 제공자, 참여자 등)이 선택하는 특별한 입장에 달려있다는 뜻이다. 각기 다른 방법론적인 접근방식은 그들만의 특별한 철학적 가정이나 이론적 가정에 의해 지지받고 있는데, 연구에서는 방법론적 접근과 철학적인 출발점 사이에 일관성이 유지되어야 한다. 실제로, 일관성을 유지하는 것은 보다 타당한 결과를 생산하는 하나의 방법이라고 여겨진다(Morse et al., 2001).

반면에, 어떤 사람들은 일련의 철학적인 입장을 갖고 있는 방법이 무엇인가 제공할 것이 있다고 믿고 있다. 이들은 다양한 연구방법과 접근법이 받아들여지고 연구목적과 문맥에 따라 이런 방법을 자유롭게 선택할 수 있다면 질적으로 더 우수한 작업이 가능하다고 주장한다(Patten, 2002; Seale, 1999; Seale et al., 2007). 이와 같이 배경에 대한 서로 다른 관점은 보다 나은 연구의 장려와 실천에 공헌하고 있다는 것이 일반적인 인식이다.

마지막으로, 이 책에서 다루고 있는 질적연구의 접근 및 수행방법은 철학의 특별한 조합, 연구목적, 참여자, 자금 제공자 및 관심을 가진 사람들을 반영하는 연구환경과 문화 속에서 전개되고 발전된 것이다. 그러므로 독자들은 질적연구의 폭넓은 영역 안에서 어디에 그리고 어떻게 접근법의 위치와 방법론을 두는가를 이해함으로써, 질적연구가 가지고 있는 목적의 잠재적인 가치를 더욱 잘 평가할 수 있을 것이다.

질적연구의 본질

The nature of qualitative research

> 질적연구를 정확하게 정의 내리기는 쉽지 않다. 그 자체가 특징적인 이론이나 패러다임을 가지고 있지 않기 때문이다. 질적연구는 뚜렷한 방법이나 자체의 완전한 실천방법을 가지고 있지도 않다(Denzin & Lincoln, 2011: 6).

위의 인용에서 지적한대로 질적연구는 매우 폭넓은 학파와 접근방식 그리고 다른 연구원리 안에서 발견된 방법론들을 포함하고 있다. 그러나 이들의 고유한 특성이 가진 상충되는 본질과 다양성에도 불구하고, 질적연구의 공통적인 특성을 규정짓거나 그 본질을 찾아내기 위한 노력이 계속되고 있다(Barbour, 2008; Denzin & Lincoln, 2011; Flick, 2009; Hammersley & Atkinson, 2007; Holloway & Wheeler, 2010; Silverman, 2011).

일반적 수준에서 질적연구는 '내부로부터의' 현상을 탐구하는 자연주의적이고 해석적인 접근방식으로 자주 묘사되고 있으며(Flick, 2009), 연구참가자들의 설명과 견해를 그 출발점으로 여긴다. Denzin과 Lincoln은 질적연구의 다양성에도 불구하고, 그것은 인간세상을 가시화 할 수 있게 해주는 일련의 해석적이고 실질적인 실천이라고 말한다. 이러한 실천은 그와 관련된 메모와 녹음, 사진, 대화, 인터뷰, 현장노트 등을 포함하는 것으로서, 세상을 표현하는 것이라고 할 수 있다. 질적연구자는 참여자가 제공하는 것에 관하여 참여자 입장에서 그 의미를 해석하거나 이해하려고 시도하면서, 자연스러운 조건 안에서 현상을 연구한다.

어떤 학자들은 연구설계의 주요 특징에 초점을 맞추기도 한다. 이들은 '얼마나 많은'과 같은 양적인 측면보다 질적연구가 가지는 '누가', '무엇을', '어떻게'와 같은 과정의 측면에 대한 관심과, 질적연구 설계의 유연성에 더 초점을 맞춘다. 이에 따라 관찰법, 반구조화, 심층면접, 포커스그룹 등은 질적연구의 데이터 생성법으로 인정받아오고 있다. 질적연구는 일반적으로 숫자보다는 단어나 이미지를 포함한 질적자료와 연관되어 있다. 질적조사에서 주로 관심을 두는 영역은 질적자료의 양과 깊이, 이들에 대한 분석과 해석의 방법 그리고 이를 거쳐 도출된 결과의 형태 등이다. 이러한 맥락에서 질적연구는 가설이 자료의 분석을 통해 생성된다는 점에서, 가설로부터 시작되는 양적연구와 구분된다(Silverman, 2011).

어떤 학자들은 질적연구의 목적과 방법이 '전통적인' 양적연구와 다르다는 관점에서 질적연구를 규정한다(Denzin & Lincoln, 2011; Flick, 2009; Strauss & Corbin, 1998; Willis, 2007). 그러나 이 경우, 양적연구를 극도로 단순화된 해석에 기초하는 것으로 보는 질적연구의 정의는 바람직하지 못하다는 경고도 있다(e.g. Silverman, 2011). 이처럼 다양한 질적연구 접근방식의 다양성에도 불구하고, 질적연구의 일반적인 특성으로 인정되는 공통된 주요 요소들이 있다(**Box 1.1**).

Box 1.1

질적연구의 일반적 특성

- 참여자의 사회적 · 물질적 환경, 이들의 경험 및 관점과 역사를 만드는 감각에 관해 알게 됨으로써, 참여자 세계에 관한 심층적이고 해석적인 이해를 제공하려는 목적과 목표
- 새롭게 떠오르는 문제의 탐색을 위해, 참여자가 받아들일 수 있고 연구의 사회적 배경에 민감한 비표준화된, 적용 가능한 자료 생성방법의 활용
- 구체적이고 풍부하고 복잡한 자료(연구에 따라 깊이와 자료의 복잡성이 달라질 수 있다)
- 반복되고, 교차되는 주제뿐만 아니라 각 참여자와 사례의 특성을 이해하고, 그 안의 복잡한 특징과 미묘한 차이를 놓치지 않는 분석
- 분석과 해석의 단계에서 생성된 범주와 이론에 대한 개방성
- 참여자의 설명과 관점에 근거한, 조사된 현상의 구체적인 서술을 포함하는 결과
- 연구과정에서 일반적으로 인정된 연구자의 성찰적 접근방식. 일부 연구자에게 있어서, 성찰성(reflexivity)은 해당 영역에 있어 연구자의 경험을 보고하는 것을 의미한다.

사회조사에 있어서의 주요 철학적 문제

Key philosophical issues in social research

질적연구에서 사용되는 여러 접근방식을 이해하기 위해서는 사회적 연구의 발전에 근거가 되고 있는 일반적인 철학적 논쟁을 이해해야 한다. 어떻게 사회가 연구될 수 있는가에 관한 문제는 일련의 철학적인 문제를 야기한다. 이 중 일부는 사회의 본질과 그 속에서 무엇을 배워야 할 것인가를 다루는 존재론에 관련된 것이다. 다른 것은 '우리가 사회에 대해 어떻게 알 수 있을 것인가?'와 '우리들의 지식의 근본은 무엇인가?'라는 인식론에 관련된 것이다.

존재론 Ontology

존재론은 사실의 본질과 세계에 관하여 이해하고자 한다. 중요한 존재론적인 의문들은 인간의 개념화 및 해석과 상관없이 실재하는 사회적 현실이 존재하는가에 관련된 것이다. 그리고 이 의문들은 사회적 현실이 공유되고 있는지 또는 다양하고 특별한 배경이 존재하는지에 관한 것과 밀접한 관련이 있다.

일반적으로 사회과학은 두 개의 존재론적인 입장, 즉 실재론과 관념론의 관점을 가진다(**Box**

Box 1.2

존재론적 입장

세계의 본질과 그것을 통해 알고자 하는 것에 대한 탐구

실재론(Realism)

외적 현실은 우리들의 신념이나 이해와 상관없이 존재한다. 실재론에는 다음과 같은 종류가 있다.

- 순수한 실재론(naive realism) 또는 피상적 실재론: 현실은 직접적으로 정확하게 관찰될 수 있다(Madill et al., 2000).
- 신중한 실재론(cautious realism): 현실은 정확히 알 수 없으며, 불확실하거나 대략적으로 알 수 있을 뿐이다.
- 심층 실재론(depth realism): 비판적 또는 초월적 실재론(critical or transcendental realism)으로 불린다(Bhaskar, 1978; Robson, 2002). 현실은 다양한 단계로 구성된다. 즉, 감각을 통하여 경험하는 것으로 이루어지는 경험적인 영역(empirical domain), 이와 상관없이 존재하는 실제적인 영역(actual domain), 그리고 이들의 기저를 이루는 과정과 역학을 나타내는 실재적인 영역(real domain)이 그것이다(Bhaskar, 2007).
- 미묘한 실재론(subtle realism): 외적인 현실은 존재하지만 그것은 오직 인간의 마음과 사회적으로 형성된 의미를 통하여 알려진다(Blaikie, 2007; Hammersley, 1992).
- 유물론(materialism): 실재론의 한 형태로서 현실을 연결하고 있는 경제적 관계나 세계의 물질적 특성과 같이 오직 물질적 특성을 가진 실재만을 인정하는 것이다. 가치, 신념 또는 경험은 부수적 현상으로서, 물질적인 세계로부터 파생되는 것이다.

관념론(Idealism)

외부적 현실은 인간의 신념이나 이해와 상관없이 독립적으로 존재하지 않는다. 관념론에는 다음과 같은 종류가 있다.

- 미묘한 혹은 맥락적 또는 집단적 관념론(subtle or contextual or collective idealism): 사회적 세계는 특별한 배경을 가진 사람들에 의해 구성되고 공유되는 표상으로 만들어진다(Hughes & Sharrock, 1997; Madill et al., 2000; Shaw, 1999).
- 상대주의 혹은 급진적 관념론(relativism or radical idealism): 사회적 현실은 공유되는 것이 아니고, 오직 일련의 서로 다른 개인적 해석만이 존재한다(Hughes & Sharrock, 1997; Madill et al., 2000; Shaw, 1999).

1.2). 실재론은 사실에 관한 이해와는 별개로 독립적으로 존재하는 실재가 있다는 생각에 근거를 두고 있다. 이러한 관점에서 볼 때, 세상이 존재하는 방법과 개인이 세상에 대한 의미와 해석을 취하는 방법 사이에는 구분이 존재한다. 한편, 관념론은 현실이 근본적으로 마음에 달려 있다고 주장한다. 즉 현실은 오직 인간의 마음을 통해서만 알 수 있고 사회적으로 구조화된 의미를 통해서만 알 수 있다는 것이다. 관념론에서 볼 때 현실은 독립적으로 존재하지 않는다.

존재론적 의문은 사회적이고 자연적인 세계가 인식과 동일한 형태로 존재하는지 혹은 주관적인 해석에 따라 근본적으로 다른 것인지에 관심이 있다. 초기의 일부 이론가는 사회가 물리적인 세계와 유사하며, 보편적이고 일반적인 법칙에 의해서 움직이고 있다고 믿었다. 그러나 인간은 지적 능력과 더불어 자신의 활동에 대한 선택권을 가지고 있기 때문에, 사회는 불변의 법칙에 의해서 움직일 수 없다는 주장이 일반적으로 받아들여지게 되었다(Giddens, 1984; Hughes & Sharrock, 1997; Patton, 2002). 이러한 맥락에서 현대의 질적연구는 사회세계에 작동하는 고정된 법칙이 존재한다거나 규정지을 수 있다는 생각을 거부하는 관점에 기초하고 있다.

인식론 Epistemology

인식론은 세상에 관해 학습하고 이해하는 방법에 관심을 가지며, '현실에 관하여 어떻게 알 수 있는가?', '지식의 기초를 형성하는 것은 무엇인가?'와 같은 문제에 초점을 둔다. 사회연구에 있어 인식론적인 논의의 주요 쟁점 중 하나는 지식을 획득하는 최선의 방법에 관련된 것이다. 세상의 관측을 통해 지식을 획득하는 시점 또한 중요하게 다루어진다. 여기에는 증거로부터 가정이나 이론이 생성되는 상향식 과정의 귀납법과 가정이나 이론이 먼저 개발되고 증거를 모아 이를 확인하는 하향식 과정의 연역법이 있다(**Box 1.3**).

질적연구는 일반적으로 귀납적 접근으로 알려져 있지만, 이러한 단정은 질적연구를 하나의 접근법으로만 한정 짓는 오해를 불러일으킬 수 있다. Blaikie(2007)는 순수하게 귀납적인 것이나 연역적인 것은 없다고 주장한다. 예를 들면, 귀납적 연구자가 자료를 만들고 해석할 때 완전히 마음을 비운 상태에서 접근할 수 없다. 연구자가 만든 자료의 종류는 그가 던진 질문과 그가 택한 분석 범주 그리고 그 분야에서 이전부터 연역적으로 유래된 수많은 가정의 영향을 받게 된다. 마찬가지로 이론을 테스트하기 위해서 연구에 착수한 연역적 연구자도 관측으로 수집한 자료를 통해 귀납적으로 생성된 이론을 이끌어낼 수 있다.

이 접근법이 조금 더 복잡해진 형태가 귀추법(retroduction)과 개연적 삼단논법인 가추법(abduction)이다. 귀추법을 사용할 때, 연구자들은 자료로부터 이를 설명할 수 있는 이론을 도출하고, 그것을 생성할지도 모르는 구조나 패러다임을 규정지으려 노력한다. 가추법은 질적연구에 있어서 독특한 연구전략의 하나이다. 예를 들어 일상생활, 아이디어 혹은 신념이 참여자의 언어를 통해 묘사되면(첫 번째 단계의 개념), 이에 대한 설명이 연구자의 범주 분류에 따라 가추법적으로 이끌어져 나온다(두 번째 단계의 개념).

사회연구에 있어 두 번째로 중요한 인식론적 문제는 연구자와 참여자의 관계와 관련된 것으로서, 이 관계가 사실과 가치에 어떻게 영향을 미치는가에 관한 문제다.

Box 1.3

인식론적 입장

사회를 이해하고 발견하는 방법과 그 지식의 한계에 대한 탐구

- 귀납법: 사회의 관찰을 통하여 이론 혹은 법칙을 개발하는 상향식 지식구축 방법
- 연역법: 가정에서 나온 이론으로부터 세상에 대한 관찰이 이루어지는 하향식 지식구축 방법
- 귀추법: 자료를 통해 새로운 이론도출을 시도하고 다시 자료에서 이론의 기전이나 구조를 규정하는 방법
- 가추법(개연적 삼단논법): 참가자의 일상생활, 생각 혹은 신념에 대한 설명을 연구자의 범주 분류에 따라 설명하는 방법

질적연구의 인식론은 다음과 같은 지식 또는 현실의 본질에 대한 입장을 가지고 있다.

- 연구에 기초한 지식의 기본(foundational) 모델과 오류 가능한(fallibilistic) 모델: 연구에 기초한 지식의 기본 모델은 사실을 명확하게 반영할 가능성이 있고, 오류 가능한 모델은 이 지식이 잠정적인 것이라는 입장이다.
- 가치 매개적인(value mediated) 것으로서의 지식: 모든 지식은 그것을 생성하거나 수용하는 사람의 가치에 의해 영향을 받는다.
- 진리 대응이론(correspondence theory of truth): 독립된 현실과 조화를 이루는 이론은 진실이다(실재론과 연관된 입장).
- 진리 적합이론(coherence theory of truth): 한 설명을 서로 일관성 있는 다른 설명들이 지지해준다면, 그 설명은 사회적으로 구축된 하나의 표상으로서 진실이다.
- 실용적 진리이론(pragmatic theory of truth): 사람들에게 유용하고 도움이 되고 생산적인 것으로서 실용적인 효용성을 가진 신념은 진실이다.

어떤 이론 하에서 연구되는 현상은 연구자에 의해 영향을 받지 않는 독립적인 것으로 보일 수 있다. 이러한 관점에서 시행되는 연구는 객관적 접근방식을 사용한다. 그러나 이러한 관점과는 반대로 인간은 사회세계에서 학습된 것에 의해 영향을 받고, 연구자와 사회현상은 상호작용한다는 관점도 있다. 이 경우 연구자는 중립이 될 수 없기 때문에 확정적 혹은 객관적인 설명을 생성해낼 수 없다. 따라서 결과는 가치 매개적인 연구자를 통하여 조정되고, 이것은 연구참여자와 연구자 간에 동의 또는 협의를 거쳐 생성된다.

일부 연구자는 객관적 관찰과 가치 매개적 관찰이라는 두 가지 접근법에 있어서, 가능한 한 판단적이지 않으면서 중립적인 태도를 취하려는 노력을 하는 동시에, 가치중립적인 가정을 만들기 위해 노력해야 한다는 감정이입의 중립적 입장을 주장한다. 이러한 맥락에서 성찰은 질적연구에 있어 매우 중요한 방법으로 고려된다.

사회연구에 있어 세 번째로 중요한 인식론적 문제는 어떤 주장을 정확한 것 또는 진실한 것으로 받아들인다는 의미에 관한 것이다. 자연과학에서 진실에 관한 의미는 하나의 일관성이 존재한다는 것이다. 다시 말해 관찰 혹은 독립된 사실과 이에 대한 해석 사이에 일관성이 존재한다는 것이다. 반면 사회세계에 관한 연구에서는 독립된 사실이 완벽한 방법이 아닌 합의를 통해서 측정될 수 있다는 상호주관성 혹은 일관성이 더욱 적절한 것으로 받아들여진다. 따라서 여러 보고서가 일관성 있는 결과를 확인해주고 있다면 그것은 사회적으로 구조화된 사실의 표상으로서 진실한 것으로 고려될 수 있다. 또 다른 측면으로, 기대했거나 예상했던 결과를 생성하는 행동이나 그 행동을 취하도록 이끄는 해석은 진실이라는 관점을 가진 실용적 진리이론을 주장하는 입장도 있다.

실증주의와 과학적 방법

Positivism and the scientific method

연구의 철학적인 기반과 관련하여 실증주의와 과학적 방법에 관해 이해할 필요가 있다. 실증주의(positivism)는 사회연구가 증대되는 과정에서 중요한 영향을 미쳤는데, 질적연구가 전개되고 성숙하는 데 있어서는 그 반대적 측면에서 폭넓은 배경을 제공하였다. 질적연구자는 실증주의와 과학적 방법의 감각적 배경에 반하는 접근방식을 가지고 있다(Denzin & Lincoln).

초기 실증주의자들은 진실 탐구에 있어서 증거와 객관성을 중요시하였기 때문에, 연구자들은 객관적 분석능력을 손상시킬지도 모르는 영향으로부터 자신을 분리시키려고 노력해야 한다고 주장하였다. 사회연구를 위한 또 다른 접근은 추상적인 암시로부터의 추론보다는 직접적인 관찰을 통한 지식의 획득을 주장한 것이다(**Box 1.3**).

이와 유사하게, 경험적 연구전통의 창시자인 David Hume은 세계에 관한 모든 지식이 우리의 지각을 통한 경험에서 기원한다고 주장하였다. 이에 따라 직접적인 관찰에 증거를 두고 객관적이면서도 한쪽으로 치우치지 않는 방법이 경험적 연구의 중요한 접근이 되었다. 이와 같은 주장을 이어 받아 사회학의 아버지라 불리는 Auguste Comte는 사회세계 속에서 인간행동의 보편적이고 불변하는 법칙을 규명하기 위해서는 자연세계 탐구방법과 같이 직접적인 관찰에 기초를 둔 연구가 이루어져야 한다고 주장했다.

한편 실증주의적 가정은 질적인 사회연구에서뿐만 아니라 자연과학자들도 계속 의문을 제기함으로써 더욱 세련화 되었다. 예를 들면, 1930년대와 1940년대에 Popper는 미래의 관찰 결과가 기존의 법칙에 대한 예외로서 검증될 수 있다는 전제 하에, 관찰로부터 일반적인 법칙이 나온다는 생각을 비판했다. 따라서 그는 이론에서 가설을 이끌어낸 뒤, 이를 경험적으로 테스트하는 연역적 접근방식을 지지했다. Popper는 귀무가설의 거부를 통한 검증을 옹호하지는 않았지만, 이러한 방법은 가설의 효과적인 검증방법으로 고안되었다. 이와 같은 후기 실증주의 혹은 후기 경험주의적 접근방식은 사회연구에 있어 양적연구 수행에 많은 영향을 끼쳤다.

이와 같은 실증주의 혹은 후기 실증주의적 견해는 질적인 전통 안에서 작업을 해온 연구자들에게 의문시되어 왔다. Silverman(2011:11)이 지적한 바와 같이 실증주의라는 용어는 불안정하고 감정적인 용어다. 그는, 더 나아가 대부분의 양적 사회연구가 단순한 실증주의적 형태로 이루어졌는가에 대한 검토가 필요하다고 주장한다. 그는 대부분의 양적연구자들이 물리학 법칙과 같은 과학적 법칙의 개발을 목적으로 하지는 않지만, 자료의 비판적 분류를 통한 점진적 일반화를 지향하고 있다고 주장하였다(2011: 11)(**Box 1.4**).

이상과 같은 철학적 논쟁의 근본적인 문제는 과학적 조사의 개념과 그것이 구성하는 것은 무엇인가에 관한 것이다. 실제로 어떤 학자는 과학적인 조사가 '이야기 책'의 이미지를 가지고 있다고 설명한다(Reason & Rowan, 1981). 다시 말해, 과학적 조사는 과학자들이 사실과는 상관없이 실

Box 1.4

실증주의 및 후기 실증주의

실증주의(Willis, 2007), 경험주의(Blaikie, 2007)

- 지식은 감각을 통한 주의 깊은 관찰에 근거하여 생성된다.
- 규칙성과 지속적인 연결(constant conjunction)은 동일시된다.
- 귀납적 추리는 자료가 모아진 뒤, 경험적 사례에서 일반적 법칙으로의 일반화를 위해 사용된다.
- 사실과 가치는 서로 별개의 것으로 연구과정에 의해 영향을 받지 않기 때문에, 객관적이면서도 가치판단의 영향을 받지 않는 연구가 가능하다.
- 자연과학에서 사용되는 방법은 대개 사회세계를 연구하기 위해 적합하다.
- 사실은 정확하게 알려질 수 있다(지식은 구성되는 것이다. 진리 대응이론).

후기 실증주의, 후기 경험주의(Willis, 2007), 반증(Blaikie, 2007)

- 지식은 명제의 테스트를 통하여 생성된다. 인과관계에 관한 가정은 과학적 이론에서 나오고, 관찰된 자료를 통해 경험적으로 평가된다.
- 연역적 추론은 자료가 모아지기 전, 가능한 관계와 이론을 가정하기 위하여 사용된다.
- 사실은 연구과정에 의해서 영향을 받지 않으며 사실과 가치는 별개로서, 객관적이고 가치판단에 영향을 받지 않는 연구는 가능하다.
- 자연과학에서 사용되는 방법론은 사회세계를 연구하는 데도 적합하다.
- 사실은 대략적으로 인식될 수 있으며, 가설은 거부되거나 잠정적으로 확인되는 것으로서 명확하게 입증될 수는 없다(지식은 잠정적이고 오류 가능한 것이다. 진리 적합이론).

제적으로 행하고 있는 것을 묘사하는 '과학적 동화'(Mitroff, 1974)라는 것이다. 또한 물리학과 수학으로 대표되는 자연과학이 '과학적' 원리의 기원으로 받아들여져야 한다는 생각에 대해서는 많은 논쟁이 존재한다(Hughes & Sharrock, 1997; Sloman, 1976). 그런 논쟁은 최근 수십 년에 걸쳐서 힘을 얻고 있는데, 결정적인 이유로는 자연세계가 생각한 만큼 안정적이거나 규칙적이지 않다는 점과 과학자들이 종종 연역적 방법과 함께 귀납적 방법을 사용한다는 점이 제기되고 있다(Firestein, 2012; Lewin, 1999; Ness, 2012; Williams, 2000).이러한 쟁점들은 사회연구에 있어 과학적 방법에 관한 주요 인식론적 논쟁을 불러 일으켰다.

질적연구의 주요 발전과 전통

Key developments and traditions in qualitative research

앞에서 논의된 존재론과 인식론에 관한 논쟁은 사회연구의 발전에 기여해왔다. 사회세계의 본질과 어떻게 그것을 알 수 있는가에 관한 다양한 의견은 질적연구 안에서 수많은 학파의 출현으로 이어졌다. 이렇게 많은 접근법 및 '주의(-ism)'와 관련된 논쟁은 특별한 철학적 신념과 방법론적 선호를 가진 사람들에게 어려운 것이 될 수 있다. 이를 설명하기 위하여 사용된 학파, 전통, 해석의 틀, 이론적 입장, 패러다임과 같은 용어 역시 이들에게는 어려울 수 있다. Creswell(2013)이 설명한 바와 같이 질적연구에 있어 다양한 접근법의 종류는 계속 증가하고 있다.

해석주의와 질적연구의 기원 Interpretivism and the origins of qualitative research

사회과학 전반에 걸쳐 질적 방법론의 적용은 상대적으로 최근의 현상이다. 응용사회과학과 정치연구에서 질적연구와 관련된 초기 아이디어는 1781년에 출간된 Immanuel Kant의 『Critique of Pure Reason』에서 찾아볼 수 있다. Kant는 다른 세계에 관해 아는 방법에는 직접 관찰하는 것 이외의 방법이 있으며, 사람들은 항상 이 방법을 사용한다고 주장하였다. 그는 인식은 감각이 아니라, 감각이 우리에게 말하는 것을 의미한다고 하였다. 마찬가지로 세상에 대한 지식은 경험에서가 아닌, 발생한 일에 대한 성찰로부터 나오는 이해에 근거를 둔다. 그러므로 안다는 것과 지식은 경험적 조사를 초월하는 것이다. 이러한 논리와 같은 맥락에서, 질적연구는 사회세계에 대한 인간의 해석과 그 의미 그리고 연구된 현상에 대한 연구참여자와 연구자 양쪽의 이해에 가치를 두고 있다.

또 다른 질적연구의 전통과 해석적 생각의 발전에 중요한 공헌자는 Wilhelm Dilthey이다. 그는 특히 역사적이고 사회적인 배경 안에서 일어난 사람들의 생생한 경험을 연구하고 이해하는 것의 중요성을 강조했다. 그는 또한 자기결정과 창조성이 인간의 행동을 이끄는 데 있어 매우 중요한 역할을 한다고 주장했다. 이러한 이유로 그는 사회연구에서 인간의 사회적 · 문화적 · 역사적 삶 속에 존재하는 관계와, 특별한 행동이 일어나는 배경을 알아내기 위해서는 생생한 경험, 즉 체험을 탐구해야 한다고 주장하였다(**Box 1.5**).

Max Weber는 Dilthey의 생각, 특히 이해의 중요성에 대한 관점에 큰 영향을 받았다. 그러나 Weber는 해석주의적 입장을 취하기보다는 해석주의와 실증주의적 접근법에 가교 역할을 하려고 노력하였다. 예를 들면, 그는 실증주의적 접근법이 부나 빈곤과 같은 물질적 상태에 대한 분석을 위해서는 적합하지만, 인간의 전체적인 삶을 이해하는 데는 충분하지 않다고 믿었다. 그는 인간의 사회적 행동의 의미는 그들이 살고 있는 배경 안에서 이해되어야 한다고 강조하였다. 그는 두 가지 형태의 이해, 즉 직접적인 관찰에 의한 이해와 설명적 혹은 동기적 이해를 제안하고, 자연과학과 사회과학에는 이해의 목적에 있어서 중요한 차이점이 존재한다고 주장했다. 그의 주장에 따르면, 사회과학에서는 의미 있는 경험을 주관적으로 이해하려고 하는 반면 자연과학에서는 법칙과 같은 명제의 생성을 위해 이해하려고 한다.

사회세계의 이해를 위해 관찰과 함께 해석의 중요성을 강조한 학파는 해석주의라고 알려져 있는데, 이것은 질적연구의 전통 안에 통합되어 있는 것으로 보인다. 구성주의는 지식을 인간이 수동

Box 1.5

해석주의와 구성주의(Interpretivism and constructionism)

해석주의(Bryman, 1988; Holloway & Wheeler, 2010; Lincoln & Guba, 1985; Willis, 2007), **구성주의**(Blaikie, 2007; Crotty, 1998)

- 지식은 사회세계의 의미와 해석에 초점을 맞추어 탐색하고 이해함으로써 생성된다(사회 구성주의자의 연구전통은 사회적으로 구성된 의미의 본질을 강조한다).
- 연구자는 자신과 참여자 모두에 근거를 둔 의미와 해석을 구조화한다.
- 질적연구는 관찰이 가정이나 생각에 의해 영향을 받게 되지만 해석이 자료에 근거하여 이루어진다는 점에서 귀납적인 것으로 간주된다.
- 현실은 연구과정에 의해 영향을 받고, 사실과 가치는 구별되지 않으며, 객관적이고 가치가 개입되지 않는 연구는 불가능하다. 연구자에 따라 자신의 가정에 괄호를 치거나 중립적인 입장을 취하려는 경우도 있고, 개인적인 관여와 자신의 주관성을 그대로 수용하기도 한다.
- 자연과학에서 사용되는 방법은 사회세계가 법칙과 같은 규제보다는 인간의 능력과 의미를 통해 작용하기 때문에 사회세계 연구에 적합하지는 않다.
- 사회적 사실은 상충하는 서로 다른 인식과 이해가 존재하기 때문에 명확하게 확인되어 표현되지 않는다(지식은 잠정적이고 오류 가능한 것이며, 합의에 의해 구성된다).

적으로 받아들인 것이라기보다는, 능동적으로 구조화 한 것임을 강조한다. 구성주의의 두 가지 접근법은 가치중립적 관찰과 보편적 규칙들을 거부하고, 사람들의 관점에서 생생한 경험을 이해하는 데에 초점을 둔다. 이때 인간의 삶에 있어서 서로 다른 측면의 상호관련성은 질적연구의 또 다른 주요 관심사항이며, 심리적 · 사회적 · 역사적 · 문화적 요소는 사람을 이해하는 데 있어 중요한 부분을 차지하는 것으로 인식된다. 질적연구는 삶 전체에 걸친 배경 안에서 참여자의 관점과 행동에 대한 전체적인 이해를 제공하려는 방법을 사용해왔다.

질적연구의 발전과 다양성 Advancement and diversification of qualitative research

19세기 말부터 20세기에 걸쳐 질적연구방법론은 사회과학 전역에서 발전했고 다양화 되었으며, 더 폭넓게 채택되었다. 초기 질적연구는 미국과 영국에서 주로 발전했던 사회학과 문화인류학에서 민족지학의 형태로 이루어졌다. 민족지학(Ethnography)은 사회세계 또는 공유된 행동, 신념, 가치와 같이 특별한 집단의 전형적인 문화에 관한 이해를 목적으로 한다. 초기 민족지학자는 주로 원시 원주민들을 연구하였고, 시카고학파는 도시 속의 잘 알려지지 않은 지역인들의 문화와 생활에 초점을 둔 연구를 하였다. 이 시기의 질적연구자들은 단순히 참여자의 설명에 의존하거나 관찰로부터 의미를 추론하기보다는, 인터뷰를 통해 그들의 관점에서 자료를 수집하는 방식으로 참여자들과 함께 연구를 수행하였다. Weber가 빈곤층은 자신에 대해 잘 말하지 못한다고 하였지만 Malinowski는 문화인류학을 고정관념에서 벗어나게 하는 학문으로 높이 평가하였다.

사회학은 특별한 현상, 개념 혹은 사고에 부여하는 의미를 설명하는 Husserl과 Schutz의 현상학에 근거하여, 인간이 어떻게 사회질서를 구축하고 이해하는가에 관한 방법을 연구하는 현상학적 사회학인 민속방법론(Garfinkel, 1967; Silverman, 1972)을 발전시켰다.

대화가 구조화되는 방법을 분석하는 대화분석과, 서로 다른 담론들 안에서 지식이 생성된 방법에 초점을 맞추는 담론분석은 개인이나 집단의 행동과 관련된 방법이다. 질적연구에 있어 또 다른 중요한 학파인 상징적 상호작용론(Blumer, 1969; Mead, 1934; Thomas, 1931)은 사람들 사이의 상호작용과 상징적인 의미 그리고 사람들이 사회적 행동에 부여하는 해석과 인간행동에 대한 이해의 수단으로써의 환경에 초점을 맞춘다. 하나의 방법론적 접근법으로서 상징적 상호작용론은 근거이론의 개발에 근거를 제공하였다(Glaser & Strauss, 1967; Aldiabat & Le Navenec, 2011).

근거이론은 하나의 질적연구접근법으로서 특별한 경험을 가진 참여자로부터 수집한 자료의 분석을 통해 사회적 과정과 행동을 설명하는 이론의 생성을 목적으로 한다. 근거이론 전문가들은 과학의 일반적 규범은 유지되어야 하지만, 질적접근법에 적합하게 수정되어야 한다고 주장한다. 현재 근거이론은 다양한 형태로 수행되고 있으며, 이 용어는 광범위한 귀납적 연구전략을 반영하기 위해 넓은 범위를 가지고 사용되기도 한다(Barbour, 2008; Braun & Clarke, 2006).

심리학에 있어 질적연구는 그 학문적 방법론을 주로 과학적 연구에 두고 실험적 방법을 흔히 사용했기 때문에 사회학에서보다 훨씬 뒤에 이루어졌다. 20세기 중반, 심리학에 있어 초기 질적연구는 인간의 사고와 행동에 의미를 부여하기 위해 사용하는 심리학적인 구조에 관한 개인구성이론 영역에서 이루어졌다(Bannister & Mair, 1968; Harré & Secorde, 1972; Kelly, 1955). 다른 연구 분야로는 인간 행동의 선택과 관련된 역할과 규범에 관심을 두고 있는 생태유전자학(Harré & Secorde, 1972; Marsh et al., 1978)과 인지과정 중, 명확한 사고과정을 연구하는 프로토콜분석에서 생겨났다(Gilhooly & Green, 1996).

20세기 후반이 되기 전에 질적연구는 심리학 분야에서 더욱 체계적이고 폭넓게 사용되게 되었다(Henwood & Nicholson, 1995; Richardson, 1996). 이후 심리학 연구에서 질적연구는 폭발적으로 증가되었으며, 응용에 있어서도 빠른 성장을 보이고 있다(Bannister et al., 1994; Robson, 2002; Smith et al., 1995).

질적연구는 점차 직업, 범죄, 교육, 보건 및 의료 분야의 심리학과 같은 전문 영역에서 사용되고 있다(Harper & Thompson, 2012). 해석적 현상학분석(Interpretative Phenomenological Analysis, IPA)은 인간의 이해와 성찰을 규명하기 위한 심리학적인 질적연구에서, 감각과 이에 부여된 의미를 해석하고 탐구하기 위해 중심적인 역할을 담당하고 있다(Smith et al., 2009). 이외에도 근거이론, 담론분석, 대화분석의 방법론이 심리학적 이해를 돕기 위해서 적용되고 있다(Smith et al., 2009; Willig & Stainton-Rogers, 2008).

질적연구 학파들이 대두됨에 따라 조사연구와 통계적 방법론 또한 실증주의적 배경 하에서 더욱 세련화 되고 구체화되었으며, 광범위해졌다. 이에 따라 질적연구는 종종 느슨하고 비과학적인 방법으로 비판받고 있다. 이러한 비판에 대응하기 위하여 일부 질적연구 학자들(Bogdan & Taylor, 1975; Cicourel, 1964; Glaser & Strauss, 1967)은 자료수집과 분석의 엄격성을 강조하면서, 작업의 형식화를 꾀하였다.

1970년대까지 질적연구는 다음과 같은 내용의 이론적 도전에 직면했다.

- 명확한 결과를 얻기 위해 인간이 포함된 실험적 사회연구에서 변수의 통제가 가능한가?
- 통제된 조건하에서 배경 변수의 배제가 인간행동연구에서 적절한 방법인가?
- 통제된 실험연구에서 행동의 목적과 의미를 무시하는 것이 적절한 것인가?
- 세계에 관한 광범위 이론과 수집된 자료가 개인의 삶에 대해 관련성과 적용성을 가지고 있는가?
- 가설검증에 대한 강조가 또 다른 차원의 이해를 통한 발견의 중요성을 무시하는 것인가?

질적연구는 이러한 한계를 극복하는 하나의 방법으로써, 사회연구를 위한 가치 있고 타당한 접근법으로 받아들여지게 되었다. 예를 들어 교육과 같은 실천분야에서는 인간행동에 관한 연구에서 통제된 실험과 함께 질적연구를 시행하였다.

질적연구방법론의 개발에 영향을 미친 또 다른 요인으로 사회연구의 기초를 제공하는 철학적인 가정에 대한 새로운 경향을 들 수 있는데, 그 예 중 하나가 포스트모더니즘이다. 포스트모더니즘은 탈구성주의(post-structuralism)와 탈구축이론(deconstructionism)을 포함한 일련의 이론군을 말한다. 포스트모더니즘의 정의에 관한 합의는 존재하지 않지만, 포스트모더니즘적 시각은 사실에 대해 객관적인 설명을 제공하려는 과학적 시도에 깊은 회의와 질문을 제기한다. 포스트모더니즘은 전형적으로 다음과 같은 현대적 관념에 의문을 제기한다.

- 인간과 상관없는 객관적인 현실이 존재한다.
- 우리는 확실성을 가지고 사물을 알 수 있으며, 사회세계의 다양한 측면을 설명할 수 있는 일반적 법칙을 개발할 수 있다.
- 언어는 외부 현실을 그대로 나타내고 반영한다.

포스트모더니즘은 모든 의미가 시간과 장소에 의존한 생성물이기 때문에, 세계에 관해 확정적이고 모든 것을 섭렵하는 의미는 존재하지 않는다고 주장한다. Denzin과 Lincoln(1994, 2000)은 이것이 사회연구의 위기를 초래했다고 지적하였다. 즉, 규명해야 할 명확한 의미가 존재하지 않기 때문에 연구결과에 대한 권위 있는 설명이 불가능하다는 것이다. 그러나 Silverman은 포스트모더니즘의 통찰력으로부터 사실들이 사회적 배경 안에서 구성된다는 관점을 지적 허무주의의 혼란에 빠지는 일 없이 배울 수 있다고 하였다(2010: 108).

지식의 확립에 있어서 포스트모더니즘은 오늘날의 세계적 상황과 계층, 인종, 성별 및 다양한 집단적 연대에 속한 사람들의 다양한 관점이 비판이론의 관점과 연결되어 있다는 점을 강조하고 있다.

비판이론은 그들을 억제하는 사회적 환경을 극복하기 위해 사람들에게 권한을 부여하는 것과 관계가 있다. 이것은 사회 · 문화적 요소가 인간의 삶에 중요한 영향을 미친다는 신마르크스주의와 페니미즘, 장애에 관한 사회적 모델, 비판적 인종이론 그리고 퀴어이론(queer theory)을 포함하는, 다양한 연구동향을 아우르는 용어로 사용되고 있다. 이 접근법에서 자료는 열려있는 분석보다 인종, 계층, 장애의 개념에 따라 분석되는 경향이 있다. 따라서 연구결과는 참여자의 사회세계에 대한 기술과 설명보다는, 정치적이고 해방적인 효과에 의해 평가된다.

비판이론은 페미니스트연구에서 특히 강조되고 있는 연구자와 참여자 간의 완전한 평등에 대한 요구에 영향을 미치고 있다. 페미니스트연구자들은 연구가 구조화되고 수행되는 과정에서 힘의 불균형이 존재하며, 이것이 연구자와 참여자의 역할에 있어 의구심과 치밀함이라는 양면성을 야기했다고 주장하였다(Bowles & Klein, 1983; Oakley, 1981; Roberts, 1981).

또 다른 측면에서 사회연구는 연구과제 설정에 있어서 협력적인 과정과 더 많은 모집단을 포함시키는 방법을 개발해 오고 있다(Reason, 1994; Reason & Rowan, 1981; Whyte, 1991). 예를 들어 참여행위연구는 연구자와 참여자 사이의 벽을 깨고 연구과정에 포함된 모든 사람들의 긍정적 변화를 목적으로 하고 있다. 최근 참여연구는 이용자들이 연구의 일부 기능을 담당하는 기존의 이용자–참여 설계에서, 이용자–통제 혹은 이용자–주도까지 나아가는 형태로 다양화되고 있다(Wallcraft et al., 2009).

이러한 이용자–통제 연구의 경향은 보건 및 사회복지와 같은 공공서비스 분야에서 능동적인 시민의 관심과 동기 그리고 권력을 증가시켜 더욱 폭넓은 정치 · 사회적 변화를 가져오는 데 목적을 두고 있다(Beresford, 2007; Faulkner, 2012). 이러한 움직임은 '우리 없이 우리에 관한 것은 아무것도 없다.'라는 장애인들의 요구에 의해 구체화되어, 정책 및 의사결정에도 적용되어오고 있다. 그러나 이와 같은 참여자 및 이용자 주도의 접근법은 형식주의를 피해야 하는 문제(Cook, 2012)와 질적 수준의 유지와 참여자 참여의 균형을 잡아야 하는 문제를 안고 있다(Brownlie et al., 2006). 참여자의 역할과 힘을 증가시키고자 하는 움직임은 연구자의 관점을 어떻게 할 것인가에 관한 문제로 연결되고 있다. 이는 연구자가 권위적인 입장과 중립적인 입장을 취하던 전통적 접근법과는 대조적으로 연구 결과에 대한 반성적 접근법을 강조하는 것으로 나타나고 있다(**Box 1.1**).

일부 연구에서는 연구 참여자가 자신들의 이야기를 직접 말하도록 하는 방법을 시도하고 있다. 이는 연구자의 해석이 들어간 측면에서 생활사로 인식되기는 하지만, 기본적으로는 구전 역사의 전통을 그대로 답습하는 것이라고 볼 수 있다. 그러나 최근에는 사람들이 질병과 실업에 적응하는 방법과 같은 주제를 연구하는 방법으로 개인의 이야기에 초점을 맞춘 내러티브와 생애사적 방법(Chamberlayne et al., 2000; Creswell, 2013; Roberts, 2002)이 개발되어 사용되고 있다. 내러티브 연구는 참여자가 자신의 발전과 역사를 자신의 언어로 이야기함으로써, 그 현상에 대해 더욱 잘 이해할 수 있도록 한다. 특히 내러티브 연구는 최근 다양한 분야에서 널리 사용되고 있는 방법으로서 Riessman과 Speedy(2007)는 '내러티브가 거의 모든 학문분야에서 사용되고 있다.'고 주장한 바 있다(quoted in Xu, 2010). 그러나 내러티브 연구는 정책에 초점을 맞춘 응용적 사회연구에 한정되어 있다는 지적도 있다(Frost, 2011).

마지막으로 질적연구의 발전과 기원에 관한 논의에서, 실용적 목적을 위한 방법의 개발이라는 측면에서 시장조사가 기여한 바를 이해할 필요가 있다. 시장조사 산업에서 활용되었던 다양한 질적방법은 더욱 발전되어 사회과학 분야로 들어오게 되었으며, 질적연구방법론으로 발전하게 되었다. 그 예로 현상에 대한 이미지를 이해하기 위한 투영기법이나 초점집단의 사용을 들 수 있다. 최근에는 첨단기술을 적용하여 온라인 면접과 포커스그룹을 연결한 온라인 조사 공동체가 시장조사 산업에 사용되고 있다(Nikhilesh & Zhang, 2004).

질적연구접근법과 이론적 입장은 매우 다양하다(**Box 1.6**). 지난 20세기와 21세기에 걸쳐 질적연구의 주요 연구전통은 학문적 기원을 제시하였으나, 이는 결코 완전한 것이 아니라는 점을 인식해야 할 것이다.

접근법 선택하기

Choosing an approach

질적연구에 있어 이론의 역할에 대해 생각해 보아야 하는데, 이는 특정 이론적 전통이나 학파 또는 패러다임의 기치 아래 연구가 수행되어야 하는지에 관한 것이다. 다시 말해, 이는 질적연구를 수행할 때에는, 현상학적 방법이나 근거이론적 접근법 중 어떤 것을 선택해야 하는가를 말한다. 하나의 연구전통은 그 자체에 다양한 형태로 존재하거나, 다른 전통들과 많은 부분 중복되어 있는 경우가 있기 때문이다.

사용 가능한 접근법의 범위를 알기 위해 다양한 인식론, 패러다임, 전통 등을 이해하는 것이 바람직하지만, 인식론적 결정론(epistemological determinism)에 대해서는 반대하는 학자들이 많다. Silverman은 연구전통의 엄격한 구별은, 어떤 하나의 전통에 무분별하게 고착화 함으로써 위험한 것이라고 주장하였다.

연구자가 연구과제와 상관없이 특정 전통의 관념론적 경향을 선택하고자 한다면, 그것을 자유롭게 선택하도록 하여야 하며, 이론적 혹은 방법론적 틀을 강요해서는 안 된다. Seale 등에 따르면 방법론적 전통의 정치적이고 외부적인 역할과, 엄격한 지식생성 과정을 통해 연구자를 안내하는 절차적 혹은 내부적 역할은 구별되어야 한다(Seale et al., 2007: 7). 이들은 연구의 배경과 목적을 설명하는 연구설계에 있어 유연한 접근법을 지지한다. 이들은 William James와 George Herbert Mead의 철학에 근거하여, 연구질문에 가장 적합한 접근법을 선택하는 것이 좋다는 실증주의적 입장을 표명하고 있다.

Seale 등은 실증주의연구자의 주의 깊은 연구접근에 대해 동의하였으며, Patton(2002) 또한 실증주의의 장점을 인정하였다. Barbour(2008)는 필요하다면 사회 · 경제적 혹은 정치적 맥락과 관

Box 1.6

질적연구의 전통과 접근법

연구전통	학문적 기원	목적
민족지학	사회학/인류학	참여자의 사회세계에 대한 이해를 위해 이들의 사회로 들어가 이들의 문화와 신념을 상세하게 기술하는 것
현상학/민족학적 방법론	철학/사회학	참여자의 세계에 대한 이해를 위해 이들이 일상생활 안에서 사용하는 구성개념과 개념 혹은 생각을 이해하는 것. 대화 및 문장 안에 포함된 의미를 발견하는 것
대화 분석	사회학/언어학	상황에 의미를 부여하는 대화와 순서에 초점을 맞추어 이야기가 구조적으로 조직되는 방법을 분석하는 것
담론 분석	사회학	다양한 담론과 행동, 언어 형태 및 수사적 표현 안에서 지식이 생성되는 방법을 확인하는 것
프로토콜 분석	심리학	과제 수행의 근본을 이루는 인지과정에 관한 추론을 이끌어내고 확인하는 것
해석적 현상학 분석 (IPA)	심리학	심리사회학적인 과정 속에서 통찰력을 얻기 위해 참여자 경험의 의미와 중요성을 탐색하는 것
상징적 상호작용론	사회학/사회심리학	사람들이 환경을 어떻게 해석하고 반응하는가를 이해하기 위해 행동과 사회적 역할을 탐색하는 것
근거이론	사회학	자료에서 얻어진 분석적 범주의 특정화를 통해 사회적 행동에 관련된 새로운 이론을 개발하는 것
생태유전학	사회심리학	사람들이 부여하는 의미를 조사하여 행동의 기저에 있는 구조를 탐색하는 것
해석학	신학/철학/문학비평/언어학	의미의 해석을 위해 그것을 발생시키는 행위의 조건을 탐색하는 것
내러티브 분석	사회학/사회역사/문학비평/	내러티브를 통해 참여자의 세계에 관해 분석하는 것. 이야기하는 방법과 내러티브의 구조를 연구하는 것
구성주의	사회학	의미와 설명의 탐색을 통해 특정 상황에 있는 사람들의 '구성된 현실'을 보여주는 것
비판이론	사회학	경제, 정치, 성역할, 인종과 같은 물질적 조건이 신념, 행동, 경험 및 변화를 촉진시키는 새로운 견해의 활용에 미치는 영향을 규명하는 것
참여행동연구, 이용자-주도연구	사회심리학, 사회학	참여자와의 협력적 접근을 통해 참여자의 긍정적 변화를 생성하는 것

련된 거시적 요소들을 통합하는 동시에, 사회구성주의적 접근법을 적용할 수 있다고 주장하면서, 혼합 접근법(hybrid approach)을 부끄러워 할 필요는 없다고 하였다. 이런 관점에서 질적 그리고 양적 연구방법은 다른 형태의 연구질문에 대해 다른 렌즈로 볼 수 있는 보완적 전략으로 사용될 수 있다(Silverman 2010, 2011; Gilbert, 2008). 따라서 질적 및 양적 방법은 사회연구에 있어 서로 경쟁적인 접근법이라기보다 전체 도구 가운데 일부라고 볼 수 있다.

실제로 최근에는 다양한 방법을 적용하는 복합적 방법이나 학제 간 연구가 흔히 이루어지고 있다. 이러한 연구전략에 찬성하는 사람들은 어떤 연구전통에 대한 순수주의적 실천이, 연구질문에 적합한 설계에 필요한 능력을 손상시킬 가능성이 있다고 주장한다. 그러나 다른 측면에서 이 두 접근의 존재론적이고 인식론적인 입장이 양립하지 않는다고 주장하는 사람들이 있다(예: 후기 실증주의자와 구성주의자). 이들은 철학적인 기원이 완전히 다른 방법으로 생성되어 자료는 상충되는 패러다임으로 인해 조정이 어렵거나, 명확한 분석에 어려움을 가져올 수 있다고 주장한다(Richardson, 1996; Stange, in Crabtree & Miller, 1999; Holmes, 2006; discussion in Creswell, 2011). 그러나 이 주제에 관하여 지금까지는 연구자 자신이 스스로 선택하도록 해온 것이 일반적 경향이다.

본서의 '접근법'에 대한 입장

The 'approach' within this book

다음은 이상의 내용에서 설명한 접근법과 방법에 대해, 본서가 취하고 있는 입장을 간략히 설명한 것이다.

실재론 Realism

본서의 접근방식은 일반적으로 비판적 실재론(Robson, 2002; Bhaskar, 1978) 또는 미묘한 실재론(Blaikie, 2007; Hammersley, 1992)(**Box 1.2**)에 속한다. 이는 존재론적으로 볼 때, 현실은 그것을 관찰하는 사람과 상관없는 존재로 보이지만, 개인의 인식 및 해석에 의해서만 접근 가능하다는 것을 의미한다. 본서는 연구문제에서 참여자 자신의 해석이 매우 중요하다는 인식을 가지고 있으며, 이들의 다양한 관점은 여러 형태로 이해할 수 있다고 생각한다. 또한 본서에서는 외적 현실은 그 자체로 다양하고 복합적이며, 그 복잡하고 심오한 현실을 포착해내는 것이 연구의 목적임을 믿는다.

해석주의와 이론의 역할 Interpretivism and the role of theory

본 저서는 광의적 해석주의의 틀 안에서 삶의 조건과 상황 속에 있는 개인의 관점을 이해하고, 이를 실천에 반영해야 함을 강조한다. 이것은 연구의 전 과정에서 귀납적 접근과 연역적 접근의 자료 분석과 해석에 균형 있게 적용하는 것을 포함하고 있다. 연구프로젝트 시작 시에는 기존의 이론과 연구를 이용하여 연구계획 및 설계, 표본추출방법 및 현장조사 도구를 만든다. 그러나 현장조사와 초기 분석에서는 참여자의 의견과 경험을 그들의 관점에서 이해하고 탐구하는 데 중점을 둠으로써 참여자의 생활에 대해 가능한 한 구체적 정보를 얻을 수 있도록 노력한다. 분석의 마무리 단계에서는 분석 결과를 기존의 다른 이론이나 지식에 비추어 검토한다.

특히 기존의 이론이나 연구를 참고할 때, 철저히 자료에 근거한 해석이 필요하다. 따라서 처음의 분석은 가능한 한 참여자의 설명에 따라, 그들의 의견과 경험을 전체적으로 보여주는 것을 목표로 이루어져야 한다. 참여자가 제공하는 명시적 서술이나 설명을 넘어 해석이 진행되는 경우에는, 폭 넓은 이론들을 이용하여 그 해석이 어떻게 참여자로부터 나온 자료와 관련이 있는지를 명확하게 하는 것이 중요하다.

실용주의 Pragmatism

본 저서는 하나의 인식론적 입장에 맞추기보다는, 특정 연구과제를 위해 적합한 방법을 선택하는 것이 더 중요하다고 생각한다. 따라서 제시된 연구질문을 해결하기 위해서는 서로 다른 연구방법의 결합이 필요할 수도 있다. 연구의 질은 특정 전통에 한정된 기술이 아니라 과제에 적합한 방법과 절차를 선택하는 것과 관련이 있다.

성찰 Reflexivity

본 저서는 연구수행에 있어 공감적인 중립성의 달성을 목표로 한다. 이것은 연구를 위해 명시적, 의식적 또는 시스템적 편견을 방지하고, 자료의 수집, 해석, 발표에 있어서 가능한 한 중립을 지키도록 노력해야 함을 의미한다. 그러나 이러한 목표가 완벽하게 달성되는 것은 결코 쉽지 않다는 것도 인식하고 있다. 모든 연구는 연구자의 영향을 받기 때문에 완전히 중립적인 또는 객관적인 지식은 없다. 따라서 연구자는 연구과정을 통해 자신의 역할, 신념 및 행동의 영향에 대해 계속적으로 성찰해 보아야 한다. 실제적으로 연구자가 현장에서 일하면서 자신의 신념과 가치를 분명히 표현할 필요는 없지만, 자신의 잠재적 편견의 근원을 성찰하고 연구활동의 세부사항을 보고서에 포함하는 것은 중요하다.

엄격성 Rigour

본서는 체계적이고 엄격한 방법을 통해 사람들의 인식과 해석을 이해할 수 있다고 생각한다. 이러한 접근방식은 질적연구의 특성과 목적에 해당되지만, 최근의 개념들이 반영된 보다 과학적 방법을 받아들인 것이다. 잘 설계되고, 잘 수행된 연구는 잘 규명되어 신뢰할 수 있는 증거를 창출할 수 있다.

추론적 상태 Inferential status

본서는 질적연구가 현상의 본질과 다양성의 관점에서 일반화를 위해 사용될 수 있다고 생각한다. 질적연구의 목적은 연구에 관한 구체적인 표본을 넘어 광범위한 적용을 위해 중요한 질적증거를 만들어 내는 것이다. 본 저서는 질적자료의 일반화 가능성에 대해 잘못 생각하고 있는 부분이 있음을 인식하고 있다. 따라서 추론적 진술의 근거와 경계를 명확히 하는 것이 중요하다.

핵심요소

KEY POINTS

- 질적연구는 사회세계에 대해 무엇을 알 수 있는지, 그것에 대해 어떻게 알 수 있는지에 대한 다양한 의견과 관련된 접근법을 다루고 있다. 질적연구의 목적은 일반적으로 사람들의 사회적이고 물질적인 상황, 경험, 관점 및 역사에 대해 학습함으로써, 사회세계에 대한 깊이 있는 이해를 제공하는 데 있다.
- 질적연구의 역사는 일반적 연구방법뿐만 아니라, 사회연구방법의 맥락에서 이해되어야 한다. 질적연구의 발전은 사회적 및 물질적 환경에서 인간의 행동을 이해하는 것이 중요하다는 생각에 의해 강한 영향을 받았다. 이는 인간이 자신의 경험에 어떤 의미를 가지는지 이해할 필요가 있기 때문이다. 해석주의는 통계에 의존하는 실증주의의 한계에 대응하기 위하여 개발된 접근법이다.
- 지난 20세기에 질적연구는 많은 발전이 있었으며, 여러 학파가 나타나기도 했다. 여기에는 민족지학, 현상학, 민족학적 방법론, 상징적 상호작용론, 근거이론, 구성주의, 비판이론 등이 포함된다. 최근 양적연구와 실험연구, 응용연구에 의존해왔던 연구 분야에서 질적연구에 대한 관심이 확산되고 있다. 이것은 연구문제의 해결을 위해서는 다양한 방법을 최대한 활용할 필요가 있다는 폭넓은 실용주의적 인식에 의한 것이다.

핵심용어

KEY TERMS

존재론(ontology)은 존재하는 것의 본질에 관한 것이다. 존재론적 논의의 중요한 논점 중 하나는 외부 현실이 존재하는지 여부와, 이에 관한 두 가지 다른 입장이 존재한다는 것이다. **실재론(realism)**은 사람들의 믿음과 이해와 상관없이 현실이 존재한다고 주장한다. **관념론(idealism)**은 현실이 마음에 의존하고 있다고 주장한다. 질적연구자들은 존재론적 입장은 서로 다를 수 있지만, 사회세계가 규범적 기대와 공유된 이해에 의해 지배되고, 그것을 설명하는 법칙은 불변이 아니라는 공통적 이해가 있다고 생각한다.

인식론(epistemology)은 지식의 본질과 그것을 어떻게 획득할 수 있는지에 관한 것이다. 사회연구 발전에 영향을 준 주요 철학 중 하나인 **실증주의(positivism)**는 인간의 행동이 법칙에 의해 지배되고 있기 때문에 자연과학적 연구방법이 적합하다고 주장하며, 독립적 · 객관적 · 가치중립적 사회연구를 할 수 있다고 주장한다. 이와 반대로, **해석주의(interpretivism)**는 사회세계는 법칙과 같은 규칙에 지배되지 않기 때문에 자연과학의 방법은 사회연구에 적합하지 않다고 주장한다. 이에 따르면 사회연구자는 참여자의 관점과 자신의 관점에서 사회세계를 탐구하고 이해할 필요가 있다. 설명은 원인이 아니라 의미의 수준에서만 제공할 수 있고, **질적연구는 주로 해석주의와 관련이 있다**(Qualitative research is largely associated with interpretivism).

귀납 및 연역의 상대적인 장점과 역할에 대한 인식론적 논의도 있다. **귀납(induction)**은 세계를 관측함으로써 패턴과 연관성을 추론하는 것이고, **연역(deduction)**은 논리적인 추론과정을 통해 명제와 가설을 이론적으로 생성하는 것이다. 질적연구는 주로 귀납적 패러다임으로 간주되지만, 그 과정의 여러 단계에서 연역과 귀납을 모두 사용한다.

chapter 2

사회연구에서 질적방법 적용하기

THE APPLICATIONS OF QUALITATIVE METHODS TO SOCIAL RESEARCH

개요

Chapter outline

- 이론적 연구와 응용연구
- 질적연구의 기능
- 독립된 연구전략으로서의 질적연구
- 질적연구와 양적연구의 결합

Chapter 1에서는 질적연구의 다양한 전통과 주요 특징에 대해 설명했다. 이 장에서는 이러한 특징이 사회연구의 질문을 해결하는 데 어떤 역할을 하는지 다룬다. 또한, 질적접근법이 단독 연구전략으로서 적합한 상황을 살펴보고, 질적연구와 양적연구가 가장 효과적으로 결합될 수 있는 방법을 설명한다.

이론적 연구와 응용연구

Theoretical and applied research

여러 연구방법의 이용과 역할에 대해서 기술할 때, 이론적 연구, 순수 또는 기초연구와 응용연구 간에는 종종 어떤 구분점이 있다. 이론적 연구는 특정 학문 분야에서 사고를 시험, 생성, 향상시키려는 목적과 관련이 있다. 기초연구자는 새로운 이론을 생성하거나 기존 이론을 테스트하는 작업을 한다(Patton, 2002: 215). 응용연구는 당대의 쟁점을 이해하거나 직접적으로 해결하기 위해 연구를 통해 얻은 지식을 활용한다. 이와 같이, 일반적으로 연구의 목적은 특정 정보의 필요성 및 기존 문제에 대한 통찰의 필요성에 의해 정해진다.

전반적인 사회과학과 특정 사회학적 연구에서, 응용연구와 이론적 연구를 구분할 필요가 있는가에 대해 일부 논란도 있다. 이 논쟁의 핵심은 사회이론과 사회연구 사이에 고유한 상호작용이 있는가 또는 필요한가이다(Denzine & Lincoln, 2011; Hakim, 2000; May, 2001; Rossi & Lyall, 1978; Silverman, 2010). 결과적으로, 함축적 연구, 인정되지 않은 연구, 부적격 연구일지라도 모든 연구는 특정한 이론적 가정, 개념 또는 가설에 근거하고 있다. Silverman이 말했듯이 어떤 사회적 서비스를 평가하기 위해 설계된 현실적 정책중심연구라도, 평가방식이 선택되면 바로 이론적 논쟁을 불러 일으킨다(2010:103). 마찬가지로, 모든 형태의 사회연구는 사회세계에 대해 더 큰 이해와 지식을 제공함으로써 이론에 기여할 수 있다. 한편, Dezine과 Lincoln(2011)은 좋은 이론적 연구라면 적용 타당성과 영향력이 있어야 한다고 주장했다.

어느 쪽이든 간에, 사회연구는 이론에 의해 근거의 수집이 이루어지고 이론적 통찰 속에서 해석되는 것과 같이, 이론적 통찰과 사회적 탐구가 서로를 강화할 때 가장 유용하다(Bulmer, 1982:152). 물론 Silverman이 말했듯이, 이론이 없다면 연구는 매우 협소해지고, 연구가 없다면 이론은 탁상공론에 불과할 것이다(2010:115).

사회연구에서 응용연구와 이론적 연구의 경계가 다소 모호하기는 하지만, 응용사회연구나 사회정책연구는 정책과 정책 관련 실무의 개발, 감시, 평가에 기여할 목적으로 자주 이용된다(Hakim, 2000; Patton, 2002; Robson, 2001; Walker, 1985). 검토 중인 정책이나 프로그램은 국가, 지역, 지방 또는 기관의 관심사와 관련되거나 교육, 고용, 주거, 환경, 건강, 사회보장, 빈곤,

평등과 인권, 형사법 등에 걸친 많은 정책 분야에서 발생할 수 있다. 연구는 사회문제나 문화를 광범위하게 이해하기 위한 것일 수도 있고 특정한 서비스, 중재 또는 입법에 초점을 맞추기 위해 진행되는 것일 수도 있다. 마찬가지로, 사회정책연구는 정책과정 자체와 같이 다면적이고 광범위하다. 또한 맥락을 제공하고, 보다 완전한 해석과 증거의 생성을 위해 사회이론에 대한 이해를 필요로 한다.

응용질적연구의 증가The growth in applied qualitative research

20세기 후반까지 질적연구방법은 실제상황에서보다는 사회이론을 개발하려는 목적으로 많이 이용되었다. Chapter 1에서 설명했듯이, 질적연구는 사회적 구조, 행동, 문화를 이해하는 데 기여한 역사를 가지고 있지만, 사회정책의 개발과 평가에 직접적인 도움을 주기 위해 폭넓게 이용된 것은 훨씬 이후의 일이다. 이러한 현상은 영국을 비롯하여 질적연구를 해온 오랜 역사를 가지고 있는 미국 등의 다른 국가에서도 마찬가지이다(Filstead, 1979). 이러한 현상이 생긴 주요 이유 중의 하나는 정책입안자들이 정보 혹은 근거를 숫자와 같은 것으로 여겼기 때문이다(Bulmer, 1982; Weiss, 1977). 정책과 관련된 연구가 현저gkrp 증가된 1960년대와 1970년대에 조차도, 설문을 포함하는 통계기반 방식이 주로 사용되었다. 당시, 사회적 상황에 있어 확실한 사실(hard facts)에 대한 요구는 사회정책연구에 규범적인 통계적 방법론을 적용하도록 하였다(Payne et al., 1981).

그러나 다른 분야와 마찬가지로 사회정책 분야에서도, 정책이 해결해야 할 문제의 속성을 보다 완전하게 이해하고, 이미 실행된 정책들을 평가하기 위해 질적연구를 사용하고자 하는 요구가 늘어나고 있었다(Rich, 1977; Weiss, 1977). 다시 말해, 질적연구는 사회정책연구에 필요했던 계몽이나 이해를 위한 지식을 제공하는 데 있어 결정적인 역할을 하는 것으로 인식되었다(Janowitz, 1971; Scott & Shore, 1979). 이러한 인식은 1980년대 초반까지 질적연구에 대한 정부와 기타 공공기관으로부터의 의뢰가 꾸준히 증가하면서 반영되었다.

1980년대 후반부터, 영국의 사회정책 연구에서 질적연구의 사용은 두드러지게 증가하기 시작했다. 연구위원과 후원자들은 질적연구가 제공할 수 있는 정보와 이해를 더 가치있게 인식하기 시작했다. 정책과정의 여러 단계에 정보를 제공하기 위한 질적연구의 의뢰와 사용은 처음 사용하기 시작했던 일부 정부부서로부터 더 넓은 부처와 정책부문으로 점차적으로 확산되었다. 특히 1997년 총선거 이후, 영국에서 정책과 프로그램의 평가가 확장되면서 프로그램과 정책이 실무에서 기능하는 방식과, 성공 또는 실패로 이어지는 과정 및 요인을 이해하기 위한 방법으로 질적연구의 사용이 증가되었다. 영국 정부부서의 연구에서 사용된 연구방법을 검토한 NatCen 리뷰는 2012년 1월부터 10월까지 출간된 86개 연구 중 18개가 질적방법을 단독 또는 주로 이용하였으며, 35개의 연구는 질적과 양적 방법을 결합하여 사용한 사실을 확인하였다. 질적연구는 설문이나 무작위 통제실험과 같은 전통적 평가방식과 함께, 거의 일상적인 수준으로 이용되고 있어, 영국 정부가 후원하는 사회연구에서 그 이용 범위를 확고히 했음을 보여주었다.

1990년대와 2000년대에는 질적연구의 질에 대한 평가와 관련된 일련의 활동 역시 가속화되었다. 질적연구의 질을 평가하는 기준이 정립될 수 있을지 여부와 그 방법에 대한 오랜 논란에도 불구하고, 공공부문연구에서 질적연구의 이용이 늘어나면서 체계적 평가에 대한 요구가 증가한 것이다. 이와 함께, 체계적 문헌고찰과 메타분석의 이용이 증가하고 있는데, 특히 건강 분야에서, 질적 수준에 대한 판단을 요구하였다. 그 결과, 많은 '질' 점검표, 틀, 지침이 개발되었고, 질적연구의 실행이나 그 결과물에서 우수한 실행의 특징을 찾게 되었다. 영국 정부 역시 질적연구의 평가기준을 만들기 위한 연구를 의뢰하기도 하였다(Spencer et al., 2003). 그러나 이런 활동에도 불구하고, 철학적 지향(orientations)과 방법론적 원칙에 대한 논쟁을 기반으로, 질적연구의 표준에 대한 논란도 지속되고 있다.

질적연구의 기능

The functions of qualitative research

사회연구에 필요한 정보와 이해를 제공하는 질적연구의 특별한 역할을 알기 위해서는 사회연구의 광범위한 기능을 고려하는 것이 유용한데, 이 기능은 분류 목적에 따라 여러 가지 방식으로 규정되어 왔다. 예를 들어 이론적 연구에서는 이론 형성, 가설 검증 및 내용 설명의 기능이 구분되어 존재하며, 응용연구에서는 정책입안의 핵심과정인 정책입안 주기(policy-making cycle)에 따라 다른 유형의 연구가 사용된다. 이 주기란 사회문제의 이해 및/혹은 정책이나 프로그램을 위한 아이디어의 생성이 이루어지는 형성(formulation) 단계, 정책의 실행과 효과적인 실행의 촉진 및 장애요인에 집중하는 실행(implementation) 단계 그리고 효과의 평가와 관련된 평가(appraisal) 단계를 가리킨다.

이러한 정의에 따라 사회연구의 잠재적 기능을 포괄적으로 분류하면 다음과 같다.

- **맥락적(Contextual):** 실재하는 것의 형식이나 본질을 묘사하는 것
- **설명적(Explanatory):** 실재하는 것의 이유나 그들의 관계를 검토하는 것
- **평가적(Evaluative):** 실재하는 것의 효과를 측정하는 것
- **생성적(Generative):** 이론, 전략 혹은 행동의 개발을 지원하는 것

다양한 형태의 연구는 다른 방식으로 각각의 기능에 기여할 수 있는데, 이에 대해서는 본 장의 뒷부분에서 논의할 것이다. 이제 이러한 범주 속에서 질적연구가 제공할 수 있는 기능과 증거의 종류를 살펴보자.

맥락연구는 사회세계에 존재하는 것과 그것이 드러나는 방식을 밝히는 것에 관심을 둔다. 연구참여자의 자체적인 언어로 자세하게 참여자가 경험한 현상을 설명하고 표현할 수 있다는 것이 질적연구의 주요한 특징이다. 따라서 이를 위해서는 문제를 풀어놓고, 이 문제는 무엇에 대한 것이며, 내부에 어떤 사정이 있는지를 알아보고, 연관된 것들을 어떻게 이해할 수 있는지 탐구해야 한다. 이에 대한 증거는 다음의 목적으로 사용된다.

- 사회현상에서 차지하는 요소, 차원, 계층, 위치의 범위를 나타내기 위해서이다.
  - 부모는 자녀의 좋은 행동을 어떻게 정의하고, 자녀는 또 어떻게 정의하는가?
  - 젊은이들은 정치와 정치가에 대해 어떤 인식을 가지고 있는가?
  - '삶의 기준'이나 '좋은 삶의 기준'이라는 개념에는 어떤 차원이 포함되어 있는가?
- 다음과 같은 현상의 본질이나 특징 표현을 위해서이다.
  - 인종차별은 어떤 식으로 나타나는가?
  - 비만은 어떤 식으로 경험되는가?
  - 사회 참여가 포함하고 있는 것은 무엇인가?
- 경험, 사건, 환경이나 그 밖의 현상에 사람들이 부가하는 의미를 기술하기 위하여 사용된다.
  - 조부모가 된다는 것은 무엇을 의미하는가?
  - 범죄 기록을 가진다는 것은 어떤 느낌인가?
  - 결혼식이나 사회적 파트너십의 예식이 가지는 중요성은 무엇인가?
- 유형 분류체계, 모델 및 집단을 밝히기 위해서 이용된다.
  - 사회적 소외를 경험한 사람들 사이에서 서로 다른 집단을 특징짓는 것은 무엇인가?
  - 온라인 네트워크를 조직하는 서로 다른 모델은 무엇인가?
  - 청년 실업자를 위한 직업 카운셀링의 서로 다른 접근법을 규정짓는 것은 무엇인가?

이러한 질적연구의 기능을 기술적(descriptive) 또는 탐구적(exploratory)이라고 부르며(Marshall & Rossman, 2011; Robson, 2011), 이러한 기술과 탐구가 맥락연구의 주요 특징이다. 이 유형의 핵심 목적은 참여자가 경험하고 이해하는 대로의 사회현상을 조사하고 포착하는 것이다.

설명연구는 현상이 발생하는 원인과, 사건을 발생시키는 힘과 영향력에 관심을 둔다. 질적연구는 주제를 심도 있게 검토하기 용이하기 때문에 결정, 태도, 행동, 기타 현상의 배경과 지원을 연구할 수 있는 유용한 도구이다. 이는 또한 사람들의 사고나 행동에서 발생하는 관계 및 이것이 사람들에게 가지는 의미를 밝히도록 해 준다. 이들은 설명적이고, 심지어 우연한(casual) 관계도 차례로 드러낸다. 이러한 특징은 아래 열거된 사항들을 밝힐 수 있도록 해준다.

- 특정 태도, 신념 또는 지각 속에 있는 요인이나 영향을 밝히기 위해서이며, 예를 들면 다음과 같다.
  - 인종차별을 일으키는 주요 요소는 무엇인가?
  - 기후변화에 대한 사람들의 신념에 영향을 미치는 것은 무엇인가?
  - 시에 대한 사람들의 관점을 형성하는 것은 무엇인가?
- 결정, 행동 또는 행동하지 않음을 선택하게 되는 동기를 나타내기 위해서이다.
  - 사람들이 아이를 갖기로 혹은 갖지 않기로 결정하는 이유는 무엇인가?
  - 사람들이 자원봉사나 지역 활동에 참여하는 이유는 무엇인가?
  - 경제 침체에 대해 대중이 서로 다른 반응 패턴을 보이는 배경은 무엇인가?
- 사건, 경험 또는 발생의 기원을 밝히기 위해서이다.
  - 노숙이 발생하는 이유는 무엇인가?
  - 가정의 수입과 지출을 관리하고 제어하는 시스템은 어떻게 발전하는가?
  - 예방적 건강서비스 사용에 있어 장애물은 무엇인가?
- 현상이 발생하는 맥락을 밝히기 위해서이다.
  - 퇴거는 어떤 상황에서 발생하는가?
  - 사회적 불안이 발생하는 환경/조건은 무엇인가?

설명을 모색하고 제공함에 있어, 질적연구의 역할은 다양한 인식론적 접근의 범주에서 폭넓게 인정된다(Giddens, 1984; Layder, 1993; Miles & Huberman, 1994; Yin, 2012). 하지만 사회연구에서 원인과 결과는 추측에 근거할 뿐이라는 반론과 함께, 사회현상의 원인이 실제로 감지될 수 있는 것인지에 대한 논쟁도 있다(Chapter 1, 10 참조). 그럼에도 불구하고, 질적연구는 주요 영향 요인을 밝히고 설명적 가설을 생성하는 데에 중요한 역할을 담당한다.

평가연구는 많은 정책 또는 조직에 관한 연구에서 핵심적인 문제를 얼마나 잘 수행하는지에 관심을 둔다. 평가연구를 위해서는, 과정과 결과에 대한 정보가 모두 필요하며 질적연구는 이 두 가지 모두를 가능하게 한다. 질적연구는 연구방식의 유연성으로 인하여, 사건들의 작동기전을 살피는 것에 특히 능숙하다. 여러 가지 유연한 방식이 정책, 실제상황, 시스템, 사건이 발생하는 방식에서 생길 수 있는 다양한 형태의 효과나 결과를 밝혀냄으로써, 결과를 이해하는 데 기여한다. 양적연구로는 접근이 가능하지 않을, 프로그램이나 서비스를 형성하는 여러 요소들을 질적연구는 드러낼 수 있다(예: 역사, 조직과 문화, 성격, 정치 역학, 이해당사자 간의 사회적 상호작용과 그 관계). 평가연구에서 논리와 특정 프로그램이 포함하고 있는 가정을 면밀히 살피는 데도 질적연구를 이용해 왔는데, 이러한 접근법을 논리 모델링(logic modeling)이라고 한다(W.K. Kellogg Foundation, 2004).

평가연구에서 질적연구는 다음과 같은 목적으로 이용될 수 있다.

- 프로그램의 구성요소를 구체적으로 기술하거나, 특정 결과로 이어지는 신념에 토대를 둔 가정과 이론을 기술하기 위해서이다.
  - 심장검사 프로그램이 심장발작 건수를 감소시킬 것이라고 믿는 배경은 무엇인가?
  - 금연 프로그램의 성공적 시행의 위험 요소는 무엇인가? 목표하는 결과를 성취하지 못하도록 하는 외적 방해 요소는 무엇인가?
- 프로그램, 서비스, 조정의 성공적 또는 성공적이지 못한 실행에 기여하는 요소를 밝히기 위해서이다.
  - 노숙자들의 성공적인 재정착에 기여하는 요소는 무엇인가?
  - 조직이 제공하는 지원 서비스가 수혜자에게 효과적 혹은 비효과적이도록 만드는 요소는 무엇인가?
  - 지역민들이 예방적 건강검진을 하도록 촉진하거나 방해하는 요소는 무엇인가?
- 프로그램 참여 효과나 참여자들의 동기를 밝히고, 이러한 효과가 발생한 방식을 밝히기 위해서이다.
  - 고용복지 프로그램이 참가자들의 구직활동에 어떤 영향을 주는가?
  - 환경보호 계획이 행동을 어떻게 변화시키는가?
- 해당 인구 내에서 각 집단의 요구의 본질을 검토하기 위해서이다.
  - 건강증진 프로그램이 여러 민족집단의 필요와 관심사를 다루기 위해 어떤 식으로 설계되었는가?
  - 중장년층은 재가 돌봄 서비스(home care service)에 대해 어떻게 반응하는가?
  - 성인 문맹퇴치 제도에 참여하는 각 집단의 요구는 무엇인가?
- 프로그램이나 서비스의 전달체계와 관련된 폭넓은 조직적 측면을 탐구하기 위해서이다.
  - 사회개발 계획을 제공하는 기구에서 기금이 가장 효과적으로 사용되는 방식은 무엇인가?
- 개발, 효과성 평가, 신뢰성, 모니터링 등, 평가의 목적을 위해서이다(Patton, 2012).
- 조사가 이뤄지는 시스템, 프로그램, 조직, 정책의 성격이 새로 형성된 것인지, 그 목표가 국가적 규모인지 지역적인 것인지, 사용자 주도인지 시스템 주도인지 등에 대해 밝히기 위해서이다(Bamberger et al., 2012).

평가연구는 원래 Scriven(1967)에 의해 도입되었는데 이후 발전하게 된 형성평가 모드와 총괄평가 모드 간에는 상당한 차이가 있다. 간략하게 말하자면, 형성평가는 프로그램/시스템과 그 실행이나 조직적 효과성을 변화시키는 정보제공을 위해 설계되었다. 총괄평가는 그 효과성과 결과의 측면에서, 중재, 프로그램 또는 정책의 효과에 관여한다.

평가의 방법 측면에서 넓게 보면 이 두 원리는 서로 일치한다. 우선, 결과와 효과적 실행 모두를 측정하고 이해하기 위하여 다수의 연구에서 통계적 연구와 질적연구의 혼용을 필요로 한다는 점에서 그렇다(Bamberger et al., 2010; Greene et al., 2005). 두 번째로는, 사용된 방식이 평가라는 우선적 목적에 적합해야 한다는 점에서이다.

방법론적 적합성이란, 우선순위가 있는 질문 및 우선 고려대상이 되는 사용자, 대안적 설계비용과 이익, 해야 할 결정, 이러한 결정을 지원하는 데 요구되는 증거 수준, 윤리적 고려와 유용성 등을 고려하는 평가 상황에 적합하다는 것을 의미한다. 어떤 설계도 맥락과 상황의 고려 없이 황금률로서 찬양되어서는 안 된다(Patton, 2012:298).

따라서 평가에서 질적연구는 통합적이며, 그 방식은 답을 구해야 하는 평가 질문에 따라 달라진다. 하지만 목적이 무엇이든 간에, 가장 관련성이 높은 것에 '대해서'가 아니라, 이와 '함께' 이루어져야 한다는 평가 요구에 대한 인식이 점점 높아지고 있다. 이러한 맥락에서 Abma와 Widdershoven(2011)은 보다 '상호작용적'인 평가에 기여하는 질적연구의 가능성에 대해 서술하였으며, 이 과정에서 연구자와 실무자는 서로에 대해 배우는 진행적 대화를 나눈다. 질적평가는 참여자와 다른 이해당사자의 내부 관점에서 프로그램에 대한 이해를 제공할 수 있다.

생성연구는 사회이론의 개발이나 정책의 개선 또는 자극에 기여하는 새로운 아이디어에 관여한다. 질적연구가 새로운 개념의 생성을 자극하고, 그 적용이 규범적이지 않기 때문에 고유하고 창의적인 생각이나 제안이 제기될 가능성이 높다. 또한 생각이 그것이 일어나는 실제 맥락을 통하여 생성되고, 그 속에 자리 잡도록 한다. 따라서 질적연구는 다음과 같은 가능성을 가지고 있다.

- 사회현상의 이해와 새로운 개념의 개발
    - 종교적 근본주의의 성격
    - 사용자가 인식하는 '온라인 커뮤니티'의 기능
    - '가족'과 가족 관계의 개념 변화
- 사회세계의 성격과 작동방식에 대한 가설의 개발
    - 음주 문화의 성격과 국가에 따른 차이
    - 21세기 양육의 성격
    - 일 없는 가정을 유도하는 사회적 구조의 특성
- 지속적인 사회문제에 대한 새로운 해결책의 생성
    - 독거노인의 효과적 지원을 제공하기 위한 혁신적인 기획

- 불이익의 순환을 막는 방법
- 교내 따돌림을 멈추기 위한 학생 주도적 중재

■ 최근에 밝혀진 현상이나 문제를 극복하기 위한 전략의 개발
- 공동체에서 발생하는 사회적 불안 위험을 감소시키는 요인
- 쇠락하는 지방경제를 재건하는 방법
- 희귀 환경자원 보존을 장려하는 메커니즘

■ 프로그램, 정책 또는 서비스의 효과를 높이는 데 필요한 활동의 결정
- 병원 간호의 질을 증진시키기 위해 필요한 변화
- 자동차 소유주가 대중교통을 더 많이 이용하도록 하는 방식
- 아동학대의 조기 발견을 위한 메커니즘

PAR(참여행위연구, Participatory Action Research)은, 참여자야말로 자신의 삶에 대한 전문가라는 생각을 기반으로 하는, 사회적 · 정치적 논쟁에 새로이 기여하는 특별한 접근이라고 할 수 있다. PAR의 핵심 원칙은 지식 생성이란 참여자들의 다양한 경험과 기술이 작업의 결과에 중요한 영향을 미치는 협업적 과정이라는 생각에 기반을 두고 있다(Brydon-Miller et al., 2001:387). 따라서 연구에 참여한 사람들에게 명확한 이익이 있고, 연구의 원칙이 엄격하게 적용되어 연구문제에 체계적으로 접근한다면 그 결과는 더욱 폭넓게 적용될 수 있다(Brydon-Miller et al., 2001). PAR은 연구에 참여하는 내부자와 연구 주제에 관한 전문가 및 외부인 사이의 장애물을 무너뜨리고, 참여자의 환경을 이해함에 있어 진짜 전문가가 누구인지를 질문함으로써 기존의 설정을 뒤집는다.

이미 언급한 바대로, 사회이론에 기여하는 질적연구의 역할은 역사적으로 상당히 존중 받아왔다. 정책개발 및 평가에 대한 질적연구의 기여는 계속 확대되어 왔으며, 최근 들어 더욱 잘 인식되고 있다. 이는 앞에 언급된 종류의 여러 문제를 파악하기 위해 질적연구를 지원하는 정부부서, 공공부문 조직 및 연구 의뢰업체의 동참으로 가능해졌다.

독립된 연구전략으로서의 질적연구

Qualitative research as an independent research strategy

질적연구와 양적연구는 함께 사용됨으로써 사회연구의 다양한 환경을 효과적으로 기술할 수 있다. 그러나 이러한 경우, 질적연구가 연구문제의 해결에 있어 유일한 접근법인 경우가 많다(Denzin & Lincoln, 2008; Marshall & Rossman, 2011; Patton, 2002; Walker, 1985). 일반적으로 질적연구의 사용 여부를 결정하는 요인들이 주로 연구의 목적(objectives)과 관련이 있다는 것에는 이견이

없다. 하지만 연구의 대상이 되는 주제(subject matter)와 연관되는 다른 요인들은 질적연구만을 사용하거나, 적어도 우선적으로 사용할 것을 요구한다. 연구현상이 다음과 같은 특징을 지닐 때에는 질적연구를 단독으로 사용해야 한다.

- **잘못 정의되거나 잘 이해되지 않을 때**

  질적연구는 측정 이전에, 주제를 보다 명확하게 이해하거나 정의할 필요가 있을 때 통계적 연구에 앞서 사용된다. 어떤 사안이나 문제의 성격에 대해 더 많은 이해가 필요하지만 그 범위에 대한 측정은 필요하지 않은 상황이 있을 것이다. 이러한 상황은 이전의 지식과 이해가 이미 확산된 것으로 알려진 (예: 십대의 약물 사용) 상황을 완전히 설명하지 못하는 경우나, 교내에서의 사이버 따돌림처럼 새로이 생겨난 사회현상으로 발생할 수 있다. 질적연구는 방법상의 개방적이고 생성적인 특성으로 인해, 이론이나 정책개발의 근거가 되는 의미나 처방 없이도 이러한 문제들을 탐구할 수 있도록 해준다.

- **뿌리가 깊을 때**

  연구해야 할 현상이 참여자 개인의 지식이나 그들 자신의 이해에 깊게 자리 잡고 있는 주제 영역인 경우가 있다. 이러한 것들은 (예: 자율성이나 조력자살에 대한 신념과 같은) 오래된 가치나 신념의 기원, (성역할과 같은) 특정 태도나 행동의 형성, (처음으로 부모가 되는 감정 같은) 극도로 괴롭거나 기쁜 감정적 반응과 관련되어 있다. 이러한 현상은 그 성격상, 참여자에 대해 섬세하고도 반성적인 질문하기와 스스로 문제를 탐색할 시간을 필요로 할 것이다. 이때 참여자는 억압되었거나 무의식 상태로 남아 있는 내적 인식에 도달할 수 있도록, 정형화된 응답으로부터 자유로울 수 있어야 한다.

- **복잡할 때**

  본질적으로 복잡하거나 개념적으로 연관시키기 어려운 현상들을 이해할 필요가 있는, 복잡한 주제를 연구하는 경우에 질적연구를 적용한다. 복잡성은 주제 자체의 성격에서 기인하는 것일 수 있다. 회계정책 같은 기술적인 문제나, 영성의 본질과 같은 철학적 문제가 여기에 포함된다. 또 다른 경우, 복잡성은 입장, 관점, 신념을 형성하는 데 요구되는 기준의 분석과 관련된 것일 수도 있다. 또한 범죄 소송 절차에서 평결이 형성되는 방식과 같이 판단이나 결정을 내리는 인지적 과정이 연구의 초점에 해당되는 경우도 있다. 이때 참여자는 문제 자체와 자신의 생각에 대해 사고할 시간이 필요하며, 그 과정에서 이들을 도와주는 촉진적 질문이 필요하다.

- **전문가**

  관련 분야가 사회적으로 유일하거나 고도로 전문화된 개인이나 집단에서 도출되는 정보를 수집하려는 경우로서 대중적 인물이나 리더 격인 전문가를 예로 들 수 있다. 만약 이들의 관점이 특정 지위에 유리한 점과 관련이 있다면, 탐구적이고 반응적인 질문을 통해 정보를 수집할 수 있다. 이것은 주제의 성격이 복잡하고, 시스템 과정의 측면을 포함할 뿐만 아니라, 전문가의 관점이 매우 고유하다는 여러 특성을 가지고 있기 때문이다.

- **미묘하거나 무형일 때**

  사회연구의 특정 주제는 표현을 통해서 포착하기 어렵다. 이는 현상 자체가 어떤 공동체의 문화와 같이 여리거나 보이지 않는 것이기 때문일 수 있고, 사건이나 상황이 불러일으키는 감정이나 생각이 타인의 슬픔에 보이는 공감적 반응처럼 지나가는 특성과 연관되기 때문이다. 이때는 주의 깊게 짜여진 반응적 질문과 관찰이 참여자가 자신의 인식과 반응을 발견하고 전달하는 데 필요하다.

- **민감할 때**
  개인 참여자에게 고통을 주고 감정을 자극하는 주제를 예측하기는 어렵다. 참여자는 어떤 주제에도 자극받을 수 있는데, 이는 참여자의 상황이나 경험에 달려 있다. 또한 그 성격상, 감정적이고 고통스런 반응을 유도할 가능성이 있는 주제도 있다. 관계의 파괴, 성적 학대, 사별, 목숨을 위협하는 질병 등이 여기에 해당된다. 이러한 주제에 대해서는 사전에 결정된 질문을 사용하여 일반적인 관점과 행동 및 경험에 대한 정보를 얻을 수 있다. 그러나 이러한 민감한 영역을 이해하는 데 있어 구조화된 질문은 실제적 · 윤리적인 한계가 있다. 따라서 이러한 문제에 대한 심층연구에는 특정 개인의 환경을 반영할 수 있고, 이전에 표현하지 않고 지나쳤던 감정이나 느낌을 진술할 수 있도록 하는 정교하게 다듬어진 질문이 필요하다.

이상의 특징들은 질적연구를 단독으로 사용하게 하는 주요 요인 중 일부이다. 이 요인은 모두 구조화된 설문으로 해결하기 어려운 종류의 주제들이다. 연구방법의 선택에 있어 핵심적인 사안은 연구의 목적과 연구가 제공해야 하는 정보의 성격이다.

같은 맥락에서, 질적연구를 선택하는 데에 있어 부정적 영향을 미칠 수 있는 요인에 대한 이해도 중요하다. 예를 들어 제한된 예산이나 기한 때문에, 정보가 요구하는 적합성에 대한 고려 없이 소규모 질적연구를 선택하는 경우가 있다. 이를테면, 빠르고 상대적으로 저렴한 연구를 위해 광범위한 설문조사보다 적은 수의 포커스그룹을 선택하는 경우를 들 수 있다. 또 다른 경우, 특정 연구조직이나 후원단체가 질적연구의 선택에 영향을 미칠 수 있다. 따라서 연구자와 후원자는 연구의 상세한 특징과 정보를 산출해 내는 방식이 서로 적합한지를 확인하는 것이 중요하다.

질적연구와 양적연구의 결합

Combining qualitative and quantitative methods

오늘날 질적연구와 양적연구는 자주 혼용되는데, 특히 응용연구에서 그러하다. 물론 양적연구와 질적연구가 철학적 · 방법적 기원에서 상당히 달라, 응용연구에서 효과적으로 혼용할 수 없다는 관점이 완전히 사라진 것은 아니지만 확실히 감소하고 있다(Cresswell, 2011 참조). 그러나 두 방법론의 이점을 인식하고 있는 사람들 사이에서도, 질적연구와 양적연구를 어떻게, 왜 혼용할 것인지에 대해서는 서로 다른 관점이 존재하고 있다.

혼용법에 대한 접근 Approaches to mixing methods

혼용법에 대한 최근의 문헌(Brownlie, 2011; Flick, 2009; Maosn, 2006)은 방법을 혼용하는 것의 철학적 · 인식론적 의미가 무엇인지에 초점을 맞추었다. 예를 들어, 검증의 측면에서 볼 때 한 방식이 다른 방식보다 더 중요하게 여겨지는가? 이 방법은 서로 구별되지만 연관성이 있는 질문을 다루는가? 한 방식에 의해 나온 연구결과가 다른 방식에 의해 나온 결과에 대한 이해를 확장하거나 인증하는가?

Flick(2009)은 양적연구를 주로 다루는 저서가 질적연구에 대해서는 예비적 성격을 가지고 있거나, 설문조사 자료를 검증하기 위한 설명적 기능을 담당하는 것으로 보는 경향이 있다고 주장한다. Mason(2006)도 많은 연구자들이 양적연구로부터는 폭넓은 자료를, 질적연구로부터는 깊이 있는 자료를 부수적으로 추가하려는 목적으로 혼용법을 사용하고 있다고 주장하였다. 이 경우, 한 가지 방법이 지배적이고 다른 방법은 부수적인 것으로 보일 수 있다. 따라서 이러한 접근방식은 연구방법을 양극화시킬 위험이 있으며, 두 방법 중 어느 쪽의 장점도 제대로 이용하지 못하게 만들 수 있다.

질적연구와 양적연구의 보다 효과적인 혼용법은 이들을 동등한 수준의 여러 질문에 답할 수 있는 적합한 방법으로 분리하여 보는 것이다. 이러한 관점은 응용사회연구에서 자주 적용되는데, 이 경우 프로젝트는 특정 유형의 문제에 대한 측정과 동시에 그 문제의 성격과 기원에 대해 더 큰 이해를 필요로 한다. 두 연구방법은 다른 형태의 증거를 제공함으로써, 정책이나 실무를 설명하고 관련 정보를 제공하는 강력한 자원의 기능을 담당할 수 있다.

Box 2.1은 질적연구와 양적연구가 노숙에 관한 연구에서 어떤 방식으로 서로 다른 기여를 하는지를 보여준다. 질적연구는 노숙의 성격, 발생 방식과 이유에 대한 질문을 다루고, 다양한 형태

Box 2.1

노숙에 대한 연구: 질적연구와 양적연구의 연구 기능에 대한 기여

연구 기능	질적연구	양적연구
맥락적	노숙의 형태에 따른 성격 노숙의 경험과 의미	현재 존재하는 노숙의 형태 노숙자의 특징
설명적	노숙이 발생하게 된 사건 노숙의 지속 이유	노숙과 관련된 통계적 요인 노숙기간에 따른 특징과 상황
평가적	경험한 중재의 평가 노숙의 기간을 종결하는 요인	노숙서비스의 형태와 정도 중재 목표의 달성도
생성적	노숙자 지원 노숙자 예방을 위한 제안과 전략	노숙의 추후 수준 예측 노숙중재에 대한 요구도

의 예방적 재활중재가 가장 효과적으로 이루어지는 방식에 대해 평가한다. 반면 양적연구는 노숙의 수준, 인구분포, 노숙 서비스의 이용 범위, 미래에 요구되는 제공수준의 측정을 다룬다. 따라서 이 연구에서는 두 연구방법의 목적과 결과가 서로 다른 성격을 가지고 있지만, 주제에 대해 강력한 증거를 제공한다고 평가할 수 있다.

혼용법의 목적 중 하나는 양적연구와 질적연구를 트라이앵귤레이션(triangulation)으로 보는 것이다. 즉 각 관점이 다른 관점을 검토하고 추가하고 혹은 인증하면서, 서로 다른 관점으로 사회현상을 설명하는 것이다. 다시 말해, 질적연구와 양적연구는 서로가 방법론적으로 부족한 부분을 보충함으로써 연구하는 현상의 보다 완벽한 그림을 제공할 수 있다.

트라이앵귤레이션이 연구결과를 검증하는 의미 있는 방식을 제공하는 범위에 대해 오랜 논쟁이 있어왔다. 이러한 검증 기능에 대한 토론에서 제기되는 두 가지 핵심 요소는 다음과 같다. 첫 번째, 검증할 사회세계의 현실이나 개념이 하나가 아니므로 여러 정보원을 통해 이런 시도를 하는 것은 소용없다는 주장이다. 두 번째, 모든 방법은 도출되는 데이터 유형에 특이성(specificity)이 있어서 완벽하게 일치하는 근거가 산출될 가능성이 없다는 것이다. 그러나 혼용법은 다양한 관점이나 어떤 현상의 서로 다른 측면을 드러내고, 사회세계의 다면적 성격에 대한 이해를 풍부하게 한다는 점에 여러 연구자들의 의견이 일치되고 있다(Gilbert, 2008:128). 다시 말해, 여러 가지 방식을 사용하는 것이 완전한 방법은 아니지만, 현상에 대해 더욱 충분한 설명을 제공한다는 것이다.

이러한 관점은 다음과 같은 정서적 지지 경험과 그에 대한 사람들의 태도 연구에 의해 잘 설명된다. 삶에서 어려움에 처했을 때 사람들이 원하는 형태의 지원에 대하여 질적 및 양적인 자료가 수집되었다(Brownlie, 2011). 양적자료는 '사회적 태도' 설문지로 수집되었는데, 이 설문은 응답자들에게 걱정되거나, 스트레스를 받거나, 침울한 기분인지와 같은 감정에 대한 태도를 묻는 것이었다. 질적 자료는 설문 응답 이후 심층면담으로 수집되었다. 심층면담은 타인에 대한 신뢰에 기초한 다른 형태의 지원과 함께 대화의 기능과 중요성, 시간이 지나면서 감정적 지원에 대한 관점과 경험에 대한 인식이 어떻게 변화했는가를 탐구하였다.

이 연구에서 질적 발견과 양적 발견을 통합하는 과정은 트라이앵귤레이션으로 보일 수도 있지만, 실제로는 모든 방법을 사용하고 있다는 점을 보여준다(Brawnlie, 2011: 472). 질적연구와 양적연구의 결과 중 일부는 일관성이 있었지만, 어떤 결과는 상반되는 것으로 드러났다. 연구자들은 이러한 다양한 결과들이 주제, 즉 감정적 삶의 복잡성을 반영하고 있으며, 우리가 감정과 그것을 표현하는 방식에 대해 깊이 이해하도록 돕는다고 주장하였다. Mason(2006)과 Brownlie(2011)는 질적연구와 양적연구가 제공하는 세계를 보는 차별화된 방식들이 어떤 식으로든 교차하거나 상호작용하도록 하는(Mason, 2006:9) 혼용법의 반향적인(reflexive) 접근을 주장하였다. 이것은 연구하고자 하는 서로 다른 측면들이 깔끔하게 통합되거나 트라이앵귤레이션되는 방식이 아니라, 오히려 혼란스러운 다양성 속에 존재한다는 인식에 기초하고 있는 것이다.

질적연구와 양적연구의 순서잡기

Sequencing of quantitative and qualitative methods

양적연구와 질적연구의 기능과 지위에 대한 결정은, 서로 다른 방식들이 연구에 이용되는 순서잡기(sequencing)라고 불리는 용어 속에 함축적으로 나타난다(Flick, 2009; Miles & Huberman, 1994). 예를 들어, 질적연구는 통계적 연구에 선행하거나, 동반되거나, 후속 연구의 형태로 이용될 수 있다. 다음은 질적연구가 설문조사나 다른 양적연구보다 선행하는 경우의 예이다.

- 주제가 새롭고 충분히 개발되지 않았거나 복잡하고, 질적연구가 용어, 개념 혹은 연구주제의 규명을 도와줄 수 있는 경우. 이 접근에는 이어지는 설문조사에서 사용될 수 있는 실제 세계의 언어 개발도 포함된다.
- 현상 간의 관계에 대한 생각을 생성하는 것과 같이, 질적연구는 가설을 세우고, 이어 통계적 검토를 하는 식으로 이용될 수 있다.
- 질적연구는 연구대상의 여러 집단을 규정하는 특징을 밝히는 데 도움을 줄 수 있어, 유형 분석은 질적연구의 핵심적 산출 결과로 여겨진다. 유형 분석은 분할의 규모와 다른 변수들 내의 분산을 측정하기 위한 통계 분석에서도 이용될 수 있다.

질적연구가 구체적인 관련성을 가지고 사용되는 경우는 설문조사를 위해 인지적 검사를 할 때이다. 인지적 검사에서는 사람들이 설문지에 반응하는 방식을 확인하기 위하여 질적연구를 일부 사용하기도 한다. 탐색(probing), 생각을 하며 입 밖으로 표현하기(think aloud)와 같은 테크닉을 통하여 기억의 재생과 관련된 것뿐만 아니라, 특정 용어나 구절의 이해와 연관된 설문지의 잠재적 문제점을 발견하고, 이를 최종 설문지에 반영할 수 있다. 그러나 인지적 검사는 통계적 연구를 위한 질문 형식과, 내용이 혼합된 혼용법 설계의 전형적인 예는 아니다.

질적연구와 양적연구는 다음과 같은 경우 또는 관련된 현상을 연구하기 위해 함께 사용될 수 있다.

- 동일한 현상에서 수치와 성격을 모두 검토할 필요가 있는 경우
- 특정 현상에 대해 다양한 유형의 정보가 필요한 경우. 예를 들어 서비스 제공의 여러 영역에서 나타나는 소비의 정도를 들 수 있다. 질적 또는 양적연구 모두, 가장 큰 소비 영역을 밝히는 것이 목표라고 할 때, 양적연구는 각 영역에서의 소비 패턴에 관한 자료나, 고소비 또는 저소비 영역의 특징을 비교할 수 있는 자료를 제공할 수 있다. 반면, 질적연구는 각 영역에서 이루어지는 소비가 통제되는 과정이나 소비 패턴의 변화를 야기하는

요인을 탐색할 수 있다.

- 특정 현상이 발생하는 맥락을 이해할 필요가 있을 경우. 예를 들어, 질적연구는 건강 서비스와 연관하여 특정 소수 집단의 문화적 요구를 탐색할 수 있는 반면, 양적연구는 각 집단 사이에서 특정 서비스가 차지하는 패턴을 검토할 수 있다.
- 특정 현상 저변에 있는 요인들이 알려지지 않았거나 양적연구로 완전히 포착하기에는 너무 복잡한 경우. 예를 들어, 양적연구가 일반적인 인식, 접근성, 비용, 편의성 등과 같은 서비스 이용 요인을 밝힐 수 있는 반면, 질적연구는 이러한 요인의 기원을 설명하거나, 이 요인들이 서비스 이용에 정확히 어떻게 관여하는지를 설명하는 데에 있어 더욱 적합하다.

마지막으로 질적연구는 양적연구의 후속으로 이용될 수 있다. 특히 추가적 설명이 필요하거나 현상에 대한 보다 상세하고도 심도 있는 설명이 요구될 경우에 유용하다. 특히 상세한 통계분석을 하기에는 하위집단이 수가 너무 적은 경우 또는 문제의 집단이 연구주제에 있어 중요한 위치에 있지만 양적연구로는 탐색하거나 설명하기 어려운 경우에는 질적연구가 유용하다.

문제를 더 잘 알아가고 지식을 확장하기 위해 상호작용적할 수 있는 순서로 질적 · 양적접근을 해야 하는 경우도 있다. 예를 들어, 질적연구는 설문조사의 후속조치로서 문제의 기초가 되는 요인에 대해 더 많은 이해를 제공하기 위해 사용될 수 있다. 질적연구에서 발견된 요인과 지표들은 뒤따르는 모델링이나 통계적 검사에 사용될 수 있다. 이렇게 사용될 경우에, 가장 중요한 필수사항은 두 가지 형태의 자료를 연결하고, 이러한 연결을 최대화하는 것이다.

질적접근법의 혼용 Mixing qualitative methods

혼용법의 개념은 질적연구와 양적연구의 혼용이라는 맥락에서 자주 사용된다. 연구를 실행함에 있어, 하나 이상의 질적연구방법을 적용할 때에도 동일한 원칙이 적용된다. 이는 각 질적연구방법이 서로 다른 특정 유형의 통찰을 제공하기 때문이다. 예를 들어, 면담은 흔히 관찰법과 혼용되는데, 사건이나 행동이 어떻게 발생했는가와 함께 사건의 구조화된 관점을 이해할 수 있도록 해 주기 때문이다. 마찬가지로, 개인면담과 포커스그룹이 흔히 혼용된다. 예를 들어, 포커스그룹은 심층면담에서 다루어야 할 문제를 먼저 확인하기 위해 연구의 초기 단계에서 사용될 수도 있고, 전략적 수준에서 해당 문제에 대한 심층면담 이후에 사용될 수도 있다. 개인면담과 대화 분석이 혼용된 설계도 사용되고 있다. 연구의 목표와 이에 부응하기 위한 자료의 성격이 다양한 질적연구방법 중 어느 것을 선택하는가에 있어 핵심적인 부분이다. 연구자의 학문적 배경 및 여러 방법론의 통합에 대한 연구자의 관점 역시 연구방식의 선택에 영향을 미친다.

본 장에서는 질적연구의 단독적인 사용방식뿐만 아니라, 통계적 연구와 혼용한 사용방식을 살펴보았다. 혼용법 적용에 정해진 한계는 없지만, 숫자에 대한 강조가 강한 일부 영역에서는 질적연구의 도입이 여전히 쉽지 않다. 그럼에도 불구하고 질적연구의 기능과 장점에 대한 이해가 높아지고, 사회문제를 보다 정교하게 이해하려는 요구가 커지면서 이 접근법에 대한 인식과 태도가 획기적으로 변화되었다. 이러한 측면에서 미래에는 질적연구의 이용이 더욱 증가할 것으로 예상된다.

핵심요소

KEY POINTS

- 20세기 후반까지 질적연구는 응용적 측면보다는 사회이론 개발의 측면에서 더 많이 사용되었다. 이러한 현상은 질적연구의 결과를 근거로 인정하는 것에 저항감이 있었던 사회정책연구에서 특히 두드러졌다. 최근 이와 관련된 부문에서 질적연구의 이용이 상당히 증가했음에도 불구하고, 질적연구가 적절히 활용되지 않는 분야가 여전히 남아 있다.
- 연구는 그 기능에 따라 정보의 성격과 이러한 정보가 가져오는 이해에 근거하여 다음과 같이 분류될 수 있다. 개념연구는 사실의 형태나 속성을 기술하는 연구, 설명연구는 사실의 원인과 관계를 검토하는 연구, 평가연구는 사실의 효과성을 측정하는 연구 그리고 생성연구는 이론의 개발이나 전략 혹은 활동을 지원하는 연구이다. 통계적 연구와 마찬가지로 각각의 질적연구는 기여하는 특정 기능이 있다.
- 연구문제를 해결함에 있어, 질적연구가 단독 혹은 주요 방법으로 필요한 경우가 있는데, 이는 연구에서 얻을 수 있는 정보나 근거의 성격과 관련된다. 연구 중인 주제 및 관련 요인이 제대로 정의되어 있지 않거나 잘 이해되지 않은 경우, 깊은 뿌리를 가지고 있거나, 복잡하고 전문적이며 미묘하고 무형이며 민감한 사안을 다룰 경우에 특히 질적연구가 우선적으로 필요하다.
- 질적연구와 양적연구의 혼용 가능성은 상당히 높다. 일부 학자들은 두 가지 접근법의 혼용 강도를 최적화하는 데 참조할 만한 틀을 제공했다. 질적연구와 양적연구를 섞어서 사용할 때, 각 접근법은 세계에 대한 이해에 다른 방식을 제공한다. 이때 두 가지 접근법으로 생성된 증거는 흔히 서로 복제한 것처럼 일관성 있게 나오지 않는다는 점을 명심해야 한다. 오히려, 복잡한 사회현상의 미묘한 특징을 각각의 방법 속에 적용시킬 수 있다는 점이 혼용법의 이점이다.

핵심용어

KEY TERMS

이론적 연구(theoretical research)는 특정 연구 분야 내의 이론적 혹은 학문적 사고를 검증, 생성 또는 향상시키려는 목적과 관련이 있다.

응용연구(applied research)는 현안의 이해에 직접적으로 기여하는 연구를 통해 얻은 지식을 이용하는 것과 관련이 있다. 응용사회연구는 정책 및 관련 실무를 개발, 감시, 평가하는 목적을 지닌 사회정책연구(Social policy research)와 자주 동일시된다.

형성 평가(formative evaluations)는 도입 중이거나, 문제가 있는 기존의 프로그램, 정책 변화 및 개선에 필요한 정보를 제공하도록 설계된다. **총괄 평가(summative evaluation)**는 효과성 및 결과의 측면에서, 조정이나 정책의 효과와 관련이 있다. 질적연구는 이 두 가지 평가에 모두 기여한다.

트라이앵귤레이션(triangulation)은 자료의 통합성, 범위, 자료에서 도출된 추론을 검토하기 위해 여러 가지의 방식과 자원을 이용하는 것이다. 연구방식의 혼용은 다양한 관점과 다양한 유형의 해독법을 적용함으로써 현상에 대한 이해를 확장시킬 것이다.

chapter 3

설계의 문제

DESIGN ISSUES

개요

Chapter outline

- 연구문제 정의하기
- 자료수집방법의 선택
- 연구기간의 설정
- 비교를 위한 연구설계
- 참여행위연구
- 질적연구의 자원과 일정

Chapter 1, 2에서는 질적연구의 이론적 측면을 살펴보았다. 이번 장부터는 연구의 설계에서부터 연구의 실제적인 측면에 이르는 내용을 설명한다.

좋은 연구는 연구목표, 연구문제 및 연구방법 또는 접근법 사이에 일관성이 있어야 하며, 의미 있고 충실하며 연관성 있는 자료를 생성하여야 한다. 또한 시간적 · 금전적 · 실제적 제약과 연구내용 및 환경에 있어서도 현실성이 있어야 한다.

사회과학은 단순 반복연구를 제외하면 언제나 미지의 요소를 포함하고 있다(Pole & Lampard, 2002). 질적연구는 주로 새로운 분야나 관점을 개척하기 때문에 예상치 못한 문제를 흔히 다루게 된다. 질적연구의 설계는 연구의 시작 시점에 행해지는 절차적인 단계가 아니라, 지속적인 검토와 수정을 요하는 연속적 과정이기 때문에 좋은 계획은 필수적이다(Berg & Lune, 2012).

이러한 계획을 지원하기 위해서는 연구설계의 중요한 측면들을 고려해야 한다. 본 장에서는 연구설계의 다음과 같은 6가지 실제적 측면을 다루었다.

1. 연구문제의 수립
2. 자료수집방법의 선택
3. 연구기간 설정
4. 비교분석 및 사례분석의 설계
5. 참여행위연구 설계 시 고려사항
6. 자원 조달 및 시간표 작성

연구문제 정의하기

Defining the research questions

연구주제 식별 Identifying the research topic

연구자가 직접 연구주제를 생성할 때, 초기 아이디어(잘 정의가 되어있는 것이든 혹은 그렇지 않은 것이든)가 필요하다. 연구자는 개인적인 이론이나 직감을 토대로 하게 되는데, 이들은 기존의 이론, 연구 및 문헌을 검토하면서 발전해간다(Marshall & Rossman, 2011). 이 과정이 진행되면서, 초기 아이디어는 점차 구체적인 질문 또는 목표로 변형된다. 연구자는 자신의 지적 의문에 대해, 그리고 자신이 정확하게 무엇을 설명하고 싶은지, 또는 더 상세하게 질문해야 할 것이 무엇인지에 대해 더욱 명확히 깨닫게 된다(Mason, 2002).

연구의 시작점은 일반적으로 연구자가 관심 있는 분야의 논문으로부터 비롯되지만, 학위논문을 준비하는 대학원생과 같이 사전지식 없이 시작하는 경우에는 어디서부터 시작해야 하는지 알기 어려울 수도 있다. Merriam(2009)은 '연구주제는 자신의 일상생활을 관찰하고 그에 대해 질문하는 행위에서 가장 많이 찾을 수 있다'(2009: 57)고 주장하면서, 일상적 경험에서 영감을 얻어 연구주제를 정할 것을 강조하였다. Flick은 연구주제 및 문제가 연구자의 삶이나 사회활동에서 도출될 수 있다고 하였다(2009: 98).

위탁연구는 전혀 다른 과정을 거치는데, 연구의 목적, 목표 또는 문제에 관한 기금 후원자의 요구사항으로부터 시작하며, 세부사항의 수준은 후원자에 따라 다르다. 연구자는 후원자의 초기 아이디어를 기반으로 연구문제를 개념화하고 추가적인 문제를 고려하게 된다.

연구주제가 생성되는 방식과 무관하게 연구문제는 주제와 관련된 사람들이나 지역사회집단 또는 전문가 및 해당 분야 종사자와의 대화에서도 발견할 수 있다. 이는 참여연구 또는 지역사회연구에 있어 필수적인 측면인데, 그 이유는 관련자의 직접적인 참여를 통해 이들의 문제나 상황을 이해하고 개선함으로써, 이들을 지원하는 데 목적을 두고 있기 때문이다(Kindon et al., 2007; Mcintyre, 2007). 이러한 연구설계에서 관련자의 참여는 그 자체로서의 가치뿐만 아니라 후원자의 요구사항일 수도 있다는 점에서 중요하다(Cook, 2012). 예를 들어, 특정 질환을 앓고 있는 환자의 경험에 관한 연구에서 후원자는 환자로부터 핵심적인 연구문제를 확인한 후, 연구설계를 구상하도록 요구할 수도 있다(Staley, 2009). 어떠한 상황에서도, 해당 문제에 대해 직접적인 경험을 가진 사람과 대화하는 것은 연구의 전반적인 목적 또는 초점을 형성하고 연구문제를 규명하는 데 있어 도움이 된다.

연구문제 개발 Developing research questions

광범위한 관심 영역은 다시 세분화되어 구체적인 목적, 목표 또는 연구문제로 만들어진다. 이 단계는 연구를 통해 무엇을 찾아내고 또 설명할 것인지를 정의하는 핵심적인 단계이다(Boeije, 2010; Bryman, 2012; Creswell, 2013; Holloway & Wheeler, 2010, Marshall & Rossman, 2011). 성공적인 연구로 이끌어주는 좋은 연구목적과 문제의 특징은 다음과 같다.

- 명료하고, 이해하기 쉽고, 모호하지 않음
- 초점이 맞춰져 있지만 그 범위가 너무 협소하지 않음
- 자료수집을 통해 연구 가능함. 즉, 자료가 아닌 철학적 접근을 요하는 문제가 아님
- 주어진 자원으로 실현 가능함

이 시점에서 연구의 필요성에 대한 근거가 명확해야 한다. 바람직한 연구문제는 다음과 같다.

- 사회이론이나 정책의 실현 또는 발전에 연관성이 있고 유용함
- 기존의 연구, 이론 또는 필요에 근거하면서도 독창적인 공헌이나 미지의 것을 밝혀낼 수 있는 잠재력이 있음

연구문제(research questions)는 연구목적(research objectives)이라는 용어보다 연구의 범위를 지정함에 있어 문제를 중심으로 생각하게 함으로써 연구의 한계를 보다 엄격하게 설정할 수 있도록 한다. 그러나 목표를 중심으로 생각한 후, 보다 구체적인 문제들을 설정하는 것이 도움이 될 때도 있다. 목표를 중심으로 생각하는 것은 내용이 너무 빨리 좁혀지지 않도록 해주고, 질적방법이 가져다 줄 지식의 유형을 일관성 있게 만들어줌으로써 연구의 틀을 잡도록 도와준다. **Box 3.1**에 나와 있는 목표의 예는 질적연구에 적합한 연구의 측면, 즉 관심 현상 안에서 다양한 문제들을 탐색, 이해, 설명 및 식별하는 것을 보여준다.

전반적인 연구의 목적, 목표 또는 문제가 확인되면, 다음으로 생각할 단계는 하위문제를 개발하는 것이다. 하위문제는 연구설계와 이 문제에 안정적으로 답할 수 있는 자료의 유형을 명료하게 만들어준다. 하위문제는 포함되거나 포함되지 않아야 하는 것이 무엇인가와 같은 연구의 범위를

Box 3.1

연구목적 및 목표의 예

성범죄 처벌에 대한 태도

본 예제는 영국과 웨일즈의 양형위원회가 의뢰한 연구에서 가져온 것이다. 양형위원회는 판사들이 특정 범죄에 대해 적절한 처벌을 할 수 있도록 기준을 정한다. 성범죄 처벌에 대한 일반 시민 및 피해자의 태도를 이해하는 것이 본 연구의 주요 목표이다(McNaughton Nicholls et al., 2012). 양형위원회는 처벌 과정의 특정 측면에 대한 일반 시민이나 피해자의 태도를 더 잘 이해하기 위해, 성범죄 처벌에 대한 기존 기준을 검토할 것을 연구팀에 의뢰하였다. 본 연구의 핵심적인 목표는 성범죄 처벌에 대한 일반 시민과 피해자의 태도를 탐구하는 것이다.

이러한 목적을 달성하기 위한 구체적인 연구목표는 다음과 같다.

- 성범죄자에게 가능한 다양한 선고를 내리는 것에 대한 일반 시민과 피해자의 인식
- 사람들이 생각하는 다양한 성범죄에 대해 적절한 선고와 처벌이 무엇인지를 이해하고, 이유를 이해하는 것
- 다양한 성범죄의 상대적인 심각성에 대한 인식을 탐구하고 기타 범죄에 대한 인식과 비교
- 처벌의 적절한 유형과 기간에 대한 사람들의 인식에 영향을 줄 수 있는 악화 및 완화 요인의 범위 식별

추가적인 성범죄의 피해자에 대해서

- 성범죄 피해를 입은 사람들의 경험을 설명하고 범죄로 인한 피해와 심각성에 대한 그들의 견해를 설명하는 것
- 처벌 과정에 대한 그들의 경험을 이해하고 처벌이 그들에게 준 개인적 영향을 이해하는 것

나타내 준다. 하위문제가 너무 많은 것은 바람직하지 않으며, 하위문제는 다음과 같은 특성을 가져야 한다(Boeije, 2010).

- 연구의 전체적인 문제 또는 목적 안에 있다.
- 하위문제끼리 논리적으로 연결된다.
- 응답이 가능하고 연구가 가능하다.

이러한 일련의 과정을 통해 연구자는 연구설계의 핵심 기반이자 이후의 결정사항을 안내해 줄 수 있는, 명료하고 응답이 가능한 연구문제를 개발한다.

문헌과 이론의 통합Incorporating literature and theory

연구설계에 있어 기존의 지식 또는 생각 그리고 임시적인 이론이나 개념틀로부터 연구가 어떻게 발전될 수 있는지를 이해하는 것은 중요하다(Maxwell, 2005). 선행 논문의 검토는 연구가 기존의 내용을 반복하지 않고 선행연구와 이어질 수 있도록 하는 중요한 과정이다. 과학적 지식은 점차적으로 쌓여간다. 이전의 연구에 관심이 없다면, 연구는 다람쥐 쳇바퀴 돌듯 할 뿐이다. 이는 시간 낭비고, 비윤리적이며, 소모적일 뿐 아니라 과학적 연구의 정신이라고 할 수 없다(Boeije, 2010:21). 선행연구와 근거들을 검토하는 것은 연구자로 하여금 자신의 연구에 관련된 주요 개념에 민감해지도록 도와주고(Flick, 2009), 실행하고자 하는 연구의 한계, 어려움 및 분위기에 대해 더 잘 이해하도록 한다(Boeije, 2010).

이 단계는 이론적인 관점의 개발에 치중하는 단계가 아니다. 질적연구자는 일반적으로 자신의 직감과 생각을 가지고 있지만, 새롭게 발현되는 개념과 주제에 대해 마음을 열어놓음으로써 이념적 주도권의 위험을 피해야 한다(Becker, 1986). 연구자가 기존 논문으로부터 비판 없이 받아들이고 재생성해낸 특정 개념들을 반복적으로 사용하는 것은 위험하다. 즉, 선입견을 가진 이론이나 생각 속에서 자료를 수집하는 것은 연구에 도움이 되지 않기 때문에(Hammersley & Atkinson, 2007), 균형이 필요하다. 연구문제 개발에 있어 실수하기 쉬운 세 가지 접근형태는 다음과 같다(Siverman, 2010:84-8).

- 심층적 연구를 통해서 구조와 생각이 드러날 것이라는 희망을 가지고 연구 환경에 몰입하는 단순 귀납형(simplistic inductivism)
- 혼란스럽고 구조화 되지 않은 생각으로 가득한 부엌 배수구(kitchen sinkers) 유형
- 한 이론에 대한 무비판적 집착으로 인해, 새로운 자료가 절실히 필요한 대형 이론가형(grand theorists)

질적연구자는 열려 있지만 비어 있지는 않은 마음을 가져야 한다(Janesick, 2000:384). 연구자는 명료한 목적, 구조 및 계획을 가지고 있지만, 연구가 진행됨에 따라 유연하게 대처할 수 있도록 열린 설계를 해야 한다. 연구자가 연구주제와 관련된 주요 문제에 대해 잘 알고, 자신의 연구가 이전 연구결과에 어떻게 통합될 수 있는지에 대해 명확히 이해하는 것은 중요하다.

초기 아이디어로부터 초기의 설계를 하지만 설계, 자료 및 이론의 관계는 역동적이다. 질적연구에서는 자료로부터 생성되는 이론을 검증할 수도 있다. 따라서 질적연구는 생성된 이론을 검증하고, 자료를 수집하는 것 사이에서 왔다갔다 할 수도 있다(Bryman, 2012:387). Berg와 Lune(2012) 및 Maxwell(2005) 또한 질적연구에서 이론과 자료 사이의 상호교류와, 반복적이며 비선형적인 연관성을 강조하였다. 설계에 대한 초기 결정들은 연구가 진행되면서 새로운 아이디어가 나타남에 따라 재검토되어야 한다. 연구가 일관성을 잃지 않는 한도에서 설계나 자료수집의 방법을 변경할 수 있지만, 연구의 진행에 따라 설계를 재검토함으로써 이론과 자료수집이 서로 보완될 수 있도록 하는 것이 중요하다.

자료수집방법의 선택

Choosing a data collection method

이 부분에서는 자연발생적인 자료와 연구를 위해 제한적으로 생성된 자료의 사용, 집단 및 개인 자료의 기능, 이차자료의 분석 및 자료수집방법으로써 인터넷 사용에 대해 알아본다. 자료수집방법에 대한 결정은 연구문제로부터 시작되지만 연구의 내용, 구조 및 시점의 영향을 받을 수도 있다. 질적연구자가 직면하는 문제는 다양한 형태의 면담, 관심 집단, 관찰, 의도적 접근방법 그리고 온갖 형태의 문서, 시각 및 가상 자료와 같은 가능한 자료수집방법의 범위이다(Gobo, 2011; Hine, 2005; Poynter, 2010). 질적탐구에서 연구자는 다양한 재료와 아이템으로부터 무언가를 만들 수 있는 사람이다. 이들은 질적탐구를 완성하기 위하여 다양한 자료, 기술, 해석 및 방법을 모으는 사람이다(Denxin & Lincoln, 2011:681). 이때 반드시 기억해야 할 것은 연구방법은 연구주제에 따라 결정되는 것이지, 방법 자체는 아무런 의미가 없다는 것이다(Siverman, 2011:166). 연구문제에 최적의 답을 줄 수 있고 연구의 한계 내에서 상식적으로 사용될 수 있는 자료수집방법은 가용자원과 시간, 연구에 필요한 참여자 및 연구자의 능력에 따라 다양하게 선택될 수 있다.

이차자료 분석 Secondary data analysis

이미 존재하는 질적연구 자료의 이차분석에서도 새롭고 중요한 사실을 발견할 수 있다. 오랜 기간 동안 자료를 보관하는 목적은 질적자료에 대한 이차분석의 가능성 때문이다(Irwin & Winterton, 2011). 보관된 자료에 대한 이차분석은 기존의 자료에 새로운 관점을 가져다주고, 새롭게 수집된 자료와 비교할 수 있는 기반을 만들어 준다는 점에서 가치가 있다. 그러나 새로운 연구목적을 위한 새로운 자료의 충족과 이차분석의 윤리성은 충분히 고려되어야 한다(Fielding & Fielding, 2000; Hammersley, 2009; Bornat, 2005; Mason, 2007; Mauthner & Parry, 2010; Silva, 2007).

이는 주제 영역이 원래의 목표에서 벗어날 수 있고 이러한 점이 차용한 자료에 나타남으로써 이차분석의 깊이를 제한하고 심지어 잘못된 결과를 유도할 수도 있기 때문이다. 이와 유사하게 수집된 자료가 이차분석의 목적에 미흡할 수 있고 중요한 요소를 포함하지 않을 수도 있다. 따라서 원 자료는 질적으로 우수한 것이어야 한다. 이차분석이 매우 유용하고 일부 학자들에 의해 적극적으로 인정되고 있지만(Silverman, 2010), 새로운 연구목적과 관련하여 자료의 질과 연관성을 세심하게 검토하는 것이 중요하다.

자연발생적 자료와 생성된 자료 Naturally occurring and generated data

설계 단계에서 새로운 자료의 필요성이 결정되면 연구문제에 답하기 위해 어떤 유형의 자료가 필요한가를 결정한다. 예를 들어 면담, 토론 및 관찰뿐만 아니라 문서, 대화, 이야기 및 논설, 예술적 작품 등에 기반한 자료가 여기에 해당된다. 이러한 방법으로 생성되는 다양한 형태의 자료들은 연속선상에 있다고 볼 수 있다. 즉, 한쪽 끝에는 자연발생적인 자료 즉, 문자, 상호작용, 행동 등과 같이 연구와 상관없이 존재하는 자료가 있다. 이러한 자료는 기록된 대화, 언론 매체, 정책 문서, 블로그, 일기, 사건 자료, 공공기록, 인터넷 등으로부터 가져올 수 있다. 또 다른 끝에는 생성된 자료가 있다. 이것은 연구과정 중 면담이나 집단 토론 등과 같이 연구자와 참여자의 상호작용에 의해 발생하는 자료이다. 자연발생적 자료는 비침투적인 방법으로 얻은 자료(Berg & Lune, 2012), 생성된 자료는 연구자 유도 자료로도 알려져 있다(Silverman, 2011:274).

자연발생적 자료와 생성된 자료의 구분은 항상 명확하지만은 않다. 어떤 자료도 사람의 손을 거치지 않은 것이 없기 때문이다(Silverman, 2011:274). 다시 말해 모든 자료는 어떤 상황에서 어떠한 방법을 통해 어떠한 목적으로 만들어졌고, 어떤 방법을 통해 기록되었기 때문에 연구자가 자료의 생성에 관여했는가가 구분의 기준이 된다. 즉, 연구자의 관여와 상관없이 원래 존재하는 자료인지 또는 연구목적을 위해 특별히 만들어진 자료인지에 따라 구분되는 것이다. 연구자와 참여자의 상호작용을 포함하고 있는 관찰연구의 자료는 자연발생적 자료와 생성된 자료의 연속선상에 놓여 있다. 연구자가 적극적으로 관여하지 않고 중립적인 태도를 취했다고 해도 그들 존재 자체가 자료 생성에 관여되었을 수도 있다(Berg & Lune, 2012; Angrosino & Rosenberg, 2011).

질적연구에 필요한 자료의 유형을 선택할 때에는 연구주제를 가장 잘 나타낼 수 있는 자료의 유형이 무엇인지 생각하고, 이와 관련된 실제적 문제들을 고려하는 것이 필요하다(Marshall & Rossman, 2011 참고). 다양한 유형의 자료는 창의적이고 효율적인 방법으로 혼용되어 사용될 수 있다.

자료 유형의 이론적 근거Rationale for different types of data

자료의 유형을 정할 때에 연구자는 다음을 고려해야 한다.

- **상황의 중요성.** 생성된 자료는 참여자들로 하여금 연구주제와 관련된 그들의 개인적이거나 집단적인 상황을 설명하도록 한다. 그러나 상황 자체가 연구현상의 근본적인 측면이고, 실제상황에서의 경험이 중요하다면, 관찰자료가 필요할 수도 있다.
- **연구현상이 상세하고, 정확하고, 완전한지 여부.** 개인 참여자가 완전한 내용을 줄 수 있는 주제도 많지만, 늘 그런 것은 아니다. 연구주제가 복잡한 과정이나 상호작용을 가지고 있거나, 추상적이고 인식하기 어렵거나, 중요한 요소들이 잠재의식이나 본능적인 것이라면 참여자들이 제공하는 내용은 부분적일 수 있다. 한편 자연발생적 자료는 연구주제에 대해 완전한 그림을 제공하지 못할 수 있는데, 예를 들어 어떤 문서가 주제에 대한 한 가지 관점만을 제공하거나, 기존의 관계를 이해하는 것이 상황 인식에 필수적인 경우가 여기에 해당된다. 이러한 점들을 고려하여 한 가지 또는 여러 유형의 자료가 필요한지 여부를 결정해야 한다.
- **누구의 해석이 중요한지.** 자연발생적 자료와 생성된 자료의 중요한 구분점은 해석에 있어 연구자와 참여자의 역할이다. 자연발생적 자료는 무엇이 관찰되어 읽혔는지에 대해 연구자의 해석에 의존한다. 참여자가 가지고 있는 연구문제에 대한 의미가 이들의 행동에 담겨 있지만, 참여자가 아닌 연구자가 그 의미를 도출하며, 문서나 이미지 또는 상호작용에 대한 연구자의 해석을 통해 그 의미가 만들어진다. 한편 생성된 자료는 참여자가 그들의 의미를 연구자의 질문에 대해서 즉각적이든 서류상이든 직접적이고 확실하게 표현한 것이다. 이후 생성된 자료는 연구자가 추가적으로 해석하지만, 참여자 자신의 해석도 실제적인 연구 패러다임에서 매우 중요하게 여겨진다. 연구에는 이 두 가지 형태의 자료가 모두 필요하다. 예를 들어, 상호작용에 대한 관찰에 이어 참여자를 면담하여 그가 의미하는 바를 이해하거나, 참여자가 만든 사진이나 비디오를 관찰하고 그것에 대한 의미를 면담에서 설명하도록 하는 것이 필요하다.
- **접근성 및 실행가능성.** 가상이든 현실이든 현상을 보여주는 문서, 상호작용, 환경이 있는가? 그리고 연구자가 이들에게 접근할 수 있는가? 만약 생성된 자료가 연구에 더 많은 이해를 가져다준다고 가정할 경우, 연구자와 잠재적 참여자의 관점에서 심층면담, 관찰 또는 포커스그룹을 통해 자료를 수집하는 것이 실제로 가능한가?

면담 및 포커스그룹 자료Interview and focus group data

생성된 자료가 자연발생적 자료와 같은 다른 유형의 자료를 대신하거나 함께 이용된다면, 개인면담과 포커스그룹과 같은 자료수집방법을 고려하여야 한다. 이 방법으로 생성된 자료는 말로 하는 이야기에 기반을 둔다. 이러한 방법의 가치는 참여자가 자신의 세계를 적극적으로 구축하고 세상에 대한 자신의 통찰을 구두로 소통할 수 있다는 믿음에서 출발한다. 즉, 적극적인 집단면담 또는 개인면담을 통해 참여자들의 인생이나 관점에 대한 통찰을 알려주는 자료가 생성될 수 있다는 믿음이다. 면담의 가치에 대한 이런 믿음은 경험적인 것을 진정성 있는 것이라고 인정(Silverman, 2011:179)함으로써 현대 사회과학의 낭만주의적 충동이라는 비판을 받기도 했지만, 면담은 질적 자료 수집에 있어 핵심적이고도 효율적인 방법이라 하겠다. 개인면담과 집단면담 사이의 선택은 자료의 성질, 주제 영역 및 연구참여자 등의 요인에 의해 결정된다.

수집된 자료의 성격 The nature of the data sought

심층면담과 같은 일대일 상호작용의 가장 큰 특징은 개인에게 깊이 집중하는 것이다. 이러한 상호작용은 개개인의 관점에 대한 구체적인 조사, 연구현상 속에서 개인의 상황에 대한 이해 그리고 상세한 주제 조사를 가능케 한다. 이러한 상호작용은 민감하고 복잡한 문제를 탐구하거나 다양한 문제를 개인적 상황과 연관지어야 할 때 또는 개인사와 경험에 비춘 관점이 중요한 경우 가장 확실한 자료수집방법이다.

집단토론(또는 포커스그룹)에서는 개인에 대한 상세한 자료를 얻을 기회가 더 적다. 따라서 이 방법은 집단 상호작용 또는 참여자들의 상호작용이 연구의 해답을 가져다 줄 경우에 사용한다. 집단 상호작용은 타인과의 토론 및 이야기 듣는 것을 포함하고 참여자들로 하여금 그들이 말하고자 하는 바를 다듬을 기회를 준다. 이는 태도연구에 있어 특히 유용할 수 있다. 그 이유는 다른 사람의 태도에 대해 듣거나, 다른 사람으로부터 자신의 태도에 대한 느낌을 전달받을 때 자신의 태도나 관점을 더 잘 이해하고 설명할 수 있기 때문이다. 만약 창의적 사고, 해결 및 전략에 대한 설명을 하는 것이라면 참여자들 사이의 상호작용도 매우 유용하다.

집단토론은 상황이 사람들의 관점에 영향을 주는 방식을 보여줄 뿐만 아니라, 타인의 존재 하에 이루어진 대화를 통해 자료가 어떻게 생성되는지를 보여준다. 집단의 상황은 참여자들 사이의 차이점을 확실하게 보여주고, 이러한 차이점에 대해 직접적이고 명확하게 토론할 수 있는 기회를 만들어 준다.

주제 문제 Subject matter

매우 복잡한 시스템, 과정 또는 경험은 일대일 교류에서 가장 잘 표현되는데 이는 집중의 깊이와 해명의 기회 그리고 상세한 이해 때문이다. 이와 유사하게, 사람들의 동기나 결정을 이해하고 영향과 결과를 탐구하는 데는 일대일 교류가 제공하는 세세한 개인적 접근이 필요하다. 추상적 · 형이상학적 또는 개념적 주제는 집단토론에 더 잘 맞을 수 있는데, 집단토론에서는 주제에 대해 함께 파고들어 견해를 나눌 수 있기 때문이다. 집단은 위에서 설명했듯이 태도나 관점에 초점을 둔 연구나, 특정 유형의 정보를 참여자에게 제공해야 하는 기술적인 문제가 있는 상황에서 유용하다.

참여자 사이에 주제에 대한 관련성이나 유사한 경험이 있다면 집단을 통해 매우 민감한 주제의 탐구가 가능하지만, 이 경우 집단의 구성과 지휘에 있어 세심한 관심이 요구된다. 사람들이 비밀로 할 만한 주제나 사회적 규범이 강하게 작용하는 주제인 경우에는, 사회적 규범 연구가 아닌 이상, 집단토론에 적합하지 않다. 사회적 허용수준을 넘어서는 주제에 관심이 있는 경우에는 비밀보장이 확실한 환경에서 개인면담이 더욱 유용하다.

연구모집단Research population

집단토론을 위해 한 장소에 모이는 것은 모든 참여자가 지리적으로 한 장소에 모여야 한다는 것을 의미하는데, 이는 연구에 대한 흥미와 접근성을 제한할 수도 있다. 집단토론은 구성원이 다양할 때 도움이 되기도 하지만, 일반적으로는 연구주제와 관련된 사람이나 사회-인구학적 특성에 공통점이 있는 편이 더 도움이 된다. 같은 집단 내에서 참여자들의 지위에 차이가 있는 경우는 피해야 하는데, 예를 들어 사내 괴롭힘에 관한 집단토론에서 임원과 직원을 함께 포함시키는 것을 들 수 있다. 연구를 위한 개인적 상호작용은 사람들 사이에 아무런 공통점이 없거나, 반대로 사람들 사이의 관계가 그들의 참여를 제한하거나 권력 또는 위치에 대한 문제가 있는 경우에 적합하다.

짝 또는 삼인일조와 같이 작은 규모의 집단은 집단과 개인 상황 간에 좋은 균형을 제공할 수 있다. 이 집단은 개인에 대한 깊이 있는 집중과, 생각이 어떻게 개발되는지를 관찰할 수 있는 기회를 준다. 또한 참여자들로 하여금 서로에게 듣는 내용을 비교하거나 생각해 볼 수 있게 할 뿐만 아니라, 개인 참여자에게는 충분히 말할 수 있는 시간을 줄 수 있다.

연구자는 자료수집방법의 역동성에 대해 심도 있게 생각해야 한다. 이를 위한 한 가지 방법은 참여자들에게 그들이 원하는 바를 물어보는 것이다. 예를 들어, 학대나 트라우마 경험과 같이 민감한 사안에 대한 연구에서는 사람들이 보다 사적이고 비밀유지가 되는 환경인 개인면담을 선호할 수 있다. 그러나 기존의 학대나 트라우마 지지집단이 존재한다면, 그 구성원들이 짝을 이루거나 소규모 집단을 형성하여 면담하는 것이 더 편할 수도 있다. 친분이 있는 사람들을 두세 명씩 짝지어 면담하는 것은 보다 활기찬 분위기를 형성하고, 개인면담이나 큰 규모의 집단에서 느끼는 긴장감이나 압박감에서 벗어나게 할 수 있다. 이때 고려해야 할 점으로는 집단 역동이 응답을 제한하거나 변형시킬 수 있는가, 이러한 응답이 연구에 얼마나 부정적 영향을 미치는가, 참여자가 상호작용을 가장 편안하게 느낄 수 있는가 등이 있다.

질적연구의 결합 Combining qualitative methods

다양한 방법의 질적자료를 통합하는 것은 가치가 있다. 예를 들어, 포커스그룹이나 소셜미디어 분석은 초기 단계에서 향후 심도 있는 면담으로 발전할 수 있는 사안을 발굴하고 탐색하는 데 이용될 수 있다. 관찰은 연구자로 하여금 연구주제와 환경에 대해 더욱 민감하도록 도와주고, 잠재의식적이거나 면담에서는 나타나지 않을 상호작용 측면에 대해 더욱 민감하도록 해준다. 사진도 또한 포커스그룹이나 면담과 더불어 개인적 · 사회적 상황을 더 잘 이해할 수 있도록 도와준다.

집단토론은 연구에서 밝혀진 바를 검증 또는 심화하는 데 이용할 수 있다. 이는 심층면담으로 수집된 자료에서 나타나지 않는 사안을 찾거나, 자료의 이해 및 해석에 대한 의견을 모으는 과정을 포함할 수 있다. 이러한 집단토론은 면담 참여자들을 대상으로 이루어지거나, 동일한 인구집단 중 다른 사람을 대상으로 또는 연구에 나타난 것과 아닌 것을 논평할 수 있는 사람들을 대상으로 이루어질 수 있다.

Box 3.2에서는 질적연구자가 이용할 수 있는 개별 심층면담, 집단토론 및 관찰에 있어 고려해야 할 사항들을 요약하였다.

자료수집을 위한 인터넷 사용 Using the Internet to collect data

인터넷은 질적연구에서 유용한 자료수집의 방법으로, 온라인 포커스그룹을 예로 들 수 있다(Markham, 2011). 인터넷을 사용한 자료수집은 구술을 통한 자료수집방법과 비교했을 때 약간 다른 방법론적 전략, 윤리 및 타당화를 위한 질문을 요구한다. 인터넷 연구를 고려하는 연구자는 인터넷으로 전환하기 전에, 오프라인방법에 대해 알고 있어야 한다(Flick, 2009). 인터넷 연구자는 타당하고 믿을 만한 자료를 수집하는 데 있어, 구술할 때의 질문이 문자화 될 때에는 다르게 표현될 수 있다는 점을 이해할 수 있어야 한다. 인터넷 자료수집은 접근의 용이함, 이동시간 단축 및 연구지 절약(Gibson, 2010; Markham, 2011)과 같은 장점이 있는 반면, 제한점도 많다. 따라서 인터넷 자료수집을 계획할 때에는 이 방법이 연구문제에 적합한 자료를 제공할 수 있는지에 대한 세심한 검토가 필요하다. 그리고 이는 인터넷 소통에 대한 연구자와 참여자 모두의 접근성과 능력에 관련되어 있다(Flick, 2009). 온라인 자료수집을 하는 연구자는 사람들이 오프라인과 온라인상에서 어느 정도로 동일하게 행동하는지에 대해 인지하고, 이 두 방법의 유효성에 대해 알고 있어야 한다(Angrosino & Rosenberg, 2011).

온라인을 통한 자료수집은 특정 집단이나 질문에 가장 적절한 접근일 수 있다. 예를 들어, 온라인 집단토론에서는 사회적 규범이 덜 적용될 수 있고, 참여자들의 익명이 보장되기 때문에 성적 행동이나 HIV와 같이 민감한 사안을 탐색하는 데 더 적절하게 사용될 수 있다(Graffigna & Bosio,

Box 3.2

심층면담, 집단토론 및 관찰의 적용

	심층면담	집단토론	관찰
자료의 본질	심도 있는 개인적 내용을 얻기 위해	정제되고 반영적인 집단 상호작용에 의한 자료 생성을 위해	상황 속에서 자연발생적 행동으로 인식되는 것을 관찰하기 위해
	개인의 상황을 이해하기 위해	사회적 상황을 보여주기 위해(사람들이 사안에 대해 어떻게 이야기하는가를 탐구)	사람들이 표면적으로 인지하지 못하는 영향이나 행동을 보기 위해
	사안에 대한 상세하고 심도 있는 탐구를 위해	토론, 창의적 사고 및 해결을 위해	주어진 설명보다는 실제로 일어나는 것을 이해하기 위해
		집단 내의 차이점을 보여주고 토론하기 위해	연구자가 잘 알지 못하는 과정이나 행동을 이해하기 위해
주제	복잡한 과정이나 사안을 이해하기 위해(예: 동기, 결정의 영향요인, 결과)	추상적이고 개념적인 주제를 다루기 위해. 즉, 실현시키거나 투사기법을 이용하거나, 정보를 얻기 어렵거나 기술을 요하는 주제인 경우	잠재적 의식 또는 사회적으로 어려운 행동을 이해하기 위해 생성된 자료를 추가적으로 검증할 때
	개인적인 주제나 사회적 규범과 관련된 주제, 민감한 사안을 탐구하기 위해	사회적 규범을 보여줌으로써 밝혀지는 사안일 때, 세심한 집단구성 및 조작 또는 온라인을 사용한 몇몇 민감한 사안의 연구	공공 행동을 탐구하기 위해
연구대상	여행을 할 가능성이 적은 참가자들을 위해	집단토론에 참여하기 위해 여행하는 것을 선호하는 경우 또는 온라인	관찰될 수 있는 또는 보이는 행동에 참가하려는 참여자를 위해
	연구대상이 지리적으로 흩어져 있을 때, 연구대상이 매우 다양할 때	대상이 지리적으로 가깝거나 온라인상으로 접하는 경우, 연구주제에 대해서 공통의 배경이나 관계가 있는 경우	대상이 특정 상황에서 상호작용할 때
	권력이나 지위의 문제가 있을 때, 대상자가 의사소통에 어려움을 겪을 때	집단 환경에서 제약을 받지 않는 참여자를 위해	관찰로 인해 제약을 받지 않는 참여자를 위해

2006). 또한 범죄자들과 같이 연구자와 대면하거나, 노출되는 것을 꺼리는 대상에게 더욱 적절할 수 있다(Ayling & Mewes, 2009). 온라인 연구는 참여자들이 지리적으로 흩어져 있는 경우, 특별한 가치를 가진다. 온라인 집단토론은 며칠, 몇 주, 몇 달에 걸쳐 비동시적으로 진행될 수 있고, 모든 참가자가 동시에 참여할 수 있는 동시적 토론 또한 가능하다.

인터넷 및 대면적인 방법은 참여자들과 현상에 대한 추가적 통찰을 얻기 위해 혼합하여 이용할 수 있다. 다음은 성 산업의 민속지 연구에서 대면적 방법을 주로 이용하되 온라인 방법을 함께 사용한 예이다. Sanders(2005)는 인터뷰를 진행하고(주로 대면 인터뷰를 하지만 온라인도 사용), 해당 산업에 종사하는 여성들과 대화하면서 관련된 온라인 활동 세 가지를 관찰하였다. 세 가지에는 성 서비스의 홍보, 성을 파는 여성에 대한 지원 웹사이트 그리고 성 종사자들과 소통하고 그들을 평가하기 위해 만들어진 웹사이트가 포함되었다. 연구자는 인터넷이 있기 이전에는 이러한 상호작용을 쉽게 관찰하기 어려웠으나, 인터넷이 이러한 성 산업 현상을 이해하는 데 새로운 기회를 주었다고 주장하였다. 그러나 연구자는 이메일을 통한 면담이 대면적 면담을 대신하기에는 부족했다고 말했는데, 이는 이메일을 통해서는 관계의 형성과, 민감한 사안에 대한 탐구가 어려웠기 때문이었다(Sanders, 2005:75).

따라서 인터넷 자료수집에서는 접근성, 문자 해독력, 표본의 대표성 및 연구자와 참여자 사이의 상호작용의 깊이가 모두 고려되어야 한다. 그러나 인터넷은 추가적인 토론을 위해 유용한 자료원이 될 수 있다(Fielding et al., 2008).

연구기간의 설정

Selecting the time frame for research

연구설계는 연구기간에 대한 결정과 얼마나 오래 연구가 지속될 것인지에 대한 결정을 포함한다. 특히 연구활동의 여러 시점과 자료수집의 횟수 등은 그 중요도가 높다. 이에 대한 판단은 참여자들에게 접근할 수 있는 특정 기간 또는 가용자원 등과 같은 현실적 고려와 함께 진행되어야 한다.

연구의 적절한 기간은 종종 연구문제로부터 결정된다. 예를 들어, 새로운 계획, 서비스 또는 정책에 대한 조사에 있어서 적절한 연구기간은 연구의 초점이 설립과 설정을 탐구하느냐 또는 전반적인 영향과 효율성을 탐구하느냐에 따라 달라진다. 연구자는 계절적 변동이 결과에 잠재적으로 미칠 수 있는 영향을 인지해야 한다. 예를 들어, 신체활동에 대한 조사의 경우, 겨울에 조사된 내용은 여름에 조사된 내용과 크게 다를 수 있다. 또한 현재의 사회 분위기가 연구에 미치는 영향도 인지해야 한다. 예를 들어, 민족 주체성 인식에 대한 연구는 올림픽과 같이 흔치않은 특정 사건에 의해 영향을 받을 수 있다.

종종 연구에서 이전과 이후의 경험에 대한 자료를 모두 요하는 경우가 있다. 이러한 경우에는 일회성 자료수집이 충분한지 또는 보다 긴 시간 동안 다수의 자료수집을 해야 하는지와 같은 질문을 야기한다.

연구의 수와 종단적 연구의 역할
The number of research episodes and the role of longitudinal research

단일 연구 Single research episodes

많은 연구는 일회성 현장조사이다. 이러한 연구는 연구의 초점이 연구 주제의 현 상태에 관한 것이거나, 연구대상이 상대적으로 안정적인 경우 적합하다. 일회성 단일연구라 하더라도 필요한 자료는 여러 달에 걸쳐 수집될 수 있음을 상기해야 한다.

연구는 대상이 역동적이어도, 일회성 현장조사로 충분할 수 있다. 질적연구가 조사와 명료화를 포함하기 때문에, 비교적 상세한 회고록이 수집될 수도 있다. 표본 설계에 있어 역동적 과정을 반영할 수 있다. 예를 들어, 형사사법 제도에 대한 사람들의 경험을 조사하는 연구에서 대상자가 재판에 처해 있는 단계에 따라 형사사법 제도의 제 측면에 대한 인식이 다름이 발견되었다(Cleghorn et al., 2010). 이 단계에는 법정 기일을 기다리는 상황, 사회봉사 완료가 임박한 상황, 처벌을 여러 달 동안 경험한 상황 등이 해당된다. 일회성 단일연구에서는 다양한 단계에 처한 참여자들이 표본에 모두 포함되도록 설계하면, 이 제도에 대한 참여자들의 경험은 일차적으로 탐색할 수 있다.

후향적 면담은 참가자의 인생 이야기를 말하는 전기 또는 인생사 연구의 자료수집방법이다(Creswell, 2013; Riessman, 2008 참고). 이때 달력이나, 시간표, 일기 등의 도구가 보조적으로 이용될 수 있다(Chapter 6 참조). 그러나 후향적 탐색은 기억하는 데 어려움이 있을 수 있고, 기억의 왜곡이나 사후 합리화 등과 같은 문제가 있을 수 있다. 질적연구에서 후향적 인생사 면담은 참여자의 특정 경험이나, 그들의 인생 이야기에 연구자가 관심이 있는 경우 특히 유용하다. 이 경우 참여자가 들려주는 이야기, 그들이 어떻게 이를 개념화 하고 설명하는지(McNaughton, 2008; Riessman, 2008), 전반적인 연구목적과 이러한 자료가 어떻게 연관되는지를 분명히 하여야 한다.

다회성 연구 Multiple research episodes

연구에 있어 과정의 변화가 중요하고 이러한 과정이 복잡하거나 상당 기간에 걸쳐서 일어나는 경우, 일회성 연구로는 충분하지 않다. 이 경우, 질적 종단연구가 보다 효과적일 수 있다. 종단연구에서는 여러 번의 자료수집을 하게 되는데, 주로 동일 인물을 한 번 이상 면담하게 된다.

질적 종단연구는 미세한 변화를 탐구하는 데 특히 적합한데, 이때 변화의 초점은 개인이다. 주제가 추상적이거나 사람들에게 익숙하지 않은 경우, 포커스그룹을 다시 소집하거나, 시간 간격을 두고 하는 심층면담은 첫 번째 연구 개입 이후에 일어나는 생각의 변화를 잡아낼 수 있다. 일반적으로 질적 종단연구의 목적은 긴 시간 동안 일어나는 과정을 보거나, 장기적인 영향, 결과 및 도출물을 보는 것이다. 이 연구는 현상이 변화를 겪을 것이거나(예: 회복적 사법 서비스 또는 노숙 기간 이후의 재정착 서비스), 개인적 상황의 변화가 현상에 대한 경험에 영향을 줄 경우(예: 출산 전후의 성역할) 등에 특히 중요하다.

여기서 변화를 측정하는 것은 질적연구의 역할이 아니며, 이는 종단적 설계를 통합하는 설문조사의 역할이다. 이와 달리 질적연구의 역할은 변화의 다양한 유형이나 결과를 설명하고 이들이 어떻게 일어나며, 참여자의 장기간에 걸친 경험에서 이러한 차이들이 어떻게 그리고 왜 일어나는지를 설명하는 것이다. 질적연구는 변화가 일어나는 보다 넓은 상황을 탐구함으로써 변화 또는 결과에 영향을 미치는, 참여자들이 인식하고 있는 모든 요소들을 알아낼 수 있다.

다회성 질적연구에서는 주로 동일 인물을 대상으로 반복 연구를 하게 되지만, 두 명 이상의 대상을 여러 시간에 걸쳐 면담하는 반복적 횡단연구의 형태를 취하기도 한다. 이러한 연구설계는 변화의 초점이 개인이 아니고 보다 넓은 상황 또는 시스템인 경우에서, 대규모 단위의 변화인 경우 특히 더 적합하다. 예를 들어 횡단연구는 특정 현상에 대한 사회적 영향요인의 변화(예: 가난에 대한 정부 관점의 변화, 새로운 법안에 따른 대중의 태도 변화)를 연구하는 데 더 적합하게 사용될 수 있다. 여러 표본들이 여러 시간에 걸쳐 조사되는 횡단연구에서 질적연구는, 연구 후기에 표본의 새로운 경험과 영향요인을 식별하고, 이러한 것들이 어떻게 일어나고, 그 결과는 무엇인지 설명하는 데에 사용될 수 있다.

어떤 연구는 종단 및 횡단연구 설계의 혼합을 필요로 한다. 예를 들어 국가 유소년 봉사프로그램에 대한 평가연구에서는 각기 다른 해에 지원된 여러 봉사프로그램에서 표본으로 추출된 참여자들을 세 번에 걸쳐 현장조사하였다(NatCen et al., 2011).

첫 번째 현장조사에서는 초기 프로그램 집단에 속한 직원의 경험을 탐색하였다. 두 번째 조사에서는 프로그램에 최근 가입한 새로운 직원들을 대상으로 동일한 작업 사안에 대한 경험을 탐색하였다. 세 번째 조사에서는 첫 번째와 두 번째 시도에서 면담한 표본을 대상으로 재차 면담을 하였고(종단연구), 새롭게 지원된 프로그램에서 횡단적 표본들이 추가되었다. 이 설계는 개인적 수준이나 프로그램 수준에서의 변화를 함께 탐색하였고(프로그램의 성질 및 시간의 흐름에 따른 개인 참여자들의 경험을 함께 연구), 거시적 또는 시스템 수준에서 탐색하였다(각기 다른 시점에 프로그램에 참여한 직원들의 관점 변화 연구).

핵심 고려사항 – 반복 연구 Key considerations - repeat research episodes

종단연구는 설계 단계에서 다음과 같은 사항을 고려하여야 한다.

- **연구의 횟수 및 시점:** 관찰 과정의 역동성과 연구목적을 반영해야 한다.
- **초기 표본 선택:** 질적 종단연구에서, 연락 유지를 위한 전략(**Box 3.3**)
- **현장연구방법:** 심층면담은 패널토론보다 적합하다. 포커스그룹은 개인의 관점을 알아낼 기회가 적기 때문에 미시적 수준의 변화를 알기 어렵다.
- **추후 면담 결정:** 추후 변화가 잠재적이거나 복잡하여 의도적 선택이나 예측이 어려운 경우에는 첫 면담 대상자들을 전부 다시 면담할 수 있다. 그러나 추후 연구에서는 특정 그룹이나 사안을 집중적으로 탐색하도록 설계할 수 있고, 첫 면담 대상자들 중 하위표본을 의도적으로 선택할 수도 있다. 이를 위해서는 첫 번째 현장연구에서 밝혀진 집단이나 특성을 반영할 수도 있고, 그때 발생한 사건이나 경험을 포함할 수도 있다. 후자의 경우에는 표본 선택을 위한 조건의 검토가 필요하다.
- **분석:** 첫 번째 현장연구의 분석은 후기 연구의 자료를 통합하고, 이를 구조화하며, 서로 비교하여 변화를 식별

Box 3.3

연구참여자와의 연락 유지

노숙의 전환 연구

질적 종단연구의 예로 노숙의 전환에 대한 연구가 있다(McNaughton, 2008; McNaughton Nicholls, 2009). 연구목적은 노숙자들이 봉사단체에 의해 새로운 거주지로 옮겨갈 수 있도록 도움을 받을 때의 과정과, 이 과정에 영향을 끼치는 다양한 요인들을 이해하기 위함이었다. 연구를 위해 30명을 모집했고, 이들은 각기 재 주거 과정의 다른 단계에 있었다. 몇몇은 노숙자였고, 몇몇은 최근에 호스텔과 같은 지원시설로 옮겼으며, 나머지는 자신의 주거공간으로 옮겼다. 30명의 참여자들은 그들의 상황에 대한 변화와, 이러한 변화의 요인으로 지목된 것을 탐구하기 위해 6개월 간격으로 18개월 동안 면담에 참여했다. 첫 면담은 그들이 집을 잃어버린 요인 및 출생 이후 여러 사건을 포함한 인생사를 다루었다.

종단연구의 주요 요소는 참여자들과 연락을 유지하거나 그들을 추적하는 것으로서, 이를 위한 전략이 계획되어야 한다. 참여자들과 연락을 유지하기 위한 전략으로는 다음과 같은 방법을 사용하였다.

- 다양한 연락처 세부사항의 대조(전화, 이메일, 주소)
- 자원봉사자나 가족 등과 같은 참여자의 주요 지인들과 연락해도 된다는 동의를 얻는 것
- 계획된 면담 사이에 참여자와 연락하고, 이들의 연락처 변경사항에 대한 정보를 얻는 것
- 참여자들의 연락 정보가 바뀔 경우, 연락할 수 있는 최선의 방법을 묻는 것

참가자에게 연구자의 연락처가 적힌 정보를 주고 그들의 상황이 변할 때 연구자에게 알려줄 것을 요구할 수 있으나, 이는 참여자의 연락에 의존하게 되므로 본 연구에서는 사용하지 않았다. 이상의 전략을 통해 30명 중 28명에게, 18개월 동안 성공적으로 반복 면담을 하였다.

할 수 있도록 이루어져야 한다. 이는 상당한 양의 자료가 잘 관리되고 해석되어야 함을 의미한다. 이 과정은 동일한 분석방법이나 주제를 적용하거나, 이전 자료와 새로운 자료를 나란히 비교하는 경우 도움이 된다.

- **보고:** 첫 번째 연구에 대한 중간보고가 필요한지 또는 모든 단계가 끝난 다음에 해야 하는지 고려해야 한다. 일반적으로 초기 발견 내용을 공유하고, 이를 문서화시키는 중간보고 과정이 유용하다.

비교를 위한 연구설계

Building comparison into the research design

연구 환경과 대상의 선택에서 연구문제와 가장 관련성이 있고 완전하며 풍부한 정보를 제공해 줄 수 있는 사람을 식별해내는 것이 중요하다(Marshall & Rossman, 2011). 이 부분에서는 연구설계에 영향을 줄 수 있는 두 가지, 즉 비교연구와 사례연구 적용에 대해 다룬다.

비교 Comparison

질적연구의 비교는 양적연구와 매우 다르다. 양적연구에서 비교의 목적이 차이를 측정하는 것이라면, 질적연구에서의 비교는 차이를 이해하는 데에 목적이 있다. 그러므로 질적연구에서의 비교는 연구에 다음과 같은 기능을 한다.

- 서로 다른 집단에서 특정 현상의 실재 또는 부재의 식별
- 집단 간 현상 발현이 어떻게 다른지의 탐구
- 현상에 대한 설명 또는 이들의 영향 및 결과가 집단 간 어떻게 다른지의 탐구
- 서로 다른 환경 속에서 현상 간 상호작용의 탐구
- 현상이나 연구문제에 대한 경험이 일어나는 상황의 탐구

질적연구는 언제나 비교 요소를 일부 포함하고 있는데, 이러한 요소에는 다른 참여자들의 견해 또는 경험에 대한 비교, 연구되고 있는 현상의 특정 측면에 대한 비교가 포함되어 있다. 어떤 연구에서는 연구대상이나 환경의 비교가 연구설계의 핵심 요소가 될 수 있다. 예를 들어, 취업 프로그램을 떠나는 청년에 대한 연구에서는 프로그램을 수료한 사람과 그렇지 않은 사람 사이의 견해나 경험에 대한 비교가 연구의 초점이 될 수 있다. 연구대상의 이해를 위해서 비교 집단이 포함될 수도 있다. 예를 들어, 소수민족 청년들이 경찰의 수색 행위를 어떻게 인식하는지를 연구할 때, 백인 청년들을 포함시킴으로써 집단 간 경험이 어떻게 다른지를 비교할 수 있다.

비교연구를 설계할 때는 연구범위를 고려해야 한다는 점을 인지해야 한다. 다시 말해 비교 집단

은 모집단의 다양성을 반영할 수 있도록 충분히 규모가 커야 하는데, 이는 심층분석에 있어 집단 간 비교뿐 아니라 집단 내 비교도 이루어지기 때문이다. 이러한 설계에는 보다 구조적인 자료수집 방법이 필요한데, 이는 각 비교대상에게 비슷한 문제를 비슷한 방식으로 조사할 수 있기 때문이다.

연구목적이 참여자 삶의 다양한 측면을 탐구하는 것이라면, 참여자들 사이에 교차하는 차이점이 너무 많을 경우, 비교가 개념적이나 설명적으로 의미가 없을 수 있다. 따라서 의미 있는 비교를 할 수 있는 범위의 비교연구를 실행하기 위한 자원이 고려되어야 하는데, 이는 수집할 자료의 양과 분석이 크게 늘어날 수 있기 때문이다. 설계 단계에서는 연구의 범위, 비교 분석 능력 및 통찰의 깊이 등을 고려하여 얼마나 많은 비교 집단을 포함할 것인지, 각 집단의 표본 크기는 어느 정도로 크게 할 것인지를 현실적으로 결정하여야 한다.

사례연구 Case study research

비교의 한 방법으로 현상에 대한 심도 있는 탐구와 통찰을 도와주는 것이 사례연구이다. 사례연구는 다양한 의미로 사용되고 있으나 질적연구와 밀접하게 연관되어 있다. 사례연구와 관련된 특징은 다음과 같다.

- 개별 단위에 대한 집중(Flyvberg, 2011; Stake, 2008)
- 상세하고 심층적인 연구(Bryman, 2012; Hagan, 2006)
- 현상이 상황 속에서 연구되는 점(Cresswell, 2013; Holloway & Wheeler, 2010; Yin, 2009)
- 다양한 자료수집방법의 이용(Cresswell, 2013; Berg & Lune, 2012; Holloway & Wheeler, 2010)

이러한 특징이 말하고자 하는 핵심은, 사례연구는 특정 상황에 기반하고 있는(복수의 사례를 포함하는 연구라면 다수의 상황에 기반하는) 다양한 관점을 탐구하는 것이다. 이러한 다양한 관점들은 다양한 자료수집방법에서 올 수도 있지만, 다른 관점을 가진 사람들의 다양한 설명과 해석에서 비롯될 수도 있다.

사례연구에서 표본은 개인 참여자보다는 상황, 기관 또는 장소를 중심으로 다음과 같이 설계된다.

- 살인 피해자 가족지원 서비스에서 각 가정마다의 다른 사례를 포함하는 과정과, 서비스의 주요 직원 및 관리자(Turley & Tompkins, 2012)
- 서로 다른 유형의 직원을 포함하는 사례에서 새로운 범죄자 관리 시스템에 대한 평가와 같은 기관의 상황: 보안관, 조사관, 경찰 및 이들이 관리한 범죄자(McNaughton Nicholls et al., 2010a)
- 같은 시기에 시민혁명 및 혼란에 영향을 받은 서로 다른 지리적 구역(Morrell et al., 2011)

사례연구에 포함된 복잡성의 정도도 사례마다 두 명씩 면담한 연구부터(커플, 전문가와 고객 등과 같이), 사례마다 20명 이상의 사람들을 면담한 연구까지 상당히 다를 수 있고, 문서로부터 얻은 자료나 관찰 또는 포커스그룹 등의 자료도 포함될 수 있다.

상황이나 상호작용에 대한 다른 관점의 통합은 사례연구 설계를 통해 매우 구체적이고 심도 있게 이루어질 수 있다. 이는 단일 관점이 연구문제에 대해 충분한 설명을 제공해줄 수 없을 때, 전체적이고 통합적이면서도 상황적인 이해가 필요할 때 이용된다.

사례연구는 설계 단계에서 여러 가지 고려점을 제기한다. 연구문제에 대한 초기 이해는 사례마다 적절한 기준을 선택하고 각각의 사례를 구성하는 데에 있어 중요하다. 주요 참여자는 누구인가, 이들은 사례 또는 장소마다 어떻게 변화하는가 하는 내용이 여기에 해당된다. 각각의 설정에 따라 정확한 대상이 다를 수 있고, 사례 사이에 얼마만큼의 일관성이 필요한지도 결정해야 한다. 설계는 각 사례마다 완전성을 보장하되, 사례 간에는 일관성을 두어서 서로 비교 가능하게 해야 한다.

마지막으로 각 사례의 다른 구성원으로부터 얻어진 자료를 비교할 수 있도록 분석을 설계해야 한다. 실제에서는, 사례마다 다른 주체들을 비교하거나, 사례 간 비교하거나, 사례 간 참여자 집단을 비교하는 것처럼 분석이 매우 복잡해질 수도 있다.

참여행위연구

Participatory action research

연구설계 시 또 다른 주요 측면은 연구자가 참여자와 가지는 관계이다. 연구자와 참여자가 원하는 관계의 유형을 고려하는 것이 설계에서 중요하게 대두될 수도 있다(Maxwell, 2005). 이 단계에서 연구자가 기관과 집단에 어떤 형태로 접근할 것인지 고려해보는 것은 가치가 있다. 이는 어느 수준의 상호성 또는 교류가 연구에 포함될 것인지, 연구자의 특성 및 접근방법이 연구에 어떤 영향을 미칠지 등을 고려하는 것이다. 이러한 고려는 연구자의 정치적 또는 이론적 관점과, 수행할 연구의 역사 또는 접근방법의 영향을 받는다. 참여행위연구(PAR)는 연구를 연구자와 연구대상자의 협력으로 보고, 연구의 목적을 연구과정에 관여된 사람들의 긍정적 변화로 보는 것이다.

Staley(2009)는 참여행위연구에서 연구자와 대상자의 의미 있는 관여는 연구의 시작부터 진행되어야 한다고 주장하였다. 연구대상이 누구든지 간에 이들은 연구주제, 문제 및 설계를 구성하는 데 있어 일정한 역할을 담당한다. 이 작업은 위탁연구에서는 어려운데, 그 이유는 연구목표 및 설계가 연구대상이 관여되기 전에 위탁자에 의해 이미 정해져 있는 경우가 많기 때문이다. 이 경우에도 참여행위연구라면 최대한 빨리 가능한대로 연구대상자의 참여가 이루어져야 한다(**Box 3.4**).

참여행위연구를 이용하는 경우, 관련된 공동체는 의미 있는 참여를 해야 하는데, 이상적으로는 설계 단계부터 종료까지 전 과정에 참여해야 한다. 그러나 현실적으로는 공동체의 관여 정도가 다양하고, 연구 단계마다 다를 수 있다. 한 가지 예로는 정기적인 회의를 가져서 관련 공동체가 연구 설계에 조언하고 수용하며, 더 깊은 의미와 통찰을 줄 수 있는 자료와 탐색 내용을 논의하고, 주요 문제가 조사되었는지 확인하고 결과가 그들에게 의미 있는지 검토하는 일을 들 수 있다. 이는 관련 공동체가 서로 만나 협력적 및 체계적으로 정보를 교환하며, 연구문제에 대한 해결을 지속적인 문서화를 통해 식별하고 적용할 수 있는 방법이라는 점에서 선호된다(Russo, 2012). 따라서 참여행위연구에서는 참여자들에게 자료와 이에 대한 토론을 명확히 할 수 있는 방법이 제공되어야 하며, 연구결과의 요약 및 보고서도 워크숍이나 해산식 등을 통해 제공되어야 한다.

동료연구(peer research)는 참여행위연구와 자주 연관되어 사용되지만, 실제적으로는 동료면담 과정에 포함되곤 한다. 동료연구 또는 동료면담은 연구 상호작용 측면에서 연구자가 참여자와

Box 3.4

참여행위연구의 잠재적 가치 및 한계

이해관계의 갈등을 탐구하는 비네트

참여행위연구의 가치는 사회적 · 정치적 및 방법론적 목적에 있다. 이 연구는 대상이 되는 개인 및 집단에게 권한을 주고, 연구가 그들의 상황에 맞게 진행되는 것을 보장함으로써 연구공동체에게 연구의 가치를 증폭시키며, 소외받는 집단에게 발전 가능성을 제시하고, 연구에 관여된 사람들의 경험과 전문성을 반영하는 것을 보장할 수 있다.

참여행위연구에서는 의미 있고 진실된 참여를 위한 기대와 필요한 자원에 대한 요구 사이에 긴장이 있을 수도 있다. 필요한 자원은 세심하게 고려되어야 하며, 이 연구가 선택적이거나 부분적일 수 있다는 것을 받아들여야 한다. 예를 들어, 자료수집 과정에서 지속적인 영향을 준 공동체가 최종적인 연구결과에 대해 발언권이 없다면 이 연구는 완전한 참여행위연구라고 할 수 없다(Brydon-Miller et al., 2011). 만약 초기에 연관되어 있는 사람들 중에 연구자의 노력에도 불구하고 일부만 결과 도출 워크숍에 참여한다면, 공동체 참여는 완전하다고 할 수 없다(Russo, 2012).

참여행위연구와 관련된 방법론적인 어려움 또한 인정되어야 한다. 참여행위연구가 많은 장점을 가지고 있지만, 문제가 없는 것은 아니다. 먼저 면담 진행자들의 훈련과 지원이 필요할 수도 있다. 심층면담의 진행은 어려운 작업이기 때문에 경험과 훈련이 필요하지만, 시간이 없을 수도 있다. 일부 참여자는 공동체 사람들과의 면담을 싫어하지만, 외부 연구자의 면담은 수용할 수도 있다. 공동체 구성원들은 서로에 대한 편견을 가질 수 있고 이러한 것은 연구에 영향을 미칠 수 있다.

참여행위연구를 선택하는 것이 언제나 올바른 방향은 아니다(McNiff & Whitehead, 2006). 연구방법의 선택은 연구문제나 사안의 초점에 적합하고 현실적인가 하는 것에 달려 있다. 참여연구 또는 행위연구를 하지 않더라도, 설계와 분석 단계에서 참여자 집단과의 면담은 전반적인 접근을 강화시킨다. 여기에 연구결과 및 발견 결과를 참여자들과 소통할 수 있는 피드백 구조는 필수적이다.

같은 경험을 한다는 점에서 중요한 것으로 간주된다. 이 과정은 연구참여자와 매우 비슷한 특성을 가지고 있거나 연구현상에 대한 직접적인 경험이 있는 사람에게 적용될 수 있다. 이 방법은 주제가 민감하거나 연구대상이 적을 때 사용된다. 동료면담은 노숙이나 성 건강 연구(Greene et al., 2009), 집시 및 여행자 공동체 연구(Brown & Scullion, 2009), 청년 봉사 프로그램의 평가 연구(NatCen et al., 2011)에 이용된 예가 있다.

참여행위연구에서는 관련된 모든 사람들이 접근할 수 있는 연구방법을 사용하는 것이 특히 중요하다. 되도록 전통적인 방법보다는 창의적인 방법을 사용하는 것이 더 효과적이다. 예를 들어, 예술-기반 방법이라고 명명한 창의적 자료수집법이 있는데, McNiff(2008:29)는 이를 다음과 같이 정의한다.

> 예술적 과정을 체계적으로 이용하는 과정이며, 여러 형태의 예술을 실제적 예술로 표현하는 과정으로서 연구자와 참여자의 경험을 이해하고 평가하는 주요 수단으로 사용된다.

이는 예를 들어 연극, 시, 창작, 그림, 공예 또는 영상제작 등을 통해 참여자로 하여금 자신의 이야기를 하도록 한다. 또 다른 접근법은 사진-음성 유발인데 이는 참여자로 하여금 사진에 나온 자신의 이웃에 대한 우려사항을 녹음하도록 하고, 이러한 녹취록을 공동체에 의해 분류하는 작업 기간을 가진다. 이후, 추가적인 작업을 통해 이러한 우려사항이 왜 일어났고 가능한 해결책은 무엇인지 평가하고, 마지막으로 이러한 해결책을 적용하거나 정책 결정자에게 알려주는 것이다.

질적연구의 자원과 일정

Resourcing and timetabling qualitative research studies

대부분의 연구는 팀워크로부터 이득을 얻는데 여기에는 동료, 친구 및 학계 자문들과의 비공식적 대화 또는 관련된 공동체와의 협력 활동도 포함된다. 팀을 형성해 일하는 것은 반영과 검토의 기회를 넓히고, 연구자를 활성화시키며, 다양한 관점과 통찰을 주고, 편견과 기준의 저하를 막는다. 팀워크는 세부 업무나 행정적 업무에 빠져서 연구의 전략적 목적에 대한 시야를 잃기 쉬울 때 도움이 된다. 큰 규모의 연구, 특히 동일한 대상을 사용하는 연구에서는 면담 내용이 반복될 수 있는데, 이 때 면담 진행자의 피로가 찾아온다. 팀워크는 이와 같이 예기치 못한 어려움에 맞설 수 있는 기회를 제공하여 제시간 내에 연구를 마무리할 수 있게 한다.

팀워크를 위해서는 협력에 필요한 시간과 자금을 현실적으로 고려해야 한다. 여러 기관 및 학계에 걸친 협력은 많은 자원이 소요되고, 초점과 방법에 대한 공통된 이해와 공유방법의 개발, 관계 형성 및 함께 일하는 시간을 필요로 한다.

연구자가 혼자서 일하는 경우에는 생각을 공유할 수 있는 기회를 마련하고, 연구문제 및 결과에 대한 토론과 기준에 대한 해석의 기회를 마련해야 한다. 관찰자, 후원자 및 위탁자와의 연락, 관리, 자문집단 및 동료의 검토는 연구자가 홀로 일하는 경우 특히 더 중요해진다. 고통과 스트레스를 줄 수 있는 주제에 대해 혼자 연구하는 경우에는 지원과 보고 체계를 형성해 놓는 것이 특히 중요하다.

질적연구의 자원은 필요한 연구기간에 의해 결정된다. 직접적인 지출이 클 수 있기 때문에 이를 과소평가하지 말아야 한다. 연구설계에서 시간과 노력에 대한 고려와 연구의 각 단계에 필요한 세부업무 및 특정 활동에 대해서도 미리 계획을 세우는 것이 필수적이다. 표본의 추출 기준과 방법, 접근법이 모호하거나 자료분석방법이 불분명한 경우, 필요한 자원의 산출에 있어 큰 영향을 줄 수 있다. 따라서 이러한 사안에 대해 충분히 생각하고 재정지원 규모와 일정을 현실적으로 설계하여야 한다. 연구단계별 주요 활동이 **Box 3.5**에 요약되어 있다.

현장조사를 위해 필요한 비용과 시간, 연구자 또는 고용된 서기가 녹취 자료를 전사할 것인지, 필요한 비디오나 오디오, 녹음기와 같은 장비 구매, 참여자에 대한 비용 등이 모두 고려되어야 한다. 인터넷 연구는 이동 비용이 절감되므로 더 저렴하다고 생각할 수 있다. 그러나 온라인 자료의 저장과 안전한 보관에 대해서 더 세심하게 고려해야 한다. 예를 들어, 상호작용하는 자료를 다른

Box 3.5

연구 단계 및 계획

연구문제의 초기 확인

연구질문의 형성

- 논문 검토
- 핵심 집단이나 전문가들과의 상담, 정찰 방문, 인터넷 검색
- 이론적 관점 또는 연구자의 관점 고려

연구방법 선택(Chapter 7, 8, 9)

- 자연발생적 자료, 생성된 자료, 이차 자료분석 또는 혼합
- 자료수집방법 선택
- 자료수집에 필요한 장비 또는 기술
- 적합한 순서잡기: 방법의 반복이나 상호작용 범위를 어떻게 할 것인가?
- 시간경과에 따른 비교, 사례조사, 표본의 구조적 연결
- 환경설정 및 연구 모집단: 표본수집, 현장조사 및 분석방법

(계속)

연구 모집단, 표본 및 지역 선택(Chapter 5)

- 단체, 집단 또는 개인에 대한 접근
- 표본에 포함되어야 할 핵심 집단 또는 차원
- 선택 기준
- 표본 형성의 옵션
- 선택 변수 및 연락 세부사항에 대한 정보원

연구윤리(Chapter 4)

- 연구의 각 단계마다 필요한 윤리적 관행 검토
- 참여자의 잠재적 취약점 또는 연구주제의 민감성 고려
- 사적 비밀, 익명성, 참여자 동의의 보호를 위한 과정
- 연구자나 참여자에 대한 잠재적 위험에 대비하기 위한 계획
- 연구모집단에 있어 연구자 역할 및 정체성에 대한 민감성
- 참여방법 및/또는 행위연구에 중점을 두는 연구설계의 함의

연구도구 설계(Chapter 6)

- 선별검사 도구, 선정된 표본에게 보내는 편지, 참여자에 대한 주제 안내
- 주제 안내용 도구의 디자인에 대한 연구팀의 관여
- 기금 후원자 또는 관련 집단으로부터의 조언 또는 명료화에 대한 요구
- 기타 재료에 대한 요구사항: 참여자 서비스에 대한 정보, 면담에 사용할 촉진 활동, 상담에 있어 정보제공, 청각 및 시각적 매체의 활용, 투사 및 활성화 기술
- 참여자의 현장조사 재료 및 자료수집 방법에의 접근가능성: 문자 해독력, PC 또는 노트북, 인터넷 사용능력)

잠재적 참여자와의 연락(Chapter 5)

- 표본에 포함하기 위한 동의 조율
- 접촉을 위한 조율
- 연구접근성 조율
- 연구를 안내하고 동의 받는 절차

현장조사 준비(Chapter 6)

- 현장조사의 목적 및 전략에 대한 브리핑
- 일정 확인
- 현장조사 재료에 대한 예비조사

(계속)

- 청취 자료 필사계획, 온라인 및 영상 자료 처리 계획
- 자료 저장 및 식별

현장조사 시행(Chapter 7, 8, 9)

- 표본 구성을 위한 시간: 눈덩이 수집방법, 기관을 이용한 표본 수집, 면담 및 집단토론에 필요한 시간, 지리적 집락화, 온라인 방법
- 짝을 지어 일하는 작업에 대한 잠재적 요구
- 표본 구성의 검토
- 현장조사방법의 검토 및 수정 기회
- 연구 팀과의 회의 조율
- 초기 현장조사와 이후의 분석에 대한 통합

분석(Chapter 10, 11, 12)

- 분석적 또는 개념적 매트릭스 개발에 있어 팀 구성원의 참여
- 매트릭스의 테스트 및 수정
- 자료의 배치, 정렬 및 요약
- 자료 해석
- 검증의 범위와 필요성
- 고려해야 할 일반화의 유형과 표본에 있어서의 함의와 분석

보고하기(Chapter 13)

- 보고 기회, 청중 및 결과에 대한 사정
- 상세한 계획, 기술, 검토, 편집 및 취합, 논평에 대한 응답 시간
- 구술 발표

행정관리

- 기금 후원자, 촉진 및 자문 집단과의 연락
- 팀/감독 회의
- 협력에 있어 자원의 의미

형태의 문서로 복사하는 과정에는 시간이 더 들어갈 수 있다. 온라인 포커스그룹 및 면담을 시행해 주는 플랫폼들은 자동으로 기록된 전사록을 생성해주지만, 그 이용에는 비용이 들 수도 있다.

마지막 고려사항은 연구 시작부터의 일정 및 예산 관리이다. 대부분의 가용시간을 표본 생성과 현장조사에 사용하고, 여러 분석방법을 적용하다 보면 논문을 작성할 시간이 없을 수도 있다. 따라서 연구의 시작점부터 상세한 일정표를 그리고, 실적을 이와 대비해 비교하면서 잘못 진행되는 사항을 초기에 수정해 가는 것이 중요하다. 초기에 과도하게 사용한 시간을 후반부에 가서 메울 수 있다고 생각하는 것은 위험하다. 이는 현실적으로 거의 불가능하기 때문에 연구의 규모와 방식 또는 마감기간에 대한 수정이 필요할 경우도 발생한다.

질적연구의 반성적 및 해석적 특징은 사회세계를 이해하기 위한 질적방법 개발의 주요 주제였다(Denzin & Lincoln, 2011). 특정 질적연구 설계에서 이러한 점이 얼마나 중요한지는 연구팀의 이론적 입장에 따라 크게 달라진다. 그럼에도 불구하고 연구설계에 있어 연구자의 영향은 참여자의 영향과 마찬가지로 무시되어서는 안 된다. 연구자는 설계 과정에서 자신의 가정과 추정이 섞이게 됨을 인식함으로써 이들이 무엇인지, 이들이 어떻게 연구에 영향을 끼칠 수 있는지 알아야 한다.

질적연구 설계는 창의적이고 자극적인 과정이 되어야 하는데, 이것은 자신이 즐겁고 성공적인 연구를 진행하는 데 있어서 중요하다. 현장조사를 더 많이 기대하는 연구자도 있지만, 질적연구에는 체계적인 계획과 상상력이 동원된 수평적 사고 또한 중요하다. 이러한 작업은 연구자로 하여금 연구문제에 한층 더 다가서도록 만들고, 연구의 질문을 보다 느낌 있고 실제적인 용어로 개발하도록 해준다. 연구자는 현실적으로 무엇을 할 수 있는지에 대해 잘 준비하여야 한다. 또한 숙고를 위한 시간과 여유를 남겨두어 자신이 보고 듣는 것에 유연하게 대처함으로써 질적연구 과정의 상호작용적 특징을 최대한 활용해야 한다.

핵심요소

KEY POINTS

- 좋은 연구설계는 명확하게 정의된 연구문제와 질문, 타당하고 신뢰할 수 있는 자료의 생성과 가용 자원 내에서 달성할 수 있는 방법 등에 일관성이 있어야 한다. 그러나 사회연구에는 늘 미지의 요소가 있으며, 질적연구는 유연함이라는 특별한 장점이 있다. 실제적으로 연구설계, 이론 및 자료수집의 관계는 반복적이고, 서로 상호작용하면서 정보를 주고받는다. 연구설계는 분리된 단계가 아니라 일련의 과정이다.
- 설계의 주요 사안은 자료에 대한 접근성, 가장 적합한 자료수집방법, 연구문제에 답해 줄 수 있는 자료의 유형을 고려하는 것이다. 자료수집방법은 자연발생적 자료의 수집부터 생성된 자료의 수집까지 하나의 스펙트럼

상에 놓일 수 있다.

- 상세한 질문들은 후향적 이야기하기를 통해 자료를 생성할 수 있음을 뜻하지만, 일회성 자료수집이 충분치 않을 경우가 있다. 종단연구는 설계 단계에 자료수집의 횟수와 시기, 초기 및 추후의 표본 선택, 현장조사방법 그리고 분석의 구성 등을 포함하여야 한다.
- 비교는 효과적인 설계 요소가 될 수 있지만, 질적연구의 가치는 차이의 측정보다는 차이의 이해에 있다. 사례연구는 특정 상황에 기반하고 있는 다양한 관점을 잡아 내고, 이에 대한 완전하고 구체적인 이해를 제공한다. 비교와 사례연구는 둘 다 표본 크기에 영향을 미치고, 상당히 복잡한 분석 작업을 요구할 수 있다.
- 설계, 분석 및 결과 발표에 참여자를 참가시킴으로써 설계를 강화시킬 수 있다.
- 연구의 팀워크가 필요하지만 팀이 없을 경우, 연구자는 고문, 재정 후원자의 참여, 감독 및 자문 집단, 동료 검토 등을 이용할 수 있다. 질적연구의 자금은 연구에 필요한 시간에 의해 주로 결정되는데, 각각의 단계에서 무엇이 필요한지 세심하게 고려하여 현실성 있게 반영하여야 한다.

핵심용어

KEY TERMS

이차분석(secondary analysis)은 기존의 수집된 자료로 돌아가 이를 다른 목적으로 재분석하는 것이다. 역사적 관점에서 비교하기 위해 사용하거나, 자료의 특정 부분에 대한 보다 상세한 검토, 다른 이론적 관점에서 자료를 바라보는 것이 여기에 해당된다.

질적연구에서는 다양한 방법을 통해 자료를 수집할 수 있는데, 연구자의 직접 개입으로 자료가 생성되기도 한다. **생성된 자료**(generated data)는 면담이나 포커스그룹과 같이 연구 상호작용에서 생성된 자료이다. **자연발생적 자료**(naturally occurring data)는 연구자나 연구 상호작용과 무관하게 존재하는 자료이다.

연구자는 다수의 자료수집을 할 수 있다. 그 예로는 동일인을 한 번 이상 면담하는 **종단연구 설계**(longitudinal design)와, 일련의 현장조사에서 새로운 표본을 이용하는 **반복 횡단연구 설계**(repeat cross-sectional design)를 들 수 있다.

사례연구(case study)는 일회성 또는 다회성 자료수집을 통해 특정 상황을 기반으로 하여 연구현상을 이해하는 것이 목적이다. 단일 사례를 조사할 수도 있지만 대부분의 응용연구에서는 비교할 수 있도록, 세심하게 선택된 다수의 사례를 조사한다. **비교**(Comparison)연구에서 표본은 사례 간, 집단 간, 결과 간 또는 자료에서 생길 수 있는 기타 사안 간에 비교 가능하도록 설계되어야 한다.

참여행위연구(participatory action research)는 특성화 연구의 한 방법인데, 참여자가 연구에 단순히 포함되기보다는 함께 연구하는 설계이다. 행위연구는 연구에 대한 협력적 접근이 핵심인데, 연구의 목적은 연구에 연관된 사람의 긍정적 변화를 야기하는 것이다. 참여행위연구는 연구의 초점이 공동체의 참여인데, 연구문제 확인, 문제에 대한 해결책 개발, 문제 예방을 위한 체계적 접근이 연구의 목적이자 활동이다.

chapter

4

질적연구에서의 윤리적 고려

ETHICAL CONSIDERATIONS IN QUALITATIVE RESEARCH

개요

Chapter outline

- 이론적 조망
- 윤리지침 및 규약
- 질적연구에서 제기되는 윤리적 쟁점
- 윤리실천의 발전

윤리적 이슈는 연구설계 초기 단계에서부터 보고서 작성까지의 전 과정에서 중요하게 다루어져야 할 연구의 심장부이다. 연구자가 참여자를 어떻게 존중하는지가 관건이다. 바람직한 윤리적 실천을 위한 핵심원칙은 지금까지의 연구방법론 문헌에서 끊임없이 언급되었으며, 다양한 지침서, 규약, 협약 속에서도 나타나고 있다. Bryman(2012)은 윤리적 이슈가 점점 연구방법의 중심요소가 되고 있음에도 불구하고 지난 수십 년간 윤리적 토론의 핵심요소는 거의 바뀌지 않고 고착되어 있다고 말한다. 연구에 관련된 윤리적 요소가 지나치게 추상화되어 있다는 점에 대해 광범위한 공감대가 형성되어 있는데, 특히 다음과 같은 문제에 있어서는 더욱 그러하다.

- 연구는 연구가치가 있어야 하며, 참여자에게 무리한 요구를 하지 말아야 한다.
- 연구참여는 반드시 사전동의에 기초해야 한다.
- 연구참여는 강제 또는 압력 없이 자발적 의사로 이루어져야 한다.
- 연구참여로 인한 부정적인 결과는 기피해야 하며, 피해의 위험을 사전에 고지해야 한다.
- 참여자의 비밀과 익명성은 존중되어야 한다.

높은 수준의 추상성은 윤리에 관한 문제를 풀어가는 데 있어서 유용하지 못하다는 의견이 제기되고 있다. 많은 연구자들이 윤리원칙을 고의적으로 위반하지는 않지만, 대개 윤리원칙 자체가 모호한 경우가 많다. 이런 상황에서 모든 연구는 윤리원칙, 질적 고려 그리고 실제적인 제약 간의 올바른 공존을 이루기 위한 시도를 반복하게 된다. 이 과정에서 특정 연구상황에만 적합한 지나치게 세부적인 의사결정의 틀 안에 완벽한 원칙들을 전하려 하고 있다. 윤리적으로 바람직한 질적연구는 어떤 상황이 발생할 수 있을지를 예측할 뿐만 아니라, 예기치 못한 상황에 대해서도 사려 깊게, 반영적으로 대처하는 것을 의미한다. 이것은 참여자의 관심사를 의사결정의 중심에 두는 윤리적 양심을 발전시키는 것을 의미한다.

이론적 조망

Theoretical perspectives

어떻게 윤리적 실천을 정의하고 접근하는가에 대해서는 다양한 수준의 관점이 있다. 간략하게나마 윤리이론을 고찰해보는 것은 이 이론들이 윤리규약 및 통제과정에서 차지하는 위치를 알려주고, 다른 관점에서 야기된 윤리적 딜레마의 반영적 가치를 보여주기 때문에 유용하다.

보편주의(universalism)(Erikson, 1967; Dingwall, 1980)는 윤리원칙과 규칙이 결코 깨어져서는 안 된다는 관점을 취하고 있는데, 바로 이런 점이 연구에서 윤리적 오류와 결함을 일으키고 있다. 이러한 관점을 연구에 적용하자면, 윤리협약 및 규약의 원칙은 항상 지지되어야 하고, 여기서 조금이라도 벗어나서는 안 된다는 입장을 의미한다. 의무론적 접근에 의한 윤리는 의무와 책무에 기초를 두고 있으며, 행위의 결과보다 그 행위의 바탕이 되는 선(goodness)을 기준으로 행위의 도덕적 가치를 평가한다(Hammersley & Traianou, 2012). 보편주의와 의무론적 접근에 기초한 윤리는 Kant(1785)의 철학과 맞닿아있다.

이와는 반대로 공리주의(utilitarianism)와 목적론적(teleological) 접근은 행위의 결과를 중시하고, 행위로 인해 발생하는 피해와 이익을 판단하며, 어떤 행동과정이 가장 최선의 결과를 생산해 내는지에 초점을 둔다(Hammersley & Traianou, 2012). 연구의 측면에서 이러한 관점은 연구자, 참여자, 연구재단, 더 넓은 사회 등의 관계에서 피해와 이익의 균형을 고려한다. 공리주의는 Mill(1863)과 Bentham(1789)의 철학과 연계되어 있다.

개인 행위의 선을 판단하기보다는 도덕적 혹은 선한 삶을 살아갈 수 있는 방법을 고려하는 이론도 있다. 예를 들면, Aristoteles나 Foot(2002)과 더 연결되어 있는 덕 윤리(virtue ethics)는 잘 살기 위해 필요한 특정한 기술과 자질 및 품성의 개발을 지지한다. 이와 같이 덕 윤리는 행위보다는 인성에 기초를 두고 있다. 덕 윤리는 윤리적 의무나 규칙 혹은 특정 행위의 결과보다는 개인이 행위를 통해 드러내는 덕과 도덕적 특성을 살펴본다. 이러한 관점을 연구에 적용하면, 개별 상황에서 올바른 윤리적 판단을 할 수 있는 자질을 가질 수 있다(Hammersley & Traianou, 2012). 관계윤리(relational ethics)는 연구자와 참여자 간의 관계적 권리를 규정하고, 이 관계에서 협동, 긍정, 힘 북돋우기와 같은 긍정적 측면 뒤에 가려진 숨은 의도를 간파한다.

마지막으로, 상황적 혹은 원칙적 상대주의(relativism) 접근(Goode, 1996; Jacobs, 1980)은 사례에 따른 접근방식을 주장하며, 보편적으로 적용하는 도덕적 옳고 그름의 사고를 거부하는 대신 개인이 처한 개별적 상황에서 독특한 방법을 찾아내는 접근방식을 지지한다. 이를 연구와 연결시켜보면, 연구상황에서 대면하게 되는 윤리적 문제를 인지하고 분석하기 위해서 규칙과 원칙보다는 개인이 처한 상황에 맞는 유연한 판단에 바탕을 두고 도덕적 해법을 찾는다.

이러한 접근방식은 연구의 윤리적 문제를 해결하는 데 있어 장단점을 지니고 있다. 규칙과 의무에 기초한 접근은 정해진 원칙으로부터 벗어날 수도 있다는 사실을 받아들이지 못한다. 이에 경도된 사람들은 때때로 질적연구에서 사용되는 유연하고 반영적인 방법에 대해 이의를 제기한다. 결과에 초점을 두는 목적론적 접근방법은 '결과는 수단을 정당화한다.'라는 가정을 하게 함으로써, 복합적이고도 잠재적인 이익과 해악이 있다는 사실을 인지하는 데 도움을 주지 못한다. 덕(virtue)과 관계에 바탕을 둔 접근은 연구자의 개인적 자질을 지나치게 강조한다. 따라서 면밀한 조사가 필요한 영역에서 연구 진위를 가리는 일을 연구자의 결정에만 의존할 수 있다.

상황적 접근(situational approaches)은 '어떤 것이라도 통한다(anything goes).'라는 논쟁을 불러일으키고 있다. 의무론적 접근방식이 가장 큰 영향력을 가지고 있지만 실제로는 윤리규정과 협약은 위에서 언급한 모든 접근방식의 몇 가지 요소를 인용하고 있다. 드문 경우지만, 경직된 사고로 인해 한 가지 접근방식만을 고수하는 연구자에게는 도움이 되지 못하며, 너무 신중하고 좁은 시각으로부터 발생되는 윤리적 딜레마는 좋은 의사결정을 하는 데 있어 걸림돌이 된다. 이처럼 상이한 관점으로부터 비롯된 윤리적 딜레마를 해결하는 유용한 방법은 이 접근방법이 지닌 다른 강조점을 이해하고, 균형과 결론을 고려하여 적극적으로 조율하면서 의사결정을 해나가는 것이다.

윤리지침 및 규약

Ethical guidelines and codes

비록 관점이 달라 미세한 충돌은 있지만, 다양한 사회과학회에서 회원의 연구행위를 안내하기 위해 출판된 윤리규약 및 지침은 중요한 개요와 원칙에 대해 토론할 수 있는 기회를 제공한다(**Box 4.1**).

주요원칙의 2가지 기본 틀은 **Box 4.2**와 같다. 동일한 수준에 있는 이 원칙들은 직설적이고 의문의 여지가 없어 연구자가 고의적으로 이것을 위반하리라고 상상하기는 어렵다. 그러나 이 원칙들이 연구과정에 내재되어 있는 건전한 연구수행, 딜레마라는 복합적 요소를 왜곡시킬 수 있다. 실제로, 윤리적 딜레마는 아주 선한 이유로 발생한다.

특히 윤리와 연구의 질 사이에는 일정한 기본적 긴장이 있다. 윤리실천은 당연히 연구 질의 중

Box 4.1

주요 윤리지침 및 규약

- ESRC(Economic and Social Research Council, 사회경제연구협의회) 연구윤리협약(2012)
- 시장연구학회(Market Research Society) 행동강령(2010)
- 시장연구학회 온라인 연구지침(2012)
- 영국심리학회(British Psychological Association) 연구행동강령(2009)
- 보건부(Department of Health) 보건사회복지 연구통제기제(2005)
- GSRU(Government Social Research Unit, 국가사회연구재단) 전문가 지침–국가사회연구 윤리보장(2006)
- 영국사회학회(British Sociological Association) 윤리성명(2004)
- 사회연구학회(Social Research Association) 윤리지침(2003)

Box 4.2

ESRC의 핵심 윤리원칙

1. 연구는 진실성과 질 그리고 투명성을 보장하기 위해 설계되어야 하며, 이를 검토하고 책임을 져야 한다.
2. 연구보조자와 참여자는 연구목적, 방법, 활용의도 등 연구참여와 관련된 모든 위험요소에 대해 충분한 정보를 제공받아야 한다. 특수한 연구상황에서의 일부 변이는 허용된다.
3. 연구참여자로부터 얻게 된 정보와 응답자의 익명성에 대한 비밀은 존중되어야 한다.
4. 연구참여자는 어떠한 압력도 받지 않고, 자발적 의사로 연구에 참여해야 한다.
5. 연구참여자에게 해를 끼칠 수 있는 것은 어떤 상황에서든 회피해야 한다.
6. 연구의 독립성은 명확해야 하고, 이해와 편견으로 발생되는 갈등은 명시되어야 한다.

GSRU의 핵심 윤리원칙

정부의 사회연구를 수행하는 연구자들은 다음의 5가지 핵심 윤리원칙을 지켜야 한다.

- **원칙 1:** 연구적용, 사회연구방법의 수행, 적합한 확산, 연구결과 활용의 건전성
- **원칙 2:** 법적 효력이 있는 사전동의에 근거한 연구참여
- **원칙 3:** 자발적이고 적극적인 참여
- **원칙 4:** 개인적 · 사회적 피해의 회피
- **원칙 5:** 개인 신원과 정보의 비공개

요한 요소로 간주된다(Spencer et al., 2003/2012). 연구자들은 양질의 작업을 원하기 때문에 그들이 윤리적 난제에 직면하거나 혹은 심지어 윤리적으로 잘못된 판단을 할 경우, 이 사실은 명확해진다. 연구자가 강제로 누군가를 연구에 참여시키는 것은 어렵지만, 다양하고 좋은 조건을 갖춘 잠재적 참여자에게 다가가 과도하게 설득하는 것까지 피할 수는 없다. 또한 깊이 있는 주제를 다루고 싶은 욕망은 연구자로 하여금 배려 없고, 과도하게 강요적 성격을 띠는 질문을 하도록 만든다. 그러므로 연구의 질과 윤리원칙 간의 긴장을 인지하는 것은 윤리의식을 발달시키는 중요한 첫 걸음이 된다.

때로는 윤리원칙 간에도 긴장이 발생한다. 사회연구학회 윤리지침(Social Research Association's ethical guidelines, 2003)은 사회, 연구후원자 및 연구위탁자, 동료연구자 그리고 연구참여자를 아우르는 4가지 영역의 의무로 구성되어 있다. 그러나 이 지침은 이 4가지 영역 간에 일정한 긴장이 있음을 드러내고 있다. 예를 들면, 참여자의 개인적 권리와 연구를 통해 사회에 환원해야 할 보편적 기여 사이에서 균형을 잡아야 할 필요가 발생한다는 것이다. 실제상황에 원칙을 적용하는 것은 계속되는 질문, 모호함과 타협이 뒤엉킨 복잡한 과정이 될 것이다. 절대적이고 경직된 용

어로 구성된 지침을 고지식한 흑백논리로 받아들여 접근하면 유연한 공감적 실천을 막는 장벽이 된다. 즉, 한눈에도 논의의 여지없이 명확하게 보이는 원칙일지라도 모호함이 항상 남아 있다. 그러므로 실제상황에 원칙을 적용할 때 발생할 수 있는 윤리적 쟁점을 예측하고 생각하는 것이 중요하다. 윤리적 딜레마와 판단오류가 발생하는 경우는 예상치 못한 일이 일어날 때이며, 특히 질적연구에서 이런 일이 발생할 가능성이 높다.

윤리규약은 주로 계량적 생의학모델(quantitative biomedical model)을 기초로 발달한 경향이 있어(Ryen, 2011), 이를 질적연구에 적용할 때 긴장이 발생한다. 예를 들면, 생의학모델에서는 연구목적과 가설이 연구초기 단계에 형성되어 이후 결코 변화되지 않으며, 연구자에 의해 표준화되고 통제된 연구환경에서 연구가 이루어진다(Hammersley & Traianou, 2012). 그러나 질적연구에서는 연구진행에 따라 의사결정이 매우 역동적으로 이루어지므로 연구자가 연구의 시작부터 모든 상황을 예측하기 어렵다. 이는 윤리지침 및 규약이 유용한 것이긴 하지만 충분하지 않다는 사실을 의미한다.

Murphy와 Dingwall(2001)에 의하면, 윤리규약을 형식적으로 다루는 것은 연구방법과 직결된 딜레마에 대한 연구자의 의식을 무디게 하며, 이는 종종 질적연구에서 발생된다. 질적연구자는 참여자를 위해 가장 최선이 무엇인가를 찾기보다는 맥락과 상황을 고려하여 윤리적 딜레마를 유연하게 해결하는 데 도움이 되는 기술을 취해야 한다(Kvale, 1996). 질적연구는 설정된 윤리규약과 통제기제로부터 격리되어 수행되어서는 안 되며, 윤리규약과 윤리가치를 구분해야 한다(Honman, 1992). 의사결정은 역동적이며, 연구자는 항상 연구질문, 조사방법, 연구참여자 및 연구세팅을 고려할 것이다. 윤리쟁점은 이것이 좋다 나쁘다, 해가 있다 없다고 단순하게 판단할 수 없기 때문에 연구 초기부터 정리되지 않는다. 많은 딜레마는 그때의 상황에서 대응해야 할 출현적이고도 맥락적인 것이다(Ryen, 2011).

특기할 만한 것은 이상의 제시된 윤리지침과 규약이 참여자의 참여권리와 참여행위보다는 참여자에 대한 보호와 방어의 관점에서 쓰였다는 점이다. 연구에서 참여권리를 강조한 경우는 상대적으로 약하며, 이런 경향은 공공정책의 의사결정에서도 드러난다. 연구가 보편적 사회공동선에 봉사해야 한다는 사고와 의지는 연구가 차지하는 강한 동기가 된다. 흔히 연구지침에서 묘사되는 것처럼 연구참여자가 스스로를 취약하고 수동적인 존재로 인식해야 하는지에 대해서는 의문이 남게 되며, 참여자의 권리에 더 강조점을 두어야 할 것이다. 이를 반영하여 참여자에 대한 연구윤리 참여지도를 해야 할 필요가 있다(**Box 4.3**).

윤리적 질적연구는 윤리규약 등을 수동적으로 훑기만 해서는 안 될 것이다. 확고한 윤리실천은 연구참여자를 얼마나 존중하는지에 달려 있으며, 가장 적합하고 도움이 되는 윤리적 결정을 위

Box 4.3

연구윤리 참여지도

인터뷰 전	인터뷰 중	인터뷰 후
참여결정에 대해 압력을 가하지 말아야 한다.	질문에 대답하지 않거나 자신이 원하지 않는 바를 말하지 않아도 되는 권리를 존중한다.	자료저장, 접근, 보고에서 개인의 프라이버시와 익명성을 보장한다.
연구는 독립적이고도 합법적으로 이루어져야 한다.	생각할 수 있는 시간과 여유를 보장한다.	편견 없이 정확하게 연구결과를 보고한다.
참여자가 왜 연구참여자로 선택되었는지를 알린다.	협박이나 판단받지 않고, 가치 있는 사람으로 존경받으며, 편안함을 느끼게 한다.	연구결과에 대해 피드백 할 수 있는 기회를 준다.
명확하고 가치 있는 연구목표, 목적, 의도된 목적을 제시해야 한다.	자기를 표현하고 자기견해를 기록할 기회를 제공한다.	연구결과는 사회의 선을 위해서만 이용되어야 한다.
기대하는 바가 무엇이고, 질문의 범위에 대해 특별히 준비해야 할 점이 무엇인지 알려준다.	질문은 연구주제와 관련성이 있고, 반복되지 않으며, 분명해야 한다.	
개방적이고 정직하며, 오류를 수정할 자세를 가진다.	참여에 대해 어떠한 부정적 느낌도 가지지 않도록 배려한다.	

(Graham et al., 2007a)

해서 필요하다면, 정해진 규칙에서 살짝 벗어나기도 한다(Silverman, 2010). 이는 잠재적 연구참여자의 입장에 서서 그들이 어떻게 대접받기를 원하는지 고려하는 것이 얼마나 어려운가를 의미한다. 이런 점은 이미 조직과 관료로부터 나쁜 경험을 가지고 있는 누군가(참여자)와 함께 있다고 상상해보면 더 명확해진다(Graham et al., 2007a). 참여자의 관점에서 연구자의 행위와 결정을 바라보고, 그들의 입장에서 생각하면 연구와 관련된 보다 자연스럽고 폭넓은 정보를 그들로부터 얻게 될 것이다. 그러므로 비밀을 보호하고 협조적으로 느끼도록 해준다. 또한 연구자 스스로가 수용할 수 있는 자료수집방법을 택해야 한다. 그리고 연구참여를 처음 승낙한 지 몇 개월 후, 당시에 작성한 동의서에 나타나 있는 관점을 보고 무엇을 느낄 수 있는지 살펴본다.

이런 점에서 가장 유용한 자원은 Graham 등(2007a)에 의해 수행된 질적연구인데, 이 연구에서는 설문조사와 질적연구에 참여했던 사람들에게 참여자 관점에서 형성된 연구윤리에 대한 이해를 돕기 위해 후속조치를 수행했다.

질적연구에서 제기되는 윤리적 쟁점

Ethical issues raised by qualitative research

질적연구방법 및 접근에서 발생하는 윤리적 딜레마를 표준화된 방법만으로 해결할 수 있다는 안일한 생각을 버려야 한다. Ryen(2011)은 담화는 누군가에 의해 만들어지는 것이 아니라 누군가와 더불어 만들어진다고 말한다. 자료수집은 지속적으로 연구자가 사용하는 기술 및 방법과 함께 문화적 맥락으로부터 영향을 받을 것이다. 만약 발견되는 것으로부터 지식을 수용한다면, 질적연구의 지식 생산물과 연구윤리 간의 긴장은 계속 발생될 것이다(Ryen, 2011). 의무론적 윤리원칙 혹은 윤리규칙에 기초한 접근방식에서는 더욱 그러할 것이다. 어떤 사회과학자들은 질적연구가 요구하는 규칙과 원칙이 원래의 것에서 벗어나 있어 질적연구가 윤리적으로 올바른지에 대한 의문을 제기한다(Mertens & Ginsberg, 2009; Shaw, 2008).

질적연구는 연구자가 양질의 자료를 수집하기 위해 인간관계를 얼마나 효과적으로 구축하느냐에 영향을 받는다. 연구자는 공감대와 효과적인 역동성을 이끌어 내기 위해 모든 사회적 기술을 활용한다. 이에 대해 혹자는 진정한 우정(authentic friendship)이 아니고 가짜 우정(faking friendship)이며, 조작된 친밀함(pseudo-intimacy)이라고 비판한다(Duncombe & Jessop, 2003; Shaw, 2008). Duncombe과 Jessop(2003)에 의하면, 질적연구 과정에서 드러나는 '조작된 우정'이 가진 힘의 불균형을 무시하면 윤리적 순수함을 교란하게 된다. 연구참여자는 그들이 기대하지 않았던 편안하고 개방된 관계 속으로 쉽게 이끌릴 수 있으며, 이와 같은 경험을 이후에도 기대하게 된다. 이런 역동성은 전문영역에서도 발생되는 도전이므로 중요하게 고려되어야 한다.

신뢰가 커지고, 민감한 문제들이 논의될 때 연구자는 준상담자(quasi-counsellor)로서의 역할에 무난히 정착하게 된다. Patton(2002)이 제기한 대로, 효과적이고 윤리적인 질적연구자는 재판관도 아니며, 차가운 돌판 같은 치료자도 아니다. 반영적 수준이 매우 강한 경우일지라도 참여자의 경험을 적절하게 이끌어 내기 위해 연구자가 차지하는 역할에는 일정한 경계가 있다.

이와 관련하여 Bourne와 Lee(2008)의 거래(transaction) 개념은 연구에서 참여자가 온전히 그들 몫으로 차지해야 할 의제와 목적을 나타내고 있는데, 예를 들면, 참여자는 연구자를 지식, 접근, 특권에 이르는 문턱으로 바라볼 수 있다는 것이다. 2011년 영국의 노상소동(street disturbances)에 관한 한 연구(Morrell et al., 2011)에서 거래 개념은 감옥의 현장자료수집 과정에서 드러났다. 이 연구의 연구자는 법무부로부터 임명된 법률전문가였으므로 노상소동을 일으킨 참여자들은 자신이 받게 될 재판에 대해 조언을 얻고자 자료수집을 위한 면담에 법적 서류를 들고 나타났다. 연구자는 연구에 참여한 개인이 특혜를 받는다는 인상을 주지 않으려 노력했고, 연구의 목적을 반

Box 4.4

질적연구방법 관련 쟁점: 사례중심

인터뷰

- 친밀하고 개방적인 환경: 참여자들이 자신을 공개하는 범위를 조정하는 방법을 고려한다.
- 보고서 상에서 잠재적 식별이 가능한 상세한 개인정보에 관한 쟁점 발생을 인식한다.
- 매우 친밀하거나 혹은 개인적 주제에 대한 일반적인 방법: 참여자가 호의적인 느낌을 가지도록 배려한다.
- 연구의 특정 문제에 대해 연구자가 참여자를 도울 수 있으리라는 기대를 잘 조정한다.

사례연구 혹은 다른 설계의 연구

- 다른 참여자에게 주어진 질문에 대한 돌발적 답변에 대처할 수 있는 출구를 마련한다.
- 풍부한 상황보고, 사례와 참여자 간의 상세한 차이와 유사성을 강조한 보고는 비밀을 깨뜨릴 위험이 있음을 인식한다.

포커스그룹

- 포커스그룹 내에서 공개한 다른 참여자의 정보가 누출될 위험을 방지한다.
- 연구경험을 공개하는 것에 대해 불편함을 느낀 일부 참여자로 인해 그룹 내에서 의견이 불일치할 위험을 예방한다.

비디오, 사진, 기타 참여자의 시각적 이미지

- 식별 가능한 개인정보 획득에 대해 동의를 받는다.
- 시각적 이미지에 나타날 수 있는 제3자로부터 동의를 받는다.
- 시각자료의 다른 용도(예: 인터뷰 보조자료, 보고서의 시각자료, 출력 가능성이 있는 웹사이트 홍보자료 등)에 대해 동의를 받는다.

비참여관찰

- 참여자가 예측하지 못한 진행 혹은 현장접근 관찰에 대해 동의를 받는다.

참여관찰

- 속임수와 은밀한 행위도 방법적 문제에 포함되므로 방지한다.

복적으로 되새겼다.

질적연구의 자료수집이 가진 유연하고 반영적인 특징으로 인해 연구를 통한 만남에서 예상하지 못한 자료를 수집할 수 있으며, 참여자 역시 연구주제의 방향, 범위와 깊이를 형성하는 만남에서 일정 부분의 역할을 맡게 된다. 연구자는 참여자가 스스로를 개방하고 연구에 참여할 수 있도록 효과적인 방법을 사용하는데, 이를 통해 참여자는 질적연구 시 사전에 준비된 응답으로부터 벗어날 수도 있다(Bryman, 2008). 따라서 부주의한 공개 혹은 진술문의 편차가 커질 위험이 있다. 면담의 방향키를 참여자가 쥐게 되면 면담은 예상하지 못한 곳으로 흘러가게 되고 이는 당혹스러운 결과를 낳게 된다.

진술문 편차의 예는 약물 오용자의 치료경험에 관한 연구에서도 찾아볼 수 있다(Barnard et al., 2009). 일반적으로 인터뷰 시작 후 10분 이내에 참여자는 자해 및 잠재적 아동보호 문제에 대한 세부적인 사적 정보를 공개하는 경향이 있다. 이를 예상한 연구 팀은 인터뷰 전, 사전설명 방식대로 이러한 공개를 조정한다. 참여자가 자신이나 다른 누군가가 위험에 처한 적이 있다는 정보를 공개할 때, 이는 사회복지사 등 다른 사람들에게는 아직 알려지지 않은 정보일 수 있다. 따라서 이에 대해 적절한 조치를 결정해야 할 연구기관 공개위원회가 이를 접수해야 하며, 때에 따라서 참여자를 보호하기 위해 사회복지기관 혹은 약물치료기관에 해당 정보를 전달하는 경우도 있다.

또한 질적연구는 비밀보호 및 익명성 보장의 문제를 안고 있다. 이러한 문제는 표집 크기가 작고, 참여자와의 관계(예: 고용주와 고용인, 상담자와 피상담자를 연구대상으로 하는 연구)에서 발생되는 잠재적 문제, 풍부한 정보를 가진 참여자 개인의 특성 등의 요소가 결합되어 있다. 질적연구 윤리에 관한 문헌에서 주목받는 문제는 비밀참여관찰이며, 특히 사전동의와 속임수에 관한 것이다. 이 외에 발생 가능한 문제들이 **Box 4.4**에 요약되어 있다.

과도한 강요 방지하기 Avoiding undue intrusion

연구자의 강요를 방지해야 한다는 원칙은 매우 중요하다. 이 원칙은 3가지 요소로 구성되어 있다. 첫 번째, 연구자가 의중에 두고 있는 가치와 달성하기를 원하는 명확한 목표가 무엇인지 확인하는 것이 중요하다. 즉, 연구에서 이 부분이 왜 필요하며, 이미 알려진 사실에 무엇을 더 보태야 하는지를 생각해야 한다는 뜻이다. 두 번째, 참여자에게 과도한 부담을 안겨 줄 수 있는 장소를 피해야 한다. 다양한 자료를 수집하기 위해 긴 시간의 만남을 요구하고, 참여자의 일기와 같은 추가자료를 요구하는 연구는 참여자에게 부담을 줄 수 있다. 세 번째, 윤리적 딜레마가 발생하는 이유는 연구주제를 철저하게 탐구하고자 하는 연구자의 욕망 때문이며, 이러한 욕망은 연구자가 연구의 완벽성에 대한 압박을 받을 때 심각해진다.

윤리적 딜레마는 양질의 질적자료를 얻고자 하는 경우에도 발생한다. 좋은 자료를 수집하기 위해서는 더 깊이 탐색하고, 더 많은 것을 요구해야 하기 때문이다. 보고서에 나타나는 풍부하고 촘촘한 자료는 연구자가 주제를 살리기 위해 혼신을 다해야만 얻을 수 있다. 그러므로 연구수행 중 감정이 민감해지고, 스트레스를 받을 수 있다. 질적연구는 참여자의 권리를 부당하게 침해할 가능성이 있는데, 이는 연구자가 정말 알고자 하는 것이 무엇인지, 자신들이 수집하려는 자료를 모두다 이용할 것인지를 숙고하고, 연구목표의 명확성과 새로운 탐색방법에 대한 개방성 간의 적절한 균형을 어떻게 이루어갈 것인지를 깊이 생각해야 한다는 뜻이다.

사전동의Informed consent

사전동의 받기approaches to informed consent

사회연구의 핵심원리는 참여자로부터 사전동의를 받아야 한다는 것이다. 본질적으로, 연구참여 여부를 결정해야 하는 사람에게는 이와 관련된 충분하고 적합한 정보가 주어져야 한다. 참여자를 포함해서 의사소통해야 할 주요 메시지는 다음과 같다.

- 연구의 목적과 목표
- 연구후원자, 후원기관과 연구자의 관계
- 연구를 수행하는 조직 혹은 개인
- 자발적 의사에 의한 연구참여 결정 및 참여 철회 가능성
- 참여자와 관련된 사항[예: 접촉방법(면담, 포커스그룹, 관찰), 기간, 기타 포괄적으로 적용되어야 할 사항]
- 자료의 기밀성 및 익명성 유지 여부 및 방법: 자료 접근 가능성이 있는 사람에 대한 계획과 기밀성 및 익명성 보장에 관한 주의사항

연구를 위한 접촉과 관련된 완전하고 상세한 정보를 참여자에게 제공해야 한다는 것에는 논란의 여지가 없다. 그러나 이에 대한 정보가 얼마만큼 주어져야 할지, 어떻게 정보를 제공해야 할지, 참여자가 충분한 정보를 제공받았다는 것을 어떻게 알 수 있는지, 너무 많은 정보로 인해 참여자가 참여철회를 할 수 있는 위험을 연구자가 어떻게 관리해야 할지 등을 완전하게 설명할 방법이 없다.

분명한 것은 참여동의를 이끌어내기 위한 충분한 정보제공과 실제로 참여에 동의할 가능성이라는 2가지 윤리적 요인 간에는 긴장이 있다는 점이다. 이를 해결하기 위해 연구자는 초기에 자기소개 편지를 보낼 수 있으며, 전화로 추가정보를 제공하거나 참여에 동의한 사람과 인터뷰 약속을 잡을 수 있고, 요점과 리플릿에 담긴 정보를 되새기는 확인편지를 보낼 수 있으며, 참여자가 면담이나 포커스그룹에서 반복하거나 추가해야 할 정보를 제공할 수 있다.

이는 동의가 단순한 일회성 이벤트가 아니라 과정임을 강조한다. 동의는 그냥 주어지는 것이 아니라, 연구참여에 수반되는 이익과 잠재적 대가가 무엇인지 참여자가 고려할 수 있는 기회를 매순간 허용할 때 주어진다. 이러한 태도는 자료수집을 위한 접촉의 전 과정에서 이루어져야 한다. 자료수집 후에도 동의 여부를 확인해야 하며, 심지어는 수집한 자료의 사용 여부에 대한 확인까지

포함해야 한다. 자료수집 후 참여자가 자신의 동의를 철회하는 것은 매우 이례적인 일이고, 논문이 출간되면 참여동의 철회는 거의 불가능하여 더 이상의 의사결정이 필요하지 않은 시점이 올 것이다. 이를 관리하는 한 가지 방법은 자료사용 동의 철회에 대한 일정표를 활용하는 것인데, 예를 들어 특정기간 이내에 철회를 요청할 경우 이는 항상 존중된다는 식이다.

사전동의에 단계적으로 접근하는 방식은 연구과정에서 발생하는 참여자의 요구에 역동적이고도 반영적으로 대응하는 것이다(Lugosi, 2006). Graham 등(2007a)의 연구는 이러한 접근방법을 강하게 지지하고 있다. 이 연구에 의하면 참여자는 연구에 대해 충분히 정보를 받고 이해한 시점에서야 비로소 참여에 동의한다. 시간적 여유를 두고 연구에 참여할 경우, 연구참여에 따르는 이익과 장단점은 무엇인지, 참여할 경우 연구자의 질문에 어떻게 잘 준비할 수 있는지를 따져보기 때문이다.

그러나 언제 무엇을 말할 것인가에 대한 윤리적 딜레마가 남아 있다. 예를 들어, 연구자가 면담 혹은 포커스그룹의 토의 내용을 녹음한다는 사실을 참여자에게 밝히는 시점에 대해서도 의견이 나뉜다. 동의를 받는 초기에 녹음 사실에 대해 밝힐 경우 참여자의 반감을 살 수 있으나, 연구자와 교감을 한 후에 제시하면 그 위험은 아마 훨씬 줄어들 것이다. 그러나 의도적으로 녹음 사실을 밝히지 않고 있다가 인터뷰 직전에 제시할 경우, 참여자가 이를 거절하기란 쉽지 않다. 참여 여부를 결정하는 사람을 돕기 위해, 그리고 민감한 주제를 다루는 인터뷰를 준비하는 사람을 돕기 위해 연구주제의 윤곽을 요약해 주는 것은 의심할 여지 없이 중요하다. 그러나 참여자를 당혹스럽게 만들어 실제적으로 참여를 이끌어내기 어려울 수 있다.

수감자와 교도관 사이의 협상적 상호작용과 관계를 중시하는 긍정적인 사회환경을 설계하는 교도소에 대한 한 연구에서 사전동의의 단계적 접근방법의 예를 찾을 수 있다(Turley et al., 2013). 이 연구는 비디오 관찰을 하고 있다. 이것은 특히 취약그룹에 대해 잠재적으로 침입적 방법을 이용하는 것인데, 감옥이라는 환경에 처한 개인이 어떠한 대가를 치르지 않고서도 자유롭게 참여를 결정할 수 있는 방법이 무엇인지를 찾는 것이 중요하다. 참여동의를 위한 단계적 접근방법의 적용 개요는 **Box 4.5**와 같다.

사람들과 어떻게 의사소통할 것인가는 매우 중요한 사안이며, 특히 어린이와 글을 읽을 줄 모르는 성인을 대상으로 할 경우 매우 신중한 접근방식을 취해야 한다. **Box 4.6**에 수록된 내용은 '건강한 학교 프로그램 평가'를 위한 리플릿에서 발췌한 것이다.

문지기를 통해 작업하기 working through gatekeepers

문지기는 잠재적 참여자와 접촉하는 연구스태프이다. 문지기와 작업을 하는 것은 매우 신중하게

Box 4.5

사전동의의 단계적 접근

딜레마	동의에 접근하기
(직접 혹은 간접) 관찰 결과 기록 후 동의를 얻는 방법	1. 관찰 시작 전, 연구스태프와 참여자를 대상으로 이에 대한 구두설명을 제공한다. 2. 구두설명으로 서면정보를 보완한다. 3. 관찰 당일, 비디오 관찰을 하고 있다는 사실을 참여자에게 공지한다.
자료수집 전, 연구의 전 과정에 참여하는 것이 어떤 것인지를 모든 참여자가 이해하고 있는지 확인하는 방법	• 상호작용행위와 이미지가 비디오에 촬영되어 연구에 사용될 가능성이 있는 경우, 관련된 모든 사람으로부터 추가동의를 받는다. • 자신의 이미지가 비디오 기록으로 남는 것을 원하지 않는 연구스태프와 참여자는 연구자에게 이를 말할 수 있어야 하며, 연구자는 이 영상을 모자이크 처리해야 한다.

Box 4.6

국가 주도 건강한 학교 프로그램 평가

내가 당신에게 말한 것은 어떻게 처리됩니까?
참여자가 진술한 바를 기록하겠지만 참여자의 이름을 밝히지 않을 것입니다.
참여자가 진술한 바를 평가자, 담당자 외에는 누구도 알지 못하도록 할 것입니다.

얼마나 시간이 걸립니까?
정상적인 학교 수업시간만큼 소요될 것입니다.

고려해야 할 윤리적 쟁점을 발생시킨다. 문지기는 대개 잠재적 참여자와 접촉을 하게 되며, 첫 번째 만남에서 참여동의를 확보하고 필요한 연락처를 얻어내는 등의 중요한 역할을 수행하게 된다. 연구자는 연구참여와 관련된 정보를 제공받는 일에 있어 문지기가 누군가를 부당하게 제외시키지는 않았는지, 누군가에게 직 · 간접적 압력을 넣으며 참여를 종용하지는 않았는지를 확인해야 한다. 그러나 문지기와 작업을 하는 것은 실질적 가치가 있다. 특히 취약계층과 관련된 연구에서는 이들과 긴밀하게 접촉하고, 이들에 대한 이해를 얻고자 할 때, 문지기는 이들과의 적절한 접촉을 가능하게 한다.

예를 들면, Turley와 Tompkins(2012)의 연구에서 살인범에 의해 친지를 여읜 희생자를 지원하는 중재 프로그램을 평가하는 데는 상반되는 2가지의 고려사항이 있다. 그 중 한 가지는 연구자가 표집대상인 살인피해자 지원서비스를 받는 가족의 범위와 다양성이 충족되기를 원하며, 누구도 부적절하게 대상에서 제외되는 것을 원하지 않는다는 점이다. 그러나 다른 한 가지는 원하지 않는 연구자의 침범을 거부하고 싶은 서비스 이용자가 있다는 사실이다.

이런 상반된 입장을 가진 연구자와 참여자 사이에서 연구의 문지기는 연구에 대해 긍정적 관점을 가지고 참여하기를 희망하는 사람, 연구참여에 대해 거부반응이 덜한 사람을 찾아 연구참여를 설득한다. 그러나 문지기와 작업을 함께하는 것은 경우에 따라 참여자로 하여금 연구참여에 대한 부담을 느끼게 할 수 있다. 연구자는 문지기를 이용하거나, 이용하지 않는 데서 오는 상대적 위험을 모두 고려해야 하며, 어떤 방법이든 완벽하거나 전혀 위험이 수반되지 않는 것은 없다는 사실을 받아들여야 한다.

문지기는 아동이나 청소년과 연계된 연구에서 특별히 중요한 역할을 수행한다. 연구에서 연구팀이 직접적으로 아동에게 접근하는 것은 잠재적으로 고려해야 할 아동보호 관련 문제, 힘의 불균형과 강제성이라는 쟁점을 유발한다. 그러므로 대개 첫 접촉은 부모 혹은 대리부모와 하게 된다. 중요한 것은 아동이나 청소년에게 동의를 받기 위해 접근하는 것과 실제로 동의를 받는 것에는 차이가 있다는 것이다. 부모나 문지기에게 요청하는 것이 아동 혹은 청소년에게 연구참여를 제안하는 것과 같지만, 연구참여를 결정하는 것은 온전히 아동 혹은 청소년 스스로의 몫이다.

부모 중 한 명만 동의해도 충분한가? 대부분의 경우에는 부모 중 한 명의 동의만으로도 충분하지만 특수한 연구환경 및 상황에서는 상대적이다. 예를 들면, 최근 일어난 부모의 별거에 대해 아동이 이야기를 할 경우 양쪽 부모에게 모두 동의를 받아야 하는가 혹은 아동이 별거한 부모 모두와 시간을 보내는 경우에만 해당되는가에 대해 사려 깊게 고려해야 한다.

부모나 보호자 혹은 청소년에게 접근하는 원칙에는 예외도 있다. 청소년 약물남용중재 평가를 위한 Graham 등(2007b)의 연구에서는 연구 팀이 부모의 동의를 받지 않기로 결정했는데, 그 이유는 청소년들이 자신의 약물남용 사실을 부모나 보호자에게 알리고 싶어하지 않았기 때문이다. Graham 등은 청소년에게 가해질 위험을 최소화하기 위해 연구지원재단과 청소년 치료 팀으로부터 자문을 받았으며, 청소년의 대리인으로 정해진 치료 팀의 책임자로부터 동의를 받았다.

동의서 검증하기 proving consent

참여자의 사전동의를 요구하는 것은 사회과학연구에서 확고한 관행이 되었다(Bryman, 2012). 이러한 관행은 생명의학 윤리표준으로부터 직접적인 영향을 받아 형성되었으며, 사회연구 공동체의 주요 관심사가 되었다. 생명의학연구에서는 누군가 자신이 연구에서 어떤 역할을 하는지도 모른 채 연구에 참여할 가능성이 있으며, 이는 특히 임상실험일 경우에 그러하다. 이런 점에서 서면동의의 논리는 분명하다. 비록 명확한 관찰요청서가 있다고는 하지만 대부분의 질적연구에서는 서면동의에 대한 논리가 덜 분명하다. 그러나 만약 아무것도 모른 채 누군가 심층면담이나 그룹토의에 참여할 수는 없다는 것을 인정하면, 이 자체가 참여자의 가치를 담은 서면동의가 될 것이다.

연구참여 의지를 담고 있는 참여자의 서면동의가 필요하다는 주장은 지속적으로 제기되고 있다(Singer, 2003). 특히 정신건강문제를 가진 사람이나(Boothroyd, 2000; Boothroyd & Best, 2003), 노인(Colic-Peisker, 2004)과 같은 취약그룹에 대해서는 더욱 그러해야 한다. 사회연구 참여자의 윤리적 관점에 관한 연구(Graham et al, 2007a)에서 어떤 참여자는 동의서에 서명을 하면 연구참여를 강요받는 기분이 들며, 이미 시작된 연구에서 참여를 철회하는 것이 어렵다고 다음과 같이 토로한다.

"나는 (참여를) 철회할 수 있는 권리가 있고, 심지어 (동의서가) 법적 문서가 아님에도 불구하고 철회를 망설이며, 우려하게 된다(Graham et al., 2007a)."

이러한 딜레마를 바라보는 시각은 Honman(1992)의 연구에서와 같이 윤리규칙과 윤리적 가치를 구별해야 한다는 것이다. Honman은 일부 연구자가 연구의 시작과 종료 시에 서면동의를 받는 것에 대해 참여자에게 도덕적 책임을 느낀다고 하였다. 확실히 서면동의는 참여자보다는 연구자에게 더 유리하다는 주장이 있다. 만약 강요 없이 서면동의가 이루어진다 하더라도 서면동의에 의한 부수적 혜택이 반드시 참여자에게만 주어진다고 보기는 어렵다. 연구자에게는 주어진 서면동의서 자체가 증거물이 되기 때문이다(Fluehr-Lobban, 1998). 그러나 만약 서면동의가 연구참여자보다는 연구자와 연구기관을 더 보호한다면, 이것은 깊이 생각해 볼 일이다.

질적연구에서 참여자로부터 동의서를 받는 과정은 참여자의 요구를 충분히 존중하는 방법으로 진행되어야 한다. 참여자의 영향력을 축소하고, 권리를 포기하게 하는 형식적 접근으로 연구를 시작하면 연구의 효과적인 역동성을 얻기가 어렵고, 질적연구의 질을 뒷받침할 수 있는 기능이 소멸된다. 만약 서면동의가 연구관리의 측면에서 필수 요구사항이라면, 연구자와 참여자 간에 이루어지는 서면동의상에서 참여자의 권리를 명확하게 보장하는 연구자의 약속이 담겨있어야 한다.

마지막으로 고려해야 할 사항은 질적연구에서의 온라인 동의의 여부와 방법에 관한 것이다. 온라인상에서 연구동의서를 받는 것에 대해서는 아직 합의된 바가 없다. 비밀번호나 회원자격 제한이 없는 열린 공간에 공적 자료를 게시할 경우, 연구자가 참여자 개인으로부터 사전동의를 받을 필요가 없다(Thelwall, 2010). 그러나 비공개 온라인 커뮤니티에 접촉하여 얻은 자료는 반드시 개인의 동의가 있어야 한다. 이에 대해 시장연구학회(Market Research Society)의 토론자료(2012)는 온라인상의 자료수집과 개인정보보호에 대한 문제를 제기하고 있는데, 온라인상으로 수집한 자료가 과연 적합한지 그리고 그러한 자료를 개인의 동의 없이 사용해도 되는지에 대해서는 논란이 되고 있다. 이 부분은 계속 변하고 있으므로 자료수집 전에 이러한 지침을 주의 깊게 따져봐야 할 것이다.

자발적 동의와 참여강요 Voluntary consent and pressure to participate

윤리규칙에서 반복적으로 제기되는 주제는 연구참여를 결정하는 데 있어서 어떠한 강요도 없어야 한다는 것이다. 연구참여강요에 대한 문제를 논의의 장으로 끌어내는 신뢰할 만한 연구자를 찾아보기 어렵다 할지라도, 이것은 명확하게 문제가 된다.

다시 언급하건대 윤리원칙과 연구의 질 사이에는 긴장이 도사리고 있으며, 연구자는 연구의 질을 좌우할 수 있는 표집에 있어서 다양성과 자신이 의도하고 있는 바를 모두 충족할 수 있는 대상자를 얻기 위한 열정에 불탄다. 또한, 사회연구에 참여하는 동기 중의 하나는 연구가 미래에 더 나은 사회서비스와 정책으로 이어질 것이라는 생각에서 비롯된다(Boothroyd, 2000; Graham et al., 2007a; Scott et al., 2002). 그러나 참여자들은 연구자가 의도한 것 이상으로 연구와 사회서비스 및 정책 향상 간의 직접적 관련성을 쉽게 믿는 경향이 있다. 그러므로 참여동의과정에서 연구목적과 연구가 의도하는 결과에 대해 설명하되, 연구자가 의도하는 잠재적인 사회적 이익을 과장하지 않도록 주의해야 한다.

일반적으로 참여자가 연구참여에 대해 약간의 부담을 느낄 때 연구가 더 순조롭게 진행된다. 앞서 언급한 대로, 민감하고 비강요적인 방법으로 잠재적 참여자에게 접근하는 데 있어 문지기가 도움이 되지만, 많은 경우 이 문지기가 참여자 위에 군림할 수 있다. 따라서 이러한 부정적 영향력을 최소화하면서 누구든지 온전히 자유롭게 참여를 거절할 수 있는 명확한 방법을 고려하는 것이 중요하다. 예를 들면, 학교상황에서 아동을 연구에 참여시킬 경우, 아동에게 자신이 원한다면 쉽게 참여를 거절해도 된다는 사실을 연구자가 정직하게 설명하는 것이 보편화되어 있는가? 만약 그렇지 않다면, 연구자는 아동이 교사 혹은 동료 학생에게 알리지 않고도 원할 경우 연구참여를 철회할 수 있는 방법을 고려해야 한다. 연구참여를 진심으로 원치 않을 경우에도 면담장소에 그냥 머물면서 단순한 잡담을 하거나 그림을 그리도록 허용하는 것도 한 가지 방법이다.

수감된 범죄자 학습중재 연구(Turley & Webster, 2010)에서는 참여자 모집을 위한 일차 접근을 교도관이나 교육제공자(일종의 문지기)에게 의존하였다. 이 일차 접근단계에서 몇몇 참여자는 매우 명확하게 동의서를 작성하였지만, 언어적 · 비언어적 면담상황에 처해지자 이들은 거친 신체언어를 취해야 하는 연구참여를 달가워하지 않았다. 따라서 위에서 언급한 상황이 면담 전에 즉시 발생하는 것이 아니었고, 분명히 자발적 의지로 참여했으며, 참여 철회에 아무런 영향을 미치지 않았음에도 불구하고 당장은 아니더라도 적어도 한 번은 문지기와 함께 연구참여에 대해 의논을 하는 것이 필요하다. 문지기는 참여자의 결정을 알지 못하는 상황에서 때때로 누군가로부터 참여 철회를 통보받는 경우가 있음을 솔직하게 알려야 한다.

사회안전서비스를 받는 고령자에 관한 연구(Tennant et al., 2007)에서도 이 같은 압력이 은밀하게 드러난다. 이러한 서비스로 인해 수입이 늘어났음을 인식한 노인들이 서비스 제공자에 대한 보답으로 연구에 참여할 가능성이 매우 높다. 이 같은 상황에서 사람들이 참여에 대한 부담을 느끼고 있다는 사실을 연구 팀이 염두에 두고 있으면서도 참여자 모집과정이 온전하게 자발적이었다고 내세운다. 참여 부담을 증가시키는 질적연구의 가장 큰 특징은 연구에 대한 사례제공과 관련되어 있다. 사례는 연구를 위해 시간을 내어 준 것에 대한 보답의 표시이다. 그러나 사례를 통해 특히 노인을 포함한 누군가가 상당한 수입을 얻을 수 있으므로 솔직하게 거절하기 어려워 참여를 유도하는 방책으로 사용될 수 있다(Tennant et al., 2007). 이처럼 사례는 연구참여에 대한 부담을 유발한다. 어떤 적절한 방법으로 연구참여의 사례를 할 것인가에 대해 문헌을 통해 합의된 바가 부족함에도 불구하고(Wiles et al., 2005), 사례를 통해 얻을 수 있는 이익은 윤리적 위험을 일으키므로 이러한 사실을 인지하고 관리하는 것이 필요하다.

사례금을 지불하는 것은 사회적 문제행동을 가진 참여자들을 대상으로 하는 연구에서는 때로 문제가 될 수 있으며, 연구위원회로부터 문제로 지적받을 수도 있다. 또한 이것은 문지기로부터도 비판을 받을 수 있다. 예를 들어, 약물 중독자를 대상으로 하는 연구에서 이들에게 금전을 제공하면, 이를 약물이나 술을 사는 데 쓸 수 있기 때문이다. 몇 가지 상품을 교환할 수 있는 상품교환권을 지급하는 것 역시 같은 상황을 일으킬 수 있다. 하지만 특수한 상황을 고려하지 않고 모든 연구참여자를 똑같이 취급하는 것 역시 문제가 있다. 사례를 지급하는 의도와 사례지급으로 인해 염려하는 바가 무엇인지에 대해 투명한 태도를 가지는 것이 중요하다. 그러나 이 문제에 대해서는 더 많은 연구와 토의가 필요하다.

불리한 결과 회피 Avoiding adverse consequences

불리한 결과 회피는 특히 생명의학연구에서 뚜렷하게 드러나는 개념이다. 이는 잠재적 위험과 피해가 명확하게 드러나지 않는 방법, 즉 면담, 그룹토의, 관찰 등을 적용하는 질적사회연구에서는 잘 나타나지 않는다. 사실 대부분의 연구자들은 참여자가 열정과 좋은 의도를 가지고 자신의 연구에 참여하고 있다고 진술한다. 비록 연구를 통해 이 사실을 지지한다 할지라도 이러한 발언이 항상 명확한 실험적 데이터에 근거하고 있는 것은 아니다.

효과적인 연구 역동성을 창출하고, 숙련된 연구질문을 던지는 것은 개인적인 신념, 감정, 행동을 반영하도록 사람들을 이끈다(Barnard et al., 2009). 질적연구에서는 주제에 대해 설문지처럼 참여자들이 말하고자 하는 바를 '해당사항 없음' 혹은 '잘 모름'과 같이 제한적으로 응답하지 않는다. 질적연구자가 신중하게 이용하는 사회관습, 공감대, 신뢰구축 등의 전략은 사람들로 하여금 자신이 말하고자 하는 바를 제한하지 않게 한다.

잠재적으로 불리한 결과가 예견되는 주제를 다루는 연구의 경우, 연구 전, 도중 그리고 사후에 관리전략을 이행한다. 연구상황에서 연구자는 접근 가능한 사람의 선택, 연구하고자 하는 현상을 충족할 수 있는 명확한 정보, 연구참여의 자발적 동의, 주어진 정보에 대한 비밀보호와 익명성에 대해 특별한 주의를 기울인다. 사전에 이를 인지하는 것은 참여자로 하여금 말하고 싶은 만큼 말하고, 공개하고 싶지 않은 것을 어떻게 제한할 것인지에 대해 스스로 생각할 수 있도록 돕는다. 현장연구를 수행하는 연구자는 참여자가 얼마만큼 말할 것인지를 스스로 선택했는지, 질문에 대한 답변이나 연구주제에 대한 토의를 자유롭게 거부하는지, 연구 도중 불편감이나 참여 철회의 증후를 민감하게 느끼고 있는지에 대해 명확하게 확인해야 한다. Graham 등(2007a)은 참여자가 특정 질문과 인터뷰에 응하고 싶지 않을 때, 이를 표현할 수 있는 적절한 용어를 제시하는 것이 도움이 된다고 하였는데, 예를 들면 "답변하고 싶지 않은 질문에 대해서는 답변하고 싶지 않다고 말해주세요."라고 제안하는 것이다. 연구자의 이런 제안은 매우 당연한 것처럼 들리지만, 참여자로 하여금 이런 솔직하고 자유로운 거절이 무례나 결례가 아니라 용인될 수 있는 것이라고 느끼게 한다.

연구 종료 후에도 참여자에게 지금까지 성취해 온 연구의 목적을 환기시키고, 누구와 접촉하면 필요한 질문을 할 수 있는지, 그들과 관련된 자료는 어떻게 처리되는지, 이들이 도움을 받을 수 있는 지원 서비스는 무엇이 있는지 등에 대해서 설명해 주는 것이 좋다. 참여자에게 이와 같은 정보를 제공할 때에도 개별적으로 설명해 줌으로써, 참여자로 하여금 자신이 다른 사람에 비해 특별한 지원이 필요한 사람으로 취급되고 있다는 느낌을 갖지 않도록 해야 한다.

이러한 상황에서는 참여자의 입장에서, 이들의 관점과 기대에 민감하게 반응하며 문제에 대해 토의하는 것이 중요하다. 어떤 참여자는 연구상황에서 민감한 사안에 대해 토의를 할 때 카타르시스를 느끼는데, 이는 이런 토의가 그들의 충격적 경험을 완충해 주기 때문이다. 사별부모에 대한 연구(Dyregrov, 2004)가 이런 경우에 속하는데, 이 연구의 참여자는 골육종양을 진단받은 자녀를 둔 부모(Scott et al., 2002)로서, 개인적으로 치명적인 충격 상황을 경험하였다(Newman et al., 2001). 만약 연구자가 개인의 내밀한 경험을 탐색하기 위해 파고들려면, 그들의 고통에 적절히 대응할 수 있도록 준비가 되어 있어야 한다. **Box 4.7**은 이러한 접근이 민감한 사안을 다루는 연구에서 어떻게 이루어지는지를 보여주는데, 성인 섹스중독자들이 아동성매매 온라인 사이트에 접촉하는 과정을 이해하려는 목적을 가진 연구(Webster et al., 2012)가 그 사례이다.

참여자들이 파고들기를 꺼려하는 매우 민감한 주제뿐만 아니라 상대적으로 온건한 주제에 대

Box 4.7

윤리적 딜레마 사례: 온라인 성매매에 관한 연구

딜레마	접근하기
잠재적 피해를 최소화하면서도 풍부한 자료수집이 가능한 참여자를 표집하기 위해 가장 적합한 온라인 성매매자는 누구인가?	• 완전히 치료된 과거의 성 범죄자를 선택한다. 이를 통해 얻을 수 있는 장점은 이들이 과거에 저질렀던 성범죄를 상세하게 토의할 수 있는 기회를 가지게 되어, 면담 동안 범죄노출의 효과에 탄력을 받는 것이다.
연구의 사회적 가치를 과장하지 않고도 어떻게 연구목적의 투명성을 가지고 참여하도록 격려할 수 있을까?	• 연구에 참여함으로써 얻을 수 있는 이익을 구두와 문서로 공지한다. 연구의 목적이 일선 현장에서의 아동보호에 기여하는 바를 기술한다.
참여자가 사용하는 언어로 공유된 정보의 특성을 확인하는 방법은 무엇인가?	• 면담 전, 토의하기를 원하지 않는 사안은 선택하지 않아도 된다는 사실을 구두 혹은 문서로 명확하게 알린다. • 면담 중 불편감을 주는 목소리 톤, 시선 맞추기, 신체언어를 모니터링하여 확인하고, 면담을 계속하기를 원하는지 명확하게 질문하여 확인한다. • 면담 종료 시, 이 만남에서 비밀보호가 잘 지켜지고 있는지, 또 다른 대안은 없는지 확인한다.
면담 중 참여자의 감정조절을 돕는 방법은 무엇인가?	• 모든 현장작업은 수감된 참여자들이 개인지원서비스를 이용하는 것이 가능할 때 완결된다. 상담 혹은 정신과적 서비스는 일반적으로 월요일부터 금요일까지 교도소에서 제공하고, 금요일 오후에는 면담을 진행하지 않는다.

한 연구에서도 연구자는 참여자의 고통에 적절히 대응할 수 있어야 한다. 예를 들면, 재택근무에 대한 심층면담(Penfold et al., 2009)의 초기 인터뷰에서 참여자들은 재택업무능력에 영향을 미치는 신경건강상태에 대해 털어놓았다. 연구자는 개인의 건강상태에 대해서 직접적인 질문을 하지 않았음에도 불구하고 참여자들이 자신의 질병과 관련된 주제에 대해서 스트레스를 받고 있다는 사실을 분명하게 보여준다. 이는 모든 질적연구에서 온건하게 여겨지는 주제라고 할지라도 어떤 참여자에게는 힘겨운 경험이 될 수 있다는 생각을 사전에 하는 것이 중요하다는 점을 강조하고 있다.

비밀보호 Confidentiality

연구에서 참여자의 비밀보호와 익명성 유지를 위해 연구자가 가능한 모든 것을 해야 한다는 윤리규칙은 명백하다. 이것은 누가 연구에 참여하는지를 밝히지 않고, 참여자의 진술 중 신원을 짐작할 수 있는 말과 참여자에 관한 내용을 알리지 않는 것을 의미한다. 이 주제에 대한 신중한 토의에서

Wiles 등(2009)은 비밀누설에 있어 실수와 고의적인 행위를 구별한다.

부주의로 인한 비밀보호 파기accidental breaches of confidentiality

실수로 비밀보호를 깨뜨리는 일은 몇 가지 이유 때문에 발생한다. 간혹 연구자는 실수로 참여자 식별이 가능한 정보를 연구 팀 외부인과 논의함으로써 비밀을 노출시킨다. 이런 경우, 연구자는 타인과의 사회적 · 전문적 접촉이 빈번하기 때문이다. 예를 들면 대학에 몸담고 있는 연구자의 경우 학생들 혹은 외부인과 작업을 함께 하는 경우가 많고, 이럴 때 참여자의 비밀이 노출된다. 특히 연구진이 연구과정에서 겪게 되는 격한 감정을 다스리는 데 있어 적절한 도움을 받지 못할 때 이런 일이 더 쉽게 발생한다. 그러므로 연구자가 해당 연구에서 손을 떼는 경우에도 철저히 참여자의 비밀보호를 엄수해야 한다는 사실을 경고하는 것이 중요하다. 이는 위험으로부터 연구자를 보호하는 것뿐만 아니라 부주의한 자료노출로 인한 피해로부터 참여자를 보호해야 하기 때문이다.

포커스그룹 혹은 기타 연구그룹에도 부주의로 인한 비밀보호 파기의 위험이 잠재되어 있는데, 연구에서 참여자 간의 접촉이 빈번할 경우 다른 참여자를 통해서도 이런 일이 발생할 수 있다. 이와 같은 위험을 완전히 제거할 수는 없지만, 이러한 문제를 인식하고, 공유된 정보를 공개하지 않을 것을 동의한 축소형의 소그룹을 구성하면 도움이 된다.

직장성희롱에 관한 연구에서 같은 직장의 상사와 부하를 모두 면담하거나 혹은 부모의 별거에 대해 부모와 자녀를 모두 면담대상으로 삼을 경우, 연구자는 한 참여자와의 면담 내용을 다른 참여자와의 면담에서 언급할 수 있다. 이런 문제는 연구자들이 서로 다른 참여자를 면담하거나, 모든 면담이 종료되기 전에는 자료를 공유하지 않거나(이 경우, 자료를 다양한 관점에서 탐색하거나 예기치 않았던 자료를 얻을 수 있는 기회를 놓칠 수 있다는 단점이 있다), 자신이 알고 있는 바를 다른 참여자에게 이야기하지 않도록 참여자들에게 주의를 주는 방법으로 다소 해결할 수 있다.

개인정보를 식별할 수 있는 특성 혹은 상황이 포함된 질적연구 자료가 보고될 경우, 참여자가 누군지 알아볼 수 있는 행동이나 사건이 다른 독자(혹은 다른 참여자)에게 전해질 때도 실수로 인한 비밀보호 파기가 발생할 수 있다. 이런 문제는 특히 사례연구나 작은 연구참여자 그룹에서 서로 친밀하게 연결되어 잘 아는 사이일 때 쉽게 발생한다. 물론 여기에는 연구의 질과 윤리 간의 긴장이 있으므로, 풍부하고 상세한 자료 조달의 필요성과 개인 비밀보호의 의무 간의 균형을 이루는 것이 중요하다(Flick, 2009).

또 다른 전략은 참여자의 신원을 위장하기 위해 세부사항을 변경하거나 어떤 한 개인을 대표하지 않는 복합 사례연구를 만드는 것이다. 여기에는 위장과 왜곡 간의 균형이 요구된다. 비밀보호를 위한 또 다른 전략은 수집한 자료를 해당 참여자에게 보여주어 스스로 자신의 신원이 노출된다고 느끼는 부분을 표시하도록 하거나, 최종 보고서가 나오기 전에 사용된 자료를 다시 확인할 수 있는 기회를 참여자에게 주는 것이다.

연구과정에서 비밀보호가 완벽하게 이루어질 수는 없다. 그러므로 연구자는 참여자를 모집할 때 이점에 대해 투명하게 설명하고 양해를 얻어야 한다. **Box 4.8**은 온라인 학습 및 취업지원 평가에 관한 연구에서 구두와 채용문서에 드러난 개인신원에 대한 진술이 어떻게 관리되고 있는지 그 사례를 보여준다(Turley & Webster, 2010). 물론, 여기에서 사람들은 참여를 선택하지 않을 수도 있고, 참여를 선택하더라도 극히 제한적인 이야기만 할 수도 있다. 윤리적 연구자들은 가장 효과적이고 방어적인 결정을 하기 위해 끊임없이 이러한 문제를 중요하게 다룬다.

일부 연구에서, 연구자는 의견이나 연구결과를 특정 참여자와 연계하지 않고 자신의 보고서에 참여자의 이름을 지칭하기 위해 동의를 받는다. 예를 들면, 질적연구의 정성평가 틀을 개발한 한 연구(Spencer et al., 2003, 2012)는 잘 알려진 연구자, 위원, 연구후원자를 참여자로 표집하여 면담과 워크숍을 수행하였는데, 이 연구 팀은 참여자 개인의 투명성을 원하였으므로 참여자들이 맡은 역할과 연구에서의 위치를 알리고, 연구보고서의 제일 앞장에 모든 참여자의 이름을 밝히기 위해 이에 대한 동의를 받았다.

여기에 대해 최종적으로 고려해야 할 것은 사람들은 자신이 드러나는 것을 원하지 않을 경우 익명으로 처리되기를 원한다는 점을 연구자들이 알고 있어야 한다는 것이다(Ryen, 2011). **Box 4.8**에 언급된 연구의 상황을 예로 들자면, 어떤 피면접자는 자신이 이 연구에 기여한 바를 인정받기 위해 보고서에 자신의 이름이 거론되기를 원하였다. 이 경우, 고려해야 할 중요한 사항은 이처럼 자신의 이름을 밝혀 달라는 요구가 연구수행과정 초기에 주어졌고, 이후의 연구결과가 참여자가 수용하기 어려운 것일 경우, 참여자가 참여를 철회할 수 있다는 점이다. 덧붙이자면, 초기 연구보고서에 몇몇 참여자의 이름을 밝히게 되면, 이는 후속연구에서 다른 참여자의 익명성을 손상시

Box 4.8

가상캠퍼스 시험대의 평가

동의서 사례

이 공식적 평가의 본질은 '가상캠퍼스 시험대'의 장점과 문제에 관한 정보를 공유한다는 점에서 매우 중요한 의미를 가지고 있습니다. 우리는 수집한 자료 중에서 개인의 이름이나 개인의 특성을 드러내는 진술문을 사용하지 않을 것입니다. 그러나 특정 조직을 식별할 수 있는 피드백이 포함된 조사 결과에서 조직의 맥락을 기술하는 것은 매우 중요합니다. 이 평가는 가상캠퍼스 시험대를 지원하기 위한 최선의 방법입니다. 따라서 평가 결과는 가능한 개인에게 초점을 두지 않고 건설적으로 공유될 것입니다.

킬 위험이 있다.

사람들과 정보를 공유할 수 있는 형식으로 사람들의 시각적 이미지를 수집한 연구는 특히 주의를 요한다. 국가시민서비스평가 연구에서, 참여자는 자신의 모습을 사진으로 촬영하라는 요구를 받았다. 이 이미지들은 온라인 출판을 위해 작성된 보고서에 탑재될 예정이었으므로 **Box 4.9**에서 보는 바와 같이, 이 정보가 어떻게 사용될 것인지에 대해 명확한 동의를 받고 스크립트를 만드는 데 많은 시간이 소요되었다. 참여자가 자신의 이미지를 촬영하여 만든 디지털스토리를 부모와 이 프로그램의 책임자들에게 보여주도록 하는 출판계획은 매우 조심스럽게 이루어졌다. 이미지 사용에 대한 동의를 받는 과정은 여러 단계로 나누어졌다. 먼저, 참여자에게 이 프로그램의 평가를 위해 자신의 이미지를 수집할 의사가 있는지 물었다. 그런 다음, 참여자에게 자신의 이미지를 평가하고, 이를 소수의 연구자와 공유할 의사가 있는지 물었다. 그 다음은, 참여자에게 이러한 이미지를 이용하여 경험이 담긴 시각적 스토리를 만들기 위해 연구자와 함께 일할 수 있는지를 물어보았다. 일단 참여자는 자신이 기념으로 간직할 수도 있고, 출판도 될 수 있는 스토리를 만드는 일에 찬성했다.

공개disclosure

질적연구에서 신뢰는 연구자와 참여자 간의 윤리적 관계의 핵심요소이다(Ryen, 2011). 하지만 때로 연구자는 참여자가 어떤 위험에 빠져 있다는 것을 감지하고, 이 사실을 누군가에게 알려야 할 경우도 있는데, Wiles 등(2009)은 이를 고의적 비밀파기라고 표현했다. 이는 참여자 중 누군가가 신체적 · 정서적 학대, 심각한 건강문제, 자살충동, 이미 실행했거나 혹은 계획 중인 범죄행위, 제도적 규칙 및 규정의 위반 등을 포함하는 위험에 빠진 경우를 말한다. 연구를 시작하기 전, 연구자

Box 4.9

국가시민서비스평가

동의서 사례

- 당신의 이미지, 음향, 언어가 사용되며, 익명성이 보장되지 않는다는 사실을 이해하고 있습니다.
- 당신의 부모와 이 프로그램의 책임자에게 당신의 디지털스토리가 공개됩니다.
- 당신의 디지털스토리는 공개적으로 이용될 것이고, 국가기관의 웹사이트에 탑재되며, 기타 공적인 출판을 하게 됩니다.
- 당신의 디지털스토리에 담긴 이미지, 음향, 언어는 일단 인터넷에 탑재되면 모든 사람이 볼 수 있습니다. 이는 누군가 이미지와 음향을 이용할 수 있고, 이에 대해 언급할 수도 있다는 사실을 의미합니다. 이에 대해 본 연구 팀은 아무런 책임이 없다는 사실을 당신은 알고 있습니다.

는 보건 혹은 사회복지전문가로서 특정한 문제에 대해 참여자의 비밀을 파기해야만 하는 경우, 이와 관련된 법적 · 전문적 의무를 잘 알고 있어야 한다.

이러한 문제는 처음부터 신중하게 다루어져야 한다. 만약 연구자가 이러한 위험을 밝힐 수밖에 없는 상황에 처해있다면, 연구를 위한 만남이 시작되기 전, 이에 대해 분명하게 설명하고 참여자의 이해를 돕는 것이 매우 중요하다. 연구자는 이런 설명을 어떤 시점에서 해야 할지 신중하게 판단해야 한다. 참여자로 하여금 많은 이야기를 하도록 격려하여 질 높은 자료를 얻어내고 싶은 자신의 욕망을 어떻게 조절할지에 대해서도 숙고해야 한다.

인터뷰 전, 연구자가 참여자로 하여금 자기공개를 하도록 어느 정도 격려를 해야 할지는 참여자 그룹이 얼마나 위험에 취약한지 혹은 연구에서 다루는 주제가 얼마나 민감한지에 달려 있다. 그러나 이런 요구는 취약계층을 대상으로 하는 연구뿐만 아니라 모든 연구에서 신중하게 고려되어야 한다. 정보노출에 대한 적절한 매뉴얼을 가진 조직에서 일하는 연구자는 이러한 매뉴얼의 내용을 잘 숙지하고 있는지 확인해야 한다. 그러나 이렇게 매뉴얼이 잘 갖추어져 있는 경우는 드물기 때문에 연구자가 사전에 다음과 같은 문제를 고려할 필요가 있다.

- 개인정보 공개에 따르는 피해와 위험의 수준은 어느 정도인가?
- 개인정보 공개가 필요한 시점이라는 것을 누가 결정할 것인가?
- 개인정보 공개를 해야만 할 때, 이에 대해 참여자로부터 동의를 받거나, 이를 참여자에게 알려야 하는가? 만약 참여자와의 만남 중에 혹은 만남 후에 참여자의 개인정보를 공개해야 하는 일이 발생한다면, 다른 동료 연구자로부터 조언을 받은 후에 이행할 것인가?
- 자신을 대신해서 도움을 줄 수 있는 방법을 참여자 스스로 찾을 수 있도록 격려하고 지지할 것인가? 이럴 경우, 관련 사항은 무엇이고, 관여할 사람은 누구인가? 이러한 지지가 어떻게 제공되어야 하며, 추후에 필요한 것은 무엇인가?
- 어떤 개인 혹은 조직에게 정보를 공개할 예정인가? 이 경우, 개인 혹은 조직의 책임은 명확한가? 그리고 이 개인 혹은 조직은 이러한 공개를 수용하는가?
- 정보공개는 어떤 방식으로 진행될 예정인가?
- 지속되는 연구관계에서의 공개는 어떤 의미를 가지는가?
- 공개로 인해 연구자 혹은 연구자가 속한 조직이나 기관에 미치게 될 위험은 무엇이며, 이를 어떻게 관리할 것인가?

좋은 연구는 공개 그 자체에만 초점을 두고 결정하지 않는 것이 확실한데, 이는 매우 중요한 행위이다. 참여자 스스로를 직접적으로 돕는 지지방법 등 다른 길도 찾아야 하며, 공개는 연구책임자, 동료, 연구후원자, 기타 전문가 집단으로부터 조언을 받고 결정하는 것이 바람직하다.

공개에 대해 마지막으로 짚고 넘어가야 할 것은, 질적연구의 공개와 관련하여 앞에서 열거한 사항을 얼굴을 대면한 상태에서 시행해야 한다는 것이다. 그러나 요즘에는 연구자들이 온라인상에서 더 많은 자료를 수집하기 시작했고, 이럴 경우 사이버 공간에서는 사람들이 어떻게 행동하는지를 파악하기 어려우므로, 공개 여부를 더 신중하게 고려해야 한다. 이에 대해 Suler(2004)는 사람들이 온라인 공간에서 벗어나기를 싫어하며, 오프라인에서와는 다른 언어 및 행동 양상을 보이는데, 이는 환상적 자아로서의 특성과 사건을 만들기 때문이라고 한다. 이는 공개에 대한 윤리적 경계를 설정하는 데 있어, 개인의 책임보다 기관의 책임이 더 강화되고 도전받게 된다는 사실을 의미한다.

자료보호 data protection

연구데이터의 수집, 저장 및 전송에 영향을 미치는 법적 규제의 기준이 있다. 연구자가 이러한 기준과 연구 후원기관의 추가 요구를 숙지하고 이행하는 것은 자료 보호를 위한 좋은 시작점이 된다. 영국에서는 개인 데이터를 처리하는 사람은 데이터 보호법(Data Protection Act, 1998)에 따라 책임을 지며, 이 책임에는 정보위원회에 등록해야 할 의무가 포함된다. 무엇보다 강력하고 확고한 데이터 보호방법은 **Box 4.10**에 나타난 바와 같다.

Box 4.10

자료보호 원칙

- 이름, 연락처 등의 사적인 개인정보는 오디오, 영상 그리고 문서 등의 연구 데이터와 분리해서 저장한다. 각 참여자에게 일련의 번호를 부여하여 그들에게 할당된 연구 데이터를 관리한다.
- 전자파일 혹은 참여자의 일련번호에 연결된 모든 문서는 연구 데이터와 별도의 장소에 보관한다.
- 종이문서와 전자파일은 잠금장치가 있는 캐비닛, 암호보호장치, 암호전자장치 등의 장비를 이용하여 안전하게 보관한다. 연구 팀원들이 데이터와 문서에 접근하는 것을 제한한다.
- 참여자와의 미팅에서 사용하기 위해 이동 중인 질적자료는 암호화된 디지털레코드를 이용하여 안전하게 보관한다. 기록장치에서 메모리카드를 제거하면, 데이터의 분실 또는 도난 위험을 최소화할 수 있다.
- 만약 상사나 동료 등 다른 사람과 데이터를 공유할 경우 안전하게 전송할 방법을 고려해야 한다. 우편이나 이메일을 사용하는 것은 편리하지만, 누군가 중간에 자료를 탈취하거나 사고로 인해 목적지가 아닌 다른 사람에게 전달되어 자료를 잃었을 경우를 대비하여 참여자 비밀보호를 위한 방안이 마련되어야 한다. 더 안전한 방법은 자료를 전송할 때, 우편이나 이메일을 보내기 직전에 전자폴더와 암호전자장치에 접근할 수 있는 권한을 부여하는 것이다.

자료 보관에 대한 동의consent to archiving data

최근에는 연구자들이 데이터세트를 영국 데이터아카이브(UK Data Archive) 같은 자료보관소에 보관하여 광범위한 연구자료를 관리하는 추세이다. 기존 데이터를 잘 사용하기 위한 도덕적 문제는 매우 강하게 나타나고 있다. 그러나 하나의 윤리적 문제를 해결하려 하면 또 다른 문제가 제기되며, 질적연구 참여자의 의사결정을 북돋우는 일은 주의를 요한다. 여기에는 마음에 새겨야 할 몇 가지 문제가 있다.

- 참가자를 식별할 수 있는 정보는 기록에서 삭제해야 하는가? 연구자에게 자료의 풍부함에 있어 어떤 손실을 주는가?
- 자료보관에 대한 동의가 필요한 시기는 정확히 언제인가? 예를 들면, 매일의 수집에서 연구에 참여하는 것은 승낙하였으나, 매일 수집하는 자료의 보관은 원하지 않는 참여자로부터 연구참여와 자료보관의 동의를 모두 받아내는 것이 어렵지는 않은가? 자료가 어떻게 관리될 것인지에 대한 인식을 참여자가 가지기 전에 자료보관에 대한 동의를 구해도 되는가?
- 연구자가 참여자에게 그들의 자료보관을 요청해도 되는 기간은 얼마간인가? 동의에는 자료의 수정 혹은 재확인에 대한 동의가 포함되어야 하는가? 그리고 몇 년이 흐른 후, 참여자가 자료에 오류가 있다고 느낄 때, 이에 대한 자신의 견해를 제기할 수 있는가?
- 시간의 경과에 따라 견해가 변화한다는 점을 감안할 때, 참여자는 이를 조정할 권한을 부여 받을 수 있는가? 만약 아동이나 청소년을 대상으로 한 연구에서 참여자로부터 일단 자료보관에 대한 동의를 받았다 하더라도 이들이 성인이 된 후, 다시 동의서를 확인하지 않아도 되는가?

참여권리 부여Enabling participation

비밀보호에 관한 연구윤리에 대해서는 많은 논의가 있었으나 참여권한을 부여하고, 공공정책 수립에 있어서 참여자의 견해와 경험을 듣고 취하는 문제는 크게 다루어지지 않았다. 개인수준에서의 권리 부여는 개인의 연구참여권리를 박탈하지 않음을 뜻한다. 광범위한 수준에서의 권리 부여는 사회 그리고 다양한 관점을 가진 특정한 사람들의 연구참여를 보장하는 것이다.

잠재적 참여자에 대한 접근을 계획함에 있어, 참여권리를 부여하는 절차는 창의적이고 세심해야 한다. 사람들이 쉽게 참여를 선택할 수 있는 방법을 충분히 생각해야 한다. 예를 들면, 참여에 필요한 교통경비 또는 아이를 맡기는 데 필요한 경비를 지원하거나, 다른 언어권의 사람에게는 통역비를 지급하거나, 그 외에도 이동이 용이하지 않은 아동, 장애인, 노인, 건강문제를 가진 사람들이 쉽게 접근할 수 있는 방법을 고려하여 제공하는 것이다. 사람들의 말을 경청하고, 연구참여에 대한 권리를 보장하는 바람직한 방법으로 인해 데이터의 무결성이 유지되고, 연구결과가 왜곡되지 않으며, 공공영역에 노출되지 않는다.

이러한 문제는 연구후원자뿐만 아니라 연구자에게도 깊은 의미를 부여한다. 대상자 표본추출을 지원하는 연구후원자는 모집과정에서 큰 도전이 요구되는 참여자에 대해 지대한 관심을 보이며, 이를 연구거래(research bargain)라고 부른다(Bryman, 2012). 무리한 연구일정과 예산은 연구참여자와의 탄탄하고 풍부한 대화를 통해 얻을 수 있는 포괄적인 연구능력에 압력을 가한다.

PAR(참여행동연구, participatory action research)에서도 앞에서 언급된 것과 유사한 긴장과 거래가 깔려있는 윤리적 문제가 발생한다. 따라서 몇 가지 추가적인 확인이 필요하다. 예를 들면, PAR이 연구참여자 그룹을 직접 상담하게 되는데, 연구가 윤리적 관점에서 잘 수행되고 있는지, 연구윤리위원의 승인을 받았는지, 또 승인받은 사항이 연구수행의 전 기간에 걸쳐 잘 이행되고 있는지를 확인한다. 연구후원자 혹은 연구재단 역시 참여자에 대해 윤리적 의무를 지는데, 참여자에게 적절한 교육이 제공되었는지, 참여자의 기여에 대한 지원과 보상이 적절하게 주어졌는지, 참여자는 연구참여의 의미를 충분히 이해하고 있는지, 연구참여로 인해 그들에게 일어날 수 있는 피해로부터 보호받을 수 있는지를 확인하는 것이다.

불리한 결과로부터의 연구자 보호 Protecting researchers from adverse consequences

마지막으로 논의할 원칙은 질적연구자에 대한 책임이다. 이는 연구보조원 및 동료에 대한 책임뿐만 아니라, 연구자가 스트레스나 불안으로 인해 건전한 윤리적 의사결정을 하지 못하는 것까지 포함한다. 그러므로 이는 연구자가 다른 사람뿐만 아니라 자기 자신에 대해서도 의무를 가진다는 사실을 의미한다.

위험은 연구환경 및 현장상황 그리고 연구주제 등의 양면에서 발생한다. 먼저 연구환경 및 연구상황으로 돌아가 보면, 질적연구자는 종종 낯선 지역이나 낯선 사람의 집에서 작업을 함으로써 참여자가 경험하는 바와 같은 위험환경에 노출된다. 극단적 사례로, Jacobs(2006)는 도시 우범지역에서 불법마약거래자와 현장작업을 수행하던 연구자가 권총강도를 당한 경우를 제시하고 있지만, 사실 모든 연구에서 정도의 차이가 있을 뿐 연구자가 위험에 노출될 가능성이 존재한다.

최근에는 스트레스와 고통을 주는 주제가 질적연구자에게 미치는 정서적 영향에 대한 문헌이 등장하고 있다(DicksonSwift et al., 2008). 이러한 영향은 죄책감, 분노, 불안(Bourne, 1998; Hubbard et al., 2001) 그리고 대리외상증후군(Greenall & Marselle, 2007)을 포함한다. 대리외상증후군은 분리감각, 강박증을 포함하며, 이는 외상후스트레스장애와 비견할 만하다. **Box 4.11**은 현장작업 전, 중, 후에 고려해야 할 위험관리전략을 보여준다.

Box 4.11

연구환경 및 연구주제로부터 발생하는 위험관리

연구환경과 관련된 고려사항

	현장작업 전	현장작업 중	현장작업 후
위험	우범지역의 가정을 방문하는 경우	낯선 사람의 집을 방문하는 경우	현장작업을 마친 경우
전략	연구 프로젝트의 위험평가도구는 현장연구가 수행되는 지역과 위치를 포함해야 하며, 연구자는 현장작업 시 가능한 2명 이상 짝을 지어 다니고, 낮 시간에 현장작업을 한다.	연구자는 현장연구가 수행되는 장소, 인터뷰의 예상 시작시간과 종료시간, 현장연구의 상황 등에 대한 공적인 기록을 남긴다.* 현장작업 중 만약 연구자가 참여자와의 만남이 안전하지 않다고 느끼면 면담을 일찍 종료한다. 그리고 이에 대한 전략을 연습한다.	현장작업 종료 시 공공교통수단을 이용하고, 택시 혹은 기타 교통수단을 이용할 수 있는 연구비를 지급받는다.

연구주제와 관련된 고려사항

	현장작업 전	현장작업 중	현장작업 후
위험	연구자가 특정 주제에 대한 논의에 불편함을 느끼는 경우, 적절하게 참여자를 격려하지 못하고 참여자의 말에 잘 반응하지 못하는 경우	제한적인 연구지원으로 연구진행에 압박을 받은 연구자가 과도한 횟수로 참여자와의 만남을 수행함으로써 참여자의 말을 충분히 경청하지 못하고, 연구과정을 여유 있게 진행하지 못하는 경우	힘겨운 세부사항에 대한 논의 후 대리외상증후군이 심화되는 경우
전략	민감한 주제를 다루는 연구의 경우, 연구자에게 참여기회를 주는 것과 같이 연구 도중에 참여를 철회할 수 있는 기회도 주어야 한다.	민감한 사안을 다루는 연구의 경우, 피로를 줄이기 위해 하루 최대 인터뷰 횟수를 3회 이하로 제한한다. 일과 활동을 분리시킴으로써 직업과 개인생활의 균형을 이룬다.	대리외상증후를 느낄 때 자기 스스로를 돌보거나 타인의 도움이 필요할 경우 이를 신속히 행한다. 격리감을 느낄 때 이를 완화하기 위해 동료, 상관, 책임자와 접촉하여 의논한다(Lerias & Byrne, 2003).

*일부 조직에서 활용하는 원격안전전화시스템을 보호수단으로 사용할 수 있지만, 이것은 혼자 작업하는 연구자에게는 유효하지 않을 수 있다. 그러나 이는 누군가에게 현재 위치와 현장조사 실시 전의 세부사항을 알려줄 수 있어 최소한의 안전장치가 될 수 있다.

동료와 연락하고 의견을 나누는 것은 중요한 지원이 되는 동시에, 질적연구 수행에 대한 과도한 기대를 완화시킨다. 이러한 문제에 대해 의논하는 것이 당면한 문제에 대처하지 못하는 무력한 연구자임을 드러내는 것이 아니며, 반대로 어떤 문제에 대한 논의와 대화는 활발한 대처능력을 북돋아 준다.

윤리실천의 발전

Developing ethical practice

연구관리 Research governance

지난 20년간 사회연구에 대한 규제가 상당히 강화되었다. 외부 규제 및 통제라는 전문적 규정에 의해 지지되는 도덕적 무결성과 자기규제에 대한 윤리적 담론에 변화가 있어 왔다. 또한 연구안전을 조정하기 위해 REC(연구윤리위원회, Research Ethics Committees)의 승인을 요구하는 등의 연구관리과정이 등장했다(Birch et al, 2012). 연구관리과정에는 건강돌봄과 관련된 연구를 관리하기 위해 영국 보건성에서 운영하는 연구관리틀(Department of Health's Research Governance Framework for Health and Social Care, 2005)과 ESRC(Economic and Social Research Council, 2012)의 연구윤리구조가 포함된다(Hammersley & Traianou, 2012).

REC는 연구의 기반이 되는 연구조직, 전문집단의 소속, 연구후원자, 연구참여자 모집단에 대한 통제를 한다. REC의 응용프로그램을 개발하기 위해서 연구 초기부터 윤리적 사안에 대해 숙고하고, 이를 강력하게 실천할 수 있는 방법을 고려해야 한다. 또한 REC는 다른 연구영역, 주제, 방법, 원칙을 가진 외부 연구기관의 유능한 동료와 연계할 수 있는 건설적 기회를 제공한다. REC의 멤버와 연구자 간의 합리적 대화 및 협동이 이루어질 때 REC의 진가가 발휘된다.

그러나 Leisey(2008)가 말한 대로, REC의 결정은 윤리실천의 생의학 개념에 의해 뒷받침되는 경향이 있는데, 생의학 개념은 연구의 적절성을 검토하는 과정에서 지나치게 경직되어 있다. Flick(2009) 역시 REC를 비판하면서 연구의 질을 판단하는 REC의 위원은 연구계획서의 방법론적 수준을 판단하는 데 필요한 지식을 반드시 갖추어야 한다고 지적하였다. 그는 다음과 같은 교훈적 사례를 제시하였는데, REC 위원이 접수된 연구에 대한 통합적 이해를 하지 못할 때 해당 연구 계획서가 철회되거나 대폭적인 수정이 요구되는 예가 많으며, 이는 불행하게도 많은 연구자가 드물지 않게 겪는 일이라고 하였다.

REC는 참여자에 대한 고려보다 연구기관을 보호하는 일에 특권을 발휘한다는 비판을 받아왔다(Hoonard, 2001). Barnard 등(2009)은 약물오용자의 치료경험에 관한 자신의 연구에서 구두 혹은 비서면동의를 제안하고 있는데, 그 이유는 참여자들이 극히 제한적인 읽고 쓰기 능력을 가지고 있으므로 서면동의서를 작성하는 일에 어려움을 느껴 동의를 거부하는 사례가 있기 때문이다. REC는 이런 제안을 반대하며, 여전히 서면동의를 요구하였다. 이는 인간중심적인 돌봄관점의 윤리에 입각하여 특수 상황에 처한 참여자의 요구를 반영하는 것(Noddings, 1984)에 대해 논쟁을 일으킨다.

따라서 질적연구에 대한 최선의 조언은 필요한 경우 REC의 가치에 도전할 준비를 하고, 이를 지지하는 경험적 연구를 이용하여 REC 연구관리 프로세스에 참여할 준비를 하라는 것이다. 그렇게 할 때 질적연구가 가진 본연의 목소리를 전달할 수 있을 것이다.

윤리적 양심의 성장Developing an ethical conscience

질적연구의 윤리적 딜레마에 대한 답변은 지속적 반성과 함께 윤리지침을 잘 인식하고, 선행된 연구경험을 고려하며, 동료 및 책임연구자와의 솔직한 토의를 통해서 얻을 수 있다(Ryen, 2011). 질적연구의 강력한 윤리실천이란 윤리적 딜레마를 예측하고, 연구에 기초하여 참여자의 요구를 반영하는 의사결정을 내리는 것이다. 윤리실천을 행한다는 것은 결정을 위해 생각할 시간을 가지며, 개인의 윤리실천을 반영하고, 참여자를 포함한 타인과 논의하는 것이다. 또한 해당 연구를 통해 배운 교훈을 미래에 효과적으로 사용할 수 있는 방법을 숙고하고, 무엇보다 참여자의 관점에서 필요한 것을 선택하는 것을 뜻한다. 이를 통해 윤리적 양심이 성장한다.

윤리실천을 반영하는 일은 신념을 가지고 딜레마와 불확실성에 대해 동료 및 책임연구자와 논의하고, 대안적 관점에서 도전을 찾는 것을 의미한다. 온라인 커뮤니티와 사회연구학회의 컨설팅 서비스는 다른 연구자와 교류가 없는 상태에서 작업을 하는 연구자들에게 매우 유용한 자원이 된다. 역설적이게도 연구자가 연구경험을 쌓을수록, 복잡하고 감정적 부담이 큰 연구주제를 다룰 자신감이 클수록 윤리적 딜레마를 대면하게 된다.

그러나 만약 참여자의 요구를 의사결정의 중심에 놓으려 한다면, 참여자들이 질적연구를 어떻게 경험하는지 그리고 질적연구로 인해 파생되는 문제와 불확실성을 어떻게 느끼는지를 이해해야 이를 명확한 단서로 삼을 수 있다.

핵심요소
KEY POINTS

- 윤리는 질 높은 연구의 심장이므로, 연구의 초기설계에서부터 보고서 완성 그리고 그 이후까지 고려되어야 한다.
- 핵심적이고도 포괄적으로 합의된 윤리원칙은 다음과 같다. 연구자는 참여자에게 무리한 요구를 하지 말아야 하고, 연구참여는 반드시 사전동의에 근거해야 하며, 참여는 어떠한 압력도 받지 않은 완전히 자유로운 상태에서 자발적으로 결정해야 한다. 또한 연구로 인한 불리한 결과는 회피되어야 하며, 개인의 비밀과 익명성은 보호되어야 한다.
- 공적으로 발표된 유용한 몇몇 윤리규정과 지침이 있다. 그러나 반영과 상호작용의 특성이 강한 질적연구에 이를 적용해보면, 불가피하게 딜레마와 의문이 발생한다. 연구자들은 윤리적 양심(ethical conscience)을 성장시켜야 하며, 윤리적 의사결정과 실천에 있어 이를 유연하게 적용해야 하고, 다른 사람들과 토의와 절충의 과정을 거쳐야 한다. 참여자의 관점에서 문제를 숙고하는 것은 기본이다.
- 부당한 강요를 방지하기 위해서는 왜 이 연구가 필요한지, 그리고 자료수집에서 계획된 모든 전략이 꼭 필요한지에 대한 깊은 숙고가 필요하다. 좋은 질적연구를 위해서는 풍부하고 심층적인 조사와 탐색이 중요하다. 그러나 여기에는 반드시 균형이 필요하다.
- 사전동의를 위한 단계적 접근은 여유를 가지고 필요한 정보를 제공하고, 참여자의 의사결정을 도울 수 있는 잘 구성된 틀이 필요하다. 참여를 권장하기 위해 해당 연구의 잠재적 가치를 과장되게 부풀리지 말아야 하며, 참여자로 하여금 참여 부담을 가지게 하는 것은 없는지 주의 깊게 살펴야 한다.
- 비록 질적연구에서의 불리한 결과로 인해 발생하는 피해가 생명의학연구에서 발생하는 것과는 확연히 다르다 할지라도, 친밀한 면담상황에서는 참여자가 자신이 말해야 할 바에 대해 스스로 통제하는 것이 어렵다는 것을 연구자가 인식하고 공감과 신뢰구축 전략의 균형을 이루어야 한다. 참여자가 느끼는 감정은 무엇이며, 참여자들이 어떤 정보와 지원을 필요로 하는지를 숙고하는 것이 중요하다.
- 연구 결과보고의 상황과 상세함의 정도에 따라 의도하지 않게 개인의 비밀이 노출될 수 있으며, 특히 사례연구 혹은 모집단 대상자의 시각적 이미지와 연계된 연구에서 이런 일이 발생할 가능성이 높다.
- 연구에서 듣거나 참여할 권리가 충분히 주어지지 않을 경우, 이는 윤리적 문제로 접근할 필요가 있으며, 지나치게 방어적 담론이 되지 않도록 균형을 잡아야 한다.

핵심용어

KEY TERMS

사전동의(informed consent)는 연구의 참여 여부를 결정해야 하는 사람이 연구목적, 연구후원자, 연구자, 연구의 자발성, 기타 연구와 관련된 것, 익명성, 비밀보호 등과 같이 참여결정에 필요한 모든 정보를 확인한 후 참여를 결정하는 것이다.

서면동의(written consent)는 연구참여에 동의하는 참여자가 서명한 문서로서 일반적으로 참여자가 제공받은 연구에 대한 정보를 포함한다.

익명성 및 비밀보호(anonymity and confidentiality)는 다양한 해석을 낳고 있지만, 통상적으로 연구참여자의 신원을 공개하지 않으며, 연구결과 보고에 있어 특정 개인을 식별할 수 있는 정보를 싣지 않은 것을 의미한다.

자료보호(data protection)는 자료가 안전하게 보호되는 것을 의미한다.

연구관리(research governance)는 연구의 보증 및 관리를 둘러싼 절차를 말하며, 구체적으로는 연구윤리위원회로부터 연구계획에 대해 승인을 받는 것이다.

chapter

5

표본의 설계와 선정

DESIGNING AND SELECTING SAMPLES

개요

Chapter outline

- 질적연구를 위한 표집 전략
- 질적표집의 주요 특징
- 연구모집단과 연구틀
- 의도적 표본설계의 단계
- 표본설계의 시행

어느 질적연구방법이나 접근을 채택하든 표집의 이론이나 실천을 이해하는 것은 질적연구를 위해 필요한 기술이다. 연구에서 적은 집단 수나 단일 연구 사례를 포함하여도, 여전히 사람이나 환경에 대한 결정을 내릴 필요가 있다(Merriam, 2009). 연구를 위한 표집 전략은 수집된 자료의 유용성과 가능한 분석 유형, 더 넓은 추정을 이끌어내기 위한 가능성의 범위에 영향을 미치기 때문에 연구 설계를 위해 필수적인 요소이다(Chapter 12 참조).

질적표본의 중요한 특징은 상대적으로 규모가 작다는 것이다. 그래서 조사 중인 현상에 대한 깊이 있는 탐구가 가능하다. 질적연구를 위한 여러 가지 다른 유형의 표집을 이번 장의 첫 번째 부분에서 검토할 것이다. 표본설계에서 중요한 질문들은 특히 표본의 범위와 표본틀에 집중한다. 그 다음은 의도적 표본설계의 과정(많은 질적접근에 필수적인 방법)을 설명한다. 마지막으로 표본선정과 표본모집 수행의 실질적인 면에 대해 논의한다.

질적연구를 위한 표집 전략

Sampling strategies for qualitative research

사회연구를 위한 표집 전략을 묘사할 때, 중요한 차이는 확률과 비확률 표본 사이에서 만들어진다(Bryman, 2012; Merriam, 2009). 확률표집은 통계연구를 위한 표집으로서 가장 엄격하게 수행되지만, 질적연구에는 적합하지 않다. 하지만 Bryman(2012)을 비롯한 일부는 드물기는 해도 질적연구를 위한 확률표집이 가능하다고 주장한다. 그러나 질적연구를 위한 표집의 다른 원칙을 이해하는 데 도움이 되기 때문에 여기에서는 간단히 기술한다.

확률표본에서, 모집단의 요소들은 무작위로 선택되고 선정될 확률이 있다. 때로는 선택되는 단위의 확률이 동일하며, 이 경우 집단은 표본에서 실제 비율로 나타난다. 다른 경우, 단위는 동일하지 않은 확률로 선정된다. 그러면 이 자료는 일반적으로 분석 중에 다시 측정되어야 한다. 즉, 다양한 선택 확률에 맞춰 조정된 가중치를 사용하여 표본이 전체 인구분포와 일치하도록 다시 계산해야 한다(Lynn, 2002). 어느 쪽이든, 목적은 통계적으로 대표적인 표본(도출된 소규모의 복제 모델의 일종)을 산출하는 것이다. 이는 표본에 의해 생성된 정보를 이용하여 더 많은 인구에 적용되는 지표의 분포나 유병률의 통계적 추정치를 제공할 수 있다. 이러한 종류의 표본은 연구의 목적이 가설을 실증적으로 검증하는 것이 연구의 목적인 경우에 적절하다. 단순확률표집(simple random sampling), 체계적 임의표집(systematic random sampling), 층화 임의표집(stratified random sampling), 다단계 임의표집(muti-stage random sampling)을 포함하여 다양한 종류의 확률표집 전략이 있다(Bryman, 2012; Czaja & Blair, 2005; De Vaus, 2002; Pagano, 2004).

대조적으로 질적연구는 연구를 위한 표본선정을 위해 비확률적 방법을 사용한다. 비확률표본에서 단위는 표본집단의 특징이나 집단을 반영하기 위해 의도적으로 선정된다. 그 표본은 통계적으로 대표성을 띠지는 못한다. 모집단의 각 구성원에 대한 선정 확률은 알려지지 않지만, 대신에 모집단의 특성이 선정의 근거로 사용된다. 지속적으로 언급했듯이, 비확률표본은 질적연구에 적합한 형태이다.

질적표본에서는 통계적 표현이나 규모를 중요하게 고려하지 않으므로 양적연구와는 다른 타당성이 필요하다(Holloway & Wheeler, 2010; Mason, 2002; Patton, 2002). 질적연구 표본의 정확성과 엄격성은 모집단의 가장 두드러진 특성을 나타내는 능력에 의해 드러나고, 표본설계에서 우선순위를 필요로 한다. 아마 더 결정적으로 확률표집의 원리가 실질적인 질적표집의 필요조건에 반대로 작용할 수 있다.

연구 종사자와 사용자가 질적표본과 양적표본 사이의 중요한 차이점을 항상 잘 이해하고 있는 것은 아니다. 질적표본은 양적표본의 특징을 가지고 있지 않다는 점에 대해 지적받을 수 있다(예: 규모, 국가적 범위, 지역적 대표). 질적표본의 견고성을 평가하고자 하는 사람들은 다른 연구 패러다임에 속하는 것이 아닌 적절한 기준을 적용하는 것이 중요하다. 질적조사를 위해 개발된 주요 표집 접근법은 아래에 요약되어 있다.

의도적 표집 Purposive sampling

이 접근방식에서는 참여자나 환경, 다른 표집 단위의 선정이 기준에 기초하거나 목적에 의한다(Mason, 2002; Patton, 2002). 연구원이 조사하고 싶은 중심 주제나 의문점의 세밀한 탐구와 이해를 도와주는 특별한 특성을 가지고 있는 표본단위를 선정한다(Bryman, 2012). 이것은 사회인구학적 특징일 수 있고, 구체적인 경험이나 행동, 역할 등과 관련될 수 있다. 일부는 이것을 '판단 표집(judgement sampling)'이라고 명명하고(Hagan, 2006), 다른 사람들은 모든 표집은 어느 정도 목적이 분명하기 때문에 '의도적'보다 '기준에 기초한(criterion-based)'이 더 적절한 용어라고 주장한다(LeCompte & Preissle, 1993). 하지만 '의도적(purposive)'이라는 용어가 가장 일반적으로 사용된다.

의도적 표집은 단어 그대로 가장 중요한 기준과 관련된 종류를 대표하기 위해서 표본의 구성원을 목적에 따라 의도적으로 선택한다. 여기에는 2가지 목적이 있다. 첫 번째는 주제에 관련된 중요한 모든 구성요소들이 다루어질 것을 확실히 하는 것이다. 두 번째는 각각의 중요한 기준 안에서 관련된 특징의 영향을 탐구하기 위해서 표본의 다양성이 충분히 포함되어야 한다는 것을 명확히 하는 것이다. 간단한 예를 들어보면, 연령은 가장 일반적으로 사용되는 선정기준이다. 이는 모든 관련된 연령그룹이 포함되도록 보장하고 연령그룹 간의 견해 차이를 탐구하는 데 중요하다. 후자의 목적은 연령과 기타 요인들이 토의에 영향을 받지 않도록 각 연령그룹 안에서 충분한 대표성을 갖는 것이다. 정확한 연령의 범주는 연구목적과 모집단에 따라 달라진다. 예를 들어, 젊은이의 경험에 집중한 연구는 오직 16~25세 사이의 참여자만 포함할 수 있다. 이 경우 표본 안에서 16~18세, 19~21세, 22~25세와 같은 특정한 연령그룹의 인원을 비슷하게 구성하기 위해 유의한 참여자를 표본으로 추출할 수 있다.

연구의 목적과 범위에 따라 다른 종류의 표본구성을 산출하기 위해 설계된 의도적 표집에는 다양한 접근방법이 있다. 다양한 방법으로 표현된 중요한 예는 다음과 같다.

- **동종표본(homogeneous sample)**(Holloway & Wheeler, 2010; Patton, 2002; Robson, 2002). 특정한 현상의 상세한 묘사를 위해 표본에서 사례나 사람의 유사성에 의해(예: 같은 하위문화에 속하거나 같은 특징을 가지는 개인) 선택한다.
- **이종표본(heterogeneous sample)**(Holloway & Wheeler, 2010; Robson, 2002) 또는 **최대변동 표집(maximum variation sampling)**(Bryman, 2012; Creswell, 2013; Patton, 2002). 서로 매우 다른 사례를 포함시키는 의도적인 전략이 있다. 목적은 사례나 사람의 다양성에 영향을 미치는 중심 주제를 발견하기 위함이다.
- **극단적** 또는 **일탈표집(extreme case or deviant sampling)**(Bryman, 2012; Creswell, 2013; Patton, 2002; Robson, 2002). 선정된 사례들은 드물거나 특별하기 때문에 잠재적으로 매우 계몽적이다. 예외나 극단적 예를 통해 현상에 대한 이해가 고조된다는 논리이다(예: 민족지학자들은 때때로 내포된 가정과 규범을 밝히기 위해 극단적 표집을 사용한다).
- **층화 의도적 표집(stratified purposive sampling)**(Bryman, 2012; Creswell, 2013; Patton, 2002). 하위집단이 비교될 수 있도록 특정한 현상의 다양성을 보여주지만 각각은 동종집단을 선택하는 것이 목적인 하이브리드 접근이다.
- **결정적** 혹은 **전형적 사례 표집(critical or typical case sampling)**(Bryman, 2012; Creswell, 2013; Patton, 2002). 사례가 특정한 위치를 특별히 대표하거나 절차나 작업의 전달에서 중심이 되는 것에 기초하여 선택된다. 이러한 사례들은 연구에 의해 제공되는 이해에 결정적이라는 논리이다. 예를 들어, 의료기관에서 새로운 정책의 수행을 시험하는 연구에서 정책의 시행에 대표적인 책임감을 가지는 전문가를 포함하는 것은 중요하다. Patton은 이러한 접근법이 평가연구에서 특히 가치가 있다고 보았다. 이는 과정의 특정 기능에 주의를 집중시키는 데 도움이 되고 연구의 영향을 고조시킬 수 있기 때문이다.

의도적 표집에서, 선정을 위해 어떤 기준을 사용할지에 대한 결정은 주로 연구의 초기 설계단계에서 이루어진다. 그 결정은 연구의 주요 목적이나 연구의 분야에 대한 기존의 지식과 이론, 연구로 탐구하고 싶은 가설, 연구모집단에 대한 지식의 차이를 포함한 다양한 요소에 의해 알려질 것이다.

현장조사를 수행하면서, 만약 부가적인 또는 추가적인 표본이 나타난다면, 이러한 것들은 다음에 설명한 것과 같이 사용될 수 있다.

이론적 표집Theoretical sampling

이론적 표집(Glaser & Strauss, 1967; Strauss & Corbin, 1998; Bryman, 2012; Denzin & Lincoln, 2011; Mason, 2002)은 연구자가 이론적 구상의 발달과 시험에 잠재적으로 기여하는 것을 기반으로 하는 사건과 사람, 단위를 표본추출하는 접근방법이다. 이론적 표집에서 선정을 위해 가장 중요한 기준은 이론적 목적과 이론적 관련성이다. 과정은 반복적이다. 연구자는 초기 표본을 고르고, 자료를 분석하고, 도출된 범주와 이론을 정련하기 위해 추가적인 표본을 선택한다. 이런 과정은 연구자가 자료 포화(data saturation)에 도달하거나 표본을 추가적으로 확장시키더라도 더 이상의 새로운 통찰력이 생겨나지 않는 시점까지 계속된다. 이론 생성은 비교분석을 토대로 진행된다. 이론적 표집은 주로 근거이론의 개발과 관련된다. 근거이론의 창설자로 널리 알려진 Glaser와 Strauss는 이론적 표집을 다음과 같이 정의한다.

이론적 표집은 가설이 새롭게 나타날 때 그 가설을 개발하기 위해서 분석가들이 함께 자료를 모으고, 코드화하고, 분석하고, 다음에 무슨 자료를 모을지 또는 자료를 어디서 찾을지 결정하면서 가설을 만들어내는 자료수집과정이다. 이러한 자료수집과정은 실질적이거나 공식적으로 노출된 이론에 의해 조절된다(1947: 45).

Strauss와 Corbin(1998)은 다른 표집 전략은 연구의 다른 단계에 적용된다고 하였다. 처음에 범주가 규명되고 명명될 때, 표본추출은 개방되어 있고 구조화되어 있지 않다. 이론이 발전하고 범주가 분명한 차원의 수준과 함께 발전됨에 따라 비교분석의 기회를 최대화하기 위해 표본추출은 더욱 의도적으로 이루어진다.

표본추출의 선택은 연구의 목적, 특히 이론적 정의에 의해 영향을 많이 받는다. 표본에 포함되어야 할 집단과 특성을 미리 식별하기 어려울 수 있기 때문에 이론적 표집은 익숙하지 않은 영역에 대한 탐색적 연구에 특히 적절하다. 이러한 정보는 수집된 자료로부터 나온다. 선택은 또한 연구 모집단의 특성과 복잡성에 의해 영향받는다.

시간과 유효한 자원 같은 실용적 요소는 중요한 역할을 한다. 이론적 표집은 표본선정과 현장조사, 분석이 의도적 표집에서와 같이 연속적이기보다 반복적으로 이루어지기 때문에 더 많은 시간을 필요로 한다. 일반적으로 이론적 표집을 사용한 연구에서 필요한 시간과 자원을 정확하게 예측하는 것이 더 어렵다는 것을 의미한다.

편의표집Convenience sampling

편의표집은 질적연구에서 또다른 표집방법으로 사용된다(Berg & Lune, 2012; Creswell, 2013; Patton, 2002). 선정은 순수하게 누구를 선택할 수 있는지와 관련이 있다. 예를 들면 알코올 사용의 태도에 대한 조사를 시행하는 학생과 학급 내에서 그 학생을 제외한 나머지 학생을 표본추출하는 것이다. 이 연구는 학생들이 알코올 사용에 대해 어떤 생각을 가지고 있는지에 대한 이해를 얻는 데 도움을 줄 수 있지만, 표본 내에 다양성이 부족하기 때문에 그 이상의 어떤 결론을 내리는 데는 많은 제한이 있다. 약간의 유용성(예: 상대적으로 빠르고 값싸게 한 연구 분야에 대해 빠른 정보를 얻는 데 사용)은 있을지 모르지만 이 접근법의 가치는 매우 제한적이다. 그러나 접근법에 대한 결점과 제한이 있으며, 결과의 타당성에 대한 제약이 있다(Berg & Lune, 2012). Merriam(2009)은 모든 연구의 표본선정에서 편의 수치에 대한 일부 차원은 전적으로 공유되지 않고, 많은 저자들은 더 체계적인 접근에 대해 주장한다고 보고 있다(Mason, 2002; Patton, 2002).

질적표집의 주요 특징

Key features of qualitative sampling

의도적 표집과 이론적 표집 사이에 주요한 차이점이 있지만, 공통적인 부분 또한 매우 많다. 둘 다 미리 정해진 선정기준의 사용에 달려 있고, 규정은 연구의 여러 단계에서 이루어진다. 또한 (질적연구에 적절하게) 둘 다 규모가 작은 표본을 사용하고 연구가 진행될수록 구성요소를 더하거나 보충할 수 있는 기회를 허용한다. 질적연구에 필요한 3가지 특징은 아래와 같다.

규정된 선정기준의 사용The use of prescribed selection criteria

질적연구의 목적은 현상의 특성과 형태를 이해하거나, 의미를 분석하거나, 설명을 발전시키거나, 발상과 개념, 이론을 생성하는 것이다. 따라서 이해관계를 밝히고 알릴 수 있는 관련된 구성요소와 사건, 과정 등을 포함시키도록 표본을 선정해야 한다. 단위는 상황을 대표하거나 연구 중인 주제에 대한 중요성이 예상되거나 알려져 있는 특성을 보유하기 때문에 선정된다. 우리는 질적표집의 원리를 상징적 대표성(symbolic representation)의 필요조건으로 명명한다. 왜냐하면 그 단위가 연구와 관련된 특징을 대표하고 상징화하는 것으로 선택되기 때문이다. 이 용어는 질적 그리고 양적 연구에서 표집의 중요한 차이점을 강조하는 데 도움이 된다. 전자는 특징의 목적적 표현과 관련이 있고, 후자는 모집단 분포를 나타내기 위해서 무작위 선택을 사용한 통계적 표현과 관련이 있다.

두 번째 필요조건은 정해진 모집단의 경계 안에서 표본의 다양성을 최대한 보장하는 것이다.

다양성은 2가지 이유에서 필요하다. 첫 번째, 다양성은 모든 범위의 요소와 연구의 현상과 관련된 특징을 최대한 포함하도록 한다. 특징이나 환경이 다양할수록, 원인이 되는 다른 요소나 영향을 확인하는 기회가 더 많을 것이다. 두 번째, 서로 다른 특징 간의 상호의존성에 대한 연구를 허용한다. 예를 들어 남성과 여성같이 차이점이 있는 두 그룹이 있다고 가정해보자. 이 그룹은 알코올 섭취와 같은 연구주제를 선정하는 데 있어 이 주제와 관련된 변수와의 관계차이도 고려되어야 한다. 남성과 여성의 음주에 대한 영향을 탐구할 때 성별과 알코올 섭취(음주)량의 차이를 고려하여 표본을 제시해야 한다. 또한 각 그룹 내에서 알코올 섭취 수준별 차이도 파악해야 한다.

연구모집단의 한도 내에서 상징적 표현과 다양성의 2가지 필요조건은 표본을 선정하기 위해서 표집단위(사람, 사건, 조직 등)가 미리 정해진 기준을 충족시켜야 함을 의미한다. 그리고 질적표본은 주로 크기가 작기 때문에, 이러한 기준은 가장 효율적으로 적용시켜야 한다.

표본 크기Sample size

질적표본이 보통 크기가 작은 데는 주요 원인이 4가지 있다. 첫 번째, 자료가 적절히 분석되었더라면, 추가적인 현장조사 단위마다 새로운 내용이 거의 발견되지 않을 것이다. 표본의 크기가 증가되더라도 자료가 포화되는 시점이 있다.

두 번째, 발생률이나 유병률에 대한 진술은 질적연구에서 중요하지 않다. 따라서 표본이 추정치를 제공하기에 충분한 규모인지 또는 통계적으로 중요한 차별적 변수가 무엇인지를 결정할 필요는 없다.

세 번째, 질적연구가 산출하는 정보의 종류는 상세하고 풍부하다. 그러므로 자료수집의 각 단위에서 정보가 수백만 개가 될 것이다. 분석에서 이런 것들을 완전히 처리하기 위해서, 표본 크기는 합리적으로 작은 규모로 유지해야 한다.

마지막으로, 질적연구는 그것을 필요로 하는 연구자원 측면에서 매우 집중적일 수 있다. 그러므로 연구자가 연구를 수행하는데 수 년을 사용하고자 의도한 것이 아니라면 수백 개의 면담과, 관찰을 수행하고 분석하는 것은 쉬운 일이 아니다.

질적조사에서 얼마나 많은 면담을 수행하고, 장소를 방문했는지, 문서들을 읽었는지 등의 질문은 초보 연구자의 뇌리에서 계속 떠돈다(Merriam, 2009). Baker와 Edwards(2012)는 이 질문에 대한 대답은 때에 따라 다른 것으로 결론지었다. 사실, 표본 크기를 정해주는 데 도움을 줄 수 있는 많은 주제가 있다.

- **모집단의 이질성:** 만약 모집단이 주제의 조사와 관련해서 매우 다양하다고 알려져 있다면, 필요로 하는 표본의 크기가 증가할 것이다. 반대로, 만약 모집단이 상당히 동종이라면, 모든 내부의 다양성을 포함한 더 작은

표본이 필요할 것이다.

- **선정 기준의 수:** 표본을 설계하는데 중요하다고 느껴지는 기준의 수는 표본 크기에 영향을 끼칠 것이다. 기준이 많을수록 표본은 많아진다.
- **기준의 중첩 범위의 필요성:** 만약 기준이 특성 간의 상호의존의 이유 또는 다양성의 필요성 때문에 연동되거나 내포되어야 한다면(즉, 다른 기준 내에서 한 기준의 표현을 통제하는 것, 예를 들어 성별 내의 알코올 섭취), 이것은 표본 크기를 증가시킬 것이다.
- **집중 연구를 필요로 하는 특별한 관심 집단:** 만약 연구모집단 안의 집단이 집중 연구를 필요로 한다면, 그들은 충분한 상징적 묘사와 다양성을 포함할 필요가 있다. 이것은 더 큰 전반적 표본을 필요로 한다.
- **한 연구 내의 다양한 표본:** 비교나 통제의 이유로, 또는 표본이 연구질문과 관련해서 독특한 소재지와 함께 다른 이해당사자를 나타내기 때문에(예를 들어 학생과 선생님 또는 서비스 제공자와 사용자) 한 연구 안에 한 표본보다 많은 수가 필요하다. 이것은 다루어야 할 사례의 수에 큰 영향을 미친다.
- **자료수집방법의 종류:** 전체 표본 크기는 자료수집의 방법이(대략 오름차순으로) 단일 면담, 짝을 이룬 면담, 작거나 평균 크기의 집단토의를 포함하는가에 따라서 증가될 수 있다.
- **사용 가능한 예산과 자원:** 각각의 표본 단위는 자료수집과 분석을 위해 많은 주의를 기울여야 하므로 자원이 필요할 것이다. 그러므로 사용 가능한 예산의 규모는 표본 크기에 제한을 두어야 한다. 이것은 연구의 범위와 초점이 검토되어야 함을 의미한다.

Flick(2012)에 따르면, 사용 가능한 자원의 정도, 참여자 확인 및 모집의 편의성, 윤리적 승인 등의 행정적 고려사항의 외부 결정 요인이 주로 중요한 역할을 할 것이다. 사용 가능한 자원의 제한으로 인해 심사숙고된 정당한 표본의 필요성이 약화되지는 않는다.

내러티브 탐구는 두세 명의 사람만으로 표본이 구성되어 있는데, Creswell(2013)의 예에서 연구접근의 본질은 표본 크기의 적절성에 영향을 미칠 수 있다. 그러나, 일반적인 상식으로 개인 면담을 포함하는 단일 연구의 질적표본은 주로 50개 이하이다. Adler와 Adler(2013)는 12~60 사이의 표본 크기를 권고하고, Ragin(2013)는 20~50개 사이를 권고한다. 만약 50보다 크다면, 수집될 자료의 질과 분석 측면에서 통제하기가 어려워진다. 집단토의 표본에서는 동등한 수치는 대략 6~12개의 집단이다. 약 15~20개 집단에서는 표본의 통제가 어려워지고 선정 기준에 대한 의구심을 받을 수 있다. 위에 나열된 고려사항 때문에 표본이 이러한 제한을 초과해야 하는 상황이 있다. 그러나, 만약 표본이 더 크다면, 연구자가 전체 표본에 걸쳐서 깊이 있는 연구의 질을 어떻게 유지할 것인지에 대해 아주 분명히 고려해야 한다.

표본이 너무 작지 않도록 설계하는 것 또한 중요하다. 모집단 내에서 중요한 구성요소를 쉽게 놓칠 수 있거나, 다른 요소들의 다양한 영향을 탐구하는 데 있어서 다양성을 놓칠 수 있다. 당연히 요소의 범위는 표본 크기에 영향을 미치고, 위의 숫자들은 위탁연구에서는 전형적이지만, 그러한 규모는 특정한 연구 프로젝트의 종류, 예를 들어, 학부 논문이나 대학원 논문에서는 가능하거나 바람직하지 않을 수도 있다. 제한된 크기의 표본이 있을 때 좋은 의도적 또는 이론적 표집이 일어날 수 있도록 보장하는 것이 중요하다. 작은 수의 표본은 표본이 나타내는 구성요소와 특성, 다양성의 측면에서 매우 풍부하다는 것을 보장하기 때문에, 이것은 작은 숫자의 사용을 지지하는 것이다. 그러나 작은 크기는 그것 자체로 사용될 선정기준의 수를 제한할 수 있다. 그러므로 이러한 선택은 연구의 목적과 관련하여 매우 신중한 고려가 필요하고 연구질문의 범위는 다시 논의되어야 한다.

추가표본과 보조표본Additional and supplementary samples

질적연구에는 표본을 추가할 수 있고 같은 연구의 범위 내에 두 번째 표본을 구성하는 것도 가능하다. 중요한 구성요소가 온전한 질적 증거를 얻기에 충분하지 않거나 하위집단의 선천적인 다양성이 추가적인 사례나 심지어 별개의 견본을 보장하는 것이 분명할 때 표본을 추가할 수 있다. 통계적 조사와는 달리, 새롭고 오래된 표본 사례의 선정 확률이 알려지지 않는 이상, 새롭게 끌어낸 표본에서의 정보는 원래 자료 설정에 쉽게 추가되지 않는다. 만약 동일한 형태의 자료수집이 수행되었다면, 추가적인 질적자료를 신뢰할 수 있는 가능성이 높아진다. 이것은 누락된 현상이 연구되는 현상의 지도 완성을 위해 더할 것이기 때문이다.

예를 들어, 전쟁지역에서 임무를 마치고 돌아온 군대인력이 재정착된 후 연구가 진행되고 있다고 가정해보자. 선정 기준은 파트너십과 가족 단위 구성을 포함한다. 초기 연구를 수행한 결과 복무로부터 돌아와 파트너십에 어려움을 겪는 사람들에게 재정착의 특정한 문제가 있음이 밝혀졌다. 그러나, 어려움의 가능한 원인을 찾아내고 필요한 도움을 주기에는 표본이 충분한 크기나 다양성을 갖고 있지 않다. 그러므로 재정착 문제와 파트너십의 어려움을 경험한 사람들의 보조표본의 선정이 필요하다. 만약 자원을 이 용도로 사용할 수 없다면, 연구자는 별도의 추가 연구로서 더 많은 연구를 해야 하고 초기 연구에서 끌어낼 수 있는 추론의 한계를 인정해야 한다.

이 장의 마지막에서 의도적 표집이 실전에서 어떻게 수행되는지 기술한다. Bryman(2012), Glaser와 Strasuss(1967), Strauss와 Corbin(1998)을 참조한다. 그러나 의도적 표집과 관련된 많은 단계와 과정들은 위에 설명된 공유 기능으로 인해 이론적 표집과 동일하지는 않더라도 비슷한 수준에 있다.

연구모집단과 연구틀

Study populations and study frames

표본설계에서 중요한 2가지 결정은 미리 해야 한다. 첫 번째, 연구모집단 또는 표본을 끌어낸 구성요소는 누구 또는 무엇인가? 두 번째, 무엇이 적절한 정보 자원 또는 선정된 표본틀인가? 이러한 질문은 질적 또는 양적이든 관계 없이 모든 형태의 조사와 관련 있다. 우리는 질적연구를 위한 연구 모집단과 표본 틀과 관련해서 다뤄야 할 종류의 문제들을 고려한다. 모집단으로부터 선정 측면에서 토의했지만, 이것은 표본이 다른 종류의 단위로 구성될 수 있다.

연구모집단 또는 구성요소 Study population or constituency

표본설계에서 첫 번째 단계는 정확히 무엇을 또는 누구를 표본으로 할지 확인하는 것을 포함한다. 사회연구에서 이것은 주로 어떤 단계에서 사람을 포함한다. 그러나 문서 또는 영상물, 관찰된 사건, 과정, 환경을 포함할 수 있다(Hammersley & Atkinson, 2007; Marshall & Rossman, 2011). 특정 종류의 연구에서 이것은 주거 또는 여행, 환경이 될 수 있다.

연구의 단위가 무엇이든 표본을 끌어낸 구성요소를 정의하는 것은 필수적이다. 이를 위해 다뤄져야 할 4개의 주요 질문이 있다.

- **연구주제의 어떤 구성요소나 하위집단이 주요 관심이 되는가?** 이것은 연구질문의 근접성으로 어느 모집단이 가장 풍부하고 관련 있는 정보를 제공할 것인지를 결정하는 것을 포함한다. 적절한 모집단이 명백할 수도 있지만, 종종 다른 집단의 역할, 지식 또는 행동과 연구 문제의 다른 측면에 대한 의견을 밝힐 수 있는 능력을 생각해 볼 필요가 있다.
- **제외되어야 하는 주 모집단의 부분집합이 있는가?** 이는 특정 상황이나 경험이 조사 범위를 벗어나거나 부적절하거나 심지어 민감한 문제를 건드리는 경우 등이 포함될 수 있다.
- **견해와 경험 등이 조사에 대비되거나 보완적 통찰력을 가져오기 때문에 포함되어야 할 추가 집단이나 부분 모집단이 있는가?** 예를 들어, 왜 아동이 학교에서 무단결석을 하는지를 탐구하는 연구에서, 아동과 그들의 부모님이 중요한 연구 모집단일 수 있다. 만약 연구가 학교에서 수준별 무단결석을 야기하는 요소들을 탐구하고 있다면, 무단결석의 횟수뿐만 아니라 아동과 함께 선생님을 포함할 수 있다. 만약 연구가 무단결석을 감소시키는 다른 계획의 평가목적이라면, 계획이 수행된 다른 학교에서의 아동 그리고 비참여자들, 전략을 설계하고 수행하는 데 포함된 직원 그리고 학교에 참가하는 부모님과 선생님, 대표자를 포함할 수 있다.
- **표적모집단을 확인하는 데 필요한 단계적인 설계인가?** 때로는 표적모집단을 정의하기 위해서 단계적 설계를 시행하는 것이 중요하다. 예를 들어 이것은 연구모집단이 직장이나 지역사회, 의료서비스와 같은 집단 조직체에 있을 때 발생한다. 이것은 때때로 포함시킬 관련자가 누구인지 미리 알 수 없는 가족이나 가정 단위에서 발

생한다. 이러한 경우, 연구모집단을 정의하는 데 두 단계가 필요하다. 먼저, 필요한 집단 단위의 특성을 지정하는 것과 그 집단 내에 필요한 개인(들)의 특징을 명시하는 것을 포함한다. 예를 들어, 교육 업무량 관리의 연구에서, 먼저 어떤 유형의 학교(초등 또는 중등, 자금 조달의 종류 등)가 포함되어야 하는지와 어떤 범위에 속하는 교사를 포함시켜야 하는지를 고려하는 것이 필수이다.

표본틀Sample frames

표본틀의 필수요소requirements of sample frames

적절한 표본모집단과 구성요소가 정해지면, 두 번째 중요한 고려사항은 어떤 표본이 선정되고 모집될지에 대한 적절한 표본틀을 확인하는 방법이다. 이것은 가능한 참여자의 모집단을 구성할 것이다. 표본틀은 다양한 방법으로 생성될 수 있지만 연구에 따라 적절하거나 적합하지 않을 수 있다. 그러나 잠재적 표본틀을 판단할 수 있는 몇 가지 중요한 기준이 있다.

- **표본틀은 선정에 필요한 세부사항을 제공하는가?** 의도적 표집과 이론적 표집 둘 다 잠재적 표본 숫자의 중요한 특징에 대한 지식을 필요로 하기 때문에, 표본틀이 선정에 필요한 정보를 제공하는 범위는 중요하다. 만약 그렇지 않다면, 두 번째 정보수집 단계(또는 '스크리닝')는 필수적일 것이다.
- **표본틀이 표본을 선정하는 데 종합적이고 포괄적인 근거를 제공하는가?** 집단과 차원이 누락된 경우 이를 보충할 수 있는 추가적인 표본틀이 있는가? 비록 모든 핵심 집단이 포함되더라도, 표본 틀이 그 핵심 집단 내에서 어떤 방식으로든 범위에 편향되었는지 여부를 고려하는 것은 중요하다.
- **모든 사람이 연구에 참여할 자격이 없거나 기꺼이 참여할 의사가 없다는 점을 감안할 때 표본틀은 충분한 참여자 수와 필요한 표본 크기를 제공하는가?** 여기서는 표본틀 내에서 연구집단의 보급, 선정기준을 명시하는 세부 수준, 연구에 참여한 연구집단에 대한 선호도를 고려해야 한다. 기꺼이 참여하고자 하는 의지는 연구주제의 성격, 사례에 대한 감사와 그 가치 여부 그리고 참여하는 부담 수준에 달려 있다.
- **마지막으로, 실질적인 고려사항이 많이 있다. 표본틀의 정보를 쉽게 분류하여 모집단이 정의되고 결정된 선정의 기준을 강조할 수 있는가?** 효율적으로 시행되거나, 만약 이것이 선택된 방법론이라면 집단 토의를 위해 사람을 모을 현장조사를 위해 충분한 지리학적 집락이 있는가? 자료수집을 위해 온라인, 전화 같은 효율적인 다른 자료수집방법이 필수적인가? 선택된 사람들과 연락하기 위해 필요한 모든 정보(성명, 주소, 이메일 주소, 전화번호)가 표본틀에 제공되는가? 전반적으로, 표본틀이 정당화 될 때 정보자원을 사용하는 데 드는 시간과 비용은 포함되는가? 만약 표집 기준에 적합한 개인을 확인하는 데 상당한 작업이 필요하다면, 다른 자원을 표본틀로 고려하는 것이 더 적절할 수 있다.

동의에 대한 필요성the need for consent

만약 표본이 비밀 정보인 출처(예: 일반 행정기록)를 통해서 생성된다면, 연구팀에게 전달 될 세부사항을 위해 잠재적 표본 일원으로부터 동의를 구할 때 무슨 준비가 필요할지를 고려해야 한다. 자료보호법 및 표본틀을 보유한 조직의 특정 요구사항을 준수하고, 특정 연구와 관련된 기타 윤리적 문제를 고려해야 한다.

연구자에게 상세 연락처를 전달하는 것에 대해 참여자의 동의를 얻는 데는 크게 2가지 접근법이 있다. 선택적 참여(opt in) 접근법은 세부정보가 전달되기 위해 개인으로부터 긍정적이고 적극적인 동의를 필요로 한다. 선택적 이탈(opt out) 접근법은 개인이 자신의 세부사항이 전달되는 것을 원하지 않는다는 것을 나타낼 수 있는 기회를 제공하지만, 의견을 말하지 않으면 동의하지 않는 것으로 간주한다(물론, 선정된 사람들은 연구 참여과정에서 참여하는 것을 거절할 수 있다). 어떤 연구에서, 기꺼이 연구에 참여하고 싶고 그들의 세부사항을 알려주는 것에 부담을 갖지 않는 사람도 있지만, 선택적 참여과정에서 적극적인 행동을 취하지 않는 사람도 있다. 그들은 예를 들어 너무 바빠서 대답을 할 수 없거나, 말할 것이 없다고 느끼거나, 주제넘게 나서는 것에 대해 자신감이 없을 수 있지만, 그럼에도 불구하고 만약 연구에 초대된다면 기꺼이 참여한다.

마찬가지로, 선택적 이탈을 하지 않았지만 연구에 참여하지 않으려는 사람들이 있다. 이는 접근법이 강압적이거나 억압적이지 않는 이상 문제가 되지 않는다. Forbes 등(2010)은 무작위 대조군 연구설계를 확인하는 질적연구에서(일반대중에서 모두 끌어온) 표본 틀을 만들어내는 데 있어서 참여자들이 선택적 이탈 접근법을 지지한다는 것을 발견했다. 그들은 이것이 연구의 성공적 완성을 극대화 하고 참여자가 만들어 낸 부가가치와 기여를 극대화 할 수 있다고 인식했다. 그들은 사람들이 선택적 참여에 응답하는 것을 잊어버리는 것과 같은 현실적인 이유를 알게 되었다. 결과적으로 특정 연구에서 선택적 참여만 사용되었다면 참여할 가능성이 있었던 많은 사람들이 이런 이유로 포함되지 않는다는 것을 의미한다.

선택적 이탈 접근법은 선택적 참여에 의존하는 표본틀보다 더 포괄적이고 대표적인 틀을 만들어 낸다는 것에는 의심의 여지가 없다. 접근한 사람들 중에 적은 비율(약 10~15%)이 선택을 취소하여 선정된 표본의 분포나 통합성은 합리적으로 그대로 유지하게 되는 것이 일반적이다. 반대로 위에 명시된 몇 가지의 이유로 불과 1/4의 접근된 사람들이 선택적 참여를 하는 경우가 종종 있다. 이것은 매우 고갈된 틀을 남길 뿐만 아니라 잠재적으로 조사 중인 대상에 대해 강한 특정 견해를 가지고 있거나, 그들의 견해를 표현하는 데 자신있고 익숙한 사람들의 편견을 포함하는 틀을 남긴다. 그래서 가능하다면 연구자들은 이러한 기술적 영역에서 선택적 이탈 접근법을 시도해야 한다(Forbes et al., 2010. 참여자 관점에 대한 토의 부분 참조).

선택적 참여는 윤리위원회 또는 표본이 얻어진 조직의 자료보호법의 요구사항일 수 있다. 그것은, 예를 들어 직접적으로 접근했을 때 선택적 이탈을 하지 않고 참여를 거절하기 힘든 특히나 취약하거나 소외된 그룹과 같은, 특정 부분 모집단과 작업할 때 더욱 적절하다고 느낄 수 있다.

표본틀에 대한 선택 Options for sample frames

대략적으로 2가지 중요한 종류의 표본틀(기존의 목록 또는 정보원 그리고 연구조사를 위해 특별히 만들어야 할 표본틀)이 있다.

기존 자료 existing sources

표본틀을 구성할 수 있는 많은 종류의 기존 목록이 있다.

행정기록 Administrative records. 표본틀로써 사용될 수 있는 경영정보 통계나 데이터베이스, 행정기록의 범위는 매우 넓고, 연구의 규모에 따라서 매우 종합적이고 튼튼한 표본틀을 형성할 수 있다. 이것의 주된 결점은 대개 연구목적으로 설계되지 않았기 때문에, 질적연구 표집이 요구하는 모든 정보를 포함하지 않는 경향이 있어 추가적인 선별검사가 필요하다는 점이다.

행정기록에의 접근은 또한 소유자와 협상이 필요하고 관련된 자료보호법의 이행이 조건인 경향이 있다. 그러므로 연구에 참여하거나 연구팀에 이름을 올리기 위해 개인의 동의를 얻는 것이 필요하다. 참여자를 모집하기 위해 사용된 접근법을 행정기록이 연구자에게 전달되는 것에도 똑같이 적용하는 것이 필수는 아니다. 연구에 대한 공식 문서나 정보는 소유자에 의해 전달될 수 있다. 개인은 선택적 이탈을 하거나 참여하는 것에 대한 관심을 알리기 위해 직접적으로 소유자에게 연락할 수 있다. 이러한 방법은 기록에 대한 접근을 협상하는 과정이 매우 복잡하거나 연기되는 경우에 유용할 수 있다. 몇 가지 사례에서, 행정기록으로 개인의 연락처 정보를 저장하는 동시에, 행정정보의 소유자보다 다른 사람에 의한 연구측면에서, 연구목적을 위해 쓰이는 이러한 정보 사용에 대한 동의가 필요하다. 모든 개인은 그들이 제공한 연락처를 통해 자신의 정보를 사용하는 연구에 대한 연락을 받을 수 있다. 선택적 이탈이 가능하지 않았거나 잠재적 참여자가 다시 연락받는 것에 대해 동의하지 않았다는 이유로 참여율이 저조한 경우, 부족량을 만회하기 위해 만일의 사태에 대비한 계획을 고려하는 것이 필요하다.

매우 실질적인 측면에서, 행정기록은 잠재적 참여자에 대한 연락처 및 세부정보가 포함되어 있는지 확인하는 것이 중요하다. 전화번호, 우편번호, 이메일 주소와 같은 여러 종류의 세부 연락처를 포함하는 것이 좋다. 최근의 기록일수록, 세부 연락처가 최신일 경향이 높다.

발표된 목록 Published lists. 발표된 목록은 조직이나 전문가의 표본을 만들어내는 유용한 방법이다. 목록에 포함된 기준을 알아보는 것과, 목록이 충분히 포괄적인지 고려하는 것은 중요하다. 세부 연락처는 주로 충분할 것이지만, 정보가 비교적 적을 수 있기 때문에 더 많은 선별검사가 필요하다. 목록들은 대체로 온라인과 전자형식으로 제공되며, 체계적인 선택을 돕는 방식으로 자료를 주문할 수 있다.

예를 들어, 동거 후에 커플들이 육아와 경제활동의 구분에 대해 어떻게 준비하는지를 탐구하는 연구에서(Tennant et al., 2006), 사무 변호사와 법률 사무소의 온라인으로 출판된 기록으로부터 사무 변호사의 표본을 선정하였다. 그 기록은 사무 변호사의 등록된 날짜와 그의 전문 분야가 제공되었지만, 동거가 포함된 가족법의 전문 정도와 사례 경험에 대한 추가 정보는 다음의 선별검사에서 찾아야 했다.

표본 조사 Survey samples. 표본 조사의 정보에 대한 접근이 가능하다면, 기존 표본 조사는 질적 연구에 효과적인 표본틀을 제공할 수 있다. 표본 조사는 일반적으로 설문조사와 질적연구가 연구의 목적과 범위에서 일관성이 있고, 특히 2가지가 혼합된 연구방법의 일부로 고려된다. 질적연구 표본 자체는 통계적으로 구상되지는 않지만, 그렇게 선정되는 표본틀에서는 유용할 수 있다. 기존 연구의 응답률이 표본 범위의 불균형으로 이르지 않는다면, 포괄적이고 광범위하고 편견이 거의 없다는 모든 필요조건을 충족할 것이다. 표본 조사는 또한 표본 구성의 결정이 마무리되기 전에 연구 모집단 내에서 어떻게 특정 변수가 분포되는지 알 수 있는 기회를 제공한다. 설문조사는 일반적으로 상당히 개선된 의도적 표집을 지원하는 풍부한 정보원이 될 것이다. 예를 들어, 동거 후에 육아와 경제활동의 구분을 준비하는 방법에 대한 연구에서(Tennant et al., 2006), 편부모인 사람과, 자녀양육비를 지불하거나 받은 사람, 일정 기간 동거를 했던 사람을 확인하기 위해 설문조사를 사용하였다. 편부모와 자녀 양육비 납부자, 수령인은 이전에 결혼했거나 동거했을 수 있기 때문에, 전화 선별검사 과정은 이전에 동거했다는 사람을 파악하는 데 사용되었고, 그들의 상황에 대한 정보를 모을 뿐만 아니라 그들이 질적연구에 참여하기를 원하는지 파악하는 데 사용되었다. 이러한 사례에서처럼, 만약 질적연구가 매우 작거나 제한적으로 구성된 하위집단을 추적 조사하거나 연구에서 중심이 아닌 주제를 탐구한다면, 선정을 위한 세밀한 정보를 모으기 위해 더 많은 선별검사가 필요할 수 있다.

참여자에게 다시 연락하기 위해 허락을 구하는 것은 대규모 설문조사에서 일상적인 업무이고, 만약 추적조사를 구상 중이라면 필수적이다. 만약 후속연구가 다른 연구 팀에 의해 수행되어야 한다면, 연락처와 연구 응답 세부사항에 대한 허락을 명확하게 해야 한다. 만약 후속연구가 계획되지 않은 경우, 표본 조사로 돌아가기 위해 자금제공자의 동의가 필요하며, 설문조사 팀은 참여자들의 세부사항을 전달하기 위해 참여자에게 명확한 동의를 얻어야 한다. 두 번의 면담에 참여하는 사람들의 부담이 합리적인지 여부를 고려하는 것이 중요하고, 두 번의 면담에서 지나친 중복이 없도록 해야 한다. 일단 질적연구를 위한 추적 조사가 진행되었다면, 참여자에게 지나친 부담을 주지 않도록 하기 위해서 이러한 정보를 다시 사용하지 않는 것이 바람직하다.

생성된 표집틀 generated sampling frames

만약 연구모집단이 기존 정보를 통해 확인될 수 없다면, 표본틀은 특별히 만들어 낼 필요가 있다. 이것은 기존 자료 출처를 사용하는 것보다 시간이 더 걸릴 수 있지만, 유일한 방법일 수 있다. 게이트키퍼와 직업, 가정 또는 길거리 선별검사를 하는 것과, 유동인구를 사용하는 것, 눈덩이 표집 또는 연쇄 표본추출 등 많은 방법이 있다.

게이트키퍼 Gatekeepers. 서비스를 제공하거나 특정 모집단을 대표하는 조직을 통해 일하는 것은 공식 통계나 행정기록을 통해 확인될 수 없는 집단의 표본틀을 만들어 내는 데 유용한 방법이 될 수 있다. 그러나 만약 연구가 서비스 제공자와의 상호작용에 초점을 맞추지 않는다면, 조직과 접촉하지 않는 사람들을 포함시키는 방법을 고려하는 것이 중요하다. 예를 들어, 시민상담소와 다른 자문기관, 변호사 사무소를 통해 일하는 것은 주택 관련 문제에 대한 조언을 구하는 사람들의 표본틀을 만들어내는 효과적인 방법이 될 수 있다. 그러나 취약한 청년들의 표본틀을 제공하기 위해 조직에 의존하는 것은 더욱 고립되고 소외되며 지원 서비스와 접촉하지 않는 사람들을 제외시킬 수 있다. 이러한 상황에서 게이트키퍼 기관은 취약 청년들을 모집하기 위한 유일한 방법일 수 있다. 그러므로 연구자들은 다양한 취약성과 경험을 가지고 있는 청년들과 접촉할 수 있는 다양한 게이트키퍼 조직을 통해 그들을 반드시 모집하려고 할 것이다(예: 소년비행전담팀, 집단 폭력을 막기 위해 일하는 지역사회 중재 프로그램, 젊은이를 위한 숙박시설 센터, 약물 또는 알코올 서비스를 지원하고, 성매매 피해나 학대 등을 당한 소년들을 지원하는 조직). 다만, 그 표본의 결점(오직 기관이나 지지서비스를 통해서만 연락이 되는 형태의 청년들이 포함된다)은 연구결과를 보고할 때 분명히 해야 한다.

만약 게이트키퍼를 통해 표본틀을 개발한다면, 관련된 사람들과 긴밀히 협력하는 것이 중요할 것이다. 게이트키퍼의 정확한 역할과 참여는 단순히 기준에 충족하는 사람들을 적극적으로 파악하는 것과 연구조사에 대해 말하기 위해 그들에게 접근하는 것을 전제로 하여 놓여진 포스터나 리플릿 자료와 같은 홍보자료를 단순히 허락하는 것과 다를 수 있다. 어떤 사례에서도, 조직은 추구하는 참여자의 유형에 대한 명확한 설명을 제공받아야 한다. 만약 개인이 기꺼이 참가한다면, 연구팀에게 개인을 설명하는 프로토콜이 있어야 한다. 예를 들어, 게이트키퍼가 연구자의 연락처 정보를 개인에게 전달하거나, 개인의 세부정보를 연구자에게 전달하는 것에 동의하도록 요청하거나, 만약 그들이 기꺼이 참여할 용의가 있다면 연구자가 개인에게 표집과 관련된 정보를 주기 위한 양식을 제공할 수 있다. 그들이 접근하는 사람들에게 정보 전단지와 같은 서면노트를 제공하여 연구조사 및 팀에 대한 정보를 제공하고 필요한 사항을 설정하는 것이 유용하다. 무료 전화번호와 이메일 주소와 같이 쉬운 통신수단 또한 연구팀에게 도움이 될 수 있다.

다가가기 힘든 특정 모집단의 경우 그 사람들과의 작업을 원활하게 할 수 있어 게이트키퍼와 작업하는 것이 표본틀을 만들어내는 데 매우 효과적인 방법일 수 있다. 그러나 질문 항목이나 기한을 조직이 접근하기로 한 개인(만약 연구가 조직 자체에 대한 관점을 탐구하는 것을 포함한다면 특정 관심)에 편향될 가능성이 있다. 다양성에 대한 필요를 강조하고 연구자들이 표본이 되는 기준을 충족시키는지 확인하는 것이 중요하다. 조직은 도움이 되기 위해 유용한 정보나 긍정적인 정보를 제공할 가능성이 있는 사람이나 가장 말수가 많다고 생각되는 사람(아마 서비스 사용빈도가 높은 사람 또는 표현을 가장 잘 하거나 흥미진진한 이야기를 하는 사람)에게 치우칠 수 있다. 다양한 특징을 통해 다양성을 장려하는 유용한 방법은 게이트키퍼가 잠재적 연구참여자의 세부사항을 제공하도록 하는 서식을 통해서 완성하는 것이다. 서식을 완성하는 지도 안에는 각 표집 기준의 설정된 할당량을 명시해야 한다. 예를 들어, 학교계획의 평가에서 지방 당국의 게이트키퍼는 연구팀이 선택할 3개를 포함하여 15개 학교의 세부사항을 제공하도록 요구받을 수 있다. 지방 당국은 계획을 담당한 낮은 비율의 5개 학교, 중간 비율의 5개 학교, 높은 비율의 5개 학교의 세부사항을 제공하도록 요구받을 수 있다. 그렇게 함으로써 연구가 높은 비율로 담당한 것에만 편향되지 않도록 보장한다.

표본 추출 접근법의 조합은 유의하게 설정된 할당량을 충족시키도록 요구될 수도 있다(**Box 5.1**).

가정 선별검사 Household screen. 가정 선별검사는 연구지역의 가정에 접근하고 표적 모집단에 속한 개인이 가구에 포함되어 있는지 여부를 확인하기 위해, 짧은 구조화된 면담을 수행하고, 만약 속한다면, 표본 선정과 관련된 더 많은 정보를 수집하는 것을 포함한다. 가정은 그 지역이나 이웃의 특성(주택 소유 기간, 거주자의 연령 분포, 인종 구성 분포, 편부모 정도 등)이 선별검사를 위해 거리나 구역을 선택할 때 고려될지라도 그 안에 살고 있는 사람에 대한 사전 지식없이 선택될 것이다.

가정 선별검사의 본질은 다가가기 힘든 모집단 또는 서비스나 다른 조직과 접촉하지 않는 사람들을 끌어들이는 것이 잠재적으로 가능하다는 것을 의미한다. 직접 대면하는 것은 잠재적 참여자에 대한 자세한 정보가 수집될 수 있으므로, 만약 민감한 주제가 걱정이 된다면, 사적이고 안전한 환경에서 수집한다. 또한 참여 동의를 얻기 위해 좋은 토론의 장을 제공한다. 조사연구에 대한 전체 설명을 할 수 있고, 질문이나 걱정을 다룰 수 있으며, 안심이나 격려를 줄 수도 있다. 선별검사는 조사연구의 얼굴인데, 그것은 연구와 친숙하지 않은 사람들에게 도움이 될 수 있다. 또한 최종 선정을 진행하고 선별검사에서 연구면담을 예약하는 것이 가능하다.

가정 선별검사는 일반적으로 시간과 비용이 많이 든다. 따라서 조사 연구모집단이 여기저기 퍼져 있거나 드물다면, 선정 기준을 설정할 때 과하게 욕심내지 않는 것이 중요하다. 선별면담은 꽤 짧기 때문에, 물어볼 만한 적절한 질문에 대해 생각하는 것이 필요하다. 개인 비밀번호나 열쇠가 있어야 중앙 출입구를 통과할 수 있는 주택이나 아파트에 사는 경우와 같이 접근하는 것이 쉽지 않은 주택도 있다. 가정 선별검사는 또한 방문이 이루어질 때 안으로 들어가기 어렵거나 문을 열어주는 데 불편한 모집단 접근에는 효과적이지 않다. 그러므로 이러한 접근에 많은 난점이 있다.

만약 표본 모집단이 전체적으로 모집단의 보급률 측면에서 작은 경우, 가정 선별검사는 표본틀을 만들어내는 값비싼 방법이다. 시간이 필요하기 때문에, 연구자들은 가정 선별검사 자체를 집행하지 못할 수 있다. 연구자들은 지역적으로 면담을 모집함으로써 또는 그러한 작업에 전문적인 기관을 사용함으로써 그들을 대신해서 선별검사를 할 다른 사람을 고용할 필요가 있다. 참여 연구 접근법에서 전반적 연구모집단으로부터 추출한 동료 연구자는 자신의 지역에서 가정 선별검사를 시행하는 것을 도울 수 있고, 한번 표본이 선정되면 면담을 시행하는 것도 도울 수 있다.

유동인구Flow populations. 선별검사의 원리는 '유동인구'로 알려진 것을 표적 삼아 사람들의 집을 가거나 문을 두드리지 않고도 다른 환경에서 표본틀을 만들어내는 데 사용될 수 있다. 이 용어는 특정 장소나 환경(예: 플러스 직업안내센터, 진료 대기실, 바쁜 거리나 학교 바깥)에서 사람들에게 접근하여 표본이 발생될 때 사용된다. 이것은 때때로 특정 모집단을 알아내는 데 가장 효과적인 방법이 된다. 기관이나 어떤 종류의 서비스가 존재하기 때문에 선택되는 인근 환경(예: 학교나 공장)에서 표본 추출이 시작되기 전에 기관의 동의를 얻고 사람들에게 연구에 대해 안내하고 접근 의도를 알려주는 것은 필수적이다. 장소의 공공성이나 준공공성 그리고 사람들이 특정 의도로 거기에 있다는 사실(그것 자체로 걱정거리가 될 수 있는)을 고려해 볼 때, 잠재적 표본 일원을 끌어들이는 기회는 제한적이다. 그러므로 이 방법은 처음에 연구참여를 고려하는 사람들을 파악하는 데, 그리고 연구에 대해 더 자세하게 말하고 의논하기 위해 편한 시간에 그들에게 연락하도록 허락을 얻는 데에 가장 유용하게 쓰일 수 있다.

만약 연구가 일반인을 겨냥한다면, 인구 흐름은 특정 지리적 장소에서 집단토의에 참여하려는 사람들을 모집하는 방법이 될 수 있다. 만약 주어진 시간에 표적집단에 참가할 의향이 있는지 알아보는 데 적절하다면, 선별 설문조사를 통해 그들에게서(그들의 특성과 같은) 몇 가지의 기본 표본 추출 정보를 모으면서 유동인구로 모집될 수 있다. 하지만, 세심하게 모집장소를 선택하기 위해 이러한 접근법을 사용할 때는 주의해야 한다.

예를 들어, 그렇게 하겠다는 사전 공지나 적절한 동의 협상 없이 특정 질병에 초점을 맞춘 연구를 위해 병원 밖의 사람을 모집하려고 하는 것은 윤리적이지 않을 수 있다. 학교와 인접한 곳에서 참여자로서 학생들을 모집하려고 한다면 그 전에 먼저 학교와 같은 기관의 동의를 얻어야 한다(예:

정문 근처에서 모집하는 것). 쇼핑센터나 가게나 카페 밖과 같은 다른 대중적인 장소에서 잠재적 참여자에게 접근하는 것 또한 그 장소의 직원이나 관리자의 동의를 필요로 할 수 있다.

Box 5.1

표집 접근법의 결합

게이트키퍼와 가정 선별검사, 유동인구, 눈덩이 표집

이즐링턴 부채연구

유의하게 설정된 할당량을 충족시키기 위해 표집 접근법의 결합이 필요할 수 있다. 이것의 예는 런던 자치구에서 채무 경험과 채무 상담 서비스의 경험을 탐구하는 Rahim과 Arthur(2012)의 연구이다. 이 연구는 채무에 대한 조언을 찾고 있는 사람들과 그렇지 않은 사람들을 포함하기 위해, 편부모와 소수 인종 집단에서 선정된 사람, 청년, 공공지원 주택에 살고 있는 사람의 표본을 필요로 했다. 총 18개의 심도 있는 면담과 8개의 표적집단은 채무를 경험하고 있는 사람들로 갖춰졌다. 다양한 다른 표집 접근법은 표본 할당량을 충족시키기 위해 필요했다.

게이트키퍼: 돈과 채무에 관한 조언을 제공하는 지역 조직과 일하는 것은 이러한 모집단의 많은 사람들을 확인하는 데 효과적인 방법이었다. 하지만, 관련된 조직과 접촉하지 않은 사람들도 포함하는 것은 연구의 목적에 특히 중요했다. 그러므로 가정 선별검사 과정(아래 참조)도 어떠한 서비스와 접촉하고 있지 않는 사람들을 포함하기 위해 사용되었다.

가정 선별검사: 가정 선별검사를 위한 장소는 이전 연구의 자료를 사용하여 그 자치구에서 채무의 분포율로 확인되었다. 확인된 부채가 있는 영역에서 높은 복합적 박탈 지수(index of multiple deprivation, IMD) 점수를 가진 사람들과 공공 지원 주택을 가진 영역뿐만 아니라 개인 소유의 거처 또한 선정되었다. 주소는 최근 지역 채무 통계를 기반으로 선정되었고 그래서 가정 선별검사 동안 접근된 모집단의 상당한 비율은 적합하다고 기대되었다. 그러므로 가정 선별검사는 효과적인 표집방법으로 기대되었고 최종 표본 선정 전에 가정 경제와 채무에 대한 상세한 질문이 요구될 수 있었다. 선정 기준을 충족시키는 사람들은 명시된 날짜에 심도 있는 면담이나 표적집단에 참여하도록 초청되었다. 그러나 그 자리에서 이러한 추가적인 전략을 가지고도 중요한 집단(청년)을 포함하기 위해 더 많은 표집 전략이 요구되었다.

유동인구: 18~24세 사이의 젊은이들은 가정 선별검사나 게이트키퍼를 통한 참여를 거의 선택하지 않았다. 그래서 선정된 대학이나 직업안내센터의 외부에서 잠재적 표본 구성원에게 접근하는 추가 활동이 수립되었다. 만약 그들이 자격이 있고 참여하기로 동의했다면, 참여할 것인지 물어보기 전에 편한 시간에 전화로 연구에 대한 더 많은 세부사항을 제공받았다.

눈덩이 표집: 연구는 빚을 지거나 금전적 어려움을 경험하고 있는 18~24세 사이의 청년층을 찾아내기가 어려웠다. 그러므로 이미 참여한 18~24세의 청년들은 그들이 알고 있는 빚을 지고 있는 다른 청년들에게 연구의 세부사항을 전달하도록 부탁받았다.

이러한 표집의 4가지 접근법을 결합함으로써 필요한 유연성과 강인함의 정도를 나타내면서 기존 표본 할당량이 이 연구에서 충족될 수 있었다.

웹사이트를 통한 표집 Sampling via websites. 참여자의 표본틀은 또한 온라인 유동인구(필요한 특징에 들어맞는 소셜미디어 사이트나 온라인 커뮤니티)를 통해 확인될 수 있다. 이러한 환경에서, 온라인 사이트의 특성은 표본틀을 개발하기 위해서, 사이트의 게이트키퍼를 통해 접근을 협상할 필요가 있거나 바로 표본 추출을 할 수 있는 범위에서 연구자들의 전략에 영향을 미칠 수 있다. 온라인 연구를 시행하는 가이드라인(ESOMAR, 2009)은 다음과 같이 구별한다.

- 개방된 접근이 가능한 웹사이트나 토론 게시판으로부터 자료를 사용하거나 접촉을 하는 것(즉, 비밀번호를 통해 로그인을 하거나 접속하기 위해 회원가입을 하지 않아도 된다). 이러한 것은 공적으로 이용가능한 문서와 같이 출판된 것으로 고려되고, 연구자들이 제한 없이 사용할 수 있다(즉, 참여자이 직접 접근할 수 있고 선별검사 과정을 완료할 수 있다. 게재된 블로그의 목록은 운동과 다이어트에 대한 블로그의 내용에 집중한 연구를 위한 표본틀로써 사용될 수 있다).
- 회원가입을 하거나 접근을 하기 위해서 등록해야 하는, 접근 제한이 있는 웹사이트나 토론 게시판으로부터 자료를 사용하거나 접촉하는 것. 이러한 것은 거의 (울타리가 있는 정원으로 알려진) 특정 개인이나 집단의 것으로 여겨진다. 이러한 사이트를 사용(잠재적 참가자들에게 연락하는 것을 포함)하여 연구를 시행하기 위해 참여자들에게 분명한 접근을 하기 전에 웹사이트의 주인이나 일원으로부터 허락받아야 한다. 후자의 예에서 사용된 전략은 이 부분에서 먼저 서술했듯이(예: 연구자를 대표해서 연구를 광고하거나 참가자에게 접근할 수 있는) 게이트키퍼에게 달려 있다.

눈덩이 표집 Snowballing. 이 용어는 이미 면담을 했던 사람들에게 그들이 아는 선정 기준에 맞는 다른 사람들을 알아내기 위해 질문하는 것을 포함하는 접근법으로 사용된다. 이것은 작거나 알아내기 어려운 모집단에 특히나 유용한 접근법이고 거기에서 가장 중요한 선정 기준은 개인에게 널리 밝힐 수 없거나 선별검사 면담으로는 너무 예민할 수 있는 특성(예: 약물 남용, 혹은 반체제적 정치 시위운동에 참여하는 사람들과 같은 특정 하위문화 경험에 초점을 둔 기준)이다.

이 접근의 난점은 새로운 표본 구성원이 기존의 구성원을 통해 만들어지기 때문에, 표본 틀의 다양성이 위태로워질 위험이 있다는 것이다. 이것은 새로운 표본 구성원의 필요한 특성을 명시함으로써, 직접적인 관련은 없지만 기준을 충족하는 사람들을 확인하도록 참여자에게 물어보거나, 가족구성원이나 가까운 친구들을 피함으로써 어느 정도 경감시킬 수 있다. 대안적인 접근은 면담을 하지 않고 기준을 충족시키는 다른 사람이 없는지 참여자들에게 물어봄으로써 기존 표본 구성원으로 확인된 사람들을 연결시키는 사람으로 대하는 것이다. 이것은 더욱 번거로운 일일 수 있지만, 표본 구성원 간에 어느 정도 거리를 만들어낸다.

이 접근법은 여전히 연구집단 내에 필요한 다양성을 제공하지 않을 수 있다. 단지 눈덩이 표집에만 의존하는 것보다, 표본틀을 만들어내는 다른 방법을 보충하기 위해서 이러한 접근법을 사용하는 것이 더 좋은 방법이다.

연쇄 표집 Chain sampling. 이것은 면담을 했던 사람들에게 그들이 아는 표집 기준을 충족하는 누군가를 알아내기 위해서 부탁한다는 점에서 눈덩이 표집과 비슷하지만, 두 사람 간의 연결고리는 연구와 관련되어 있다. 예를 들어, 우정에 관한 연구는 지명된 친구나 원래 선정된 참여자의 친구들을 면담하는 방법을 사용해왔다(Spencer & Pahl, 2006). 비슷하게, 청년 멘토링 연구에서, 청년은 멘토를 연구에 참여시키기 위해서 멘토가 누구인지 알려달라는 부탁을 받을 수 있다. 이러한 사례처럼 두 참가자 사이는 연구설계의 중심을 잡는 것일 뿐 눈덩이 표집에서처럼 폭넓게 고려되는 것은 아닐 수 있다.

(페이스북과 같은) 소셜 미디어는 눈 뭉치기나 연쇄 표집 기술에 특히 적합하다고 제안되어 왔다. Brickman Bhutta(2012)는 자신의 연구를 미국에서 세례 받은 천주교인의 종교적 헌신에 대한 정서적 유대의 역할을 찾는 것으로 묘사했다. 페이스북은 게이트키퍼에게 천주교 신앙을 겨냥한 기존의 온라인 커뮤니티를 통해 연구를 광고하도록 부탁하여 참여자를 모집하는 데 사용되었다. 친구들은 그들만의 네트워크를 중심으로 연구에 대한 정보를 보내도록 부탁받았고, 잠재적 참여자가 참여할 수 있는 연구를 언급하는 중앙 온라인 그룹이 설립되었다. Brickman Bhutta는 하나 또는 그 이상의 그룹 또는 친구들의 네트워크와 함께 시작하면서 연구자들은 추가적인 친구나 그룹의 연결을 통해서 참여자들에 의해 눈덩이 표집을 만들어낼 수 있다고 주장했다. 이 표본은 온라인 설문조사와 관련이 있지만, 이 접근법은 질적연구에 동일하게 해당되며, 실제로 확률 표집보다 비확률 표집의 필요조건을 유지하는 데 더 적절할 수 있다. 그러므로 소셜 미디어는 특정 흥미를 공유하고 있는 넓은 범위의 사람들과 접근하는 것을 가능하게 한다. 하지만, 표본 기준을 충족하도록 참여자에 대한 추가적인 정보를 모으기 위해 더 많은 선별검사가 필요할 수 있다.

중요한 문제는 표본틀이 생성되는 출처의 의미를 고려해야만 한다는 점이다. 특정 가정을 겨냥해서 생성된 표본틀은 기꺼이 그들의 문을 열어줄 사람들만 포함할 것이다, 온라인 응답에 의해 만들어지는 표본틀은 소셜 미디어를 사용하는 사람들로 제한될 것이다.

궁극적으로 적절한 표본틀을 찾아내고 만들어내는 것은 주로 독창성과 수평적 사고의 정도를 포함하고 때때로 접근법의 조합을 포함한다(**Box 5.1**).

의도적 표본설계의 단계

Stages in designing a purposive sample

실제로 질적연구를 위한 표본이 어떻게 선택되는지 보여주기 위해서 이 부분은 의도적 표본을 설계하는 데 포함되는 중요한 단계와 결정을 설명한다. 의도적 표집 접근법은 질적연구에서 많은 표집 전략에서 사용되고 응용연구에서도 널리 사용되기 때문에 의도적 표집으로 국한시켰다. 이것이 어떤 표집 전략에서 사용되는 다양한 결정을 잘 보여주는 것처럼 면담이나 표적 집단을 포함하는 연구를 위한 표본을 선택하는 것에 초점을 맞추었다. 다음의 예는 의도적 표본설계가 실제로 어떻게 기능할 수 있는지에 대한 상세한 설명을 제공하기 위해 사용되었다(**Box 5.2~5.4**).

연구를 위한 모집단 확인하기 Identifying the population for study

연구를 위한 모집단에 대해 생각하는 데 필요한 질문의 종류는 앞에서 논의되었고 여기에서 반복하지 않는다. 그러나 포함과 배제 둘 다 고려되어야 하기 때문에 연구모집단을 정의하는 것은 실제로 선정을 위한 기준을 결정하는 첫 번째 단계이다.

의도적 선정 기준의 선택 the choice of purposive selection criteria

다음 단계는 표본의 의도적 선정을 위해 어떤 기준을 사용할 것인가를 결정하는 것이다. 즉, 모집단 또는 집단 내에서 어떤 구성요소를 보여주어야 할 필요가 있고 어떤 다양성의 수준과 함께 나타나야 하는지 결정하는 것이다.

사용되는 기준은 인구학적 특성과 환경, 경험, 태도일 수 있다. 사실, 어떤 종류의 현상도 기준이 될 수 있다. 그러나 정보는 포함이나 배제에 대한 결정이 만들어지기 전에(사람은 질적연구에 참여하도록 초청되기 전에) 수집되어야 하기 때문에 복잡한 기준은 표본수집을 더 어렵게 만든다. 물론, 만약 정보를 주 자료수집 전에 알아낼 수 없다면, 선정하는 데 그 기준을 사용하는 것은 불가능할 것이다.

의도적 선정 기준의 선택은 연구의 목적과 추구되는 조사 수단의 검토를 통해 영향을 받는다. 그러므로 다음과 같은 내용을 고려해야 한다.

- 관련된 문헌이나 이전 연구의 검토는 조사 중인 주제에 영향을 가지고 있다고 알려져 있는 특징을 확인한다. 위에 설명했듯이, 이런 것들은 선정 기준으로 포함되거나 연구의 모집단을 정의하기 위해 사용된다.
- 모집단을 기반으로 균형 잡힌 표본을 얻기 위해 다루어져야 할 필요가 있는 변수(예: 다른 연령 또는 사회 경제적 집단)가 있을 것이다.
- 연구가 탐구하고 있고 특정 하위집단의 범위를 요구하는 가설이 있을 수 있다.
- 거의 알려지지 않고 그것의 환경이나 관점이 탐구되는 하위집단이 있을 수 있다.

선정 기준의 우선순위 정하기 prioritising the selection criteria

위에 언급했듯이 설명된 방법으로 확인된 가능한 유의 표집 기준의 목록은 어느 것이든 10~20개

Box 5.2

표본 발전시키기

연구모집단을 선정하고 표본 기준의 우선순위 정하기

의도적 표본설계의 실무를 설명하기 위해서 사용될 예시는 미디어에서 연령을 묘사하는 대중의 인식에 대해 수행된 연구에 기반한다(White et al., 2012). 그 목적은 미디어의 연령 묘사와 표현을 연구하고 청중에게 어떤 감정이 그리고 어떻게 감정이 상기되는지 탐구하는 것이다. 이번 장에서 논의된 중요한 점을 설명하기 위해서 표적 집단의 표본을 발전하는 것과 같이 실제 연구에서 적용할 수 없는 몇 가지의 기능을 추가하였다.

연구모집단 선정: 연구는 일반인 표본을 필요로 했다. 즉, 비특정 집단을 겨냥하였다. 연구의 실질적인 초점이 연령인 점을 고려하면, 연령 집단의 범위를 넓게 포함하는 것도 중요했다. 연구에서 미디어 표현에 대한 관심 때문에, 집단 범위에 관한 두 번째 결정은 연구참여자들 사이에서 미디어 사용 범위를 둘러쌌다. 일주일에 3번 이상 TV를 시청하는 사람들로 연구집단을 제한시키도록 결정하였다. 이후에 더 많은 선정 기준을 고려하였다.

초기 선정 기준: 의도적 선정을 위해 고려된 기준은 다음과 같다.

- 연령
- 성별
- 미디어 소비(일주일에 3번 이상 TV 시청)
- 취업 상태/근무 시간
- 인종
- 종교
- 성 정체성

목표와 목적에 따라 다른 종류의 기준을 결정할 수 있다. 한번 기준이 확인되면, 연구표본의 상대적 중요성이 결정되어야 한다. 이 연구에서, 연령과 성별이 연구목표에 가장 비중이 높은 일차 기준으로 시정되었다. 4개의 기준(TV 외에 다른 미디어의 소비, 인종, 취업 상태, 인구학적 장소)은 이차 기준으로 지정되었다. 2개(성 정체성과 종교)는 할당량을 설정하는 것은 필요하지 않지만 대신에 표본이 발전되면서 관찰되고 기록될 필요가 있는 참가자의 정체성의 잠재적으로 중요한 측면, 즉 삼차 기준으로 지정되었다.

일차 기준	**이차 기준**	**삼차 기준**
연령	미디어 소비	성 정체성
성별	인종	종교
	인구학적 장소	
	취업 상태	

현장조사 위치 선정: 6개의 다른 영역의 미디어에서 연구를 수행하기 위해 결정이 이루어졌다. 장소들은 영국과 영연방 국가들의 다른 지역에 위치하고 도심 지역과 도회지, 시골 지역이 혼합되어 선정되었다. 이러한 선정을 통해 인구학적 지역 관점에서 다양성이 성취되었다.

변수 사이를 포함하거나 다른 기준을 포함하는 경향이 있다. 그러므로 동일한 정확성으로 적용하는 것보다 어떤 점에서는 우선순위를 매기는 것은 필수적이다. 만약 정확도와 중요도가 동일하다면 질적연구를 위해 통제 가능한 것을 훨씬 넘어선 규모로 표본이 주도될 수 있기 때문이다.

기준의 우선순위를 정하는 첫 번째 단계는 연구되는 집단의 인구통계학적 구조를 포함하고, 중요한 구성요소를 포함하며, 착수된 비교 분석에서 충분히 다양한 한 표본을 달성하는 측면에서 어떤 것이 가장 중요한지 결정하는 것이다. 기준은 처음 봤을 때 중요하다고 생각되어 설정된 것이기 때문에 기준을 다시 정립하는 것이 쉬운 일은 아니다. 그러나 점진적으로, 차례차례 각각에 대해 생각함으로써 상대적 우선순위를 배정하는 것이 가능하다. 이것을 하기 위한 좋은 방법은 2개 또는 3개의 열이 있는 표를 작성하여 특징들이 일차, 이차, 만약 필요하다면 삼차의 중요성 순으로 정리될 수 있도록 하는 것이다.

개인 기준의 우선순위에서 결정할 때 고려해야 할 또 다른 사항은 변수들이 연동되거나 중첩되는 범위이다. 즉, 중요한 것은 한 개 또는 한 개 이상의 변수가 또 다른 변수 안에 있어야 한다는 것이다. 예를 들어, 성별과 연령이 의도적 기준이라면, 성별 내에서 연령이 표본을 통제해야 하는가? 즉, 남자와 여자 둘 다의 연령 분포가 별개로 통제되는가? 만약 이 질문에 대한 대답이 '네'라면, 연령은 성별 안에서 '중첩'되는 것이다. 중첩에 대한 결정은 주로 조사 주제와 관련된 2가지의 관계 사이에 강한 관계나 상호 의존이 기대되는지에 대한 여부에 달려있을 것이다. 만약 상호의존의 범위나 가능성이 알려지지 않을 때, 보통 그렇듯이 너무 많이 중첩되는 표본은 쉽게 커질 수 있으므로 중첩 결정을 피해야 한다.

만약 기준의 우선순위를 정할 때, 식별된 것들이 서로간에 상호 연관성이 높은지 여부를 고려하는 것은 유용하다. 만약 그렇다면, 그들이 다른 것에 대한 대리인의 종류로서 역할을 하는 것처럼 그들은 아마 둘 다 중첩되지 않을 것이다. **Box 5.2**에 있는 미디어 예에서, 이러한 변수들이 긴밀하게 연결되어 있기 때문에 취업활동과 사회 경제적 단체를 둘 다 선택할 필요는 없다.

한번 기준의 우선순위가 결정된다면, 그들을 일차, 이차, 만약 필요하다면, 삼차 기준으로 배정하는 것이 가능할 것이다. 일차 기준은 조사의 주제와 목적과 관련해서 가장 중요하다고 고려되는 것이다. 표본 구조에 대한 첫 번째 우선순위가 부여된다. 이차 기준은 조사와 관련된 잠재적으로 덜 중요한 것이며 표본 구성에서 적은 권한을 부여받게 된다. 즉 덜 상세한 방법 그리고 덜 정확한 방법으로 명시된다. 삼차 기준(또는 몇 가지 사례에서는 이차 기준)은 표본 구성에서 명시되지 않지만 사람들이 표본으로 모집되면서 관찰될 것이다. 즉, 연구자가 그들을 계속 지켜보고, 만약 그들의 범위 안의 몇 가지의 다양성이 자연적으로 얻어지지 않는다면, 선정 기준은 추가될 수 있다. 표본 행렬의 설계가 묘사될 때 표본의 구성 측면에서 이러한 과제의 영향은 아래에 설명된다.

다른 기준의 상대적 중요성에 대한 결정은 연구에 중심이 되는 가설이나 질문, 문제들과 조합 가능한 증거를 기반으로 만들어진다. 그러므로 연구의 발단에서 완벽한 결정은 보장될 수 없으며 다른 수준의 우선순위가 잘못 배정되었거나 심지어 중요한 변수를 놓치기도 한다. 이것은 돌이킬 수 없다. 그럼에도 불구하고 틀림없이 충분한 범위와 함께 표본 안에 불특정 변수들이 존재하는 경향이 있다. 기준이 포함되거나 더 높은 우선순위가 주어져야 하는 사실은 수집된 자료에서 분명해질 것이다. 연구자들은 간과한 변수를 포함한 계정을 통해 중요하다는 것을 알게 될 것이다. 만약 표본이 중요한 집단의 대표로 매우 부족하다면 자원이 있는 경우 보조 표본들을 추가할 수 있다. 사실, 이러한 방법으로 단일연구에서 사용되는 의도적 표집과 이론적 표집 전략의 중첩이 있을 수 있다. 표본이 초점에 맞는 인구를 적절히 반영하는지 확인하고 필요하다면 표본을 확장하는 유연성이 있을 수 있다.

연구를 위한 장소 정하기deciding on the locations for the study

질적연구는 언제나 적은 수의 인구학적 장소 또는 지역사회, 흥미 장소, 기관 장소로 제한된다. 이것은 연구가 이루어지는 배경을 알리려고 하기 때문이다. 선정된 장소들은, 예를 들어, 취업 정도, 지역사회의 환경, 특정 조직이나 서비스의 부지 또는 특정 온라인 토론의 정도는 웹사이트에 관심을 보이는 지역사회와 같이 조사 중에 있는 주제를 부각시키는 기능 때문에 선택된다. 이와 같이 그들이 가지고 있는 특별한 기능 때문에 표본 설계에 주로 기여한다. 이러한 이유 때문에 표본 구성의 세부사항으로 옮기기 전에 표본 위치를 정하는 것이 유용하다.

연구 모집단 확인하기, 선정 기준을 확인하고 우선순위 정하기, 현장연구 장소 선정하기의 첫 네 단계는 **Box 5.2**의 예시와 같다.

표본 행렬의 설계designing a sample matrix

한번 표본 장소가 정해지면, 표본설계에서 남아있는 기준에 대해 결정을 바꾸는 가장 좋은 방법은 표본 행렬을 작성하는 것이다. 행렬은 일차 표집 기준과 관련된(수직으로, 수평으로 배치된) 몇 가지 항목들을 포함한다. 이것들은 차례로 다수의 칸을 산출할 것이다. 그리고 각각은 선정될 몇 가지의 표본 단위에서 배정될 것이다(할당량이라고 명명됨). 이차 기준은 이러한 변수들이 조절될 수 있는 방법을 확인하는 각각의 규모나 칸과 관련하여 고려될 것이다. 행렬에 선정 기준 항목들을 위치하기 전에, 각각은 조사의 주제에 의미있는 범주들로 나눠어질 필요가 있다. 예를 들어, 사례연구에서 연령이 어떤 범위로 나눠는지를 **Box 5.3**에 간략히 설명하였다.

Box 5.3

표본 행렬의 전개

표본에 대한 다양한 기준을 확인한 뒤, 이것들을 표본 행렬로 정리하여야 한다. 미디어 연구에서 연령에 대한 모든 관련된 기준을 포함하는 빈칸의 표본 행렬의 예시를 아래에 제공하였다. 표본 안에서 각각의 연령 범주 내에서 남자와 여자 둘 다의 특정 숫자가 분명히 있도록 2가지 일차 기준(연령과 성별)이 중첩되었다.

표본 행렬	**성별**	**남자**	**여자**
나이	13~17세		
	18~30세		
	31~45세		
	46~59세		
	60~75세		
	76+세		
중간 사용	일주일에 3번 이상 라디오 듣기		
	매일 인터넷 접속		
인종	아시아인		
	흑인		
	백인		
	기타/혼혈		
취직상태	취업(비/정규직)		
	실업		
	학생		
	은퇴		
지역	지역 1(북부 아일랜드)		
	지역 2(웨일즈)		
	지역 3(스코틀랜드)		
	지역 4(영국의 북서부 도시)		
	지역 5(영국의 남동부 도시)		
	지역 6(영국 중심의 시골지역)		
총			

선정을 위한 할당량의 지정 Setting quotas for selection

한번 표본 행렬이 작성되면, 표본 선정에서 처리될 필요가 있는 할당량을 만드는 것이 가능하다. 할당량은 표본 행렬에서 설정된 각각의 특징을 위해 필요한 주로 사람과 같은 자료 단위의 정확한 수를 명시한다. 연구표본이 표본 행렬에서 설정된 표본 설계와 일치하도록 하고, 그것들은 참여자의 최종 선정을 통제하기 위해 사용된다. **Box 5.4**에 있는 예의 1~2와 같이 질적표본에서 칸 안에 있는 숫자는 작을 수 있다. 그러나 의도적 표본을 선택하는 이유는 상징적 표현과 다양성을 성취하는 것임을 전반적으로 기억하는 것이 중요하다. 따라서 모든 측면에서 표본 구성을 제어하는 것이다.

만약 표본 행렬을 작성하고 있을 때 표본 크기가 관리할 수 있는 범위를 벗어나 있다면, 몇 가지의 중요한 사항을 고려해보아야 한다. 너무 많은 변수가 포함되었는가 또는 너무 많은 우선순위가 주어졌는가? 제시된 중첩의 수준이 필요한 수준인가? 만약 이러한 질문들을 고려해본 후에도 표본 크기가 여전히 크다면, 이 척도 안에서 높은 품질 정보를 얻을 수 있는 충분한 정보 자원이 있는지를 고려할 필요가 있다. 만약 그렇지 않다면, 아마도 어떤 방법으로든 표본을 제한하는 것이 현명하다. 질적연구는 심층적으로 적용될 것이기 때문에, 광범위한 표본보다 집단의 특정 부분에 대해 연구를 집중하는 것을 의미한다 해도, 주로 표본 크기 면에서 자료 수집의 넓이보다 깊이를 유지하는 것이 더 좋다.

집단토의를 위한 의도적 표집 Purposive sampling for group discussions

집단토의를 포함하는 연구에서 의도적 표본의 설계는 개인 면담의 형식과 정확히 같은 형식을 취한다. 전반적인 표본의 크기는 더 클 수 있지만, 위에 쓰여진 모든 단계를 따라야 한다. 그러나 더 나아가 집단의 구성요소를 파악해야 한다. 집단의 구성과 특히 어떻게 그들이 동일하거나 다양한지에 대한 결정을 내릴 필요가 있다. 최선의 접근은 연구의 목적과 연구될 집단의 본질에 따라 다르겠지만, 집단 구성에 대해 결정되는 것이 무엇이든 각각의 토의 집단에 설정된 할당량을 명시해야 한다. **Box 5.5**는 만약 표적 집단이 한 방법으로 채택되었다면 이 장에서 사용된 미디어, 연령 연구에서 어떻게 집단이 발전되었는지를 보여준다.

표본설계의 시행

Implementing the sample design

표본설계가 완성되었다면 행동으로 옮겨야 한다. 마지막 부분에서는 사람들을 선정하고 연구에 참여하도록 고려해야 할 몇 가지의 쟁점들을 간략하게 설명할 것이다.

Box 5.4

표본 행렬의 전개

미디어연구의 연령 분포로서 40개의 심도 있는 면담의 표본 행렬은 표본에서 찾아진 각 특징의 종류로 채워지고 그 내용은 아래에 제시된 표와 같다. 2개의 일차 표집 기준(연령과 성별)은 중첩되었다. 위에 설명한 것과 같이 연령의 인식은 연령과 성별과 같이 가깝게 관련되어 있다고 고려되었다. 즉, 나이가 많은 여성은 나이 많은 남성을 다른 관점에서 볼 수도 있고, 나이 어린 여성을 동일한 관점에서 볼 수 있다. 다른 기준을 중첩할 필요는 없다고 여겨졌다.

표본 행렬	**성별**	**남자**	**여자**
나이	13~17세	1~2	1~2
	18~30세	3~6	3~6
	31~45세	3~6	3~6
	46~59세	3~6	3~6
	60~75세	3~6	3~6
	76+세	1~2	1~2
표본 행렬	**성별**	**남자**	**여자**
중간 사용	일주일에 세 번 이상 라디오 듣기	최소 20	최소 20
	매일 인터넷 접속	최소 20	최소 20
인종	아시아인	최소 6	최소 6
	흑인	최소 6	최소 6
	백인	최소 6	최소 6
	기타/혼혈	할당량 없음	할당량 없음
취직상태	취업(비/정규직)	최소 6	최소 6
	실업	최소 6	최소 6
	학생	최소 6	최소 6
	은퇴	최소 6	최소 6
지역	지역 1(북부 아일랜드)	최소 5	최소 5
	지역 2(웨일즈)	최소 5	최소 5
	지역 3(스코틀랜드)	최소 5	최소 5
	지역 4(영국의 북서부 도시)	최소 5	최소 5
	지역 5(영국의 남동부 도시)	최소 5	최소 5
	지역 6(영국 중심의 시골지역)	최소 5	최소 5
총		**40**	**40**

(계속)

> 위의 표 안의 표본 행렬은 각각의 6개 연령 집단 안에서 각각의 성별 안에 얼마나 많은 사람들이 연령 분포 연구를 위해 모집되었는지를 명시한다. 연령 연구 예시에서 각각의 6개 연령 집단 안에 있는 남성과 여성을 위한 할당량은 각각 나이가 가장 많고, 가장 적은 연령 집단의 1~2개로 열거되었다. 이러한 연령 범주들은 중간 연령 범주 집단에 비하면 일반적으로 적기 때문에 이 할당량은 중간 연령 집단의 것에 비하면 더 적었다. 표본으로 추출된 연령 범위의 가장 어리고 가장 적은 부분에서 몇 가지 설명이 있다는 것을 확실히 하기 위해서 특정한 할당 집단(13~30과는 대조적으로 13~17)으로 포함되었다. 3~6의 표적 범위는 4개의 중간 연령 범위 안에서 넓게 고른 균형을 얻기 위해서 필요했다.
>
> 정확한 숫자로 할당량은 명시될 수 있지만 위의 행렬에서처럼 범위나 최소를 사용하는 것은 더욱 유용하고 현실적이다. 최소 할당량의 사용은 범위로 지정되기보다는 표본 내의 특정 특성에 대한 최소한의 설명을 보장한다. 주어진 특징들과 함께 참여자들 숫자의 상한치를 정하는 것은 필요가 없다는 점에서 범위에 대한 유용한 대안을 제공한다. 또한 하위집단이 특정 집단에서 상대적으로 드물다면, 그리고 연구표본 안에서 설명이 자연적으로 일어나지 않는다면 유용하다.
>
> 표본의 연령 범위(13~75+) 때문에 퇴직하거나 정규교육을 받고 있는 사람들뿐만 아니라 취업자와 실업자의 범위를 목표하는 것은 중요하다. 그러나 몇몇 연구에서 표본은 완전히 생산가능 인구로 구성되어 있을 수 있다. 그러므로 취업자나 실업자보다 학생과 퇴직자에게 적은 할당량이 설정될 수 있다. 인종에 관해서는 모든 참가자들이 백인, 아시아인 혹은 흑인의 범주에 포함되지 않았고 그 외/혼혈 범주가 포함되었다. 그러나 이 집단의 상대적 희귀성 때문에 최소 할당량도 정해지지 않았다.
>
> 성 정체성과 종교는 다른 표집 기준에 비교해서 세 번째로 중요한 것으로 확인되었기 때문에 이에 대한 할당량은 결정되지 않았다.
>
> 연구참가자의 특징(일차, 이차, 삼차 기준)은 선별 설문조사를 사용해서 확인되었다. 변수가 나열된 순서는 자료가 선별검사 중에 수집될 수 있는 방법을 고려한다. 이것은 특히 선별활동의 나중의 단계에서, 몇 개의 할당량이 채워지기 시작하고 다른 것들이 요구된 수준에서 설명되지 않을 때 중요하다. 이 표본 행렬의 가장 중요하고 가장 구체적으로 명시된 특징은 성별과 연령이다. 그 사람이 요구되는 연령과 성별을 가진 사람이 아니라면 다른 기준을 확인하기 위한 질문을 하는 것은 무의미할 것이다.

모집Recruitment

연구조사에 참여할 사람들을 참여하도록 하는 과정은 모집이라고 명명된다. 의도적 표본의 질이나 다양성은 모집 과정의 효율성 측면에 따라 다르다. 이 과정이 기대를 갖고 연구자의 신중한 계획과 초래되는 표집 전략이 이루어지는 때인 만큼 모집은 연구과정의 중요한 부분이다. 이 시점에서 연구자들은 다음과 같은 고려사항을 인지하여 모집과정을 성공적으로 이끌 수 있다.

모집 도구recruitment materials

연구조사의 인식을 만들어내고 참여자를 격려하기 위해서 편지와 정보 리플릿, 포스터, 뉴스레터의 광고, 이메일, 온라인 포럼에서의 메시지, 심지어 소셜 미디어 사이트와 같이 다양한 방법들을 사용할 수 있다. 매력적이고 이해하기 쉽고 참여자들이 정보에 입각한 결정을 내릴 수 있도록 연구

Box 5.5

집단면담을 위한 표본 행렬의 전개

미디어연구와 연령연구를 예로 들어보면, 40개의 심도 있는 면담 이외에 6개의 표적 집단이 착수되었다고 가정해보자. 다른 종류의 사람들이 개별 토의에 포함되었거나 그들이 각각의 집단 안에 혼합되었는지 여부에 대해서 결정이 내려져야 할 것이다. 많은 표적 집단에서처럼, 여기에서의 목적은 다양한 관점과 경험이 포함될 정도로 다르지만, 논쟁이나 따돌림이 생길 정도로 다른 사람보다는 그들의 의견을 충분히 제시할 수 있도록 적당히 비슷한 사람들을 집단에 포함시키는 것이다. 아래의 표에 있는 표본 행렬은 각각의 집단 구성과 관련해서 내릴 수 있는 가능한 결정을 보여준다.

이 예시에서 연령과 성별은 연구의 목적과 관련한 가장 중요한 특징으로 여겨졌으며, 집단 구성에 대한 결정을 기반으로 하는 가장 적절한 특징으로 고려되었다. 토론의 분위기뿐만 아니라 제기된 문제들이 집단마다 매우 다를 수 있다는 것을 예상하여, 13~17세의 가장 나이가 어린 집단과 75세 이상의 가장 나이가 많은 집단으로 나누는 것이 바람직하다고 느껴졌다. 2개의 단일-성별 집단이지만 다른 연령 범주의 참여자들과 함께 성별의 관점을 충분히 탐구하는 혼합-연령 집단을 유지하기 위해 결정되었다. 한 집단에서 2개의 더 어린 연령 집단(18~30세와 31~45세)과 다른 집단에서 2개의 더 나이가 많은 연령 집단(46~59세와 60~75세)으로 넓게 나뉘는 것과 같이 혼합된 성별 참여자들과 함께 2개의 추가 집단이 또한 구성될 수 있다.

이러한 결정은 개인 집단의 할당량을 명시함으로써 수행된다. 밑에 연구묘사에서, 할당량은 중요한 표집 기준(나이, 성별, 인종, 다른 미디어 소비의 수준/종류)의 필요한 균형을 이루기 위해서 각각의 개인 집단 안에서 명시되었다. 이러한 기준의 상호 관련되는 본질 때문에, 각각의 집단 안에서 성별과 연령은 중첩된다. 할당량은 각각의 집단에 동일할 필요가 없다. 흑인과 소수 인종(Black and Minority Ethnic, BME) 집단이 전체적으로 표본 안에서 나타나도록 하기 위해 인종에 대한 할당량이 설정되었다. 그러나 할당량은 인종이 다양하지 않은 시골지역에서는 달라질 수 있다. 가장 나이가 많은 연령 집단은 퇴직한 경향이 있고 가장 나이가 적은 연령 집단은 학생인 경향이 있는 것처럼 취업 상태의 범주에 있을 만한 몇몇 사람들을 위해 연령은 충분한 대용물로 고려되었다. 일하고 있는 연령의 사람들의 측면에서 정규직이나 아르바이트를 하는 사람들과 일하고 있지 않는 사람들의 측면에서 적절한 다양성을 보장하기 위해서 취업 상태를 고려하는 것은 필수적이다.

집단 1(도시, 남자, 혼합된 나이) **총 8명** • 18~30세: 남자 • 31~45세: 남자 • 46~59세: 남자 • 60~75세: 2명의 남자 • 백인: 최소 2명 • BME: 최소 2명 • 일주일에 3번 이상 라디오 사용: 4명 • 매일 인터넷 접속: 4명	**집단 2**(도시, 여자, 혼합된 나이) **총 8명** • 18~30세: 2명의 여자 • 31~45세: 2명의 여자 • 46~59세: 2명의 여자 • 60~75세: 2명의 여자 • 백인: 최소 2명 • BME: 최소 2명 • 일주일에 3번 이상 라디오 사용: 4명 • 매일 인터넷 접속: 4명	**집단 3**(도시, 혼합된 나이, 낮은 연령) **총 8명** • 18~30세: 2명의 남자와 2명의 여자 • 31~45세: 2명의 남자의 2명의 여자 • 백인: 최소 2명 • BME: 최소 2명 • 일주일에 3번 이상 라디오 사용: 4명 • 매일 인터넷 접속: 4명
집단 4(시골, 혼합된 성별, 높은 연령) **총 8명** • 46~59세: 2명의 남자와 2명의 여자 • 60~75세: 2명의 남자와 2명의 여자 • 백인: 최소 3명 • BME: 0~2 • 일주일에 3번 이상 라디오 사용: 4명 • 매일 인터넷 접속: 4명	**집단 5**(도시, 혼합된 성별, 낮은 연령) **총 8명** • 13~17세: 4명의 남자와 4명의 여자 • 백인: 최소 2명 • BME: 최소 2명 • 일주일에 3번 이상 라디오 사용: 4명 • 매일 인터넷 접속: 4명	**집단 6**(시골, 혼합된 성별, 높은 연령) **총 8명** • 75세 이상: 4명의 남자와 4명의 여자 • 백인: 최소 2명 • BME: 0~3 • 일주일에 3번 이상 라디오 사용: 4명 • 매일 인터넷 접속: 2명

에 필요한 모든 정보를 제공하는 것은 필수적이다. 모집 도구의 이점을 분명히 하기 위해서 모집도구를 표적 청중에게 맞춰야 한다. 예를 들어 전문가들에게는 그들의 전문 분야를 반영하는 전문적 언어를 채택하는 반면, 일반적인 집단에게는 일반적이고 쉬운 언어를 사용하는 것이 유용하다. 가능하다면, 다른 언어를 사용하는 사람들을 위해 만약 그들이 연구집단의 일부를 구성할 것 같다면 도구를 번역해서 사용한다.

포함 가능한 세부사항의 수준은 연구를 홍보하기 위해 사용하는 매체의 종류에 따라 다를 것이다. 그러나 첫 메시지는 연구가 무엇에 관한 것인지 분명히 해야 한다. 필요하다면 참여자 개인에게 연구에 관한 더욱 상세한 정보를 제공해야 한다.

모집 경로recruitment channels

잠재적 참여자들이 연구에 참여 또는 불참 여부를 알릴 수 있는 경로를 고려해야 한다. 참여자들에게 시간과 비용 부담을 최소화하기 위해 설계해야 한다. 예를 들어 무료 전화번호와 반송용 봉투를 제공하는 것이 보통이다. 연구가 참여자의 신뢰를 얻도록 돕기 위해서, 연구조사를 위한 전용 이메일 주소와 더 많은 정보를 제공하거나, 잠재적 참여자들이 방문할 수 있도록 연구를 수행하는 기관으로 연결되어 있는 웹페이지를 제공하는 것도 유용하다.

다른 경로를 통해서 잠재적 참여자들이 연구조사를 알거나 처음 연락을 하는 경우도 있지만, 면담 전에 연구자 또는 모집자와 참여자 간 적어도 한 번의 대화(얼굴을 맞대거나 전화를 통해)를 하는 것이 보통이다. 이것은 잠재적 참여자가 연구자에게 질문을 할 기회를 갖거나 연구자가 참여자에 필요한 선별검사 질문을 하는 기회를 갖도록 하는 장점이 있다. 선정된 표본 구성원은 연구에 가치 있는 기여를 하도록 재확인시켜야 한다. 그들은 스스로를 전문가가 아니거나, 말할 것이 아무것도 없다고 잘못 생각할 수 있으므로 이것에 대한 재확인이 필요하다.

모집 기관recruitment agencies

시간의 제약에도 불구하고 충분한 인력 또는 전문지식을 갖춘 연구자는 자신이 모집을 수행할 수도 있지만, 충분한 예산으로 질적연구를 위해 참여자 모집 전문 개인 및 기관을 고려할 수 있다. 기관이 표본틀을 찾거나 만들어 내기 위해 위에 나열된 한 가지 또는 그 이상의 접근법을 사용하는 '자유-발견' 모집이나 기관이 연구 팀에 의해 제공된 목록으로부터 참가자를 선정하거나 모집하는 목록 모집을 시행하도록 고용될 수 있다. 일부 기관과 개인은 장애를 가진 참여자이거나 특정 인종 집단의 참여자와 같이 특정 참여자 집단의 모집을 전문적으로 다룬다.

모집 회사와 함께 일할 때, 모집이 어떻게 이루어지며 모범 사례가 필요한지, 예를 들어 모집이 흐름 표집을 통해 이루어져야 하는지, 그리고 기존의 잠재적인 목록에서 이루어져야 하는지 등을 처음부터 분명히 하는 것이 중요하다. 연구자와 모집 기관의 윤리적 요구사항과 규정을 준수하는 절차에 합의해야 한다.

결과를 문서화하기Documenting outcomes

선택된 표본이 할당량 요구사항을 가능한 완벽하게 충족시키는 것을 보장하기 위해 표본 구성원의 최종 선정은 신중하게 수행되어야 한다. 초기 선정에서 결정된 사람들 중 참여하는 것이 꺼려지거나 할당량 요구사항을 충족하지 못해서 참여하지 않은 경우에는 표본 기준에 맞는 다른 사람으로 교체되어야 한다.

선정 기준을 충족하고 참여에 동의하는 참여자가 있으면 그들이 채우는 할당량을 메모한다. 다음 참가자를 파악하고 표본 안의 어디에서 차이가 생기는지 확인하기 위해, 누군가가 매번 모집될 때마다 할당량 요구사항에 반해서 새로 생기는 표본의 형태를 재검토하는 것이 중요하다. 예를 들어, 중첩하는 성별 내의 연령 할당량이 필요하지 않다고 결정되었지만, 그럼에도 불구하고 성별 내에 연령 그룹의 좋은 분포가 나타나는 것을 주기적으로 확인하는 것은 중요하다. 때때로 선정 단계에서 관찰은 일차 기준이 미리 정해진 정확한 할당량을 충족시키기 어렵다고 판명되는 것을 보여준다. 그런 사례에서, 다른 선정 전략을 채택할 필요가 있거나 지정된 할당량이 약간 바뀌어야 할 필요가 있다.

표본 선정의 최종 단계의 복잡성을 과소평가해선 안 되며, 이것은 과도한 표본 행렬을 피하기 위해서이다. 잠재적 참여자에게 접근 후의 결과를 기록하는 것은 좋은 습관이다. 이것은 표본 틀에 있는 특정 집단이나 구성 사이에 마모가 있는지 알아보기 위함이다. 확률 표본을 이용한 양적 연구에서의 응답률과는 약간 다르다. 질적표본 내의 상당수의 사람들이 참여하지 않는 것은 할당량 요건을 충족시키지 못했거나 참여를 원하지 않았기 때문에 빠져나간 것이다. 그러나 그럼에도 불구하고 다른 결과 범주에 속하는 숫자를 기록하는 것은 중요하다.

- 적합하지 않거나 범위를 벗어남: 연구표본의 상세한 정의의 범위에 포함되지 않는 경우
- 연락이 안됨: 세부 연락처가 잘못됐거나 잠재적 참가자가 사정이 생겨 연락을 할 수 없는 경우
- 할당량 요구사항을 충족시키지 못함: 표적 연구집단의 일부분이지만 이미 충족된 할당량 내에 있는 경우
- 참여 거부: 비-참여에 대한 이유를 알아보는 것 그리고 이것을 극복하기 위해서 어떻게 접근을 향상시켜야 하는지를 고려하고 시도하는 것이 중요
- 참여 동의: 포커스그룹에서의 면담이나 출석을 어디에서 준비할 것인지
- 참여: 어떤 모집된 사람들이 실제로 면담이나 집단에 참여하는지 기록하기

이러한 단계들은 표본 내 발생할 수 있는 결핍이나 편견을 확인하는 데 중요하다. 결국 이런 과정을 통해 표본 접근법을 재검토할 수 있고, 나중에 발견된 결과를 일반화 시킬 수 있다. 그것들은 또한 다른 사람들이 연구방법의 엄격함을 평가하도록 한다. 표집은 질적연구의 견고함에서 중요한 역할을 한다는 것, 그리고 표본 선정의 논리와 달성된 표본의 세부사항, 그것 내의 어떠한 잠재적 제한에서 기록하고 보고할 수 있다는 것은 얼마나 중요한지를 언급함으로써 결론짓는다.

표집은 특히 질적연구 조사에서 불안을 유발하는 단계일 수 있다. 연구자들이 이러한 결정을 내리기 위해서 주제와 연구집단에 대해 충분히 알지 못하는 상태라면, 연구자들은 어떠한 정보를 찾기 전에 표본 구성에 대한 매우 상세하고 뉘앙스를 주는 결정을 그들 스스로 해야 한다는 것을 발견한다. 비결은 기존 정보 자료 즉, 문헌, 조사 중에 있는 영역에서 적극적으로 사람들과 이야기하기, 그 지역에 대해 더 좋은 기분을 느끼기 위해 관찰하거나 직접 방문하기를 가능한 최대한 사용하고 내려진 결정이 일시적임을 기억하는 것이다. 의도하여 모집된 표본을 검토하고 주제 영역에 대해 더 많이 배우면서 표본을 보완하는 것이 완벽하고 적절한 방법이다.

핵심요소

KEY POINTS

- 질적연구 조사는 의도적 표집과 이론적 표집으로 가장 강력한 접근법인 비확률 표본을 사용한다. 두 접근법에서, 주제 영역을 분명히 하는 능력으로 표본 단위들은 의도적으로 선택된다.
- 의도적 표본은 모든 중요한 집단과 구성을 보장하면서, 가능한 다양하게 설계되고 상징적 표현을 기본으로 선정된다. 알려지거나 연구조사에서 핵심적이라고 기대되는 특징을 가지고 있기 때문이다. 이론적 표집은 단위가 이론적 구조와 발상의 개발에 잠재적으로 기여할 것을 기본으로 하는 의도적 표집의 특별한 종류다.
- 질적연구 표본이 작은 데는 타당한 이유가 있다. 표본 크기의 증가가 더 이상 증거에 기여를 하지 않고 다시 감소하는 시점이 있다. 표본은 유행이나 발생에 대한 진술을 뒷받침할 정도로 충분히 클 필요는 없다. 표본이 큰 규모에서 산출된 자료의 풍부함을 공정하게 다루는 것은 불가능하다. 그러나 작은 규모의 표본은 오직 좋은 의도적 또는 이론적 표집이 일어났을 때만 가능하다.
- 사용된 표본틀은 표본을 선정하기 위해 종합적이고 포괄적인 근거가 되어야 한다. 다양한 선택지가 있다. 행정기록, 출판된 목록, 설문조사와 같이 기존 정보 자원, 그리고 가정 선별검사, 게이트키퍼, 눈덩이 표집, 유동인구를 살펴보는 것을 통해서 연구를 위해 특별히 개발된 표본틀 등이다.
- 기밀 기록이나 게이트키퍼가 사용된다면, 연구 팀에 전달될 세부사항을 위해 잠재적 표본 구성원으로부터 동의를 구할 필요가 있다. 선택적 참여 접근법은 개인으로부터 긍정적이고 능동적인 동의를 필요로 한다. 선택적 이탈 접근법은 개인에게 그들의 세부사항이 전달되지 않기를 원한다고 말할 기회를 주지만, 무반응을 앞으로의 접근에 대한 동의로 여긴다.

- 의도적 표본을 개발하는 데는 의도적인 선택기준을 정의하고 우선순위를 정하고 기준이 연결되고 찾은 참여자의 수가 명시되는 표본 행렬을 설계하고 선정을 위해 할당량을 설정하는 과정이 포함된다. 추가적으로 표적 집단을 위한 표집은 각 집단의 구성을 명시하는 것을 포함한다.
- 참여자의 선정은 최종 표본이 다양성과 기호적 표현의 필요조건을 충족시키는 것을 보장하기 위해서 신중히 관찰될 필요가 있다. 선별 면접의 결과는 기록되어야 한다.

핵심용어

KEY TERMS

비확률 표집(non-probability sampling)은 표집 전략의 범위에 포함한 용어이다. 의도는 통계적으로 대표적인 표본을 만들어 내지 않는 것이며 선정되는 단위의 가능성은 알려지지 않는다. 이것은 **확률 표집(probability sampling)**과 대조된다. 특히 설문조사에서, 표집된 집단을 통계적으로 대표하는 표본을 만들기 위해서 질적 연구에서 사용되는 표집의 한 접근법으로 표본은 무작위로 선정되며, 각각의 단위는 알려진 선택 확률을 가진다. 이 접근법은 일반적으로 질적연구에 적절하지 않다.

의도적 표집(purposive sampling)은 기준에 기반한 표집으로 알려져 있다. 의도적 표집의 중요한 특징은 표본 기준이 이미 명시된다는 것이다. 표본 단위는 알려진 특징을 기반으로 선정된다. 그리고 그것은 사회인구학적이거나 연구주제와 관련한 경험이나 행동, 역할 등과 같은 요소들과 관련될 수 있다. 단위는 이미 명시된 집단이나 특징을 표현하고 상징하기 위해(**상징적 표현, symbolic representation**) 그리고 가능한 완전히 연구집단의 다양성을 반영하기 위해 선택된다.

이론적 표집(theoretical sampling)은 단위가 이론에 잠재적 기여를 기반으로 특별히 선택되는 의도적 표집의 특정한 한 종류이다. 이것은 주로 현실에 기반을 둔 이론과 관련있고 표본 선정과 현장 연구, 분석 사이의 상호작용을 포함한다. 초기 표본을 선택하고, 현장 연구를 수행하며, 자료를 분석한다. 더 이상 새로운 통찰이 표본을 더 확장함으로써 생기지 않을 때까지, 표본은 범주 추출이나 이론을 개선하기 위해서 선택된다.

표본틀(sample frame)은 표본이 선정되는 정보 자원이다. 이것은(행정기록, 출판된 기록, 설문조사 표본과 같이) 기존 정보원이거나 연구를 위해 특별히 만들어진 것일 수 있다.

표본 행렬(sample matrix)은 수직으로 그리고 수평으로 매핑된, 이미 명시된 표본 기준을 보여준다. 각각의 기준은 그 숫자가 다른 범주로 나뉘어진다. 몇 가지의 기준은 서로 맞물리거나 **중첩(interlocked or nested)**될 수 있다. 즉, 한 기준이 다른 하나 안에서 통지된다. 그러면 표본 행렬에서 설정된 각각의 범주 내에서 필요한 사람 수를 명시하는, **할당량(quotas)**이 만들어진다.

chapter 6

현장조사 설계

DESIGNING FIELDWORK

개요

Chapter outline

- 자료수집 접근
- 질적 현장연구에서 구조화된 자료 통합
- 유용한 기법
- 인터넷 연구를 위한 현장연구 재료 설계
- 현장노트, 요약시트와 자료기록
- 현장조사 준비와 현장조사 전략 개선

양적연구에서는 질문지 설계와 질문 형성에 대해 매우 광범위한 문헌이 축적되어 있는 데 비해 질적연구를 위한 현장조사 설계는 연구방법 문헌에서 찾아보기 어렵다. 그러나 이는 연구에서 중요한 단계이다. 질적연구는 때로 구조화되지 않는다고 알려져 있음에도 불구하고, 훌륭한 심층 현장조사를 위해서는 전체적인 자료수집의 형태와 현장조사 자료에 대한 계획이 필요하다(Maxwell, 2005). 잘 설계된 연구도구는 질적 현장조사에서 유연한 지원을 제공하므로 현장조사 자료 설계에 시간을 투자해야 한다.

실제로 이 장에서는 심층면담과 포커스그룹에 대한(온라인 연구에서 접근방법에 차이가 있을 수 있다는 간략한 설명과 함께) 현장조사 자료를 살펴보고, 자료수집에 도움이 될 수 있는 기법의 범위를 설명하고자 한다. 또한 폭넓은 현장조사 경험과 자료가 현장노트와 디지털 녹음기에 어떻게 묘사되는지 그리고 현장조사를 어떻게 준비하는지에 대해 살펴보고자 한다.

자료수집 접근

Approaching data collection

모든 질적자료를 수집할 때 현장조사의 형태로 일부 의도를 가지고 접근한다. 의도가 전체적으로 참여자가 경험한 방향에 따른다 할지라도 사전에 예상되거나 계획되는 자료수집의 형태와 적용의 범위는 연구의 특별한 목적에 따라서 다양할 것이다.

- 이미 그 대상에 대해 얼마나 알려졌는가, 예기치 못한 문제에 얼마나 흥미가 있는가(일반적으로 질적연구의 중요한 측면)
- 연구자가 사건이 발생된 방법, 참여자에 의한 접근과 개념화에 얼마나 관심이 있는가(다시, 질적연구에서 일반적으로 중요한 문제)

사전에 자료 모색의 본질에 대해 주의 깊게 생각하고 자료수집 접근방식에 대해 결정해야 한다(Bryman, 2012; Marshall & Rossman, 2011). 전반적으로 말하자면, 질적자료를 생성하는 단계는 서비스나 정책활동에서 또는 시간에 따른 태도나 행동의 변화를 보는 종단적 연구에서 좀 더 구조화된 접근을 취할 것이다. 같은 문제를 각각 다룰 필요가 있기 때문에 더 많은 구조는 그룹 간의 비교를 포함하는 연구에서 필요할 수 있다.

다른 한편으로는 기본적인 가치, 개념과 규범을 이해하기 위한 탐색적 연구는 참여자를 격려하여 자신의 내러티브를 형성하는 좀 더 개방적인 접근을 수반한다. 마찬가지로 지금까지 잘 알려지지 않은 영역에서도 매우 개방적인 접근방식이 적절할 것이다.

참여자를 탐구하기 위한 주요 문제와 하위영역 개요 문장을 기술하기 위해 주제가이드라는 용어를 사용한다. 그것은 면담일정, 면담지침과 논의지침으로 알려져 있다. 그러나 질문보다는 주제에 초점을 두고 강조하고 있으며, 면담과 그룹토의에 동일하게 적용할 수 있기 때문에 주제가이드라는 용어를 더 선호한다.

주제가이드는 무엇을 탐구할 것인가의 비망록으로 작용한다(Marshall & Rossman, 2011). 각각의 개인 참여자의 현저한 세심함을 추구하는 유연성을 허용하면서 자료수집에서 일관성을 확보하는 데 도움이 된다. 일관성이란 같은 방법으로 질문하거나 각각의 개인이나 포커스그룹에게 같은 질문을 하는 것을 의미하는 것이 아니다. 주제가이드는 자료수집의 일반적인 형식을 제공하지만 적용범위의 정확한 처방은 아니다. 반구조적 설문조사나 매우 특정한 스크립트의 종류로 설계된다면 연구자가 상호작용하기 어렵거나 예기치 않게 중요한 정보를 놓칠 수도 있다. 그럼에도 불구하고 관련 주제가 드러난다. 주제가이드는 결국 연구자가 주제를 구성하도록 하지만, 질적연구의 진정한 가치는 연구참여자의 구성과 그들의 관점과 이해를 표현하는 능력에 있다.

주제가이드는 현장조사 과정의 중요한 문서이며 연구와 정보수집이 자금 제공자와 조정 그룹, 동료 또는 연구팀 내의 다른 사람들과 함께 취하는 방향과 형태에 대한 협의와 토의를 위해 사용되는 도구이다. 그리고 만약 다수의 사람들이 현장조사를 수행한다면, 의도된 접근의 일반적 이해와 연구자들 사이에 일관성을 보장하도록 도와준다.

가이드의 내용과 구조, 길이 The content, structure and length of guides

우리가 염두에 두고 개요로 설명한 정보수집의 접근을 넓게 고려해서, 주제가이드 설계는 정보수집에 포함되도록 주제를 설정함으로써 시작된다. 다루고자 하는 중요한 주제의 초기 그림을 머릿속에 그리기 위해서 연구명세서나 프로토콜, 조사 목적과 관련된 문서를 검토하고, 그것들을 어떻게 분류하고 정리해야 할지 생각하면서 정보수집 과정이 시작된다. 주제의 분류에 대해 생각할 때 중요한 것은 반복에 유의하는 것이다. 이것은 당연한 소리로 들릴 수 있지만, 중요한 주제가 다뤄지도록 연구자의 고민은 탐구되어야 할 모든 주제로 연결되도록 하고, 몇몇 위치의 가이드에 놓여지도록 한다. 이것은 간혹 적절한 접근일 수 있지만, 오히려 '단편적'이고 넓은 범위에 포함되어 진정한 심도 있는 탐구가 이루어지지 않는다. 만약 하나의 중요한 주제로 모아질 많은 정보가 있다면 주로 주제가이드의 한 부분에서 행하는 것이 낫다.

또 다른 중요한 문제는 범위를 추가하는 경향을 피하는 것이다. 이것은 그들 모두에게 공평하게 정의될 수 없는 지점에 대한 가이드가 포함되도록 더 많은 주제들을 수록하고 있다. 주제가이드를 계획하는 것은 때로 그들의 연구목표를 세분화하거나 재조명하거나 축소하기 위해 다시 시도할 필요가 있다는 것이다.

정보수집 정리하기 Ordering data collection

주제가이드에서 다룰 주제의 범위를 매핑한 후, 다음 단계는 그들이 유용하게 접근할 수 있는 순서에 대해 생각해 보는 것이다. 이것은 머릿속으로 정보수집 과정을 묘사하고 중요한 문제를 조직하는 가장 논리적인 방법을 파악하기 위한 과정이다. 이러한 정리가 현장에서 꼭 일관되게 지켜지지는 않지만, 몇 가지 이유로 정리하기 위해 잠시 생각해 보는 것은 도움이 될 것이다.

우선, 실용적인 차원에서 연구자가 무엇이 예측 가능한지, 예기치 못한 내용인지, 뿐만 아니라 무엇이 예측할 수 없는 사회적 상황인지를 관리해야 하는 자료수집이 어려울 수 있다. 논리적인 구조를 가지고 주제가이드를 갖추는 것은 이 과정을 훨씬 쉽게 해줄 수 있다.

두 번째, 면담과 포커스그룹은 자체 구조와 역학을 가진 과정이며, 이것은 다른 문제들이 서로 다른 단계에서 가장 잘 다뤄진다는 것을 의미한다. 만약 논의되거나 기록되는 주제 또는 상황에 관해서 참여자들이 이해할 수 있는 어떤 체계화된 진행이 있다면 토의는 좀 더 부드럽고, 더 자연스럽고, 덜 변덕스러울 것이다. 예를 들어, 그들이 발생한 시간 순서대로 문제를 논의하거나, 그들의 동기를 관찰하기 전에 행동이나 경험을 탐구하는 것을 포함할 수 있다.

주제가이드를 정리할 때 고려해야 할 유용한 일반적인 원칙은 **Box 6.1**과 같다.

- **상황 정보:** 첫 주제는 중요한 내용을 이후에 제공하는 중요한 정보를 수집할 수 있는 기회이다. 이것은 가족이나 가정환경과 관련된 개인 신상명세 또는 나중에 논의와 관련된 다른 주요 배경 세부사항을 포함할 수 있다. 이와 유사하게, 기관에 기초한 연구에서 조직과 조직 내의 개인의 역할에 대해 알 수 있는 것이 중요하다.
- **이것은 주제 안으로 부드럽게 참가자들을 조심히 끌어들여야 한다.** 주제와 어조 면에서 다루기에 비교적 간결하고 위협적이지 않아야 한다. 전반적으로 사람들은 무엇인가에 대한 동기 또는 이유, 그들의 태도나 감정보다는 그들이 가지고 있는 경험이나 무엇에 대해 말하는 것을 더 쉽게 생각한다. 따라서 경험, 상황, 행동에 관한 질문들은 가끔 동기 부여나 태도에 대한 질문보다 우선한다.
- **시작부터 의미와 정의를 명확히 하기:** 면담이나 포커스그룹 연구의 초기 단계에서 중요한 개념 정의나 의미에 대해 논의하는 것도 도움이 될 수 있다. 초기에 시험처럼 보이는 것을 방지하기 위해, 개념적인 질문은 참가자들이 매우 어려워할 수 있으므로, 그들에게 비위협적인 방법으로 부탁해야 한다. 그럼에도 불구하고, 그들의 정의와 개념화는 논의된 토의에 의해 영향을 받은 후에 이러한 질문을 하는 것보다는, 초기에 참여자들의 심사와 정의에 대한 의견을 듣는 것이 유용할 것이다.
- **주요 실질적인 연구과제를 위한 충분한 공간과 시간 확보:** 주제가이드의 주요 부분에 대한 실질적인 질문에 충분한 시간이 주어져야 한다.
- **단계적 축소와 긍정적인 분위기로 마무리하기:** 토론 후 긍정적인 분위기로 끝내는 것이 중요하며, 참여자들이 토론으로 야기될 수 있는 고통, 좌절, 분노와 같은 어떤 어려운 감정에서 벗어날 수 있도록 돕는 것이 중요하다. 연구 끝부분에 다루어질 주제들은 미래에 대한 생각, 프로그램 또는 서비스가 어떻게 개선될 수 있는지에

Box 6.1

면담 및 포커스그룹 토의 단계

단계 1

소개 및 내용 설정

단계 2

손쉬운 개방형 질문, 표면 수준

배경 및 상황 정보–예비 정보

정의적/개념적 질문

단계 3

면담이나 그룹 토의의 핵심 부분–질문과 논의가 더 심층적임

정황적인 질문에서 태도의/평가하는/설명하는 질문으로 이동

일반적 질문에서 보다 구체적인 범위로 이동

단계 4

단계적 축소

미래를 향한 질문, 제안

요약하기

다음 사항에 대한 정보를 제공하거나 지원하거나 지원하는 데 도움이 되는 정보(해당되는 경우)

대한 생각, 유사한 상황에서 다른 사람을 위한 조언이나 권고를 포함한다. 예를 들어, 직장에서 따돌림과 괴롭힘, 차별에 대한 직원 경험의 연구에서, 연구원들은 면담대상자에게 조직이 미래에 차별을 멈추기 위해 무엇을 해야 하는지와 그것을 경험하고 있는 직원들이 어떻게 더 나은 지원을 받을 수 있는지에 대해 질문하기 위해 주제가이드의 마지막 섹션을 사용했다. 이것은 참가자들이 가끔 불쾌한 논의에서 벗어날 수 있도록 도와주었다.

- **주요 문제의 요약과 확인:** 끝으로, 누군가의 태도나 경험을 전반적으로 요약하는 질문을 포함하는 것도 도움이 될 수 있다. 이는 서로 다른 요소에 부착된 상대적 중요성을 나타낼 수 있으며, 토론이 진행된 후 관점이 어떻게 개선되고 바뀌었는지를 강조할 수 있다. 그러나 분석 단계에서는 이전에 수집된 보다 더 다양하고 복잡한 자료에 비해 이러한 요약들이 가지는 다른 의미를 생각할 필요가 있다. 이 면담의 단계는 아직 다뤄지지 않은 중요한 것을 확인할 수 있는 기회이기도 하다.

다룰 문제와 그것들을 분류하고 정리하는 방법에 대해 생각해 볼 때, 그 다음 고려해야 할 것은 길이를 주시하는 것이다. 주제별 가이드는 한 페이지에서 여러 페이지까지 다를 수 있지만, 일반적으

로 주제가이드를 최대한 짧게 유지하는 것이 가장 좋다. 단축 가이드는 각 지점에 대해 보다 심도 있는 논의를 장려하고 각 면담 또는 포커스그룹 상황에 유연하게 대응하고 참여자와 시선 맞추기를 유지할 수 있는 연구자의 접근법을 발전시킬 수 있다. 모든 그룹 멤버가 각 주제를 취합하기 위해 그리고 그룹 역학으로 하는 작업이 늘어나고 그룹 토의 흐름이 보다 자연스럽게 이루어지는 것은 긴 가이드라인이 현장에서 도움이 되지 않고 산만할 수 있기 때문에 특히 포커스그룹에 단축 가이드가 권장된다. 아주 짧은 주제가이드는 또한 심리학적인 사회적 전통에서는 연구자들이 면담을 하는 사람들을 추천한다. 여기서의 목표는 참여자들이 그들의 문제를 최대한 몇 가지 중요한 질문들로 제기함으로써 참여자들이 그들 자신의 기준점에서 질문을 해석하고 그들의 대답을 표현해낼 수 있도록 하는 것이다(Holloway & Jefferson, 2013).

주제가이드는 또한 조사 위원회, 자문 위원회 및 감독관들에게 어떻게 현장조사가 진행될지에 대한 몇 가지 통찰력을 제공할 수 있는 공문서이다. 가끔 이것은 무엇이 다뤄질 것인지에 대한 상세한 내용을 제공하기 위해 더 자세한 버전을 필요로 한다. 연구에서 한 명 이상의 사람이 현장조사를 수행하는 경우 자세한 버전이 더 유용할 수 있다. 연구자들이 상세한 버전의 주제가이드를 가지고 있지만, 그것에 익숙해지면 요약 버전과 함께 작업하는 것도 가능하다. 또한 우선순위가 되는 주제를 명확하게 파악하는 것이 시간관리에 도움이 된다.

언어 및 용어 Language and terminology

Box 6.2의 예시 항목에 나와 있듯이, 항목들이 질문이나 긴 문장으로 서술되지 않을 때 가장 좋은 주제가이드가 될 것이라고 생각한다. 연구문제를 나타내기 위해 한 단어나 짧은 문구를 사용하고 질문을 명확하게 표현하고 추적하는 방법은 연구자가 결정한다. 이것은 결정적으로 연구자가 그 상황과 참여자들이 사용하는 용어, 개념, 언어 그리고 행동에 대한 반응을 하도록 해준다.

더 많은 지침을 선호하고 질문의 어법을 작업하기 쉽게 만드는 연구자들에게, 가이드 질문의 어구에서 당신(you)보다는 그들(they)을 사용하는 것이 더 도움이 된다. 예를 들어, 그들은 무엇이 가장 중요한 특징이라고 생각하는가? 그들은 어떻게 그 서비스를 알게 되었는가? 이것은 말 그대로 글을 읽는 것보다는 질문의 단어선택에 더 많은 자발성을 부여하는 것을 장려한다. 또한 가이드는 업무에서 일상적인 날과 관련된 설명에 대한 요구와 같은 주제에 접근할 수 있는 유용한 방법을 제시할 수 있다. 일반적으로 후속 질문 및 조사를 위한 몇 가지 문제를 포함하지만, 연구목적의 평가에 근거해서 원위치에서 연구자들에 의해 정확히 무엇이 만들어지는지와 어떻게 만들어진 것인지에 대한 결정을 포함한다.

연구원들은 참여자들이 사용하는 언어에 반응할 필요가 있기 때문에, 항목은 일반적으로 가능한 한 중립적인 언어로 쓰여야 한다. 예를 들어, 아래의 주제가이드를 사용하여, 도박 문제라는 용어는 면담에서 사용되지 않았고, 도박이라는 용어조차도 사용되지 않았을 것이다(**Box 6.2**). 오히려 면담자는 참여자가 사용하는 언어를 반영하고 참여자의 관점으로 면담을 진행하기 위해 신경써야 한다. 때로는 가이드 자체에서 공식 또는 격식적인 언어를 사용하는 것이 가장 쉽겠지만(예: 성병 또는 STDs), 연구원들이 현장에서 사용할 실제 단어는 참여자들의 언어와 그들이 편안해 할 용어들을 반영할 것이다.

주제가이드 예시 example topic guide

자세한 전체 면담 주제가이드는 **Box 6.2**와 같다. 그 주제가이드는 도박 문제의 이해를 목적으로 하는 연구에서 사용되었다. 즉, 그들의 일상생활에 관련된 사람에 대한 문제를 제기하는 수준에서의 도박이다(Kerr et al., 2009). 본 연구의 목적은 다음과 같다.

- 사람들의 도박 체험에 영향을 미치는 요인의 범위 파악
- 사람들의 도박 장소나 종류의 선택에 영향을 미치는 요인의 파악
- 사람들이 도박에 얼마나 소비하는지에 영향을 미치는 요인의 범위 매핑
- 도박 문제로 이어지는 경로 파악
- 도박 문제가 사람들의 삶에 끼치는 영향과 영향의 성질과 규모에 영향을 미치는 요인 묘사
- 도박 문제를 벗어나는 경로 묘사

이 주제가이드는 본 장에서 논의한 여러 가지 측면을 보여준다. 이러한 가이드는 심층면담에서 사용하도록 개발되었지만, 일반적인 특징은 포커스그룹을 위한 가이드에도 적용될 수 있다(**Box 6.3**).

가이드에서:

- 각각 8개의 핵심 부분이 있으며, 각각의 부분은 면담에서 추가적인 하위주제 또는 포인트로 나뉜다. 비록 면담자가 무엇을 그리고 어떻게 추적할지에 대한 판단을 하지만, 각 하위주제는 참여자가 제기하거나 추가적인 질문을 형성할 수 있는 특정한 문제를 보여주기 위해 세분화되어 있다. 의도는 면담자가 각각의 문제를 다루도록 하는 것은 아니지만, 만약 자발적으로 일어나지 않는다면, 참여자들이 조치를 취할 수 있는 나머지 문제들로 작용한다. 각각의 부분은 연구자의 주제를 위해 간단한 설명도 포함하고 있다.
- 정리하기: 참여자들의 배경지식에 대한 몇 가지의 정보를 처음에 배치하고, 그들의 도박 행동과 관련된 더욱 민감한 문제와 함께 이것이 어떻게 그들의 삶에 영향을 미치는지 그리고 재정적인 영향에 대한 자세한 설명은 그 다음에 둔다. 참여자에게 더욱 중립적이고 성찰적인 주제로 마무리하기 위해 미래에 대한 보다 일반적인 의견과 함께 결론짓는다.

Box 6.2

도박 행동에 대한 연구

주제가이드

1. 안내

- 연구원과 영국의 국가사회연구센터에 대한 안내
- 연구주제와 자금제공자
- 연구의 목표와 목적에 대한 설명
- 기밀성과 익명성 설명
- 기록과 길이(1~1.5시간) 토의, 결과/보고와 자료 보관 문제에 대해 설명
- 그들의 시간과 도움에 대한 감사의 표시로 약 35,000원의 바우처를 참가자에게 상기시키기
- 그들이 언제든지 면담에서 철수할 수 있음을 설명하면서 동의 문제를 검토하고, 그들이 원하지 않는 질문에 대답하지 않아도 된다고 설명함. 폭로에 대한 현재 입장
- 그들이 어떤 질문이 있는지 확인
- 지속하는 것에 대한 만족여부 확인

2. 배경

목적: 참여자가 말하도록 하여 참여자의 현재 상황에 대한 상황별 정보를 알아내기

- 가족구성과 개인적 관계(가족, 친구, 공동체)
- 취업/실업 상태, 작업 양상(예: 교대 근무이거나, 정기적으로 일을 하거나 끝마치는 양상)
- 여가 시간 활동/흥미
- 현재 건강(정신적/육체적)

3. 첫 도박 경험

목적: 참여자들이 도박을 계속하도록 이끈 것이 무엇인지 이해하는 것 그리고 어떤 환경에서 도박 행동과 영향을 주는 요소의 계속적인 진행

- 도박에 처음 접촉한 상황을 묘사하기
  - 도박을 처음 알게 되었을 때
  - 참여자가 처음 도박을 했을 때
  - 몇 살에
  - 어떤 형태로 접했는가
- 이 시기에 도박을 한 이유
  - 그것에 영향을 끼친 것이나 사람
  - 이 시기에 도박에 끌린 이유
- 첫 도박 경험으로 인한 영향
  - 경험한 시간

(계속)

- 다시 도박을 한 년도
- 그 다음 도박 경험의 개요
  - 어떻게 처음 경험에서 지금까지 도박을 하였는가
  - 현재 도박 빈도(정기적, 가끔, 더 이상 도박 안함)

4. 현재 도박 행동

목적: 그들의 도박 행동의 특성과 범위를 연결하기 – 영향을 주는 시간과 요소에 대한 어떠한 변화, 어떤 새로운 형태의 도박이 현재의 것을 대체하는 정도와 그 이유

주의: 의도는 전반적 도박 행동을 연결하기 위함이다. 그래서 우리는 그들의 비정기적인 도박뿐만 아니라 정기적이거나 주요 형태의 도박에 대해 알고 싶은 것이다. 만약 참여자가 더 이상 도박을 하지 않는다면 그들이 도박을 했을 때에 대해 다시 생각해보도록 부탁한다.

현재 도박 활동

- 그들이 현재 도박하는 방법
- 그들이 현재 참가하고 있는 도박 활동의 형태가 무엇인지

⇨ 각각의 활동에 대해 자세히 묻는다.

- 활동에 대한 세부사항
  - 그들이 도박하는 곳
  - 얼마나 멀리 움직여야 하는지
  - 누구와 하는지
  - 시기(즉 하루 또는 주의 특정 시간대)
  - 얼마나 자주 그리고 얼마나 많은 시간을 쓰는지
- 그들이 도박하는 법에 대한 활동 유형이나 장소에 대한 효과
- 그들의 현재 행동과 과거 활동의 비교
- 그들이 얼마간의 금단을 경험한 적이 있는지
  - 언제 그리고 그 이유는
  - 이 금단에 기여를 한 요소
- 현재 도박을 하는 원인
  - 도박에 대한 동기
  - 도박의 매력(다른 여가 활동/위험 행동과 반대로)
  - 동기/매력이 시간 경과에 따라 변경되는 정도
- 그들이 이기거나 질 때 느끼는 감정
  - 이기고/지는 것에 영향을 미치는 요소(예: 운, 시스템 파악, 기술)
  - 무엇이 좋은 또는 나쁜 도박 경험을 만드는가

5. 지출과 빚

목적: 그들의 도박 활동의 자금 조달에 관한 세부사항을 알아내는 것, 가정과 부채의 수준에 미치는 영향

(계속)

- 얼마나 도박에 지출이 다른지
  - 분야에 따라
  - 하루의 다른 시간대
  - 도박의 다른 형태 착수
  - 장소
  - 1년이나 그 이상

⇨ 만약 그들이 정기적 도박꾼이라면, 그들의 주요 도박 활동에 대해 묻는다.

⇨ 만약 그들이 비정기적이거나 가끔 도박을 한다면, 그들에게 최근 경험에 대해 말하도록 한다. 만약 그들이 더 이상 도박을 하지 않는다면, 그들이 도박했을 때에 대해 묻는다.

- 그들이 얼마를 쓸지 어떻게 결정하는가
  - 미리 얼마를 쓸지에 대해 결정하는가
  - 얼마를 쓸지에 영향을 미치는 요소
  - 도박에 쓸 돈을 다른 활동에 쓰는 비율
  - 도박에 쓸 수입/자산의 비율에 영향을 미치는 요소
  - 그들이 지출한 돈을 추적하는 방법
  - 그들이 이기거나 진 돈을 추적하는 방법
  - 예상한 것보다 많이/적게 쓰는 결정에 영향을 미치는 요소
- 그들이 도박활동이 그들의 재정적 입장에 영향을 미치는지
  - 어떻게 그리고 그 이유
  - 그들이 느끼는 영향이 얼마나 중요한지 그리고 그 이유
- 현재 재정적 입장
  - 채무 수준의 세부사항
  - 그들에게 문제가 되는 정도

⇨ 오직 빚이 문제일 때 물어보기

- 채무에 대한 도박의 역할
- 채무에 도박이 기여하는 것: 만약 도박이 채무의 중요한 요소라면, 다음의 질문을 계속한다.
  - 채무를 깨닫게 된 때
  - 어떻게 채무를 깨닫게 되었는가
  - 채무를 알았을 때 반응
  - 채무에 대한 파트너/가족/친구의 인식
  - 신용 자원
  - 대출기관의 태도
- 그들의 삶에 채무의 영향
  - 삶의 질
  - 가족의 삶의 질
  - 도박

(계속)

6. 그들의 삶에 도박이 미치는 다른 영향

목적: 그들의 도박 행동이 그들의 삶에 어떤 영향을 미쳤는지에 대해 탐구하기. 그들의 도박이 문제가 되고 그들과 그들의 가족에 영향을 미치는 정도

- 도박에 미치는 영향
  - 사회생활
  - 대인관계(가족, 친구 등)
  - 실업
  - 마약과 알코올의 사용
  - 범죄 행위
  - 형사 사법 제도와 접촉
  - 그들이 현재 도박을 통제하거나 도박이 그들을 통제하고 있다고 느끼는 정도

⇨ 어떤 문제를 경험했는가

  - 그들이 도박이 통제 불가능하거나 과거에 문제를 일으켰다고 느꼈는지
  - 어떤 문제를 경험했는지

⇨ 만약 도박이 문제를 일으켰거나 지금 또는 과거에 통제를 벗어났다고 생각한다면 다음으로 넘어가 탐구한다.

- 문제/통제 부족이 어떻게 발전하였는가
  - 문제/통제 부족의 특성
  - 문제/통제 부족을 언제 깨달았는가
  - 문제/통제 부족을 어떻게 깨달았는가
  - 도박이 문제를 일으키거나/통제불능으로 이끌게 된 요소
  - 문제/통제 부족을 다루기 위해 받은 지지
  - 자원(친구/가족/지지집단/전문적 도움)
  - 지지를 얻은 방법
  - 지원을 얻는 데 장애물과 조력자
  - 어떤 지원을 얻었는가(상담/CBT인지행동치료/개인지도/약물)
  - 얼마나 지지가 도움이 되었는가

⇨ 만약 도박이 현재 또는 과거에 문제를 일으켰다고 생각하지 않는다면, 다시 생각해본다.

- 무엇이 문제를 일으키거나/자제력을 잃는 것을 통제했는가
- 만약 문제를 일으키거나/자제력을 잃었다면 그들이 무엇을 했을 것인가
  - 어떻게 깨달았을까
  - 의지할 수 있다고 기대하는 사람은 누구인가
  - 사용 가능한 서비스를 알고 있는가

7. 미래

목적: 영국의 도박에 대한 의견이 어떤지 알아보고, 자신의 미래에 대해 어떻게 생각하는지 파악하고

(계속)

덜 감정적인 이야기를 하면서 면담을 마치는 것

- 미래에 도박에 대한 의도
- 유용했던/사용 가능할 추가적인 지지
- 그들이 제기하고 싶은 어떤 다른 점

8. 결론

목적: 기밀성을 재확인하고 연구목적을 위해 참여자의 기록을 보관하도록 허락을 요구하는 것

- 참여자들에게 그들의 시간에 대해 감사를 표한다. 면담은 비밀로 남을 것이라고 반복해서 인식시킨다. 만약 원한다면 나중에 질문을 하기 위해 연구팀의 일원에게 연락하는 것을 환영한다고 말한다.
- 면담의 기록을 보관할 수 있도록 참여자에게 허락을 구한다. 완벽히 익명이 될 것이고 연구목적을 위해 그들이 준 정보를 사용하는 것을 다른 연구자에게 허락하도록 설명한다.

기록 종료

참여자에게 약 35,000원의 바우처를 준다.

지원 리플릿의 복사본을 준다.

Box 6.3

주제가이드의 레이아웃 팁

면담이나 표적집단에서 사용하기 쉬운 가이드를 만들기 위해 도움이 되는 레이아웃과 시각적 단서에 대한 실용적인 팁

- **목적.** 연구조사의 목적을 연구자에게 간단히 상기시키는 것과 함께 시작하는 가이드에 도움이 될 수 있다.
- **레이아웃.** 주제가이드의 레이아웃은 얼마나 쉽게 사용할 수 있는지에 대한 차이를 만들 수 있다. 특히, 다양한 수준의 글머리 기호와 들여쓰기 사용은 쉽게 따를 수 있다. 보다 더 쉽게 주제가이드를 한 번에 읽도록 하고 사용자가 주석을 달 수 있도록 하기 위해 페이지에 많은 공간을 배치한다.
- **서식 설정.** 서식은 유용한 시각적 단서를 제공한다. 아래의 예시를 참조한다.
  - 각각의 단어의 강조
  - 특히 다른 하위그룹에 적용되는 곳에 색이나 박스, 그림자를 통해 다른 부분의 구별
  - 주요 주제로부터 경계를 표시하기 위해 지침이나 길잡이를 위해 기울임이나 박스의 사용
  - 한 번에 쉽게 읽을 수 있는 글꼴 스타일(명확하고, 너무 작지 않게)

- 항목들은 간결하게 표현한다: 거의 한 줄을 넘어가지 않는다. 특정한 질문들로 거의 표현되지 않지만 탐구될 하위주제에 대한 언급과 함께 오히려 문제나 주제로 표현된다. 연구자들이 가장 좋다고 생각하는 대로 완전히 자유롭게 질문을 표현하도록 내버려둔다.
- 규칙적이거나 정기적으로 도박 또는 도박이 문제라고 느끼는 사람들과 같이, 어떤 부분은 오직 연구표본에서 몇몇 하위집단에 관련된 것으로 강조된다.
- 마지막으로 자극 소재의 이용방법을 알려주는 몇 가지 지침과 설명이 있다. 이 지침들은 매우 간단하게 제시되어 있다. 왜냐하면 연구원들은 면담에서 각 부분을 사용하고 각 부분에 접근하는 방법에 대해 그들 스스로 판단하고 있고, 사용하기 전에 이미 가이드에 매우 친숙해져 있어 그 사용방법을 잘 알고 있는 것으로 예상되기 때문이다.
- 또한 면담의 마지막에 다뤄야 할 문제에 대한 지침이 있다. 도박 문제에 대한 지지를 얻을 수 있는 곳에 대한 정보를 담고 있는 리플릿을 남겨두는 것과 영국정보기록 보관소에 자료를 보관하도록 참여자의 동의를 구하는 것이다.

질적 현장조사에서 구조화된 자료 통합하기

Incorporating structured data in qualitative fieldwork

현장조사의 형태를 고려하는 초기 단계에서 수집된 어떤 자료나 정보의 유형이 정보수집을 지원하기 위해 추가적인 접근법이나 연구소재의 필요를 의미하는지 아닌지에 대해 생각해볼 필요가 있다.

가끔 주제가이드는 보다 체계화된 질문서나 문서 서식과 함께 사용된다. 비록 대부분의 연구가 이것을 필요로 하지 않지만, 상대적으로 복잡하고 상세한 배경 정보가 필요한 곳에는 중요할 수 있다. 예를 들어, 면담의 주제를 형성하는 상세한 재정적 정보와 같은 보다 체계화된 정보를 수집하는 것은 흐름과 관계를 깨뜨리는 것을 의미한다. 그래서 면담 시작에서 수집하는 것과 엄격하게 정보가 필요하다는 것을 확실히 하는 것이 유용하다.

예를 들어 질적면담이 설문조사에 이미 참가한 사람들과 함께 수행되는 곳에서 또는 만약 상세한 정보가 선별검사나 표본추출 과정에서 수집되었다면, 이전에 수집된 정보도 필요로 할 수 있다. 학교에서 건강증진에 대한 연구에서, 현장조사 방문 전에 직원들에게 학교의 건강 우선순위(예: 건강한 몸무게, 정신건강, 안녕, 성과 관계 등)와 계획되거나 이미 수행된 건강증진 활동에 대한 실행계획과 다른 문서들을 제공하도록 요구했다. 이 증거 서류는 연구자들에 의해 요약되었고 실제적 정보를 수집하는 것보다 중요한 교직원과의 면담에서 이유와 경험에 집중할 수 있도록 하여 주제가이드와 함께 사용되었다. 하지만, 심도 있는 면담에서 말한 것들이 이전의 정보에서 벗어나거나 반대된다면 놀라지 않도록 한다.

특히 과거의 사건들이 중요한데, 특별히 디자인된 캘린더나 타임라인을 사용하는 것은 정보수집을 향상시킬 수 있다. 날짜를 기입하는 것은 묘사된 사건이나 에피소드를 더욱 정확하게 기억하고 지지하는 데 도움을 줄 수 있다. 참여자들에 의해 언급된 것처럼 타임라인에 사건을 기입하는 것은 에피소드 사이에 겹치거나 차이 그리고 정확한 사건의 시간 순서가 명확하게 보일 수 있고 그들의 의무나 이유는 추가적인 논의의 주제가 될 수 있다는 것을 의미한다.

유용한 기법

Enabling techniques

유용한 기법이란 용어는 생각과 자가 표현을 자극하기 위해 다양한 기법을 참조하는 데 사용된다. 그러므로 참여자가 연구주제를 추가로 곰곰이 생각하고 토의할 수 있도록 활성화한다. 그것은 다양하게 연결된 방법으로 관점의 표현과 개선을 도와주기 위해 사용된다. 태도의 원인을 파악하거나, 관점의 차이를 알아내려고 하거나, 우선순위나 한계를 분석하기 위해, 실제로 어떻게 원이나 추상적 개념이 적용되었는지 보기 위해, 뒷받침하는 믿음이나 의견을 끌어내기 위해, 분명히 표현하기 힘든 잠재적인 관점이나 문제를 얻기 위해, 예를 들어 매우 추상적이거나, 특히 민감하고 또는 그들의 경험이나 믿음을 분명히 표현하기 어려운 매일의 삶에 매우 친숙하고 깊이 새겨진 문제들을 다룰 때 사용된다.

매우 다양한 방법이 질적연구자에게 사용 가능하며, 이 부분은 포괄적인 검토보다 풍미를 더해준다. 보다 깊고 명확한 감상과 토의를 가능하게 하는 방법의 목적은 모두 같기 때문에 형태, 적용방식, 분류방식이 어쩔 수 없이 겹치게 된다. 그래서 범주화하기가 어렵다. 다음 부분에서 마지막에 있는 창의적인 것(투사기법과 시각적 방법)을 설명하면서 시작한다. 그 다음에 토의 자극제로써 정보를 제공하는 방법으로 참여자나 연구자에 의해 만들어진 사례 예시와 비네트(특정 사람이나 상황 등을 분명히 보여주는 짧은 글)를 사용한다. 마지막으로 우리는 보다 실용적이거나 실제적인 기법(추가적인 토의를 도와주기 위해 만들어진 카드 분류나 우선순위 지정, 연결문제)의 몇 가지 예시를 볼 것이다.

연구를 보다 접근하기 쉽고 자연스럽게 만들 수 있도록 도와주는 몇 가지 기법은 매우 창의적인 접근법이고 더욱 비공식적인 어조를 만들어낼 수 있다. 이러한 이유 때문에 어린이들과 함께하는 연구에서 또는 연구자들 사이에 공식적이거나 먼 관계와 참여자들이 실제로 방해가 될 수 있는 참여활동 연구에서 주로 사용된다. 참여와 자문방법에 관한 문헌은 아이디어의 원천이며(Liamputtong & Rombold, 2008; McNiff & Whitehead, 2006), 본 장 마지막에 실려 있는 글과 웹사이트

Box 6.4

질적 현장조사를 위한 유용한 기법

유용한 기법	정의	정보수집의 질을 높이는 방법	특정 참여 집단의 문제
투사기법	투영법의 정신 분석학적 개념을 사용함. 외부 감정에 대한 감정에 기인함(예: 단어 결합, 문장 또는 이야기 완성, 역할 연기, 거품 그림, 과거 또는 미래에 대한 상상)	사회적으로 바람직한 견해를 분명하게 표현하기 위해 허가를 작성하고, 사고력을 자극함. 자기 표현의 단점을 극복하는 데 도움이 됨, 뿌리 깊은 무의식에 빠짐	참가자들에게 긴장을 풀고 상상력을 발휘할 것을 요청, 민감한 주제에 주의를 기울여 사용하지 않을 수 있음
창의적 및 시각적 방법	참여자는 이미지 또는 예술적 표현을 만듦(예: 사진 찍기, 그리기, 모델링, 콜라주, 창작 또는 댄스 또는 연극 사용)	관점과 삶에 대해 특히 본능적이고 때로는 놀라운 통찰력을 제공, 깊은 뿌리 또는 무의식적인 신념에 접근, 어떤 사람은 연설보다 훨씬 쉽게 사용하는 자기 표현의 한 형태	참여자들에게 높은 창의성을 요구
사례 예시와 비네트	자신의 경험을 바탕으로 구체적인 예 또는 사례를 설명하도록 요청받은 참여자 또는 연구자가 미리 선택한 예를 토론, 연구자가 만든 가설 또는 가상의 예(비네트)에 대해 토론	추상적인 원칙에 대한 논의를 시작, 표면적 차원, 경계 및 우발적 태도, 특이성과 명료성, 면담이나 포커스 그룹 전반에 걸쳐 일관성을 제공	전문가의 실습에 매우 유용하지만 일반 대중에게도 유용, 서면자료를 모든 참여자가 볼 수 있는지 또는 시각자료를 더 유용하게 사용할 수 있는지 고려하는 것이 중요
정보제공	토의 과정 중 또는 세션 전이나 세션 중 참가자에게 정보제공	신념과 사실 사이의 격차를 강조하기 위해, 신화 또는 오해를 폭로하기 위해, 익숙하지 않은 또는 기술적인 주제	정보의 개발과 사용에 필요한 매우 신중한 접근, 누구의 진실이 표현되고 있는가?
카드분류, 순서와 우선순위	참여자들은 예제나 항목을 분류하거나 우선 순위를 매기거나 순위를 매기도록 요청(다른 표현방법도 가능하지만 일반적으로 카드에 쓰여짐)	토론을 자극, 예제와 기본 구조 표면 사이의 관계를 추출, 보다 세분화 된 관점	서면자료에 접근할 수 있는지 여부를 고려하는 것이 중요하다. 토론 시간을 허용하는 것이 중요 – 단순한 빈도 카운트에는 사용해서는 안됨
응급 정보 연결	논의된 문제는 다음과 같다. (예: 플립 차트에서 참여자들이 떠오르는 생각을 적어 둘 수 있는 공간을 제공)	추가적 성찰에 유용하다. 세션을 통해 사고가 어떻게 전개되었는지 표시하는 데 사용	전문가 그룹 또는 워크샵과 나중에 논의될 문제가 반환된 추후 세션에 유용

도 그렇다.

몇 가지의 기법은 상대적으로 간결하며, 체계화된 정보를 끌어낸다. 다른 기술은 연구자에 의해 세심한 탐구나 해석을 필요로 하는 방대하거나 복잡하고 또는 비언어적인 창작물을 만들어 낸다. 그래서 자료가 어떻게 사용될지에 대해 생각하는 것은 중요하다. 일반적으로, 좋은 선택을 하고 유용한 기법 배열에 대해 생각하는 것이 필요하다(**Box 6.4**).

- 내가 놓칠 수 있는 자료를 얻기 위해 그들이 나를 도울 수 있는 방법은 무엇일까?
- 이러한 기술이 만들어 내는 정보의 특성이 무엇이며 내가 어떻게 이해해야 하는가?
- 특정한 참여자 집단에게 적절한가?

투사기법 Projective techniques

투사기법은 더욱 자유로운 토의와 의사소통을 가능하게 하고, 덜 의식적이거나 말하기 어려울 수 있는 생각이나 믿음에 접근하도록 설계된 여러 가지 전략이다. 그 용어는 사람들이 그들 스스로의 부분을, 사회적으로 용인되지 않는 감정과 같은, 외적인 것에 기여하는, 방어기전과 같은, 투사의 정신분석 개념에서 유래했다. 연구에서 투사기법은 시장연구와 특히 연관된다(Rook, 2006).

Rook(2006)은 이 기술이 1940년대와 1950년대에 독보적인 발전을 이루며 정점을 찍고 이후 인기가 줄어든 것에 주목한다. 그것의 임상응용은 객관성과 신뢰의 부족으로 비판의 대상이 되어 왔고, 연구접근으로 특징을 잃었다. Rook은 그들의 정신분석학 근원과 관련된 임상 판단을 만들어 내는 데 제한적 가치가 있다는 것에 동의하지만, 참여자들이 지식구조 한계와 자가표현 결점, 자아개방 성향(2006:153)을 극복하는 데 도움을 주기 때문에, 투사기법은 시장과 사회과학연구자에게 핵심적인 접근법으로 남아있다고 주장한다.

Gordon과 Langmaid(1988)에 의해 본래 서술된 투사기법의 유형학은 연구자들에게 사용 가능한 다양한 유형의 투사기법을 요약하는 데 계속해서 유용하다(Steinman, 2009; Will et al., 1996).

- **연상. 언어 연상:** 지역사회를 생각할 때 무슨 단어가 떠오르는가? 이미지 연상(만약 대학이라는 단어를 말하면 무엇이 떠오르는가?) 또는 참가자들에게 조직의 성격을 묘사하라고 요구하기
- **완성.** 참여자들이 문장이나 이야기, 대화를 완성하는 것, 예를 들어 짧은 비디오를 보여주고 무엇이 다음에 일어날지 물어보기, 또는 만화를 두세 개 보여주고 참여자들에게 무엇이 다음에 일어날지 말하도록 하기
- **구성.** 말풍선 그리기(한 사람이나 여러 사람의 사진 안의 빈 말풍선에 참자들이 단어나 대화로 채우는 것)와 같이 참가자들이 일반적으로 제3자 관점을 취해서 입장이나 관점을 구성하기 또는 복지 상담원이나 치안 판사, 선생님이 특정 상황에서 무엇을 말할지 물어보기. 다른 응용법은 시간 여행이다. 사람들에게 50년 전이나

후의 자신을 상상하도록 하고 연구주제가 어떻게 나타나거나 고려될지 토의하기. 예를 들어 어린시절이나 가정생활이 어땠고 어떻게 될지, 어떤 직업을 해왔고 하게 될 것인지, 정치가가 어땠고 어떻게 될지 등등. 이것은 현상의 특징이나 요소를 강조하는 데 도움이 되고, 토의는 현재에 다음에 맞춰질 것이다. 거의 자극적인 질문 형태 없이 심도 있는 토의를 하기에 사람들에게 너무 친숙한 주제에 유용한 기술이다.

- 그림 그리기와 역할극을 포함하는 표현방법

투사기법은 설문조사에 참가해서 나타나는 윤리적인 문제의 어린이들의 관점의 연구에 사용되었다. Reeves 등(2007)은 가상의 비디오 시나리오를 찍었고 그것을 어린이들의 포커스그룹 토의에서 사용했다. 그 비디오는 설문조사 과정의 다른 단계에 참가하고 있는 어린이들을 보여주었고 부모의 동의와 비밀보장, 일찍 면담 끝내기와 같은 여러 가지 문제를 보여주었다. 포커스그룹 참여자들에게 비디오를 보여주었고 그 다음에 비디오에 있는 사람들이 본질적으로 그들 스스로의 비디오 안의 어린이들에 대한 관점이나 감정에 주시하여 어떻게 느꼈을지와 생각하기에 무엇이 다음에 일어났을지와 같은 것을 물어보았다. 포커스그룹의 몇몇 참여자들은 설문조사에 참가했다는 직접 경험을 가지도록 기대되었던 것처럼, 이 문맥에서 투사기법의 사용은 오히려 매우 추상적이고 무미건조한 주제가 되었을지도 모르는 것에 참여를 도와주도록 의도되었다.

투사기법은 본래 심리학에서 발전되고 시장조사에 적용되었지만, 자의식을 가로지르고 덜 의식적이거나 용인되거나 강렬한 근본적인 감정에 기인한 관점을 끌어내는 방법을 제공하면서, 사회연구에서도 매우 강력하고 효과적으로 사용될 수 있다.

투사기법은 어색함을 없애주는 좋은 방법이 될 수 있고 또한 토의에 일반적인 자극제를 제공하며 사람들이 흥미롭지 않다고 보는 주제에서 활기찬 토의에 유용하고 또한 민감하거나 추상적이고, 잠재적으로 비판당하는 문제의 토의를 가능하게 한다.

창의적 및 시각적 방법 Creative and visual methods

창의적 및 시각적 방법은 연구에 독립적인 접근을 형성하지만 또한 면담, 포커스그룹 또는 다른 방법을 이용한 연구에서도 쓰인다. 이것은 참여자와 연구자가 더욱 협력하고 참여하는 관계가 필요할 때 사용되며 연구 발견을 만들어내고 대표하는 새로운 방법을 찾는 데 유용하다.

사진 도출의 예를 들어, 참여자들은 그들 삶의 측면을 대표하는 시각적 이미지를 찍도록 한다(이것은 연구 팀에 의해 제공된 카메라 또는 자신의 카메라/휴대전화 카메라를 사용한다). 예를 들어 그들의 지역사회, 가족이나 그들이 한 서비스나 이벤트에 참여하는 모습. 근본적인 믿음과 경험, 가치, 인식 등에 접근하기 위해 시각적 이미지를 사용하여, 이것은 면담이나 포커스그룹에서 다루어진다. 성인 교육센터 평가의 일부분으로서, 그들의 독서작문 능력과 산술능력을 향상시키기 위해 수업을 듣고 있는 성인 학습자의 경험을 탐구하는 것을 목표로 하고 있는 연구에서 사용되었다(Finnegan et al., 2012). 최소 몇 명의 참여자에게서, 성인 교육이 색다른 경험이 될 것이라고 기대했고, 그들의 경험을 되돌아보면서 연구팀은 실시간으로 수업 경험을 포착하고 싶었다. 참여자들이 그들의 기본 실력을 향상시키기 위해 센터에 들어가 있는 것처럼, 그들은 일기장에서처럼 글로 된 형식으로 그들의 경험을 포착해내는 일을 편하지 않게 느낄 수 있다. 대신에 수업이 시작하기 전 주에 연구팀이 디지털 카메라를 주었다. 그들은 브리핑을 받았고 3주 동안 즉, 수업의 첫 주, 수업 중간(5주 뒤) 그리고 수업의 마지막 주에 일련의 사진을 찍도록 했다. 그들은 특히 성인 교육 수업에 다니는 것이 그들의 평소 삶과 일과에 어떤 영향을 주었는지에 집중해서, 최근 주중에 무엇을 느꼈는지를 대표하는 사진을 찍도록 했다. 그들은 왜 이 사진을 찍기로 정했는지, 무엇을 대표하는지를 논의하기 위해, 그들이 사진을 찍은 곳에서 매 주말마다 연구자와의 짧은 면담에 참여했다.

사진과 면담 자료는 수업이 그들의 삶에 미친 영향과 교육 경험의 측면에서 중요한 발견을 끌어내기 위해 분석되었다. 참여자들이 나타난 감정과 경험을 포착하도록 했으며, 오직 회상하는 말로 하는 설명에 의지하는 것보다, 그들은 연구자들과 함께 더욱 심도 있게 논의하고 분석할 수 있었다. 예를 들어, 끝내야만 하는 작업의 양에 의해 의욕이 꺾인 감정에 대한 즉각적인 반응으로 참여자는 어둡고 회색인 거리와 웅덩이의 사진을 사용했다. 그들은 어린 아이의 숙제 사진을 사용했고 어린이를 도와줄 수 있는 감정에 대해 설명했다. 또는 그들이 느끼기에 환영하고 접근 가능함을 전달하기 위해 교육센터 자체의 사진을 사용했다.

참여자들은 또한 연구주제에 관련 있는(예: 잡지나 가족사진 앨범에 있는 사진) 시각적 이미지를 수집하거나 관련 있어 보이거나 관점을 상징하는 물건이나 가공품을 그룹 토의에 가져오도록 했다.

연구자들이 적용할 수 있는 다른 창의적인 방법의 예시는 다음을 포함한다.

- **창의적 글쓰기.** 참여자의 관점이나 감정, 경험을 표현하기 위해 그들 자신의 이야기나 시를 쓰도록 한다.
- **그림 그리기 또는 색칠하기, 콜라주 만들기.** 연구자들은 참여자들이 작업할 수 있는 종이와 펜, 물감, 공간을 제공하면서, 여기 참여자들이 관점이나 경험을 나타내도록 이미지를 만들도록 한다.
- **춤이나 연극과 같은 신체적 표현.** 반사회적 행동이 그들에게 어떤 영향을 미치는지에 대한 청소년과의 상담의 예(Cleghorn et al., 2010)를 들어, 촉진된 그룹 작업을 통해 청소년 범죄와 반사회적 행동의 문제를 고급 전문직 종사자들과 토의하면서 하루를 보내도록 하였다. 이러한 전문직들을 만나기 전에 그들이 말하고 싶은 것을 연구자들과 함께 준비하게 했다. 그들이 처음 전문직 종사자들을 만났을 때 그들의 경험을 묘사하기 위해 연출한 짧은 스크립트와 시나리오를 만들어 나가면서, 그들의 경험을 연출하기 위해 연극을 사용하기로 결정했다.

- **음악 도출.** 참여자들은 그들이 느끼는 경험이나 이야기, 관점을 표현하는 음악이나 소리를 만들어 내거나 선택할 수 있다.
- 다른 창의적 방법은 모형제작[점토나 레고, 플라스티신(어린이 공작용 점토), 다른 재료] 또는 무드 보드(다양한 사진과 다른 재료를 제공하고 주제의 측면을 보여주는 콜라주를 만들어내도록 하는 것)를 포함한다.

사례 예시와 비네트 사용 Using case examples and vignettes

참여자에 의해 제공되거나 연구자에 의해 소개된 것 중 하나인 특정한 예시와 사례에서 토의를 지지하는 것은 정보수집에 깊이와 풍부함을 더할 수 있다. 초기 일반적 반응을 넘어서 더 높은 깊이와 특별함의 수준을 성취하는 데 도움이 된다.

전문직의 연구에서, 실무자 사례에 따라 다른 것처럼, 사례 예시를 사용하는 것은 수집된 정보가 너무 일반적이거나 이상적이지 않도록 도와준다. 실제 사례에 집중하는 것은 일반적인 원리가 특정 상황에 어떻게 적용되었는지, 무엇이 실제로 실행되었는지, 전문직이 그들의 일반적 접근에서 묘사된 것이나 최고의 실무로부터 벗어날 수 있는 상황을 보여준다. 예를 들어 McNaughton Nicholls 등(2010a)은 지역사회에 살고 있는 성범죄자의 상습적 범행의 위험을 보여줄 수 있는 행동이 변화하는 것을 확인하고 반응할 수 있도록 도와주기 위해 경찰과 보호감찰관에 의해 시험되고 있는 위험관리시스템의 평가를 수행했다. 경찰관은 면담에서 이 새로운 시스템이 도움이 되었던 특별한 사례와 도움이 되지 않았던 사례를 묘사하도록 요청받았다. 위험관리시스템을 사용한 결과 성범죄자와 함께 일하는 것이 변화했던 사례도 설명하도록 하였다(예: 감소된 또는 증가된 정기적 방문). 사례 설명으로 인한 정보는 실재하는 위험관리시스템의 영향과, 그 도구가 효과적으로 적용되고 있는 그리고 적용되고 있지 않은 사례 유형을 확인하기 위해 사용될 수 있다.

이 예시에서 사용한 접근법이 참여자에게 자신의 경험에서 사례의 예시를 끌어내도록 요구하는 것이라면, 쓸모없이 비전형적 예시를 누군가 선택하는 것을 피하고 전체적인 표본을 통해서 여러 가지 사례가 논의되도록 하기 위해 일부 지침이 유용할 수 있다. 예를 들어, 참여자는 가장 최근의 사례나 간단한 것을 묘사하도록 요구받을 수 있다. 고객 세부사항의 완벽한 기밀보장을 위해, 참여자는 고객의 이름을 부르지 않고 사례를 묘사하도록 요구받을 수 있다.

연구의 표본틀에서 사용된 법정 기록이나 다른 접근 가능한 사례 기록에서 끌어오는 것처럼, 대신 미리 연구자가 사례를 선택하는 것은 가능하다. 이전의 선택은 다양한 사례가 논의되는 것을 보장하도록 도와준다. 그러나 사례를 논의하도록 부탁받은 참여자가 유용한 예시로 보지 않는다면 문제가 될 수 있으며, 상기를 도와주기 위해 선정된 예시에 대해 참여자에게 미리 경고를 해 줄 수 있다.

세 번째 접근법은 참여자의 실제 경험의 예시보다 연구자에 의해 고안된 가상의 '정확하고 실제적인' 사례 예시로 비네트를 사용하는 것이다(Bryman, 2012:479). 비네트는 연구자에 의해 말로 묘사되거나 문서나 비디오로 보일 수 있는, 특정 상황이나 사람, 사건의 짧은 설명이다. 전문직 연구와 일반 집단, 특히 태도연구에서 매우 가치가 있다.

비네트는 다른 참가자의 반응과 같은 가상의 예시 사이에 비교를 허용하며, 유용한 일관성의 요소를 소개한다. 그것은 오직 한 참가자에게 알려진 사례보다 더욱 유용할 수 있는 집단 안에서 토의에 공통된 근거를 준다. 또한 특정 상황에서 그들이 무엇을 할지에 대해 말하거나, 다른 상황에서 그들이 표현했던 일반적인 원리와 관점이 어떻게 변화했는지 설명하는 한 방법이 될 수 있다. 그것은 사람들의 믿음과 행동의 경계나 우발 사건의 강조를 도와주면서, 가치 있는 논의에 대한 특별함의 정도를 가져온다.

예를 들어, 영국에 있는 종합의료협의회(GMC)의 연구는 난민과 거주보호소에 살고 있는 사람들, 의사의 적절한 개인적 또는 전문적 지도하에 노숙자를 포함한 다른 집단의 관점을 찾았다. 이 연구는 종합의료협의회 가이드라인을 알려주기 위해 사용되었다(Gill et al., 2013). 포커스 그룹 내의 참여자는 연구지시의 흥미를 가지고 있는 종류의, 환자와 로맨틱한 관계를 가지거나 가족구

Box 6.5

종합의료협의회에서 의사의 행동 및 지도에 대한 연구

이해관계의 갈등을 탐구하는 비네트

Jackson 박사는 마을 병원에서 상담의이다. 그는 또한 2개의 지역 거주 보호소에 지분을 소유하고 있다.

그의 환자 중 한 명인 72세의 Alfie는 집에서 낙상으로 인해 엉덩이와 팔에 골절을 당하고 병원에 입원했다. Alfie는 혼자 살았고 Jackson 박사는 환자가 집에 돌아가지 않고 거주 보호소로 옮기기를 권하고 있다. Jackson 박사는 그가 지분을 가지고 있는 보호소 중 하나인 밀버리 보호소를 제안했다. 박사는 다른 보호소를 제안하지 않았고 병원에서 퇴원 후 Alfie는 그 곳으로 옮기기를 부탁했다.

- 뒤따르는 토의 주제에서 추가적 세부사항에 관련한 관점의 차이점을 탐구한다.
  - Alfie의 지역에서 3개의 다른 보호소보다 그 보호소가 더 멀리 있다.
  - 보호소는 다른 곳보다 그의 지역에서 가깝다.
  - 보호소는 매우 좋다고 알려져 있으며, 의사는 시설과 간호 측면에서 지역에 있는 다른 곳보다 더욱 좋다고 생각한다.
  - 최근에 거기에 살고 있는 가족에 의해 불만이 제기되었고, 결과적으로 채워져야 할 빈 방이 있다.
  - 그 보호소는 Alfie가 지역 내에 옮길 수 있는 빈방이 있는 유일한 곳이고 아니면 그는 병원에 계속 있어야 한다.

성원에게 의학적 치료를 제공하거나 다른 지역 의료 제공에 경제적 이해관계를 가지고 있는 것을 포함한, 특정한 예시를 제공하는 두 개 또는 세 개의 비네트와 함께 선보였다. 그 비네트는 연구자가 보다 간결하고 정확하게 만드는 방법으로 참여자가 고려하거나 접하지 못했을 꽤 추상적인 문제를 선보이는 것을 도와주었고, 풍부한 토의로 이끌었다. 사람들의 관점의 경계 또는 우발 사건을 탐구하기 위해 의사가 관계에 있는 환자의 나이 또는 의사가 처방한 약물의 종류와 같이 비네트의 다양한 세부사항을 연구자에 의해 논의는 더욱 심화되었다(**Box 6.5**).

참여자에게 정보 제공하기 Providing information to participants

일부 연구에서 면담이나 그룹 토의에 제3자나 실제 정보를 제공할 수 있다. 다른 제안에 따른 사람들의 관점이 필요할 때(예: 다른 투표 시스템) 또는(유전자 치료와 같이) 보다 기술적이고 친숙하지 않은 영역에서 특정 주제 또는 믿음과 사실 사이의 차이에서 어떻게 미신이 작용하는지 탐구할 때(예: 사망선고나 망명신청자에 대한 태도) 또는 지식이 참여자들 사이에서 공평하지 않을 때 발생한다. 예를 들어, 성범죄의 선고에 대한 연구에서 (McNaughton Nicholls et al., 2012) 시민들이 적절한 선고를 논의하도록 했을 때 성범죄의 유형에 따른 명확한 차이를 구분하지 못함을 발견했다. 그 연구에서 대중은 포커스그룹을 사용했으며, 연구가 시작될 때, 다른 성범죄의 법적 정의에 대해 간단한 설명이 되어있는 유인물을 주었다. 포커스그룹 토의가 끝나갈 때 이 범죄에 대해 현존하는 선고 가이드라인을 알려주는 다른 유인물을 주었는데, 이것은 적절한 선고가 무엇인지에 대한 관점에 영향을 미치는 것을 피하기 위해 토의 후까지는 제공하지 않았다.

참여자에게 자료를 보여주는 것이 유용한 상황이 있을 수 있다. 예를 들어, 2011년 여름의 영국 도시에서 발생한 거리 소동에 젊은이의 참여에 대한 연구에서(Morrell et al., 2011), 그 주의 특정 시간대에 참여자들이 자신의 행동과 감정을 재구성할 수 있도록 도와주기 위해 면담 동안 그 지역의 특정 사건에 대한 뉴스 미디어 사진이 사용되었다.

카드 분류, 순서, 우선순위 지정 연습 Card sorting, ranking and prioritising exercises

카드 분류 연습에서, 아마 다른 예시 사이의 관계를 끌어내거나, 범주화나 우선순위 지정하기 또는 그냥 토의를 자극하기 위해서 참여자들에게 한 주제의 글(또는 그림)에 대한 많은 예시들을 보여주었다. 예를 들어, Ormston과 Marryar(2009)는 스코틀랜드의 청소년 청문회(children's hearing)에 참가하는 청소년과 청년을 위해 공적 자금이 제공된 법정 대리를 허용하는 제도에 대한 연구를 시행했다. 카드 분류는 청소년이 그들의 법정 대리와의 관련성에 대한 질과 그들이 어떻게 행동했는지에 대한 인식을 탐구하기 위해서 사용되었다. 긍정적, 부정적, 중립적 및 애매모호한 행동이나 특징을 묘사하는 많은 표현을 담은 일련의 카드를 주었고('확실하지 않음'을 위한 세 번째 카드 더미와 함께), 법정 대리를 설명하는지 아닌지에 기초하여 분류하도록 요구하였다. 분류는 대표했던 방식에 대해 그들이 어떻게 느끼는지에 대한 추가적인 토의가 가능하도록 사용되었다.

순위 및 우선순위 지정 연습에서, 그들의 평가의 요소와 뒷받침하는 태도나 믿음, 경험을 드러내는 것을 도와주는 계속적 토의와 함께, 참가자는(연구자에게 듣거나 카드나 다른 재료로 확인한) 예시를 받았고 순서나 우선순위를 정하도록 요구받았다.

카드 분류나 다른 순서 지정 기술은 설문조사 연구에서 정기적으로 사용된다. 그러나 질적연구에서 목적은 각각의 선택이 선정되는 빈도를 측정하기 위해서가 아닌, 특정 선택이나 우선순위에 대한 이유의 토의를 가능하게 하기 위함이다. 그저 분류나 우선순위 지정 연습의 실제적 결과가 아닌, 내려진 결정 뒤에서 고려를 논의하는 데 초점이 맞춰지며, 이것에 대한 충분한 시간이 있다는 것을 확실히 하는 것은 중요하다.

연결 비결 또는 긴급사안 Mapping key or emergent issues

전문 집단에서 또는 보다 긴 토의 세션에서 특히 사용되는, 최종적으로 유용한 기법은 세션 중에 문제가 일어나면서 부상하는 문제를 플립차트나 게시판, 스크린에 연결하는 것이다. 이것이 무엇을 만들어냈으며, 무엇이 더해지는지 또는 추가적인 토의를 진행하도록 조장한 것인지를 집단에게 보여준다. 예를 들어 직장에서 성적 지향과 종교, 믿음에 관련한 차별 금지 규정의 이해와 시행에 대한 연구에서 이 기술이 사용되었다(Dickens et al., 2009). 차별, 괴롭힘 및 왕따의 적절한 관리에 관련한 주요 난제와 지식 차이는 참여자들 사이의 토의에서 확인되었다. 참여자는 고용주, 매니저와 인사 전문가를 포함했다. 그들이 추가적인 의견을 더하고 싶거나 여전히 똑같이 느끼는지 확인하기 위해서 그들이 준 이유는 나중에 다시 나열되고 검토되었다. 이것의 약식 변형은 아마 토의를 시작할 때, 가장 먼저 떠오르는 생각을 기록하는 것 또는 보다 긴 토의 세션 중에 생각이나 사안들을 기록하는 것과 같이 참여자들이 넓은 종이 위에 그들이 원하는 것은 무엇이든 그리도록 하는 그라피티 벽이다. 이것은 추가적인 토의를 자극하기 위해서 그리고 모든 중요한 관점이 확실히 다뤄지도록 하기 위해서, 한 세션 또는 여러 세션의 수업을 통해 문제에 대한 사람들의 해석 또는 맨 처음 생각났던 것에 대한 관점이 어떻게 변화하였는지를 보여주기 위해 사용될 수 있다.

유용한 기법 사용 Using enabling techniques

다양한 유용한 기법은 어떤 이유에서든, 말로 하기 어려운 관점이나 행동에 다가갈 수 있도록 도와주고 연구주제에 보다 창의적인 통찰력을 가져오면서, 면담이나 포커스그룹에 매우 강력한 도움이 된다. 당연히, 정말로 가치를 더할 것인지를 확실히 하는 것은 중요하다. 명확한 토의는 충분할 수 있으며, 자료를 소개하고 처리하는 데 시간이 필요하다. 잠시 그룹 과제가 보다 명확해지거나 체계화되고 연구자에 의해 진행이 유도될 수 있게, 주제를 하찮게 보이게 만들고 몇몇의 참여자를 위협하며 토의의 흐름을 방해할 수도 있다. 이러한 이유로 가능한 한 단순하게 유지된다. 부드럽게 관리하기 위해 공동 절제가 도움이 될 수 있다.

소개하기 전에 그룹 토의나 면담 흐름에 끼어드는 기회를 참여자에게 주는 것이 일반적이다. 그러나 유용한 기법은 토의에 첫 시작점으로 사용될 수 있으며 빨리 보다 자연스러운 반응을 얻도록 도와준다. 또는 일반적인 토론을 따라가거나 그들의 관점을 강화하거나 추가적인 생각을 재촉하는데 토의에 집중하거나 토의를 심화하기 위해서 사용될 수 있다. 이것은 그룹 토의에서 더욱 많이 사용되는 경향이 있다. 면담대상자는 마치 실험 받는 것처럼 보일 수 있지만 어떤 포럼에서도 효과적으로 작용할 수 있다.

연구자들은 참여자들이 제시한 것을 스스로 해석하도록 하고 이를 위해 충분한 시간을 허용한다. 특히 시각적 결과는 보고서나 발표에서 분석을 강조할 때 매우 효과적으로(말한 그대로의 인용이 사용되는 방법으로) 사용될 수 있다. 그러나 본 장에서 설명된 접근법에서 그것 자체를 주된 자료로 보지 않는다. 그것은 참여자의 이야기와 설명 그리고 문제의 추가적 토의를 통해서 유효하며 그것을 통해서 해석될 필요가 있다. 사람들의 지역에 대한 일련의 사진 또는 카드 분류의 결과 같은 것은 주제를 밝히는 데에 그것 자체로 멀리 가지 않을 것이다. 마지막으로, 연구자들은 카드 분류의 결과가 어떻게 포착될지와 면담이나 포커스그룹 서술에서 생산된 자료가 어떻게 명명될지도 고려해야 하며, 참여자들이 자료로 사용되는 것에 대해 만족한다는 것을 확인해야 한다. 참여자들로부터 유도되거나 유도되지 않은 도출들 사이에 차이를 어떻게 고려할 것인지를 포함하여, 자료를 통해서 다른 자료를 분석할 방법을 고려해야 한다(분석에 대한 논의는 Chapter 10, 11 참조).

인터넷 연구를 위한 현장조사 재료 설계

Designing fieldwork material for Internet research

위에서 언급한 현장조사 재료를 설계하기 위한 접근법을 약간 적용하는 것이 인터넷 연구를 위해 필요할 가능성이 높다. 온라인 포커스그룹을 지원하도록 고안된 다양한 맞춤식 플랫폼이 있다. 이 플랫폼을 사용하면 주제가이드에 나열된 주요 주제와 문제를 포함하여 질문 목록을 사전 업로드하는 데 프롬프트를 사용할 수 있다. 연구원이 매번 타이핑 할 필요 없이 토론을 쉽게 진행할 수 있도록 미리 로드할 수 있다(예: 더 자세히 알려주십시오, 그 이유는 무엇입니까?). 연구원은 사전 로드된 질문을 사용하여 토론을 시작한다. 현장에서 초안을 작성한 다음 기존 질문을 사용하거나 온라인 상호작용이 발전함에 따라 새로운 질문과 질문을 표현하는 방법을 개발한다. 인터넷을 통한 자료수집에 필요한 현장조사 자료는 대면 또는 구두 자료수집과 약간 다를 수 있다. 평상시보다 미리 질문이나 프롬프트를 디자인해야 한다. 참여자가 읽을 수 있어야 하므로 질문이 짧고 명확해야 하고 제한된 시간 때문에 문서로 된 의사소통을 통해 응답할 수 있다. 온라인으로 의사소통 할 때 정보의 신뢰성 증명이나 명확성이 줄어들 수 있다. 연구원의 타이핑 속도는 동기식 면담 중에 그들이 보유한 시간 안에 발전시킬 수 있는 추가 정보 또는 설명의 양에 영향을 미칠 수 있다. 비동기식 면담을 통해 연구원은 참가자가 응답할 때 질문을 명확히 하거나 증명할 수 없다. 따라서 온라인 인터뷰나 그룹 토의(일반적으로 텍스트로 쓰여짐)를 안내할 수 있는 명확하고 공개적인 질문은 언어 면담이나 포커스그룹을 수행할 때 가능한 신속하고 유연한 방식보다는 효과적으로 미리 디자인되고 테스트되어야 한다.

투영, 유용한 기법 및 다양한 형태의 자극 또한 인터넷 연구에 사용될 수 있다. 실제로 인터넷 통신은 그러한 사용에 특히 적합할 수 있다. 예를 들어, 서면 자극이 화이트 보드에 도입될 수 있고, 비디오 또는 이미지가 화면에 표시될 수 있다. 참여자는 연구원 또는 다른 참여자와 공유할 수 있도록 자신의 이미지나 자료를 만들거나 업로드하도록 요청받을 수 있으므로 인터넷을 사용하여 자료를 개발하고 공유할 수 있는 창의적인 방법은 다양하다.

마지막으로, 온라인 게임은 참여자를 참여시키는 방법을 제공할 수 있다. 예를 들어 다른 참여자와 상호작용할 수 있는 아바타를 제공하거나 다른 상황에 대처하는 방법을 시험해 본 다음 그 행동의 이유를 설명해 줄 것을 요청한다.

모든 자료수집과 마찬가지로 고려해야 할 주요 쟁점은 서로 다른 기술들이 깊이와 선명도를 얻는 데 어떻게 도움이 되며, 참여자(및 연구원)가 접근하기 쉽고 편안하다고 생각하는 것이다.

현장노트, 요약시트와 자료기록

Fieldnotes, summary sheets and recording data

현장노트 Fieldnotes

현장노트(면담 또는 자료수집 요약시트라고도 함)는 현장조사 문서의 유용한 부분이며, 현장조사 전략을 계획하는 데도 필요하다.

현장노트는 관찰 및 민속지학 연구(Berg & Lune, 2012, Bryman, 2012, Hammersley & Atkinson, 2007)에서 자료수집방법으로 오랫동안 확립되어 있다. 심층면담이나 집단 토의를 하는 연구에서도 현장노트는 면담의 즉각적인 맥락 밖에서 연구자가 보고 듣는 것을 기록할 기회를 제공할 수 있으며, 만남의 역동성에 대한 생각, 나중의 현장조사와 이슈에 포함시키기 위한 아이디어 분석 단계에서 관련성이 있을 수 있다. 예를 들어 다음과 같이 사용할 수 있다.

- 면담 또는 그룹토론의 요점
- 연구에서 표집하는 것과 관련되거나 표집전략을 조정해야 하는 추가 참여자 세부정보
- 면담의 환경이나 배경과 관련된 문제(예: 다른 사람의 존재, 위치, 시간, 면담대상자 또는 참여자가 늦게 도착했는지 여부 등)
- 그룹에서 떠오르는 쟁점과 주제에 관한 일반적인 관찰
- 주제가이드가 얼마나 효과가 있었는지, 그룹의 상세 검색에 관한 생각
- 어려웠던 면담이나 토론의 영역
- 어떤 것을 들었는지에 대한 생각은 연구의 다른 자료 또는 기존 연구나 이론적 사고 또는 분석과 관련된 다른 생각과 관련됨

현장노트에는 거친 글씨가 포함될 수 있고 변경방법을 검토할 수 있다. 자료수집 과정 자체가 조명일지도 모르지만 고려해야 할 이슈의 일부 자극이 도움이 될 수 있다. 이를 달성하기 위한 한 가지 방법은 표제와 함께 요약표를 사용하여 현장에서 가능한 빨리 현장조사에 대한 성찰을 하는 것이다. 현장노트에 대한 보다 계획된 접근법은 현장조사가 여러 연구원에 의해 수행되는 경우, 현장조사와 분석은 연구팀의 다른 구성원이 수행하는 경우, 현장조사와 분석을 더 오랫동안 수행해야 하는 경우에 특히 유용하다. 현장노트는 면담자가 참여자에게 이전 면담에 대한 간략한 개요를 제공할 수 있는 종단적 연구에서 특히 유용하다. 또한 연구방법을 작성하고 표본과 참여자 모집을 구체화하고 현장조사 전략과 자료를 개발하며 분석 통찰력을 높이기 위해 현장노트를 사용하는 방법을 설명하는 데 유용할 수 있다.

자료기록 Recording data

현장조사 자료를 디자인할 때 고려해야 할 마지막 사항은 자료를 기록하는 방법이다. 오디오 녹음 면담과 포커스그룹에 매우 바람직하며 면담 중에 노트를 거의 사용하지 않는 연구원도 있다. 이를 통해 청취 및 반응형 질문에 전념할 수 있으며, 면담자가 토의 주제에 접근하고 질문에 응답하는 방법에 대해 생각하고 그룹 역동성이 어떻게 발전하고 변화하는지를 감시할 수 있다. 짧고 빠른 말을 포함한 그룹 참여자의 상호작용을 문서화하고, 주저없이 사용할 수 있는 언어를 포착하면서 메모 작성 시 가능한 것보다 훨씬 자세하게 말한 내용을 정확하고 축어적으로 설명한다. 오디오 녹음은 필기할 때보다 중립적이며 방해를 덜 받는 방식이다. 필기는 참여자에게 의도하지 않은 단서를

줄 수 있다. 연구원이 글을 쓰고 있으면 일시 중지한다. 연구원이 그렇지 않다면 그들은 충분히 말한다. 연구원이 연구과제를 제공하는 한 참여자가 기록을 거부하는 경우는 거의 없다. 이유에 대한 명확한 설명, 기밀성 및 자료 보안에 대한 확신, 연구가 완료된 후 녹음과 녹음 내용을 어떻게 사용하는지 설명한다.

많은 연구에서 디지털 녹음으로 충분하다. 그러나 집단 토의와 관련된 일부 연구에서 상호작용을 영상으로 보는 것이 도움이 될 수 있다. 비디오카메라의 음질은 다양하며 연구원은 토론과정을 오디오로도 녹음하기를 원할 수도 있다. 카메라의 배치와 실내 조명은 상호작용을 정확하게 포착할 수 있는 정도에 영향을 준다. 물론 비디오가 상호작용에 영향을 미치는지 여부와 비디오 자료를 분석하고 사용하는 방법을 신중하게 고려하는 것이 중요하다.

사용되는 방법이 무엇이든 간에 녹음에 라벨을 지정하는 시스템이 필수적이다. 녹음 장비에 익숙해지는 데는 시간을 할애할 가치가 있다. 뿐만 아니라 그것을 사용하기 전에 즉시 작동하는지 확인하고, 즉시 기록하여 적절하게 기록했는지 확인한다.

현장조사 준비와 현장조사 전략 개선

Preparing for fieldwork and refining fieldwork strategies

연구원은 질적자료 수집을 통해 수많은 결정과 선택을 해야 한다. 따라서 연구원들이 연구목표를 잘 파악하고 있고 주제가이드의 수많은 부분과 하위부분이 달성하고자 하는 목적을 명확히 알고 있는 것이 중요하다.

연구자가 스스로 작업하는 경우 주제가이드와 계획된 추가 자료를 통해 실제로 어떻게 작동하는지, 잠재적으로 어려운 영역을 식별하고, 반복 영역을 찾고, 연구자가 각 주제에 대해 질문을 계획하고 있는 이유에 대해 명확성을 확보하고, 질문을 표현할 수 있는 다양한 방법에 대해 생각하면서 감독자 또는 동료와 논의하는 데 도움이 될 수 있다. 2명 이상의 사람이 현장조사를 할 예정인 경우, 브리핑 회의는 모든 사람들이 연구목표와 현장조사 방법에 대해 동일하게 이해할 수 있도록 하는 중요한 단계이다. 이 회의에서는 상호작용적이고 활기차고, 질문과 토론을 격려하고, 아이디어와 고민을 교환해야 한다. 회의가 끝나면 주제가이드 또는 기타 자료를 수정해야 할 수도 있다. 또한 연구위원, 자문 그룹 또는 감독자로부터 주제가이드와 현장조사 자료에 대한 의견을 구해야 할 수도 있다. 접근법에 대한 설명이 도움이 된다. 질적연구에 익숙하지 않은 사람들은 조사 설문지와 비교하여 주제가이드의 느슨한 구조에 대해 불편함을 느끼는 것이 일반적이고 이런 사람들은 설문지 작성을 지정하거나 후속 질문을 가이드에 추가하는 것이 일반적이다.

준비 작업이 무엇이든지 관계없이 가이드와 기타 자료를 공부하고 구조와 세부 내용에 대해 잘 알고, 다른 문제가 어떻게 처리되는지 그리고 나타나는 반응이나 상황의 유형과 그것이 어떻게 따라올 것인가에 대해 생각하는 것이 중요하다. 어떻게 접근하는지를 분명히 하기 위해 연구자가 투영연습을 위한 소개나 지침과 같이 일부 섹션을 크게 연습하는 것이 도움이 될 수도 있다. 이런 종류의 준비는 면담이나 포커스그룹에 어떻게 나타날지 미리 계획하지는 못했지만 연구자가 자료수집에 필요한 방향을 생각하는 것이 도움이 된다. 일부 연구자들은 다른 섹션을 강조 표시하거나 밑줄을 긋거나 여백에 핵심 단어를 쓰거나 특정 주제를 어떻게 도입할지 계획을 세우는 것과 같이 안내서에 주석을 다는 것이 도움이 된다는 사실을 알고 있다.

첫 번째 면담이나 포커스그룹은 주제가이드의 중요한 시험이나 예비조사가 될 것이다. 팀별로 일한다면 개별적으로 또는 다른 사람들과 함께 안내서를 검토하는 것이 중요하다. 참가자가 완전하고 일관된 계정을 제공하고 그들이 생각하는 문제(그리고 연구원)를 통합하는 것이 중요하다. 즉, 연구질문과 관련하여 참여자가 말하고자 하는 것을 제한해서는 안 되며, 현장에서 참여자의 중심이 아닌 것으로 보이는 문제에도 집중해서는 안 된다. 원하는 자료의 명확성, 범위나 깊이를 생성하지 못하기 때문에 주제가이드가 작동하지 않는다면 일부 수정이 필요하다. 이것은 양적연구처럼 질적연구에서도 마찬가지이다. 질적연구에서의 차이점은 자료수집이 표준화될 것으로 기대되지 않기 때문에 방향이나 범위가 매우 급격하게 변경되지 않는 한 예비조사 자료가 자료모음에서 제외될 필요가 없다는 것이다. 수정사항에는 보다 자연스러운 주제 순서 만들기, 주제 그룹화나 분리, 주제 추가나 제거, 문제가 될 수 있는 언어나 문제 해결방법에 대한 생각이 포함될 수 있다.

현장조사 자료가 사용되어 다른 상황에서 자료수집을 지원하는 방법을 이해할 수 있게 될 때까지는 자료수집의 처음 몇 에피소드도 브리핑의 일부이고, 익숙해지는 과정이다. 연구원은 일반적으로 연구가 진행됨에 따라 주제가이드에 점점 덜 의존하게 되고, 때로는 신속한 안내나 지침으로 사용하고 또는 증가시킬 수 있는 문제에 익숙해지면서 가이드의 요약 버전으로 된다.

주제가이드의 핵심 역할은 연구가 진행됨에 따라 변한다. 처음에는 연구주제에 대한 연구자의 개념을 구체화하고 필요한 현장조사 전략을 고려하는 데 도움이 된다. 이 분야에서는 주요 메모를 체계적으로 탐구하지만 유연하고 신속한 조사를 지원하는 데 도움이 되는 보좌관 역할을 한다. 현장조사 접근방식을 문서화하고, 설명하기 어려운 연구과정의 단계에 대한 통찰력을 제공하기 때문에 연구 마무리 부분에서 두드러진다.

핵심요소

KEY POINTS

- 구조화되지 않은 자료수집이라는 용어의 사용에도 불구하고, 모든 질적연구는 자료수집의 모양과 내용을 고려해야 한다. 참여자의 범위와 순서를 미리 지정할 수 있는 정도는 연구의 목적과 필요한 자료의 성격에 따라 다르다.
- 주제가이드는 현장조사 중에 연구원을 안내하고 현장조사 접근법에 일관성을 유지하는 보조메모이다. 그러나 유연하게 사용해야 하며 반응형 질문을 제한하기보다는 장려해야 한다. 또한 현장조사 접근에 대한 중요한 공개 문서이기도 하다. 실제로, 주제가 다루어지는 순서는 현장조사 상황에 반응할 것이지만 논리적 또는 자연적 순서의 의미로 시작하면 연구원에게 도움이 된다.
- 항목을 질문이 아닌 문제로 나열하고, 탐구하기 위한 하위주제를 식별하고, 예상할 수 있는 후속 논의를 위한 영역을 파악하는 것이 도움이 된다.
- 전화면담, 그룹 토의 및 온라인 연구를 위한 주제가이드는 심층면담을 위해 짧거나 거기에 맞출 필요가 있다. 항목을 적게 포함해야 할 수도 있으며, 상세한 탐색을 위해 특정 영역을 식별할 수 있는 범위가 더 적을 수 있다. 이는 그룹 구성원이 다른 참여자가 말한 것에 응답하는 방식에서 비롯되기 때문이다.
- 일부 연구에서는 질적자료수집에 구조화된 자료를 통합하는 것이 유용하다. 복잡하고 상세한 배경 정보가 필요한 경우, 이는 구조화된 형식으로 수집이 더 잘 될 수 있다. 참여자(특히 조직)는 새로운 정책의 구현과 같은 정량적 또는 텍스트 정보를 제공하도록 요청받을 수 있다. 참여자가 설문조사에 참여한 경우 질적면담에서 응답 내용 중 일부를 더 논의할 수 있다.
- 자기표현을 돕기 위해 사용할 수 있는 다양한 기법이 있다. 복잡한 생각을 선명하게 하고 명확하게 하기 위한 것이다. 보다 창의적인 측면에서, 투영 및 시각 또는 예술 기반 방법은 근본 또는 잠재의식의 생각을 풀어준다. 다른 방법에는 사례연구 및 비네트, 정보 제공, 카드 정렬 및 순위 지정 연습, 토론의 새로운 측면 또는 차원 기록이 포함된다. 그러한 것들은 신념의 표현과 세련미를 도울 수 있고, 관점의 경계나 우연성을 나타낼 수 있다.
- 현장조사를 수행하면서 현장노트나 면담요약 시트에서 얻은 경험과 아이디어를 문서화하는 방법에 대해서도 생각해 볼 가치가 있다.
- 어떤 형식의 축어적 기록 없이도 엄격하고 심층적인 분석에 필요한 세부사항 및 신뢰성을 갖춘 자료를 수집하는 것은 불가능하다. 오디오 녹음은 쉽고 효과적인 언어 상호작용이다. 일부 자료수집은 오디오 시각 녹음이 도움이 될 수 있다. 참여자는 창의적 또는 투영방법을 통해 자신의 자료를 만들고 제공할 수도 있다.

핵심용어

KEY TERMS

주제가이드(topic guides)는 면담일정 또는 면담가이드라고도 한다. 질적연구 상호작용에서 탐구될 주요 주제를 주제 및 하위주제로 분류하여 나열한다.

유용한 기법(enabling techniques)은 자료수집을 용이하게 하기 위한 다양한 접근방식이다. 참여자들에게 구체적인 **사례 삽화** 또는 **예(case illustrations** or **examples)**를 고려하거나 제공하도록 요청하거나, **비네트(vignettes**: 짧은 가상의 예 또는 이야기)를 통해 특정 사례 또는 추상적 개념에 대한 토론을 가능하게 한다. 다른 활성화 기법에는 **카드 정렬(card sorting**: 예제/이슈가 참여자별로 정렬되거나 정렬되는 경우), 사실적 정보 제공 또는 후속 토론을 위한 **긴급사안 매핑(mapping emergent issues)**이 포함된다. **투사기법(projective techniques)**은 투영에 대한 정신분석학적 개념을 이끌어 내고 참여자가 명확히 말하기가 어려운 덜 의식적인 물질에 접근하는 데 사용된다. 투사기법에는 단어 연결과 같은 연습이 포함된다. 또한 사진 유혹(참여자가 심층면담을 자극하기 위해 면담이나 포커스그룹에서 사용되는 사진을 찍을 때), 창조적인 글쓰기(참여자가 이야기나 시를 통해 자신의 견해나 경험을 표현하는 경우), 음악 추출(참여자가 자신의 경험에 공감하거나 사건을 회상하는 음악을 선택하거나 만들 때), 연극(촌극 연기를 통해 관점을 개발하고 표현) 또는 드로잉, 모델링 또는 무드 보드와 같은 **창의적이고 시각적인 접근법(creative and visual approaches)**을 포함할 수 있다.

현장노트(fieldnotes)는 연구원이 현장에서 작성한 노트이며, 일차적인 자료로 관찰과 민족지학적 조사에서 일반적으로 사용된다. 그러나 자료수집이 오디오나 비디오 녹음에 의해 이루어지는 연구에서 현장노트는 자료수집의 역동, 직접적인 맥락 외부에서 얻어진 면담이나 포커스그룹, 분석 아이디어에 대한 정보를 유용하게 포착할 수 있다.

chapter 7

심층면담

IN-DEPTH INTERVIEWS

개요

Chapter outline

- 면담에 관한 관점
- 심층면담의 형태와 특징
- 면담 진행단계
- 자료의 폭과 깊이를 얻을 수 있는 질문 만들기
- 역동적 면담 지원하기
- 면담에서의 도전적 상황에 대응하기
- 실제 고려사항

심층면담은 서술적 묘사를 생성하고, 인간이 처한 세상을 해석하기 위한 강력한 방법으로서 질적 연구의 핵심이 된다. Malinowski와 같은 민족지학자들은 사람들이 가진 중요한 관점을 이해하기 위해서 대화의 중요성을 강조하였다(Burgess, 1982). 연구주제를 탐색하는 데 있어 심층면담의 힘은 다음과 같이 묘사된다.

> 심층면담을 통해 연구자는 관심 주제에 대한 지식이나 경험을 가진 사람과 이야기를 나눈다. 면담을 통해서 연구자는 타인의 경험, 동기, 견해를 탐구하고, 타인의 관점에서 세상을 바라보고 배운다(Rubin & Rubin, 2012).

심층면담은 종종 목적지향적 대화로 묘사되고 있다(Webb & Webb, 1932). 일반적인 대화와 심층면담 사이에는 면담의 목적, 면담에 있어서 연구자와 참여자의 역할 등 분명한 차이가 있다(Berg & Lune, 2012; Miller & Glassner, 2011; Rubin & Rubin, 2012; Silverman, 2010). 심층면담이 대화의 성격을 가지고 있다 하더라도 연구자와 참여자가 이를 편안하게 받아들이기는 어려운데 그 이유는 양자가 모두 면담과정에서 힘든 작업을 해야 하기 때문이다.

면담에 관한 관점

Perspectives on the interview

질적연구의 각기 다른 전통은 심층면담에 대한 다양한 관점을 제시하였다. 면담 수행방법과 면담을 통해 얻어진 자료를 확인하는 방법에 관한 논쟁을 먼저 다루어 보고자 한다.

면담 상호작용의 특성과 의미 The nature and meaning of the interview interaction

지식은 일정부분 면담을 통해 형성되는지, 아니면 기존에 존재하는 현상인지에 대한 논쟁이 있어왔다. 뿐만 아니라 면담을 통해 자료를 생성하는 데 있어 연구자가 가진 역할의 의미에 대한 문제도 제기되고 있다. Kvale와 Brinkman(2009)은 연구자를 광부 혹은 여행자라는 상반된 2가지 관점으로 비유하였다. 연구자를 광부로 보는 관점에서는 참여자가 가진 지식과 견해를 얻기 위해 연구자는 면담을 통해 참여자와 상호작용을 취한다고 이해한다. 이러한 관점은 지식을 주어진 것으로 보는 실증주의 또는 포스트 실증주의 사회과학 연구모델 안으로 광범위하게 흘러들어 갔다.

> 지식은 땅에 묻힌 금속으로 이해되며, 연구자는 귀중한 금속을 캐내는 광부다. 지식은 광부에 의해 오염되지 않은 채 드러나기를 기다리며 참여자의 내부에서 대기하고 있다. 연구자는 어떠한 선행 질문에 의해서도 오염되지 않은 참여자의 순수한 경험으로부터 지식의 덩어리를 캐낸다(Kvale & Brinkman, 2009).

연구자를 여행자로 비유하는 관점에서는 지식이란 사전에 존재하지 않는 어떤 것이며, 참여자가 면담에 적극적으로 참여하고, 연구자는 면담을 통해 얻은 것을 적극적으로 해석함으로써 지식이 생성된다고 본다. 연구자는 자료의 의미를 개발하는 적극적인 연주자이며, 면담은 양자에 의해 잠재적으로 변형된다는 관점은 구성주의 연구모델에 광범위하게 적용되고 있다.

> 면담여행자(interviewer-traveler)는 '함께 방황함(wandering together with)'이라는 뜻을 가진 라틴어에 어원을 두고 있다. 이는 연구자가 참여자와 함께 거닐며, 참여자로 하여금 그들이 세상을 살아가는 이야기를 하도록 질문하고 격려한다는 의미를 나타낸다. 여행은 항상 새로운 지식으로 인도하며, 여행자마저 변하게 한다. 여행은 자기이해라는 새로운 방식으로 여행자를 이끌며, 숙고의 과정을 밟도록 부추기고 있다(Kvale & Brinkman, 2009).

지식은 면담과정에서 참여자와 연구자의 만남과 협동을 통해 형성되며, 이러한 만남을 능동적 면담(active interview)이라 부른다(Gubrium & Holstein, 2011). 연구자는 단순히 지식을 전달하는 수동적 그릇(passive vessel)이 아니다. 면담은 중립적 의사소통이라기보다 상호작용의 완성이다(Gubrium & Holstein, 2011).

질적면담에 대한 내러티브 심리사회적 접근은 데이터 생산 및 분석 과정에서 정신 역동적 방식을 취함으로써 개인 삶의 사회적 맥락(외부로 향함)과 심리적 측면(내면으로 향함)을 결합하는 데 그 목적을 둔다(Holloway & Jefferson, 2013). 지식을 면담의 고유한 상황에서 생성되는 그 무엇으로 이해하는 관점은 면담자료의 안정성, 신뢰성 및 타당성에 관한 우려를 유발한다. 특히 포스트모더니즘을 지지하는 학자들은 상호작용에 의해 면담내용이 생성되면 어떤 것에 무게를 두어야 하는지 그리고 이러한 면담내용은 면담 밖의 상황에서 어떤 의미를 가지는지에 대해 의문을 가진다. 즉, 우리 안에는 아주 다양한 자아가 있음에도 불구하고 면담에서 한 번에 걸쳐 순간적으로 일어나는 상호작용에 의해 이 다양한 자아 중 한두 가지만 다루어진다는 점에 대해 이들은 문제를 제기한다.

그러나 최근 질적연구자들은 이 문제에 대해 대체로 실용적인 입장을 취한다(Kvale & Brinkman, 2009; Lofland et al., 2006; Miller & Glassner, 2011; Rubin & Rubin, 2012). 이들은 면담이 특정 상호작용에서 생성된 지식과 연관된 의미 있는 것이라고 이해한다. 면담에 대해 Miller와 Glassner는 다음과 같이 기술한다.

> 사람들은 자신의 경험과 사회적 세계에 대해 의미 있는 속성을 부여하는 방법을 제공한다. 면담은 그 자체로 상징적 상호작용이지만, 이것은 상호작용을 넘어서 사회적 세계에 대한 지식을 얻을 수 있는 가능성을 열어 둔다(Miller & Glassner, 2011).

사람들은 연구면담이 연구자와 참여자 간의 상호작용이며, 이러한 상호작용이 생성된 자료의 형태와 특성을 만들어 간다는 것을 알고 있다. 이 문제에 대해 극단적 포스트모던 입장을 취하는 것은 참여자로 하여금 자신의 경험을 연구자와 의미 있게 나눌 수 있는 가능성을 거부하는 것처럼 보인다. 이에 대한 이 책에서의 견해는 면담에서 획득한 자료를 통해 다른 사람의 삶에 대한 이해가 깊어지고, 가치 있는 맥락을 포착할 수 있다는 것이다. 면담자료 혹은 관찰은 참여자의 명시적인 해석과 사건에 대한 이해를 포함한다.

면담자와 피면담자 관계의 특성과 의미

The nature and meaning of the relationship between interviewer and interviewee

일부 학자들은 연구자와 참여자의 관계가 상호 호혜적 관계인지 혹은 각자의 뚜렷한 역할이 필요한 관계인지에 대한 의문을 제기한다. 상호 호혜적 관계로서의 면담은 연구자가 자신의 사적인 정보를 참여자와 세세하게 공유하는 것을 중요시하는 것으로 1980년대 등장한 극단적 페미니스트 연구에서 볼 수 있다(Finch, 1984; Nielsen, 1990; Oakley, 1981; Olesen, 2000). 페미니스트는 반영적이고도 상호작용적인 면담을 중시하며, 이를 통해 참여자를 타자화하는 것을 피하는 비계급적 접근을 취한다. 연구자와 참여자의 역할이 딱딱하게 구분되지 않은 유연한 면담을 통해 협동이 이루어짐으로써 양자는 서로의 영역과 언어를 이해하고 공유한다. 이러한 관점은 해방연구와 참여자 주도 연구에서 찾을 수 있는데, 이런 연구에서는 잠재적으로 강한 역동성이 발휘되고, 그룹과 공동체의 관심을 격려하는 분명한 목적이 드러난다.

참여자와 중립적 거리를 두고, 연구자의 역할에 경계를 둠으로써 연구자를 단순히 수동적으로 정보를 얻는 존재로 보는 전통적 접근은 힘의 불균형을 통해 연구자가 자신을 보호한다는 비판을 받고 있다. Rubin과 Rubin(2012)은 반응적 면담(responsive interviewing)이라 일컬어지는 면담 스타일을 권장하는데, 이런 형태의 면담은 연구자와 참여자 간의 신뢰적 관계 형성을 중요시하며, 이를 통해 면담 중 더 많은 것을 주고받을 수 있다. 반응적 면담은 다른 형태의 면담에 비해 온화하고, 연구자와 참여자 간의 갈등이 최소화되며, 이들의 성격이 면담에 영향을 미치고, 양자의 상호의존이 더 요구된다.

연구자는 연구목적에 따라, 면담 중 자신의 위치와 행동에 있어 유연한 태도를 가져야 한다. 예를 들어, 여성에 대한 폭력을 연구하는 연구자는 면담에 영향을 줄 수 있는 자신의 젠더적 견해를 깊이 인식하고 있어야 한다. 이러한 연구는 면담에 있어서 뚜렷한 담론방식을 취할 때 유리하다. 지방자치단체의 지출결정에 대한 전문가 견해를 탐구한 또 다른 연구를 예로 들자면, 동일한 연구자가 가능한 중립적 태도를 견지하며 접근하고, 참여자와의 상호작용에 있어 보다 객관적으로 처신하는 것이 적합하다. 참여연구에서는 조형적이고 협동적인 상호작용적 면담을 이용한다. 연구자가 자신과 참여자 사이에서 이루어지는 관계의 다양성을 인식하고, 각각의 상황에 대한 느낌을 고려하며, 자신이 지지하는 가치와 생각이 무엇인지 의식하는 것은 매우 중요하다.

방법으로서의 면담에 대한 비평Critiques of the interview as a method

일부 학자는 연구자가 연구방법으로서의 면담에 지나치게 의존한다고 비평한다. 지나치게 면담에 의존하는 현상은 인터뷰가 대중매체를 통해 널리 퍼져 있고, 유명 인사의 인터뷰 프로그램이 인기를 끌고 있는 현재의 사회 · 문화적 추세를 반영하는 것으로 보고 있다(Atkinson & Silverman, 1997; Berg & Lune, 2012; Gubrium & Holstein, 2011). Silverman(2011)은 면담을 3가지 형태로 요약하고 있는데, 각각의 형태는 앞에서 기술한 바와 같이 각각 다른 인식론적 뒷받침을 가지고 있으며, 이에 대해서는 다음과 같이 비평할 수 있다.

- **실증주의(positivism):** 면담자료는 탐구된 것을 객관적이고도 정확하게 표현하기 위해 지각되고 구조화된다. 지식은 존재하므로 이해될 수 있다는 신념에 뿌리를 두고 있다.
- **주정주의(emotionalism):** 면담자료를 심층적으로 탐색하지만 참여자의 삶을 진실하게 표현하는 것으로 간주하여 로맨틱하고 무비판적으로 받아들이며, 면담의 맥락과 상호작용적 특성을 고려하지 않는다.
- **구성주의(constructionism):** 면담자료를 심층적으로 탐색할 뿐만 아니라 면담과정 자체를 탐색하고자 하는 것의 일부로 인식한다. 면담은 참여자 삶의 진정한 현실을 폭로하는 것이 아니라고 주장한다.

이상의 비평과 함께 Silverman(2011)은 주정주의자들의 접근을 사회현상을 이해하기 위한 강력한 방법이라기보다는 면담사회(interview society)의 경향을 반영한 연구방법으로 보고 있다. 면담에 있어 구성주의자들의 접근방식에도 비판할 것이 없는 것은 아니다. 이 접근방식은 면담자료를 처리하는 과정에서 면담 그 자체에 너무 집중한 나머지 면담과정에서 진술되는 다른 어떤 실재의 가치를 부인함으로써 잠재적으로 좁은 시야를 가질 수 있다(Silverman, 2011).

이러한 비평은 질적면담의 위험을 과대평가하거나 반대로 장점을 과소평가할 수 있다. 면담과 그 결과가 특정 분야의 질적연구에 널리 사용된다는 사실만으로 항상 그 가치를 보장할 수는 없다(Atkinson, 2005). 그럼에도 불구하고, 면담은 참여자가 자신의 삶을 경험하고 형성해 나가는 과정을 탐색하는 데 가장 효과적인 방법이다. 그러므로 연구자는 자신이 관찰한 바를 주의 깊게 해석해야 할 필요가 있듯이, 면담자료를 수집하고 해석하는 일도 주의 깊게 수행해야 한다. 도구로써의 면담을 모조리 거부하는 것은 누군가에 의해 통찰력으로 탐구되어 온 현상에 대해 연구자 자신의 해석만을 우위에 두는 우를 범할 수 있다.

심층면담의 형태와 특징

Forms and features of in-depth interviews

연구자가 선택할 수 있는 다양한 형태의 심층면담이 있다. 전통적으로 대면방식이 선호되었으나, 전화와 온라인상에서도 가능하다. 대면면담은 연구자와 참여자 간의 바람직한 공감대를 만들어가는 데 있어 강력한 기반을 제공하고, 참여자가 자유롭고도 충분히 반응할 수 있는 환경을 제공하며, 연구자와 참여자의 비언어적 의사소통을 가능하게 한다. 각각 다른 질적면담은 각각 다른 관점을 가지고 있기 때문에 어느 하나가 다른 것보다 본질적으로 뛰어나다고 할 수는 없다.

어떤 상황에서는 참여자가 전화 또는 온라인면담을 더 선호할 수 있는데, 이 방법은 참여자가 바쁘거나 혹은 흩어져 있거나, 예산이나 일정이 부족하여 연구자가 먼 거리를 찾아다닐 수 없는 상황에서 편리하다. 온라인면담은 채팅사이트를 통해 실시간으로 혹은 이메일을 통해 여러 주(week)에 걸쳐 비동시적으로 수행할 수 있다.

전화 또는 온라인면담에는 잠재적인 단점도 있다. 언어나 서면으로는 담지 못하는 중요하고도 상세한 정보를 나타내는 신체언어와 얼굴표정을 놓칠 수 있다는 점이다. 이런 이유 때문에 기존의 연구문헌에서 전화면담은 비판을 받아왔지만(Irvine, 2010) 이를 뒷받침할 선행연구가 부족한 실정이다. 대면면담과 전화면담의 상대적 장단점에 대한 격차를 메우려는 시도가 최근에 이루어지고 있다(Irvine, 2010; Irvine et al., 2012). Irvine은 전화면담이 질적연구의 보조적 수단으로 선택되고 있지만, 대면면담과는 다른 상호작용이 가능하므로 연구자는 각각의 연구상황에 적합한 방법을 선택적으로 활용할 것을 제안한다. 성범죄자의 처벌에 대한 피해자의 태도의 연구(Nicholls et al., 2012)를 예로 들자면, 몇몇 참여자는 충격적인 경험에 대한 사적 공개를 피할 수 있는 방법으로서 전화상담을 선택하였다. 대면면담과 전화면담 간에는 면담길이, 깊이, 영역에서도 차이가 있다.

전기, 내러티브, 삶의 역사, 구술역사 등을 다루는 접근방법(Chamberlayne et al., 2000; Miller, 2000; Riessman, 2008) 역시 면담의 또 다른 형태이다. 이러한 방법은 삶의 역사와 전기에 포함된 개인의 진술과 이야기를 통해 개인이 가진 통합적 관점을 이해하고, 구술역사를 통해 특정 시기에 일어난 사건에 대한 개인의 경험을 이해함으로써 문화환경 및 사회세계를 조망할 수 있다. 이러한 방법은 각각의 참여자와 여러 차례의 개별면담을 수행함으로써 참여자가 자신의 이야기를 자유롭게 진술할 수 있어 전형적으로 집중적이고 확장된 자료를 수집할 수 있다.

면담의 또 다른 형태인 심층면담은 산책하는 면담(walk along interview)이다(Clark & Emmel, 2010; Evans & Jones, 2011). 연구자는 참여자를 동반하여 함께 작업하기 위해 여행(비유가 아닌 사실적인 여행을 의미함)에 오르며, 함께 지역사회를 둘러보고 쇼핑을 하면서 서로의 경험을 나눈다. 이 방법은 연구자의 관찰보다 참여자가 진술하는 이야기에 더 초점을 둔다. 이러한 면담은 현장에 뿌리를 둔 상호작용을 가능하게 하고, 연구현상에 대해 참여자가 경험한 바를 진술하게 함으로써 연구현상에 대한 깊은 이해를 할 수 있다. 이와 유사하게 문화기술지 면담도 연구자가 참여자와 긴 시간을 보내며, 참여자의 일상, 특정한 업무, 그 외에 참여자에게서 발생할 수 있는 상황을 깊이 이해할 수 있다.

이상에서 살펴본 바와 같이 각각 다른 관점과 전통은 연구면담에 있어 각각 다른 우선순위, 강조점 그리고 실제 적용을 안내한다. 그러나 명확한 것은 철저하고 의미가 풍부한 일차자료를 얻기 위해서는 심층면담이 필요하다는 의견이 지지되고 있다는 점이다.

심층면담의 주요 특성Key features of in-depth interviews

심층면담에는 다음과 같이 몇 가지 주요 특징이 있다.

유연성을 가지고 구조를 결합하기 Combining structure with flexibility. 비구조화된 심층면담에서 연구자는 그들이 탐구하고자 하는 주제에 대한 어떤 의미를 포착하게 된다. 심층면담은 대체로 주제 가이드(혹은 면담일정)에 따라 진행되어 면담 중에 이러한 핵심주제를 다루게 된다. 면담을 어떻게 계획하고 조정하는가는 연구자의 인식론적 방향을 담고 있는 문제 또는 면담에서 다루어지는 주제에 대한 지식의 개발이 어느 단계에 도달해 있는지에 달려 있다. 그러나 면담의 구조는 참여자가 충분히 문제를 제기할 수 있을 정도로 유연해야 하고, 면담의 내용은 특정 문제에 대해 충분히 확인하고 탐색할 수 있도록 구성되어야 하며, 참여자가 답할 수 있는 적합한 주제가 주어져야 한다.

상호작용Interactive. 연구자와 참여자의 상호작용에 의해 의미 있는 자료가 생성되는데, 연구자가 무엇을 질문할 것이며, 어떤 방법으로 질문을 만들 것인가는 참여자와의 친밀도가 어느 정도까지 발전되었는가에 달려 있다.

내면을 파고들기 Getting below the surface. 연구자는 심층적으로 탐색하고 이해하기 위해 설문기술을 이용한다. 질문에 대한 첫 반응은 대체로 상당히 표면적 수준이어서 연구자는 참여자가 의미 있는 것으로 여기는 개인적 경험을 깊이 있게 충분히 이해하기 위해 귀를 기울여야 할 것이다. 심층면담은 연구자로 하여금 참여자의 답변을 뒷받침하는 요소, 즉 가치관, 과거경험, 환경, 이유, 느낌, 의견 그리고 신념 등을 탐색하게 할 것이다. 이는 질적연구의 중요한 요소인 분석적 잠재력을 준다.

생성력Generative. 새로운 지식이나 사고가 창조된다는 점에서 면담은 생성적이다. 참여자들은 흔히 단 하나의 특정한 주제에 대해 그토록 장시간 이야기할 수 있다는 것에 대해 놀라움을 나타낸다. 초점의 강도가 생각과 반성을 위한 공간을 만들고, 어떤 점에서 참여자는 자기 스스로 혹은 연구자에 의해 가능성을 발견하며, 이전에는 스쳐 지나치던 내면으로 들어가게 된다. 참여자가 특정 주제에 대해서 아이디어를 내고 제안을 한다는 점에서 그리고 면담 중에 발생하는 문제에 대해 해결방법을 제시한다는 점에서 면담은 생성적이라 할 수 있다.

언어의 중요성 Importance of language. 질적면담은 참여자가 스스로를 어떻게 표현하는가에 초점을 둔다. 참여자가 사용하는 언어는 명확한 의미를 담고 있기 때문에 탐색된다. 가능한 이를 잘 포착하기 위해 면담은 일반적으로 녹취된다.

질적면담자의 자질 및 기술Attributes and skills of a qualitative interviewer

연구자의 자질은 실제로 면담에서 드러나는데, 연구자의 개인적 품성과 전문성의 정도에 달려 있다. 양적면담과 달리, 질적연구의 면담자는 스스로를 연구의 도구로 삼아 참여자와의 상호작용에 영향을 미친다. 면담과정은 인지적 · 지적 · 정신적 · 감정적 통합을 요구한다(Kvale & Brinkman, 2009; Rubin & Rubin, 2012; Silverman, 2010).

능동적 경청(active listening)은 면담 상호작용의 기본이다. 적극적 경청은 단순히 말만 듣는 것이 아니라, 참여자가 말하고자 하는 진정한 의미가 무엇인지 들으려 노력하며, 표현하는 것의 이면에 감추어진 것이 무엇인지 혹은 참여자가 말하지 않은 것이 무엇인지 찾으려 하고, 참여자의 표현에서 섬세한 뉘앙스까지 포착하려 애쓰는 것이다(Hammersley & Atkinson, 2007). 참여자의 진술에 따라 추가적인 질문을 찾는 것은 연구자가 참여자의 말을 주의 깊게 듣는 것을 전제로 한다. 잘 듣는다는 것이 매우 수동적인 역할로 보일 수도 있지만, 사실 적극적 경청은 연구자의 열정과 집중력이 직접적으로 전달되므로 면담에 있어서 핵심적 부분이다.

잘 듣는 기술은 연구자로 하여금 이전에 다루어지기는 했으나 상세한 내용을 몰랐던 주제에 대해 깨어있게 해 준다. 하나의 질문은 연구자가 탐색할 4~5개의 주제를 연속적으로 만들어 내며, 연구자는 머릿속에 이를 새기고 각각의 참여자에게로 돌아간다. 연구자는 본능적으로 자신이 듣고 있는 것(참여자가 하는 말, 눈길, 망설임, 찡그림과 같은 비언어적 의사소통)에 깨어 있게 될 것이고, 지금까지 누구로부터도 들을 수 없었던 어떤 것에 대해서 들을 수도 있을 것이다. 면담 도중에 분석적 구조나 분석적 주제를 어떻게 만들까 하고 궁리하는 것은 참여자가 하는 말을 잘 듣지 못하게 방해하므로 바람직하지 않다. 이는 자칫하면 참여자의 해석을 이해하고 이로부터 질문을 찾기보다는 연구자가 성급하게 해석하고 성급한 질문을 하게 한다.

잘 듣는 것은 면담 중 바람직한 공감대를 형성하는 데 있어 중요한 부분이다. 잘 듣고, 반응하고, 관련성 있는 질문을 던짐으로써 연구자는 진행되고 있는 면담이 적절하고, 가치 있으며, 연구자가 참여자의 말에 관심을 가지고 있고, 그 말을 진정으로 이해하고자 하는 열정이 있음을 보여준다. 관심을 집중하고 있다는 것을 보여주기 위해 시선접촉을 유지하고, 미소를 보이며, 이따금씩 고개를 끄덕이는 것도 필요하지만, 가장 적절한 것은 관련성 있는 질문을 연속해서 던지는 것이다. 참여자에 대한 존중을 보여줄 때, 참여자는 용기를 가지고 자신의 경험을 계속 나눌 수 있다. 연구자가 탐구정신을 가지고 참여자의 이야기를 듣고 싶어하는 것은 매우 바람직하다. Patton은 다음과 같이 면담자의 열정에 대해 언급했다.

> 만약 참여자가 자신의 경험세계가 밋밋하고 지루하다고 말한다면 당신은 결코 훌륭한 연구자가 아니다. 당신이 인간 경험의 풍부한 변화에 매료되지 않는 한, 질적면담은 고역이 될 뿐이다(Patton, 2002).

바람직한 교감을 형성하는 것은 참여자가 있는 일에 대해 연구자가 신뢰를 보여줄 때 이루어진다. 면담상황에서 연구자가 편안해 보일 때, 신뢰가 강화되고 참여자는 모든 것을 이야기하게 된다. 연구자가 면담상황에서 내적 고요를 가지고 평온함을 보여줄 때, 참여자 역시 긍정적인 반응을 보이게 되어 서로 관심사를 나누고 집중하게 된다. 유머 역시 공감적 면담환경을 조성하는 데 큰 역할을 한다. 농담을 나누고, 유머로 상황을 밝게 만드는 능력은 면담과정에 매우 유익하다. 면담은 연구자가 자신의 지식을 발표하는 포럼이 아니다. 연구자의 신뢰성은 연구주제를 잘 이해하고, 이를 바탕으로 참여자에게 의미 있고 관련성 있는 질문을 던지는 것에서부터 이루어진다. 연구자는 뛰어난 전문가나 자신의 동료를 면담하는 경우에 도전을 받게 된다. 연구자는 경쟁적으로 자신의 것을 드러내지 않고 겸손한 태도로 참여자가 자신의 관점과 지식을 말하고 표현하도록 허용해야 한다.

Mason(2002), Kvale과 Brinkman(2009)은 면담과 관련된 과업을 다음과 같이 강조한다. 연구자는 참여자의 말을 이해하기 위해 잘 들을 필요가 있으며, 이것이 연구질문과 관련이 있는지 평가하고, 참여자가 이전에 말했던 것과 모순이 있는지 주의를 기울여야 한다. 더 상세한 정보를 탐색하기 위해 지금 바로 해야 할 것이나 다음으로 미룰 것이 무엇인지 결정하고, 다음 질문에서는 어떤 표현을 사용할지 결정한다. 말의 뉘앙스, 망설임, 감정 그리고 비언어적 신호를 포착하고, 면담의 간격을 조절하며, 녹음장비에 시선을 둠으로써 혼란을 주거나 방해하는 것을 방지한다. 이와 같이 동시다발적인 요구에 적절하게 대처하기 위해서는 집중력과 체력이 필수적이다.

기술, 지식, 개인 판단력 등 질 높은 면담을 수행하기 위해 필요한 자질을 갖추기 위해서는 폭넓은 훈련이 필요하다(Kvale & Brinkman, 2009). 다른 노련한 연구자와 함께 실제 연습을 하는 것이 바람직하며, 특정한 사례를 바탕으로 문제에 접근하여 연구자의 자신감과 기술을 향상시킬 수 있는 기회를 가져야 한다. 참여자의 입장에서 면담을 받거나, 다른 사람을 면담하는 과정을 관찰하는 것 역시 상호작용에 대한 통찰력을 가지는 데 있어 큰 도움이 된다.

참여자와 충분한 교감을 나누고, 주제 가이드를 익히는 것도 필요하다. 시간을 잘 지킬 수 있도록 일정을 짜고, 녹음장비를 미리 확인하고 챙겨야 한다. 기대하지 않았는데 좋은 면담이 이루어지는 경우도 있다. 하지만 면담 중에 발생할 수 있는 문제를 사전에 점검해 보고 이에 대해 연구자가 어떻게 건설적으로 대응할지 준비하는 것이 필요하다.

면담 진행단계

The stages of an interview

Berg와 Lune(2012)가 오프닝, 이야기 무대, 피날레 등의 연극적 요소를 가미하여 구성한 것처럼 심층면담은 몇 단계로 이루어져 있다(Robson, 2002; Rubin & Rubin, 2012). 넓은 의미에서 연구자의 과업은 참여자를 표면으로부터 더 깊은 곳으로 데려가는 것이며, 특정한 주제에 집중하기 위해 이전에는 감히 예측할 수 없었던 방식으로 매일 조금씩 상호작용의 수준을 높여나가는 것이다. 어떤 접근방법을 취하든, 면담은 다음의 단계를 따라 진행될 가능성이 높다(**Box 7.1**).

1단계: 도착과 소개 Arrival and introductions

면담과정은 연구자와 참여자가 만나는 순간 시작된다. 이 처음 몇 분간이야말로 연구자와 참여자 간에 좋은 공감대가 이루어질지의 여부가 결정되는 중요한 시점이다. 이때는 연구자와 참여자 두 사람이 사회에서 전형적으로 주고받는 일반적인 인사와 가벼운 대화를 나누는 것이 좋다. 비록 면담이 참여자의 홈그라운드에서 이루지고, 또 연구자가 이를 존중했다 하더라도 양자의 상호작용에서 연구자는 주인으로서의 역할을 다하며, 적극적이고도 주도적으로 이끌어가야 한다. 조용한 자신감, 친근함, 편안한 태도를 보이는 것이 좋다.

일단 소개가 끝나고 교감이 형성되기 시작하면, 연구자는 분위기를 바꿔 연구에 대한 이야기를 시작하면서 면담을 시작할 준비가 되었다는 신호를 보낸다. 즉, 연구주제에 대해 안내하고, 면담을 어떤 곳에서 하면 좋을지 묻고, 편안하게 면담을 시작할 수 있는지 확인하고, 참여자가 면담에 소요할 수 있는 시간이 어느 정도인지 의논한다.

2단계: 연구소개 Introducing the research

이 단계는 연구자가 연구주제에 대해 소개함으로써 시작된다. 참여자와 어떻게 최초로 접촉했는지에 상관없이 연구에 대한 동의를 받아야 하며, 이 시점에서는 아직 연구에 대한 참여자의 사전동의가 이루어지 않았으므로 연구자는 연구의 목적과 목표 그리고 면담에서 다루어지게 될 내용에 대

Box 7.1

면담단계

1단계: 도착과 소개

- 공감대 형성이 시작된다.
- 상호작용에서 주인의식을 가지고 친밀감과 긍정적인 분위기를 만든다.

2단계: 연구소개

- 사전동의서 받기: 연구목적, 목표, 자발적 참여, 비밀보호를 설명한다.
- 면담범위: 참여자는 자신들이 공개의 수위를 조정하기 어려우므로 참여자가 진술하기를 원하지 않는 질문에 대해서는 대답하지 않아도 된다는 것을 사전에 알려주어야 한다.
- 정답과 오답은 없으므로 참여자가 자신의 언어로 진술하는 관점을 경청한다.

3단계: 면담시작

- 상황정보: 면담에 참조하고, 면담의 특성을 정하기 위해 이용한다.

4단계: 면담 중

- 연구목적을 충족할 수 있도록 면담의 넓이와 깊이를 조정한다.

5단계: 면담종료

- 면담종료를 사전에 알려준다.
- 긍정적 내용으로 끝맺고 필요 시 제안과 권고를 한다.

6단계: 면담종료 후

- 참여에 대한 감사 전하기: 기여한 바에 대한 가치를 표명한다.
- 참여자가 제공한 정보가 어떻게 처리되고 사용될 것인지에 대해 설명한다.
- 참여자가 일상으로 돌아간 후 이미 제공한 정보를 변경하고자 할 경우, 이를 위해 대비하고 있음을 알린다.
- 면담이 종료된 후에도 문턱자료(doorstep data)라고 하는 새로운 정보가 참여자로부터 나올 수 있으며, 이를 위해 연구자가 대기하고 있음을 알린다.

해 설명해야 한다. 참여자 역시 이 주제에 대해 자신이 앞으로 거쳐야 할 길을 생각해봐야 한다. 연구자는 연구주제에 관해 설정해 놓은 질문을 제시하여 이에 대해 미처 예측하지 못했던 참여자의 이해를 돕는 것이 필요하다. 이는 참여자로 하여금 주제에 대해 보다 민감하게 깨어 있게 한다. 따라서 단순히 동의서만 받는 것이 아니라 연구내용에 대해 연구자와 참여자 간에 타협과 조정의 과정을 거치는 것이 중요하다.

참여자가 완전히 자발적 의사에 의해 연구에 참여하는 것임을 확인하고 비밀보호와 공개에 대해 양자 간의 협정이 이루어진다. 확인을 위해 문서화된 양식을 사용하는 것이 도움이 되며, 특히 면담과정에서 사적이고 민감한 이야기가 나올 것으로 예상될 경우는 문서화된 동의서가 필요하다.

사람들은 심층면담에 익숙하지 않기 때문에 예상치 않은 주제에 대해 면담을 할 경우 밝히지 않겠다고 결심했던 것까지 이야기를 할 수 있다. 그러므로 참여자가 진술하기를 원하지 않는 질문에 대해서는 대답하지 않아도 된다는 것을 사전에 알려주어야 한다. 면담 중 참여자가 질문을 이해하지 못했을 경우에는 솔직하게 이 사실을 이야기하도록 격려해야 한다. 면담은 일련의 질문에 대해 짧게 대답하거나, 항목을 선택하는 설문조사가 아님을 명확히 설명하는 것이 필요하다. 대신 그들의 경험세계에 대한 관점이나 경험을 듣는 것이 면담의 목적임을 상기시켜 주어야 한다.

3단계: 면담 시작 Beginning the interview

첫 질문은 참여자의 나이, 가족관계, 고용상태 등의 상황정보를 얻을 수 있는 중요한 기회를 제공한다. 면담 시작단계에서 얻게 된 이상과 같은 정보는 이후의 면담과정에서 질문을 연결시키는 고리 역할을 한다. 상황정보를 얻기 위한 질문을 면담 중간에 던지면 면담의 흐름이 끊어진다. 이와 같이 참여자의 상황에 대한 시작질문은 참여자로 하여금 주어지는 질문에 대해 자신의 말로 대답할 필요가 있으며, 앞으로 진행될 면담이 반영적 질문으로 이루어져 있다는 사실을 보여주기 때문에 유용하다. 이를 통해 참여자는 친숙한 주제에 대해 효과적으로 적응하게 된다.

연구자는 참여자에게 "그냥 가볍게 당신에 관한 이야기를 조금만이라도 해주세요."라고 말문을 여는 것이 좋으며, 이를 통해 연구자는 참여자의 나이, 누구와 사는지 그리고 매일 무슨 일을 하고 있는지에 대해 점진적으로 질문을 할 수 있다. 후속적으로 주어지는 질문은 면담의 역동성을 살려주고, 참여자의 자기개방을 유도하며, 연구자는 자신이 알고 싶은 이야기를 듣고 있다는 확신을 얻을 수 있다. 연구자는 첫 질문에 대한 참여자의 대답을 통해 참여자들이 자신의 역할을 잘 취하고 있는지를 판단할 수 있으며, 이들의 역할을 적절하게 조화시켜갈 수 있다. 그러나 참여자의 상황에 대한 질문이 항상 바람직한 것은 아니다. 예를 들면, 죄수 혹은 심각한 질환자를 대상으로 할 경우에는 사려 깊게 상황질문을 선택해야 한다.

4단계: 면담 중 During the interview

연구자는 핵심주제를 통해 참여자를 안내하는데, 핵심주제는 참여자의 진술로부터 연구자가 간파하여 결정하며, 이를 통해 면담 내용의 깊이와 넓이를 찾아가게 된다. 참여자는 이 단계에서 이야기의 대부분을 진술하게 된다. 연구자는 개방질문법을 사용하여 참여자의 진술을 경청하고 관심을 보이며, 더 적극적으로 이야기할 수 있도록 격려하고, 연구자가 원하는 것은 짧은 단답형의 대답이 아닌 개방적인 진술이라는 것을 은연중에 표시해야 된다. 이 단계에서 참여자는 보다 깊이 있는 작업을 하며, 일반적 수준보다 더 초점을 맞추게 되고, 자신의 일상 속에서 잠자고 있던 아이디어, 생각, 느낌을 발견하게 된다.

연구가 그냥 조용히 앉아 듣기만 하는 것처럼 보일 수 있지만, 사실 이때 연구자는 매우 열심히 일을 한다. 참여자의 진술이 연구목적을 충족하고 있는지 확인하여 적절하게 유지되도록 하고, 참여자로 하여금 주제로 되돌아가도록 방향키를 조정하며, 앞으로 어떤 내용을 다루고 어떤 질문을 할지 결정한다. 이는 주어진 주제에 전념할 수 있는 시간이 어느 정도인지 판단하는 것을 포함한다. 참여자가 경험하는 모든 관련 양상이 진술되는 때가 언제인지, 다른 주제로 옮겨가도 좋을 시점이 언제인지, 연구가 의도하는 초점을 벗어나 예측하지 못한 방향으로 참여자의 진술이 흘러갈 때 어떤 반응을 해야 할지에 대한 판단도 포함된다.

5단계: 면담 종료 Ending the interview

면담이 끝나기 5~10분 전에 연구자는 면담 종료를 알리는 신호를 준다. 이는 몇 가지 이유로 도움이 되는데, 면담으로 다소 지쳐있는 참여자의 에너지를 재충전 할 수 있고, 지금까지 논의되지 않은 어떤 중요한 내용을 끄집어내도록 격려하며, 참여자가 서서히 면담상황에서 벗어나 일상적 사회생활로 되돌아 갈 수 있도록 돕는다. 이러한 신호는 "마지막으로 질문할 것은..." 혹은 "몇 분 이내에..." 등의 표현을 통해 표시할 수 있다. 아직 표현하지 못한 감정, 혹은 언급하지 않은 문제 등, 참여자가 아직 끝내지 못한 것이 있는지 확인하는 것 또한 중요하다. 면담을 마무리하기 전에, 무엇이든 더 하고 싶은 이야기나 권고할 것이 있는지 질문함으로써 이를 확인할 수 있다.

6단계: 면담 종료 후 After the interview

면담 종료 후 일어날 일을 고려하는 것도 필요하다. 연구자가 참여에 대한 감사인사를 함으로써, 참여자로 하여금 면담 분위기에서 벗어나 일상생활로 되돌아 갈 수 있게 한다. 또한 참여자가 제공한 자료가 이후에 어떻게 처리되고 보고되는지에 대해 설명하는 것도 필요하다. 면담 중에 참여자가 제기한 질문에 대해 답을 하거나, 상세한 연락처를 알려 주거나, 지원받을 수 있는 서비스를 안내하는 시기이기도 하다. 때로는 면담을 종료한 후에도 마지막 반응이 불꽃처럼 일어나고, 심지어는 소위 문턱자료(doorstep data)라고 하는 새로운 정보가 참여자로부터 나올 수 있다. 만약 이런 것들이 중요하다고 판단되면, 연구자는 참여자에게 다시 진술해 줄 수 있는지, 그리고 녹음이나 메모를 할 수 있는지 요청할 수 있다(이런 경우를 대비해서 미리 이런 상황에 대한 동의를 받을 수 있다).

연구자는 최종적으로 참여자의 큐(cue)를 받을 필요가 있으며, 참여자가 연구주제에 대해 할 말이 더 있는 것처럼 보일 때, 좀 더 시간을 두고 기다려 주는 것도 중요하다. 어쨌거나, 면담이 종료되고 연구자가 떠나야 할 시간이 오면, 참여자로 하여금 면담과정에 대해 좋은 느낌을 가질 수 있도록 배려해야 한다.

자료의 폭과 깊이를 얻을 수 있는 질문 만들기

Formulating questions to achieve breadth and depth

질문구성의 원칙 Some principles in formulating questions

심층면담의 목적은 각각의 참여자로부터 핵심문제를 충족하는 포괄적이고도 깊이 있는 자료를 얻는 데 있다. 면담과정을 설명하기 위해 다양한 비유가 이용된다. 앞서 Kvale와 Brinkman(2009)은 연구자를 광부 혹은 여행자로 은유한 바 있고, Berg와 Lune(2012)은 면담과정을 다양한 장면과 캐릭터로 이루어진 연극에 비유하였다. 또한 면담은 지도제작과정에 비유할 수도 있다. 면담은 지도에도 없는 미지의 땅을 찾아 지도에 삽입하는 과정과 비슷한데, 미지의 땅은 참여자가 살아가는 세상 혹은 연구현상에 대한 참여자의 경험이라 볼 수 있다. 연구자는 땅의 주요 형태를 규정하고 표현할 수 있는 질문을 던짐으로써 그 윤곽을 잡아 나가고, 마침내 지도를 만들 수 있을 것이다. 질문 만들기는 땅의 크기와 모양을 조사하기 위한 설계이며, 참여자가 거하고 있는 땅이 위치하는 곳에 대한 연구자의 감각을 일깨워 준다.

주제의 차원을 드러내고 밝히기 시작하는 질문들은, 관련 신념과 경험에 관한 것이다. 연구자는 더 깊은 탐색을 하며, 땅이 가진 지형의 핵심을 간파하고, 참여자가 머무는 땅의 생생한 모습을 나타내며, 더 상세하게 묘사한다. 참여자의 입장에서 문제의 의미를 평가하며, 참여자의 관점으로부터 보다 심층적인 이해를 하게 된다. 그러므로 이 과정은 매우 상호작용적이며, 연구자는 참여자와 함께 직물을 짜듯 질문을 만들어 가는데, 이 질문들은 연구주제를 반영적이고도 심층적으로 탐색하게 한다.

개방질문 Open questions

개방질문은 표준화된 심층면담의 도구이다. 예/아니오 혹은 한마디의 말로 간단하게 대답할 수 있는 폐쇄형 질문과는 반대로, 개방형 질문은 만족할 만한 대답을 요구함으로써 참여자에게 다소의 부담을 주는 질문이다(Patton, 2002). 예를 들면 다음과 같다.

- 병원에는 가 보셨나요?

  라는 질문보다 개방형에 가까운 질문은 다음과 같다.

- 당신의 아버지가 병원에 계시다는 말을 듣고 무엇을 하셨어요?

- 재활용이 바람직하다고 생각합니까?

  라는 질문보다 개방형에 가까운 질문은 다음과 같다.

- 재활용에 대해 어떻게 생각하시나요?

폐쇄형 질문도 나름의 역할을 한다. 이는 참여자의 진술을 보다 명확하게 확인 및 이해하고자 할 때 유용한데, 예를 들면 “당신이 조언자를 처음으로 만났을 때가 언제입니까?” 혹은 “당신이 일자리로 다시 복귀했을 때 자녀들의 나이가 몇 살이었나요?” 등의 질문이 폐쇄형 질문에 속한다.

비유도적 질문Non-leading questions

연구자는 가능한 참여자의 응답에 영향을 주지 않는 질문을 하고자 한다. 유도질문은 참여자를 특정한 방향으로 이끌려는 의도를 가지고 질문하는 것인데, 예를 들면, “그게 당신을 화나게 했군요?” 혹은 “그가 그 말을 했을 때 당신은 화가 많이 났겠어요?” 등이 유도질문에 속한다. 더 나은 질문은 참여자로 하여금 자신의 솔직한 느낌을 드러내도록 하는 것이며, 그 예는 다음과 같다.

- 그가 그런 말을 했을 때, 당신은 어떻게 반응했나요?

참여자는 자유롭게 자신의 반응을 나타내는 표현을 선택할 것이다. 이 사례에서 예측 가능한 참여자의 반응은 다음과 같다.

  - 극도의 충격을 받았어요.
  - 오, 난 그의 말에 아무런 느낌이 없었어요.
  - 난 그를 후려쳐 집 밖으로 내던졌어요.

만약 필요하다면, “혹은 그렇지 않나요?”라는 말을 질문에 덧붙여서 특정한 반응을 중립적으로 만드는 것도 좋다.

- 그건 당신이 원했나요 혹은 그렇지 않나요?

연구자는 어떤 내용을 들었을 때 자신이 어떻게 반응하는지를 스스로 살피는 것이 필요하며, 자신의 반응이 질문을 구성하는 데 아무런 영향을 미치지 않았음을 확인하고, 질문의 목적이 개방적이면서도 비판적이지 않은 태도를 견지하는 것임을 알아야 한다. 응답의 신뢰성과 연구자의 해석을 확인하기 위해서는 때때로 유도질문을 할 필요가 있다(Kvale & Brinkman, 2009). 그러나 연구자의 반응이 연구 상호작용에 영향을 미치는지 혹은 적절하지 않게 면담을 유도하고 있지는 않은지 연구자 스스로 깨어 살펴야 한다. 이러한 영향은 호흡, 웃음, 놀라거나 회의적인 표정 등의 신체적 반응으로 주어질 수 있는데, 이는 구두로 진술하는 것만큼 영향을 미칠 수 있다.

명확하게 질문하기 Asking clear questions

가장 효과적인 질문은 간략하고 명확하여 참여자로 하여금 답을 찾는 데 있어 불확실한 느낌을 갖지 않도록 하는 것이다. 여기에는 피해가야 할 다양한 함정들이 있다. 첫 번째, 질문을 서두에 앞세우려는 유혹이 있는데, 이는 민감한 주제를 다룰 때 위압감을 덜 느끼게 하고, 참여자가 이전에 언급했던 어떤 말과 연결하려 할 때 이런 현상이 발생한다. 때로 질문과 관련된 사항을 명확하게 설명하는 것이 필요하다 할지라도, 서문이 장황하게 얽혀 있으면, 질문 그 자체는 사라지거나 불분명해질 수 있다. 이런 유혹이 생길 때, 가장 효과적인 해결방법은 단순하게 생각하고, 가능한 직설적으로 질문하는 것이다.

두 번째, 중복된 질문은 피해야 한다. 면담 분위기가 무르익으면, 한 번에 2가지 질문을 쉽게 할 수 있는데, 예를 들면, "서비스에 대해 들어보신 적이 있나요? 그리고 이용하겠다는 결정은 내리셨나요?"라는 식이다. 이는 참여자가 2가지 질문을 모두 기억하고 이에 답하는 데 혼란을 느끼게 할 수 있다. 이런 경우, 사람들은 대답하기 쉬운 것부터 언급하는 경향이 있으므로, 보다 의미가 풍부한 자료를 놓칠 수 있다. 따라서 효과적으로 질문하기 위해 한 번에 한 가지씩 질문하고, 상세한 내용을 충분히 확인한 후 다음 질문으로 옮겨가는 것이 좋다.

세 번째, 지나치게 추상적이고 이론적인 질문을 피하는 것이 중요하다. 가장 효과적인 질문은 참여자와 직접적인 관련성이 있고, 참여자의 관점 및 환경과 밀접한 연관성이 있는 것이다. 비록 연구자의 질문이 사회이론에 대한 이해로부터 도출된다 하더라도, 이를 일상적 용어로 단순하고 구체적으로 전환하는 것이 필요하다.

마지막으로, 사람들이 일상적으로 사용하는 언어와 용어에 대한 민감성을 가지고 동떨어진 어설픈 모방을 피하거나, 신빙성을 잃지 않고 이를 질문에 반영하는 것이 필요하다. 사무적이고, 관료적인 용어는 연구자와 참여자 사이에 장벽을 쳐서 면담과정의 생기를 잃게 한다. 참여자의 언어와 용어를 살펴보는 것은 그들의 말을 잘 경청하기 위해 필요하다. 사람들의 기본적인 인식, 가치, 태도를 담고 있는 특정한 용어의 의미를 탐색하는 것도 중요하다.

매핑 질문하기Asking mapping questions

각각의 심층면담은 고유한 독특성을 가지고 있다. 심층면담을 진행하는 것이 흥미롭고 고역스럽지 않은 이유는 각 면담이 고유하며 다음 참여자에게 일어날 일을 확신할 수 없기 때문이다. 면담과정을 6단계로 세팅하였다 할지라도 각각 단계마다 적절하게 접근할 수 있는 질문이 있다. 지도제작의 비유로 되돌아가서, 연구자는 포괄적이고 개방적인 질문을 던짐으로써 지도상에 나타난 땅의 모습을 감지하듯, 핵심 주제를 열어가게 된다. 예를 들면, 다음의 질문과 같다.

- 당신이 권익을 어떻게 주장해 왔는지 말씀해 주시겠어요?
- 당신이 받았던 의료적 치료에 대해 말씀해 주실 수 있나요?
- 당신이 받았던 서비스에 대한 이야기가 매우 도움이 될 것 같은데, 이 서비스를 처음으로 알게 된 때부터의 경험을 들려주시겠어요?
- 당신에게 있어서 의사와 환자 간의 관계는 무엇을 의미하나요?

그런 다음, 연구자는 답변을 요하는 일련의 질문을 참여자에게 던지게 될 것이다. 이러한 질문은 연구자로 하여금 연구주제의 핵심적인 차원을 제기하게 하며, 면담의 구조와 틀을 제공한다. 예를 들면, 실업수당 청구자에 대한 연구에서 위에 제시한 첫 질문에 대해 아래의 반응을 예상할 수 있다.

- 당신이 권익을 어떻게 주장해 왔는지 말씀해 주시겠어요?
  - 글쎄요, 나는 수 년간 제빵사로 일해 왔습니다만, 팔에 생긴 문제가 점점 심각해져서 더 이상 일을 할 수 없었어요. 우선 저는 결근을 했고, 의사는 (치료 후) 팔이 좀 더 잘 움직이고 좀 좋아졌다고 했어요. 그러나 저는 일을 할 수가 없었죠. 일을 계속하려고 애를 썼지만 결국 일을 포기했어요. 실업수당을 받는다는 것이 끔찍했고, 직장으로 복귀하려 했으나 선택의 여지가 없었어요.

이와 같은 반응은 지도에다 땅의 모습을 나타내는 몇 가지 정보를 참여자가 제공하기 시작하는 것과 같다. 연구자가 좀 더 상세한 내용을 탐색하기 위해서 이와 같이 참여자의 이전 직업, 건강문제, 의료적 치료, 직장적응, 실업수당에 대한 태도, 앞으로의 계획 등을 질문할 수 있다. 연구자는 이런 상세한 내용을 탐색하기 위해 어떻게 면담을 구조화해야 할지 결정해야 한다.

연구자는 먼저 참여자의 일(직업)에 대해 질문할 수 있으며, 그런 다음 각 핵심적인 단계 혹은 참여자가 실업수당 청구와 관련해서 겪어 온 문제를 더 깊이 탐색하고 규명하기 위해 일련의 질문을 던질 수 있다. 위의 사례에서 보듯이 참여자의 경험을 더 깊이 들여다보기 위해, 이를테면 땅의 핵심적 특성을 규정하기 위해, 연구주제는 무엇이며 보다 상세하게 밝혀진 것을 무엇인지를 이해하기 위해, 반복적인 과정을 거치면서 '왜', '어떻게', '어떤 방법으로' 등의 질문을 한다.

정밀조사하기Probing

연구자가 던지는 첫 매핑질문에서 참여자의 반응이 연구목적을 충족할 만큼 폭넓고 깊이가 있기는 거의 불가능하다. 좋은 심층면담의 핵심은 표면 아래 숨어 있는 것을 철저하게 캐내는 것이다. 정밀조사는 주어진 정보, 진술, 설명을 보다 명확하게 이해하기 위해서 '어떻게?', '어떤 방법으로?', '왜 그렇게 되었죠?'라는 일련의 질문을 던지는 반응적 기법이다. 정밀조사는 대개 구두로 하지만, 일시적 멈춤, 제스처, 눈썹을 올리는 등의 비언어적인 행동도 효과적일 수 있다.

정밀조사를 위한 효과적인 질문과 기술을 개발하는 데 있어서 연구자는 앞으로 더 얻고자 하는 정보의 다양한 형태와, 왜 그러한 정보를 참여자로부터 얻으려 하는지에 대해 깊이 생각해야 한다.

증폭 혹은 확장하기 위해: 참여자의 진술을 더 정교하게 다듬고, 연구현상 혹은 참여자의 경험에 대해 심층적으로 기술하기 위해 정밀조사를 이용한다. 이는 또한 참여자의 관점을 모든 측면에서 확인할 뿐만 아니라 특정한 방식으로는 응답을 할 수도, 하지 않을 수도 있는 참여자의 경험과 처한 환경을 부정적인 관점뿐만 아니라 긍정적인 관점에서도 생각하게 한다.

설명하기 위해: 심층면담의 핵심목표는 사람들이 왜 자기만의 방식으로 행동하고, 생각하며, 느끼고, 반응하는지를 찾아내는 것이다. 때로 너무 분명하고, 평범하며, 심지어 진부하게까지 보이는 '왜'라는 질문은 지금까지는 그냥 흘려버렸던 복합적이고 상세한 경험의 층을 열어준다. 예를 들면, 누군가 노숙자가 되는 데는 여러 가지 이유가 있을 수 있는데, 그들의 고용상태, 이전의 주거환경, 그리고 왜 그런 환경에서 밀려났는지, 현재 주거할 수 있는 집의 유무, 안정된 집을 찾으려는 시도 그리고 이와 관련된 경험, 그들과 관계를 이어가는 중요한 사람들이 누구인지 등이 이에 속한다. 심층면담의 중요한 장점 중 하나는 이러한 복합적인 경험의 층을 충분히 설명하고 정밀하게 들여다 볼 수 있다는 것이다.

영향, 효과, 결과를 탐색하기 위해: 참여자의 진술이 연구목적을 충족하고 있는지를 확인하는 것이 중요하다.

기저에 숨어 있는 가치, 관점, 경험을 이해하기 위해: 참여자가 가진 경험의 의미와 행동 뒤에 숨어 있는 의도와 동기를 밝힌다.

명확히 하기 위해: 심층면담은 때로 참여자의 관점을 충분히 이해하기 위해 매우 높은 수준의 정확성과 명확성, 특수성을 요구한다. 이는 언어 혹은 용어의 정확성과 관계가 있는데, 연구자는 참여자가 사용하는 용어의 의미를 이해한다고 쉽게 믿지만 많은 경우 참여자가 의미하는 것과 연구자가 이해하는 것 사이에는 큰 간극이 있다. 명확한 용어, 특히 특별한 감정이 담겨있거나 매우 서술

Box 7.2

정밀조사를 위한 질문

증폭 혹은 확장하기 위해:

여러 상황에서 활용할 수 있는 간단한 정밀조사는 다음과 같다.

- 그것에 대해 좀 더 이야기 해 주시겠어요?
- 예를 들어 말씀해 주시겠어요?

이는 피면담자가 이미 이야기했던 내용과 직접 연결해서 확인할 때 유용하다.

- 당신은 매우 다양한 환자 그룹을 가지고 있다고 말씀하였어요. 이 환자 유형에 대해 당신이 보신 대로 좀 더 말씀해 주시겠어요?
- 그가 당신 편이었다고 말씀하실 때, 어떤 느낌이 드시나요?

완성된 견해에 대해서 확인하기 위해 다음과 같이 조사할 수 있다.

- 당신은 그것 때문에 매우 기뻤다고 하셨어요. 그것보다 더 나아진 것은 없나요?

설명하기 위해:

가장 간단하면서도 효과적인 정밀조사는 그냥 '왜?'라고 묻는 것이다. 그러나 이는 때때로 대립적이거나 혹은 직설적으로 느껴지는데, 이 말을 많이 사용할 때 특히 그러하다. 따라서 이용할 수 있는 대안적 질문은 다음과 같다.

- 무엇이 당신으로 하여금 그런 말을 하게 합니까?
- 왜 그런 반응을 한다고 생각하세요?
- 당신이 추측하기에는 무엇이 그녀로 하여금 감정을 폭발하게 한 것 같습니까?

너무 분명해서 심지어는 진부하게까지 느껴지는 '왜?'라는 질문은 확인의 단서가 될 수 있다.

- 이것은 분명해 보이는데, 왜...?
- 이건 단지 내가 이해하고 있는 것이 맞는지 확인하고 싶어서 그러는데 왜 그런지 좀 더 정확하게 말씀해 주시겠어요?

영향, 효과, 결과를 탐색하기 위해:

- 그때 당신은 어떤 반응을 보였나요?
- 그것은 당신에게 어떤 효과를 미쳤나요?
- 당신이 그것을 발견했을 때, 당신의 접근방법은 변화되었나요?
- 그 다음엔 무슨 일이 일어났나요?
- 그건 어떻게 달랐나요?

기저에 숨어 있는 가치, 관점, 경험을 이해하기 위해:

무엇인가를 설명을 하기 위해 사용되는 정밀조사의 예는 다음과 같으므로 원하는 대로 선택해서 질문할 수 있다.

- 이것이 왜 당신에게 중요하다고 생각하시나요?
- 무엇이 당신으로 하여금 이처럼 강한 힘을 느끼게 합니까?

명확히 하기 위해:

사용하는 언어나 용어의 뜻을 명확히 하는 것은 의문문에서 해당 언어를 반복적으로 사용하는 것과 같다.

- 교활하다고요?

언어의 뜻을 정확하게 확인할 수 있는 또 다른 예는 다음과 같다.

- 어떤 점에서 그것이 무서웠나요?
- 고전적 사례가 무슨 뜻인지 설명해 주시겠어요?

상세한 결과를 명확히 확인하는 질문은 다음과 같다.

- x는 y 이전에 발생했나요? 아니면 y 이후에 발생했나요?

불일치를 확인하기 위해:

정밀조사는 다음과 같이 이전에 했던 말과 직접 연결지어 질문할 수 있다.

- 프로젝트를 시범적으로 수행했지만 잘 운영되지 않았다고 지난번에 말씀하셨어요. 방금 말씀하신 '전체적으로는 잘 진행되었다'는 말은 어떤 의미인지 말씀해 주시겠어요?
- 면담 시작 때 당신은 직장 내에서 차별을 경험한 적이 없었다고 말씀하셨어요. 직장에서 받고 있는 처우에 대해 지금 당신이 말씀하시는 것은 차별이라고 생각하시나요, 아니면 차별이 아니라고 보시나요?

적인 표현은 연구자가 참여자의 관점을 깊이 있게 이해하는 데 도움이 된다. 그 외에도 날짜, 어떤 사건의 결과, 핵심적인 사람의 역할 등의 자료를 명확하게 확인할 필요가 있다.

불일치를 확인하기 위해: 면담 중에 참여자의 관점을 담고 있는 진술에서 충돌하거나 불일치하는 내용이 자주 나타날 수 있다. 이때는 불일치하거나 반대되는 내용에 대해 참여자의 관심을 지속적으로 이끌어내기 위해 대립적인 태도를 취하지 않고, 다시 이에 대해 질문하여 명확하게 확인하는 것이 필요하다.

때로는 같은 문제에 대해 반복되는 확인이 다른 형태의 추가적인 자료를 생성하게 만든다. 특수한 상세정보가 필요한 경우, 이에 맞게 특수한 용어를 사용한 질문이 필요하다. **Box 7.2**는 각각의 상황에 맞는 정밀조사의 예를 제공한다.

촉진하기 Using prompts

참여자의 경험 즉, 그들의 땅이 어떻게 생겼는지를 알아내는 가장 좋은 방법은 참여자가 자신이 가진 지도를 바탕으로 자신의 말로 땅의 모양을 설명할 수 있도록 개방형 질문을 던지는 것이다. 그러나 연구자가 면담에서 연구 아이디어를 소개하고 이에 대한 참여자의 관점을 찾는 데는 시간이 필요하다. 즉, 참여자에 의해 문제가 제기되는 것이 아니라 연구자가 참여자의 관심을 얻기 위해 문제를 제시하는 것이며, 이 과정은 촉진(prompts)이라고 알려져 있다.

지도에서 빠져 있는 것이 있는데도 불구하고 개방질문과 정밀조사를 통해서도 이것을 명확하게 찾을 수 없다는 것을 연구자가 감지할 때 촉진을 이용할 수 있다. 혹은 연구자가 알고 싶은 주제의 측면이 있는데도, 참여자가 이에 대한 언급을 스스로 하지 못할 때가 있다. 촉진은 참여자가 표현하려고 노력하는 그 특정 감각을 자극하고, 문제를 명확하게 확인하도록 돕는다. 촉진을 사용할 때, 연구자는 연구주제에 대한 소개가 참여자의 반응에 영향을 미치고 있다는 것과, 연구자가 특정한 답을 찾고 있다는 함축적인 사실을 인식하고 있어야 한다. 그러므로 촉진은 가볍게 전달되어야 한다. 연구자는 참여자의 반응과 이들이 자신의 경험을 자연스럽게 표현하고 있는지를 잘 감지해야 하며, 이들이 강제적이거나 출처가 분명하지 않은 신뢰성 없는 답변을 하고 있는지를 식별해야 한다. 질문에서 촉진의 정도를 제시하면, 참여자로부터 자유로운 반응을 이끌어 내어 선호하는 답변만 하는 위험을 방지할 수 있다.

- 당신이 간병인에게 바라는 몇 가지를 언급하셨는데, 그 외에 다른 것은 없는지 궁금하네요. 예를 들면, 그들이 당신에게 말하는 방법 즉, 그들이 당신의 말을 잘 경청하는지 등에 대해서도 생각해 볼 수 있을 것 같아요.

촉진은 이전 면담이나 혹은 다른 연구에서 제기되었던 문제나 관점을 제시함으로써 참여자에게 자극을 줄 수 있다. 다시 강조하지만, 중요한 것은 참여자가 자유롭게 답변할 수 있도록 하는 것이다.

- 사람들은 의사와 환자 간의 관계에 대해 많은 이야기를 해요. 당신도 이들이 관계가 있다고 보시나요? 아니면 없다고 보시는지요?
- 제가 면담했던 몇몇 사람은 자신이 적절한 서비스를 받았다고 생각하지 않아요. 이 문제에 대해 당신은 어떻게 생각하세요?

초보연구자가 가질 수 있는 공통적인 우려는 '특정 주제에 대한 상세하고 충분한 정보를 얻을 수 있는 때를 과연 알 수 있는가?'이다. 이에 대해 간단한 해답은 '없다'이다. 단 하나의 질문으로 깊이 있는 정보를 얻어낼 수는 없다. 질적면담은 반복적인 과정이다. 하나의 질문에 대한 반응이 또 다른 질문과 반응으로 연결된다. 좋은 면담이란 어느 정도는 탐정의 업무와 유사한 점이 있다. 연구자는 지금까지 충분히 답을 듣지 못한 단서가 무엇이고, 그럴싸하지 않거나 혹은 앞뒤가 맞지 않는 것은 무엇이며, 참여자가 사후에 합리화하거나 올바르다고 여기는 것은 무엇인지를 감지해야 한다. 각기 다른 질문을 통해 얻어낸 이야기를 모든 측면에서 확인하는 것이 면담자의 역할이다.

예를 들면, 참여자가 시간이 없다고 하면서 신체운동을 하지 않는 이유에 대해 이야기한다고 하자. 이때 연구자가 시간이 유일한 장벽이 아니라고 감지할 경우, 다른 이유를 명확하게 찾아내기 위해 조심스럽게 정밀조사를 할 수 있다.

  - 정말 시간이 없어서 직장에 가기 위해 버스 정류장까지 걸어가는 것 외에 다른 운동은 할 수가 없어요. 만약 할 수만 있다면 운동을 했을 거예요. 그런데 오후 6시 이후에도 일이 끝나지 않는 데다가 아이 셋을 키우는 아내를 도와주어야 해요. 거기다 학교운영회 이사를 맡고 있어서 시간소모가 많아요.
- 주말에는 뭘 하시나요?
  - 쇼핑을 해요. 그런 다음 잔디를 깎고, 정원을 돌보죠. 여기 저기, 친구들에게 혹은 수영장으로 아이들을 데려다 주기도 해요.
- 아이들과 함께 수영을 하시나요?
  - 아니오. 2시간 정도 수영장에 머물기는 하지만 수영을 하지는 않아요.
- 왜 안하나요?
  - 솔직하게 말씀드리자면, 난 몸을 움직이는 것에 좀 게으른 편이라서 수영이나 혹은 어떤 종류의 스포츠에도 관심이 없어요.

한발 더 나아간 정밀조사를 통해 피면담자의 신체운동 혐오증이 새어 나오게 되며, 거슬러 올라가 학창시절의 운동적성에 대해서도 알 수 있다. 따라서 참여자의 신체활동과의 관련성과 동기 등, 다양한 요인을 규명함으로써 부족한 시간 외에도 다양한 사안에 대해 논의할 수 있다.

역동적 면담 지원하기

Supporting the interview dynamic

면담에 접근하기 Approaches to interviewing

역동적인 면담을 지원하기 위해서는 몇 가지 기술과 고려사항이 필요하며, 면담은 가능한 참여자의 관점을 살려 개방적으로 진행되어야 한다.

- **절대로 가정하지 말 것.** 누군가의 이야기를 이해한다고 쉽게 가정할 수 있지만, 참여자에게 그가 하는 말의 진정한 의미가 무엇인지 설명해달라고 요청하여 듣고 나면, 이러한 가정이 틀렸다는 것을 알게 되는 경우가 많다. 연구자는 특정한 행위, 신념 혹은 이미 알려진 내용을 근거로 무엇인가를 이해한다고 쉽게 가정하지 말아야 한다. 매우 유용한 면담의 규칙은 이러한 가정을 질문으로 풀어내는 것이다. 이는 '왜 그렇게 되었나요?' 혹은 '그것에 대해 어떤 느낌을 가졌나요?' 등과 같은 간단한 정밀조사를 의미하는 것이다. 때로는 연구자의 이해를 확인하는 직접적인 질문을 할 수도 있다.
- **답변에 대해 논평 자제할 것.** "그것 정말 끔찍하겠네요." 등과 같이 참여자의 말에 공감하는 논평은 때때로 공감대를 형성하는 데 도움이 될 수도 있지만, 대개는 연구자가 면담을 섣불리 판단하고, 면담의 흐름을 방해하며, 참여자의 자유로운 진술을 격려하기보다는 막게 된다. 예를 들면, 최근 배우자가 사망한 가정폭력 피해자는 안도감, 홀가분한 느낌, 깊은 슬픔 혹은 이 모든 감정이 혼합된 느낌을 가지게 된다. 이런 감정상태에서 섣불리 동정이나 위로를 표현하면, 상황에 적절하지 않을 수 있다.
- **참여자의 답변을 요약하지 말 것.** 짧은 요약으로 참여자가 진술하는 말의 의미를 완전히 담기는 어려우며, 이렇게 참여자의 답변을 요약하게 되면 마치 연구자는 말을 잘하고, 참여자의 보호자 행세를 하려는 것처럼 보일 수 있다. 참여자의 답변을 요약하는 것은 편파적이고 정확하지도 않아 면담에 도움이 되지 않는다. 요약은 면담의 흐름을 방해하여 연구자의 질문에 대해 참여자가 더 심층적으로 반응하거나 새로운 주제로 옮겨가는 것을 막는다. 만약 연구자가 참여자의 반응을 잘 이해하고 있는지를 확인하고 싶은 경우에는 요약을 하기보다는 질문에 이를 녹여내어 더 명확하게 확인하는 것이 좋다.
  - 당신이 말씀하시는 것을 내가 정확하게 알아듣고 있는지 확인해봐도 될까요?
  - 일이 일어난 순서를 확인하기 위해서인데요. 제일 먼저 당신 아들에게 이야기했고, 그 다음엔 이웃들, 그 다음엔 경찰에게 말씀하신 거죠. 내가 이해한 것이 맞나요?
- **대답을 마무리 짓지 말 것.** 참여자의 대답을 마무리하고 싶은 유혹을 느끼더라도 연구자의 말을 참여자의 입에다 넣어주는 짓을 하지 말아야 한다. 대답을 마무리할 수 있도록 충분한 시간을 할애하고, 참여자의 관점을 명확히 할 필요가 있으면 이에 대해 더 질문하고, 참여자가 답을 미처 마무리하지 않고 다른 주제로 건너뛰면 이를 부드럽게 지적하는 것이 좋다. 이에 대한 예는 다음과 같다.
  - 내가 화났었다는 것을 정말 이해하시겠어요?

- 정말 그렇게 느꼈나요?
  - 어떤 종류의 금융결제가 적합한지 고려하고 결정하는 데는 많은 요소가 있어요. 각 당사자의 요구, 그들의 수입과 자산 그리고 결혼 기간 등...
- 또 다른 요인은 없나요?

- **불필요한 말을 반복하지 말 것.** '맞아요', '오케이', '네', '그렇군요' 등의 불필요한 추임새는 참여자가 지금까지 말한 것만으로도 이미 충분하다는 인상을 주어 오히려 참여자의 말문을 막는다. 불필요한 추임새는 연구자가 새로운 질문으로 넘어가고 싶어 안달이 나 있는 것처럼 보일 수 있다. 예를 들면, 연구자가 "휴가를 어디로 갈지 정하면 무엇을 하고 싶어요?"라고 질문을 했는데, 참여자가 "아직 어디로 갈지 정하지 않았어요."라고 하면, 초조해진 연구자는 "오 그래요. 지난 번에는 어디로 갔는데요?"라고 엉뚱한 질문을 한다. 그러나 좀 더 안정감 있는 연구자는 누가 결정을 하며, 왜 그런 결정을 했는지 그리고 그것에 대해 참여자가 어떻게 느끼는지 등의 더 많은 정보를 알아낸다. 질문의 말머리에 '그리고요', '그래서요' 등의 보채는 것 같은 말을 붙이는 것은 연구자를 불안정하고, 경험이 부족한 사람으로 보이게 한다. 경험이 부족한 연구자는 첫 면담의 녹취를 듣거나, 그 녹취를 옮겨 놓은 상세한 텍스트를 읽어보면 면담 중에는 인지하지 못했던 자신의 습관을 알 수 있어 도움이 된다.

- **옳고 틀린 답이 없음을 알릴 것.** 질문에 대한 정답이나 오답이 없다는 사실을 면담 시작 전에 알려주는 것이 좋지만, 전체 면담을 통해서도 이런 인상을 주는 것이 좋다. 이는 참여자의 실수와 이해하지 못한 것을 바로 잡아 줄 필요가 없음을 의미하기도 한다. 예를 들면, 참여자가 사회보장서비스 신청인의 자격평가 절차 등 특정 사회보장 혜택에 대한 자신의 권리에 대해 잘못 알고 있을 수 있다. 이때 잘못 알고 있는 사실을 수정해 줌으로써 참여자가 자신을 바보 같다고 여겨 위축감을 느끼게 하는 것보다 이들이 이러한 정보를 어떻게 얻게 되었으며, 이후 일련의 과정들이 어떻게 진행되었는지에 대해 자연스럽게 질문하는 것이 좋다. 정보에 대한 정확한 확인은 면담의 말미에 하는 것이 좋으며, 더 정확한 정보가 필요한 경우에는 해당 서비스를 제공하는 기관으로부터 확인하는 것이 좋다.

- **목소리의 톤과 신체언어를 민감하게 인지할 것.** 사람들은 자신의 생각을 말로 표현할 뿐만 아니라 비언어적으로도 의사소통하는데, 비언어적 의사소통은 더 조사를 진행할지 여부를 결정하는 데 있어 단서를 제공하기도 하고, 때로는 침묵 그 자체로도 의미가 있다. 예를 들면, 만약 참여자가 어떤 관점에 대해 확신하지 못하는 목소리를 낸다면, 이는 연구자가 좀 더 이것에 대해 탐색해야 할 필요가 있다는 신호다. 이는 지금 하고 있는 이야기를 좀 더 계속할 수 있도록 기다려주거나, 이에 대한 참여자의 다른 견해나 경험에 대해 질문을 하거나, "약간 확신하지 못하시는 것 같은데..."라고 살짝 언급함으로써 참여자가 이에 대해 더 설명할 기회를 주는 것이 좋다.

- **신체언어와 말투는 더 깊은 정보를 찾아낼 수 있는 중요한 단서가 될 수 있음을 인지할 것.** 참여자의 신체언어와 말투는 면담에서 연구자가 풍부한 이해를 했다고 느껴지도록 만드는데, 참여자가 특정 부분을 강조하거나, 분노와 좌절을 표현하는 경우가 바로 이런 경우이다. 그러나 이런 것은 말로 표현하거나 설명하지 않으면 놓치기 쉬우므로 녹음을 하여 포착할 수 있다. 참여자가 진술하는 바를 잘 이해하고 있는지 확인하기 위해서 연

구자는 "이 점에 대해서 다소 강하게 말씀하시는데, 왜 그러시죠?"라든가 혹은 "지금 말씀하시면서 불편한 표정을 지으시는데, 이것에 대해 어떤 느낌을 받나요?" 등과 같은 질문을 할 수 있다. 현장노트가 면담상황을 있는 그대로 대신할 수는 없지만 감정적 맥락을 현장노트에 기록하는 것이 유용하다. 때로 연구자의 해석이 틀릴 수도 있기 때문이다.

- **참여자가 답변할 수 있는 충분한 시간적 여유를 줄 것.** 심층면담에서 사람들은 지금 당장 마음속에 떠오르지 않은 문제에 대해서도 생각하고 이에 대한 견해를 말해 주기를 요청받는다. 특정한 문제에 대해서 생각하고 이에 대해 반응하는 데는 시간이 필요하다. 어떤 연구자는 이 공백의 순간을 참지 못하고 무엇을 설명하거나 또 다른 질문을 던지려고 한다. 그러나 심층면담에서는 이 침묵의 순간이야말로 매우 생산적인 것이어서, 참여자가 말할 준비가 될 때까지 기다려준다면, 연구자에게 큰 도움이 된다.
- **면담의 속도를 맞출 것.** 원하는 주제를 다각도로 다루기 위해서는 충분한 시간이 필요하다. 이를 위해 시간이 더 필요한 경우에는, 가능한 빨리 참여자와 이에 대해 의논해야 한다.
- **다른 정보를 면담에 가져올 것.** 연구자는 참여자와 관련된 주제에 대해 매우 상세한 정보를 가질 수 있다. 추가 정보가 너무 지나치거나 부족하다면 문제가 될 수 있지만, 이런 정보는 면담 준비를 위해 매우 중요하며, 면담과정에서 생성된다. 이런 정보는 면담의 역동성을 유지하기 위해 효과적이다. 면담과정에서 도출되지 않은 정보보다는 참여자로부터 나온 신선한 정보가 더 효과적이다. 지나치게 반복되는 정보를 피하고, 폭넓은 자료수집을 위해 이미 알려진 정보를 인용하고 확인하는 것이 적합하다.
- **문화적 민감성을 유지할 것.** 모든 면담은 일종의 문화적 경계를 넘나든다는 점에서 연구자가 참여자와 같은 특성을 공유한다고 보기는 어렵다(Rubin & Rubin, 2012). 그러므로 문화적 차이를 알고, 각자의 문화에서 인간의 기대와 행동이 어떻게 형성되어 왔는지를 인식하는 것은 매우 중요하다. 이런 인식을 바탕으로 특정 문화집단에 초점을 맞추고 그 특성을 고려하는 것이 필요하다. 이에 대해 고려해야 할 사례는 다음과 같다(Kvale & Brinkman, 2009; Rubin & Rubin, 2012).
  - 정해진 약속 시간을 지키는 것에 대해서는 다양한 문화적 차이가 있다.
  - 고개를 끄덕이는 몸짓이 어떤 문화권에서는 거부하는 신호로 받아들여지고 있다.
  - 문화마다 시선접촉과 잡담에 대한 이해가 다를 수 있다.
  - 연구자와 참여자 간에 인식된 중요성 혹은 우선순위에 대한 역동성이 차이가 날 수 있다.

심층면담에서의 경계와 역할 Boundaries and roles in in-depth interviewing

심층면담을 통해 제각기 깊이가 다른 사람들의 인생사를 듣는 것은 연구자에게 정서적으로 부담이 될 수 있다. 지금부터는 면담에서 비롯되는 이런 심리적 부담을 연구자가 어떻게 관리하는지를 살펴보고자 한다. Rubin과 Rubin(2012)은 질적면담의 목적이 지나친 개입이 아닌 공감을 형성하는 것이며, 이는 바로 공감적 중립을 지지하는 것이라는 점을 강조한다. 연구자는 다른 관점을 지닌 견해에 대해서도 공감을 배울 수 있어야 하며, 그렇게 할 수 없는 경우에는 자신이 맡은 연구에 일정한 경계를 짓는 것이 필요하다. 연구자가 연구주제와 개인적으로 얽혀 있을 경우에는 객관적이고도 중립적인 접근을 유지하기 어렵다. 이러한 어려움이 어떻게 발생하며, 현장에서 이를 위해 어떻게 준비해야 할지를 고려해야 한다.

면담과정에서 상이한 이론적 관점이 드러나는 첫 번째 핵심 영역은 연구자가 참여자와의 양방향 교환(정보를 찾는 것뿐만 아니라 정보를 주기도 하는)에 어느 정도로 개입하느냐이다. 각자 처한 입장이 다를 수 있으며, 여성주의 연구 혹은 동료(peer) 연구의 경우에는 연구자와 참여자 간의 적극적인 상호작용적 관계를 권장한다. 그러나 면담에서 공감적 중립을 유지해야 하는 이론적 근거는 참여자의 관점과 경험을 듣기 위해서 연구자는 가능한 참여자에게 영향을 미치지 않아야 한다는 것이다. 연구자가 질문에 답하고, 자신의 견해와 경험을 이야기하는 것은 참여자의 반응에 영향을 미칠 수 있다는 주장이 제기되고 있다. 따라서 상호작용적 관계를 지지하는 연구자는 자신이 개입하고 있는 상호작용의 정도와 또 그러한 상호작용이 수집된 자료에 미치는 영향을 고려해야 한다.

예를 들면, 육아지원에 대한 면담을 하고 있는 참여자가 연구자도 아이가 있는지, 있다면 어떤 육아지원을 받고 있는지 알고 싶을 수도 있다. 연구자가 어떤 상황에 있든지 간에 연구자의 상황을 알려주는 것은 나머지 면담에 영향을 미치고 방해를 할 수 있다. 참여자는 자신의 선택과 이용하는 육아지원이 연구자에게 어떻게 비춰질까 염려하게 된다. 이런 경우에는 이야기의 초점을 다시 참여자에게로 되돌리고, 면담의 목적이 참여자의 견해와 경험을 청취하는 것임을 상기시키는 것이 좋다.

따뜻한 관심을 유지하되 중립적 존재감을 드러내는 것이 얼마나 어려운지 연구가 진행될수록 연구자는 실감하게 된다. 친숙하지 않은 주제를 다루는 일부 연구상황에서 연구자는 공감대를 촉진하기 위해 자신에 관한 기본적인 정보를 제공하기도 한다. 상호작용에서 색다른 분위기를 내기 위해 연구자가 스스로에 대해 밝히는 것은 유용하다. 위의 예에서 연구자는 자신의 육아지원 수혜 상황은 언급하지 않고, 자녀의 유무에 대해서만 밝힘으로써 정보 공유를 조절할 수 있다.

사려 깊은 관계를 가져야 할 두 번째 영역은 조언, 격려, 정보제공 등의 전문 영역이다. 참여자에 대해 전문가-연구자 혹은 또 다른 이중 역할을 감당해야 하는 연구자는 참여자와의 관계에 있어 매우 주의를 요한다. 전문가-연구자로서의 이중 역할을 가진 연구자는 다른 연구자에게는 적용하지 않은 전문적 규정을 준수해야 하는데, 여기에는 또 다른 전문적 책임과 경계가 부여된다. 이런 경우에는 연구자가 매우 사려 깊게 참여자와 의사소통해야 한다.

일반적으로, 연구자는 무의식적으로도 참여자와 면담상황을 넘어가는 관계를 가지지 않는 것이 중요하다. 면담 중의 치료적 개입 혹은 이와 유사한 도움을 제공하는 것은 때로 연구자가 채워

줄 수 없는 기대를 참여자에게 주어 양자 간의 관계에 도움이 되지 못한다. 참여자가 도움이 되는 정보를 알고싶어 하거나, 서비스를 원할 때는 직접 개입하기보다는 도움을 줄 수 있는 지방 혹은 국가기관을 소개하여 관련 정보를 제공하는 것이 더 유익하다.

연구자와 참여자 간의 관계에서 파생되는 세 번째 문제는 연구자가 동의할 수 없는 견해, 사회적 일탈 혹은 부도덕한 관점을 참여자가 제시하는 경우이다. 이런 경우에는 연구자가 즉각적으로 반응하기보다 왜 그런 관점을 가지는지 혹은 왜 그렇게 행동하는지에 대해 참여자에게 질문하는 것이 중요하다. 참여자의 견해나 표현이 연구자에게 거슬리거나 공격적으로 받아들여지더라도, 이것이 연구주제와 관련된 것이라면 탐색해야 한다. 이런 상황에 처한 연구자는 자신이 마치 공모자가 된 것 같아서 심리적 갈등을 느낄 수 있다. 그러나 침착하게 대처하여 참여자가 이런 이야기를 하는 의도가 공모자로 끌어들이려는 것인지, 아니면 단순히 면담과정에서 자신의 견해를 진술하는 것인지를 살펴보아야 한다. "어떻게 그런 견해에 도달하게 되었나요?" 혹은 "왜 그렇게 생각하나요?"와 같은 질문을 통해 공모를 회피하면서도, 비공격적인 방법으로 그들의 생각을 탐색할 수 있다. 그럼에도 불구하고 참여자가 끈질기게 자극적인 반응을 보이면, 연구자는 연구와 관련된 다른 질문을 던지면서 관심을 돌리거나, 자신에게 주어진 전문가적 역할을 벗어나지 않겠다는 의지를 보여주어야 한다.

특히 범죄행위 또는 약물남용 등의 불법 또는 일탈 행위에 대한 연구를 수행할 때 적절한 경계를 유지하는 것은 어렵고도 복잡하다. 대표적으로 성폭행 시도로 온라인 유죄판결을 받은 젊은 남성과의 면담을 수행한 Webster 등(2012)의 사례를 들 수 있다. 이런 유형의 연구에서 연구자는 공개된 참여자의 사정에 공감하려는 마음과, 잠재적으로 범죄를 판단하고 일탈 및 범죄행위를 부정하는 마음이 충돌하여 균형을 잡기가 어렵다. 연구를 소개하는 단계에서, 연구자는 면담을 통해 밝혀지는 참여자의 범죄행위를 연구자가 묵과하는 것이 아니라는 점을 분명히 밝히는 것이 좋다. 질적연구자는 자신이 동의하지 않는 행위를 하는 사람에 대해서도 공감을 가질 수 있다. 그러나 이는 매우 높은 수준의 기술과 경험을 연구자에게 요구한다.

면담에서의 도전적 상황에 대응하기

Responding to challenging situations in interviews

면담은 여러 가지 이유로 힘든 작업이다. 첫 번째, 연구주제 자체가 본질적으로 민감하다. 예를 들어 성, 범죄, 돈, 사별, 관계붕괴, 치명적 질병 등과 같은 민감한 주제는 사람들에게 사적이고 감정적인 부담을 지우는 것이다. 두 번째, 분명히 순화된 양성적인 주제를 바탕으로 시작된 면담이 예상하지 않게 감정적으로 흘러가는 경우가 있는데, 그 이유는 논의 중 어떤 측면이 참여자의 고통스러웠던 과거의 경험 혹은 기억과 연결되어 격한 반응을 불러일으키기 때문이다. 사실 연구자가 이런 상황을 예상하기란 쉽지 않다. 세 번째, 참여자와 연구자 간의 상호작용 역시 어려운데, 참여자가 연구주제와 관계없는 이야기로 면담 분위기를 휘젓거나, 아니면 매우 불안정한 모습으로 깊이 있는 이야기를 꺼리고 몸을 사릴 수 있기 때문이다.

면담과정에서 연구자가 이와 같은 어려움에 처할 때 도움이 되는 몇 가지 전략이 있다. 면담과정은 하나의 미묘한 협상이다. 참여자는 연구주제와 또 이 주제를 바탕으로 진행될 면담에 참여할 것을 동의했다는 사실을 알고 있으므로, 참여자를 동반자로서 조심스럽고도 적절하게 대하면서 첫 면담을 마무리하는 것이 중요하다. 연구자는 민감한 문제가 도출될 때, 참여자가 편안하게 면담에 응하고 있는지 확인할 필요가 있다. 흥분하거나 스트레스를 받을 수 있는 경험을 진술할 때 참여자의 감정이 격해진다 해도 이는 면담을 중단하기를 원하는 것은 아니므로 놀랄 일이 아니다. 연구과정에서 당혹스러운 부분이 있다고 해서 이를 참여자에게 알리면, 참여자가 너무 신중해져서 연구주제에 대해 활발하게 진술하지 않을 수 있다.

강한 감정적 반응Strong emotional responses

참여자의 진술을 듣는 연구자가 더 불편함을 느낄 수 있는 민감한 부분을 참여자가 어쩌면 이토록 솔직하게 밝힐 수 있는지, 자주 놀라움을 느끼게 된다. 실제로 거칠고 민감하게 보이는 질문을 할 때, 참여자가 이를 힘들게 받아들일지 혹은 아무렇지도 않게 받아들일지를 연구자가 쉽게 가정하지 말아야 한다. 참여자는 면담과정에서 분노, 스트레스, 당혹감 등의 감정적 반응을 보일 수 있는데, 이러한 반응의 첫 신호는 주로 표정, 목소리 톤, 신체언어 등으로 나타난다. 참여자가 이러한 반응을 보인다 할지라도 연구자는 침착하게 참여자의 반응을 인지하고, 그러한 감정적 반응이 정상적으로 일어날 수 있음을 알리고, 참여자가 자신의 감정을 더 드러내고, 왜 그런 감정이 돌출되는지의 이유를 밝히도록 격려해야 한다.

- 이러한 격려는 시선을 접촉하고, 적극적으로 경청하고 있다는 것을 신체언어와 말로 표현함으로써 전달할 수 있다. 참여자의 감정적 반응이 부적절하다는 인상을 주지 않도록 중립적 발언을 통해 참여자를 보살펴 주어야 한다. 예를 들면, 연구자가 “그 당시 굉장히 힘드셨겠네요.”라든지, “이 부분에서 당신은 굉장히 격한 감정을 느끼시는 것 같아요. 당신에게 어떤 영향을 미쳤는지 좀 더 이야기 해주시겠어요?”라는 표현은 연구자가 이를 공감적으로 듣고, 관심을 가지고 있음을 보여주는 표시이다.
- 참여자가 흥분상태에서 강한 감정적 반응을 보였다고 해서, 참여자가 면담을 중단하기를 원한다고 가정하지 말아야 한다. 연구에 참여하기로 결정한 사람들의 참여 기회를 연구자가 일방적으로 없애기로 결정하는 것은 옳지 않다. 대신 참여자가 면담을 계속하기를 원하는지, 약간의 휴식을 원하는지, 다른 주제로 넘어가기를 원하는지, 면담을 종료하기를 원하는지 확인해야 한다.

불안 혹은 말하기를 주저하는 태도에 대응하기 responding to anxiety or reticence

어떤 사람들은 면담에 대해 매우 불안해하거나, 솔직하게 반응하기를 주저한다. 면담을 시작하기 전에 연구자가 이를 감지했다면, 다가가기 쉬운 일반적인 잡담을 나누면서 함께 시간을 좀 더 보내는 것이 좋다. 면담 중 참여자의 불안 혹은 주저하는 태도에 대응하는 전략은 다음과 같다.

- 면담에서는 정답 혹은 오답이 없다는 것을 강조한다.
- 면담 시작 전, 일반적 화제에 좀 더 시간을 보냄으로써 참여자가 긴장을 풀 수 있는 기회를 준다.
- 참여자의 느낌과 감정을 심층적으로 탐색하기 전에, 사실적이고 구체적이며 서술적인 주제에 초점을 둔다. 막연하고 관념적인 질문은 참여자가 익숙함을 느낄 때까지 보류하는 것이 좋다.
- 면담 초기단계에서는 참여자의 답변을 촉진할 수 있는 구체적인 예, 이를테면 '그것에 대해 어떤 느낌을 가졌나요? 예를 들면, 흥분, 불안, 흥미 등?'이라고 제시하는 것이 도움이 된다.
- 분명하고도 침착하게 말하고, 질문이 명확한지 확인한다.
- 시선접촉, 고개 끄덕이기, 미소를 유지함으로써 관심과 집중 그리고 긍정적인 격려를 보여준다.
- 비록 흥미롭지도, 중요하지도 않은 내용일지라도 참여자가 말하는 모든 것에 관심을 가지고 있음을 강조한다.
- 일반적으로 쉬운 주제도 어떤 사람에게는 말하기 어려운 것일 수 있음을 인식한다.

면담의 초점 유지하기 Maintaining interview focus

참여자가 자유롭게 주제와 관련된 이야기를 하도록 내버려 둘지, 아니면 일정한 면담 가이드를 제시하여 연구의 핵심적인 문제를 유지할지, 이 양자 간의 미묘한 균형이 제기된다. 이러한 균형은 질적연구에 대한 각기 다른 접근방법과 개별연구에 따라 다를 수 있지만, 실제로 의도한 대로 균형을 이루기란 쉽지 않다. 공감적인 중립 접근방법을 택했을 경우, 이러한 균형은 연구의 주제로부터 너무 멀리 벗어날 수 있는데, 이럴 경우에는 왜 이런 상황이 벌어졌는지 그리고 애초에 연구자가 의도하지 않은 방법으로 수집된 자료일지라도 어떤 가치가 있는지를 심사숙고해야 한다. 만약에 그렇지 않다면, 주제에서 벗어난 진행이 다수의 문제를 유발했다고 볼 수 있다. 그 이유는 참여자가 권위를 가진 입장을 취하고 연구의 의제를 설정했거나, 참여자가 하나의 주제에 초점을 두고 이야기하기 어려웠거나, 연구자가 진행하는 방식이 참여자에게 맞지 않았던 것일 수 있다. 이러한 문제가 발생하더라도 해결할 수 있는 몇 가지 방법이 있다.

- 참여자들은 면담에 할애할 시간이 부족하다고 말한다. 만약 시간이 부족하다면, 연구자는 몇몇 핵심적인 주제만 다룰 것인지, 아니면 면담 자체를 다시 배정해야 할지를 결정해야 한다.
- 만약 참여자가 연구자가 제시한 질문대로 답하지 않고, 자신이 선택한 질문에만 답할 경우에 연구자는 본래의

연구질문을 그들에게 제시해야 한다.

- 참여자가 같은 이야기를 반복해서 할 경우, 연구자는 반복되는 이야기의 포인트를 잘 인식해야 하며, 다른 주제에 대한 이야기도 필요하다는 사실을 설명해야 한다.
- 참여자의 진술 중, 연구자가 잠시 이를 중단시키고자 할 때는, 몸을 앞으로 기울이거나, 손을 살짝 들어 올리거나, 다른 질문을 하기 위해 목소리를 가다듬는 등의 제스처를 사용할 수 있다.
- 연구의 수행 또는 목적에 대한 질문은 사실에 입각한 정보를 제공하고 응답받아야 한다. 만약 연구의 수행 또는 목적에 대해 더 많은 토론이나 질문으로 이어지는 경우에는 면접을 중단하고, 녹음기를 끈다. 만약 참여자들이 이에 대해 더 대화를 하자고 청할 경우, 연구자는 정중하지만 명확하게 면담이 끝나기 전까지는 자신들의 입장을 답변할 수 없다는 점을 설명해야 한다.
- 참여자가 질문에 대해 너무 간단하게 답변하거나, 관련된 견해나 경험이 없다고 말하는 경우, 이를 그대로 받아들이지 말고, 다른 방식으로 질문을 해보거나, 면담 말미에 다시 질문해 보는 것이 좋다.

참여자가 주제에 초점을 잘 맞추지 못하거나, 아니면 지나치게 많은 이야기를 자유롭게 할 경우, 연구자는 다음과 같은 전략을 사용할 수 있다.

- 핵심 포인트로 되돌아 갈 수 있도록 질문하는 것이다.
- 참여자가 같은 이야기를 반복하는 이유는 자신의 이야기가 대수롭지 않게 취급된다고 느끼기 때문일 수도 있으므로 연구자는 참여자가 지금까지 진술한 이야기가 매우 중요하다는 것을 인정해 주는 것이 필요하다.
- 참여자로 하여금 주제에 근접한 대답을 할 수 있도록, 직접적이고도 잘 구조화된 질문을 하는 것이 좋다.
- 만약 참여자가 주제에서 벗어나 다른 사람에 대한 이야기를 장황하게 늘어놓을 경우, '당신이라면 어떤가요?' 라고 질문하여 다시 본래의 자리로 되돌아오게 한다.
- 참여자가 초점이 없는 응답을 하는 것은 이야기하기를 싫어하거나, 초점에 집중하지 못하고 있음을 보여주는 신호이므로, 이럴 경우, 연구자는 남아있는 주제가 조금 밖에 없으므로 마지막까지 시간과 힘을 내 달라고 부탁하며, 격려해야 한다.
- 만약 위와 같은 전략이 더 이상 작동하지 않고, 참여자가 시선접촉을 거두고, 눈을 내려떠 다른 것으로 시선을 돌리는 등, 격려에 응답하지 않을 때 연구자는 다른 주제로 옮겨가야 될 때가 되었음을 인지해야 한다.

모든 면담은 각기 개별적인 특성을 지니며, 미지의 땅으로 발을 내딛는 것과 같다. 중요한 것은 면담에서의 역동성 변화를 잘 인지하고, 참여자가 왜 그런 행동을 보이는지를 이해하여 이에 적절하게 대응하는 것이다. 어렵고 도전적인 면담에 잘 대처하기 위해서는 충돌을 피하고, 민감하게 대응하는 것이 필요하다.

실제 고려사항

Practical considerations

면담 일정잡기 Scheduling appointments

일회 면담 소요시간은 연구와 참여자에 따라 다양하다. 일회 면담 소요시간은 연구자에 의해 정해진다기보다 면담에서 다루어야 할 내용의 폭 그리고 참여자가 주제에 대해서 얼마나 많은 이야기를 하느냐에 달려 있다. 통상적으로 깊이 있는 자료를 얻기 위해서는 적어도 1시간 이상은 소요되지만, 2시간 이상 초과되면 연구자와 참여자 모두 감당하기가 어렵다. 면담일정을 잡을 때는, 심층면담이 어느 정도의 피로를 주는지 그리고 요구되는 정신적 집중이 어느 정도인지를 염두에 두어야 한다.

또한 면담과 면담 사이의 간격을 정하는 것도 중요한데, 참여자의 이야기를 잘 흡수할 수 있고, 연구자가 침착하고 깨어 있는 정신으로 다음 면담에 임할 수 있도록 적당한 간격을 두고 다음 면담을 준비해야 한다. 면담일정에는 면담이 늦게 시작되거나, 시간을 초과하여 진행되거나, 면담 후에도 참여자가 대화하기를 원하는 경우를 모두 감안하는 것이 필요하다. 연구자가 참여자를 찾아가는 긴 여정을 제외한다 하더라도, 실제로 하루에 3명 이상의 참여자와 대면면담을 하는 것은 거의 불가능하다.

면담 장소 및 환경 Venues and the interview environment

면담장소는 주로 참여자가 정한다. 이는 참여자의 집 혹은 직장(참여자의 전문적 혹은 직업적 상황을 탐색할 필요가 있는 경우)이 된다. 어떤 참여자는 중립적 공간에서 면담하기를 선호하는데, 이때 연구자는 지역공동체센터, 도서관, 약간 한적한 회의실 등을 물색하여 제공할 필요가 있다. 연구주제에 따라 참여자가 선호하는 면담장소를 사전에 논의해야 할 경우가 있는데, 직장 따돌림 혹은 가정폭력에 관한 주제가 특히 그러하다. 때로는 면담장소에 대한 참여자의 선택권이 없는 경우도 있는데, 교도소 혹은 병원 등이 이에 속한다.

이상적인 면담환경은 사적이고, 조용하며, 신체적으로 편안하여 집중이 잘 되는 곳이다. 현실적으로 집이 어수선하거나, 주변에 어린 아이가 있거나, 사람들이 들락거리는 분주한 곳에서는 면담을 하기가 어렵다. 또한 극히 사적이고 민감한 주제를 다루는 면담은 주변에 다른 사람이 있는 환경에서는 진행하기 어렵다. 이런 경우, 연구자는 사전에 사적인 장소를 물색해서 준비하고 확인해야 한다. 면담환경이 적합하지 않은 경우, 가능하다면 연구자가 변경할 필요가 있는데, 다른 가족구성원으로부터 방해받지 않고 면담을 할 수 있는 방을 부탁하고, 라디오 혹은 TV를 꺼달라고 요청하며, 연구자와 참여자가 마주 볼 수 있도록 의자를 배열하고, 녹음기를 안전하게 둘 수 있는 곳을 찾는다. 면담이 진행되는 동안은 휴대폰을 꺼달라고 부탁하고, 직장인 경우에는 전화를 내선이나 보이스 메일로 돌려 달라고 요청하여 방해를 받지 않도록 한다. 연구자는 면담에 적합하도록 조용하고, 사적이며, 편안한 환경을 만들기 위해 가능한 유연하게 대처해야 한다. 상황이 항상 일정하게 움직이는 것은 아니어서, 때로는 약간 시끄럽고, 분주한 곳을 참여자가 더 선호하여 연구자가 이를 감안하여 장소를 선택할 때도 있다.

또한 연구자는 녹음기 등 면담 중에 사용할 기기의 작동법을 사전에 익혀두어 능숙하게 사용함으로써 면담 진행에 방해를 주지 말아야 한다.

다른 사람이 면담에 참여하는 경우 Other people attending the interview

일반적으로 개인 심층면담이 진행되는 방에 다른 사람이 들어오지 않는 것이 좋지만, 때로 참여자가 다른 사람을 동반하기를 원하는 경우가 있고, 또 면담에 동참하기를 원하는 사람이 생기는 수도 있다. 참여자가 원하는 것이 무엇인지를 확인하고, 이에 따라 면담이 진행되어야 하지만, 여기에는 매우 세심한 논의와 협상이 요구된다. 만약 참여자가 면담에 누군가를 동반하기를 원한다면, 연구자는 동반한 사람이 정해진 범위 내의 참여자 진술만을 들을 것인지, 아니면 모든 면담내용을 다 들을 것인지를 결정해야 하며, 이 경우 가능한 정중한 태도로 동반자보다는 참여자의 의견을 존중하여 중재해야 한다.

때로는 2명의 연구자가 면담에 참석하는 경우가 발생하는데, 동참하는 연구자는 면담이 시작되기 전에 면담전략, 연구지침, 연구목적을 잘 숙지하고 있어야 한다. 면담에 다른 사람을 반드시 동반해야 할 필요가 생기기도 한다. 예를 들면, 교도소에서 죄수를 면담하기 위해 교도소가 제시하는 안전지침을 따라 2명 이상의 연구자가 면담에 참여해야 하는 경우이다. 이런 경우에는 면담일정을 잡을 때 2명의 연구자가 참석한다는 사실을 참여자에게 알려 승낙을 받아야 하며, 면담 직전에 참여자에게 이 사실을 다시 상기시켜주어야 한다. 통상적으로 한 명의 연구자가 면담을 진행하는 것이 더 효과적이지만, 사안에 따라서 다음 면담 혹은 면담 종료 직전에 다른 연구자가 면담에 동참하는 경우가 있다. 이 경우, 심층적인 자료를 도출하는 데 필요한 일관된 질문을 개발하기 어렵고, 한꺼번에 2명의 면담자가 질문을 하여 참여자를 혼란스럽게 만들 수 있다.

면담에 응한다는 것은 참여자에게는 특별한 경험이 된다. 누군가 자신의 이야기를 헌신적으로 경청하고, 자유롭게 반응하고, 이야기하라고 격려해 주며, 자신의 이야기가 얼마나 가치 있고 소중한 것인지를 일깨워 주기 때문이다. 또한 자신의 경험을 나누는 일이 다른 사람을 돕는 기회가 되므로 매우 중요한 일임을 느끼게 된다. 면담이 종료된 후에, 따로 시간을 가지고 참여자가 나누어

준 이야기가 안전하게 관리될 것임을 다시 확인시켜주고, 그들의 기여에 감사를 표하는 것이 필요하다. 심층면담에 참여한 사람들이 자신의 경험을 개방하는 데 한계가 있다 할지라도, 종단적 연구를 위한 계속된 면담을 기꺼이 수용했다면, 이들은 틀림없이 면담과정을 즐겼을 것이다. 끝으로, 잘 수행된 면담은 연구자에게 매우 소중한 것이다. 참여자의 세계, 그들의 경험 그리고 그들이 가진 소중한 의미에 접근하는 것은 연구자의 특권이다. 심층면담에서 쌓은 풍부함은 자료 분석과정으로 옮아갈 것이다. 그러나 절반쯤 탐색된 부족한 면담은 연구에 방해가 되며, 심지어 좋은 분석에도 불구하고 이를 회복시키지 못할 것이다.

핵심요소

KEY POINTS

- 심층면담에는 몇 가지 이론적 관점과 유형이 있다. 그러나 면담 형태의 다양성에도 불구하고 폭넓게 일치하는 것은 면담이 유연하고 상호작용적인 특징을 가져야 하며, 이를 통해 자료가 깊고, 자연스럽게 생성되어야 한다는 것이다.
- 심층면담은 다양하고 도전적인 연구자의 자질을 요구한다. 연구자가 가져야 할 핵심기술은 잘 듣고 경청하는 것이지만, 수동적이 아니라 적극적으로 들음으로써 참여자가 하는 말에 온전히 집중하고 공감적 촉진자로서의 역할을 하는 것이다.
- 폭 넓고 깊이 있는 질문을 하기 위해서는 계획된 질문을 잘 조합하여 사용하면 주제의 상세함이 탐색된다. 명확하게 질문하되, 유도질문을 하지 않는 것이 핵심이다. 가정, 관계없는 코멘트, 요약하려는 유혹은 모두 질문에 부정적으로 배어들게 된다. 공감적이면서도 중립적인 태도가 필요하며, 면담 중에 지나치게 개인정보를 나누는 것은 심층면담의 과정을 방해할 수 있다.
- 민감하고 강한 감정적 반응을 유발할 수 있는 주제가 있을 수 있다. 따라서 이에 대처하는 전략이 있어야 하되, 참여자의 반응이 핵심이 되어야 한다는 사실을 명확하게 인식해야 한다.
- 실무능력 또한 중요하다. 연구자가 각각의 참여자를 이해하고 판단할 수 있는 여유를 가질 수 있도록 면담일정을 잡아야 하고, 면담에 적합한 장소와 환경을 확인해야 한다.

핵심용어

KEY TERMS

개방질문(open questions)은 한마디의 말로 간단하게 대답하기보다 만족할 만한 대답을 참여자에게 요구함으로써 참여자에게 다소의 부담을 주는 질문이다.

폐쇄질문(closed questions)은 '예' 혹은 '아니오'로 간단하게 대답할 수 있는 질문이다.

유도질문(leading questions)은 선호하거나, 예상하거나, 허용적인 반응을 얻기 위해 주어지는 질문으로, 질적면담에서는 피해야 할 질문이다.

정밀조사(probes)는 무엇이 일어나고 있는가를 적극적으로 발견하기 위한 반응적 질문이다. 이것의 목적은 참여자의 진술을 보다 명확하고, 상세하게, 깊이 이해하기 위한 것으로, 더 깊은 설명을 요구한다. 이것의 핵심기능은 참여자가 진술한 내용에 직접적으로 연결되는 것이다. 정밀조사는 심층면담의 중요한 부분이다.

촉진(prompts)은 참여자보다는 연구자로부터 직접 발생되는 질문이다. 이는 참여자의 진술내용이 이전의 다른 면담에서 다루어졌거나, 연구자가 평소에 읽거나 생각하고 있는 것과 관련이 있을 때, 참여자에게 좀 더 깊이 숙고해달라고 요청할 때 사용된다.

chapter
8
포커스그룹
FOCUS GROUPS

개요
Chapter outline

- 포커스그룹의 특성과 유형
- 포커스그룹의 그룹 과정과 단계
- 토의 수행
- 그룹 과정 이용하기: 더 나은 전략
- 그룹 구성과 크기
- 그룹 조직의 실현 가능성
- 온라인 포커스그룹

지난 20년 동안 사회학연구에서 포커스그룹의 적용이 증가되어 왔다. 포커스그룹과 동의어로 '그룹 토의'라는 용어를 사용한다. 포커스그룹이나 그룹 토의의 목적은 그룹 구성원 간의 상호작용을 격려하는 것이다. 원래 '포커스그룹'이라는 용어는 시장연구(market research)와 관련이 있고 그룹 토의는 사회학연구와 관련이 있음에도 불구하고, 현재 구분은 명확하지 않다. 포커스그룹은 응용학문이나 순수학문을 하는 사회학자가 사용해 온 연구방법이다. Paul Lazarsfeld와 Robert K. Merton이 제2차 세계대전이 시작될 때 군대의 사기를 높이기 위해 개발한 라디오 프로그램의 효과를 탐색하려는 목적으로 사용하였던 포커스그룹(Merton, 1987; Merton et al., 1956)을 Berg와 Lune(2012)이 처음으로 그 방법 그대로 적용하였다.

20세기 중반 이후, 포커스그룹은 마케팅연구에서 상당한 발전을 이루었는데, 포커스그룹은 상품디자인, 포장, 광고 그리고 생산품의 선택과 같은 이슈의 탐색을 위해 광범위하게 사용되었다(Krueger & Casey, 2009). 현재 포커스그룹은 질적사회연구의 주요 연구방법이 되었고 매우 가치 있는 자료수집방법으로 알려져 있다. 21세기 기술의 발전과 인터넷 사용의 증가는 그룹에 기반을 둔 방법을 포함한 온라인 질적연구방법의 발전을 가져왔다.

이 장에서는 포커스그룹의 특성을 탐색하고 다양한 그룹 유형을 기술한다. 그룹 과정의 진행과 이러한 그룹 과정이 포커스그룹을 수행하는 데 미치는 영향을 기술한다. 토의를 진행하는 데 포함되는 기법과 풍부한 자료수집을 위해 어떻게 그룹 과정이 적용될 수 있는지를 기술한다. 토의가 일어나는 맥락과 그룹 크기 및 구성, 포커스그룹의 물리적 환경과 조직을 기술한다. 끝으로, 온라인 그룹 토의를 중재하는 기법을 제시한다. 이 장은 Chapter 3과 함께 읽음으로써 심층면담과 포커스그룹의 특성과 사용을 구분할 수 있어야 한다.

포커스그룹의 특성과 유형

Features and types of focus group

포커스그룹의 주요 특성 Key features of the focus group

그룹 참여자 간의 상호작용에 의해 자료가 생성되기 때문에 포커스그룹의 주요한 맥락은 심층면담과는 매우 다른 과정으로 생성된다는 것이다. 참여자는 자신의 관점과 경험을 제시하면서 다른 사람의 관점과 경험을 듣는다. 참여자는 다른 사람이 어떤 이야기를 하는지 듣고, 반영하고 추후 자신의 관점을 되돌아본다. 부가적인 자료는 다른 사람으로부터 참여자가 들은 것에 반응을 보이는 것으로 촉발된다. 참여자는 서로 질문을 하고 해명을 구하고 자신이 들은 것에 대해 의견을 제시하고 더 많은 것을 드러내기 위해 다른 참여자를 자극한다. 토론이 진행됨에 따라 개별 참여자의 반응은 다듬어지고 재정련되고 더 깊고 사려 깊은 수준으로 발전한다. 개별면담의 깊이와 풍부함은 부족하지만(Bryman, 2012) 그룹 상호작용에 최적화 된 포커스그룹은(Stewart et al., 2007) 자료를 생성하고 통찰력을 갖는 데 사용된다.

포커스그룹은 사회적 맥락으로부터 생성되는 자연스러움이 있다. 참여자들은 서로 반응하면서 연구주제에 대해 자신이 갖고 있는 관련 내용을 더 많이 드러낸다. 그룹 내에서 이루어지는 토론을 통해 모든 것이 드러나고, 연구자와의 상호작용은 일대일 면담에서 미칠 수 있는 영향력보다는 덜하다. 이런 점에서, 면담자로서 그룹 참여자의 역할이 더 중요하고, 때때로 연구자는 경청자로서 역할이 더 중요하다. 포커스그룹은 참여자가 서로 영향을 주고 받기 때문에 개인면담보다 더 실제 삶과 같은 자연스러운 환경을 보여준다(Krueger & Casey, 2009). 사회적 맥락은 심층면담보다 더 자연스러운 환경에서 어떻게 생각과 언어가 잘 드러날 수 있으며 다른 사람과의 대화를 통해서 어떻게 생각과 언어가 형성될 수 있는지를 보여주는 기회를 제공한다. 그것은 개인적 자아 정체성뿐만 아니라 집단정체성, 우리가 우리 주변의 세상을 인지하고, 경험하고 이해하는 방식의 중요한 부분인 공유된 의미의 사회적 구성을 반영한다. 그러나 이러한 것들이 연구자의 짐을 덜어주는 것은 아니다. 포커스그룹은 이런 일들이 일어나도록 주의 깊게 관리되는 것이 필요하다.

> 포커스그룹은… 기여할 수 있는 특정 참여자를 필요로 하고 방식을 가진 상호작용을 요구한다. 이런 점에서 포커스그룹은 형식적 상호작용 상황이 된다. 진행자는 유동적이고 자연발생적인 상호작용 상황을 만들려고 한다(Puchta & Potter, 2004: 28).

포커스그룹 유형 Types of focus groups

포커스그룹은 연구대상자, 연구디자인, 연구주제에 따라 크기와 진행 시간이 다양할 수 있다. 그러나 사회연구에서는 표준 그룹 운영으로 한 번에 6~8명 정도의 그룹을 구성하여 한시간 반에서 두시간 정도의 그룹 토의를 제안하고 있다. 탐색하고자 하는 이슈에 대해 연구자가 강한 관심을 갖고 있거나, 가장 관련성이 있고 중요한 이슈를 결정하기 위해 그룹 자체가 아젠다를 형성하고 토의를 진행하도록 하는지에 따라 구조화된 토의는 다양할 수 있다(Chapter 6 참조). 또한 그룹 토의는 심층면담과 함께 사용될 수 있는데, 심층면담을 하기 전, 혹은 면담을 한 후에 그룹 토의를 진행할 수 있다. 다양한 그룹 크기와 구조는 연구의 전체적인 틀 내에서 연구의 목적에 따라 달라진다.

포커스그룹이 일반적으로 한 번 만나서 토의를 함에도 불구하고, 다시 그룹을 소집하는 경우가 있다. 이는 참여자에게 명확하지 않거나 익숙하지 않은 이슈를 다루는 연구에서 바람직할 수 있으며 시간이 지남에 따라 인식의 변화를 탐색하는 데 유용할 수 있다. 그룹은 첫 만남이 있은 지 일주일이나 이주일 후에 재소집된다. 중재 기간에 그룹 구성원들은 토의에서 들은 내용과 논의 중인 사안에 대해 더 익숙해질 수 있다. 그룹 구성원은 토의 중간에 중재과정을 돕기 위해 특정 자료 보기, 일기 쓰기, 다른 사람과의 토론에서 제기된 이슈에 대해 토론하기와 같은 과업을 수행한다.

부가적으로, 몇몇 그룹 토의는 그룹 크기를 크게 하거나, 토의 시간을 더 길게 하거나, 특정 과업 혹은 개방 토론뿐만 아니라 활동을 포함하는 더 구조화된 아젠다를 다루기 위해 워크숍으로 수행될 수 있다. 워크숍은 전체 그룹으로 혹은 소규모 그룹으로 진행될 수 있다.

대규모 그룹 토의의 다양한 적용과 폭넓은 변화는 대중 상담에 더 혁신적인 접근법과 참여행위 연구(participatory action research)의 출현을 반영하면서 그 인기가 증가되다가 감소되고, 감소되다가 증가되어 왔다. 종종 이 접근법은 토론하고 숙고하는 데 필요한 정보에 접근하는 방법을 병행하여 왔다. 예를 들면, 유전자 변형 음식에 대한 태도를 검증하는 질적연구에서 깊이 생각하는 워크숍은 유전자 변형 음식에 대한 참여자의 초기 인식에 따라 참여자 스스로 자신의 위치를 분류하였다. 그런 다음, 참여자는 유전자 변형 음식에 대한 정보를 제공하는 사람으로부터 이야기를 듣는다. 참여자는 유전자 변형 음식에 대한 인식의 전환을 경험하고, 소그룹에 참여한다. 첫 번째 훈련은 유전자 변형 음식에 대한 참여자의 태도가 어떻게 그리고 왜 바뀌었는지에 대해 토론하면서 반복되었다(Sheldon et al., 2009). 이 방법은 참여자에게 어려움이 있다. 참여자에게 접근 가능하고 매력적인 상담을 하기 위해서는 실제적인 시간 투자와 사고가 요구되는 도전이 필요하다. 만약 시간의 제약에 의해 의사결정이 강요되거나 의견이 일치되는 데 압박을 받게 된다면 자료의 타당성은 위협받는다. 그러나 포커스그룹 연구방법의 적용은 익숙하지 않고, 기술적이거나 정보 제공이 중요한 복잡한 영역에서 의사결정을 할 때 특히 유용한 방법이다.

또한 그룹 기반 연구는 거리나 시간적 압박 때문에 물리적으로 그룹이 함께 참여하는 데 어려움이 있거나 관점을 개방적으로 말하는 데 제한이 있는 곳에서 유용하다. 군사정보를 제공하기 위해 1950년대와 1960년대에 미국의 RAND 회사에서 개발된 델파이방법(Linstone & Turoff, 2002; Stewart et al., 2007)과 같은 규범적 그룹에 적용할 수 있다. 관점은 온라인이나 전화, 서면조사로 질적 · 양적 질문을 통해서 개별적으로 패널이나 그룹 구성원으로부터 수집, 분석 및 요약되고 그룹 내에서 한 번 더 순환된다. 각 패널 구성원이 질문 혹은 변형된 질문을 반복하면서 자신이 예측하거나 초기 분석에 근거한 관점을 수정할 수 있다. 이러한 과정은 반응이 충분히 정련될 때까지 자료수집과 피드백을 반복하면서 계속된다. 몇 가지 연구에서 의견일치는 예측에 도달되었거나 더 이상 예측의 변화가 없을 때를 의미할 수 있다.

전화 컨퍼런스 기법은 전화를 이용한 그룹으로, 특별히 이동하지 않고 시간 제약을 덜 받으며 지리적으로 멀리 떨어져 있는 사람들에게 적용할 수 있는 방법이다(Krueger & Casey, 2009). 그러나 온라인 포커스그룹이 더 많이 이용되고 있다(Krueger & Casey, 2009). 온라인 포커스그룹은 온라인 채팅 소프트웨어를 사용하면서 참여자(연구자)가 같은 시간에 로그온하여 실시간 관점을 서로 교환하는 동시 토론이다. 대안적으로, 토론은 동시간 토론을 필요로 하지 않고 원하는 시간에 의견을 내기 위해 로그온하는 사람들과 비동시적으로 할 수 있다. 분명히 명목그룹에서 연구자의 역할은 실제 그룹(live group)에서 연구자의 진행과는 상당히 다를 수 있다(Graffigna & Bosio, 2006; Hine, 2005).

요약하자면, 그룹 근거 연구는 많은 다양한 형식으로 수행될 수 있다. 이 장에서 일차적으로 소수의 참여자가 한번에 함께 모이는 매우 특징적인 유형을 언급했으나 다른 유형의 그룹이 연구 목적을 달성하고 특정 참여자를 참여시키는 데 더 적합할 수 있음을 고려하는 것도 중요하다.

포커스그룹의 그룹 과정과 단계

Group processes and the stages of a focus group

그룹 과정 The group process

그룹과정과 소그룹 행위 모델을 이해하는 것은 포커스그룹에서 무엇이, 왜 일어날 수 있는가에 대한 통찰력을 제공하는 데 도움이 된다. 그룹과정은 그룹이 다양한 단계를 통해서 이동하는 것을 촉진시키는 적절한 전략에 영향을 미친다.

Jenson과 공동 작업을 한 Tuckman(1965)의 소그룹연구에 의하면, 그룹이 거쳐가는 5가지의 순차적 단계가 확인되었다(Tuckman & Jenson, 1977). 모델은 주로 치료하고 훈련하는 그룹의 소그룹연구에 근거하고 있다. 모델은 연구를 위해 포커스그룹에서 관찰된 과정이 상기되었는데, 특히 참여자가 각자 알지 못한 그룹과 적절한 기술에 대한 정보 제공의 가치를 증명하였다(**그림 8.1**).

형성기(forming)에서, 개인은 그룹에 포함되고 수락하는 것을 걱정하고 방어적이고 긴장하는 모습을 보인다. 참여자는 진행자에게만 말하는 경향이 있었고, 다른 그룹 구성원과 어울리지 않았다. 참여자는 과장하여 말함으로써 불안에 반응하고, 주제에 대응하거나 무시하는 것처럼 보인다. 그룹 토의에서, 참여자가 서로에게 자신을 소개하면서 연구자와 나머지 그룹 구성원에 대한 부담감이 감소되고 배경 지식은 참여자가 친숙함을 느끼면서 유용하게 수집된다. 이 단계에서 실제 연구주제가 소개된다면, 연구주제는 참여자가 서로 이야기하기 시작하는 장소를 조명할 수 있고, 참여자가 말하는 그룹 환경의 불확실성의 영향력을 되새기는 것이 중요하다.

갈등기(storming)는 몇 가지 방식으로 명확해질 수 있는 비판의 단계이다. 갈등기는 그룹 구성

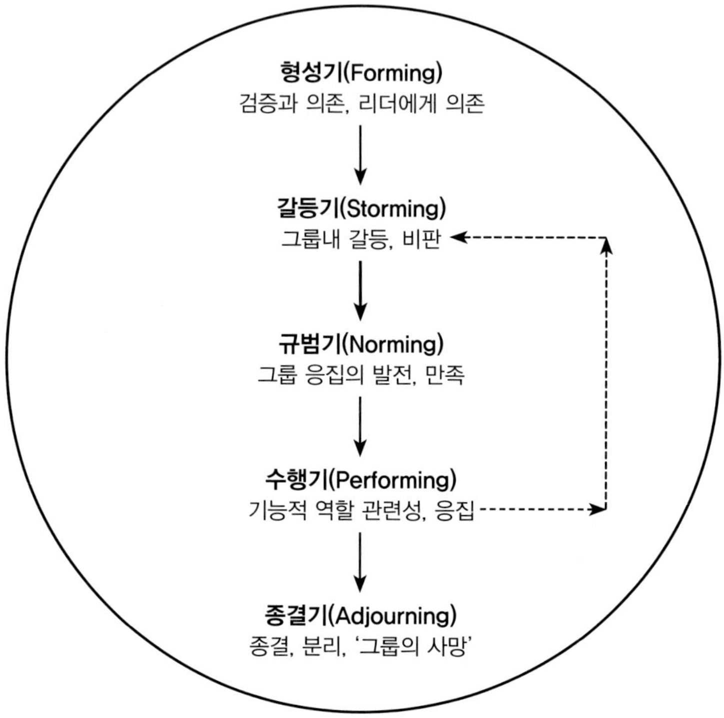

그림 8.1 Tukman과 Jenson의 그룹 단계 모델

원 중에서 주도적이거나 구성원보다 한발 앞서 나가는 사람 혹은 침묵을 유지하거나 다른 구성원에게 무관심한 사람, 방어적 위치로서 전문가와 같은 특정 역할을 선택한 사람과 같은 특징이 있다. 이 단계에서 유용한 자료가 상당히 차이가 있을 수 있으나 이것은 나중에 참여자가 자신을 더 복잡하고 민감하게 표현함에 따라 축소될 수 있다. 이 단계에서 참여자의 표현이 나중에 토론을 할 때 어떠한 관점으로 언급되는지에 대한 성찰 없이 강한 진술에만 상당 부분 의존하지 않는 것이 중요하다.

규범기(norming)는 그룹의 규범이 형성되는 단계로 공유하기, 유사성과 동의 혹은 '규범화'의 차분한 그룹이 정착되는 단계이다. 그룹은 협동적으로 토론을 시작하고 특히 공통의 관심사를 발견하고 다른 사람의 의견에 동의하기 위해, 그리고 다른 사람이 말하는 것에 힘을 실어주기 위해 날카로워질 수 있다. 이 단계에서 참여자는 '다른 참여자에게 양보'하거나 '한 번에 모든 것을 말하지 않기'와 같이 연구자가 만들어 놓은 '기본 규칙'의 실행을 시작할 수 있다. 이 단계에서는 사회적으로 수용가능한 관점이나 행위로 보여지는 것을 드러내면서 사회적 규범이 대체로 영향력을 미칠 수 있다. 이것은 연구자료의 가치있는 부분이 될 수 있다. 그룹 구성원이 환경에 점차 편안함을 느끼고 덜 규범적인 관점에서 표현할 수 있다는 것을 느끼게 되었을 때, 나중에 표현된 관점과 이 단계에서 말한 것을 비교하는 것이 중요하다.

수행기(perfroming)는 연구주제에 대해 개방적 토론에서 상호작용하면서 그룹 활동을 찾는 단계이다. 그룹은 서로 동의와 이견을 허용하면서 에너지를 사용하고, 집중하며, 즐기고, 덜 방어적인 입장을 취할 수 있다. 그룹은 종종 상당한 수준의 성찰로 초기에 토론되었던 관점으로 되돌아올 수 있다. 이 단계에서 참여자는 더 깊은 통찰력을 얻는 발전을 위해 함께 작업하면서 연구주제에 대해 최대의 도전을 하게 된다. 그러므로 이 단계는 가장 생산적인 그룹 과정이지만 도달하는데 시간이 많이 걸린다. 연구자의 노력에도 불구하고 몇몇 포커스그룹은 결국 이 단계에 도달하지 못하기도 한다.

마지막으로, 종결기(adjourning)는 그룹이 끝맺음을 하는 단계이다. 참여자는 자신이 초기에 주장한 내용을 강화하기 위해 혹은 결론을 이야기할 수도 있다. 연구자는 그룹 토론에서 성취된 것들에 대해 참여자에게 감사를 표현할 것이다. 그룹 혹은 몇몇 구성원은 그룹을 떠나는 것에 섭섭함을 느끼기도 하여 이 단계를 '애도기'라고 부르기도 한다.

단계는 언어적 · 비언어적 행위에 의해 보여지는 그룹의 정서와 에너지 수준에 따라 분명하게 나타난다. 실제에서는 항상 모델과 똑같이 그룹 단계가 나타나지 않으며 모든 단계가 확실히 구분될 필요도 없다. 또한 단계가 순차적으로 진행될 필요도 없다. 그룹 단계의 이동은 순환적인 과정이다. 예를 들어, 새로운 토론 주제나 특정 과업을 도입함으로써 그룹 역동이 수행기 행위에서 갈등기 행위로 되돌아 갈 수 있다. 연구자는 그룹 과정의 정상적인 부분으로 각 단계를 인식하고 토론을 구조화할 때 단계의 발생과 지속을 돕는 것이 중요하다.

포커스그룹 단계 The stages of a focus group

이 장에서는 그룹 토의의 진행과 그룹 내에서 연구자의 역할, 그룹 발달 단계의 성찰에 초점을 맞추어 기술한다. 다양한 단계를 탐색하여 **Box 8.1**에 요약하였으며 다음 장에서 더 자세하게 언급하였다.

1단계: 분위기 조성과 기본 규칙 정하기 scene-setting and ground rules

토론의 시작을 효과적으로 관리하는 것은 매우 중요하고, 나중에 발생할 어려움을 사전에 경감시켜 준다. 참여자가 도착하면, 연구자는 참여자의 참석에 대해 감사를 표시하고 환영한다. 그리고 연구자는 연구주제와 관련된 대화를 피하면서 참여자와 친숙하게 대화를 나누도록 노력한다. 이 단계에서 다과를 제공할 수 있다. 모든 참여자가 도착했을 때, 연구자는 참여자의 소개, 연구주제

Box 8.1

포커스그룹 단계

1. **분위기 조성과 기본 규칙 정하기.** 포커스그룹의 도입단계는 매우 중요하다. 참여자로부터 기대하는 것과 그룹이 수행해야 할 것에 대해 정보를 제공해야 한다.
2. **개인별 자기소개.** 자기소개는 연구자가 참여자를 확인할 기회를 제공할 뿐만 아니라 참여자가 처음부터 말할 기회를 갖게 되고 참여자끼리 확인하는 기회를 제공한다.
3. **주제 열기.** 일반적이고 중립적인 개시는(연구주제와 관련 있는) 그룹 토의와 역동에 도움을 줄 수 있다.
4. **토의.** 토의는 그룹이 주요 이슈를 탐색하고 토의하는 포커스그룹의 중심이다. 참여자가 새로운 영역에 대한 토의로 이동하도록 하거나 참여자의 관점을 형성하기 위한 융통성을 제공하기도 한다.
5. **토의의 종료.** 연구자는 참여자가 다음에 무엇이 일어날 것인가를 알게 하고 참여자의 토의 참여에 감사한다. 연구자가 그룹을 종결시키기 전에 참여자에게 토의가 끝나가고 있고 몇 가지 중점적인 내용에 초점을 맞추고 이완하도록 미리 신호를 보내는 것이 도움이 된다.

를 개괄적으로 이야기하고, 연구목적의 배경 정보와 연구비에 대해 언급하면서 이 단계를 정식으로 시작한다. 참여자의 비밀유지(특정 절차를 따르라는 통고)와 자발적 참여를 강조하고, 자료를 어떻게 활용하고 연구결과를 보고하고 파급할 것인지를 설명한다.

도입은 너무 길거나 기계적이지 않아야 하고 그룹 토의가 진정성이 있는 연구라는 것을 참여자에게 알려준다. 참여자에게 왜 연구가 수행되어야 하고 어떻게 연구가 사용될 것이며, 어떻게 토의가 적극적인 상담이나 의사결정의 참여를 위한 기회를 제공하는지에 대한 구체적인 세부사항을 알려주어 참여자의 적극적인 참여를 독려한다.

연구자는 그룹에 기대되는 역할을 알려주고, 이 시간은 토의 형태로 진행되고 참여자가 자유롭게 토의에 참여해야 함을 설명한다. 연구자는 옳고 그른 답이 없고, 모든 참여자의 견해에 관심이 있으며, 가능한 많은 다양한 생각을 듣는 데 목적이 있음을 강조한다. 그룹 구성원은 다양한 관점이나 경험이 있으면 그런 관점과 경험을 토의에 더하여 말할 수 있다. 참여자는 자신의 생각을 자유롭게 말해야 한다. 다른 사람의 관점에 동의 혹은 동의하지 않는다면 동의한다거나 동의하지 않는다고 말해야 한다. 토의에서 이야기 된 모든 내용을 확인하기 위하여 토의 내용에 대한 녹음이 필요하다고 설명하고 이런 이유 때문에 참여자가 서로 개별적으로 이야기하지 않도록 한다. 연구주제에 따라 어떤 사람이 말한 내용에 대한 비밀유지가 필요하면 그룹 구성원에게 토의가 끝난 후 외부에서 반복하여 말하지 않도록 주의시키는 것이 도움이 된다. 참여자가 동료나 동거인으로 서로 알고 있는 사이라면 이것은 특히 중요할 수 있다.

이 단계에서, 참여자는 호기심과 긴장을 느낄 수 있다. 참여자는 '이것에 관한 모든 것이 무엇인가?', '숨겨져 있는 아젠다가 있는가?', '잘못 말하면 어떡하지?'라는 불안이 있을 수 있다. 도입부의 양식과 내용은 그룹 구성원의 유형과 맞출 필요가 있고 그룹의 모든 사람을 위해 중요한 초기 단계에 시간을 충분히 갖는 것이 필요하다.

2단계: 개인별 자기소개 individual introductions

녹음기의 스위치를 켠 후, 연구자는 참여자에게 이름과 간단한 정보를(대개는 연구자에 의해 소개할 항목이 구체적으로 제시된다) 포함한 자기소개를 하도록 요청한다. 참여자가 각자 자기소개를 할 때, 연구자는 약간의 질문을 할 수 있고, 충분히 반응을 끌어내고 심층 토론의 분위기를 만든다.

각자에 대한 배경정보를 공유하는 데는 몇 가지 목적이 있다. 이러한 배경은 참여자끼리 친밀감을 형성하기 시작하면서 서로에게 자신을 소개한다. 또한 각자가 개별적으로 말하고 들을 기회를 제공하고, 효과적인 그룹 토론에 필요한 2개의 역할을 연습해본다. 참여자 각자의 정보는 토의 동안 참여자를 토론에 끌어내고 다른 관점을 끌어낼 수 있는 것이 무엇인가를 확인하기 위해 연구자가 사용할 수 있다. 또한 녹음 시 참여자의 이름과 다른 개인적 특성을 연결시킨다. 이것은 필사 과정에서 유용한데, 특히 토론을 통해 가능한 개인 반응 추적이 필요한 연구에서 유용하다. 참여자의 이름표나 배지를 활용할 수도 있다.

개인 소개가 끝났을 때, 연구자는 전체 그룹 구성에 대해 간단히 언급할 수 있다. 앞으로 진행될 토론에서 대조되는 관점과 경험을 위해 장점에 주목하면서 드러난 차이점을 강조하는 것이 도움이 될 수 있다. 참여자는 민감한 이슈를 심층적으로 탐색하는 전초전으로 서로 유사성에 주목한다. 이것은 이제 '그룹'에 이르는 느낌과 구성원이 처한 상황에 관계없이 모든 구성원이 하나라는 느낌을 강화할 수 있다.

3단계: 주제 열기 the opening topic

참여자의 자기소개가 끝난 후에, 연구자는 주제를 소개함으로써 일반적인 토론을 시작한다. 주제 열기는 상당히 중립적이며, 일반적이고 말하기 쉬운 것이거나, 그룹 구성원의 자발적인 생각을 찾는 개념적 이슈나 정의적 이슈이기도 한다.

연구자는 토론을 격려하면서, 가능한 많은 참여자가 참여하도록 주제 열기를 사용한다. 초기에 참여자는 더듬거리거나 침묵할 수 있으며, 한두 명만이 말을 하거나 한 사람이 개인적 견해나 상황을 길게 이야기하기도 한다. 활발한 토론이 즉시 이루어지기도 하고, 주제와 관련하여 다양한 논의가 지속되기도 한다.

연구자는 특정 주제를 중심으로 더 많은 질문(혹은 같은 질문을 바꾸어 말하기)을 요구하기도 하고 반응을 보이는 사람의 관점에 대해 일반적으로 문의하는 것을 활발하게 지속한다. 초기 단계는 사람들의 참여를 장려해야 한다. 참여자 개인이 침묵하면 그룹 토의의 진행은 더 힘들어지고, 참여자들은 그룹을 나가고 싶어할 수 있기 때문이다. 초기 단계에서 폭넓은 토론은 참여자가 연구자에게 의존하기보다 참여자끼리 상호작용하는 것을 촉진한다. 연구자는 참여자의 생각을 요청하기 위해 짧은 침묵을 허용하면서 그룹 상호작용을 격려하거나 다양한 사람이 이야기하는 다양한 이슈로부터 연관성을 끌어내거나 다양한 관점의 차이점과 유사점을 강조한다. 연구자는 비언어적 단서를 사용할 수 있다. 예를 들면, 그룹 전체를 둘러보면서 눈을 마주치고, 흥미를 보이기 위해 몸을 앞으로 기울이기도 하고, 그룹 토의를 지속하도록 요청하기 위해 손으로 제스처를 취하기도 한다.

일반적으로 토론을 시작한 지 첫 5분 내에 연구자가 토론 주제를 제시하는 경향이 있지만 충분한 논쟁이 요구되는 주요 주제와 관련된 이슈가 초기 토론과정에서 떠오를 수 있다. 연구자가 이 과정에 끼어들거나, 초점을 만드는 데 관심을 갖거나, 중요한 이슈가 충분한 토론을 위해 나중에 다시 되돌아 올 수 있다고 설명할 수 있다. 연구자는 언급된 여러 개의 이슈 중에서 하나의 선택이 적절하다는 것을 판단하기도 하고 선택한 이슈로 옮겨 토론을 진행하기도 한다.

4단계: 토의 discussion

이 단계에서, 연구자는 그룹 토의가 통제되지 않고 있다는 느낌을 받을 수도 있다. 특히 초기 토론에서 토론이 충분하고 왕성하게 이루어졌다면 이 문제가 더 크게 느껴질 수 있다. 이런 경우 연구자의 역할은 개별 참여자의 세세한 것에 대한 요구에 맞서 그룹 상호작용을 향상시키기 위하여 균형을 유지하는 것, 구체적인 주제에 대한 토의에 맞서 자유롭게 흐르는 논쟁 가치의 균형을 유지하는 것이다.

적극적 경청과 관찰을 통해 무엇이 이야기되었는가에 대해 머릿속으로 정리하고 연구자는 간단한 언어로 표현된 개방질문을 사용하면서 그룹과 개인을 전체적으로 관찰할 것이다. 연구자는 참여자가 사용한 용어에 귀를 기울이고, 언어가 말 속에 담긴 의미와 반영을 탐색한다. 그룹 내에서 토의가 자발적으로 이루어지지 않는다면 연구자는 다른 관련 주제 분야로 토론의 흐름을 지시하기도 하고 연구주제에 광범위하게 초점을 맞추어 토론을 지속하기도 한다. 또는 참여자가 지시를 지키는 것을 보고 토론이 잘 전개되도록 연구자가 자리를 비우기도 한다.

예를 들면, 정신질환 자선단체를 위해 정신병 경력이 있는 환자를 대상으로 한 상담연구는 정신건강서비스 제공에 대한 참여자의 관점을 탐색하는 데 포커스그룹을 사용하였다(McNaughton

Nicholls & Boodhna, 2011). 이 그룹에서, 참여자는 누가 시키지도 않았는데 그들의 정신건강에 대한 지지를 사정했을 때의 부정적인 경험에 대해서 토론하는 경향을 보였다. 연구자는 이것을 탐색한 후 만약 참여자가 긍정적인 경험을 하였다면 어떠했는지를 명확하게 질문하였다. 이것은 긍정적 혹은 부정적 경험으로 이끄는 서비스 특성에 대한 토의의 기초를 제공하였다. 그리고 참여자의 경험을 형성하는 구체적인 요소를 제공하였다. 이 정보는 참여자가 동의하고 함께 정련화하기 위해 플립 차트에 썼다. 부정적인 경험의 기술로 시작된 토의는 서비스 특성과 경험을 만드는 실행, 그들이 어떻게 행동하는가에 대한 풍부한 분석으로 이동하였다. 긍정적 경험을 확인하는 것은 부정적 경험을 분명하게 하는 데 도움이 되었고 부정적인 경험을 제공한 서비스의 단점도 보여 주었다.

토의단계 동안 모든 사람을 참여하게 하여 개별 구성원이 균형있게 기여하게 하고 명확하게 설명되지 않은 관점이나 경험을 탐색하는 것에 대한 시도는 중요하다. 그룹 과정이 새로운 통찰력과 사고를 생성하기 위하여 가능한 충분히 참여하도록 하는 것을 요구한다. 토의는 일반적으로 생생하게 진행될 것이지만, 짧은 침묵이 있다면 연구자가 그 침묵을 채워야 한다는 강박을 피하는 것이 최선이다. 나서지 않는 것은 그룹에서 누군가가 토의의 진행을 지속하고자 하는 책임감을 느끼게 할 것이고 이것은 새롭고 흥미로운 방향으로 이끌 수도 있음을 의미한다.

5단계: 토의의 종료ending the discussion

마지막 주제는 어떻게 토의의 전반적인 양상과 그룹 발달 단계에 적합하게 할 것인가를 목적으로 미리 결정될 것이다. 상황을 개선하기 위해 해야 할 것에 대한 아이디어나 제안을 다루면서 긍정적이고 완전한 메모로 끝내도록 노력하는 것이 바람직하다.

그룹이 갑자기 토의를 끝내지 않고 마무리를 준비하도록 시간을 허용하는 것이 도움이 된다. 연구자는 그룹 토의의 종결을 알리는 신호를 한다. 예를 들어, '마지막 주제'라고 말을 한다든지 토의를 끝내기 전에 '더 하고 싶은 이야기가 있는지요?', '소외감을 느꼈거나 말할 기회를 갖지 못했다는 느낌을 갖는 사람이 있는지요?'라고 질문을 한다.

마지막으로, 연구자는 토의가 어떻게 도움이 되었는지를 강조하면서 토의를 종결하고 그룹에 감사를 표현한다. 만약 민감한 이슈가 보호되어야 한다면 비밀을 유지하겠다고 그룹 참여자를 재차 안심시키고 연구의 목적과 토의 자료가 어떻게 사용될 것인지를 반복하여 언급하는 것이 바람직할 수 있다. 연구자는 녹음기의 스위치를 끈 후에도 잠시 머물러야 한다. 참여자는 종종 그룹 토의 경험을 즐길 수도 있고 토의 장소를 떠나지 않으려 할 수도 있다.

토의 수행

Conducting the discussion

전반적인 연구자의 역할 An overview of the researcher's role

연구자는 그룹 토의를 시작하고, 상호작용적 토의를 격려하기 위해 그룹 과정에 자신을 사용할 뿐만 아니라 토의 시 주도적인 사람 없이 모든 사람이 그룹에 참여하는 것을 격려하고 관련성 없는 토의주제로 빠지지 않도록 그룹을 통제한다. 연구자의 역할은 어느 정도는 하이브리드이다. 연구자는 통제하는 사람으로서 제재를 할 수 있는 진행자 역할을 하고 토의 진행을 쉽게 하거나 돕는 촉진자로서의 역할도 한다. 여기서는 연구자가 토의를 진행하는 데 사용하는 기법을 기술하고 다음 장에서는 그룹 과정의 효과적인 사용을 위한 전략을 찾아본다.

연구자 중재의 특성과 정도는 그룹마다 다양할 것이고 개별 그룹 역동과 참여자의 흥미의 영향을 받는 연구주제에 따라서 달라질 수 있다. 몇몇 그룹은 말이 없고 말을 잘 하지 않으며 연구자가 질문하고 확인하고 이야기를 끌어내 주기를 원한다. 활발히 토의가 진행되는 그룹은 마치 반응자와 같다. 언제 어떻게 중재가 이루어져야 하는가에 대한 의사결정은 토의 동안 할 수 있다(Flick, 2009).

연구자의 역할은 그룹 토의의 성공에 중요하다. 에너지를 필요로 하고 부담이 될 수 있고 도전이 될 수 있다. 중재 기술이 학습될 수 있고 연습을 해야 함에도 불구하고 토의에 강한 사람은 그룹과 관계를 잘 형성하고 사람을 편하게 하는 능력을 갖고 있다. 많은 기술은 심층면담에서 요구되는 기술과 같다. 기술은 적응력, 신뢰, 긍정적인 방식으로 자신을 기획하는 능력, 자기주장과 요령의 조합, 궁극적으로 공식적 상호작용 시 비공식성을 만들어 내는 능력을 요구한다. Puchta와 Potter(2004)는 원고를 잘 쓰고 연습하거나 기계적인 것에 치중하는 것보다 잠깐 멈춤, 언어, 억양과 같은 비공식적인 행위를 보여주는 것을 권한다.

융통성 또는 구조: 토의 진행하기 Flexibility or structure: moderating the discussion

연구자가 토의를 구조화하기 위해 중재를 얼마나 해야 하는지는 연구유형에 따라 다르다. 이슈의 보호를 보장하기 위한 몇 가지 구조를 도입하는 것이 필요할 것이다. 그러나 도입한 구조와 그룹 내에서 제기된 이슈에 대한 토의의 융통성 사이의 균형은 여러 연구와 그룹 사이에서 다양하게 나타날 것이다.

연구자는 같은 시간에 연구자의 목적을 달성하면서 그룹 내에서 제기된 많은 관련성 있는 토의를 허용한다. 이슈의 자발적 출현은 개인면담보다 포커스그룹에서 더 범위가 넓고, 다양한 사람의 적극적인 토의 참여로 촉진된다. 이것은 토의가 연구자의 지시에 의해 진행되기보다 반응자에 의해 유도된다는 것을 의미한다.

그러므로 연구자는 모든 중요 이슈가 가능한 충분히 다루어지도록 토론의 속도를 보장하고 가능한 비지시적이어야 한다. Flick(2009)은 이것을 '주제 조정'이라고 한다. 다음은 연구자가 고려해야 할 사항이다.

- 주제와 관련 있고 주제에 맞춘 토의 지속하기
- 최소한의 중재로 자유 토의를 허용하는 것을 선택하기
- 더 많은 성찰과 논쟁을 향상시키는 수단으로 침묵의 사용 알기
- 이미 떠오른 이슈에 대해 정신적 메모를 만들어 가면서 더 깊은 심층 토의를 보장할 필요가 있는 다른 주제로 이동 결정하기

연구 초기에 그룹 토의가 수행된 이후 연구주제와 주제 관련 그룹 토의가 더 유사하게 되었다면, 이 모든 것은 연구자의 신뢰와 경험으로 인한 것이다.

> 발전을 위한 토의의 왜곡과 방향 전환은 예측하기가 어려울 수 있다. 그러므로 그룹을 조정하기 위한 방법론적 중재는 유일하게 대략적으로 계획될 수 있고 자료수집과 관련한 의사결정은 토의 동안 할 수 있다(Flick, 2009: 201).

그룹토의가 연구와 관련성이 없는 주제로 전환되는 경우가 심층면접보다 포커스그룹에서 더 쉽게 발생할 수 있다. 이는 참여자가 주제를 깊게 생각할 수 있고, 참여자가 흥미를 가질 만한 주제이거나 주제가 반복되는 긴 일화를 다룰 수 있다. 주제와 관련성이 적은 내용이 나올 수 있지만 원래 고려되지 않았던 주제라 하더라도 때로는 이것이 유용할 수 있다. 그러므로 갑작스럽게 이런 주제를 단절시키지 않는다. 그러나 토의 시간이 제한적이기 때문에, 연구자가 무엇이 연구와 관련이 있고 없는지에 대해 결정하고, 토론이 즉시 주제로 돌아갈 수 있도록 조정할 필요가 있다.

주제와 관련 있는 질문을 소개하는 것도 도움이 된다. 토론이 의도한 방향과 다른 방향으로 가는 사실에 관심을 가질 필요가 있고 연구목적에 참여자가 충실히 참여하도록 하는 것이 필요하다. 이때 부드러운 진행능력, 유머 그리고 양해가 도움이 될 수 있다.

충분한 반응을 위해 면밀히 살피기 Probing for fuller responses

개별 면담을 할 때, 연구자는 심층적으로 다룰 이슈를 확실히 하기 위해 면밀히 살핀다. 목적은 액면 그대로 대답을 수용하기보다 분명하고 깊게 모든 측면을 다루는 것이다. 그룹 구성원은 여기서

어느 정도 역할을 하면서 그룹을 면밀히 살피는데, 토의에서 부가적인 목적은 다른 그룹 구성원에게 개방하고 상호작용을 격려하는 것이다. 이것은 전체 그룹에 질문을 하고 개인에게 질문을 하는 것 2가지를 포함한다. 개인에게 질문을 하는 것이 토의 흐름을 방해할 수 있음에도 불구하고, 연구자는 토의 중에 참여자의 의견을 명확히 하거나 약간의 부연설명을 할 수 있도록 하는 데 도움이 된다.

나머지 그룹 구성원에게 토의를 확대시키는 견지에서 면밀히 살피는 방법은 다음과 같다.

- '다른 사람이 어떻게 느끼는가?' 또는 '모든 사람이 생각하는 것은 무엇인가?'를 일반적으로 질문하기
- 질문을 반복하거나 질문 조각내기
- 이야기된 특정 내용을 강조하거나 내용에 담긴 생각 질문하기
- '그것에 대해 좀 더 이야기 해 주실 수 있나요?'라고 그룹에 직접적으로 질문하기
- 참여하고 있는 나머지 그룹 구성원을 둘러보거나 몸동작 취하기
- 그룹이 이슈에 대한 더 많은 성찰을 하도록 허용하면서 기대되는 침묵 유지하기
- 그룹의 다양한 관점을 강조하고 토의와 설명 격려하기

비언어적 언어에 주목하기 Noting non-verbal language

토의 과정을 통해, 연구자는 참여자의 몸짓 언어에 주목할 필요가 있다. 의사소통의 한 형식인 몸짓 언어는 2가지 이유에서 중요하다. 첫 번째, 몸짓 언어는 토의 주제와 관련 있는 관점을 더하거나 강조한다. 참여자는 머리를 끄덕이거나 흔드는 것으로 동의 혹은 동의하지 않음을 표현한다. 연구자는 참여자에게 관점을 말로 표현하도록 격려할 필요가 있다. 연구자는 '모든 사람이 강하게 고개를 끄덕이네요, 왜 그러시죠?' 혹은 '매우 조용합니다. 왜 이 주제에 대해 이야기하는 것이 어렵지요?'라고 말할 수 있다. 두 번째, 몸짓 언어는 그룹 과정에 대한 참여자의 느낌을 나타내는 인디케이터를 제공할 수 있다. 연구자는 누가 말참견을 하는지, 누가 걱정을 하는지, 누가 따분해 하는지를 봄으로써 참여자가 토의에 참여하는 적절한 방식을 결정한다.

개인적 기여의 균형 조절하기 Controlling the balance between individual contributions

모든 참여자가 기여할 공간 만들기 Creating space for everyone to contribute

연구자의 역할은 모든 참여자가 논쟁에 참여할 기회를 갖도록 보장하는 것이다. 각각의 참여자가 동등하게 기여하지 않기 때문에, 연구자는 가끔 어느 정도 제한이나 격려를 통해 통제할 수 있고 토의에 대한 개인의 기여를 세밀하게 계획할 필요가 있다. 연구자는 참여자가 주도적으로

말하거나, 말수를 줄여 과묵하게 있거나, 그룹 내에서 동시에 말하는 것을 통제한다. 얼굴 표현, 힐끗 보기, 제스처와 자세는 참여자 사이의 균형을 통제하기 위한 언어적 중재를 미연에 방지할 수 있다.

연구자는 즉시 중재하는 것을 선호할 수 있다. 연구자가 언어적 중재를 하지 않음으로써, 그룹 참여자는 서로 균형을 조절할 것이다. 적절한 때에 안정화될 가능성이 있는 그룹에서 한 사람의 고압적인 태도나 다른 사람의 긴 침묵은 그룹의 '갈등기' 단계의 특성이 될 수 있다. 이런 양상이 지속된다면, 연구자는 행동을 취할 필요가 있다. 예를 들어 참여자 각자와 눈마주침은 참여자가 토의에 새로운 기여를 하도록 요구한다.

주도적인 참여자 응대하기 Addressing dominant participants

개별 참여자가 항상 질문에 첫 번째로 반응한다든지 매우 길게 말하거나 반복적으로 말한다든지 하는 양상으로 토의에서 주도적이라면 개별 참여자의 기여를 제한할 필요가 있다. 다른 참여자는 점점 침묵하게 되고 암암리에 항의하고자 연구자를 직접적으로 바라보기 시작한다.

연구자는 다른 참여자가 말하도록 주도적인 참여자의 주의를 환기시키는 간접적인 방법을 먼저 사용해보고 이런 방법이 성공적이지 못하다면 직접적인 방법을 적용한다. 비언어적 시도는 다른 참여자를 바라보거나 다른 사람이 말하도록 제스처를 취함으로써 주도적인 참여자와 눈마주침을 하지 않는 것이다. 이러한 방법이 효과가 없다면, 다른 사람에게 말할 기회를 주면서('당신의 이야기는 도움이 됩니다. 다른 사람의 이야기도 듣고 싶습니다.') 다른 사람이 말하도록('다른 사람의 의견을 들어 봅시다.') 하는 언어적 중재를 한다.

대립을 피하는 것이 중요하다. 그룹의 대중적 성격은 그룹 참여자가 개별 심층면담 참여자보다 더 많은 질책을 느낄 수 있음을 의미한다. 그러므로 연구자는 주도적인 참여자의 기여 가치를 강조하기 위해서 고통을 참을 수 있어야 하고 유머를 사용한다든지 주도적인 사람에게 짧게 반응하고 양해를 구하면서 모든 참여자의 이야기를 듣는 것도 중요하다.

과묵한 참여자 찾아내기 Drawing out reticent participants

그룹 구성원이 침묵하는 이유를 판단하기 어려울 수 있다. 포커스그룹은 자기 노출을 요구하는데, 몇몇 사람은 자기 노출이 어렵거나 불편할 수 있다(Krueger & Casey, 2009). 참여자는 조용하고 그룹에 대한 신뢰가 낮거나 다른 참여자와 일부 차이를 느끼면서 그룹 구성원 때문에 불편할 수 있다. 특히 그룹이 클 경우, 활발한 토의 동안 과묵한 참여자가 끼어들어서 말을 할 수 없을 수 있다. 하지만 과묵한 참여자는 연구에 대해 다른 참여자와 다른 관점과 경험을 갖고 있을 수 있으므로 이들의 이야기를 듣는 것이 중요하다.

연구자는 참여자가 말하는 모든 내용이 유용하다고 그룹 전체 혹은 특정 참여자에게 말함으로써 부끄러워하거나 불안이 높은 참여자를 안심시킬 수 있다. 그러나 이것으로 충분하지 않을 수 있다.

어떤 문화에서는 직접적인 눈 마주침이 무례하거나 도전적인 행동으로 생각될 수 있는데 그룹 토의 동안 눈 마주침을 자각하는 것은 중요하고 이것 하나만으로도 신뢰를 줄 수 있다. 연구자는 말을 하지 않는 참여자를 바라보거나 더 많은 토의가 진행되도록 전체 그룹이 토의에 참여할 것을 요구할 수도 있다. 이는 참여자가 도입부나 참여자와 관련된 질문을 만들 수 있는 지표를 통해 이미 참여자가 알고 있는 것에 대한 구체적인 질문으로 연결할 가능성이 있다. 연구자는 도입부에서 말을 하지 않고 있는 참여자가 자녀가 있다고 말했던 것을 기억하면서 '자녀가 있는 참여자는 어떠신가요?'라고 질문할 수 있다. 더 직접적인 방식으로, 침묵하고 있는 참여자에게 질문을 할 수 있다. '당신은 생각하고 있는 것을 말할 기회를 놓치셨습니다.' 또는 '당신의 경험을 지금까지 이야기된 것과 비교한다면 어떻습니까?' 이 상황에서 던져진 질문은 단순히 '예', '아니오' 혹은 '사실적인 대답을 끌어내는 질문보다 개방질문을 하는 것이 좋다. 토의 참여에 고마워하는 반응은 더 많은 의사소통을 가능하게 한다.

이러한 전략을 몇 번 사용하면서 말을 하지 않고 있는 참여자가 있다면 연구자는 토의되고 있는 주제에서 다른 주제로 이동하기로 결심할 수 있고 그룹의 크기가 크다면 다른 참여자에게 집중할 수 있다.

동시 대화 피하기 Avoiding simultaneous dialogue

가끔은 다양한 관점을 녹음하여 확인하고 모든 참여자에게 말할 기회를 주기 위해서 참여자가 서로 동시에 이야기하는 것을 중지시킬 필요가 있다. 토의 중에 한 사람이 말하게 하거나 참여자의 관점에 대해 이야기하도록 하거나, 각 관점을 들을 수 있도록 직접적으로 동시에 이야기하는 것을 중지시킬 수 있다. 말하고 있는 한 사람을 집중하여 보거나 토의 내용이 녹음되고 있다고 이야기함으로써 동시에 대화하는 것을 중지시킬 수 있다.

개별심층면담보다 토의에서 더 두드러지게 드러나는 특정 행동 유형은 개인의 관점을 표현하는 것을 회피하는 것이다. 이것은 저항 행위 혹은 '돌발 행위' 유형이 될 수 있다. 참여자가 자신의 관점을 표현하는 위험보다는 토의에서 일정 거리를 두거나 대중매체를 매개하여 간접 견해를 제시하거나, 정치적으로 수용할 수 있는 견해를 제시하는 것이 더 쉽다. 연구자는 참여자의 생각을 직접 질문함으로써 침묵하고 있는 참여자에게 되돌아가서 초점을 맞출 필요가 있다. 만약 참여자가 이야기하기를 꺼려하는 요소(다른 사람의 채무 경험이나 폭력관계에 대해 이야기하는 것)가 포함된 주제를 소개하기 위하여 제3자를 언급한다면 조심스러운 접근이 필요하다. 말하기 꺼려하는 경험을 직접 질문하기보다 전체 참여자에게 이런 이슈에 대한 개인적인 경험이 있는지를 질문할 수 있다.

그룹 과정 이용하기: 더 나은 전략

Using the group process: some further strategies

좋은 포커스그룹은 부분의 합 이상이다. 연구자는 심층자료를 생성하기 위해 참여자가 서로 상호작용하여 그룹 토의에 참여하도록 격려하면서 그룹 과정을 이용한다. 여기서는 그룹 과정이 새로운 생각과 성찰적 토의를 자극하는 데 사용될 수 있는 몇 가지 방법을 찾아본다.

드러나는 이슈에 대한 심층 탐색 격려하기

Encouraging in-depth exploration of emergent issues

연구자는 이슈를 선택하고 선택한 이슈에 접근하여 충분히 탐색할 수 있는 성찰적 환경을 만들도록 그룹을 돕는다. 따라서 그룹 구성원에게 이슈를 충분히 탐색하도록 시간을 허용하고 토의가 흘러가는 대로 두는 것이 중요하다. 또한 토의의 도입에서 참여자가 끌어낸 관점을 생각하면서 성찰하도록 하는 것이 중요하다. 연구자는 이야기되고 있는 것에 관심을 갖거나, 더 세밀하고 깊게 확인하고, 가끔 이야기된 것을 재구성하고, 다양한 각도에서 성찰하도록 그룹에게 질문을 함으로써 탐색을 격려한다. 이렇게 하면서 연구자는 드러나는 자료를 면밀하게 보려고 노력하고 참여자가 생성하고 있는 이슈를 만들어내도록 격려한다.

다음은 몇 가지의 유용한 접근법이다.

- 한 명의 그룹 구성원이 잠재적으로 흥미를 끄는 이슈를 제시했다면, 연구자는 다른 그룹 구성원도 그 이슈를 알도록 토의를 지속시킬 수 있다.
- 연구자는 이슈에 대해 더 많은 의견을 제시하거나 구체적인 질문을 그룹에게 하면서 의견에 직접적으로 더 많은 관심을 끌어내기 위한 결정을 할 수 있다.
- 개별 참여자가 말한 것의 연결점이나 관련성을 성찰하도록 그룹을 격려할 수 있다. 예를 들어, 그룹이 좋지 않은 서비스 영역의 예를 제시한다면, 연구자는 흔한 사례가 어떤 것인지 질문할 수 있다.
- 다양한 관점이 표현된다면(예: 서비스의 우선순위에 대한 언급), 연구자는 다양한 관점이 서로 갈등스러운지 또는 조정할 수 있는지, 무엇이 적절한 우선순위인지 혹은 서로 균형을 이루고 있는지 혹은 왜 그런 다양한 관점이 생기는지에 대해 질문할 수 있다.
- 연구자는 개별 보기에서 거론된 것들의 적용이나 결론에 초점을 맞추어 참여자를 격려할 수 있다.

그룹 토의가 활발하게 이루어진다면, 각자 질문을 통해 의견을 더 깊게 이야기할 수 있고 자신의 관점을 성찰하거나 정련할 수 있고, 드러나는 이슈에 대한 심도 깊은 토의를 개발할 수 있다. 이것은 그룹 구성원이 연구 주제에 대해 모두 관심을 갖고 이야기를 하고 정보를 제공하면서 참여할 때 가능하다. 이 상황에서 연구자의 중재가 상대적으로 미미하게 보일 수 있다. 그러나 연구자는 어떤 이슈에 중점을 둘 것인지, 토의를 깊게 하는 것이 무엇인지, 어떻게 깊이 있는 토론을 할 것인지를 줄곧 결정하게 될 것이다.

예를 들면, 불공평한 공공서비스에 대한 인식을 탐색하는 연구에서(McNaughton Nicholls et al., 2010b), 영국의 평등법 2010(the Equality Act 2010)에 의해 보호받으면서 장애, 연령, 인종, 성을 포함하여 다양한 특징을 대표하는 대중을 포커스그룹으로 구성하였다. 포커스그룹은 불공평한 대우에 대한 인식, 공공서비스 내에서 불공평한 서비스의 발생, 불공평한 대우에 대한 개인적 경험, 참여자의 개인 특성이 이런 경험에 영향을 미치는지를 탐색하는 데 사용되었다.

참여자는 특정 특성을 공유하였고 토의는 개인적 경험에 초점을 맞추는 경향을 보였다. 그룹은 복잡하고 민감한 이슈에 대한 심도 깊은 토론을 통해서 더 폭넓게 그룹을 이동시켰다. 연구자는 개별 이슈에 대한 새로운 논점이 드러나고 이슈 간의 연결에 대한 질문을 하면서 개별 이슈가 상세히 탐색되었다고 확신하였다. 그룹은 참여자가 접근했어야 하는 다양한 공공서비스의 유형에 대한 토론을 시작하였고 그룹은 다음의 영역으로 이동하였다.

- 공공서비스의 불공평한 대우에 대한 개인적 경험
- 상호작용이나 결과 측면에서 불공평함(직원의 행위, 의사소통 부족이나 양상, 자원의 분배나 결과 수혜와 관련된)
- 불공평한 대우의 구체적인 예를 제시하면서, 참여자는 나이나 인종과 같은 개인적 특성이 서비스 수혜와 관련이 있는지 성찰하였다. 참여자는 그런 특성으로 인한 불공평한 대우는 이해 부족이나 의사소통 부족 혹은 체계적인 차별보다 개인적 차별행위에서 비롯된다고 주목함
- 공공서비스가 좋은 서비스나 직원 훈련에 대한 보편적 표준을 목표로 해야 한다는 견해를 제시
- 이것은 공공서비스에 대한 대중의 기대에 대한 토의로 이어짐

다양한 관점의 탐색 Exploring diversity of view

그룹 맥락은 차이점과 다양성을 탐색하기 위한 주요 기회를 제공한다. 차이점은 토의가 진행됨에 따라 드러날 수 있다. 그러므로 개별 심층면담보다 더 즉각적이다. 그룹 토의는 그룹이 다양성에 관심을 갖고 다양성을 설명하고 다양성의 원인과 결과를 찾아내기 위하여 다양성을 철저히 조사할 특별한 기회를 제공한다.

연구자가 다양성에 관심을 갖고 왜 이것이 발생되었는가, 다양성의 기저에 무엇이 있는가를 질문할 경우에 다양한 관점은 상당히 분명할 수 있다. 다양한 관점의 차이가 실제적으로 일관성이 없거나 모순된다 하더라도 그룹 구성원은 다른 사람의 관점이나 진술에 동의한다. 이때 연구자는 혼란스러워 할 수 있고, 그룹 구성원이 혼동스러워한다고 말할 수 있고, 그룹이 명확하게 하도록 요구할 수 있다. 이것은 그룹이 다양성에 직면하여 인정하고, 다양성을 고려하여 이야기했던 것을 정련하도록 격려하는 것이다.

사회적 규범과 명확한 합의에 도전하기 Challenging social norms and apparent consensus

포커스그룹에 대한 흔한 비판은 사회적으로 수용되고 있는 관점을 확인하기 위해 참여자가 다양한 관점이나 경험에 대해 이야기하지 못하도록 참여자에게 압력을 가한다는 것이다. 토론이 전개됨에 따라, 그룹 참여자는 유사점이나 이슈의 한쪽 측면을 제시하거나, 참여자의 기여가 사회 전반에 퍼져있는 사회적 규범을 반영할 수 있다. 이것은 '규범화' 단계의 특징이거나 특정 그룹의 그룹 역동과 연계되어 있을 수 있고 토의 동안 아무 때나 발생될 수 있다. 연구자는 무엇이 진행되고 있는지에 긴장할 필요가 있고 사회적 규범과 명확한 합의에 도전하는 방법을 찾을 필요가 있다. 이것에 접근하는 몇 가지 방법이 있다.

- 연구자는 그룹 참여자에게 다른 관점과 경험이 있는지 질문하거나, 다르게 느낀다는 것을 표시하는 참여자를 의도적으로 끌어내어 그들의 관점을 공유하도록 요청한다.
- 관점의 불일치나 차이는 수용가능하고 원하는 것임을 강조한다.
- 그룹 구성원이 다르게 느낄 수 있었던 상황이나 환경이 있는지를 질문함으로써 사회적 규범의 경계를 찾도록 노력한다.
- 일부러 반대 입장을 취하는 사람의 역할을 하거나 대안적 관점을 제시함으로써 만장일치로 합의하기 어렵게 한다. 연구자는 자신의 관점을 제시하기보다 '다른 그룹은 …… 라고 이야기했다.' 또는 'X가 …… 라는 것은 가끔 잘못되었다고 보이기도 한다. 어떻게 생각하는가?'라고 질문을 한다.
- 예를 들면, 학교의 글을 읽고 쓰는 프로그램의 평가에서(Tanner et al., 2011), 연구자는 프로그램을 적용하는 실무자를 대상으로 포커스그룹을 수행하였다. 특별한 초점은 실제 실무가 프로그램 설계의 의도와 얼마나 잘 일치되었는지 그리고 실무자에게 정식 지시를 주었는지와 관련된 프로그램 적용의 충실성이었다. 참여자의 초기 반응은 그들의 실무가 의도된 모델과 정확하게 맞춰 수행되었다는 것이었다. 그러나 연구자는 계획했던 모델과 실무의 일치를 더 상세하게 탐색하기를 원했고 이것을 규범적 입장에서 보는 것을 탐색하고자 하였다. 연구자는 모델에 변화를 가져올 수 있는 환경에 대한 가설적 예를 도입하였고 참여자가 그러한 환경에 어떻게 반응했는지 질문하였다. 토의 중에 몇몇 참여자는 자신이 경험했던 유사한 상황에 대한 예를 공유하기 시작하였다. 참여자는 실제적으로 모델을 적용할 때 발생하였던 변화를 인식하였고 이것에 부가적인 예를 제공하였다.

합법적인 투영 기법 Enabling and projective techniques

합법적인 투영 기법은 그룹 토의에서 매우 효과적으로 사용될 수 있다. 참여자는 그룹에서 합법적인 투영기법에 잘 반응하고, 개인면담에서 더 자연스러울 수 있다. 기법은 토의의 초점을 맞추는 데 도움이 되고 관점의 형성과 표현을 정련화하는 데 도움이 된다. 기법이 생성해내는 자료는 유사점과 차이점, 그리고 유사점과 차이점이 왜 발생했는가에 대한 충분한 토의를 유도하면서 심상(imagery)과 관점의 변화를 강조할 수 있다. 그룹은 연구자가 사용할 수 있는 특히 유용한 토론회를 만들어낸다.

그룹 구성과 크기

Group composition and size

그룹 크기와 구성은 그룹 역동을 형성하고 그룹 과정을 운영하는 데 중요하다. 관련 있는 요소는 그룹의 이질성이나 동질성의 정도, 그룹 구성원 사이의 관계, 연구주제, 그룹 크기 등이다.

이질성과 동질성 Heterogeneity versus homogeneity

일반적으로 그룹 구성의 몇 가지 다양성은 토의를 돕는다. 그러나 너무 많은 다양성은 그룹 구성을 방해할 수 있다. 참여자는 유사한 특성을 공유하는 사람에게 안정감과 호감을 느낄 수 있다. 그러나 이것은 충분한 토의에 꼭 필요한 것은 아니다. 유사한 특징을 가진 사람과의 토의가 자기 노출을 촉진할 수 있음에도 불구하고, 연구자가 차이점을 정리하기 힘들 수 있다. 다양성의 요소는 더 풍부한 토의와 통찰력을 생성하는 데 도움이 된다.

반대로, 이질성이 높은 그룹은 참여자가 위협을 느낄 수 있고 자기 노출을 방해할 수 있다. 그룹이 너무 이질적이면, 심도 깊게 주제를 토의하기 어렵다. 민감한 연구주제에 대한 연구에서는 '같은 배에 탄 모든 사람의' 공유된 경험이 특별히 자기노출과 토의를 촉진하는 데 중요하다. 그러므로 민감한 주제에서는 그룹 참여자의 다양성이 바람직하지 않음에도 불구하고 약간의 다양성을 갖는 것이 좋다. 예를 들어, 임신중절에 대한 여성의 의사결정연구에서 임신중절 경험이 있는 여성을 포함하여 그룹을 구성하는 것이 필요하다. 젊은 여성과 나이든 여성을 구분하여 그룹을 구성하고, 여성이 의사결정을 하였을 시점에서 이미 아이가 있는 여성과 아이가 없는 여성을 구분하여 그룹을 구성하는 것이 바람직하다. 이런 변수들에서 연령, 인간관계, 공공 자선단체의 다양한 건강전문가의 경험과 같은 상황의 다양성을 확보하여 그룹을 구성하는 것은 도움이 된다.

주제의 민감성뿐만 아니라 그룹 구성원에 대한 다양성 정도를 어느 정도의 무게로 둘 것인가를 평가하기 위해 3가지 이슈를 고려할 필요가 있다. 첫 번째, 이것은 개별 그룹 참여자의 경험이나 연구주제와의 연결성 차원에서 연구주제와 유사한 관련성을 가지고 있는 개별 그룹의 참여자를 위해 필요하다. 두 번째, 일반인으로 구성된 포커스그룹 중에서 참여자의 특성이 매우 다양하여 그룹 구성원의 나이, 사회계급, 교육정도, 성별 그리고 인종과 같은 사회인구학적 특성이 어떻게 개방적이고 충분한 토의가 이루어질 것인가에 영향을 미칠 수 있다. 사람은 자신과 유사한 사회적 환경에 있는 사람에게 더 많이 편안함을 느낀다. 그룹 내에서 사회적 권력이나 계층에서 의미 있는 불균형이 있다면 사회인구학적 특성은 도움이 되지 않는다.

세 번째 고려사항은 표본 내에서 연령별, 아이가 있는 사람과 없는 사람, 현재와 과거 서비스 사용자와 같이 하위그룹 간의 차이점을 찾기 위한 연구에 대한 특별한 요구가 있을 수 있다. 이것은 표본범주의 기준을 제시하는 포커스그룹 내에서 언급될 수 있다. 과도한 그룹 구성원의 다양성은 참여자를 하위그룹으로 분리하는 것을 어렵게 할 수 있고, 토의에서 다양성이 훼손될 수 있다. 만약 과거와 현재 서비스 이용자 혹은 아이가 있는 사람과 없는 사람과 같은 포커스그룹의 다양한 구성요소를 반영한다면, 특정 환경이나 경험의 영향은 가끔 더 많은 예민함과 통찰력으로 탐색되고 분리된 그룹 토의에 포함된다.

각 포커스그룹 내에서 나타나는 다양한 특성은 바람직하다, 예를 들면, 여성으로 구성된 그룹에서 남자 한 명 혹은 다른 참여자보다 더 젊거나 더 늙은 한 명과 같은 명목상 대표(token representation)를 두는 것은 피해야 한다. 한 명의 참여자가 그룹에서 다른 사람과 매우 차이가 있다면, 그들은 불편감을 느껴 자신의 의견을 제대로 피력하지 못할 것이다. 그들은 자신의 경험이 다른 참여자의 경험과 너무 다르다고 느낄 수 있어 침묵을 유지할 수 있다. 이러한 이유로, 그룹의 하위구조 내에서 의미가 있는 특정 하위그룹, 특성 또는 환경을 표현하는 데 일반적으로 최소 3명이 필요하다.

그러나 주의 깊은 그룹 구성을 계획하더라도 참여하겠다고 말한 모든 사람이 실제적으로 그렇게 참여하지 않기 때문에 항상 원하는 균형을 이룰 수는 없다. 연구자는 '다양성'에 대한 느낌에 긴장할 필요가 있고 소속감을 느끼지 못하는 참여자를 포함하기 위해 특별한 노력을 해야 한다.

낯선 사람, 지인, 기존 그룹 Strangers, acquaintances and pre-existing groups

개방질문과 노출을 촉진할 때 낯선 사람과 함께 하는 포커스그룹은 유지된다. 사람이 종종 낯선 사람 앞에서 자유롭게 이야기하는 것은 차후의 험담이나 좋지 않은 영향에 대한 부담이 거의 없기 때문이다.

이미 서로 잘 알고 있는 사람으로 구성된 그룹 또한 흔하다. 예를 들면, 연구의 목적이 동료 사이의 업무 관련 이슈, 함께 거주하는 사람의 보호시설 숙소에 대한 관점, 보호시설의 숙소를 함께 이용하는 사람 중에 서비스에 대한 태도 등을 확인하는 것일 때 이미 존재하는 그룹과 함께 포커스그룹을 운영하는 것이 이로울 수 있다.

기존 그룹은 공유된 상황에 대한 기억을 촉발시킬 수 있고, 기관이 얼마나 정책 목적을 이해하고 이것이 실무로 어떻게 옮겨지는지, 가치를 공유하는 친구들 사이에서 불법적인 약물의 사용에 대한 공유된 의미와 맥락을 탐색하는 데 가치가 있다. 또한 낯선 사람 앞에서 불편할 수 있는 공유된 체제전복적인 행위를 밝히는 데 참여자가 충분히 안전하다는 분위기를 제공할 수 있다.

그러나 그들의 의미는 당연하게 받아들이기 때문에 이슈를 의미하는 공유된 과정이 충분히 정교하지 않을 위험이 있고 그룹 규범이 토의에서 지배적일 수 있는 위험이 있다. 연구자는 액면 그대로의 가치로 정답을 수용하지 않고 새로운 영역으로 토론이 이동하도록 열심히 개입한다. 서로 알고 지내며 실제적인 계층 차이가 있는 그룹 구성원은 피해야 한다. 이것은 연구가 참여자의 직장에서 수행되었을 때 특히 중요하게 고려해야 한다. 예를 들면, 이웃의 치안유지활동에 접근하는 파트너십을 탐색하는 연구에서 위계질서와 관련된 이슈뿐만 아니라 책임과 권력에서 차이가 있는 순경과 경찰을 지원하는 사람을 분리하여 포커스그룹을 운영한다(Turley et al., 2012). 직장 동료들과 포커스그룹을 운영할 때 비밀과 관련된 이슈는 특별히 관심이 필요하다. 연구자는 그룹이 서로 비밀을 유지하도록 요청해야 한다(Krueger & Casey, 2009).

더욱 더 어려운 것은 연구자가 예기치 않게, 몇몇 참여자가 서로 알고 있다는 것을 알게 되는 것이다. 연구자는 공유된 관점과 가정을 찾아내고 차이점을 충분히 끌어내기 위해 증명할 필요가 있다. 연구자가 그룹이 시작하기 전에 서로의 관계를 인식하게 되면 아는 사람끼리는 서로 옆에 앉지 않도록 요청하여 토론을 도울 수 있다.

그룹 크기 Group size

포커스그룹은 6~8명의 참여자로 구성한다. 그러나 그룹 크기는 토의할 이슈의 개수와 관련 있다.

- 그룹 참여자의 수는 연구주제에 대해 말해야 하는 것과 관련이 있다. 그룹 토의에 관심이 많다면, 소그룹이 바람직하다(예: 전문직의 실무나 기술적 이슈 측면 토의).
- 이슈에 대한 민감성 혹은 복합성. 민감하고 복합적인 이슈는 소그룹에서 더 솔직하게 말한다.
- 연구자가 요구하는 자료의 폭과 깊이의 정도. 자료의 폭이 중요하다면 범위나 다양성을 빨리 밝히는 것은 대그룹에서 더 효과적이다. 자료의 깊이가 중요하다면 소그룹이 더 좋다.
- 그룹에 포함되어야 하는 사람. 어린이나 노인과 같은 사람은 소그룹에서 더 편안감을 느낀다. 소그룹은 의사소통이 어려운 사람에게 더 접근가능하다.

- 토의에 포함되어야 할 구조와 업무. 구체적인 업무와 하위그룹 작업을 하는 워크숍은 그룹 구성원이 더 많을수록 효과적이다.

8명 이상으로 그룹이 크다면 모든 참여자가 동등한 발언권을 가질 수 없다. 말할 기회가 적고, 참여도가 불공평할 것이다. 거의 말을 하지 않는 참여자가 있고, 그룹 역동에 도움이 되지 않는 하위그룹 출현의 가능성이 있다. 이것은 토의 참여수준의 균형을 유지하려는 연구자의 관리를 더 어렵게 할 수 있다. 이런 경우 다소 불안정한 토의가 되거나 깊이 없는 토의가 될 수 있다.

5~6명 이하인 그룹에서, 연구자는 그룹에 활력과 도전을 주는 데 더 적극적일 필요가 있다. 당일 참석하지 않은 몇몇 사람 때문에 그룹이 작아진다면, 그룹은 어떤 하위그룹이나 선택된 특성을 지닌 개인 등으로 왜곡될 수 있다. 연구자는 이 점에 주의를 기울일 필요가 있고, 토의를 자극하기 위하여 다른 사람의 관점에 관심을 가질 필요가 있다.

그룹이 4명보다 더 적을 때, 참여자가 다양하다면 그룹의 질을 상실한다. 그러나 2명이 짝을 이뤄 면담을 하거나 3인 1조가 된 면담은 심층면담과 그룹 토의의 하이브리드가 될 수 있고 서로 잘 아는 사이나 동료의 심층토의에 유용할 수 있다.

그룹 조직의 실현 가능성

Practicalities in organising the group

잠재적 참여자는 그룹에 참여할 의사가 있을 수 있기 때문에 잠재적 참여자가 도착하기 전에 포커스그룹의 조직적 세부사항은 연구의 계획 단계에서 분류될 필요가 있다. 의사결정은 기술된 일반적인 규칙보다 항상 제안된 그룹 구성원과 토의 주제에 의해 정보를 제공받아 이루어질 것이다. 여기서는 명심해야 할 부분들의 체크리스트를 강조하였다(**Box 8.2**). 선택된 사람이 참석하여 만족을 느낄 수 있도록 면담 세트를 조직하는 것이 중요하다. 참석자가 토의에 참여하기 위해 충분히 편안함을 느끼고 적절하게 녹음할 수 있는 장소여야 한다.

시간과 장소 Time and place

잠재적 참여자가 그룹에 참여할 수 있는 가능한 시간과 요일을 미리 고려하는 것이 필요하다. 그룹 참여를 방해하는 다른 활동(주요 스포츠 경기와 같은)을 고려할 필요가 있다. 크리스마스나 다른 공휴일 기간과 같은 특별한 날은 피해야 한다. 이것은 모든 사람의 일정표와 맞지 않기 때문에 여러 인종이 혼합된 인구집단을 포함한 연구는 다양한 스케줄을 수용하기 위한 다양한 시간에 그룹 토의가 이루어지도록 연구를 디자인한다.

Box 8.2

포커스그룹 조직하기: 실현가능성 체크리스트

시간

일

요일

연

하루 수행할 그룹 수

장소

형성 유형

건물(접근성)

위치(근접성, 안전성)

방(크기, 안위, 사생활 보호, 조용함, 분위기)

물리적 정렬(좌석, 테이블)

필요 시 여분의 방 이용

그룹 초대하기

관리할 일:

교통/아이 돌보기

다과

인센티브(현금, 할인권)

참여자와 함께 오는 다른 사람

관찰자와 보조 진행자

역할

좌석 배치

기록

기계의 질

익숙함

그룹토의 전후 점검하기

하루에 한 그룹 이상이 계획되었다면, 첫 번째 그룹 참여자의 해산과 다음 그룹의 도착에 충분한 시간이 필요하고 그룹 해산과 새로운 그룹 도착 사이에 충분한 회복시간이 요구된다. 그룹 토의가 짧지 않다면 하루에 연달아서 2개 이상의 그룹 토의를 수행하는 것은 좀처럼 가능하지 않다.

장소의 선택은 장소의 건축 유형, 건물과 주변 환경과 같은 위치와 유형을 고려한다. 장소는 참여자에게 적합해야 하고 분위기나 장소가 갖고 있는 연상 측면에서 연구주제와 적합해야 한다. 예를 들면, 2011년에 영국 도시의 불안과 폭동에 대해 젊은 사람으로 구성된 포커스그룹을 수행할 때 연구자는 몇몇 젊은 사람의 갈등을 미리 알고 일부 지역에서 그룹이 되는 것을 불편해 할 수 있는 지역적인 이슈를 인식하여야 한다(Morrell et al., 2011). 장소는 사생활이 보장되는 것이 중요하다. 참여자는 그룹에 참여하지 않은 다른 사람이 자신의 이야기를 우연히 들을 수 있다는 염려를 할 수 있다. 이미 존재하는 그룹 구성원으로 구성된 포커스그룹을 위한 장소는 그룹이 이미 자리를 잡고 토의를 진행해서 친근하다는 장점이 있을 수 있다. 반면에, 호텔, 도서관이나 지역사회 센터 내의 대여 공간과 같은 장소는 대개 자연스럽고 접근가능한 장소이다.

더 고려해야 할 점은 토의가 진행되는 방이다. 방의 크기, 편안감과 사생활 보장, 소음과 같은 잠재적 토의를 방해하는 요인을 확인하는 것이 중요하다(교회 근처에서 벨소리가 그룹 토의를 방해). 다른 여분의 방이 필요하다. 참여자가 가족이나 친구와 함께 왔다면, 가족이나 친구가 그룹토의장 밖에서 기다릴 때 여분의 방을 활용한다. 또한 연달아서 그룹 2개의 토의가 계획되어 있다면, 먼저 도착한 두 번째 그룹 사람이 기다릴 수 있는 장소로 여분의 방을 준비한다.

토의 장소 준비 Provision at the discussion venue

공간의 물리적 정돈은 토의를 촉진하는 데 필요하다. 연구자가 모든 참여자를 볼 수 있고 참여자끼리 서로를 볼 수 있도록 원형으로 혹은 타원형으로 의자를 배치한다. 그룹의 가운데에 테이블을 놓는 것은 녹음기를 놓거나 다과를 놓는 데 유용할 수 있다. 이 테이블은 참여자들에게 일종의 심리적 안정감을 제공한다. 불필요하게 클 필요는 없다. 쓰는 활동을 위해 참여자가 기댈 수 있는 테이블이 필요하다.

차, 커피 혹은 음료수와 같은 간단한 다과는 대개 그룹 구성원이 도착했을 때 토의가 시작되기 전에 제공한다. 그룹 진행을 맡은 연구자가 이러한 역할을 수행할 수 있음에도 불구하고, 그룹 참여자를 모았던 다른 사람이나, 공동 진행자 혹은 관찰자와 같은 사람이 다과를 제공하는 일을 하는 것이 도움이 될 수 있다. 이들은 참여자를 환영하여 맞이하고 다과를 제공하는 등 주인으로서 행동할 수 있고, 이미 동의한 인센티브나 교통수단이나 어린아이 돌보기를 위한 준비를 할 수 있다.

운동이나 투사적 기법이 사용된다면 공동 진행은 초기 현장의 전략을 검증하고 검토하기 위해 초기 현장에 유용하다(Chapter 6 참조). 한 사람 이상이 토의를 진행한다면, 진행자는 원형으로 서로 옆에 앉는다. 토의를 진행하고, 다른 질문과 토의의 흐름에서 생기는 혼동을 피하고 다양한 부분에 대한 책임을 위하여 연구자에게 책임이 있음을 미리 동의하는 것이 효과적이다.

관찰자가 그룹에 참여하는 경우도 있을 수 있다. 용역연구에서 의뢰인은 그룹이 어떻게 운영되는지를 보기 위해 그룹에 참여하기를 원할 수 있다. 학생이나 연구경험이 적은 연구자가 포커스그룹 진행을 배워야 한다면, 경험이 많은 연구자가 학생이나 연구경험이 적은 연구자의 포커스그룹 운영을 관찰하고 피드백을 제공하기 위해 참여할 수 있다. 관찰자는 원형으로 만들어진 좌석 밖에서 주요 참여자가 보이지 않는 방 구석에 있는다. 그룹 역동, 다른 그룹에 적용할 이슈, 주제 안내에 대한 숙고 등에 대한 기록 노트는 최소로 유지하도록 한다. 참여자가 면밀히 조사당하고 있다는 느낌을 갖지 않도록 관찰자 수는 그룹의 사람 수보다 적게 유지하는 것이 바람직하다. 주제가 민감한 것이거나 관찰자가 있어서 참여자가 자신의 견해를 편안하게 공유하기 힘든 주제는 피한다.

기록 Recording

하나의 녹음기로 녹음이 충분하지 않다면, 여러 방향의 원격 마이크가 달린 질 좋은 디지털 녹음기가 필수적이고 개인 심층면담보다 포커스그룹에서 더 중요하다. 반면에, 토의의 일부분이나 부드러운 목소리 혹은 마이크로부터 멀리 떨어져 앉아 있는 사람이 말하는 내용을 상실할 수 있다. 테이블 중앙에 마이크를 놓고 녹음기는 대개 연구자 옆에 놓는다. 연구자는 녹음기 작동법에 익숙하여야 한다. 연구자는 익숙하지 않은 녹음기 때문에 토의 내용을 녹음하지 못했을 때 실망한다. 토의가 끝난 뒤에, 기술적 문제로 녹음이 방해되지 않았는지 가능한 빨리 확인해야 한다. 녹음의 문제가 있다면, 연구자는 그룹에서 이야기 된 것을 빨리 기억하여 기록하거나 녹음한다. 그룹은 물리적 상호작용을 나중에 확인할 수 있도록 비디오 기록을 할 수 있다. 비디오 녹화기구의 질을 미리 확인해야 하고, 비디오 녹화와 동시에 옆에 강력한 음성 녹음기를 활용하여 음성 녹음하는 것이 도움이 될 수 있다.

온라인 포커스그룹

Online focus groups

기술의 발전으로 온라인 포커스그룹의 사용이 증가되고 있다(Krueger & Casey, 2009). 그룹 과정 속에서 구조화된 방식으로 토의 시작을 격려하는 것이 '실제 진행되는 그룹'에서의 연구자 역할인 것처럼 온라인 포커스그룹에서도 연구자의 역할은 광범위하다. 온라인 그룹에서 그룹 진행을 연구자가 어떻게 해야 하는지는 상당히 다르고, 이 장의 마지막 부분에서 사용할 수 있는 방법을 확인한다. 특히 '대화방' 포커스그룹과 토의를 동시에 진행하지 않은 게시판 사용을 알아본다.

대화방 포커스그룹 'Chat room' focus groups

동시에 대화를 하는 대화방 포커스그룹은 참여자가 같은 시간에 지정된 사이트로 들어와 사인을 하고, 연구자가 토의를 안내하고 촉진하면서 온라인 대화 소프트웨어를 사용하여 관점을 공유한다. 온라인 포커스그룹은 일반적으로 참여자를 4~8명으로 구성하고 한 시간 정도 토의를 진행한다. 대화방 토론 시 실제 그룹토의와 다른 감정을 갖는다는 것은 놀라운 일이 아니다. 참여자는 자신이 말할 차례가 되었을 때 면대면 토의 시보다 덜 말하게 된다. 토의의 속도는 면대면 토의보다 더 빠른 경향이 있다. 연구자는 바디랭귀지와 다른 비언어적 단서를 관찰할 수 없다(Krueger & Casey, 2009). 이는 대화방 포커스그룹 운영 시 더 주의 깊은 진행이 필요함을 의미한다.

실무적 관점에서, 2명의 연구자가 도움이 될 수 있다. 한 명의 연구자는 반응을 보면서 토의를 진행하고 또 다른 한 명은 질문을 타이핑한다(O'Connor & Madge, 2001). 키보드를 보지 않고 빠르게 타이프를 치는 것은 확실한 자산이다. 연구자는 그들의 질문, 참여자 반응의 탐색과 이행을 구별하기 위해 대문자로 타이핑하기를 원한다. 그리고 연구자는 이런 것을 관찰하기 위해 참여자를 격려해야 한다(Krueger & Casey, 2009).

'실제 포커스그룹'처럼 대화방 포커스그룹에서 깊은 토의를 성취하는 것이 가능하지 않다. 온라인 포커스그룹은 간단명료하고 가장 먼저 떠오르는 내용을 끌어내는 경향이 있고 덜 심사숙고한 반응을 보인다(Krueger & Casey, 2009; Graffigna & Bosio, 2006). 속도 있게 진행된 토의에서 참여자 반응의 성격은 연구자가 모든 참여자의 반응을 충분히 탐색하기에는 어려울 수 있다. 그러므로 모든 탐색적 연구에서 연구주제에 대한 지식과 이해의 격차를 좁히기 위해 대화방 포커스그룹을 사용하면서 연구질문에 초점을 맞추는 것이 최선이다. 그러나 간단명료한 반응의 장점은 참여자가 새로운 주제나 이슈로 이동하도록 하는 것을 쉽게 한다.

'실제 그룹'에서 연구자는 모든 참여자가 토의에 참여할 기회를 갖도록 하는 것이 필요하다.그러나 '대화방 포커스그룹'의 단점은 컴퓨터 사용에 능하고 타이프를 빨리 치는 사람이 선호된다는 점이다. 타이프를 늦게 치는 사람이나 의견을 수정하려고 하는 참여자나 생각하기를 좋아하는 참여자는 그들이 반응을 보이려고 준비하기 전에 이미 토의가 다른 주제로 이동한 것을 발견한다(Krueger & Casey, 2009). 이것은 참여자를 실망하게 할 수 있다. 이런 일이 계속 발생하면 참여자는 특정 질문에 반응하거나 토의의 나머지에 참여하는 것을 꺼릴 수 있다. 이런 종류의 불균형을 피하기 위해 참여자 모집 동안 컴퓨터나 인터넷을 다루는 기술이나 편안해 하는 참여자의 수준을 확인하는 것이 도움이 될 수 있다.

만약 참여자가 조용히 있다면 초대된 특정 참여자가 말하기 전에 연구자는 토의의 모든 기여를 환영한다는 것을 참여자에게 상기시킬 수 있다. 그러나 토의에서 참여자가 '침묵'으로 반응할 때 그

의미를 신중하게 판단하는 것이 중요하다. 참여자는 타이핑을 하고 있거나 생각하고 있거나, 대답을 안 하려고 하고 있는 것이다. 더 많은 탐색은 토의 흐름을 방해할 수 있고 반응을 강요하는 것처럼 보일 수 있다(O'Connor & Madge, 2001).

게시판 포커스그룹 Bulletin board focus groups

게시판 포커스그룹은 며칠 동안 진행되는 온라인 토의에 개인이 참여하는 것이다. 연구자는 질문을 게시판에 올리고 확인한다. 참여자는 게시판에 체크하고 연구자가 제시한 질문을 읽고 다른 사람의 의견에 의견을 제시하고 자신의 반응을 보이기 위해 정기적으로 참여자가 사인을 한다(매일 혹은 이틀에 한 번)(Krueger & Casey, 2009). 참여자는 원하는 시간에 사인을 할 수 있고 동시에 할 필요는 없다.

Krueger와 Casey(2009)는 게시판 포커스그룹 질문은 구체적으로 초점이 맞추어져야 하고 며칠 동안 개발되어야 한다고 제안했다. Krueger와 Casey는 다음과 같은 예를 제시했다.

- 첫째날: 문제를 토의한다.
- 둘째날: 문제에 대한 토의의 내용을 좁힌다.
- 셋째날: 가능한 해결책을 토의한다.
- 넷째날: 선호하는 해결책을 확인한다.
- 다섯째날: 해결책을 적용하기나 예정대로 진행하기 등의 충고를 제공한다.

Krueger와 Casey는 매일 토의를 시작하기 전에 전날의 토의 내용을 간단히 요약하여 제공하고 다음 질문을 게시판에 올리기 전에 참여자 반응의 어떤 측면을 강조할 것을 제안한다.

게시판 포커스그룹은 대화방 포커스그룹보다 반성적 토의를 더 잘 할 수 있게 한다. 왜냐하면 참여자가 더 오랫동안 생각하여 반응이 더 신중하고 깊을 수 있다(Graffigna & Bosio, 2006; Krueger & Casey, 2009). 이탈리아의 LGBT 인구를 대상으로 한 HIV/AIDS에 대한 태도연구에서 Graffigna과 Bosio(2006)는 참여자의 반응이 그룹 상호작용이라기보다 모놀로그와 유사하거나 일기와 유사한 것을 발견하였다.

게시판 포커스그룹에서는 요구되는 참여자의 참여 성격과 정도를 명확하게 하는 것이 중요하다(Krueger & Casey, 2009). 참여자가 매일 사인을 하는 것이 필요한가? 적절한 참여자의 사인은 매번 얼마 간격으로 필요한가? 젊은이를 위한 여름 프로그램에 대한 국가 시민 서비스(National citizen Service)의 평가에서 프로그램 운영에 국가 시민 서비스 직원의 경험을 공유하고 젊은이들에게 영향을 미친 프로그램의 영향에 대한 직원의 인식을 공유하기 위해 게시판을 사용하였다. 그러나 프로그램 적용에 대한 요구에 기여하기에는 직원에게 주어진 시간이 부족하고 항상 컴퓨터를 사용할 수 없었기 때문에 게시판 포커스그룹에 참여할 직원의 모집이 어려웠다. 결국 온라인 게시판 포커스그룹 운영기간은 연장되었다(NatCen Social Research, The Office for Public Management and New Philanthropy Capital, 2012).

결론적으로, 모든 포커스그룹은 실무적 · 조직적 기술에서부터 그룹 역동에 민감하게 반응하고 함께 노력하는 감각을 만들어내면서 사람이 편안하게 느끼도록 하는 능력을 갖춘 폭넓은 전문가를 요구한다. 기술은 경험에서 나온다. 이러한 경험을 통해 연구자는 자극하고, 통찰력을 가져오고 사회적 이슈의 풍부하고 미묘한 차이를 생성하는 연구기법인 포커스그룹을 발견할 것이다.

핵심요소

KEY POINTS

- 포커스그룹은 개별면담보다 더 집단적이다. 자료는 그룹 참여자의 상호작용에서 생성된다. 참여자의 그룹 참여는 다른 사람이 말한 것을 들음으로써 정련되고 그룹은 서로 함께 토의하는 가운데 상승작용을 한다. 그룹 세팅은 자연스러운 것이 도움이 되고 자연스럽고 사회적으로 맥락화된 환경을 만든다.
- 연구자는 개별 그룹이 진행되는 것을 통해 다양한 단계에 대한 인식이 필요하다. 유용한 모델은 형성기, 갈등기, 규범기, 수행기, 종결기 5단계를 제시한다.
- 참여자의 상호작용은 토의 흐름을 결정하는 데 중요하다. 그러나 연구자는 토의 흐름을 안내하고, 전체와 개인으로서 그룹을 확인하고, 연구이슈에 대해 모든 사람이 말할 수 있도록 보장하고, 토의 주제에서 벗어나지 않도록 하고, 바디랭귀지를 포착한다. 그룹 참여자는 면담 역할에 책임감을 갖고 서로 질문을 한다.
- 그룹 과정은 토의를 풍부하게 하는 작업이다. 이것은 관점에 대한 성찰과 정련을 위한 시간을 제공한다. 더 깊은 토의가 되도록 그룹을 격려하기 위하여 드러나는 이슈에 초점을 맞추고 드러나는 이슈를 재구성한다. 그룹 내의 다양성을 강조하고 토의의 차원과 원인을 탐색하기 위해 사람을 격려한다. 그리고 사회적 규범에 대한 순응에 의해 이끌어지는 분명한 합의에 도전한다.
- 그룹 구성의 다양성은 토의를 풍부하게 한다. 참여자가 어떻게 연구주제나 사회인구학적 특성과 관련성이 있는지와 같이 참여자의 공통된 배경이 필요하다. 이상적인 그룹 크기는 참여자가 얼마나 말을 많이 할 것인가, 이슈에 대한 민감성과 복합성, 토의의 깊이와 폭에 대한 요구되는 균형, 참여자 수에 영향을 미칠 것이다. 연구자의 역할은 다양한 그룹 크기와 다양성의 정도에 따라 다르다.
- 실제적인 그룹 운영을 위한 준비는 그룹 토의를 성공적으로 이끄는 데 중요하다. 시간, 장소, 좌석 배치와 녹음기의 질 등 모든 것이 중요하다.
- 대화방이나 게시판을 이용한 온라인 포커스그룹은 연구참여자가 토의에 참여할 새로운 기회를 제공한다. 온라인 포커스그룹은 다양한 자료의 생성, 전문가나 흩어져 있는 인구집단이나 민감한 이슈에 적절하다.

핵심용어

KEY TERMS

그룹 역동(Group dynamics)은 그룹 과정 동안 변화를 가져오고 그룹의 에너지와 방향에 영향을 미치는 그룹 구성원 사이의 관계를 말한다. 그룹 역동은 소그룹에서 명확할 수 있는 **과정**(processes)에 의해 형성되고 그룹 **단계**(stage)에 따라 다양하다. 또한 그룹 역동은 그룹 **구성원**(composition), 토의 주제, 환경과 연구자의 행위에 의해 영향을 받는다.

비언어적 의사소통(Non-verbal communication)은 연구자나 참여자의 얼굴 표정, 응시하는 방향, 손동작과 자세와 같은 신체적 행위를 말한다. 비언어적 의사소통은 개별 참여자의 가능한 감정과 같은 중요한 단서를 연구자에게 제공한다. 비언어적 의사소통은 연구자가 토의를 통제하는 데 유용하게 사용된다.

규범(Norms)은 그룹 내에서 정상으로 요구되고, 바람직하다고 생각하거나 정해진 행위 혹은 신념이다. 규범은 그룹 구성원이 생각을 같이하기로 한 것에 대한 믿음을 공유한다.

chapter

9

관찰

OBSERVATION

개요

Chapter outline

- 관찰적 증거의 특성
- 방법으로서의 관찰 선택
- 관찰 자료수집
- 관찰 자료 기록
- 인터넷 관찰
- 자료 보호

관찰은 질적연구 자료수집의 핵심적인 방법 중 하나이다. 사회학연구의 기초인 민족지학연구의 중요한 방법이며 관찰연구와 민족지학은 상호 교환하여 쓰이기도 한다. Chapter 1에서 설명된 바와 같이 민족지학은 특징적인 문화적 규범, 신념 그리고 행동의 세밀한 조사를 통해 공동체, 집단 그리고 주위 환경을 이해하는 연구방법이다. 따라서 민족지학자들은 주민의 행동과 교류, 생활습관과 의식, 대화와 교환방식을 체계적으로 관찰하고 기록하기 위해 자신들이 이해하고자 하는 공동체에 깊게 개입한다. Hammersly와 Atkinson은 민족지학자의 참여역할을 다음과 같이 이야기했다.

> 오랜 기간 동안 사람들의 일상생활에서 무엇이 일어나는지 보고, 무엇을 말하는지 듣고, 질문하는 역할을 하는 것으로, 그 과정에서 데이터를 수집하는 것이 연구문제를 설명하는 것에 도움이 된다(Hammersly & Atkinson, 2007: 3).

민족지학연구의 흐름을 살펴보면, 첫 번째, 19세기 후반과 20세기 초반 Malinowski와 같은 민족지학자는 참가자 관찰의 개척자로서 다른 사회에서의 사회적 행위를 연구하고, 공동체에 관련된 일상생활에 직접 참여하며 장기간의 연구를 진행했다. 두 번째, 미국 학자인 Whyte의 '골목 사회'와 영국에서 실시된 Young과 Willmott의 많은 공동체 연구와 같은 전통적인 연구로 도시 사회학에서 토착문화를 이해하는 하나의 방법으로 발전하였다. 최근에는 민족지학을 '카니발적인' 여러 방법과 다양성을 반영한다고 설명한다(Aktinson et al, 2001). 그리고 일반적으로 참여 관찰이 핵심적인 세부 특징으로 정의되고 있지만, 민족지학의 정의에 대해서는 수많은 주장이 있다(Berg & Lune, 2012; Hammersley & Atkinson, 2007; Holloway & Wheeler, 2010).

민족지학 이외에도 관찰이 연구방법으로 사용되는 사회과학연구가 매우 다양해지고 있다. 연구방법론 안에서는 하나의 접근방식으로 주로 사용되지만, 드물게는 가장 중요한 또는 유일한 자료수집 형식으로 사용되고 있다. 관찰은 아동 발달, 교육, 의료사회학과 같은 특정 분야에 집중되어 있으며, 구조적 접근보다 이론적인 심리학적 연구에 특별히 적용된다. 그러나 다른 분야에서는 드물게 사용된다. 예를 들어, 2002년 영국에서 질적평가 연구가 시행되었는데, 사용된 방법을 살펴보면 298개의 연구가 질적방법을 선택했고 이 중 54개에서 관찰을 사용하고 있다(Spencer et al., 2003/2012; Treasury, 2012). 한편 2012년에 10개월 동안 출간된 정부의 연구결과를 살펴보면 질적연구방법을 이용한 53개의 연구 중 8개 연구에서 관찰방법이 사용되었는데, 이는 인터뷰와 포커스그룹이 포함된 질적방법이 보다 더 광범위하게 사용된 것이다(Jago, forth coming).

최근 몇 년간의 민족지학연구와 관찰에 대한 변화 경향을 살펴보면, 관찰이 적용된 연구라 할지라도 아직 충분히 이용되지 않았고 관찰이 연구에 기여할 잠재력이 많다고 보인다(Flick, 2009; Gobo, 2011; Silverman, 2011). 관찰은 언어를 통해 이해하는 것을 뛰어넘어 상호작용, 과정 그리고 행동에 대한 통찰력을 제공해준다. 관찰은 다음과 같은 연구주제에서 특히 중요하다.

- 정확하게 또는 충분하게 설명하기 어려운 복잡한 상호작용이나 과정
- 잠재의식 또는 본능적인 행위, 행동이 분명하지 않을 경우, 참여자가 인지하고 있지 않을 경우, 매우 일상적이거나 평범해서 사람들이 그것을 말로 전달하기 어려울 경우
- 사람들과 환경 또는 물리적인 전후 사정이 상호작용할 경우. 예를 들면 공간 또는 도구의 사용
- 사회적 규범 또는 압력으로 예상된 행동에 순응하여 언어화된 계정이 완전히 정확하게 행동에 대한 설명을 전달할 수 없을 경우

그렇기 때문에 관찰은 그 자체로 매우 풍부한 자료를 제공해주고 다른 형식의 자료수집에서 놓친 부분을 이해할 수 있도록 도와준다. 또한 관찰은 매우 창의적으로 다른 자료 형식과 함께 사용되어 연구설계, 자료의 수집과 해석을 아주 중요한 정보로 만들 수 있다(Mack et al., 2005).

이 장에서 우리는 질적연구에서 관찰의 다양한 형식을 알아보고 관찰이 응용연구에 어떻게 접목될 수 있는지 그리고 관찰을 어떻게 사용하고 진행할지 계획할 때 고려해야 하는 다양한 이슈를 탐구한다. 그리고 온라인 관찰 연구의 발전에 대해서도 논의할 것이다.

관찰적 증거의 특성

The nature of observational evidence

연구자의 중심적 존재 The central presence of the researcher

관찰을 통해 수집된 자료는 자연발생적 증거와 생산적 증거 사이에 복잡하게 자리하고 있다(Chapter 3 참조). 현상 연구는 일반적으로 '자연적' 맥락에서 발생하지만, 관찰자 또는 연구자는 생산된 자료의 수집과 해석뿐만 아니라 연구의 규정에도 다양하게 개입해야 한다. 일부 학자는 '관찰 고유의 주관성'을 관찰의 잠재적 약점이라고 간주했다. 여기에는 연구자의 '기억, 개인의 규율과 양심'에 의존하는 관찰 자료의 증거 자료가 포함된다(Mack et al., 2005).

연구자는 질적관찰을 시행할 때 수집하는 자료가 연구자 자신과 관찰한 대상 간의 상호 주관적인 과정에서 생산된 것임을 알고 있다. 질적연구에서 관찰된 행동과 배경이 실증주의자의 입장에서 말하는 '진실'로 표현되는 것은 문제가 된다(Berg와 Lune, 2012). 그러나 Flick(2009)은 '관찰을 통해 만들어진 주장은 연구자로 하여금 무엇이 어떻게 사실적으로 작용하고 발생하는지를 알아낼 수 있게 한다.'고 주장했다. 해석주의자나 사회 해석자의 자리에서 관찰을 수행한 연구자는 자신이 관찰한 것이 언제나 해석에 종속되고 연구과정에 의해 몇몇의 범위가 구성된다는 것을 인지한다.

연구자/관찰자는 관찰하는 것의 상호작용과 행동에 영향을 줄 수 있지만, 연구자가 연구환경에서 오랜 시간을 보내면서 영향을 크게 받았던 초기 관찰을 무시하는 것은 이러한 영향을 감소시키는 데 도움이 된다. 연구자가 상호작용과 행동을 포착하는 것은 부분적이고 선택적인 경향이 있으며, 이러한 선택에는 연구자가 관찰한 경험과 주관성이 반영된다. 특히 음성 녹음이나 동영상 촬영을 현장노트에 포함한 경우에 두드러지게 반영된다.

이런 특성으로 인해 관찰이 응용연구에 폭넓게 사용되지 못한다. 관찰 자료 속에는 연구자의 존재감이 풍부하게 드러난다. 연구자의 관찰 경험과 반응 그리고 반응이 불러일으킨 육체적 · 정서적 감정은 모두 관찰의 가치가 담긴 부분이다. 반성적(reflective)인 연구자는 왜 자신이 관찰하는 것은 항상 생각과 감정을 야기하는지에 대해 의문을 가지게 될 것이고, 상호작용의 어떠한 관점이 그것을 야기하는지 그리고 그것이 어떻게 예상 또는 추측되고 연구배경에 적용되는지를 분석할 것이다. 이 점은 그들의 반응을 포착하는 것과 그것을 이용하여 관찰 현상에 대한 이해를 증진시키는 데 있어 중요하다.

관찰의 이런 특성은 초등학교에서 문자 수업에 대한 연구 프로그램을 진행한 교육연구팀의 연구로 설명할 수 있다. 연구팀은 수업을 관찰하고 현장노트를 작성하고 Noldus Observer XT라는 특별한 관찰 소프트웨어를 사용하여 대화의 이동을 지켜보았다(선생님이 참여했는지 또는 대화에 영향을 주었는지). 또한 교육실행에 있어서 중요하다고 여겨지는 수업의 속도(시간당 대화의 이동 비율)를 계산했다. 그 결과는 매우 흥미로웠는데, 분석 결과, 가장 느린 속도로 간주된 수업은 연구자에게 빠르게 진행되었다고 여겨졌고 그 반대의 경우도 마찬가지였다. 이것은 연구자로 하여금 속도와 느림의 감각이 무엇으로 만들어졌는지 더욱 세밀하게 보도록 자극하였고, 현장노트와 기록으로 돌아가 자신의 속도에 대한 주관적 경험과 교사와 학생의 행위와 언어적 대화의 조합을 다시 보도록 했다. 이런 재검토는 대화의 형태보다 문맥에 근거하여 속도에 대한 더욱 풍부한 이해를 제공하였다. 실제로 연구자는 '객관적 · 주관적 속도는 반대로 연결된다.'라고 결론을 내렸다.

따라서 관찰에서 연구자의 존재는 방법에 있어서 중요한 부분이다. 그러나 연구자의 참여 정도는 매우 다양하다(May, 2011; Cohen et al., 2011). 연구자의 다양한 참여 정도를 Gold(1958)는 4가지로 제시하였다.

- 완전한 참여자
- 관찰자로서의 참여자
- 참여자로서의 관찰자
- 완전한 관찰자

연구자가 연구되는 그룹에서 온전한 구성원이 되는 것을 의미하는 '완전한 참여자'의 가장 중요한 역할은 바로 같은 활동과 상호작용에 참여하고 연구자의 관찰자 역할을 숨기는 것이다. 예를 들면, 관찰자가 카페의 종업원이나 병원의 안내원으로 일하거나, 대기 중인 다른 종업원이나 안내원과 똑같은 환경에서 아무도 연구자가 연구목적으로 그렇게 하고 있다는 것을 모르게 하는 것이다. 그 다음은 '관찰자로서의 참여자'인데, 연구자가 관찰자로서의 상태는 분명하지만 집단과 밀접한 관계를 맺고 집단활동에 참여해서 숨어서 관찰하는 것이다. 예를 들면, 노숙자를 위한 숙박업소에서 봉사자로 다른 직원과 함께 일을 하며 서비스를 사용하는 사람의 역할에 동참하는 것이다. 그러나 연구자는 자신이 연구자 자격으로 참여하고 관찰한 것은 연구자료로 사용된다는 것을 밝힌다. '참여자로서의 관찰자'는 가능한 눈에 띄지 않도록 하고, 주어진 환경범위에 보통 짧은 시간 또는 한 번만 참여한다. 연구자는 연구목적을 공개하고 시각적으로 주위 환경을 기록하고 공식적 관계에 깊게 관여하지 않거나 간섭하지 않는다. 예를 들면, 연구자는 회의나 수업에 앉아있는 것이다. 마지막으로 '완전한 관찰자'가 있는데, 모든 일에서 분리되어 있으면서 관찰하는 사람에게는 존재가 알려지지 않는다. 예를 들면, 양면 거울을 통해 관찰하거나 공원, 버스정류장, 공항과 같은 공공장소에서 단체 행동을 관찰한다(Merriam, 2009).

연구자가 원하는 참여의 정도는 연구 분야의 대상에 대한 연구자의 인식론적 접근과 연구진행이 가능한 조건과 연관된다. 예를 들면, 완전한 참여자가 되는 것은 최대한 오염 없는 '소식통' 시선으로 목적을 달성할 수 있는지와 일정 기간 동안 공동체의 한 부분으로 남을 수 있는 시설과 자원이 있는 연구자만 달성할 수 있다. '참여자로서의 관찰자' 또는 '관찰자로서의 참여자'의 역할은 맡은 역할이 비슷하게 보이지만, 전자는 연구자가 집단의 일원으로 참여하는 동안 관련된 관찰을 하는 것이고, 후자는 관찰이 우위 활동인 것이다. '완전한 관찰자'는 관찰하는 것을 포착하고 그들의 역할은 전달자와 거의 차이가 없게 하여 연구입장을 객관적으로 다룬다. May(2011)는 가장 객관적인 '실험실' 환경에 있는 완전한 관찰자가 자연과학과 더 연관되어 있다고 설명했다.

암행 및 공개 연구-그리고 구분의 모호성

overt and covert research-and where they blur

연구자가 관찰을 진행하는 동안 연구자의 존재 또는 카메라의 위치가 가능한 눈에 거슬리지 않게 하고 싶어 하는 상황이 많이 있다. 모든 상황에서 참여자가 관찰 당하고 있음을 인지하지 못하는 '암행' 관찰 상황이어야 한다는 논쟁이 많다. 몇몇 연구자는 관찰에 대한 사전 동의 없이 연구를 진행하는 것은 윤리적이지 않다고 주장한다(Angrosino & Rosenberg, 2011). 비록 공공장소에서 관찰을 한다고 해도 연구자는 참여자에게 관찰을 받고 있다는 것을 알리고 관찰을 진행하는 데 동의를 구하려고 할 것이다. 그러나 일부 연구자는 관찰이 이루어지는 위치의 특성상 관찰한다는 사실을 알리는 것의 여부는 고려할 이슈라고 생각한다. 예를 들면, Lofland 등(2006)은 공원이나 분주한 길거리와 같은 공공장소에서의 관찰은 명백한 허가 없이도 가능하고, 연구자에게 사람을 빤히 쳐다보거나 따라가지 않는 것 같이 '대중들의 행동에 대한 규범적 기대를 고착화 시키는 것'을 제공한다. 그리고 사적인 또는 준 사적인 공간(병원, 대기실, 사무실, 학교 밖과 같은)에서 참여자에게 정보를 전달하지 않거나 동의를 구하지 않고 관찰을 진행한 경우에는 연구자의 역할과 목적이 드러나지 않았기 때문에 일반적으로는 윤리적으로 모호하다고 생각한다.

그러나 실제상황에서는 암행과 공개의 구별이 그리 분명하지 않는 경우가 많다. 연구에 포함되는 관찰 공개에 대한 지식과 동의의 정도는 각자의 상황에 따라 차이가 있다. 예를 들면, 일자리 센터에서 실업자가 일자리 검색 시설을 사용하는 것이 얼마나 이익이 되는지를 알아보는 연구를 진행할 때 연구자는 서비스 매니저로부터 동의를 받겠지만, 직원은 연구자가 함께 하는 이유에 대해서 간단하게 설명 받을 것이고, 서비스를 이용하는 사람은 연구자의 존재를 전혀 전달 받지 못하거나 오로지 벽에 걸린 공지사항으로만 인지하게 될 것이다. 이런 상황이 암행연구인지 공개연구인지에 대한 고민이 있다.

데이터 포착의 의도와 형태Intention and forms of data capture

관찰을 수행하는 목적에 따라 관찰 자료의 특성이 다양하다. 이런 특성을 Spradley(1980)는 참여자 관찰의 다른 단계로 구분했다.

- **기술적 관찰:** 연구 초기에 연구자에게 연구현장에 대한 설명을 제공한다. 기술적 관찰은 불특정한 설명을 제공하고 현장에 대한 복잡성을 가능한 멀리함과 동시에 연구질문과 시선을 분명하게 발전시킨다.
- **집중적 관찰:** 연구질문의 가장 핵심적인 문제점과 과정에 대한 인식을 좁혀준다.
- **선택적 관찰:** 자료수집의 끝을 향하는 것으로, 과정이나 실제의 추가 증거와 예시를 발견하는 것에 초점을 두는 단계에서 발견된다.

이런 단계는 특히 참여자 관찰과 관련하여 구별되지만, 보다 일반적으로 관찰이 가질 수 있는 다른 종류의 초점을 걸러내는 데 도움이 된다.

관찰적 증거에서 살펴봐야 할 마지막 특징은 자료로 채택할 활동이 어떻게 포착되었는가 하는 것이다. 많이 알려진 방법은 현장노트를 만드는 것이다. 그러나 만약 현장노트가 자료수집의 방법으로 사용되었다면, 연구자의 회상에 의해 현장노트가 기록되었더라도 분석 가능한 자료는 기록된 내용에 따라 제한적일 것이다. 만약 다른 한편에서 어떤 시각적 형태의 기록이 만들어졌다면 기록된 활동은 분석 단계 동안 재방문하여 확인할 수도 있다. 관찰이 진행되는 동안은 대부분 영상 기록을 만들기 어려운 상황이기 때문에, 현장노트에 기록된 내용의 범위와 세부 묘사의 질이 높아야 한다는 것을 의미한다.

방법으로의 관찰 선택

Choosing observation as a method

연구 초기 단계에서 관찰이 핵심 연구질문을 다루는 데에 적합한 자료수집방법인지, 그리고 연구자가 집중해야 할 부분을 결정하는 것이 필요하다. 그러나 관찰은 자료수집방법으로 연구의 주제를 이해하는 데 매우 유용한 방법이다.

익숙함에 대한 관찰 Observation for familiarisation

기관이 개입하는 연구에서는 관련 기관을 방문하면 연구와 관련하여 탐구할 수 있는 특징을 정하는 데 도움이 된다. 방문은 핵심 역할을 가진 사람과의 대화를 포함하지만 관련된 내용에서 실제로 무엇이 일어나는지를 지켜볼 수 있어 유용하다. 예를 들면, 법원에 소송을 제기한 원고의 관점에서 국가의 이익 구조에 대한 체제를 탐색하는 연구에서, 대기실에 앉아있거나 자문인과 원고의 인터뷰를 관찰하는 것은 연구의 중요한 영역이 될 수 있다. 또한 관찰은 토론을 자극하거나 인터뷰나 포커스그룹 면담의 삽화로 사용될 수 있는 시나리오를 제공한다. 그리고 인터뷰에서 사람들이 말한 내용 또는 나중에 다른 집단에서 주어진 근거에 따른 여러 가지 가설에 대한 잠재적 설명을 제공한다. 이러한 목적으로 진행되는 관찰은 Spradley에 의해 '기술적'이라고 앞부분에서 정의되었으며, 연구자에게 연구현장에 대한 설명을 제공한다(**Box 9.1**).

Box 9.1

심리학적 사전 계획 환경의 특징에 대한 탐구

교도소나 보호관찰 구내에서의 심리학적 사전 계획 환경은 최근 치료 프로그램을 이수하거나 교도소에서 사회로 나가는 데 도움을 받은 범죄자를 통해 얻은 치료를 합병하고자 한다. 이 프로그램은 직원과 수감자뿐만 아니라 수감자들 사이의 관계와 상호작용의 중요성 및 질에 초점을 맞추어 안전하고 지지하는 환경을 만들고자 했다. 핵심 특징에 대해 연구를 진행할 때(Turley et al., 2013) 연구자들은 각각의 PIPE 장소 케이스에 3일 동안 머물게 된다. 아침에는 독방을 잠그지 않고 반복되는 하루하루의 일상과 수감자를 위한 창의력 강의, 직원 감독 회의와 같은 구체적인 활동을 관찰하게 된다. 또한 PIPE 직원과 수감자를 면담하고, 자신이 활동이나 구체적인 상호작용을 관찰하면서 얻은 예시들을 자신의 논문에 활용하였고 더 많은 세부사항을 규명하는 데 사용했다.

관찰이 자료수집의 목적으로 사용되었다면, 관찰이 연구질문을 해결하는 데 중요한 근거가 되는지 그리고 연구에서 요구되는 통찰력을 포착하는 데 가장 중요한 방법인지를 확인하는 것이 중요하다. 예를 들면, 진행 과정이나 행동에 대한 이해가 참여자의 설명보다 관찰을 통한 것이 더 나은지 확인하는 것이 필요하다. 그리고 현장에서 발생한 관찰이 자연주의적 맥락에서 연구에 공헌하고 연구문제를 해결하는지 고려해야 한다. 다음의 연구질문은 관찰적 접근을 잘 하도록 도와준다.

- 자연 발생적인 행동, 과정, 사건을 이해하는 데 집중된 질문
- 참여자들의 말을 뛰어넘는 것을 추구하고, 참여자의 행동과 상호교환에 집중된 질문
- 사회현상에 대한 내부자의 관점이 포함된 질문. 몰입이 새로운 통찰력을 가져올 수 있는 이해되지 않는 설정, 이벤트, 그룹 또는 행동을 둘러싼 질문

관찰이 연구를 설명하는 것이라면, 연구설계에서 관찰이 자료수집 전략의 핵심인지 아니면 다른 방법을 사용해서 자료를 보완할 것인지 결정해야 한다. 어떤 연구 접근을 통해서든, 사용된 방법은 다루어야 할 연구문제와 시간 및 자원과 같은 실용적인 관심사에 따라 결정될 것이다. 방법을 결정할 때, 관찰이 다중방법(multi-method)설계에서 유일한 접근인지, 핵심 방법으로 사용할 것인지로 고려해야 한다.

다중방법설계에서의 관찰Observation in a multi-method design

관찰이 자료수집의 유일한 방법이거나 핵심 방법이더라도 다른 방법과 창의적으로 결합될 수 있다. 서로 다른 유형의 자료를 반복적으로 재검토하고 재해석하는 것은 얽혀있는 연구주제를 이해할 수 있게 하는 흥미롭고 풍부한 과정이다. 따라서 관찰은 다음과 같은 경우에 사용된다(**Box 9.2**).

- 말로 탐구할 주제나 난제를 확인하기 위해
- 면담이나 포커스그룹의 물리적 맥락, 행위와 상호 교환의 이해를 제공하기 위해
- 면담에 나온 말들을 검사 또는 '검증'하기 위해
- 면담에서 설명된 것이 실제로 재현되는 것을 보여주기 위해
- 말에서 나타난 불일치에 대한 잠재적 설명을 제공하기 위해

모든 다중방법 설계에서 관찰은 다른 자료수집방법과 동시에 진행되거나 다른 방법의 사용 전이나 후에 순차적으로 행해질 수 있다. 예를 들면, 관찰은 현장조사의 예비 단계에서 사용되어 다른 단

Box 9.2

초기 놀이와 운동에 대한 연구: 취학 전 준비를 위한 아이의 신체적 활동 놀이

이 연구는 런던 자치구 내부의 세 지역에서 취학 전 준비로 아이들의 신체놀이활동에 대한 기회를 탐구하고 있다. 19명의 어린 아이들이 3 개의 지역에서 선택되었고, 15분간 관찰이 진행되었다. 한 연구자가 양적자료를 수집하고 다른 연구자는 같은 아이의 행동에 대한 질적자료를 수집하였다. 양적자료는 각 1분당 진행된 신체적 활동 놀이 종류를 기록했고 질적자료는 15분의 시간 동안 아이의 활동뿐만 아니라 맥락에 대해서 이야기로 된 설명을 포함하고 있다. 면담은 부모님, 직원과 함께 진행되었고, 나중에는 주위의 신체적 활동 놀이 정신과 그것이 어떻게 일상활동으로 자리 잡을 수 있었는지에 대해 연구했다.

질적관찰자료는 문화와 경향을 실제로 참여했던 직원이 어떻게 설명하는지 보기 위해 사용되었다. 예를 들면, 직원이 놀이가 아이들의 신체적 능력 학습에 도움을 주려고 사용되었다고 설명하거나 바깥 놀이의 중요성을 강조하거나, 아동 주도의 놀이를 강조한다면, 연구팀은 이것이 실제로 영향을 받는 것을 어떻게 볼 것인가?를 살펴보았다. 또한 관찰은 교육학 이론에서의 놀이에 대한 핵심 관점을 탐구하는 데 사용된다. 예로는 자기 방향과 자유로운 움직임, 목적이 있는 놀이와 상상력이 풍부한 놀이, 도구의 사용, 부수적인 공간의 사용, 직원의 놀이 개입과 인도가 있다. 이 연구는 양적놀이와 질적놀이 사이의 관계를 볼 수 있도록 해준다. 예를 들면, 양적자료에서는 가장 활동적으로 증명된 아이들의 놀이가 질적자료에서는 흩어져 있고, 무의미하고, 개인 또는 많은 직원이 투입되었다는 사실이 분석되었다. 질적자료들은 무엇이 그 특성에 그리고 다른 아이들과 다른 배경에서의 신체적 활동 놀이의 범위에 영향을 주었는지를 알아내기 위해 사용된다. 예시로 실내와 실외 공간의 형식과 특징, 사용 가능한 기구와 아이들이 기구를 어떻게 사용하는지, 아이들이 실내에서 실외로 어떻게 이동하는지, 놀이에서 직원과 아이들이 어떻게 상호작용하는지, 아이들이 어떻게 함께 노는지가 있다. 관찰 자료는 면담이나 양적 관찰에서 포착될 수 없는 패턴과 차이에 대한 설명을 제공한다.

계의 설계나 적용 범위를 알려주는 데 사용될 수도 있지만, 이후의 분석에 대한 실제 증거를 제공하기도 한다. 연구문제의 다른 관점에서 집중하기 위해 또는 수집된 다른 증거들을 평가하거나 입증하는 데에 다른 자료수집방법과 병행해서 사용될 것이다. 자료수집의 마지막 단계로서, 관찰은 다른 자료로부터 중요하다고 제안되는 사건이나 상호작용을 탐구하는 데 또는 기존의 자료수집을 통해 검증된 결과를 유효하게 하는 데에 도입될 수 있다.

예를 들면, 법정에서 취약한 증인이 영상을 증거로 제출하는 새로운 규정에 대한 연구는 법정 직원, 증인 그리고 배심원 모두의 면담과 증인이 증거를 제출하는 실제 과정에 대한 관찰을 포함하게 될 것이다. 연구의 이전 단계에서 영상이 제공된 관찰은 연구의 다음 단계의 면담과 관련된 부분에 대한 의문을 확인하는 데에 사용될 수 있다. 아니면 다른 종류의 자료가 같은 법원 청문회에서 수집되어서 면담과 관찰이 결정적으로 동등하게 사용되도록 해야 한다. 이것은 연구자로 하여금 참여자가 과정에 대해서 뭐라고 얘기하는지 그리고 같은 과정이 실제로 어떻게 진행되었는지를 검토할 수 있도록 해준다. 대신 면담은 참여자의 관점에서 영상과 연결이 잘 되는지 확인하기 위해 사용된다(예: 배심원이 내부에서 증거를 들었을 때보다 더 적게 개입하는지; 증인이 자신의 경험을 전달하는 데 덜 편안하거나 더욱 어렵게 느껴지는지). 그 다음, 관찰은 문제를 더 깊게 탐구할 수 있도록 한다(예: 배심원의 신체 언어나 흥미의 정도를 관찰하거나 기록하는 것 또는 목격자의 행실). 면담과 관찰에 개입되는 참여자를 동일하게 구성할지 다르게 할지를 정하고, 전자일 경우, 면담이 관찰 직후에 진행되어야 하는지(구체적으로 관찰된 상호작용이 논쟁의 초점이 될 때) 또는 잠시 후에 진행할지 결정한다.

핵심 방법으로서의 관찰Observation as a central method

순수한 민족지학연구에서는 참여자 관찰이 핵심 방법으로 사용된다. 면담, 문서 증거, 일지 등과 같은 다양한 자료는 핵심 자료인 관찰 자료를 상세히 설명하는 데 사용될 수 있다. 이 맥락에서 민족지학적 면담이라는 용어는 면접관이 참여자와 하루 또는 그 이상의 시간을 보냄으로써 참여자의 일반적인 일상과 활동을 관찰하고, 또한 면담을 통해 자세한 설명을 요청하는 과정으로 사용된다(Sherman Heyl, 2001).

관찰이 중심 방법으로 사용된 예로, 마약 투여자를 대상으로 한 스코틀랜드의 한 연구를 살펴보자. 이 연구의 구체적인 초점은 마약 주입이 감염을 전파시키는 것을 얼마나 용이하게 하는지를 이해하기 위한 것이었다(Taylor et al., 2004). 30%의 마약 투여자들을 연구에 새롭게 참여시키고 시간을 보내면서 신뢰를 쌓은 후에 연구자는 마약 투여의 48가지 상황을 관찰하게 되었다. 이 행동은 영상을 통해 포착되었고 그 장면은 연구자의 현장노트에 추가되었다. 연구자는 참여자가 준비하고, 관리하고, 주입에 사용된 기구를 정리하는 것을 정확하게 이해하기 위해 영상을 분석했다. 또한 그들은 바늘이나 필터 등 주입 기구를 공유하는 더 넓은 환경과의 상호작용을 관찰했다. 각 참여자가 참여한 짧은 면담도 진행되지만, 우선순위에 있는 정보는 약물 투여에 관한 관찰이었고 그것이 연구결과의 기반을 형성했다.

위 연구에서 알 수 있듯이, 어떤 단계에서 관찰이 사용되든지, 참여자를 동반한 관찰이나 면담(간단한 토의)을 연결하고, 그들이 발생한 일을 어떻게 이해하고 해석했는지를 탐구하는 데에 가치가 있다. 이렇게 함으로써, 다른 역할의 참여자, 다른 성격 또는 일어난 일에 대한 다른 이해를 갖고 있는 참여자 그리고 연구자와 참여자, 이들의 같은 활동에 대한 수많은 다른 해석이 모아질 것이다. 각각의 해석은 근거가 확실하고 그들의 공동 가치는 하나의 해석 또는 이해만을 우선으로 삼지 않고 관찰된 것에 대한 미묘하고 다차원적인 부분을 축적하는 것이다.

관찰 자료수집

Collecting observation data

관찰 대상 선택 Selecting what to observe

관찰이 자료수집방법으로 결정되면, 정확히 무엇을 관찰할지를 고려해야 한다. 모든 것을 관찰하고 기록하는 것은 불가능할 뿐만 아니라 바람직하지 않다(May, 2011). 관찰 대상이 결정되지 않으면, 다룰 수 없을 정도의 많은 양의 혼란스러운 정보를 만들게 된다. 이와 관련하여 Hammersley와 Atkinson(2007)은 '한 사람은 모든 것을 기록할 수 없고, 사회적 장면은 지나치게 많아 선택이 불가피하다.'고 지적했고, Janesick(2011)도 주어진 상황 속에서 관찰될 수 있는 것은 다른 것으로 치환될 수 있으므로 활동에서의 관찰되는 면 중 어떤 면이 연구문제 해결에 가장 도움이 되는지에 대한 결정을 신중하게 해야 한다고 주장했다. 이런 결정은 현장조사를 위한 장소 방문과 참여자들과의 대화, 연구 프로토콜과 목표와 같은 연구문헌을 통해 가능하다.

상호작용과 행동은 어디에서 발생하는가?

Where is the interaction or behaviour enacted?

제일 먼저 고려해야 할 것은 연구의 주제인 상호작용과 행위가 어디에서 만들어지고, 발생하는지 파악하는 것이다. 예를 들면, 가족계획 클리닉에서 피임과 성 건강에 대해 어떻게 조언하는가에 관심이 있다면, 연구자는 가족계획 클리닉에 방문하고자 할 것이고, 관심의 대상이 교실 행동이면, 학교를 가고자 할 것이다. 그러나 때때로 배경이 분명하지 않은 경우도 있다. 예를 들면, 노동계급 남성의 알코올에 대한 태도와 행동을 연구할 때에는 술집이나 클럽, 참여자의 집이나 가게에서 관찰이 이루어지게 될 것이다. 실업률이 높은 부동산에서 일하는 것의 의미에 대한 연구에서는 집이나 사회적 환경, 직업 센터 그리고 직장에서 관찰해야 한다는 의미이다. 이러한 광범위한 용어로 관찰 상황을 생각하는 것은 연구의 목표와 범위를 어떤 식으로든 재집중시키는 것을 포함할 수 있다.

관찰 장소 선택 Selection of observation sites

관찰하기 위해 선택된 장소는 연구주제의 범위, 관찰을 해야 하는 이유와 관찰을 수행할 수 있는 자원과 관련이 있다.

만약, 다양한 지역에 걸쳐 발생하는 서비스나 과정 또는 활동에 관한 연구의 경우 여러 장소에서의 관찰이 필요할 것이다. Chapter 5에서 언급된 바와 같이, 관찰 장소 선정지침은 현장조사 선택의 원칙과 비슷하고, 장소 선정 지침은 최적화된 범위, 본질적인 활동과 서비스의 다양성, 지역의 특색이 고려되어야 한다.

만약 관찰이 자료수집의 핵심 방법이라면, 모든 현장조사 지역에서 관찰 자료수집이 필요하다. 반면에, 특정 경험이나 상호작용에 대한 보충 자료를 수집하는 데 사용되었다면 현장조사 상황에서 구체적인 장소와 사용될 자료는 이미 수집되었을 것이다. 예를 들어, 앞서 인용했던 사례에서 증인이 법정에 직접 서는 것보다 영상으로 증거를 제출하면, 법정은 영상의 활용 범위를 정한 후 그 결정에 따르거나 또는 이전에 면담한 법정 직원 모두가 긍정적인 반응이라면 영상 관찰 자료를 사용하도록 할 것이다. 모든 곳을 관찰하기에는 시간이나 예산이 부족할 수 있으므로, 가능한 자원에 대해서도 고려해야 한다.

관찰 행동 선택 Selection of observed activities

연구자는 관련된 장소나 활동을 다양한 관점에서 관찰할 필요가 있다. Cohen 등(2011)은 한 상황에서 관찰할 수 있는 다른 배경에 대해 다음과 같이 요약했다.

- **물리적 배경:** 물리적 장소의 조직
- **인간적 배경:** 집단이 어떻게 조직되었는지 그들의 구성, 개인의 활동, 외모, 행동 그리고 변화 내용
- **상호작용적 배경:** 공식적 그리고 비공식적으로 일어나는 상호작용
- **과정 배경:** 발생하는 활동과 자원의 조직방법을 포함

모든 관찰연구에서 연구와 관련된 타당성 정보를 수집하기 위해 관찰이 필요한 대상을 정확하게 결정할 필요가 있다. 무엇을 관찰할지 계획할 때에는, Silveran(2011)이 제안한대로 '범행 장소를 살펴'서 배경환경에 친숙해지도록 해야 한다. 그러면 어떤 상호작용이 일어나는지, 어디에, 얼마나 자주, 언제, 누구와 함께인지를 우선적으로 파악할 수 있는 통찰력을 제공해준다. 친숙은 상호작용의 특징과 포착해야 하는 환경을 이해하는 것이고 시간과 자원의 유용한 사용방법을 가르쳐 준다.

주어진 환경에서 무엇이 일어날지 아니면 무엇을 관찰할지 처음부터 분명한 경우가 있다. 앞서 이야기한 마약 투여자에 대한 연구를 예로 들면(Taylor et al., 2004), 연구자에게는 약물 투여자가 준비하는 과정, 투여, 기구 정리와 전체적인 맥락에 대한 구체적인 진행을 관찰하고 문서로 정리하는 것이 분명했었다.

그러나 다른 경우에서는, 관찰 현상을 선택하기 전에 일어나는 현상에 익숙해지는 것이 필요할 수도 있다. 예를 들면, 공원이나 공개된 장소의 공공 사용에 대해 탐구하는 연구에서 관찰자는 그곳에서 일어나는 관련 활동을 기록하기 위해 공원 주위를 시간을 들여 다녀볼 것이다. 아니면 다른 근거(예: 놀이터, 애완견 산책로, 운동과 신체활동, 정원과 자연스러운 활동, 소풍, 휴식 등)를 통

해 주제를 알게 되고, 연구는 해당되는 활동, 공동체 그리고 상호작용에서 일어나는 특성에 초점을 맞출 것이다. 또는 한 공원에서 일어나는 구체적인 종류의 활동에 국한되고 다른 공원에서는 형세나 위치가 그곳에서 일어나는 스포츠 같은 활동에 어떤 영향을 주는지 그리고 공간이 어떻게 사용되는지를 관찰하는 것이 연구의 초점이 될 것이다.

관찰시간 선택 Selection of time frames

일주일간 청소년 자원봉사자의 숙박시설을 갖춘 활동에 초점을 둔 연구와 같이 일부 연구에서는 관찰에 소요되는 시간이 연구되는 현상에 따라 결정된다. 통상적으로 관찰시간이 결정된 경우에는 활동이나 참여가 계속해서 진행될 것이다. '관찰에 소요되는 시간에는 이상적인 시간의 양이 정해

Box 9.3

약국에서 건강증진에 대한 조언 제공 관찰

무엇을, 누구를, 언제 관찰할지 결정하기 위한 범위를 설명해야 한다.

지역 약사들이 고객에게 건강관리에 대한 조언을 어떻게 하는지를 알기 위해서는 여러 약국의 다양한 배경 이미지와 조언을 주는 방법을 포함해야 한다. 연구의 초점을 맞추기 위해서는 한 가지 건강문제에 대한 조언을 검사해야 한다. 예를 들면, 금연이 있다. 필요한 결정사항은 다음과 같다.

- **장소의 선택:** 어느 종류의 약국을 갈지 선택하는 데에 지리적 관점에서의 위치, 지방성의 종류(예를 들어 약국이 시골에 있는지, 도시에 있는지 대도시에 있는지, 지역 인구가 각각 다른 사회 경제적 집단을 대표하는 지역인지), 약국의 크기와 사용 빈도, 약국이 부가적인 서비스가 가능한지를 포함시킨다.
- **누구를 관찰할 것인지:** 역할, 서열, 나이 등에 따라 어느 집단의 직원을 관찰할지 정해야 한다. 예를 들면, 정식 약국 직원으로부터 얻은 조언에 초점을 두지만, 비공식적으로 카운터 뒤에서 직원에게 얻는 조언이나 지역간호사와 같은 건강전문가를 찾아가서 얻은 조언은 포착하지 않는다. 관찰 대상자에 모든 손님을 포함시키거나 어르신이나 젊은이와 같은 특정 집단에만 초점을 둘 수 있다.
- **무엇을 관찰할지:** 관찰은 직원과 손님의 직접적인 상호작용에만 초점을 두어야 한다. 그러나 이것은 약국에서 건강 관련 인쇄물과 같이 다른 중요한 방법으로 이루어지는 일차적인 건강증진을 놓칠 수 있다. 따라서 포스터나 전단이 직원으로부터 추진되고 고객에게 보여지는지를 관찰하는 것도 중요하다.
- **관찰시간:** 언제 관찰을 진행하고 얼마나 자주 관찰을 실시할 것인지를 결정하는 것을 말한다. 예를 들면, 연구자는 일주일 중 어느 요일이 관찰 대상에게 영향을 줄 것인지, 아니면 하루의 어느 시간이 영향을 줄 것인지를 정해야 하고, 이것이 자료의 완성도에 어떻게 영향을 줄지에 대해 결정해야 한다. 몇몇 집단의 사람들이 특정 시간에 약국을 방문하는 경향이 어느 정도 있는지, 그리고 약국의 바쁨 정도가 조언을 주는 데 영향을 미치는지에 대한 여부 등이다. 상호작용이 많이 발생하는 바쁜 시간대에만 관찰하는 것은 비용 측면에서 보다 효율적일 수 있다. 대신 어떤 상호작용이 비교적 덜 포착될지를 고려해야 한다. 만약 금연정보 제공에 대한 접근이 새롭게 소개되었다면 연구자는 소개 이전과 이후를 모두 관찰하기로 결정할 것이다.

져 있지 않고, 선호되는 관찰 형식도 존재하지 않는다.'라는 Merriam(2009)의 설명에도 불구하고, 관찰시간에 대한 결정은 다음 사항을 고려해야 한다.

- 하루, 일년 또는 일주일의 시간이 관찰된 상호작용이나 행동에 어떤 영향을 미치는지. 예를 들면, 공원의 형태가 연구자가 원하는 주중과 주말을 포함한 하루의 다른 시간대, 가능하다면 다른 계절에 따라서 신체활동에 어떻게 영향을 미치는지
- 선택된 특정 장소에서 일상생활 또는 행동의 수준이 어떻게 다양해지는지. 연구자는 관찰하고 싶은 활동이 거의 집약적으로 모여 있는 시간에 집중하고 싶은지, 모든 강도의 범주를 통합할지
- 행동/상호작용의 예측 가능성. 만약 관찰할 활동이 산발적이지만 예측 가능하게 발생하면(예: 사람들이 일자리센터에서 면접을 볼 때), 연구자는 그들의 참석을 그에 따라 계획할 수 있다. 그러나 많은 상황에서 초점은 한시적으로 발생된 상호작용이나 행동에 있다. 예를 들면, 만약 연구의 초점이 놓친 면접 약속에 그리고 어떻게 제재가 가해졌는지에 있다면, 연구자는 그것이 언제 발생하는지를 미리 알 수 없어서 관찰 장소에서 며칠 동안 있어야 한다.

초기 관찰 장소를 지정한 후 가능하면 관계자와 함께 위 사항을 논의하는 것이 중요하다.

Box 9.3에 기술된 내용은 연구자가 연구문제를 적절하게 해결하는 관찰의 순환 배경을 포착하는 것을 확보하기 위해 고려해야 할 사항이다(May, 2011; Marshall & Rossman, 2011).

장소준비 Site arrangements

관찰 동의 얻기 Gaining consent to observe

잠재적 장소가 확인이 되면, 다음 단계는 그 지역을 관찰하기 위한 동의를 얻는 것이다. 관찰이 가능한 범위는 공공장소인지 사적인 장소인지에 따라 다르고, 조직이나 단체의 포함 여부에 따라 다르다. 관찰 동의는 연구 윤리위원회에서 받는다. 그러나 대부분의 상황에서 하나 이상의 단계에서 동의가 요구되고, 동의를 얻기까지 충분한 시간과 자원이 현장조사가 시작되기 전에 필요하다.

동의를 얻는 다양한 단계에 대한 사례는 **Box 9.4**를 참조한다.

장소 사용자로부터 동의 얻기 Gaining consent from users of the sites

추가로 직원, 서비스를 이용하는 사람 그리고 회원에게 연구를 한다는 정보를 제공하거나 동의를 구하는 것이 필요할 수 있다. 직원 또는 서비스를 사용하는 사람들과 만남을 통해 연구의 목적을 설명하고 연구에 대해 질문을 할 기회를 갖거나, 연구와 장소 사용자들 사이에 퍼질 수 있는 관찰의 자연스런 성격에 대한 간단한 문서를 제공한다.

일부 연구에서는 누가 현장에 있을지, 관찰이 진행된다는 것을 누구에게 알려야 하는지 알 수

Box 9.4

치안 판사 법정에서 소송절차 관찰

장소 허가

법원은 대중에게 열려 있다. 누구나 법정에 참여하여 들을 수 있고 관찰할 수 있다. 그러나 연구목적으로 치안 판사 법정에서 소송절차를 관찰할 경우, 국가 위원회로부터 승인을 받을 필요가 있다. 공식적으로 승인이 되면, 각 법정에서는 연구의 특징과 목적을 공지하고, 관찰과 기록이 진행될 수 있도록 허가한다. 왜냐하면 법정은 준 공공장소로, 연구자들은 현장에 있는 모든 사람들로부터 명백한 동의를 얻을 필요는 없지만, 직원, 증인, 피고인 그리고 법정에 참여하는 모든 사람에게는 가능하면 관찰에 대해 확실하게 알릴 필요가 있기 때문이다. 공지를 위해서는, 법정 관계자들의 허가로 법원의 여러 곳에 포스터를 붙여서 어느 누구든지 법정에 참석하게 되는 경우 연구자들로부터 관찰될 수 있다는 것을 알려야 한다. 직원들은 공지사항을 작성해서 증인이나 피고인에게 전달하여 미리 연구와 관찰이 진행되는 것에 대해 알려야 한다. 이런 공지와 서류에는 연구에 대해 더 많은 정보를 알기 위해서는 연락할 수 있는 담당자의 연락처를 기재하고, 관찰을 받기 싫으면 법정 관계자들에게 어떻게 알려야 하는지도 공지해야 한다.

없을 수도 있다. 이런 상황에서는 연구에 대한 정보를 공지 형식으로 장소 주변에 알려야 한다.

관찰 대상인 개인들로부터 명백한 동의가 필요한 내용은 연구배경에 대한 설명 및 관찰의 초점과 목표에 따라 다양하다. 만약 약자나 어린 사람이 포함되거나, 개인 특성을 담고 있는 활동이라면(누군가가 건강관리를 받거나 고용 조언을 얻는 것) 현장에 있는 모두에게 명백한 허가를 받는 것이 적절하다.

문지기와 안내자Gatekeepers and guides

문지기는 장소에 접근하는 것을 제한하는 사람이다. 일자리센터의 매니저, 청소년 동아리, 놀이센터, 의료행위나 건강센터의 상위 종사자 등과 같이 일정 권위를 가진 사람이다. 또한 현장에는 연구 분야에 대한 한정된 지식을 갖고 배경환경에서 '안내자' 역할을 하면서 관찰 진행에서 유용한 도움을 주는 사람들이 있다. 안내자는 '연구가 진행될 집단과 지역 사이에서 발견된 토착민'이다(Berg & Lune, 2012). 예를 들면, 그들은 그 장소의 현재 또는 이전의 사용자(몇 년 동안 청소년 동아리에 참가하던 오래된 멤버로, 모든 구성원과 직원을 알고 있다) 또는 직원 중 한 멤버와 연락하는 주요 역할을 한다. 안내자와 문지기의 다른 점은, 가이드는 연구자가 장소에 접근하는지 여부에 대해 결정할 필요가 없지만, 현장에 접근하게 되면(잠재적으로 문지기보다 더하다) 내부 지위나 지식 때문에 안내자는 가치 있는 동맹자와 보조자가 된다.

안내자와 문지기와의 토의는 언제 무엇을 관찰할지에 대한 결정을 수정하는 데 도움이 된다. 현장과 친숙한 문지기나 안내자는 연구자에게 배경 설명을 제공할 수 있고, 다른 사람에게 연구자가 신뢰할 수 있는 사람이라고 안심시키고 연구자가 관찰하는 환경에 적응할 수 있도록 도와준다. 어떤 상황에서는 연구자의 관찰 효과를 줄이지만, 문지기와 안내자를 선택하는 것이 연구자가 관찰한 것에 대한 접근과 실제 상호작용에 영향을 줄 수 있다는 것을 생각하는 것도 중요하다.

동의를 얻기 위해 필요한 요구사항을 잘 준비함에도 불구하고 마지막에 허가되지 않아 관찰이 불가능하게 될 수도 있다. 예를 들면, 청소년 자원봉사자 프로그램에 대한 평가에서(NatCen et al., 2011), 연구자는 자원봉사자가 지역 행사를 기획하는 청소년 동아리에 참가하는 것을 관찰하고 싶어 한다. 연구윤리위원회의 요구는, 16세 미만의 청소년을 관찰할 때는 부모님의 동의를 얻어야 하고, 부모님의 동의가 없는 16세 미만의 아이가 현장에 있다면 그곳을 떠나야 한다는 것이다. 청소년센터는 지역에 있는 모든 청소년이 참여할 수 있는 '잠깐 들르는' 공간으로, 모든 사람에게 관련된 동의를 얻는 것은 불가능하고, 연구자가 방에 들어온 사람 중 누가 16세 미만이고 누가 부모님의 동의를 받았는지 여부를 파악하는 것도 불가능하다. 따라서 이런 배경 환경에서 관찰을 하는 것은 불가능했고, 관찰은 동의 요구가 충족될 수 있는 다른 청소년 봉사 프로그램에서 진행되었다.

관찰 자료 기록

Recording observation data

결과물의 내용은 예측할 수 없고 분량은 풍부할 것이다. 연구자가 예정된 활동이나 상호작용에 대해 넓은 지식을 가지고 있지만 구체적으로 무엇이 발생하는지 모르기 때문에 예측이 불가능하다. 그리고 상호작용이 연설, 대화, 행동, 활동, 얼굴 표현 등 다양한 특성을 가지고 있기 때문이다. 따라서 무엇을 기록할 것인가에 대해 현장을 조사하기 전과 진행 중에도 매우 조심스럽게 생각할 필요가 있다.

이 문제를 해결하기 위해서는 영상으로 포착된 관찰과 연구자가 관찰하는 기간 중 또는 그 후에 작성된 노트나 기록을 통해 만들어진 것을 구별해야 한다. 전자는 자료를 다시 볼 수 있고 무엇을 발췌해야 하는지를 결정할 수 있는 기회가 있지만 추가적인 시간이 소요된다. 후자는 현장에서 결정되고, 비체계적인 형식으로 작성된 현장노트에는 체계적인 기록이나 사진, 그림을 메모한다.

현장노트의 계발 Developing fieldnotes

상세한 현장노트는 관찰한 자료를 기록하는 가장 일반적인 형태이다. 상세한 현장노트는 연구자에게 현장의 배경, 상호작용, 현장에 있는 사람을 알려줄 뿐 아니라, 자신이 이해한 것과 일어나는 일의 해석을 제공한다. 상세한 현장노트의 특성은 다음과 같다.

- 목표를 지향하고 핵심 연구문제를 중점적으로 다룬다.
- 가능한 모든 것을 포함하고 있어야 하며, 사건이나 상호작용이 즉시 이해가 되지 않아도, 나중에 관련성이 드러날 수 있다.
- 고도로 요약된 것보다 상대적으로 구체적인 설명으로 구성되어야 한다. 가능한 참여자가 말한 그대로 포함하거나, 그 어떤 선택된 견해 없이 참여자 고유의 어휘로 구성된 요약을 포함시켜야 한다.

현장노트는 민족지학적 연구의 핵심적인 부분이고, 실무와 기대 단계에서 현장노트의 개발방법은 문헌을 통해 많이 배울 수 있다.

Boeije(2016)는 현장노트가 '연구자가 동시에 내부와 외부, 동참과 관찰, 참여와 필기를 계속해서 선택하는 것이다. 연구자는 사실상 정확한 평가도구가 되어야 한다.'라고 제안했다. Lofland 등(2006)은 연구자가 우선 자신의 생각을 받아들이도록 설명하고 사건과 배경을 '정신적 노트'의 형태로 기억하는 것이 중요하다고 강조한다. 그 다음 단계는 '어리석은 자필'의 형태로 관찰을 기록하는 것(Berg & Lune, 2012) 또는 '메모'(Lofland et al. 2006)이다. 이런 것은 모두 현장에서 진행되는데, 나중에 기억하는 것을 돕기 위해 직접적인 문구, 짧은 노트, 사진이 포함된다. 이 단계에서 구조화된 기록 과정이 도움이 된다. 이러한 현장노트의 앞부분에 '적어두기'는 현장을 떠난 후 가능한 빨리 완전한 현장노트로 써내려가는 것을 추천한다. 현장노트에는 다음의 요소가 포함된다(Berg & Lune, 2012; Merriam, 2009).

- **구체적인 설명:** 누가 있었는지, 어떻게 생겼는지, 축어적 견해, 사람이 무엇을 말하고 행동했는지 그리고 (관련 있는) 날씨나 분위기와 같은 다른 눈에 띄거나 중요한 사건에 대한 정보를 포함한다.
- **분석적 노트/배경에 대한 관찰자의 의견:** 서술적인 서사와 구별하여 정의되어야 하지만 발생하는 것이 무엇인가에 대한 연구자의 생각과 관점을 포함시켜야 한다. 서로 아는 사람이거나 서로 어떻게 상호작용을 했는지, 친절했는지, 적대적이었는지, 무관심했는지 등의 연결성을 포함해야 하고, 발생할 일에 대한 이론이 자료에 어떻게 연결되는지 포함시켜야 한다.
- **주관적 반영:** 관찰자가 어떻게 느끼는지에 관한 것이다. 관찰자의 관점, 감정 또는 생각을 포함해 실제로 배경 환경에서 어떻게 느꼈는지를 담고 있다. 이것은 연구자가 관찰된 것에 대한 자신의 해석을 이해하고 비평하는 데 도움을 주기 때문에 다음 단계에서 분석하는 데 매우 중요하다. 특정 사건에 놀라거나, 한 참가자를 그 전과 사뭇 다른 상호작용에서 관찰했다거나 관찰 장소에 늦게 도착해 스트레스를 받는 것 등을 포함한다.

일부 연구자(Merriam, 2009)는 현장조사 동안에 그들의 주관적 성찰을 기록하기 위해 현장조사 일지나 일기를 서로 다른 종류의 항목으로 구별하여 기록해야 한다고 주장한다.

Mack 등(2005)은 연구자는 현장에 나가기 전에 실제 시나리오를 써보고 그 내용을 서로 비교해서 자신의 해석이 기록에 어떤 영향을 주는지 인지해야 한다고 말한다. 이는 언어와 내용의 차이를 눈에 띄게 하고 설명과 해석의 균형을 결정하는 데 도움이 된다.

간단하게 장소를 그리거나, 참여자가 앉아있는 장소나, 물리적 배경을 사진으로 찍는 것 또한 최근의 기억을 회상하는 데 도움이 된다. 약물 관련 사건을 다루는 전문 법원에 대한 연구에서, Kerr 등(2011)은 사람에게 자신이 경험한 법원의 형태나 분위기를 설명하라고 하고, 그것이 청문회에 어떤 영향을 줬는지 설명하게 했다. 연구자가 발견한 것은, 그들이 법정에 대해 관찰한 것은 인터뷰에 참여한 사람의 이야기를 이해하는 데 도움이 될 뿐만 아니라 다른 인상과 영향을 만들어내는 법정의 구체적인 특성을 확인하는 데 도움이 되었다는 점이다.

질적관찰은 본질적으로 주관적인 방법이고, 연구자는 접근법과 자료 포착이 기록에 관계없이 영향을 주는 것에 주의해야 한다.

구조화된 현장노트와 전문적인 형식Structured fieldnotes and pro formas

관찰 자료를 기록하기 위한 일정의 형식이 필요한 경우가 있다. 세부적인 관찰 내용까지 기록하기 위한 현장노트는 꼼꼼히 구조화된 것부터 넓게 구성된 것까지 다양한 형식이 있다. 이는 상호작용의 주요 관점을 확인하는 데 도움이 되고, 현장과 연구자 사이의 일관성을 제공한다.

관찰 가이드의 사례가 **Box 9.5**에 제시되어 있다. 이 가이드는 앞서 언급한 초기 단계의 신체적 놀이 활동에 대한 연구를 위해 만들어진 것이다(Brady et al. 2008). 형식은 계획, 배경, 아이의 행동에 대한 서술적인 설명, 서로간의 상호작용, 연구자 자신의 생각과 반응에 대한 정보를 기록한다. 이것은 발생한 사건이나 상호작용을 기록하고 연구자에게 세부 노트와 표식이나 의견을 추가하기 위해 샅샅이 살펴보는 기계적인 구조를 제공한다.

관찰 가이드의 정확한 구조와 내용은 관찰 자료의 종류와 수집방법 근거에 따라 구별된다. 이는 가이드의 사용을 안내하고 완전한 자료수집을 시작하기 이전에 필요한 알림을 해주는 데 유용하다.

영상과 사진 기록Video and photographic records

카메라는 환경의 이미지, 누가 현장에 있고 장소의 중요한 지점은 어딘지를 기록하는 데 유용하다(건강증진에 대한 광고 포스터가 벽에 붙어있고, 어디에 놓여있고, 얼마나 시각적인지 등이 있다). 영상은 연구가 실제 행동이나 상호작용을 기록하기를 요구할 때 더욱 적합하고 구체적인 분석과 재분석, 참여자와의 논의에 사용될 수 있다. 슬롯머신의 설계가 게임 시간에 어떠한 영향을 주는지를 관찰한 연구에서(Husain et al. 2013), 참여자가 슬롯머신으로 게임하는 것이 영상으로 촬영되었다. 촬영 후 참여자들을 인터뷰 했고, 영상을 본 후 어떻게 게임했는지 그리고 멈출지 계속할

Box 9.5

관찰 가이드 예시

초기 단계의 신체적 활동 놀이에 대한 연구(Brady et al. 2008)

*1~3번까지 관찰 시작 전 기록

1. 배경

위치: ....

날짜: ....

관찰 시작 시간: .... 종료 시간: ....

관찰 대상 아동 코드: ....

기록 연구자 이름: ....

동석한 연구자: ....

2. 관찰 시기의 활동 계획

활동 형태	구조화된 활동/비구조화된 활동/혼합활동
아동에게 제공된 활동의 특성	
구조화된 활동 계획인 경우: 목적/형식	
기타 내용(날씨, 특별한 사항 등)	

3. 물리적 환경(일반적 장소 사정 참조)

환경에 변화나 특별한 상세내용	
새로운 도구나 비표준화 도구가 가능한가?	
새로운 도구가 어떻게 비치되어 있는가?	
새로운 도구의 사용에 대한 안내가 있는가? (안내판, 사용규칙 등)	
외부 공간의 접근에 대한 표준의 변화가 있는가? 있다면 자세히 서술	

*4~6번: 관찰 기간 중 기록

4. 활동

발생하고 있는 상황 기록: – 아동들이 무엇을, 어디서, 누구와 어떻게 – 활동의 형태, 사용하는 도구 – 아동이 언제, 어떻게 활동에 참여하는가? – 언제 스스로, 또래, 어른이 주도하는가?	

(계속)

5. 상호작용

아동과 직원	
아동과 또래	
관찰 아동과 어른	

6. 종료

다음에 일어난 일은?	
다음 활동이 시작 또는 계획되는가?	

7. 관찰 후 인식

실제 활동과 계획이 달랐는가? 연구자 관점	
직원관점(구조화된 활동일 때)	

8. 기타

지 결정하는 부분에 대해 설명하도록 했다. 참여자의 말만으로는 과정의 뉘앙스를 찾아내기가 어렵다. 영상의 장면은 나중에 더 오랜 시간 게임하는 것과 게임기의 특성을 알아내기 위해 연구자가 추가적으로 분석할 것이다.

관찰을 어떻게 기록할지 결정할 때에는 현지 문화와 환경에 대한 세심함과 때에 따라 다른 종류의 적합한 장비를 사용하는 것이 핵심적인 고려사항이다. 그렇기 때문에 노트북으로 인터넷 카페에서의 행동을 포착할 때는 조화를 잘 이루어야 하지만 풋볼 경기에서는 그러면 안 된다. 여성 투우사에 대한 연구를 예시로 든 Pink(2007)는 원래 동영상을 사용하기로 계획했었지만, 현장에 있는 다른 사람이 일어나는 일을 포착하려고 사진기를 주로 이용하는 것을 보고 그녀도 눈에 띄지 않으려고 비디오가 아닌 사진기를 사용했다.

관찰 분류표 Labelling observations

관찰 자료가 기록되어도 수집된 자료를 한데 모아서 분류하고 체계화시키려면 시스템이 필요하다. 연구 진행과정에서 자료에 접근이 가능하도록 시스템은 깔끔하고, 세심하고 체계적이어야 한다(May, 2011). 날짜, 시간, 장소 그리고 관찰이 지속된 시간이 각각 관찰 일지에 명확하게 기록되어 있어야 한다. 만약 사람을 관찰한다면 그들의 신분을 보호하면서 서로를 구별하는, 예를 들면 익명이나 숫자를 붙이는 것과 같은 체계가 준비되어야 한다. 사진이나 영상 장면을 수집할 때, 각각의 이미지나 기록이 체계적이고 활용 가능한 방법으로 표시하는 것 또한 고려해야 한다. 결론적으로 각 기간 동안의 관찰 자료는 다음과 같은 정보로 분류하는 것이 도움이 될 것이다.

- 장소
- 날짜
- 관찰의 길이
- 현장에 누가 있었는가(익명으로 또는 코드로)
- 사건이 발생했다는 것을 나타내는 키워드

인터넷 관찰

Internet observation

인터넷은 사회적 상호작용이 발생하는 환경으로, 온라인 상호작용과 집단을 연구하는 데 비옥한 토지가 되었다. 온라인상의 네트워크와 집단을 기술적으로 중재하는 연구의 가장 보편적인 명칭은 온라인 민족지학(Markham, 2011), 가상 민족지학(Hine, 2005; Jordan, 2009) 또는 '민족지학 온라인연구(netnography)'(Kozients, 2010)이다. 인터넷 민족지학의 좋은 점을 지리학적으로 묶여진 집단 대신 '관심 집단'을 현장에서 관찰하는 것이 가능하다는 점이다(Angrosino & Rosenberg, 2011). 이러한 연구는 온라인 현상에 대한 관찰(예: 소셜 미디어가 어떻게 건강증진 정보를 제공하는 데 사용되는지)과 남자의 성매매 대상인 성매매 종사자에 대한 온라인 토론과 같이 연구자에게 '숨겨진' 행동(Sanders, 2005)도 포함한다.

인터넷 관찰로 수집할 수 있는 자료의 특성은 물리적 상호교환 자료(Angrosino & Rosenberg, 2011)와 달리 쓰여진 글, 음성 녹음 또는 시각적 이미지를 통해 온라인상의 의사소통을 촉진시키고, 그 '자료'는 복사나 기록이 가능한 형태이다. 그러나 수집된 자료를 다듬고 해석하는 과정에서 연구자의 잠재적인 효과는 역할과 존재 자체와 연관이 있다. 실제로 온라인 관찰에는 개인이 온라인에서 활발하게 활동하도록 시도하는 방법과 연구자가 이런 모습을 해석하는 방법의 '이중적 주관성'이 작용되고 있다고 주장하는 연구자도 있다(Angrosino & Rosenberg, 2011).

온라인 관찰 실행 Doing online observations

온라인으로 진행되는 관찰은 앞에서 다룬 다른 형식의 관찰 연구와 다르지 않다.

- 주어진 현상이나 상호작용을 관찰하는 이유, 연구목표 달성에 어떤 도움이 되는지, 관찰이 연구의 주요 또는 유일한 방법인지 아니면 다른 방법과 결합되어 있는지에 대한 명확성
- 관찰할 장소, 배경, 사람 선택. 예를 들면, 특정 웹사이트나 소셜미디어 사이트 등 관찰할 곳을 정한다. Kozinets(2010: 89)는 집단 관찰은 다음과 같아야 한다고 조언했다.
  - 연관성이 있는가(연구초점과 연결되어야 한다)?
  - 활동적인가(의사소통의 정기적인 흐름이 있어야 한다)?
  - 상호적인가(관찰될 수 있는 참여자 간의 의사소통이 발생해야 한다)?
  - 자료가 실질적인가(에너지가 넘치고 많은 양의 참여자가 있어서 살아있는 상호작용이 발생하고 관찰되어야 한다)?
  - 이질적인가(다른 참여자의 목소리와 다른 시선이 있어야 한다)?
  - 자료가 풍부한가(기술적인 자료를 제공해야 한다)?
- 접근을 늘린다. 문지기나 가이드를 통하여 일하는 것을 포함한다(환경에서 활동하며 존재하고 있는 멤버). 온라인 관찰은 보통 연구자와 참여자의 상호작용이 요구되는데, 특히 사적으로나 비공개적인 온라인 집단을 관찰하는 것에도 동의가 요구된다(Angrosino & Rosenberg, 2011; Chapter 4 참고). ESOMAR 가이드라인은 (ESOMAR, 2009) 온라인으로 청취가 가능한 대중 포럼에서는 추가적인 접수를 요구하지 않으므로 출판 또는 방송과 동일하게 생각할 수 있으며, 공공사이트에서는 이를 적용하고 있다. 그러나 사이트가 '울타리가 있는 정원'이라면(예를 들어 회원들은 사이트에 회원가입을 하고 댓글을 달거나 의견을 게시해야 한다), 사이트 관리자나 회원으로부터 논쟁의 자료를 관찰하거나 수집하기 위해서는 동의가 필요하다.
- 관찰 사례 선택: 어느 정도의 상호작용이 일어나며, 누구와 상호작용하는지에 대한 답으로 결정한다. 예를 들면, 개인의 온라인 도박 빈도 증감의 영향요인에 대한 연구는 빙고 사이트와 그 사이트/빙고 활동에 대한 토론 포럼을 관찰하는 것처럼 하나의 온라인 도박(빙고)에만 집중할 것이다. 누구를 포함시키느냐는 다른 인구통계학(성별이나 나이와 같은) 조건, 행동(빙고를 매일하는지 아니면 매주 또는 가끔 하는지)을 포함하고 영향이 규칙성 있게 나타나는 요소도 포함하고 있다.
- 관찰 참여 정도를 정한다. 앞부분에서 설명한 스펙트럼 참고
- 무엇을 관찰할지 결정한다. 예를 들면 토론의 실마리, 블로그 그리고 댓글
- 상호작용을 어떻게 포착할 것인가. 자료는 글로 쓰인 재료의 형태로 되어 있다(이미지도 역시 가능하다). 이

자료는 재활용할 수 있는 위치에 있거나 복사, 저장되어야 하며, 관찰 자료나 참여자 코드로 표시하고 현장노트도 있어야 한다. 단순하게 컴퓨터를 이용한 질적자료 분석(CAQDAS)에 패키지로 하이퍼링크와 함께 잘라 붙여 저장할 수 있다. 그러나 연구자에 의해 수집된 것은 선택과 해석적 과정으로 받아들인다. 현장노트는 온라인 관찰이 진행되는 동안 기록하여 자료들 사이에서 연결고리가 되고 상호작용의 특징과 자료 속에서 그들의 역할을 기록하고 더 많은 분석이 저장되기 전에 자료에 표시를 해야 한다.

자료 보호

A point on data protection

자료 보호 관련 규정에 따르면 관찰 자료는 인터뷰 기록이나 개인정보와 동일한 보호를 받아야 한다. 만약 관찰 자료가 특정 사람이나 장소를 지정하면 연구참여자가 보호되지 못할 수 있다. 이런 이유로 동영상이나 사진 종류의 자료를 사용하는 것은 연구윤리위원회의 허가를 얻기가 특별히 어렵다(Prosser, 2011; Wiles et al., 2012). 연구자는 참가자의 신분을 어떻게 보호할 것인지를 미리 염두에 두어야 한다(예: 얼굴을 흐리게 하는 소프트웨어 사용 또는 장소와 사람에게 이름 대신 코드를 쓰게 하는 것).

연구자가 질적연구를 진행할 때 끊임없이 관찰하고 배경과 주위에서 발생하는 상호작용을 고려하고, 자연적 환경에서 일어나는 연구현상을 보고 경험하는 것은 인터뷰 진행과 포커스그룹에서도 매우 중요한 준비이다. 관찰은 다양한 방법으로 설계하여 사용되는 범위가 훨씬 넓어졌고, 새로운 통찰력과 방법을 펼칠 수 있고, 단독 방법으로 실행되거나 다른 방법과 병행하기도 한다. 그리고 온라인 관찰을 통해 제공되는 기회도 많아졌다. 관찰은 질적연구에 있어서 매우 풍부한 유산을 가져다주는 방법이고, 사회과정과 행동을 이해하기 위한 사회적 적용연구에 사용 가능성이 많은 방법이다.

핵심요소

KEY POINTS

- 관찰은 참여자의 영역으로 들어가 자연적인 맥락 내 현상을 이해하기 위한 연구질문에 답을 구하는 데 유용한 방법이다. 이런 연구질문에는 행위(무의식적으로 비활성화 되었거나 언어로 표현하기 불편한), 복잡한 사회 상호작용, 물리적 공간이나 활동에 참여하는 방법 등이 포함된다.
- 관찰 자료는 지극히 주관적이다. 무엇을 관찰하느냐는 연구자의 존재수준에 따라 영향을 받는데, 연구자가 관찰 현장에 참여하는 수준을 선택한다. 또한 연구자는 관찰할 것과 관찰기록방법에 따라 자료생성에 참여한다. 관찰한 상호작용에 대한 연구자의 주관적 경험이 자료 구성의 중요한 부분이다. 추가분석의 자극제가 되기도

하고 방법으로서의 관찰을 추가하기도 한다.

- 관찰은 장기간의 민족지학연구를 제외하고는 질적연구방법에 단독으로 사용되는 경우는 드물지만, 다중방법 질적연구에는 많이 사용된다. 다중방법 질적연구에서는 핵심적인 방법으로 사용되기도 하고, 연구 후반과 연구설계에 정보를 주는 역할을 한다. 연구 중 연구현상에 대한 지대한 이해를 주기도 하고 다른 자료를 입증해 주고 추가 해석을 제공해준다.
- 무엇을 관찰할지, 어디서, 언제, 어떻게, 얼마나 자주, 관찰할지는 주의 깊게 결정해야 한다. 현장과의 친밀성도 중요하다. 관찰 범위는 공간구조, 참여자, 활동, 상호작용 방법 등에 따라 다르다.
- 관찰 연구 자료는 구조화되었거나 비구조화된 현장노트나 도표, 현장의 사진이나 동영상과 같은 시각자료로 기록된다. 자료 관리를 위한 분명하고 체계적인 분류시스템이 필요하다. 발생한 자료 해석과 현장연구 중 작성한 주관적인 자기반성을 기록한 연구자 노트도 가치있는 자료이다.
- 온라인 민족지학은 온라인상의 관계망과 의사소통과 같은 기술적으로 중개된 관계연구에 관찰의 기술적 이용을 주목하게 한다.

핵심용어

KEY TERMS

관찰(Observation)은 연구자가 관심 있는 현상에 대해 체계적으로 지켜보고, 듣고, 기록하는 연구방법이다.

참여관찰(Participant observation)은 연구자가 관찰하는 현장에 일정 부분 직접 개입하여 관찰하는 것으로 주로 민족지학연구에서 사용되는 핵심방법이다.

공개관찰(Overt observation)은 연구자의 정체성, 목적, 관찰 현장에 존재하는 것의 투명성 정도에 따른다.

암행관찰(Covert observation)은 투명성이 적은 관찰 형태이며, 참여자는 관찰되고 있음을 인식하지 못한다.

현장노트(Fieldnotes)은 전통적으로 관찰 자료를 기록하기 위해 사용한다. 현장에 대한 상세한 기술과 활동 그리고 상호작용과 발생한 상황에 대한 연구자의 해석 등을 기록한다. 현장노트는 관찰한 상황의 영상기록까지 확장되기도 한다.

chapter 10

분석: 원리와 과정

ANALYSIS: PRINCIPLES AND PROCESSES

개요

Chapter outline

- 전통과 접근방법
- 분석 여정
- 전문 용어에 대한 질문
- 공식적 분석
- 자료 관리: 개괄
- 추상화와 해석: 개괄
- 분석과정의 근원
- 컴퓨터를 이용한 질적분석

분석은 질적연구 과정에서 도전적이고 흥미로운 단계이다. 질적분석은 창의성과 체계적인 연구의 혼합과 영감과 사소한 발견의 조화가 요구된다. 분석 결과는, 추구할 아이디어를 창출해내는 통로, 포착할 현상 그리고 검증해야 하는 이론이 연구 초기에 제대로 시작되면 연구 마무리 단계에서는 결과로 기록된다.

20세기 후반까지 질적자료 분석은 문학과 연구방법 사이에서 방치된 주제였다. 그 결과 해설, 현장노트, 문서적 증거로 얻은 풍부한 자료를 어떻게 처리했는지 종종 판독하기 어려웠다. 어떤 관점에서는 거의 소수만 아는 과정으로 전락했고, 지식적인 미스터리로 덮여있는 것으로 나타나기도 했다. 다른 측면에서는 분석이 마치 우연인 듯이 증거로부터 대단히 무질서하게 멀어지는 것으로 나타난다. 어느 쪽이든 질적분석이 진행되면서 나타나는 과정은 매우 이해하기 어렵다. 다행히도, 질적자료가 '처리'되었다는 관점이 결과에 포함된 인지적 과정이라는 관점보다 많지만, 현재는 질적분석 진행의 다양한 접근에 대한 설명이 훨씬 잘 되어있다.

전통과 접근방법

Traditions and approaches

양적분석과는 다르게, 질적자료를 분석하는 데는 분명하게 합의된 규정이나 단계가 없지만 다양한 접근방법이 존재한다. 질적분석의 주요 전통에 대한 몇 가지 간단한 설명을 아래에 제시했다 (Harper & Thompson, 2012 참고).

- **민족지학적 기록:** 매우 기술적이고 특정 개인, 단체 또는 기관의 삶을 구체화한다(Hammersley & Atkinson, 2007; Lofland et al., 2006; O'Reilly, 2005).
- **생애사:** 단일 내러티브, 공통 주제로 모아지는 이야기 또는 다른 기록과의 비교로 구성된 논의 등으로 분석된다(Thompson, 2000).
- **내러티브 분석:** 말하는 기본적인 이야기를 분명하게 하고, 기록이나 해설이 만들어지는 방법, 화자의 의도와 청중의 특성에 초점을 두고 이야기나 '줄거리'의 의미에도 초점을 둔다(Riessman, 2008).
- **내용분석:** 주제가 드러나는지, 같은 문서에 대한 동의와 맥락에 대한 분석으로 연구자가 주제가 어떻게 다루고 또는 나타내는지 그리고 발생의 빈도수에 집중하는 방법을 포함하고 있다. 분석은 성별과 공헌자의 역할과 같은 '외부의 변수'와 연결되어 있다(Berelson, 1953; Robson, 2002).
- **대화분석:** 대화의 구조에 초점을 두고, 상호작용 및 인접한 쌍과 같은 핵심 언어적 체계의 관점에서 분류한다 (Atkinson & Heritage, 1984; Rapley, 2012; Silverman, 2000a).
- **담론분석:** 특정 담론에서 구별된 언어의 사용(예: 법적 담론, 의학적 담론)이나 사회적 행동을 쉽게 이해하기 위해 절대적인 이론 채택(예: 가난, 권력, 성관계)을 통하여 지식이 제공되는 방식에 대해 관심을 갖고 있다. 담

론 분석은 공연, 언어적 형식, 수사학적 장치의 관점의 상호작용에서 어떻게 진행되고 있는지, 대체 기록과 경쟁하고 확신하기 위한 대화와 맥락의 방법에 초점을 둔다(Georgaca & Avdi, 2012; Silverman, 2001; Tonkiss, 2000).

- **귀납적 분석:** 결정론적 법칙과 현상의 중요한 특성을 증명하는 것을 목표로 한다. 여기에는 문제를 정의하는 반복적 과정, 가설의 공식화와 검증이 포함되고, 그 다음에는 모든 사건이 가설에 '들어맞을' 때까지 가설을 재공식화하거나 문제를 다시 정의한다(Robinson, 1951).
- **근거이론:** 분석적 분류의 생성과 그것의 특질 그리고 그 사이의 관계의 검증을 포함하고 있다. 정보수집과 개념화의 과정은 분류와 관계가 '포화'될 때까지 지속되고, 새로운 정보는 발전하고 있는 이론에 추가하지 않는다(Charmaz, 2006; Glaser & Strauss, 1967, Strauss & Corbin, 1998).
- **해석적 현상학 분석:** 특정 맥락에 있는 개인에게 목소리를 주고 그들이 경험을 어떻게 받아들이는지 이해하는 것을 목표로 한다. 또한 확립된 심리학적 개념을 참고하면서 기록을 해석한다(Larkin & Thompson, 2012).
- **주제 분석:** 자료 안의 의미의 패턴과 클러스터를 발견하고 해석하는 것을 포함한다. 문맥의 체계적인 분석 작업을 통해 연구자는 고차원적 핵심 문제에서 통합된 주제를 점진적으로 검증한다(Boyzatis, 1998; Braun & Clarke, 2006; Joffe, 2012). 주제 분석은 특정 원칙이나 이론적 구조 세트에 얽매어 있지 않고, 매우 넓게 사용되는 접근이다. 주제 코딩 과정은 실제로 다양한 분석전통에 사용되고(예: 근거 이론과 맥락 분석) 몇몇 연구자는 주제 분석이 그 자체로 접근은 아니지만 일반적인 방법에 더 가깝다는 논쟁도 있다(Ryan & Bernard, 2000).

다양한 접근의 핵심 특징 Key features of different approaches

아래에 나열된 대안적 전통은 자료를 다루고 체계화시키는 여러 가지 방법이다. 분석방법은 질적 연구의 특성에 대한 기본적인 인식론적 가정의 관점과 연구자의 평가 상태에 따라 나뉜다(Chapter 1 참조). 초점의 관점과 분석 과정의 목표에 의해 나뉘기도 한다.

기본적 오리엔테이션: 실질적 또는 구조적 Basic orientation: substantive or structural

질적분석의 진행형식을 결정할 때, 연구자는 자료 상태에 따라 주요 선택을 하게 될 것이다. 근거이론과 주제 분석과 같은 '실질적' 방법은 자료의 의미를 해석하고 포착하는 것을 고려하고 본문에서 말하고자 하는 바에 초점을 둔다. 자료는 사회적 세계에서 참여자의 창문으로 다뤄지고, 감정, 지각 그리고 자료와 떨어져서 발생하는 사건을 대표하거나 참조한다. 그 반대로, '구조적' 혹은 '구성주의적' 방법은 담론 분석, 대화 분석, 몇몇 기술적 분석을 포함한다. 언어와 본문이 무엇을 하는지 등 말, 본문, 상호작용의 구조 혹은 구성에 초점을 두고 있다. 자료는('해설되어 있는' 평가와 '상황에 처해진' 평가의 관점에서) 연구 중인 현상이며 분석가는 '세상에 대한 그럴듯한 평가'가 만들어진 방법을 이해하기 위해 탐색한다(Silverman, 2000b).

분류표의 개발과 적용 The development and application of labels

질적자료 분석은 보통 자료를 일련의 '코드', '개념', '범주' 혹은 '주제'로 분류하고, 정리하고, 해석하는 단계를 포함한다. 이 장의 뒷부분에서 용어에 대한 문제에 대하여 더 논의하겠지만, 우선 특정 방법에 대해 총체적으로 이야기하거나, 코드, 개념, 범주, 주제에 대해 이야기할 때 분류표라는 용어를 사용할 것이다.

분류표의 출처와 개발: 분류표는 언어와 연구되는 용어를 사용하는 '내부' 개념, 자료에는 근거가 있지만 연구자가 대화와 상호작용의 중점을 포착해서 고안된 '신흥' 개념, 문학 혹은 관련 분야에서 채택한 '연역적' 개념이 있다. 분류보다 코드라는 용어를 사용한 Gibbs(2007)는 (자료의 표면특징에 관한) 기술적 코드, (참고된 자료의 종류에 따라 나누고, 그들을 주요 공통점과 차이점으로 묶는) 범주 그리고 (자료를 보다 더 추상적이고 이론적인 개념 혹은 주제로 나누는) 분석 코드로 다른 종류 또는 등급의 분류에 따라 구별했다. 어떤 방법에서 연구자들은 초기 분류가 낮은 단계의 추론과 기술적인 것과 자료와 가까이 지내는 것의 중요성을 강조하고, 분석의 나중 단계에서 발달한 분류는 추상적이고 해설적인 개념 혹은 주제이어야 한다(Braun & Clarke, 2006; Ritchie et al., 2003). 반대로 담론 이론에서는 비록 새롭게 드러났지만 가장 초기 분석의 개념을 보다 추상적으로 분석하여 발전시키고 소개하는 것을 목표로 삼고 있으며, 근거이론에서는 '핵심 범주'가 만들어질 때까지 수정하는 것도 목표로 삼고 있다(Strauss & Corbin, 1998).

분류표의 적용: 분류표가 무엇을 근거로 하여 개발되었는지와 관계없이, 분류표는 다양한 방법으로 자료에 적용한다. 자료분석 과정에서 횡단적 분석과 비횡단적 분석에서 차이점이 생기기도 한다(Mason, 2002). 횡단적 자료 조직은, 연구자가 모든 자료에 적용할 수 있고, 자료더미에서 유사한 자료를 분류할 수 있는 검색 가능한 의미로 사용할 수 있는 일반적인 분류체계를 만드는 것이다. 이 방법은 자료의 범위에 대한 체계적인 개요를 제공하고, 질서 있게 나타나지 않는 주제 혹은 예시를 배치하는 것과 개념적 · 분석적 분류의 발달을 도와주고, 연구자가 연결고리를 비교하거나 검증하는 것을 도와준다.

비횡단적 자료 조직은 예시에 있는 특정 사건을 보는 것을 포함하고, 각각 사건에 구체적인 배경 범주가 요구된다. 이 방법이 단면적 분석보다 재료의 특정 부분의 특수성을 얻고, 복잡한 설명 혹은 과정을 이해하고, 모든 상황이나 인터뷰의 총체적인 구조를 검증하는 데에 더 나은 방법으로 보이기도 한다. Mason(2002)은 상황연구를 통해 이런 방법이 고려되는 예시로서 기술과 전기가 적절하다고 주장했다.

그러나 실제에서 연구자는 횡단적 전략과 비횡단적 전략을 조합한다. 예를 들면, 횡단적 분석은 반대되는 참여자의 관점 혹은 경험을 공통된 주제와 개념과 연관된 모든 자료 세트를 아울러서 비교하는 데 사용된다. 반면, 비횡단적 방법은 특정 상황 혹은 자료 부분의 구체적인 주제를 채택한다. 대체적으로 연구자는 각각 인터뷰를 다시 분석해야 하고, 각 상황에 맞는 개념과 주제를 개발하지만, 나중 단계에서는 해석적 현상학 분석의 상황과 같이 공통된 의미와 패턴을 찾는다.

분류는 분석 과정 속에서 다른 '수준'의 자료에 적용되기도 한다. 예를 들면, 주제 분석과 같은 접근에서 초기 기술적 코드는 필사원고와 같은 원래 문맥이 가공되지 않은 자료에 적용한다. 더욱 정련된 범주 혹은 주제는 후기 단계에서 개발되고, 연구자에 의해 생성된 자료 발췌본이나 자료 요약본에 적용된다. 현상학적 분석과 같은 방법에서는 더욱 정련된 범주와 주제를 항상 원본 자료에 적용하고, 발췌본, 요약, 사례에는 적용하지 않는다.

변수와 비변수 분석 Variable and non-variable analysis

일부 연구자는 범주를 질적자료의 변수로 본다(Dey, 1993; Miles & Huberman, 1994; Robson, 2002). 이들은 범주를 다른 현상들과 연관지어 변화되어 개념화되고 변수로 바뀔 수 있는 독립체로 간주한다. 그러나 다른 연구자는, 질적자료는 표준화된 범주로 축소되어서는 안 된다고 주장한다. 이들에게 범주는 구상의 동의가 이루어지느냐 아니면 범위를 넘어선 질문을 추구하느냐 사이의 비교와 같이, 자료를 주제에 맞게 모으고, 전시하고, 논의하는 방법이다. 다른 방식으로, 유사변수를 사용한 접근은 (인구학적 특징과 같이) 특정 변수가 분석에서 개발된 개념화 범주와 함께 결합하여 사용되어 자료 속 패턴을 조사하는 방법으로 쓰인다고 주장한다(Richards & Richards, 1994).

구성원의 역할 The role of numbers

질적연구집단에서 구성원의 역할에 대한 특별한 동의가 없다면, 모든 구성원은 질적자료분석에 참여해야 한다(Seale, 1999). 어떤 사례에서는 현상의 횟수가 표본의 특징 설명에 추가될 수 있고, 구성원이 가치 있는 맥락적인 정보를 제공한다. 내용 분석에서는 특정 용어의 빈도수 혹은 동시다발적으로 발생하는 횟수를 세는 것이 분석 과정의 핵심 목표이다, 어떤 연구자는 얼마나 많은 사람이 특정 관점이나 경험을 가졌는지를 파악하는 것을 편하게 여기고, 사회과학용 통계 패키지를 통해 빈도를 분석하기도 한다. 그러나 대다수의 질적연구자는 빈도수가 질적연구의 가치를 손상시키고, 현상이 어떻게 나뉘어졌는지, 방법과 과정을 검증받고, 설명을 제공하는 것을 통계를 사용하지 않고 설명함으로써 연구자의 질문에 의미 있게 대답하는 능력을 갖추게 된다고 여긴다.

분석의 궁극적 목표: 기술, 설명 혹은 이론
The ultimate aims of analysis: description, explanation, or theory

일부 연구자는 추상화의 다른 수준에 대한 합법성을 인식하고, 연구문제와 연구목적의 특성에 의존하는 분석 형태를 유지한다(Mason, 2006; Patton, 2002). 즉, 분석은 연구되는 현상의 구체적인 기술에서 멈추거나, 관찰된 자료의 패턴에 대한 설명을 계속해서 발전시키고, 보다 정상적인 이론을 구성하기 위해 자료를 사용한다. 다른 연구자는 분석과정의 본질로서 특별한 결과를 고려한다. 예를 들면, Whittemore 등(1986)은 사람들의 주관적인 경험을 묘사하는 이야기 분석방법과, 자신의 삶에 의미를 부여해서 충실하게 반영하고 기술하는 방식을 사용하는 것이 사람들의 생활의 현실성을 경시하고 더 넓은 비교를 추구하는 '점묘주의'와 선택적 해석 혹은 평가를 사용하는 것보다 낫다고 주장한다. 반대로 Miles와 Huberman(1994)은 질적연구의 궁극적인 목표는 설명이라고 이야기한다. 단지 밖에 있는 것에 이름을 지어주고 분류하는 것으로는 부족하고 패턴, 반복 그리고 수많은 'why'를 알아내는 것이다.

질적연구에서 일어나는 설명의 형식은 많은 논쟁이 되고 있다. 어떤 연구자는 결정론적 원인의 관점에서 설명을 찾는 반면(예: 분석적 인도를 추구한다), 다른 연구자는 이 방법을 반대하며 물리적인 세계에서는 법으로 통치할지 몰라도 사회적 세계에서는 그렇지 않다고 주장한다. 그러나 인간의 행동이 법과 유사하지도 않고 혼란스럽지 않다면, 세심한 분석을 통해 규칙성을 증명할 수 있다. 그렇다면 '규칙성은 어떻게 설명될 것인가?'에 대해 어떤 설명도 가능할 것이며, '질적 맥락에서의 원인은 무엇인가?' 에 대해 여러 가지 다른 답변이 제시될 것이다.

Lofland 등(2006)은 질적연구가 실험적이거나 통계적인 연구에서 임시적 설명을 만들어내는 것은 가능하지 않다고 주장한다. 그들은 연구자가 특정 결과를 도출해내는 요소를 증명하기 위해 시도할 수 있는 4가지 모델을 제시했다. 첫 번째는 맥락적 모델이다. 구체적 결과의 가능성이 증가하는 것을 증명하는 것이 조건이다. 두 번째는 사례 비교 모델이다. 이는 존재하거나 비어있는 조건의 배열을 검토하고, 이것이 특정 상태에서 어떻게 발생되는지 혹은 발생되지 않는지와 연결되는지를 검사한다. 세 번째는 과정 모델로 단계의 연속을 증명하고, 각각의 단계가 대안적인 설명으로 범위가 좁혀지고 다음 단계로 나아가는 기회가 증가한다. 마지막으로, 반증 사례 모델이다. 연구자는 모든 증명된 사례를 포괄할 때까지 설명하기 위해서 평가 개선을 위한 설명을 반박하는 사례를 체계적으로 조사한다.

Patton(2002)은 질적연구에서 설명은 불변의 법칙보다 무엇이 왜 발생하느냐에 대한 추측이라고 주장한다. 비록 그런 설명은 쉬운 논리를 느슨하고, 보편적이지 않고, 비결정론적인 감각으로 사용될 것이고, 그 논리는 직선 모양의 변수 분석에 기초를 두고 있지 않다. 드물게 하나의 사례 혹은 이유가 인용되어도 설명은 개인적 경향, 방법, 이해도, 규범 혹은 상황적 영향과 같은 다른 원인이 되는 요소의 특성과 상호관계를 분명하게 한다.

질적연구가 특별히 사람을 이해하고 그들 사회에 의미를 부여하는 방법에 관심을 갖기 때문에, 어떤 연구자는 사례의 개념이 그다지 도움이 되지 않는다고 생각한다. 예를 들면, Hughes와 Sharrock(1997)은 설명이 임시적 기계 장치가 아닌 의미 혹은 이해의 관점이라는 점에 찬성한다. 신호등 부근에서의 교통상황을 예로 들면서, 주어진 패턴의 필요성과 효율적 조건과 임시의 방편을 구체화시키려고 시도하는 것보다 이 행위의 설명이 특정 상황, 집단 혹은 문화에서의 빛의 의미에 대한 이해를 발달시켜야 한다고 주장한다.

마지막으로 질적연구가 이론에 기여하는가에 대한 논쟁이 증가하는 것이다. 예를 들면, Strauss(1987)는 기술적으로 남아있고 단지 광범위한 주제에 자료를 요약하는 연구자들을 비판했다. 그는 분석이 추상적인 개념과 새로운 이론의 세대를 통하지 않았기 때문에 이것을 조심스러운 저널리즘이라고 일축했다. Richards와 Richards(1994)는 "질적연구의 주된 과제는 이론을 만들어 내는 것이다."라고 주장했다. 그러나 다른 연구자들은 보다 연역적인 접근을 채택하고, 새로운 가설 혹은 이론을 그들의 분석 결과로 만들어내는 것이 아니라 문학에서 발췌한 가설을 증명하거나 개념의 발전, 범주, 주제 그리고 설명을 위한 존재하는 이론을 들여다보려고 시도한다.

분석 여정

The analytic journey

분석은 연구자가 자료수집이 끝나고 나서 시작하는 것이 아니라 질적연구의 모든 과정에서 동시에 진행하는 부분이며 전 과정에 녹아 있다. 분석에 대한 연구자의 생각은 항상 연구과정의 모든 단계에서 영향을 줄 수 있어야 한다.

많은 연구자에게, 특히 정책이 집중된 환경에서 일하는 연구자에게, 연구과정은 비록 연구단계 사이에서 특정 정도에서 반복이 일어나지만 대략 일직선으로 진행된다. **Box 10.1**에서는 분석적 사고가 질적연구의 각 단계에서 어떻게 정보를 제공하는지 보여준다.

- **설계:** Miles와 Huberman(1994)은 프로젝트의 설계 단계를 '경계와 집중'의 과정이라 말했다. 이 시기는 연구자가 강조할 연구질문과 그것을 적용하는 방법을 결정하는 시기이다. 잘 형성된 설계 질문은 좋은 연구의 초석이 되며 모든 측면에 정보를 주고 참여자를 선택하는 기준이 된다. 그리고 주제의 지침을 만들고 전체적인 맥락과 공식적인 분석의 목적을 만든다.
- **표본 추출:** 표본 설계를 만드는 것은 경험적 근거와 분석 예감으로 그려진 가설의 범위에 기초한다. 그리고 연구자가 이러한 가설을 다시 생각하게 하는 이유를 찾는 과정이 될 것이다.
- **자료생성 및 수집:** 개인면담이나 초점집단면담 등의 자료생성을 위한 상호작용적 방법이 사용된다. 대면 시 거대한 양의 상호적용이 발생하기 때문에 분석의 맥락에서 상호작용의 역할을 고려하는 것이 중요하다. 깊이와 상세함을 해결하고자 할 때 왜 이런 일이 발생하는지 질문하거나 참여자는 어떻게 생각하고 느끼는지 탐색한다. 면담은 공식 분석의 범위를 결정해준다.

Box 10.1

분석 여정

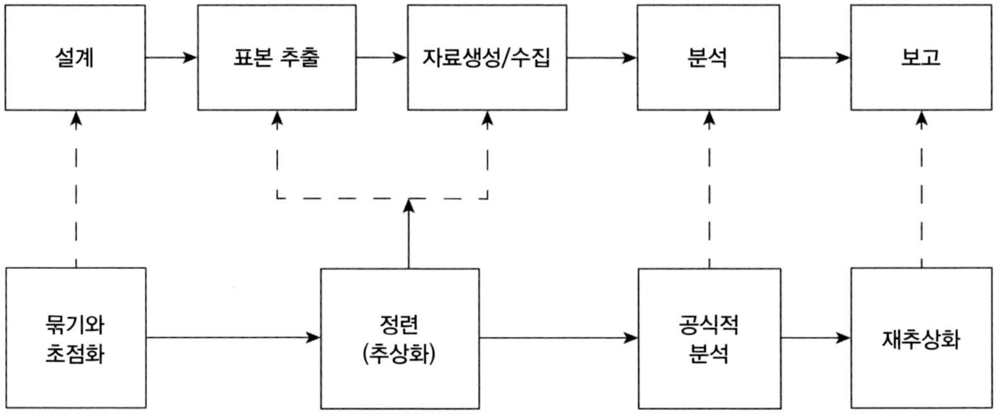

- **공식분석:** 연구자가 분석과정에 대한 의식을 가장 많이 가지고 있는 단계이다. 실체적 또는 구조적 접근방법 중 선택하는 것, 자료나 선행문헌으로부터 직접적인 개념과 주제를 나누는 것, 횡단적 설계 또는 다른 설계의 분류표 적용을 결정하는 것, 전체 과정이나 한 부분의 횟수 사용을 결정하는 것, 기술에서 마무리할지 해석으로 진행할지 결정하는 것 등을 고려하는 시기이다. 분석이 진행 중이면 연구자는 자료와 연구질문과의 관련성을 이미 강하게 감지하고 있어야 한다. 그렇다고 발견이나 창조성이 없다는 의미는 아니다. 이런 감각은 공감적인 것이며, 등산가와 같은 것이어서 연구자가 작은 언덕에 도달하고 어떻게 산에 오를지 고민하는 것은 물론 이미 깨달음의 감각을 느끼는 것을 말한다.
- **보고:** 실제 연구에서 분석이 연구의 끝이 아니고 연구보고서가 마지막 단계이다. chapter11의 설명처럼 보고는 연구자에게 연구결과를 검토하고 해석을 개선하고 다듬을 수 있는 또 다른 기회이다.

전문 용어에 대한 질문

A question of terminology

공식 분석 과정을 구체적으로 설명하기 전에, 전문용어가 주는 어려움과 질적분석에 대한 문학적 합의가 부족한 점에 대해 주지할 필요가 있다. 코딩이라는 단어는 특별히 이 부분과 관련이 있다. 분석 소프트웨어 매뉴얼과 몇몇 연구자는 자료 관리와 추상화 해석 과정을 언급할 때 코딩이라는 용어를 사용한다. 예를 들면, 근거 이론에는 개방코딩, 축코딩, 선택코딩의 3가지 코딩이 있다.

Miles와 Huberman(1994)은 기술적 코딩, 해설적 코딩, 패턴 코딩을 제시했고, Richards(2005)는 기술적 코딩, 주제 코딩, 분석적 코딩을 언급했다. 또한 Saldana(2009)는 이 맥락을 이어 최소 13개의 다른 코딩에 대해 설명하고, 첫 번째 순환 코딩(색인을 만들기, 분류하기)과 두 번째 순환 코딩(범주화, 유형화)으로 설명한다.

한편으로 코딩이라는 단어는 연구자가 분석 과정에서 자료를 지속적으로 분류하고 재분류하는 방법으로 설명하기 때문에 매우 광범위하게 사용된다는 것을 알 수 있다.

> 질적연구에서 코드는 부가적이고, 중요하고, 핵심을 포착하고 언어 기반 혹은 시각적 자료의 결과를 환기시켜주는 상징적인 단어 혹은 구절로 자주 사용된다(Saldana, 2009: 3).

코딩은 유형화 체계의 한 부분에 포함되기 때문에 비슷하게 보이거나, 비슷하게 느껴지는 것으로 판단된 것을 모으는 것이다(Saldadan, 2009). 그러나 다른 연구자는 분석 과정의 다른 단계를 서로 구별하기 위해, 이미 발생한 다른 단어를 사용하는 것을 추천한다.

> 코딩은 당연히 의미를 섞고, 다른 가능한 관점을 제외한 특정 세계관을 만드는 시도를 하는 것이다. 그러나 의미를 섞는 코딩을 분석 과정의 초기 단계에 시작하면 창의적 사고가 어려워진다. 따라서 코딩의 초기 단계에서는 의미에 대한 최종 설명보다 흥미로운 자료에 대한 이정표 역할을 할 수 있는 '분류화'가 적절하다(Seals, 1999).

'주제'와 '범주'는 혼돈을 주기도 한다. 때때로 이 용어는 분석 과정에서 포괄적인 방법으로 사용되고, 대체적으로 마지막 단계에서 발생하는 핵심 분석 아이디어의 정교함을 나타내기 위해 사용된다.

중요한 것은 의미론에 빠지지 않도록 하는 것과 분석 과정의 기본적인 관점을 파악하는 것이다. 만약 초기에 자료가 어지럽고 정돈이 되지 않았으면 자료의 최초 정돈을 위해 주제를 정하는 것을 목표로 해야 한다(유형화와 분류화로 나타내는 것들). 그리고 분석 과정에서 연구자는 자료의 중요한 의미를 포착하기 위해 자료를 보다 해설적으로 분류해서(범주를 개발하는 과정) 현상을 기술하고 설명하고 핵심 연구문제를 다루어야 한다.

마지막으로 고려해야 할 부분은 '평가자 간의 신뢰도'와 질적연구와의 관계이다. 평가자 간의 신뢰도 개념은 양적연구로부터 왔지만, 질적연구에서도 증가하고 있으며 '코딩'이라는 말을 사용함으로써 시작되었다. 양적연구에서는 문제가 적절하게 설정되었다면 두 명의 다른 연구자 혹은 팀이 비슷한 방법으로 코드를 푼다고 추정된다. 따라서 결과로 도출된 특정 결과의 발생 빈도수는 누가 코딩을 했는지와 상관없이 거의 일치해야 한다. 그러나 분류표가 계산을 잘 하기 위한 것보다 자료를 관리하는 데 사용되는 질적분석 접근은 자료를 분류하는 데 옳고 그른 방법이 존재하지 않고, 완벽하게 유지되는 코드 세트를 생성하는 것도 목표가 아니라고 본다. 오히려 연구문제의 핵심 측면을 다루는 현상을 의미 있게 평가하는 데 목적이 있고, 이 평가가 체계적이고 투명하게 생성되어서 독자가 개념, 주제 혹은 범주가 어떻게 발전되었는지를 볼 수 있게 한다.

일부 연구자는 대체적인 주제 혹은 발달된 다른 범주를 구상했을 것이다. 그러나 연구자가 거기에 어떻게 도달했는지를 볼 줄 알아야 하고, 분석의 가치에 다다를 수 있어야 한다. 연구자가 팀을 이루어 진행하는 양적연구에서 일관성의 일정 정도를 확인하는 바람직한 방법으로 연구 팀의 다른 구성원으로 인해 자료가 분류되거나 유형화된다(예: 다른 팀 멤버들끼리 분류한 해설지를 비교). 이런 부분이 없으면 분류된 자료를 검증할 때 분석의 마지막 단계에서 추가적인 일이 발생할 것이다.

공식적 분석

Formal analysis

연구자는 공식적 분석 단계에 여러 가지 다른 방법으로 접근할 수 있다. 그러나 분석경로는 아래의 접근을 기본으로 하고 있다.

- 실질적이고 단면적이다.
- 자료를 토대로 한 기술에서 보다 추상적인 주제로 옮겨진다.
- 설명을 시도한다.
- 양적 보고를 하지 않는다.

다양한 질적연구방법에서 이런 접근법은 주제 분석의 형태로 간주되지만, 주제 분석의 표면적인 기술을 뛰어넘는다. Braun과 Clarke(2006)는 주제 분석을 옹호할 때, 연구자가 연구문제와 관련하여 논쟁을 해야 하고, 자료에서 어떤 형태의 모양이나 패턴을 가지고 있는지 파악해야 한다고 주장한다.

> 당신의 분석 요구는 근거가 있어야 하지만 자료의 표면을 뛰어넘어야 한다. .... 분석 마지막 단계에서 당신이 던져야 하는 질문 유형은 주제가 의미하는 것은 무엇인가? 가설의 토대가 되는 것은 무엇인가? 주제에 영향을 주는 것은 무엇인가? 이것을 일으키기 위한 조건은 무엇인가? 사람은 왜 특정 방법으로 이야기할까? 를 포함한다(Braun & Clarke 2006: 24).

우리의 접근방법도 같은 입장을 갖는다. Braun과 Clarke(2006)가 설명한 것과 비슷한 단계를 다양한 방법으로 공유한다. 모든 사례의 자료 관리 단계는 자료와 익숙해지는 단계에서 분석이 시작하여 그 다음에는 자료를 분류하고, 유형화시킨다. 여기에 하나의 자료를 요약하고 전시하는 단계를 추가할 것을 제안한다. 자료가 잘 관리되었다면 연구자는 추상화와 해석의 단계를 통해, 더 많은 분석적 개념과 주제를 알아내고 만들어내고, 의미의 패턴을 알아내야 한다.

이런 방법은 연구자가 참여자의 사회적 세계를 포착하고, 그려내고, 설명하는 데에 목표를 두고 있다. 이를 위해서는 우선적으로 원 자료를 가까이해야 한다. 물론 가공되지 않은 자료에서 보다 더 추상적 혹은 분석적 평가로 한 번에 진행하고 싶은 유혹이 될 수 있지만, 보여지는 분석의 블럭을 쌓으며 증거의 구조적 단계를 쌓는 것과 체계적인 경로를 따르는 것이 더 중요하다. 이론적 혹은 잘 세워진 생각이 연구설계에 영향을 주고 탐구영역 혹은 주제를 확장시키지만 공식 분석의 시작 단계에서의 주제는 자료의 형식적인 근간이 된다. 그러나 연구자가 고위 개념, 범주 혹은 분류를 개발하고, 자료와의 연결고리와 패턴을 설명하면서, 이론적 개념 혹은 존재하는 지식으로 점진적으로 귀환하게 된다. 연구자는 질적자료를 통해 존재하는 이론에 대한 정보를 얻거나 필요할 경우 그들만의 가설 혹은 이론을 생성한다.

분석방법은 아래와 같이 요약되고, **Box 10.2**에 그림으로 제시되어 있다. 분석의 특징과 실체적 · 횡단적 질적자료분석을 요약했다.

- 자료에 근거가 남아있다. 분석적 생각이나 개념은 단순히 얹어놓는 것이 아니라 자료에 근거하고 있다. 이를 달성하기 위해 새로운 아이디어, 개념, 패턴이 포착되고 다시 볼 수 있는 방법이 필요하다. 도출된 개념을 활용하는 경우 자료가 개념을 지지하는지 조심스럽게 확인한다. 또한 어떤 분석 단계에 있든지 쉽고 간편하게 원래 자료에 접근할 수 있는 것이 중요하다.
- 자료의 체계적이고 포괄적인 범위를 허용해야 한다. 분석의 모든 단계는 같은 분석적 대우를 받는다(예: 인터뷰, 집단, 관찰, 문서 등).
- 사례 간/사례 내 연구를 허용해야 한다. 분석 과정에서는 자료 배경의 특성, 클러스터 그리고 연합을 선명하게 하면서 연구하는 것이 필요하다. 이것은 분석가가 전체 자료 배경 사이에서 움직이면서 주요 패턴을 찾을 수 있게 해야 한다는 의미를 내포하고 있다. 이를 촉진하기 위해서는 3가지의 기능이 요구된다.
  - 주제와 관련된 다른 사례를 아우르는 범주와 패턴
  - 한 사례 안에서 현상의 연결고리
  - 사례 집단 안에서의 현상 연결고리
- 투명성을 제공해야 한다. 쌓여가는 질적분석의 분석적 블럭은 동료, 협조자, 감시자 혹은 심지어 설립자와 같은 다른 사람의 접근이 가능해야 한다. 비슷하게, 만약 두 번째 분석이 실행되거나 혹은 가능성 있는 추후 연구가 계획된다면 원래 분석 작업을 다시 검토할 필요가 있다.

두 개의 단계가 구별된 것처럼 보이지만, 실제 자료 정리와 해석의 관계는 모호하다. 자료 관리는 해석이 조금 필요하고, 해석은 넓은 범위의 자료 관리를 포함하고 있다. 어떤 사례든지 분석 과정

Box 10.2

공식 분석 과정

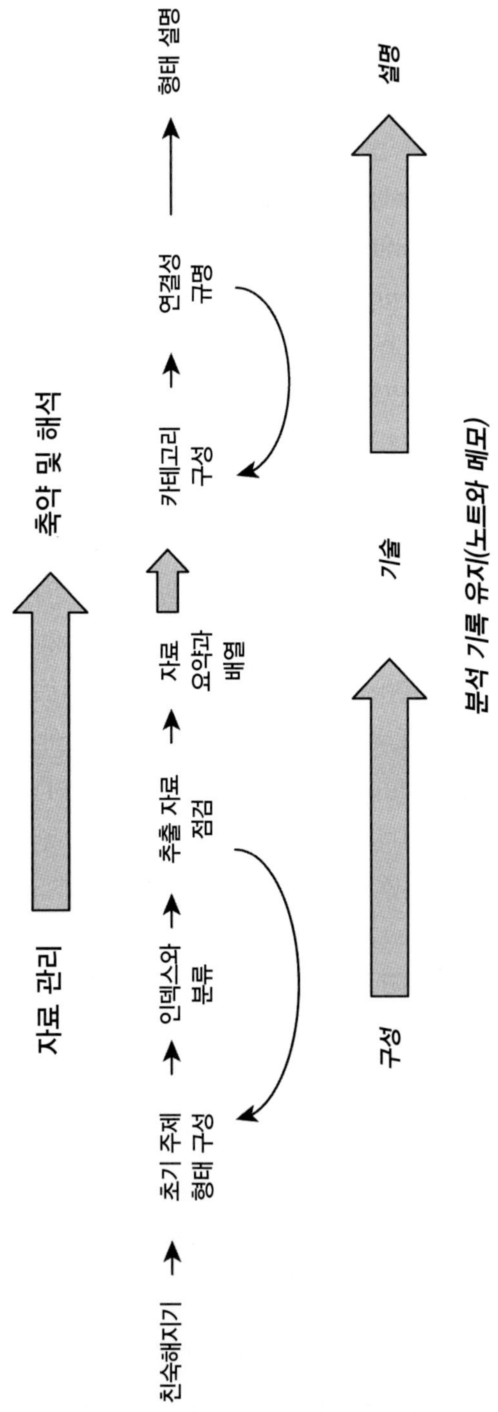

을 통틀어서 연구자는 자신의 분석적 사고 발달을 노트나 메모의 형태로 기록해야 한다. 기록의 형태가 비망록 수준이라 해도 후기의 해석 단계에서 가치 있게 사용될 수 있다. 분석 통로의 여러 측면에서 다른 분석 전통과 자료 형식의 공통점이 있다고 설명한다. 연구자는 현장노트나 문서 등의 출처가 다른 자료를 사용할 수 있다.

자료 관리: 개괄

Data management-an overview

자료 관리는 질적자료를 '관리 가능하게' 만드는 과정을 나타내며 더 많은 해석적 분석을 준비하기 위해 주제 혹은 개념을 설정하는 것에 따라 분류하고 유형화시키는 과정을 나타낸다. 자료의 요약과 배열의 특징은 특정 자료 관리 도구의 특징인 '틀'이다. 틀은 1980년대에 NatCen 사회연구에서 개발되었고(Ritchie & Soencer, 1994), 현재 실체적 분야에서 활동하는 질적연구자에 의해 널리 사용되고 있다(Pope & Mays, 2006). 이에 대해서 **Box 10.3**에 간략하게 설명되어 있고, Chapter 11에 더욱 자세히 다룬다.

친밀해지기 Familiarisation

참여자는 연구문제와 관련 있는 어떤 말을 하는가? 연구자가 자신의 자료에 처음으로 몰두하는 단계로, 실질적인 만족, 관심 분야의 대상과 주제를 확인하는 개요를 작성해야 한다. 이 단계는 개발된 모든 분류가 자료에 근간을 두거나 자료의 뒷받침을 받고 있다는 것을 확인하는 단계이다.

초기 주제틀 구성하기 Constructing an initial thematic framework

무슨 표제 아래 사람의 관점, 경험 혹은 행동을 정리할 수 있을까? 가능성 있는 주제를 포함시켜 나열하는 것은 연구자가 자료를 일련의 주제와 부주제로 개발하고 분류하여 초기의 주제틀에 포함시키는 것을 말한다. 이 틀은 드러나는 주제들의 혼합에 가깝고, 연구문제 혹은 목표에서 파생되고 인터뷰에 대한 설명의 주제 가이드가 포함된다.

색인화와 분류 Indexing and sorting

자료의 어느 부분이 '거의 같거나' 제대로 맞는가? 주제의 틀은 자료에 주석을 달거나 분류할 때 사용된다. 많은 양의 자료를 분류하여 '거의 같은 것'인지 연구자로부터 평가를 받아 비슷하게 분류된 자료는 더 많이 분석될 수 있도록 한다. Saldana(2009)는 이것을 '주제 코딩'이라고 한다. 그러나 반구조적인 인터뷰가 진행되는 어떤 연구에서 자료는 이미 잘 정리되었고 말끔한 주제 '말뚝'을 만

Box 10.3

틀(체제, 구조)

틀(Framework)은 다양한 질적연구접근에서 통상적으로 이루어지는 자료를 색인하고 분류하는 일을 포함한 자료 관리 과정의 주요 단계를 지원하는 분석틀이다. 뿐만 아니라 한 단계 더 나아가 '자료 요약과 배열' 단계가 추가된다. 자료 요약과 배열은 자료를 조직하는 데 사용되는 주제틀(thematic framework)에서 유래되었다. 각 연구는 연구마다 주제를 구성하는 고유의 틀을 가지고 있으며 원자료로부터 확인된 하부주제로 나누어진다. 틀은 자료를 색인하는 데 사용될 수 있지만 인덱스와 다른 점은 주제 매트릭스의 기본을 형성하는 것이다. 매트릭스에는 모든 참여자가 줄로 위치하고, 각 칸은 하부주제로 분리된다. 자료는 각 사례와 하부주제에 따라 요약되어 적절한 칸에 들어간다.

매트릭스 형태는 Miles와 Huberman(1994)의 연구에서 시도되었고, 분석이 요약된 수준들 사이에도 전후를 오가며 원자료의 통찰력을 놓치지 않고 사례 간 또는 사례 내 분석을 촉진한다. 매트릭스는 처음에 복잡하게 얽혀있고 섞여있는 주제와 개념을 참여자 언어를 그대로 사용하기 위해 일차적으로 구성하였다. 그러나 반구조화 면담과 같이 이미 예정된 형태의 자료에도 사용할 수 있다.

틀은 국가 사회학 연구센터에서 1980년대에 개발되었다. 매트릭스는 A3 크기의 종이에 손으로 그리며 시작되었으나 지금은 컴퓨터 프로그램으로 개발되었다. 2009년 3월에 독립형 컴퓨터 보조 질적자료 분석 소프트웨어(computer-assisted qualitative data analysis software, CAQ-DAS)가 만들어진 이후 2011년에는 Nvivo 프로그램으로 틀이 병합되었다. 연구자는 색인 과정, 분류저장 그리고 틀 매트릭스의 자료 요약과 배열 기능 등의 자료 관리 과정의 모든 단계에서 Nvivo 사용을 희망한다. 이외에도 다양한 질적자료분석의 컴퓨터 프로그램이 만들어지고 있다.

들어서 유형화와 분류의 작업 단계가 진행되지 못하게 한다.

자료 추출물 다시보기 Reviewing data extracts

자료를 정리하는 다른 방법이 보다 일관성 있는 생산을 유지하는가? 최초의 주제틀은 종종 많은 개발을 필요로 한다. 연구자는 자료 추출물의 통일성을 평가하기 위한 특정 방법으로 분류된 자료 '더미'를 읽으면 그것이 과연 '거의 같거나 다름없는' 것인지 아니면 자료 분류가 수정되거나 다시 적용되어야 하는지를 살펴보아야 한다. 이 단계에서, 일부 연구자는 자료 관리 과정을 마쳤지만 우리를 포함한 일부 연구자는 '자료 요약과 배열'의 한 단계를 추가하였다.

자료 요약과 배열 Data summary and display

각 사람이 특정 주제에 대해 본질적으로 이야기하는 것은 무엇인가? 더 해석적인 분석 단계로 나아가기 전에, 연구자는 자료 관리 과정에서 모든 하부주제에 대해 참여 연구자 각자가 요약을 하나

씩 하기로 결정했다. 이 요약은 매트릭스 세트에서 주제로, 참여자에 따라 배열되었다. 요약할 때에는 단지 주제 분석 이외에도 다른 범주의 접근도 사용될 수 있다는 것을 알려주고, 하나의 방법이 다른 방법의 입장에서는 적절하지 않다는 판단을 받을 수 있다. 예를 들면, 쉬기, 덮기, 대화기회 뺏기, 되풀이 등의 대화 형태에 관심을 갖는 대화분석을 할 때에는 자료 요약은 해당되지 않는다.

비록 자료 관리 과정이 느리고 노동집약적이지만 이 단계에서 함께 시간을 보내는 것은 의미 있는 시간 투자이다. 잘 정돈되고 분류되어있는 자료는 연구자에게 많은 해석적 분석을 제공한다.

추상화와 해석: 개괄

Abstraction and interpretation-an overview

분석 여정의 이 단계는 연구자가 연구로부터 중심 결과를 찾아내기 시작하는 시기이다. 일부 연구자는 이 과정을 퍼즐의 조각을 맞추는 과정과 비슷하다고 한다. 그러나 Dey(1993)는 다음과 같이 반론한다.

> 우리의 자료는 우리가 퍼즐의 조각들을 잘라내야만 하는 매끄러운 연속상태로부터 시작된다. 우리는 우리가 탐색하고자 하는 사회적 현실의 분리된 양상을 책임 있는 방법으로 잘라야 한다. 그러나 전체적인 그림을 만들어내기 위해 다시 끼워 넣는 것을 허용해야 한다(Dey, 1993:).

초기의 자르기와 재배치는 참여자의 원자료가 분류되고 배열되는 자료 관리 동안 장소를 확보해야 한다. 그러나 추상화와 해석 단계에서는 연구자는 자료를 보다 분석적 세트로 범주화하고 분류한다. 추상화 과정은 몇 가지 연속적인 활동과 도출되는 결과에 대한 반응을 말한다. 다시 말하면 추상화와 해석 과정은 다음의 몇 가지로 요약할 수 있고 Chapter 11에서 보다 자세히 설명될 것이다.

기술 Description

기술은 질적연구 보고를 생성하는 첫 단계이고 해석 과정의 기초 부분이다.

> 질적분석은 다음의 질문을 한다. 그곳에 어떤 종류의 일이 진행되고 있나? 이 현상의 형태는 무엇인가? 어떤 차이가 이 현상을 발견하게 하는가? 질적분석은 사회현상의 모습, 종류와 형태를 상세하게 그리는 것과 존재하는 것들의 범위를 사랑스럽고 자세히 기록할 임무를 강조한다(Lofland, 1971).

범주 개발 Developing categories

특정 주제에 대해 사람이 말하는 것의 범위는 무엇이고 얼마나 다양한가? 어떤 형태의 반응이 나타날 수 있는가? 연구자는 각각의 주제를 차례로 또는 교대로 관련 자료의 인용문과 요약을 검토하고, 관점과 경험의 다양성과 범위를 그려내고, 구성요소와 내재된 영역을 찾으면서 지지하고 있

는 주요 주제 또는 개념을 제시한다. 범주화 과정은 자료의 표면적 특성에서 분석적 특성까지 관련된다. 연구자는 범주로 나누어지는 분석적 개념 또는 주제를 창조하기 위해 높은 수준의 추상화된 자료를 반복적으로 비교하고 결합하며 진행한다. 범주는 더 추상적인 분류로 결합되고 보다 정제되어야 한다. Dey(1993)는 자신의 사고방식을 넘어 더 높은 수준으로 나아가는 방법을 설명하기 위해 '분할' 과 '결합'이라는 용어를 사용했다. 분할은 더 정확하고 더 상세하게 하고, 결합은 시야의 범위를 확장하고 더 큰 통합을 달성하게 한다. 이 방법에서는 자료관리 단계에서 보다 기술적 주제를 사용한다. 자료관리 단계에서는 새롭고, 더 추상적이거나, 덜 추상적인 체계의 일부를 형성하기 위하여 큰 변화가 있을 수 있다.

이 단계에서는 자료가 지원된다면 분석은 단순하고 단일 차원의 유형학과 같은 특별한 형태의 분류를 개발할 수 있다. 유형학은 범주가 각각 별개의 독립적인 분류다. 다시 말하면 하나의 특징과 개인은 오직 하나의 범주에만 배정된다는 것이다. 이것은 사회세계의 영역이나 분야를 이해하는 데 특별한 가치를 주는 특성을 가지고 있다. Patton(2002)은 유형학이 '세계의 일부를 연속체의 일부분으로 분할하는 범주를 구성하는 분류체계'라고 설명하고, Hammersley와 Atkinson(1993)은 유형학을 자료에 속한 일반 범주의 하부형태로 정의하고 있다.

연결지도 작성Mapping linkage

자료의 다른 부분과 연결하는 방법이 있는가? 유사성과 차이점을 비교하고, 주요 분석 주제와 관련되어 범주 세트나 분류를 도출하기 위해 연구자는 관련되거나 일치된 자료를 나누는 방법을 찾고 싶어한다(Dey, 1993). 예를 들면, 연구자는 표본의 다양한 특성의 연결된 경험과 행동, 인식 또는 기대와 결과 사이의 연결성이나 텍스트에 나타난 사건의 관련성을 찾고 싶어한다. 이 단계에서는 보다 복잡한 유형학을 구성하는 것이 가능하다. 단일 연결 유형학은 연속선상의 위치 사이의 고유한 교차점을 보여준다. 다변연결 유형학에서는 연구자가 특성의 고유한 묶음과 관련한 사람이나 현상을 보여준다(Gibbs, 2007).

설명Explanation

설명이 분석과정의 초기에 이루어지면 대부분의 기술과 유형학 작업이 마무리되는 분석의 후기에서 발전시키는 경향이 있다. 대부분의 질적자료는 설명의 수준이 풍부하므로 제공이 가능하다. 자료가 이미 형태를 드러내고 있어 설명하기 위한 분석이 가능하다.

왜 자료가 특별한 방법으로 뭉쳐있어야 하는가? 가설이 검증되는 것보다 설명이 개발될 때 연구자는 Blaikie(2000)가 언급한 주요 요인이나 과정을 찾으면서 재생되는 논리를 사용한다. 재생되

는 논리란 얼마나 잘 맞는지 알아보는 다른 설명을 시도하고, 자료의 관련 형태를 위한 과정과 요인을 찾으면서 만들어진다. 예를 들면, 연구참여자가 제공한 이유에 근거한 명시적 보고와 연구자가 참여자의 관심과 기대 또는 상황적 요인에 근거한 내재된 논리를 추론하여 끌어낸 묵시적 보고가 있다. 묵시적 설명을 발전시키기 위해서 연구자는 자료가 갖는 패턴에 대한 논리적 감각을 가지고 있어야 하고 영감을 위한 다른 경험연구나 이론을 잘 찾을 수 있어야 한다.

분석과정의 근원

Routes through the analytic process

모든 연구자가 주제 분석의 각 단계를 지나면서 공감하는 것이 중요하다. 연구질문이나 연구목표, 시간과 연구자원과 같은 수행되고 있는 맥락과 자료의 양과 복잡성에 의존된다. 가장 많이 사용되는 방법은 자료를 요약하는 색인과 분류이다. 연구자는 초기 주제틀을 고안한 후 색인 작업에 시간을 들이지 않고 자료를 각 주제별로 요약하기도 한다. 또는 자료 관리 과정과 해석을 동시에 수행하는 것을 선호한다. 기술하기 위해 개념 범주가 사용되는 반면 자료는 움직이고 조직되고, 동시에 생성되기도 한다. 모든 분석에서 높은 추상 수준이 생성되거나, 연계성을 밝히거나 설명력이 발전되지는 않는다. 보다 기술적인 수준에 남는 것을 선택할 수도 있다. 이 장과 다음 장에서는 각 단계에 대해 설명하여 연구자에게 자세한 주제 분석의 필연적 문제가 무엇인지 알 수 있을 것이다. 어떤 연구에서든 맥락 안에서 이 과정에 적응해야 한다.

분석은 일련의 깔끔한 과정이 아니라 '추상 사다리'의 위 아래로 움직이는 것이다(Miles & Huberman, 1994). 이런 분석 단계는 **Box 10.2**의 양방향의 화살표 방향으로 보여준다. 영역이 분명해지고 범주가 규명되고, 주제가 다듬어지고 해석이 만들어지면, 원자료와 요약된 자료로 돌아가 새로운 단서를 찾고 가설을 점검하거나 근원적 요인을 찾거나 미묘한 영향이나 정의의 미묘한 차이를 발견하기 위해 노력해야 한다. 이런 측면에서 볼 때, 분석과정의 각 단계는 블록을 쌓는 것이고, 연구자로 하여금 분석의 다음 단계로 나아가게 할 뿐 아니라 드러나는 것이 무엇인지 되돌아보게 하고 원자료를 표현하는 데 있어서 얼마나 많은 감각을 사용하는지 반영한다. 또한 분석과정은 얼마나 자료와 잘 어울리는지, 일관성 있게 그려내는지, 놓치거나 버려진 것들이 있는지 돌아보게 한다. 자료와 분석 개념 사이의 이런 움직임은 반복적으로 이루어지며 더욱 정교한 결과를 내도록 도와준다. 반복적으로 자료의 앞뒤를 살피며 분석하는 능력은 개념적으로 생각하고 일반화 수준 관점에서 개념을 연결하고 관계를 형성하는 것과 질적분석에 대한 열정을 갖는 것이다. 사실 이런 '간편하고 명확한 수준으로 추상화 수준을 달성할 수 있는 역량'은 Mills(1959)가 언급한 '형상화되고 체계적인 사고가의 탁월한 표식'과 같은 것이다.

비록 질적분석이 역동적이지 않더라도 변화가 없는 것은 아니다. Popper는 이론개발을 '깎아지른 듯한 골짜기로 둘러싸인 건물'과 같고(Campbell 재인용, 1977), 기술하는 것은 질적자료 분석과정에 적용하는 것과 같다. 탐구와 창조가 필요한 모든 작업에는 강력한 분석 구조를 갖는 것이 중요하다.

컴퓨터를 이용한 질적분석

Computer-assisted qualitative analysis

컴퓨터 소프트그램을 이용한 질적자료 분석(CAQDAS)은 사회학연구 분야에서 세계적으로 폭넓게 사용되고 있다. 최근에는 접근하는 것이 점점 쉬워지고 사용하기도 용이하고 기능도 점점 복합적으로 개선되고 있다. 웹 2.0 시대가 되면서 질적자료 관리의 맞춤형 해결방안이 증가하면서 폭넓게 개발되고 있다(Davidson & di Gregori, 2011).

지금까지 질적자료 분석에서 CAQDAS 방법에 대해 발표된 문헌을 살펴보면, 개발과 사용에 대한 논란이 있었음을 보여준다(Barry, 1998: Burgess, 1995; Flick, 2009; Kelle, 1997; Lewins, 2008; Seale, 1999, 2010; Weitzman & Miles, 1995). 이와 유사하게 다른 학자들도 프로그램에 대한 시장 주도적인 판매와 평가를 자세하게 제공하고 있다(Lewins & Silver, 2007; Davidson & di Gregori, 2011). 그러나 CAQDAS 기능이 빠르게 발전하고 모든 자원의 자료가 여기에 통합되는 것이 점점 쉬워지면서, 범주를 정하고 평가하는 모든 시도가 거의 즉시 자료와 만나게 된다.

CAQDAS 사용 Using CAQDAS

CAQDAS의 선두주자인 Nvivo, Atlas.ti 그리고 MAXQDA는 비슷한 기능을 가지고 있다. 이 프로그램은 각각 고유한 기능이나 특별한 강점을 제공하지만, 이제는 업그레이드를 통해 프로그램이 표준화가 되고 '조화'가 이루어져 프로그램의 사용방법도 비슷해졌다(Lewins, 2008). 대학에서 많이 사용하는 대표적인 프로그램에는 분석과정에서 기능적으로 보조하는 자료관리, 해석, 프로젝트 관리라는 3가지 요소가 있다.

자료관리 측면에서 CAQDAS의 기능은 다음과 같다.

- 모든 자료(필사본, 기록물, 사진, 음성파일)를 프로젝트별 한 장소에 저장
- 정보(참여자의 인적사항 등) 첨부로 자료의 하부영역별 검색 가능
- 사례 간 비슷한 자료그룹의 분석 구조 개발
- 개발한 구조에 따른 자료의 분절 코드

어떤 프로그램은 자료의 요약을 촉진하고, 단계를 보여주고, 설명한다.

컴퓨터 프로그램의 도움 없이도 이런 과정이 가능하지만, 컴퓨터 프로그램을 사용하면 보다 빠르고, 결과도 쉽게 얻을 수 있다. 예를 들면, 자료가 요약되거나 원자료에서 제거되었을 때, 컴퓨터 프로그램은 키보드나 마우스를 한 번 사용하는 것만으로 원자료로 돌아갈 수 있다.

해석과정에서의 CAQDAS 능력은 아래와 같다.

- 맥락에서 어절, 구에 따른 검색 범위 검색
- 코드와 재검색과 같은 자동 필터링, 자료 모음의 재구조화 촉진
- 재구조화 또는 상위 수준의 개념이나 범주로 주제 확장 가능
- 분석노트 저장과 분석과정의 다른 단계의 연구자 생각에 대한 메모 저장
- 코드와 범주 간 관계에 대한 그림과 지도, 떠오르는 시각자료를 그림으로 저장 가능

마지막으로 CAQDAS는 프로젝트 관리자 도구로의 사용이 증가하고 있다. 특히 연구자가 다른 지역에서 연구를 진행할 때에 유용하다. 일반적으로 추적 감사 기능이 있어 팀원 간의 자료 관리와 해석도 체계적으로 접근할 수 있다.

CAQDAS 프로그램은 이전에는 필사된 문자 자료에 대해 위의 기능을 제공했으나 최근에는 사진, 비디오 클립, 음성 파일 등에도 동일하게 적용할 수 있다(Lewins 2008). 최근에 개발된 프로그램은 온라인 플랫폼이나 미디어 사이트의 자료를 가져오는 것도 가능하다.

CAQDAS의 장점 Benefits of CAQDAS

수작업으로 분석하는 것과 비교할 때 CAQDAS 사용의 가장 큰 장점은 속도 즉, 시간절약이다. 많은 용량의 자료 관리와 엄격성 및 접근법의 일관성을 향상시키고 팀 프로젝트에 유용하다(Flick, 2009; Lewins, 2008; Seals, 2010).

CAQDAS를 사용하지 않고 질적자료를 조직하고 관리하는 데는 엄청난 시간이 요구된다. Seals(2010)은 CAQDAS의 자료를 조직화하고, 보다 체계적이고 사용하기 쉬운 검색과 자료 배열 능력이 연구자가 의미를 생각하는 데 많은 시간을 들이고, 손으로 분류하면서 자료를 정리하는 데 소비하는 시간을 절약하도록 한다고 주장한다. 그리고 CAQDAS는 대용량 텍스트의 형태를 찾는 데 유용하므로 분석 초기 사용을 제안한다. 예를 들면, 주요 용어 또는 어구를 찾거나, 누가 사용하는지, 어떤 맥락과 어떤 의미와 연관되는지를 찾아주고, 다음 분석 계획에 도움이 된다.

Flick(2009)의 제언처럼, 연구책임자에게는 자료를 검색, 정련, 필터하고 체계적으로 운용할 수 있어 분석의 부담을 줄여준다. 이에 덧붙여 Seals(2010)는 해석을 지원하는 자료뿐 아니라 전체

의 자료를 살필 수 있고 부정적인 사례까지 검색할 수 있다고 하였다.

마지막으로 CAQDAS는 연구팀원 간의 협업에 아주 유용하다. 팀원 간 다른 견해와 색인에 따라 자료를 검색할 수 있고, 해석에 도움이 되는 분석 메모, 그림, 다른 기록을 공유할 수 있다. Seals(2010)은 CAQDAS가 다른 연구자에 의해 행해진 면담 자료에 대한 팀원 간의 코드의 의미를 빠르게 비교하고 동의하는 데 특별히 유용하다고 한다.

CAQDAS에 대한 논점 The debate about CAQDAS

인식론적 가정이 다르기 때문에 위에서 다룬 CAQDAS의 장점이 다른 연구자에게는 논쟁이 되기도 한다. Weitzman(2000)은 '소프트웨어의 아주 쉽고 빠르고 강력한 잠재능력은... 연구원에게 지름길을 제공한다'고 표현했다. 그러나 소프트웨어가 개발될수록 색인 작업과 검색 기능이 참여자가 말한 면담의 맥락에서 벗어난 문장을 탐색하고 해석하는 분석을 강화할 염려가 있다. 이런 염려는 특히 원자료의 언어 그대로 돌아가거나 색인된 자료를 포함한 광범위한 '코딩 맥락'이 허용될 때 두드러진다. 이런 점은 아직까지 인식론적 입장과 방법적인 제한점으로 남아있다. 특히 Coffey와 Atkinson(1996)은 CAQDAS이 근거이론 연구와 주제분석(어간분석)에서 색인과 검색을 지원할 수 있지만, 대화의 의미와 언어의 구조를 찾는 대화분석에서는 사용이 제한적이라고 말한다. 그러나 Lewins(2008)와 Seals(2010)는 대화분석과 내러티브 분석에도 사용이 가능하다고 주장한다. 예를 들면, 자료 세트 내의 의미 연결망을 찾을 수 있고 추가적인 심층면담을 위한 문단을 선택하거나 필터링하는 데 도움이 된다. 아직까지는 CAQDAS 이용에 대한 찬반의 논점이 있지만 가장 널리 이용되는 분야는 주제분석 분야이다.

CAQDAS 사용에 대한 논점에도 불구하고 분석 과정에서 연구자의 결정적 역할은 없어지지 않을 것이 분명하다. Flick(2009)은 이에 대해 다음과 같이 말한다.

> 소프트웨어는 질적분석이나 자동적인 방법으로 하지 않는다. 질적자료 분석 소프트웨어는 타자기와 같아서 연구자의 말을 쓰고, 글을 쓰고자 할 때 그것을 좀 쉽게 만들어줄 뿐이다.

비슷한 주장으로 Coffey와 Atkinson(1996)은 다음과 같이 말한다.

> 컴퓨터 프로그램은 자동적으로 자료 분석을 수행하지 않는다. 연구자가 탐색한 분석 주제가 무엇인지, 어떤 생각이 중요하고 어떻게 해석하는 것이 가장 적절한지에 의존하여 분석한다.

CAQDAS는 분석과 해석을 수행하는 과정을 지원하는 도구로 유용하지만, Flick(2009)은 연구자가 'ATLAS.ti를 이용하여 분석하였다.'와 같이 간단하게 보고하는 것은 좋지 않다고 명시한다. 이런 보고는 컴퓨터가 단순한 도구가 아닌 분석방법이나 분석 접근법으로 혼돈된다.

소프트웨어 선택 Choosing a software package

CAQDAS를 적절하게 사용한다면, 분석과정에 많은 기여를 할 것이다. Lewins와 Silver(2007)는 소프트웨어가 분명한 해석을 촉진시키고 연구자를 위해 일하도록 하는 것이 중요하다고 제안한다. 그리고 Flick(2009)과 함께 적절한 프로그램을 선택하는 등의 CAQDAS 사용 결정에 영향을 주는 몇 가지 질문을 제시한다.

- **방법론적 입장과 인식론적 견지를 분명히 하라:** 탐색하고자 하는 것이 무엇인가? 표현하기 위해 무엇이 요구되는가? 자료로 해야 할 활동은 무엇인가?
- **자료의 본질:** 분량이 적고, 반구조적 면담으로 수집된 자료라면 CAQDAS로 관리하는 것을 고려해 보는 것이 좋다. 보다 복잡한 자료라면 지료의 형태가 프로그램의 관리가 효과적인지에 대해 검토하는 것은 중요하다.
- **친근성:** 새로운 프로그램을 사용할 때, 어느 정도의 연습과 실수가 필요하다. “프로그램에 친숙해질수록, 프로그램이 연구자의 목적을 달성해줄 준비가 되는 것이다.”
- **과제 관리와 팀 관리:** 대규모의 팀 프로젝트를 수행 중이라면, 소프트웨어를 연구방법의 표준화와 일관성을 위해 프로젝트 관리차원에서 사용하는 것을 고려할 필요가 있다. 그리고 실무와 기술 측면에서도 연결망을 가진 것과 그렇지 않은 프로그램 그리고 최종 결과물을 도출하기 위한 통합과정에서 어떻게 업무할 것인지도 함께 고려해야 한다.

Chapter 11에서는 CAQDAS 중 Nvivo 9의 사례를 보여줄 것이다. Nvivo 9은 글쓰기를 할 때 자료를 요약하는 기능을 지원하고 자료를 관리하기 위해 ‘Framework’ 방법의 독특한 표현기능이 있는 유일한 프로그램이다. 그렇지만 분석자는 사용이 편하고 필요에 맞는 가장 적절한 도구를 선택한다. 시간이 충분하고 자료가 많지 않다면 수작업이나 워드나 엑셀과 같은 일반적인 소프트웨어를 사용해도 된다(Lewins & Silver, 2007).

핵심요소

KEY POINTS

- 질적자료 분석의 접근법과 전통적 방법은 다양하다. 질적자료 분석은 질적연구의 특성에 대한 다양한 인식론적 가설과 주된 초점 그리고 분석과정의 목표에 따라 다양하다.
- 분석방법은 다음의 관점에서 다양하다. 분석의 초점이 실질적인지 구조적인지, 변수로 취급할 수 있는 질적자료로부터 얻어진 범주에 대한 자료를 개발하고 표식하는 방법은 무엇인지, 질적자료 분석에서 적절한 숫자의 역할에 대한 신념 등에 따라 다양하다.
- 본 교재에서는 분석 경로를 주제 분석 형태로 설명하였다. 주제 분석은 실질적이고 횡단면적이다. 이런 형태

의 정밀한 분석은 서열을 촉진하고 서열에 따라 배열한다. 그리고 사례간, 사례 내 검색을 허용하고 다른 것에 대해 유연성과 투명성이 허용된다. 원자료에 근거하여 도출된 아이디어와 개념, 패턴을 받아들인다. 주제 분석은 자료 관리 단계에 참여하고 이후의 요약과 해석 과정에도 참여한다.

- 자료 관리는 전형적으로 자료와 친밀해짐과 관련된다. 초기 주제틀을 구성하는 것, 자료를 색인하고 분류하는 것, 자료에서 추출된 정보를 검토하는 것 등을 통해 친밀해진다. 연구자는 하부주제에 있는 자료를 요약하기 위해서도 이 방법을 선택할 것이다.
- 요약과 해석은 서술적인 범주를 만들 때 관여한다. 자료의 부분적 연결을 그리고, 자료에서 관찰된 형태를 설명하고, 설명을 위한 이유를 형성하는 데 필요하다. 전반적인 분석방법은 원자료와 개념화 사이 그리고 거기에서 파생된 요약과 해석 사이에서 반복적인 움직임이다.
- 최근엔 컴퓨터 질적자료 분석 소프트웨어(computer-assisted qualitative data analysis software, CAQ-DAS)를 통한 질적자료 분석이 유용성에 대한 논쟁이 있지만 많이 사용하고 있다. 그러나 이런 소프트웨어는 단순히 '분석 보조'의 기능만 가능하며 연구자에게 요구되는 지적 역할을 대체하지는 못한다.

핵심용어

KEY TERMS

실체적(substantive) 접근: 문자가 말하는 것을 고려하는 근거이론이나 주제분석과 같은 자료분석방법, 즉, 자료가 의미하는 것에 초점을 둔다.

구조적(structual) 접근: 언어 자체 또는 말과 글의 구조와 상호작용에 초첨을 두는 대화분석과 같은 분석방법에서 주로 사용한다.

코딩(부호화, coding): 연구자가 분석하면서 자료에 표식, 재표식하는 방법

색인과 분류(indexing & sorting): 핵심 주제에 대한 데이터의 초기 구성을 참조하여 분류하고 질문할 수 있다.

chapter 11

분석의 실제

ANALYSIS IN PRACTICE

개요

Chapter outline

- 자료관리
- 추상화와 해석
- 다른 형태의 질적자료 분석하기

이 장에서는 주제분석(thematic qualitative analysis)에서 사용하는 다양한 방법에 대하여 자세하게 살펴볼 것이다. 각 주요 단계별 실제 방법의 연구결과물을 예시로 Box에 제시하였다. 일부 특정 분석 수행 과정에 대한 설명은 특별한 상황에 국한하기보다 일반적인 주제분석에 사용되는 것으로 설명하였다. 그 외의 설명은 **Box 10.3**의 틀에 설명한 자료 관리 도구와 연계하여 설명하였다.

Chapter 10에서 설명한 것처럼, 분석은 연속적이고 반복적인 과정이지만, 이 과정을 특징짓는 중요한 두 단계가 있다. 첫 번째는 자료관리, 두 번째는 서술적 또는 설명적인 기록을 통해 자료를 이해하는 것이다. 비록 분석 과정 중에 의미의 해석과 전달이 동시에 일어나 두 단계를 구별하는 것이 명확하지 않더라도, 요구되는 다양한 활동을 설명하기 위해 두 단계를 분리하는 것이 유용하다. 특히 자료 관리 단계에서 연관된 많은 작업은 질적자료분석 소프트웨어(CAQDAS)를 이용하여 수행될 수 있으나, 이 장에서는 특정 프로그램과 관련 없이 기본 절차를 설명한 후 전문분석 소프트웨어와 워드 및 엑셀 같은 일반적인 소프트웨어뿐만 아니라 펜과 종이를 사용하여 어떻게 이러한 과정들이 이루어질 수 있는지를 설명한다. 좀 더 다듬어진 버전을 CAQDAS프로그램에 입력하기 전에, 언제 전문 소프트웨어가 사용되는지, 언제 연구자가 간단한 워드파일을 사용하여 준비단계에서 나오는 의견들을 기록하고 싶어하는지 또는 언제 컴퓨터를 사용하지 않는지를 살펴보는 것이 필요하다(Lewins & Silver, 2007). 어떤 경우이든, 연구자는 분석 과정 중에 나타나는 견해를 계속 기록해야 하는데, 이것은 선택한 프로그램의 메모로 기록될 수 있고, 워드파일로 문서화하거나, 아니면 다른 노트에 기록할 수 있다.

자료관리

Data management

가공되지 않은 질적자료는 형태가 다양하며, 인터뷰나 토론을 말한 그대로 필사한 기록(만약 기록되지 않았다면 말한 그대로를 녹음한 오디오 파일), 관찰 기록, 일지, 보고서 또는 다양한 종류의 서면 문서(예; 메모, 웹페이지, 이메일 등) 또는 사진, 그림, 비디오 레코딩 같은 시각자료 등이 이에 해당한다. 이 장에서는 인터뷰 기록에 초점을 맞춘 텍스트 자료와 관련한 주제분석 과정을 설명하고자 한다. 연구자는 이 책에 서술된 접근방법을 다양한 형태의 자료에 적용할 수 있으며, 이에 대한 몇 가지 간략한 지침을 이 장의 마지막 부분에 서술하였다. 질적분석의 첫 번째 단계에서 수백 페이지의 기록을 분석하는 것이 꽤 벅차 보일 수 있다. 이렇게 많은 양의 자료에 더 쉽게 접근하고 분석하기 위해 자료를 관리하는 체계적인 단계가 제안되었다. Chapter 10에서 사용 가능한 다섯 단계가 대략적으로 설명되었는데 그 중 네 단계, 즉 자료에 익숙해지고, 초기 주제의 체계를 설정하고, 이 체계를 이용하여 자료에 대한 색인을 만들고 자료를 분류하고 일관성을 위해 자료 추출물을 검토하며, 주제 체계를 다듬은 후 연구자가 일반적인 주제 분석 접근방법을 수행할 수 있다. 다섯 번째 단계인 자료 요약 및 배치(display)는 **Box 10.3**에 설명된 자료관리 도구인 틀과 관련이 있다.

친밀해지기 Familiarisation

분석과정의 첫 번째 단계는 연구자가 자료 범위의 개요를 파악하고 주어진 자료들과 완전히 친숙해지는 것이다. 어느 정도의 친밀함이 필요한가에는 여러 요인들이 있지만, 연구 전 단계에서 연구자의 참여여부에 비례하여 달라질 수 있다. 연구의 복잡함과 규모에 따라서 연구자는 자료 전체를 친밀해지기 과정에 포함시킬 수 있다. 그러나 이 경우 시간과 자원이 허락하지 않는 경우가 많아 자료의 어느 부분을 검토해야 할지 신중하게 선택해야 한다. 이 경우 연구목적과 연구질문을 재검토하는 것이 현명하다. 자료수집 전략과 조사에 사용된 표본의 분석표를 재검토하는 것도 유용한 방법이다. 왜냐하면 이러한 작업을 통해 자료 내에서 누락된 부분이나 불필요하게 강조된 것을 알아낼 수 있기 때문이다. 가능하다면 연구자는 다른 연구자들의 작업 또는 다른 자료에서 수집한 자료를 포함해야 한다. 이러한 친밀해지기 과정은 자료 내의 환경과 특성의 다양성이 충분히 이해되었다고 느껴질 때까지 지속해야 한다.

선택한 자료들을 재검토할 때는 자료에서 반복적으로 나타나고, 연구질문과 관련된 관심 있는 주제와 문제를 파악하는 것이 중요하다. 이러한 주제는 실제적인 특성(예: 태도, 행동, 동기 또는 관점)일 수 있고 아니면 방법론적인 것일 수도 있다(예: 일반적인 인터뷰 분위기나 특정 연구참여자를 탐색하는 것의 쉽고 어려운 점 등). 전문분석 소프트웨어를 사용하는 경우 예비코딩목록을 활용하여 텍스트에서 흥미로운 주제들을 목록화 하거나 강조할 수 있는 여러 가지 방법이 있다. 다른 방법으로는 친밀해지기 과정에서 나타나게 될 주제를 기록하기 위해 종이나 노트북, 컴퓨터 워드 파일을 사용할 수 있다. 이 단계의 마지막으로 연구자는 어떤 주제 혹은 개념을 분류, 비교, 배치하는 데에 사용할 것인지 결정해야 한다. 어떤 경우에는 친밀해지기 과정에서 길고 다루기 어려운 목록(자료의 중요한 항목이라 생각되는 것들)을 전체적인 주제틀에 합리화하고 구조화해야 한다. 연구자는 목록이 포괄적인지 확인해야 하고, 그것들이 연구의 명시된 목적들과 관련이 있는지 여부도 확인해야 한다.

주제별 초기 틀 구성하기 Constructing an initial thematic framework

주요 논제 목록을 검토한 후 연구자는 자료정리를 위한 주제별 초기 틀 구성을 시작한다. 특이한 점들을 연결해주는 아이디어나 주제에 밑줄을 그어 대략적인 일관성 정도에 따라 그룹화 및 정리를 진행한다. 이런 주제 및 하위주제를 위계적으로 나열하는 것은 연구자가 더욱 더 복잡해지고 늘어나는 명칭(labels) 속에 빠져 분석의 방향을 잃어버리지 않고 전체적인 구조를 파악할 수 있게 한다. Saldana(2009)는 연구자들이 일반적으로 5~7개의 주요 주제를 설정하며 그 아래 더욱 상세한 하위주제들을 분류한다고 보고하였다. **Box 11.1**에서는 도박연구와 관련된 주제틀에 대하여 설명하였다.

Box 11.1

주제의 초기 틀 구성하기: 도박연구

친밀해지기 단계의 마지막에 연구자는 자료로부터 주제 목록을 만들고, 목록과 주제 가이드에 포함된 내용들을 연구목적에 따라 재검토하였다. 다음 단계로 이 목록을 자료 전반에 걸쳐 사용하기 위한 틀을 구성하기 위하여 주제와 하위주제들을 순차적 체계로 정돈하였다.

도박연구를 위한 주제의 틀은 아래에 서술하였다. 이것은 탐색적인 연구로 비교적 초기의 틀로 정의된 것이다.

1. 배경

1.1 연구참여자의 상세 정보
1.2 가족구성과 가족관계
1.3 근무경력
1.4 아동기와 학창시절
1.5 취미와 활동
1.6 건강
1.7 기타

2. 첫 도박 경험

2.1 첫 도박 경험
2.2 도박을 시작하게 된 이유
2.3 첫 도박 경험의 영향
2.4 도박 경험 이후의 개괄
2.5 기타

3. 도박 관련 행동

3.1 현재 하고 있는 도박
3.2 현재 하고 있지 않은 도박

(계속)

3.3 현재 하고 있는 도박과 이전에 했던 도박과의 비교

3.4 도박 절제 기간

3.5 도박을 하는 이유

3.6 도박을 하지 않는 이유

3.7 도박에 관한 긍정적인 생각

3.8 도박에 관한 부정적인 생각

3.9 다른 사람의 도박

3.10 기타

4. 지출과 채무

4.1 도박에 지출한 금액

4.2 비용지출에 대한 의사결정

4.3 재무상태에 미치는 영향

4.4 현재 재무상태

4.5 기타

5. 영향

5.1 사회생활

5.2 인간관계

5.3 직장

5.4 정신적 건강과 신체적 건강

5.5 마약과 알코올 사용

5.6 범죄의 연루

5.7 형사법과의 연루

6. 경로

6.1 통제수준

6.2 도박에 빠지게 된 경로

6.3 다른 위험행동과의 상호작용

6.4 도박에서 빠져 나오는 경로

6.5 지원

6.6 미래

6.7 권고

6.8 기타

주제와 하위주제들은 명명되고 구별을 쉽게 하기 위하여 번호를 매긴다. CAQDAS 프로그램을 활용하면 틀 내용은 사용된 통계패키지의 용어에 따라 코드(codes)나 노드(nodes)로 투입되며 명명은 아주 짧은 어구로 사용되어야 한다. 연구자는 일반적으로 하위주제들에 대한 내용을 명확히 하기 위해 첨부노트를 사용하며 어떻게 명명하게 되었는지 밝힌다. 분석초기 단계의 주제는 추상적이기보다는 서술적이고 자료에 근거해야 한다. 아직 명확하게 추출하지 못한 자료를 기존의 학술문헌을 이용하여 구체적인 분석적 개념을 사용하거나 광범위한 사회적 · 정치적 이론으로 설명하려는 것은 논리적인 생각을 방해할 수 있으며 기본적인 내용을 잃게 할 수 있다. 저자들은 위에 서술된 더 추상적 단계의 생각들을 일지나 메모지에 적어놓았다가 후에 해석단계에서 서술할 것을 권고한다.

틀 구성을 원활하게 하기 위해서는 연구자가 생각한 분석 가능한 구조가 형성되었다고 생각될 때까지 각각의 대상들을 메모지에 적어 놓는 것이 도움이 되며, 이런 작업을 지원해주는 소프트웨어를 사용할 수도 있다. 이렇게 형성된 구조는 영구적인 것이 아니며 후에 변경될 수 있다. 이 기능은 틀 내에 명확한 개념이 있도록 하는 것이며 개념화 단계에서 중복되거나 삭제되는 것을 막을 수 있다.

색인화와 분류Indexing and sorting

색인화Indexing

질적자료는 일반적으로 다루기 힘들게 엮여 있어서, Miles(1979)는 이것을 매력적인 장애물(attractive nuisance)이라고 표현하였다. 주제틀은 특정 주제가 논의되고 있는 부분이 어디인지 확인하는 데 유용하다. Richards와 Richards(1994), Seale(1999)은 이러한 과정을 코딩의 용어보다는 색인화과정, 즉 분류표의 상태를 좀 더 정확하게 묘사하고 자료에 적합화 시키는 과정이라고 말한다. 색인화는 주제 또는 하위주제가 자료에서 진술되었거나 나타났다는 것을 단순하게 보여준다. 텍스트 자료에서 색인화는 틀의 어떤 부분을 적용할지 결정하기 위해 문구, 문장, 단락을 정밀하게 읽고 이것이 무엇에 관한 것인지를 결정하는 과정을 포함한다. 일반적으로 색인화는 현재 많은 CAQDAS 프로그램 중 하나를 사용하여 이루어지지만, MS워드의 테이블을 활용하여 색인이 가능하다. 예를 들면, 2개의 단락에서 한쪽은 전사한 것을 보여주고 다른 쪽은 주제준거(thematic reference)가 되는 것을 배치한다.

주제를 나열하는 과정은 **Box 11.2**에 설명하였는데, 이 예문에서는 색인화의 몇 가지 중요한 기능을 설명하였다. 첫 번째, 전사한 페이지에서 3개의 다른 주요 주제를 포함하여 6개의 다른 주제준거가 적용되었다. 설명의 내용이 복잡하거나 높은 중요성을 갖는 경우 몇 가지 중요한 주제들

Box 11.2

색인화: 도박연구

색인화는 주제틀에 따라 자료에 분류표를 붙이는 과정을 말한다. 첫 번째 설명은 전문 소프트웨어 없이 전사한 옆 공간에 주제준거를 붙이는 것으로, 이 과정이 어떻게 수행되는지 보여준다. 전사한 내용은 도박연구의 한 구절이다.

2.1 첫 도박 경험 2.2 도박을 시작하게 된 이유	예, 우리는 Vegas에 있었어요. 전 (도박을) 하지 않았지만 아이들이 '엄마도 해보세요, 엄마도 해보세요.' 하고 권하였죠. 그리고는 저도 애들하고 게임을 하게 되었어요.
	왜 도박을 하지 않은 거죠?
2.1 첫 도박 경험 3.7 도박을 하지 않은 이유	잘 모르겠어요. 그냥 안하게 되었죠. 잘 모르겠어요. 별로 하고 싶지 않았어요. 한 번 돈을 넣었지만, 난 정말 걱정하지 않았어요. 내가 왜 그랬는지는 모르겠어요. 그냥 모르겠어요.
1.3 근무경력	잘 모르겠어요. 다른 일들을 하고 있었어요. 회사에서 일을 하고 있었죠. 도박은 기계들이 있는 장소로 생각했었죠. 그래서 별다른 관심이 없었어요.
2.1 첫 도박 경험	그러다 엄마와 언니가 도박장에 점차적으로 가기 시작했어요. 그 이후로 나도 게임을 시작하게 되었죠.
	무슨 이유로 점차적으로 그곳에 가게 되었나요?
2.1 첫 도박 경험	내가 이전에 말한 것처럼 그들을 원망하지는 않아요. 그렇지만 엄마와 언니가 거기 있으니까 집에 오면 혼자 있게 되고, 그래서 그들과 같이 가게 되면서 시작하게 되었죠.
3.5 도박을 하게 된 이유	항상 끊을 수 있을 거라는 생각을 하지만 그렇지 않았죠. 그랬어요.
3.3 이전 행동과 비교	그래서 지금은 하지 않지만, 이전에 슬롯머신을 굉장히 많이 했어요.
	지금 얘기하는 시기가 몇 살 때 일인가요?
2.1 첫 도박 경험	그때가 아마 16, 17, 18살이었을 거예요.
	굉장히 많다는 것은 어느 정도를 말하는 것인가요?
2.1 첫 도박 경험 3.3 이전 행동과 비교	오! 매일은 아니에요. 그렇지만 매주 했었어요. 우린 시간 있을 때마다 거기에 자주 갔어요. 주로 슬롯머신을 했었지만 그땐 빙고게임은 하지 않았죠.
2.2 도박을 시작하게 된 이유	그때는 빙고게임은 전혀 하지 않았어요. 엄마하고 언니는 종종했던 걸로 기억해요. 노인들만 하는 게임이라 생각했었죠(웃음). '빙고게임에서 나를 찾을 수 없어.'라고 말하고는 했어요.
2.1 첫 도박 경험	그러다 첫 아이, 아들을 임신했을 때 빙고를 처음하게 되었어요. 조금 전에 당신이 본 아들이에요. 지금은 18살이구요. 그때는 임신 말기였고 외출을 한동안 못했었죠. 그러다 그들과 같이 밤에 가게 되었죠. 처음에는 별 걱정이 없었는데 아들을 출산하고 나서부터는 일주일에 한 번씩 갔어요. 왜냐하면 첫 아이를 낳았을 때 엄마와 나의 배우자와 같이 살고 있었거든요.

(계속)

2.2 도박을 시작하게 된 이유	배우자와 함께 집을 구입하려고 했었어요. 그러다 그가 직장을 잃고 그러면서 집도 잃게 되었죠. 그래서 우린 엄마 집에서 같이 있게 되었고요. 엄마 집에 머물고 있었기 때문에 집에 애기를 봐 줄 수 있는 사람이 많았어요. 그리고 제 배우자는 아이와의 유대관계가 그렇게 좋지 않았어요. 그래서 그에게 말했죠. 일주일에 한 번씩 나가서 몇 시간 놀다 오겠으니 그 사이에 아이와 시간을 보내면서 친해져보라고요. 그렇게 빙고를 시작하게 되었죠.

다음의 설명은 Nvivo CAQDAS 프로그램을 사용하여 색인화를 실행하는 방법이다. 스크린 샷의 왼쪽 패널에는 도박연구 관련 주제틀이 있다. 중앙 패널은 워드문서 또는 텍스트파일에서 가져온 전사자료가 있다. 사용자는 아래와 같이 코딩되는 글을 강조하여 배치하고 관련 문구를 '끌어 놓기(drag and drop)'를 사용해서 관련 틀에 이동시킬 수 있다. 전사내용은 각 주제에 저장되고 분석시에 해당 문구뿐 아니라 그 이외의 문구들도 관련 틀로 색인화가 되었으면 검색할 수 있다. 해당 전사물이 이미 색인화가 되어 있는 경우 오른쪽 패널의 줄무늬로 배치된다.

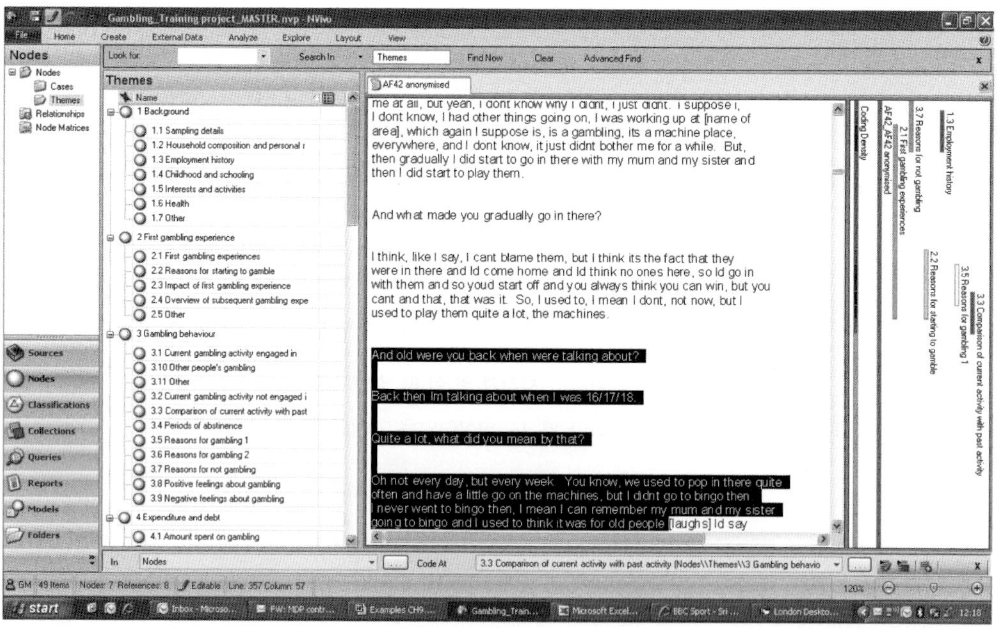

을 유사하게 기재하게 되는 것이 일반적이다. 한 가지 문제에 대하여 논의된 경우나 별 의미 없는 사건을 설명한 다른 전사내용들은 주제준거를 적게 사용한다. 두 번째, 2가지 혹은 3가지 주제 또는 하위주제가 여기저기 흩어져서 주제들이 각기 지그재그로 얽혀있는 특징이 있다. 이러한 현상은 일반적으로 상호연결성 또는 연결성을 나타내는 것으로 추후 분석에서 주의해야 한다.

분류Sorting

색인화 단계를 완료한 후 유사한 내용이나 속성을 가진 자료를 전체적으로 볼 수 있도록 자료를 분류할 수 있다. 분류는 균열된 담론(fractured discourse)이라고 불리는 자료를 재조합하려는 시도다. 종종 자료 수집 과정 중 다양한 시점에서 단일 논제(subject)나 주제(theme)가 논의된다. 이는 대화가 진행됨에 따라 참여자가 자신의 관점에 대해 보다 완전한 이해에 도달하거나 연구자와 신뢰가 형성된 이후 자신을 드러내었을 때 종종 대화가 예측하지 못했던 연관성으로 이어지기 때문이다. 자료 분류의 목적은 연구자가 각 주제에 순서대로 초점을 맞추도록 하여 자료의 세부내용과

Box 11.3

분류: 도박연구

분류는 연구자에게 유사한 자료를 판단하기 쉽도록 해준다. CAQDAS 프로그램을 사용하면 전체 자료에서 유사하게 색인화된 자료를 정확하게 검토하는 것이 가능하다. 이 그림의 오른쪽 패널은 배치 종류의 예를 보여주는 것으로, 이것은 도박을 하는 이유에 대한 색인화된 과정을 보여주며 주제세트의 한 부분을 보여준다.

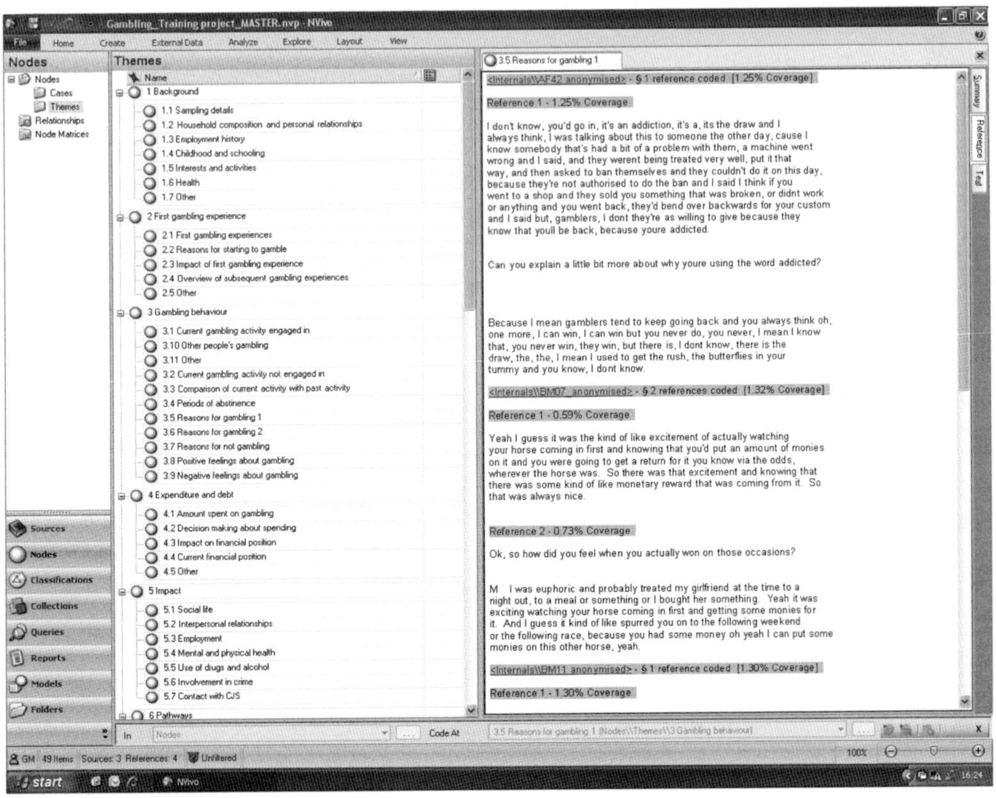

차이를 드러내게 하기 위함이다. 차후 단계에서 배열이 변경될 수 있을지 모르나, 이러한 초기 자료들의 물리적 군집화(physical clustering)는 분석으로 이어지는 단계에서 필요한 내용의 집중적인 평가를 가능하게 한다.

주제준거 자료를 사용하여 연구자는 동일한 방식으로 색인화된 자료를 다수의 주제세트로 만들어 함께 모을 수 있다. 이 과정은 CAQDAS 프로그램 내에서 매우 신속하고 명료하게 만들 수 있으나(**Box 11.3**), 분류 과정은 워드 프로그램에서 복사하여 붙이기 과정과 새로운 주제문서에서 추출된 관련 자료를 배치할 수 있다. 방식에 상관없이 자료의 일부가 맥락에서 삭제되어 원상복귀가 불가능하거나 자료의 위치나 맥락을 분실하지 않도록 하는 것이 매우 중요하다. CAQDAS 프로그램의 장점은 기존의 위치와 함께 링크가 항상 유지되며, 많은 CAQDAS 프로그램에서 연구자가 강조 배치된 추출 자료를 문서와 주제세트에서 나타나는 그대로 볼 수 있도록 한다. 분류는 각 주제에 차례로 집중하기 위해 필요하나, 차후 분석 단계에서 이 부분을 다른 주제나 본래 설정에 따라 배치해야 하는 경우도 있다.

자료를 분류할 때 자료를 여러 곳에 분배할 수 있는 기회를 가질 수 있다는 확신이 중요하다. 여기에는 두 가지 이유가 있다. 첫 번째, 단일경로가 2개의 개념으로 다른 주제와 연관성이 있을 수 있으며, 그러한 연관성의 제거는 의미와 일관성을 모두 파괴할 수 있기 때문이다. 두 번째, 명확히 관련이 없는 두 가지 문제의 배치가 후에 설명이나 이해에 대한 첫 번째 단서를 제공할 수 있다.

이전 장에 요약한 대로, 색인화와 분류를 하지 않고 자료 요약과 해석으로 바로 들어가는 경우가 있다. 이는 자료가 인터뷰가 실행된 형태나 구체적인 구조로 짜여진 주제가이드가 있을 때 가능하다. 또한 색인화를 위한 충분한 시간이 없는 경우, 편의성 때문일 수 있다. 이러한 모든 여건을 고려하더라도 색인화는 분석 진행을 보다 빠르게 할 수 있으므로 색인화 과정을 갖는 것이 중요하다.

자료 추출물 검토 Reviewing data extracts

주제틀은 초기 적용 이후 일부 보완해야 할 필요가 있다. 기본적으로 연구자는 추출한 자료의 일관성을 평가하기 위해 색인화 과정을 거친 많은 양의 자료를 읽고 중요한 주제가 틀에서 누락되지 않았는지 확인하기 위해 색인화되지 않은 자료 부분을 확인해야 한다. 예를 들면, 자료 내에서 반복해서 나타나는 주제를 좀 더 세분화해야 할 필요가 있거나 초기에 너무 많은 분리가 이루어진 하위주제를 병합해야 할 필요가 있을 수 있다. CAQDAS를 활용하여 주제나 하위주제를 병합하는 것은 매우 간단하다. 새로운 주제를 만들게 되면 프로그램 안에서 자동적으로 새로운 분류표를 적용할 수 있지만 기존의 주제나 하위주제를 분류하는 것은 각각의 추출된 자료를 찾아 다시 분류표를 적용해야 한다.

Box 11.4

자료 요약 및 보여주기: 도박연구

도박경로 주제에 대한 틀 매트릭스 예문

주제별로 정리한 자료 요약은 틀에 입력하여 보여줄 수 있다. 각각의 하위주제는 세로 칸에 입력하고 각각의 참여자는 줄로 분류하였다.

틀 매트릭스 예

사례 이름	A: 6.2 도박문제에 빠지게 된 경로	B: 6.3 다른 위험 행동과의 상호작용	C: 6.4 도박문제에서 빠져 나오게 된 경로	D: 6.5 지지	E: 6.6 미래
1: BM07– BM07– 익명 나이= 41~50 성별= 남성 도박꾼 타입= 위험	경마 도박에 빠진 과거행동: 여자친구와 함께 사용하는 공동 계좌에 돈을 입금하기 위해서 시작하게 되었다. 돈을 빌리는 이유는 말하지 않고 친구와 가족에게서 돈을 빌렸다. 마이너스 통장도 가지고 있었다.	자료 없음 (이 주제에 대하여 다루지 않았음)	경마에 걸고 부채에 빠진 과거행동: 부모가 은행 거래내역을 보고 발견함. 부모는 매우 동요하였고 이후 경마도박을 멈췄다. 또한 여자친구와 헤어졌기 때문에 더 이상 여자친구의 아버지와 경마에 대해서 대화를 나눌 기회가 없었다. 빚을 지게 된 이유를 부모가 알게 되고 채무를 경험하고 난 후 다시 경마장에 가고 싶은 유혹을 느끼지 못했다. 지금은 아주 잔인한 사건이었다고 생각하고 있다.	통제하지 못한 과거행동: 경마와 도박에 참여하지 않는 동료들에게 얘기하지 못함. 도박 관련해서 동료들과 얘기하고 싶어하지 않았지만 참여자 나이 또래의 많은 이들이 자신과 같은 경험을 하고 있었다. 돈을 회수할 가능성이 낮음을 인지하고 있었다. 다른 사람의 경험을 듣고, 자신이 어떤 행동을 하고 있었는지 알게 되어 그가 더 도박에 빠지는 것을 막는 역할을 했다.	현대기술시대에는 온라인 도박이 도래하고 있다. 이와 같은 도박은 굉장히 매력적이다. 그는 아마도 나중에 온라인 도박을 시도할지 모른다. 비록 그가 온라인 도박을 어떻게 통제했는지 의문스럽지만 말이다.

(계속)

사례 이름	A: 6.2 도박문제에 빠지게 된 경로	B: 6.3 다른 위험 행동과의 상호작용	C: 6.4 도박문제에서 빠져 나오게 된 경로	D: 6.5 지지	E: 6.6 미래
2: AM40– AM40–익명 나이= 미상 성별= 남성 도박꾼 타입= 문제가 있는 도박꾼 (분류 및 속성)	**슬롯머신게임:** 처음에는 재미로 시작하게 되었고 자주 하지도 않았다. 그러다가 한 번 크게 이기게 되면서 자신감이 생겼고 계속해서 다시 승리의 기쁨을 느끼기 위해 도박을 하게 되었다. 본인 스스로 곧 이길 수 있다고 속이고 있었고, 누군가 '너 뭐하고 있어?'라고 말하며 잡아줄 필요가 있다. 슬롯머신게임은 재미에서 점점 취미로 변했고 중독되었다. 게임을 시작한 지 8년 만에 그만두게 되었고 부채가 늘었다. **부채:** 은행에서 대출을 최대한 받았고 잘 알지 못하는 사람에	**음주:** 몇 잔의 음주는 친구들이 도박에 대하여 걱정해주는 것을 무시하고 본인이 생각하고 믿고 싶은 것만 믿도록 도와주었다.	**슬롯머신게임 중단:** 친구들이 슬롯머신게임을 너무 많이 하고 같이 어울리지 못하는 것을 보고 그만두라고 말하였다. 그 역시 같은 일을 반복하는 것에 질려 왔는지도 모른다. 다른 사람으로부터 돈을 빌리고 빚에 빠지게 되는 사건이 발생하였다. 돈이 없어 집 밖으로 나가지 못하게 되고 주위 사람들처럼 집을 살 수도 없었다. **도박 때문에 생긴 빚에 관련된 다른 반응:** 친구들이 경멸하고 가족은 행복하지 않았다. 그의 도박을 통제할 수 없게 되었을 때, 가족은 그것을 몰랐기 때문에 도울 수 없었다. 도박이 자신에게 어떤 의미인지 가족들에게 농담하는 것은 도박에 관하여 솔직하게 말하고 그것으로부터 멀어질 수 있는 중요한 요인이었다. 어느 누구도 말하지 않았기 때문에 몇 번씩이나 문제가 생겼는가? 가족이 도박에 대해 알게 되어 부끄러워했다. 그의 아버지는 도박으로 소비한 비용이 얼마나 많은 시간 일을 해야 벌 수 있는 금액인지 알려주었다. 가족들은 그가 이 경험을 통해서	그의 가족이 자신의 도박문제를 알게 된 것이 도움을 받을 수 있는 요인이었다.	미래에 자신의 도박 관련 행동은 일반적인 사회에서 봤을 때 적절한 행동이길 바란다. 그것은 지속적인 도박은 아니다. 만약 그렇게 도박을 하게 될 경우 주변사람 모두와 모든 것에 영향을 받게 된다. 매주 로또를 하거나 경마경기 정도만 할 것이다.

(계속)

사례 이름	A: 6.2 도박문제에 빠지게 된 경로	B: 6.3 다른 위험 행동과의 상호작용	C: 6.4 도박문제에서 빠져 나오게 된 경로	D: 6.5 지지	E: 6.6 미래
2: AM40– AM40– 익명 나이= 미상 성별= 남성 도박꾼 타입= 문제가 있는 도박꾼 (분류 및 속성)	게서 돈을 빌리려고 했다. 도박을 하기 위해 돈을 마련하는 행동은 마약중독과 같았다. 부채 관련 전화를 받기 시작했고 직장을 바꾸게 되었고 수입도 줄어들었다. 스트레스를 받았다. 도박으로 인해 부채가 늘어난 것에 대하여 모른 체 하고 있었다. 그는 젊다고 생각하고 있었고 별 생각이 없었다. 이러한 문제들이 신용에 문제가 생길 수 있다는 것도 모르고 있었다.		깨달음을 얻도록 재정적인 도움을 주지 않았다. 그 부분을 감사하게 생각하고 무슨 일을 저지른 것인지 생각할 수 있었다. **전환점:** 사고 후 움직일 수 없게 되면서 더 이상 게임을 할 수 없게 되었고 취미와 일상생활을 못하게 되었다. 사고로 그가 왜 도박을 하게 되었는지에 대하여 생각하게 되었고 질 수밖에 없는 게임을 하고 있었다는 것을 깨달을 수 있었다. 자신의 건강과 장래에 대해서 생각하게 되었다.		

틀을 활용한 자료 요약 및 배치 Data summary and display, using Framework

자료관리의 마지막 단계에 포함되는 자료 요약과 배치 및 이것이 틀 안에서 어떻게 이루어지는지 설명하고자 한다. 이 과정은 자료를 다루기 쉬운 수준까지 줄이는 데 도움을 줄 뿐 아니라 추후 근거의 본질을 보여주기 위해 자료를 걸러내는 과정을 하게 된다. 저자의 경험에서 보면 이 과정은 연구자가 원 자료의 모든 단어를 살펴보고 의미와 주제와의 관련성을 평가할 수 있도록 해준다. 또한 이 과정은 많은 양의 자료를 단순하지 않은 정도로 옮기는 것과 같이 연구자의 생각과 연계되어 있다.

틀 매트릭스의 구성 Construction of Framework matrices

주요 주제와 하위주제를 재검토 후 확정하면 각 주제는 고유의 매트릭스를 갖게 되며 하위주제는 열에 배치된다. 먼저 주제틀 안에 주제 목록과 하위주제의 수직 목록은 매트릭스에서 세로 행렬의 표제로 설정된다. **Box 11.4**에서 이러한 변환 과정을 도박연구(**Box 11.1**에서 목록으로 보여줌)에서의 주요 주제인 도박경로를 예를 들어 설명하였다. 매트릭스의 첫 번째 세로열은 일반적으로 인구학적 또는 다른 특성을 기입하게 된다. 각각의 사례는 개인의 수준과 하나의 주제의 매트릭스 내에서 서로 비교하기 쉽게 특정 행에 배치하며 모든 매트릭스에서 같은 위치에 있게 된다.

자료 탐색하기 Navigating the data set

자료 요약 시 모든 내용이 검토되도록 자료를 체계적인 방법으로 다루는 것이 도움이 된다. 이미 자료 색인과 분류 작업이 끝났다면 연구자는 필사된 자료 전체에 나타나는 특정 주제에 관련된 모든 자료를 간략화하고, 다음 단계로 넘어가기 전에 하나의 주제 매트릭스를 완성할 수 있다. 연구자는 각 필사본을 따라가면서 체계적으로 작업하는 것을 선호할 수도 있는데, 이는 전사된 자료에서 주제를 찾고, 몇 개의 매트릭스를 따라가면서 전체를 만드는 것이다. 각 방법은 장점과 단점이 있는데, 전체 자료를 주제별로 일일이 작업하는 것은 주제를 좀 더 깊이 있게 다룰 수 있고 연구자가 변동사항이나 정확한 이해를 하는 데 도움이 될 수 있다. 전사자료만 가지고 작업을 하는 경우 연구자는 주제가 나타나는 맥락에 좀 더 주의를 기울일 수 있고 주제별 상호관련성을 발견할 수도 있다. 어느 방식을 사용하든 연구자는 모든 자료를 검토하고, 자료를 전환하는 과정에서 누락된 것은 없는지 확인해야 한다. 연구자는 특정 칸이 비어 있는 경우 관련 자료를 간과하였는지 아니면 특정 하위주제가 전사본에서 누락되었는지 확인할 수 있다.

유용한 요약 작성하기 Writing useful summaries

이 단계에서 주요 과제는 참여자의 언어와 음성을 놓치지 않으면서도 주요 맥락과 본질을 유지하도록 요약하는 것이다. 일반적으로 이 과정은 자료의 내용과 양이 얼마만큼 요약되어야 하는지 많은 주의와 세심한 판단이 필요하다. 일반적 원칙은 충분한 서술과 맥락의 요약으로 연구자가 더 이상 전사한 내용으로 돌아가서 확인하지 않아도 될 만큼 충분한 내용이 포함되어야 한다는 것이다. 그렇다고 너무 많은 내용을 요약하면 매트릭스가 소화할 수 없는 양이 되어 힘들게 될 수 있다. 지나친 요약은 본래의 의미를 전달하기 어렵고 연구자에게 원자료의 늪에 빠진(bogged down) 상황으로 만들 수 있다. CAQDAS 프로그램 중 자료 요약과 배치 기능이 가능한 틀 기능을 갖춘 Nvivo 같은 프로그램은 마우스 클릭 한 번으로 요약을 기초로 한 기존 자료를 확인할 수 있기 때문에 연구자에게 긴 요약보다는 간결한 요약을 작성할 수 있는 자신감을 줄 수 있다. 자료를 단계별로 요약하는 방법을 사용할 경우 원 자료의 본질을 유지하기 위한 필수적인 요소로 다음 3가지를 꼽는다. 첫 번째, 먼저 가능한 주요 용어, 문구 또는 표현은 참여자가 사용한 언어를 유지해야 한다. 두 번째, 분석이 보다 정교한 수준을 요구할 경우 언제든지 본래의 표현을 확인하기 위해서 이 단계에서의 해석은 최소화해야 한다. 세 번째, 자료가 포함되어야 하는지 아닌지 명확하지 않다는 이유만으로 단순히 요약 대상에서 제외시켜서는 안 된다. 분석 초기 단계에서는 별 의미가 없다고 생각된 것이 추후 분석에서 아주 중요한 단서가 될 수 있다. 요약이 너무 해석적이면 안되지만 연구자가 자신의 분석적 의견을 주석(코멘트) 형식으로 다른 글꼴 스타일을 이용하여 요약 내용에 별도로 추가하는 것도 중요하다. 이러한 주석은 개개인의 사례 수준에서 다른 주제들 간의 함축적이며 명시적 관계를 강조하는 데 있어서 매우 귀중하게 쓰일 수 있다.

추상화와 해석

Abstraction and interpretation

장시간 자료 관리에 열중한 후 연구자는 다음 단계인 해석 단계로 넘어가고 싶어 참기 힘들 것이다. 그러나 이 단계에서 명확한 계획 없이 전진하기보다는 잠시 중단하고 지금까지 무엇을 달성했는지 여유를 가지고 살펴보는 것이 좋다. 자료관리는 자료를 분리하고 다시 조합하는 과정을 포함하지만 전체적으로는 각각의 이야기가 제시하는 것을 쉽게 잃어버릴 수도 있다. 이와 같은 문제를 해결하기 위한 하나의 방법은 정리된 자료를 다양한 사례 및 주제별로 전체적으로 다시 한 번 읽어보면서 조각들을 모으는 시간을 갖는 것이다. 또한 연구목적을 충족시키기 위한 주요 질문을 파악하는 데, 예를 들면 자료관리 과정에서 발견한 새로운 연구질문을 추가하거나 직접적인 해석을 돕기 위해 기존 연구질문을 다듬거나 분리하여 분석 전략을 개발하는 데 시간을 쓰는 것도 유용하다. 자료의 어느 부분을 먼저 다루어야 어떤 표현이나 설명을 하는 데 확고한 기반을 제공할 수 있을지도 생각해 볼만한 가치가 있다. 이 과정은 팀이 함께 일할 경우 매우 중요하다. 동료들이 서로를 무시하고 각자 다른 부분을 작업할 경우 전혀 관련이 없는 분석을 만들 수 있기 때문이다.

일단 연구자가 다음 단계인 분석 과정에 착수하고, 자료 처리에 있어서 이 과정이 포함된다면 색인화 된 원 자료의 추출물 혹은 요약한 자료를 가지고 작업을 하게 된다. Chapter 10에서 설명하였듯이 추상화 및 해석에는 여러 단계가 필요하다. 설명을 시작으로 범주들을 고안하고 범주들 간 연결점을 찾아내는 일 등이 포함된다. 만약 설명이 연구목표의 일부분인 경우 연구자는 설명 단계에서 발견된 패턴을 설명하고 그에 대한 다른 형태의 설명들을 생각해내고 그것의 적절성 여부를 평가해야 한다.

서술: 범주 개발하기 Description: developing categories

서술적 활동에서의 가장 중심적인 역할을 하는 질적자료의 2가지 특징에 대해서 강조하는 것이 중요하다. 첫 번째, 참여자가 실제로 사용한 언어이다. 참여자가 현상을 어떻게 생각하며 그 생각이 갖는 의미의 중요성 및 깊이와 색깔이 무엇을 표현하는지 등을 나타낸 것이다. 두 번째, 참여자가 서술한 서술 범위와 부여된 의미를 포함한 대부분의 내용은 주제별 분석에서 질적근거의 핵심을 형성하게 된다. 그러므로 다양한 관점과 설명을 이해할 수 있도록 신중하게 검토하고 포착해야 한다.

요소와 차원 발견하기 Detecting elements and dimensions

기본적으로 요소 및 차원을 발견하는 과정은 연구자가 주제와 하위주제 내에서 혹은 추출한 자료나 틀 매트릭스를 활용하여 요약한 자료에서 무슨 일이 일어나고 있는지를 이해하는 것과 관련이 있다. 연구자가 CAQDAS 패키지를 사용할 경우 집중적인 개념화 단계에서 소프트웨어에 의존하지 않고 새로운 아이디어를 워드나 종이에 기록하여 수정이 가능하도록 하는 것이 좋다. 연구자는 모든 사례를 읽으면서 주제의 일부로 분류된 인식, 시각, 경험, 행동 등의 범위를 검토하고 응답과 차원 내에 있는 다른 요소들을 목록화 한다. 이리하여 거의 유사하다고 판단된 답변을 같은 그룹으로 분류한다. 연구자는 모호한 차원들을 발견했을 때 기본 개념이나 주제의 차이점을 찾아서 요약한다.

Box 11.5에 이 과정의 첫 번째 단계를 예시하였다. A열은 하위주제인 '도박을 하게 된 이유'에 대한 몇 가지 자료 요약을 포함하고 B열은 텍스트에 나타난 요소들의 예비 목록을 보여준다. 쉽게 배치하기 위해 각 자료는 많은 양을 포함하기보다는 틀을 사용해서 만든 자료 요약을 선택하였지만 자료 요약 과정을 포함하지 않는 연구자의 경우 A열의 색인화와 분류과정을 거친 특정 원 자료를 포함할 수 있다. 이 시점에서 연구자는 자료를 읽고 분류하면서 하나 이상의 자료 또는 하위주제로부터 요약한 자료를 하나로 결합하려 할 가능성이 높다는 것을 인식하는 것이 중요하다. 예를 들면, 하위주제인 '도박을 하게 된 이유'를 정리한 요약에는 실제로 첫 도박 경험, 도박을 하게 된 경위, 도박의 사회적 환경에 대한 정보 등을 포함하고 있다. 이러한 이유로 연구자는 후에 추가 자료를 통합하고 주제 재분류표를 만드는 것을 결정할 수 있다.

Box 11.5

요소와 차원의 발견(1): 도박연구

분류표를 만들기 위한 첫 단계는 특정 현상에 대해 참여자들이 말하는 내용의 범위를 연구하고 응답을 분류하고 특성을 나타내는 요소들을 목록화하는 것이다. 아래 예문은 도박연구에서 하위주제의 주요 요소를 설명하고 있다.

A **하위주제 자료 요약: 도박을 하게 된 이유**	B **발견된 요소**
AF42 **과일 슬롯 머신:** 16~18살부터 시작하게 되었다. 집에 오면 아무도 없고 혼자 있게 되었고 엄마와 언니가 게임을 하기 때문에 같이 가서 하게 되었다. 게임을 시작할 때 항상 이길 수 있다고 생각하고 시작하였다. 아들을 출산하기 전까지는 중독되어 있었기 때문에 매일 슬롯머신을 하였다. 아드레날린과 같은 흥분감을 느끼게 되었다. 게임센터가 가기 편하게 매우 가까운 곳에 있었다. 거리가 멀었다면 그렇게 자주 가지 못했을 것이다. 심심하면 30분 정도만 할 생각으로 들르게 되었다. 심심한 것은 그냥 핑계였지만 말이다. 만약 어떤 문제가 있을 때, 예를 들면, 금전적인 문제가 있을 때 슬롯머신에 집중하고 있는 동안은 잊을 수 있었다.	• 방과후 집에 오면 가족이 도박을 하고 있었음 • 항상 이길 수 있을 거라 생각함 • 아드레날린을 느껴 슬롯머신에 중독됨 • 흥분감을 느낌 • 집에서 가깝고 가기 편리한 곳에 위치함 • 심심하다고 느끼면 가게 됨 • 게임을 하는 동안은 문제를 잊게 됨
AM02 누군가를 이길 때 느끼는 쾌감을 좋아하였다. 남을 속여서 이기는 것을 좋아하였다. 도박장에 있는 **룰렛머신**은 도박의 코카인 같은 것이었다. 굉장히 중독되기 쉬웠다. 도박장에 있는 컴퓨터 게임보다 카지노에 있는 룰렛보드가 더 좋다고 생각하였다. 이는 슬롯머신은 전국적으로 연결되어 있어 승리할 확률이 낮다고 생각하기 때문이었다. 거기에 가면 게임들이 있고 [**작은 과일 슬롯머신과 비교해서**] 많은 돈을 벌 수 있기 때문에 하게 되었다. 개경주를 무척 좋아하게 되었는데 할아버지가 모든 것을 가르쳐 주었다. 잃는 것은 도박을 계속 하고자 하는 의지에 영향을 주지 않았다. 그 이유는 모르겠다. 경마로 £7000를 벌었고 다음 날 개경주로 다 잃었지만 별로 신경쓰지 않았다. 일정금액을 남기는 것보다는 2배로 만들고 싶어서 하게 되었다.	• 다른 상대를 이길 때의 쾌감 • 속이고 이기는 것을 좋아함 • 룰렛기계에 중독됨 • 많은 돈을 벌 수 있기 때문에 하게 됨 • 할아버지가 개경주를 알려줌 • 개경주를 좋아하게 됨 • 개경주에서 잃는 것은 영향을 받지 않음

(계속)

A **하위주제 자료 요약: 도박을 하게 된 이유**	B **발견된 요소**
AM40 기계 자체가 게임에 시스템적으로 빠져들게 만들었다. 예를 들면, 스핀을 해서 체리 2개가 나오면 (3개 필요함) £1만 더 하면 나올 것 같은 생각으로 하게 되었다. 기계의 밝은 불빛 역시 항상 눈에 들어와 게임을 하게 만들었다. 어리고 순진해서 게임을 해도 괜찮을 거라 생각하였다. 친구들이 저녁을 사게 되면 술을 몇 잔 마시고 남은 돈으로 하게 되었다. 토큰을 이기게 되면 모노폴리게임을 하는 식으로 자극을 받아 다시 기계에 넣게 되었다. **재정상황:** 집에서 살고 있었고 높은 봉급에 급식을 제공 받기도 하는 등 괜찮았다. 돈을 모두 쓰는 데 별 문제가 없었다. 집에서 살고 있었기 때문에 돈을 잃어도 별 걱정을 하지 않았다. 최악의 시나리오는 나가지 못하는 것이었지만 주급제로 급여를 받아 일주일 후에 무엇이든 원하는 것을 할 수 있었다.	• 시스템이 이길 수 있을 거라는 생각을 하게 만듦 • 젊을 때는 밝은 불빛이 눈길을 끔 • 친구들과 술을 몇 잔 마신 후 같이 게임을 함 • 술을 마시면 돈을 더 쓰게 됨 • 이기면 토큰을 받기 때문에 더 하게 됨 • 집에서 살고 있었고 좋은 급여를 받았기 때문에 쉽게 돈을 쓸 수 있음 • 집이 안전처이므로 잃어도 별 걱정이 없었음
BM11 **당구게임(Snooker):** 돈을 걸면 더 재미있기 때문에 한 게임에 5파운드 게임을 했다. 돈을 따기 원하였다. 아무 의미 없이 게임을 하게 되면 별 생각없이 하게 되었다. **경마:** 이겼을 때 상상할 수 없는 쾌감을 느꼈다. 만약 몇 경기를 이겼을 경우 다음 경주를 어떤 말이 이길지 상상하며 흥분을 하게 되었다. 친구들에게 문자를 보내고 좋은 티켓을 갖고 있다고 말하였다. 그게 전부였다. 경마 경주를 가면 정말 신나고 즐거운 하루를 보냈다. 적은 돈을 걸어서 큰 돈을 벌 수 있다는 것을 알기 때문에 좋아하였다. 앉아서 연구하고 인터넷에서 배당을 검색하는 것을 좋아하였다. 이게 취미였다.	• 게임을 더 재밌게 함 • 돈을 딸 수 있음 • 이겼을 때 쾌감을 느낌 • 이겼을 때 친구에게 문자로 자랑함 • 경마는 즐거운 외출 • 적은 돈으로 큰 돈을 벌 수 있음 • 형태를 연구하는 것을 좋아하며 취미가 됨

Box 11.6에서 A열은 '도박 경험'이라고 새롭게 분류되었고 모든 자료에 걸친 요소의 전체 목록에서 반복되는 요소를 정리하여 B열에 보여주는 차원 가운데 우선하는 중요성에 따라 정리하였다. 하지만 아래 설명에 나타난 것과 같이 연구자는 종종 하나 이상의 차원에 속하는 요소를 발견하게 되고 추가적인 분석이 완료되기 전까지 여러 번 나열할 수도 있다. A열에 '이겼을 경우 친구에게 문자 보냄'의 경우 '친구나 가족과 함께' 차원과 '승리의 가능성 또는 만족' 차원 모두에 포함되어 있다. '시스템 자체가 이길 수 있다는 생각을 하게 만듦'의 경우 '중독'과 '승리의 가능성 또는 만족'에 포함된다. 마지막으로 '속여서 이기는 것을 좋아함'은 '흥분과 즐거움'과 '승리의 가능성 또는 만족'

Box 11.6

요소와 차원의 발견(2): 도박연구

요소들이 규명되면 기초를 이루는 차원별로 분류를 하게 된다. 아래 설명에서는 '도박을 하게 된 이유'라는 주제에서 관련 현상의 차원들을 포착하기 위해 '도박 경험'으로 확대하였다. 이와 같은 표는 워드프로그램에서 쉽게 만들 수 있으며, 요소가 발견된 모든 사례에 대한 준거를 텍스트 뒤에 괄호를 넣어 추가할 수 있다.

A '도박 경험' 관련 자료 세트 전체에서 발견된 요소		B 주요 차원
• 가족이 게임을 함 ( ) • 가족이 게임을 가르쳐 줌 ( ) • 술 마신 후 친구들과 함께 도박을 함 ( ) • 이겼을 경우 친구에게 문자 보냄 ( )	⇨	**친구나 가족과 함께**
• 도박에 빠져버림 ( ) • 개경주에서 잃은 돈에 영향을 받지 않음 ( ) • 게임을 좀 더 재밌게 만듦 ( ) • 형태를 연구하는 것을 좋아하고 취미가 됨 ( ) • 기술과 지식이 필요함 ( )	⇨	**활동이나 스포츠 자체에 관심이 있음**
• 쉽게 참가할 수 있고 매우 편리함 ( ) • 심심할 때 쉽게 할 수 있음 ( ) • 이겼을 때 토큰으로 받기 때문에 더 하게 됨 ( ) • 집이 있고 좋은 급여를 받고 있어 쉽게 돈을 쓸 수 있음 ( ) • 잃는 것을 크게 걱정하지 않음. 집이 있다는 안정감 ( )	⇨	**쉬움-장애물이 없음**
• 아드레날린을 느낌 ( ) • 특별한 기계에 중독됨 ( ) • 시스템 자체가 이길 수 있다는 생각을 하게 만듦 ( ) • 누군가를 이겼을 때의 쾌감 ( )	⇨	**중독**
• 흥분감을 느낌 ( ) • 속여서 이기는 것을 좋아함 ( ) • 밝은 불빛은 시선을 끎 ( ) • 즐거운 외출 ( )	⇨	**흥분과 즐거움**
• 많은 돈을 딸 수 있기 때문에 함 ( ) • 돈을 따기 위해 함 ( ) • 적은 돈으로 큰돈을 벌 수 있음 ( )	⇨	**돈 때문에**
• 항상 이길 수 있을 것이라고 생각함 ( ) • 빠른 시간 안에 이길 수 있다는 매력 ( ) • 속여서 이기는 것을 좋아함 ( ) • 시스템 자체가 이길 수 있다는 생각을 하게 만듦 ( ) • 돈을 따기 전까지는 그만둘 수 없음 ( ) • 이겼을 때 흥분을 느낌 ( ) • 이겼을 때 친구들에게 문자를 보냄 ( )	⇨	**승리의 가능성 또는 만족**
• 게임을 하고 있을 때 걱정이나 문제들을 잊어버림 ( )	⇨	**현실도피**

양쪽 모두에 포함되었다.

범주화 및 분류Categorising and classifying

기초적인 차원이 확인되면 연구자는 요소들을 다른 유형의 응답에 결합하여 다시 살펴보고 자료의 다른 표현을 구별하는 일련의 범주표를 작성한다. 자료를 추출할 때나 틀에 관한 작업을 할 경우, 각 자료가 새로운 범주를 제공하는 것인지 아니면 이미 기록되어 있는 자료의 특성이나 구성물의 한 종류인지에 관한 의문을 갖는 것이 중요하다.

초기 단계의 범주는 상당히 서술적이면서 자료의 실질적인 내용을 담고 있을 가능성이 높다. 유용한 검증은 초기 단계의 범주가 참여자에 의해 인식되었는지 여부를 검토하는 것이다. 어떤 개념이나 주제에서 범주화는 서술적 수준에 머물러 있지만, 자료가 추상적인 것을 지지하는 경우 몇몇 주제들은 좀 더 고차원으로 일반화 될지도 모른다. 이 경우 초기에 정해진 범주가 자료 내에서 매우 높은 수준의 보편성을 획득하게 되며, 무엇보다 중요하면서도 포괄적인 범주나 분류가 만들어진다(Ritchie et al., 2003). 이 단계에서 연구자들은 참여자가 사용하는 언어에서 벗어나 좀 더 이론적인 개념과 주제를 개발하거나 문헌에서 발견한 아이디어를 따라할 수 있다.

연구자가 범주 및 분류 과정에서 가장 큰 영향을 받는 중요한 고려사항은 어느 수준의 상세한 내용을 응답 속에 담아낼 것인가와 연관되어 있다. 참여자들마다 주제에 대하여 말할 때 불가피하게 자신의 가치관과 경험의 관점에서 말하게 된다. 이는 일반적인 문제에 대해 논의하고 있음에도 불구하고, 다른 특징을 강조할 수 있다는 것을 의미한다. 그 결과 자료를 설명할 수 있는 수준이 달라지며, 모든 기술적 분석에 적용하게 된다. 범주에서 구체적인 내용의 수준에 대한 결정은 연구목적과 연구목적에 기재되어 있는 현상의 중심에 의해서 달라진다. 연구자는 발견된 범주와 분류가 만족될 때까지 이 과정의 일부를 반복하게 된다. 요소들을 다른 그룹으로 나누어서 다른 일련의 범주를 발견하고 자료에 적용해 보도록 한다. **Box 11.7**은 도박연구에 관해서 이 과정을 예로 보여주고 있다. A열은 **Box 11.6**에 배치된 요소와 차원에 따라 작성 가능한 기술적 범주를 배치하였다. B열은 범주들이 어떻게 가장 중요한 두 분류 내 · 외부 요인으로 세밀화 되었는지 보여준다. 이러한 분류를 구성할 때 연구자는 요소에 대한 초기단계의 이중적인 목록을 해결하려고 할지도 모른다. 예를 들면, 관련 자료 요약을 재검토한 후 '흥분과 즐거움' 영역을 분할하여 '흥분'은 중독 내에 '열광'으로 표기하고 즐거움은 '활동 자체'('사랑에 빠졌다')와 '사회적 상황'('외출하기 좋은 날')으로 나눌 수 있다. 그러나 질적자료의 깊이와 복잡함 때문에 분석과정의 다음 단계에서도 중복된 범주가 남아 있을 수 있다.

물론 차원과 구성요소를 다른 방식으로 배치하고 조합하는 대체적인 범주 세트나 보다 고차원

Box 11.7

범주화와 분류: 도박연구

범주화의 다음 단계는 각 차원에 연결된 요소를 연구하고 자료의 상이한 현상을 식별하는 범주의 세트를 유도하는 다른 유형의 반응들을 식별하는 일이다(아래의 A열에 보는 바와 같다). 어떤 경우에는 하위범주가 할당될 수 있는 추상적인 상위 분류를 만들 수 있다(아래의 B열에 보이는 바와 같다).

A **'도박 경험' 범주**		B **'도박 경험' 높은 순서로 분류**
승리		**내적 모습**
돈을 범		
이길 수 있는 가능성	⇨	승리
이겼을 때의 만족감		
쾌감		
중독	⇨	쾌감
흥분감		
활동 자체	⇨	활동 자체
관련 스포츠/활동에 관심이 있음		
기술과 지식이 요구됨		
즐길 수 있는 활동		
상황		**외적 모습**
쉬움–장애물 없음	⇨	상황들
현실도피		
사회적 맥락	⇨	사회적 상황
친구나 가족과 함께		
즐거운 외출		

의 분류가 개발될 수 있다. 예를 들면 '재정적 요소'는 개인의 재무상태와 같이 주제틀 안의 또 다른 부분의 요소들과 함께 도박에서 이기는 것과 관련된 요소에 포함시켜 구조화된 한 세트의 범주와 하나의 중요 주제로서 선택될 수 있다. 그러나 이 과정에서 수집된 요소들은 시각적으로 볼 수 있고 가능하면 재검토할 수 있도록, 원 자료와 범주화 또는 분류 간의 관련성에 대해 확인할 수 있도록 남겨둔다. 만약 다른 연구자들이 다른 분석적인 도표를 고안했다 할지라도 중요한 부분은 어떻게 연구자가 그 과정에 도달했는지를 볼 수 있어야 하며, 분석의 소재가 유사한 방법으로 개발될 개연성이 있어야 한다는 점이다. 또한 모든 범주화는 차이를 포착하고 서술하는 데 관련된 모든 사

례와 자료가 포함되고 모든 요소들의 관련성을 그려낼 수 있도록 이해하기 쉽게 한다. 이는 단순히 자주 반복되는 조합만을 뜻하는 것은 아니다. 즉, 요소가 한 번만 명시된 경우라도 질문에 관한 현상의 충분한 설명이 될 수 있다는 뜻이다.

단순유형 구성하기Constructing simple typologies

지금까지는 범주를 반응의 유형으로서 차원에 따라 요소를 분류하여 설명하였으나 특정 범주를 연결하는 방식을 제안하지는 않았다. 그러나 때때로 연구자는 차원에 따라 더 정련된 방법으로 범주를 찾아내어 단순하고 독특한 차원의 유형을 구축할 수 있다. 예를 들면 연속체 속에서 개별적인 위치를 찾는 등의 방법이며, 여기서 단순하고 독특한 차원의 유형은 아래에서 논의될 복잡한 단일연결 혹은 다중연결 유형과 구분되고 이러한 유형은 인식, 행동, 경험 등의 예와 같이 다른 유형의 현상이나 사례에 적용될 수 있다. **Box 11.8**은 도박연구의 단일차원 유형의 개발을 보여주고 있다.

범주 및 분류 적용하기Applying categories and classes

일단 범주와 분류가 다듬어지면, 연구자는 각 범주나 분류가 적용되는 예가 발견되는 부분을 간단히 상호참조할 수 있다. 다른 방법으로 연구자는 범주를 자료에 직접 적용할 수도 있다. 예를 들면 분류 명칭을 한 번 더 부여하는 방법으로 기록에 있는 원 자료에 범주 또는 분류를 적용하거나 별도의 문서에 저장된 경우 자료 추출에 적용하는 등 다양한 방법으로 실행할 수 있다. 만일 틀이 사용되었으면, 연구자가 관련 칸(셀)에 범주나 분류를 입력하여 자료 요약에 명칭을 붙일 수 있다.

Box 11.8

단순한 단일차원 유형: 도박연구

단순한 단일차원 유형은 분할 자료나 사례를 연속상에서 별도의 위치로 넣는 분류의 한 형태이다. 예를 들면 도박연구에서는 도박사들이 자신의 재력보다 더 많은 돈을 사용할지, 사용하지 않을지의 측면에서 4가지의 다른 행동이 확인되었다.

지출 패턴의 유형			
자신이 가지고 있는 재산 이외에는 절대 쓰지 않음	이익을 낼 수 있다는 자신이 있을 때 가끔 가지고 있는 재산보다 더 지출함	정기적으로 자신의 재산보다 더 지출함	항상 자신이 가지고 있는 재산보다 더 지출함

특히 유형의 범주와 함께, 속성의 형태로 사례에 적용하거나 개별 참여자의 특성을 설명하는 데 적용할 수 있다.

앞의 논의에서 명백하게 밝혀졌듯이, 범주화와 분류는 모든 사회현상의 본질이나 형태, 예를 들면 상황이나 사건, 신념이나 태도, 규범, 기준, 체계 등을 설명하기 위해 사용될 수 있다. 반면 연구집단 내 다른 그룹의 특성에 연관될 수도 있다. 이러한 넓은 범위의 적용으로 인해 모든 질적 연구는 어떤 범주나 분류적인 분석을 포함할 가능성이 크다. 그러나 개발된 범주와 분류는 개념적으로 일관성이 있어야 하고 필수적으로 연구문제나 목표와의 관련이 되어야 한다.

서술: 연관성 매핑 Description: mapping linkage

일부 연구자는 범주화의 단계에서 분석을 마치고 특정 현상을 바라보거나 경험하는 방법에서 풍부하고 체계적인 기술을 창출하기도 한다. 반면 다른 연구자들은 자료와 연관된 패턴 혹은 연관성을 찾기도 한다. Dey(1993)는 범주는 자료에서 유사성이나 차이에 근거한 형식적인 관계에 대한 것인 반면, 연관성은 사물들이 서로 상호작용하는 실질적인 관계에 대한 것이라고 주장하였다.

> 범주는 이론적 체계를 구축할 수 있는 개념적 소재이다. 또한 범주는 자체적 한계를 가지고 있다. 자료를 나누면서 다른 부분 간의 관계에 대한 정보를 잃어버린다. 어떻게 사물이 상호작용하고 함께 조합하는지의 과정에 대한 감각을 잃는다. 이러한 정보를 포착하기 위해서는 자료를 범주화할 뿐만 아니라 연결시킬 필요가 있다(Dey, 1993).

연결의 유형 Types of linkage

현상과 하위그룹의 연결은 다음에 기술되고 표현된 것과 같이 2가지 주요 유형으로 특징지을 수 있다.

현상 간의 연결: 연구자는 자료에서 패턴을 찾는 과정에서 다른 주제분석 시 구분된 가닥에서 규명한 현상과 다른 상황 간의 연결을 발견할 수 있다. 이러한 연결은 동일한 종류의 두 현상 간에 발생하거나(예; 2가지의 형태와 태도 혹은 경험과 결정), 다른 종류의 두 현상 간(예; 상황과 행동, 신념과 행동)에 발생할 수 있다. **Box 11.9**는 약물중재 결과 연구에서 행동과 태도 간의 연결의 예를 보여준다.

하위그룹에 첨부: 연구자는 신념이나 경험 혹은 행동과 연구 내의 특정 하위그룹 간에 연관이 있는지 연구하고자 할 수 있다. 관련된 그룹은 인구통계학적 특성에 근거하거나 범주화의 과정에서 생성된 하위그룹, 예를 들면 단순 유형의 일부에 근거할 수 있다. 어느 쪽이 적용되든지 검색을 통해 현상과 관심 있는 특성 간에 일반적인 연결이 드러날 수 있다. 예를 들면 연령이 증가함에 따

Box 11.9

현상 간의 연결: 약물중재 결과 연구 분석

현상 간 연결 유형은 자료 내 다른 현상 간의 연관의 식별을 포함한다. 아래의 예는 약물중재 후의 행동과 변하고자 하는 동기에 따라 다른 패턴을 보인다. 이 연구에서는 약물중재 후 5가지 범주의 행동이 확인되었다.

- 회복: 더 이상 불법 약물을 사용하지 않음
- 정지: 더 이상 많은 양의 불법 약물을 사용하지 않음
- 약물의 대체: 더 이상 원래의 불법 약물을 사용하지 않으나 다른 대체 약물을 사용함
- 변화 없음: 동일한 패턴과 수준의 약물 사용
- 재발: 일정기간 중단 이후 불법 약물 사용 재개

변화에 대한 동기는 약물중단에 대한 강한 의지, 약물중단에 대한 약간의 의지, 약물중단에 대한 제한된 의지, 약물중단에 대한 무의지로 분류되었다. 하단의 표는 이들 간의 연결성을 보여주고 있다.

결과: 약물중재 후 행동	**변화에 대한 동기**
회복	약물중단에 대한 강한 의지
정지	약물중단에 대한 약간의 의지
약물의 대체	약물중단에 대한 제한된 의지 약물중단에 대한 무의지
변화 없음	약물중단에 대한 약간의 의지
재발	약물중단에 대한 강한 의지

현상 간의 연결성은 연구자에게 자료의 흥미로운 연결선을 제공할 수 있다. 예를 들면 약물중지에 대한 의지 정도는 회복과 재복용 모두 연결될 수 있다.

라 행동에 일반적인 변화가 있을 수 있다거나, 하나 혹은 둘의 특정한 하위그룹(예: 25세 미만의 사람들만 가질 수 있는 특별한 관점)에 첨부되는 것이다. 그러나 연결성의 반복적인 패턴에 대한 식별은 통계자료에서 보는 상관관계와 혼동되어서는 안 되며 차후 연구가치가 있는 반복의 패턴으로 보아야 한다. **Box 11.10**은 상속연구에서 하위그룹에 첨부된 경우를 보여준다.

어디서 찾을 것인가Where to look

연구자가 자료의 연결을 찾을 때 영감을 얻을 만한 많은 자료가 있다. 예를 들면, 전체 연구의 목적은 연관 가능한 패턴에 대한 뚜렷하고 함축적인 질문을 포함하거나 전체 자료 세트 중 탐색되고 질

Box 11.10

하위그룹에 첨부: 상속연구

하위그룹에 첨부는 특정하게 나타나는 현상과 다른 유형의 사람들 간의 연결과 관련된다. 예를 들면 특정한 태도, 신념, 행동이나 경험 등이 있다. 이 Box는 상속연구 표본 내의 하위그룹과 유언의 자유에 대한 관점 간의 연결에 대한 예이다. 여기서 표본집단은 유언장을 작성한 사람과 작성하지 않은 사람이다. 이 주제와 관련하여 다음과 같이 3개의 주요 범주가 식별되었다.

- 자유: 상속자를 선택함에 있어 사람들에게 완전한 유언의 자유가 허용되어야 하며 선택에 대하여 의문을 제기하게 해서는 안 된다.
- 조건적 의문 제기: 유언은 특정 상황에서 사망인의 가족에 의한 의문을 제기가 허용되어야 한다.
- 무조건적 의문 제기: 유언은 모든 상황에서 누구라도 의문을 제기하도록 허용되어야 한다.

아래의 표는 이러한 관점과 사람들의 유언 작성 여부 간의 관계를 보여준다.

유언의 자유에 대한 생각	소그룹: 유언을 남겼음 또는 없음
자유	예 아니요
조건적 의문	예 아니요
무조건적 의문	아니요

여기에서 세 번째의 연결인 무조건적 의문 제기는 별로 놀랍지 않으나, 처음 두 연결은 결과로 이어질 만한 추후 분석의 가능성을 열어준다. 연구자는 왜 유언의 자유를 믿는 사람들이 유언을 작성하지 않았는지, 반대로 의문 제기가 정당하다고 믿는 사람들은 왜 유언을 작성했는지 탐색할 수 있기 때문이다.

문될 필요가 있는 현장작업 중 생기는 직감 등이다. 하위그룹에 대한 부착과 더불어 표집 기준의 채택은 다른 신념과 태도 혹은 경험에 연결될 수 있는 특성에 대한 가정에 근거할 가능성이 높다.

현상 간의 연결로 인해 자료 관리 단계에서의 색인화 과정은 2개의 다른 주제를 서로 밀접하게 관련시키거나 논의되도록 적절한 연결을 환기시킬 수 있다. 범주화의 단계에서 다른 차원에 따른 응답의 그룹화 혹은 재그룹화는 연구에서 좋은 결과를 얻기 위한 경로를 알려줄 수도 있다. 연결 근거는 연구자가 어디에서 찾아야 하는지의 단서를 제공해 줄 것이다. 하나의 현상이 상호작용의 일부로써 다른 현상에 연결되고, 그 연결이 기능적이 되는 경우가 있는데, 예를 들면 의사의 행동과 환자의 치료에 대한 자세가 상호작용의 일부로써 서로 연결되고 그 상호작용이 치료로 기능하는 것이다. 어떤 연결은 하나의 현상이 다른 현상을 촉진하거나 억제하게 할 수 있는데, 예를 들면 경제적 독립에 대한 신념과 이익을 주장하는 행동이다. 반면 연결은 맥락에 따라 의미가 달라져 하나의 현상이 또 다른 현상의 배경을 제공할 수도 있다. 휴일이라는 상황이 알코올 소비라는 특정 현상의 배경을 제공하는 것이 한 예이다. 마지막으로, 실업 경험이 고용 안정성을 추구하는 태도를 생성하는 것과 같이 하나의 현상이 다른 현상에 앞서는 연속적인 연결일 수도 있다.

이 단계에서 연구자는 다른 경험적 연구를 어디서 연결을 찾을 수 있는지에 대한 아이디어의 원천으로 삼을 수 있다. 예를 들면, Spener와 Pahl(2006)은 우정에 관한 연구에서 남성 및 여성의 친구관계를 비교하였는데 이는 성별과 우정의 유형이 문헌에서 잘 수립되었기 때문이다.

어떻게 찾을 것인가 How to search

연결은 자료에서 저절로 드러나는 것이 아니기에 능동적인 발견을 필요로 한다. 현상 간의 연결과 함께 연구자가 어떤 현상이 검색에 포함될지를 일단 결정하면 개별적인 사례 수준에서 발견의 과정이 시작된다. 예를 들면 연구자가 경험과 태도 간의 연결 가능성에 관심이 있다면 특정 연구참여자가 설명한 경험의 특성과 신념의 특성을 연관된 자료 추출이나 각 현상에 대한 자료 요약을 반복적으로 읽으며 어떻게 이 자료들이 범주화 되었는지 연구할 것이다. 일단 각각의 범주를 알게 되면, 다음 단계는 두 현상이 어떤 방식으로 연결되어있는지 사례별로, 자료 세트 전체에 걸쳐 이 과정을 반복하여 찾는 것이다. 즉 경험의 어느 범주가 신념의 어느 범주와 연결되어 있는지 식별하는 방식이다. 연구자가 하위그룹의 연결에 관심이 있다면 자료 세트를 질서정연하게 정리하여 하위그룹을 각각 분석하여 범주의 신념, 행동 혹은 경험이 각 그룹에서 발견되는지를 찾는다.

검색을 돕는 많은 도구가 있다. 연구자는 전문 분석 소프트웨어를 사용하여 질문을 만들어 자료 관리 단계에서 자료 세트 전체 혹은 사례별로 색인화된 추출 자료를 검색하여 각 현상이 어떻게 범주화 되었는지 기록할 수 있다. 또는 연구자는 다른 주제 매트릭스에서 가져온 관련 열을 가로 세로로 작업하여 관심이 있는 특정 열을 포함한 검색 매트릭스를 구성할 수 있다. 하위그룹 분석을 위하여 대부분의 CAQDAS 프로그램은 검색어나 조건을 질문에 추가하여 어떤 특성이나 속성을 지닌 사례들만 검색되도록 할 수 있다. 엑셀과 같은 스프레드시트 소프트웨어가 자료관리를 위해 사용되지만, 검색은 연관되는 행만 배치하기 위하여 필터링과 재정렬이나 열이나 행 숨기기를 통해 수행한다. 그러나 이 과정은 CAQDAS 보다는 덜 자동화 된 과정이며 자료나 사례가 어긋나지 않도록 주의 깊은 접근을 필요로 한다.

이 단계에서 특히 유용한 도구는 전체 혹은 중앙 매트릭스이다. 매트릭스는 분석일지와 같은 역할을 하는데, 각 참여자의 기록이 있는 행과 인구 특성과 분석 주제를 담은 행을 포함한다. 각 분석 주제에 대하여 연구자는 각 사례에 적용되는 분석의 초기 서술 단계에서 발견된 특정 범주나 분

Box 11.11

중앙 매트릭스: 상속연구

중앙 매트릭스는 연구자가 자료에서 패턴들의 연관성을 찾는 데 도움을 준다. 기록지처럼 중앙 매트릭스는 주제분석에 의해 개발된 분류표를 이용해서 참여자의 주요 사회인구통계학적 특징을 배치한다. 아래 설명한 중앙 매트릭스는 상속연구를 인용하였다. 이 연구에서는 엑셀파일을 이용했으나 대부분의 CAQDAS 프로그램은 주제별 분류가 되고 자료를 추출했을 경우 중앙 매트릭스를 만드는 기능을 지원한다. 한층 더 깊이 있는 분석도 가능하다. 예를 들면, 답변 유형들 중 높은 부동산 가치나 유산을 받을 것으로 예상되는 사람들 또는 60세 이상의 그룹 중 모든 사람들은 유언의 자유가 무조건 보장되어야 한다고 믿는 사람들과 같이 패턴 이외의 답변을 조사할 수 있다.

	연구참여자 기준						전사 내용		주제별 분석	
사례번호	이전 결혼에서의 자식 여부	다수의 자식과 부모	유산 받을 것 예상	나이	결혼 여부	부동산 가치	유언장 작성 의지	이전에 유산 상속 경험	유언의 자유	유언 없이 죽음에 대한 관점
Con01	없음	해당 없음	예	64 이상	기혼	>£500,000	있음	예	조건적 보장	유연한 규정, 문제 제기 가능
Con02	있음	아니오	아니오	64 이상	사별	>£500,000	있음	예	조건적 보장	정해진 규정, 문제 제기 가능
Con03	없음	해당 없음	아니오	64 이상	미혼	>£500,000	있음	예	조건적 보장	유연한 규정, 문제 제기 가능
Con04	없음	아니오	아니오	34~64	동거	>£500,000	있음	아니오	자유	정해진 규정, 문제 제기 가능
Con05	없음	예	아니오	34~64	기혼	£100,000~£500,000	있음	예	조건적 보장	정해진 규정, 문제 제기 가능
Con06	있음	예	아니오	34~64	별거	<£100,000	없음	아니오	무조건적 보장	정해진 규정, 문제 제기 없음
Con07	있음	해당 없음	예	16~34	미혼	<£100,000	없음	예	조건적 보장	정해진 규정, 문제 제기 가능
Con08	없음	아니오	예	16~34	미혼	£100,000~£500,000	없음	예	자유	유연한 규정, 문제 제기 가능
Con09	있음	아니오	예	34~64	미혼	£100,000~£500,000	없음	아니오	무조건적 보장	유연한 규정, 문제 제기 가능
Mix01	없음	아니오	예	34~64	기혼	£100,000~£500,000	있음	아니오	조건적 보장	유연한 규정, 문제 제기 가능
Mix02	없음	아니오	아니오	16~34	미혼	알 수 없음	없음	아니오	조건적 보장	정해진 규정, 문제 제기 가능
Mix03	있음	아니오	예	64 이상	이혼	£100,000~£500,000	있음	예	자유	정해진 규정, 문제 제기 없음

(계속)

	연구참여자 기준						전사 내용		주제별 분석	
사례번호	이전 결혼에서의 자식 여부	다수의 자식과 부모	유산 받을 것 예상	나이	결혼 여부	부동산 가치	유언장 작성 의지	이전에 유산 상속 경험	유언의 자유	유언 없이 죽음에 대한 관점
Mix04	있음	해당 없음	아니오	34~64	별거	£100,000~£500,000	있음	예	조건적 보장	정해진 규정, 문제 제기 가능
Mix06	있음	해당 없음	예	64 이상	사별	<£100,000	있음	예	조건적 보장	정해진 규정 없음
Mix07	없음	아니오	아니오	16~34	미혼	<£100,000	없음	아니오	조건적 보장	유연한 규정, 문제 제기 가능
Shar01	있음	해당 없음	아니오	64 이상	기혼	<£100,000	없음	예	조건적 보장	정해진 규정 없음
Shar02	있음	아니오	아니오	34~64	이혼	£100,000~£500,000	없음	아니오	조건적 보장	정해진 규정, 문제 제기 가능
Shar03	있음	아니오	아니오	34~64	별거	<£100,000	없음	아니오	조건적 보장	유연한 규정, 문제 제기 가능
Shar04	있음	아니오	예	34~64	미혼	£100,000~£500,000	있음	아니오	조건적 보장	정해진 규정 없음
Shar05	없음	예	아니오	16~34	미혼	<£100,000	없음	아니오	조건적 보장	정해진 규정 없음
Shar06	없음	아니오	아니오	16~34	미혼	<£100,000	없음	아니오	조건적 보장	정해진 규정, 문제 제기 가능
Shar07	없음	예	아니오	16~34	동거	<£100,000	있음	예	조건적 보장	유연한 규정, 문제 제기 가능
Shar08	없음	해당 없음	아니오	64 이상	기혼	<£100,000	있음	아니오	조건적 보장	정해진 규정, 문제 제기 가능
Shar09	없음	아니오	아니오	16~34	미혼	<£100,000	없음	예	무조건적 보장	정해진 규정, 문제 제기 가능
Uncon01	있음	예	아니오	16~34	미혼	<£100,000	없음	아니오	조건적 보장	유연한 규정, 문제 제기 가능
Uncon02	없음	아니오	아니오	34~64	기혼	£100,000~£500,000	있음	예	조건적 보장	정해진 규정, 문제 제기 가능
Uncon03	있음	아니오	아니오	16~34	기혼	£100,000~£500,000	없음	예	자유	정해진 규정, 문제 제기 가능
Uncon04	있음	해당 없음	아니오	64 이상	사별	<£100,000	있음	예	조건적 보장	유연한 규정, 문제 제기 가능
Uncon05	없음	아니오	아니오	16~34	동거	£100,000~£500,000	없음	예	조건적 보장	정해진 규정, 문제 제기 없음
Uncon06	없음	아니오	아니오	34~64	이혼	£100,000~£500,000	없음	예	조건적 보장	유연한 규정, 문제 제기 가능

류를 입력한다. 특정 검색에 적합한 열들을 작업하고 이를 개별 참여자에 대해 계속 진행하면 각 범주 조합의 범위가 기록될 것이다. 그러나 중앙 매트릭스에 있는 정보는 선택적이며 매우 간결한 항목이나 고차원의 분류를 포함할 가능성이 높아 차후 탐색의 경로에 대한 단서를 제공할 수 있다. 연구자는 무슨 일이 일어나고 있는지 더 큰 시야로 이해할 수 있도록 관련 자료를 요약하고, 추출 자료나 기록을 반복적으로 다시 보아야 한다. **Box 11.11**은 상속연구에 대한 중앙 매트릭스의 예이다.

특별한 연결유형으로서의 다중유형Complex typologies as a special type of linkage

단순유형(simple typologies)에 속하는 단일유형은 어느 한 특정 차원에서의 이산적 위치(discrete position)의 측면에서 현상이나 사례를 분류하는 반면, 다중유형은 둘 혹은 그 이상의 차원 간의 연계를 포함한다. 다중유형의 생성은 범주화 단계가 완성되고 범주가 해당 영역에서 구분될 때 가능하다. 다중유형의 생성 가능성은 연구자가 연결을 위한 검색 시, 예를 들면 현상이나 하위그룹의 부착을 연결시킬 때 발생할 수 있다. 그러나 더 나은 체계적 검색을 위하여 생성되기도 한다.

다중유형을 구축하기 위해서 연구자는 구별되는 차원을 규명해야 한다(Lazarsfeld & Barton, 1951). 2가지의 상이한 형태의 다중유형은 규명된 상태 간의 단일 혹은 다중 연결인지에 따라 식별될 수 있다. 이는 Gibbs(2007)에 의해 다중차원(multidimensional) 및 다중요소(multifactorial)로 명명되었으나 단순화를 위해 단일연결 유형(single-linkage typologies)과 다중연결 유형(multiple-linkage typologies)으로 지칭한다. 단일연결 유형이 하나의 차원에서 하나의 전체 세트에 발생하는 경우 다른 차원에서 일어나는 위치는 전체 세트와 정렬되어 각 유형 범주가 상이하게 포함된 각 차원에 하나의 위치만 포함할 수 있다. 예를 들면 참여자들은 주제 X와 주제 Y에 대한 신념을 기준으로 구분될 수 있다. 만약 최초 분석이 X와 Y에 대해 각각 2개의 신념을 발견했다면, 단일연결 유형은 4개의 형태 즉, X1Y1, X2Y1, X1Y2, X2Y2가 있다. **Box 11.12**는 도박연구에서의 단일유형과 차원들 간의 배타적인 연결을 보여주고 있다.

단일연결 유형의 조건은 매우 엄격하며 모든 자료 세트가 이러한 유형의 분석을 지원하지는 않는다. **Box 11.12**의 예는 비교를 돕기 위한 것이다. 다중연결에 기초하여 구성된 복합유형은 **Box 11.13**에 있다. 이 종류의 유형은 덜 엄격한 형태이며 하나 이상의 범주에 여러 개의 위치가 나타날 수 있으므로 유형은 개별 위치의 하나의 연결보다는 독특한 위치들의 군집을 포함한다. 도박사의 다중연결 유형은 유형적 범주 내 위치들의 조합이 상이하나 개별적 위치들은 하나 이상의 유형범주에 나타난다. 예를 들면, 도박에서 승리의 만족도는 도박의 내적 요소의 모습으로 '주변적 도박사'와 '열성적 도박사' 두 그룹 모두에서 나타났다.

Box 11.12

단일연결 유형: 도박연구

단일연결 유형은 2개 이상의 차원 간의 현상이나 사례의 교차점을 찾는다. 각 유형적 셀은 상이하며 포함된 각 차원으로부터 하나의 위치만을 포함한다. 도박연구의 일부로 단일연결 유형이 개발되지는 않았으나, 여기 제시된 예는 Box 11.13에 제시된 다중연결 유형과의 비교를 위하여 단일연결 유형이 개발되었을 때의 예를 보여준다. 여기 보이는 유형을 구축하기 위해 도박 연구의 주요 차원의 위치 간 연결을 비교하였다. 즉, '도박경험(내적 요인)', '도박경험(외적 요인)', '지출패턴(Box 11.8에서 배치된 단순유형)' 및 '지각된 도박의 영향' 등을 비교하였다. 이는 '주변적 도박사', '열성적 도박사', '비즈니스 도박사' 및 '충동적 도박사' 등의 도박사의 4가지 유형을 추출하였다.

유형 분류표	유형에 포함된 요소			
	도박경험: 내적 요인	도박경험: 외적 요인 (환경/상황)	지출패턴	지각된 도박의 영향
주변적 도박사	승리의 만족	친구 또는 가족과 함께	가지고 있는 재산 이상 지출하지 않음	제한적인 부정적 영향
열성적 도박사	기술과 지식을 필요로 하는 게임	즐거운 외출	정기적으로 재산 이상 지출함	이겼을 때 자존감에 긍정적인 영향
비즈니스 도박사	돈을 벌기 위해	편함, 장애물 없음	가끔 이길 수 있다는 자신이 있을 때 재산 이상 지출함	수입에 긍정적인 영향
충동적 도박사	쾌감(중독)	현실도피	항상 재산 이상 지출함	부정적인 영향

유형이 개발되면, 연구자는 자료 세트 전체에 유형이 얼마나 잘 적용되는지를 확인해야 한다. 유형의 적용에 대한 확인은 먼저 개별 수준을 검토하고, 각 사례별로 연결 패턴을 찾아 구성한다. 연결들을 구별하고 나면 연구자는 다른 차원 간의 상호작용을 구분할 수 있고 특징지을 수 있는 유형적 범주를 고안한다. 이 단계에서 유형은 사례보다는 현상을 주목한다. 그러나 유형의 안정성을 확인하기 위해서 사례 수준에서 다시 확인해야 한다. 만일 유형이 짜임새 있고 적합성이 있을 경우, 사례의 속성에 적용되고 차후 자료의 연관성 검색에 사용할 수 있다.

적합성의 확립은 분석적 양심을 필요로 하는 반복과정이다. 이때 2가지 주요 난제에 직면할 수 있다. 첫 번째, 한 개 이상의 유형 범주에 속하는 사례를 찾는 경우이며, 두 번째, 어떤 유형 범주에도 해당하지 않는 사례를 찾는 경우이다. 이 단계에서 연구자는 이러한 사례들에 어떤 다른 특별한 면이 있는지 결정하고, 유형을 재정비하여 이런 사례들을 할당할 수 있는지 결정해야 한다. '불

Box 11.13

다중연결 유형: 도박연구

다중연결 유형은 2개 이상의 차원에서 위치들의 군집을 가지고 있다. 각 세트의 유형 셀은 독특하지만 단일연결 유형과 달리 각 차원으로부터 하나 이상의 위치가 포함될 수 있으며, 하나의 위치는 하나 이상의 유형 범주에 나타날 수 있다. 그러나 각 유형 범주에서 위치의 조합은 4개의 차원에 걸쳐 고유하다.

Box 11.12에 보는 바와 같이 같은 차원을 사용하여 아래의 유형은 좀 더 자료에서 실제로 발견된 패턴에 가깝게 반영하여 용이한 설명을 위하여 편집되었다. 어떤 셀은 각 차원에서 하나 이상의 위치를 포함하고 있음을 볼 수 있다. 예를 들면, 충동적 도박사는 정기적으로 경제적 여유보다 더 많은 돈을 쓰고, 다른 사람들보다 항상 더 많은 돈을 쓴다. 또한 열성적 도박사와 충동적 도박사가 이길 경우 자신의 도박이 매우 다르다는 면에서 긍정적인 자신감을 가지는 것을 발견했다.

유형 분류표	유형에 포함된 요소			
	도박경험: 내적 요인	**도박경험: 외적 요인 (환경/상황)**	**지출패턴**	**지각된 도박의 영향**
주변적 도박사	승리의 만족	친구 또는 가족과 함께	가지고 있는 재산 이상 지출하지 않음	제한적인 부정적 영향 또는 사회생활에 긍정적인 영향
열성적 도박사	승리의 만족 또는 쾌감(흥분감) 또는 활동 자체에 관심이 있음	친구 또는 가족과 함께함 또는 즐거운 외출	가지고 있는 재산 이상 지출하지 않음	사회생활에 긍정적인 영향 또는 이겼을 때 자존감에 긍정적인 영향
비즈니스 도박사	돈을 벌기 위함 또는 기술과 지식이 필요한 게임	편함, 장애물 없음	가끔 이길 수 있다는 자신이 있을 때 재산 이상 지출함	부정적인 영향에 대하여 인지함 또는 수입에 긍정적인 영향
충동적 도박사	승리할 수 있다는 기대감 또는 쾌감(중독)	편함, 장애물 없음 또는 현실도피	정기적으로 재산 이상 지출함 또는 항상 재산 이상 지출함	부정적인 영향 또는 이겼을 때 자존감에 긍정적인 영향

량(rouge)'사례의 정보는 대체나 차원의 추가 또는 범주의 재구성을 제안할 수 있다. 경우에 따라 연구자는 유형을 단일연결에서 다중연결로 변경할 수 있는 가능성을 확보하도록 한다. 만일 분석된 유형이 적합하지 않을 경우 연구자는 어디에 문제가 있는지 더 상세한 부분을 살펴보아야 한다. 예를 들면 일부 참여자들은 특정 신념이나 경험에 대해 이야기하지 않았을 수 있으며, 이런 경우 연구자는 관련 주제가 모두 존재하는 사례만을 참조하여 분명하게 할 수 있다. 참여자들이 현상에 대해 이야기하였으나 태도, 행동 혹은 경험이 유형을 위해 선택된 차원 중 하나에 맞지 않았을 수

도 있다. 이런 경우 연구자는 어려운 결정을 내려야 한다. 현상을 단순화시켜 다른 유형의 사용을 제한할 것인지, 아니면 많은 차원들이나 순열, 범주를 추가하여 자료의 실제상황과는 멀어질 것인가? 유형을 전부 포기해야 하는가? 유형을 유지하지만 보고된 범위와 특이한 사례를 상세하게 설명하여 미래의 연구자들이 그 근거 위에서 연구를 시작하고 분류를 구축하도록 해야 하는가?에 대한 것이다.

Hammersley와 Atkinson(1995)는 유형 생성이 효과적이기 위해서는 순수한 개념적인 활동이 아닌 자료를 잘 사용해야 하며 차이를 설명하는 데 도움이 되어야 한다고 주장한다. 다르게 표현하면, 단지 유형을 만들어야 하기 때문에 만드는 것은 아무 의미가 없으며 유형은 자료의 중요한 패턴을 포착하여 연구의 목적과 질문을 해결하는 데 도움이 되어야 한다. 그러나 특정한 형태 내에 맞는 사례가 단 하나라고 해서 유형을 버릴 필요가 없다는 것도 중요하다. 범주와 전체 유형이 개념적으로 일관되면 각 유형마다 얼마나 많은 사례가 있는지는 중요하지 않다. 왜냐하면 연구목적은 항상 현상의 빈도보다는 자주 일어나는 현상의 범위와 다양성을 보여주기 위함이기 때문이다. 질적자료는 사례들이 하나의 질적인 표본 내에 얼마나 균일하게 분산되어 있는지의 여부에 상관없이 표본집단 내에서의 특정 형태의 존재에 대해 아무것도 말해줄 수 없다.

질적연구에서 연결 이해하기Understanding linkage in qualitative research

연결을 식별하는 과정에서 숫자의 문제에 봉착할 수 있다. 연구자가 자료 세트에 걸쳐 연결을 찾는 과정에서 Silverman(1993)이 명명한 단순 계산이 포함될 수 있다. 본질적으로 연구자는 X의 특정한 범주가 Y의 특정한 범주와 연결된 장소를 모두 식별하는데, 이 과정에서 연구자는 어떤 숫자들을 생성하게 된다. 그러나 이런 단순 계산과 통계적인 조사에서의 양적화를 구분하는 것은 중요하다(Barbour, 2008). 후자는 빈도를 설명하고 변수 간 상관관계의 측면에서 계산하는 반면, 질적분석에서는 계산을 연결의 다른 패턴을 식별하여 어떤 요소와 기능이 다른 연결을 뒷받침하는지 이해하기 위해 사용한다.

따라서 하나의 특정한 연결이 다른 연결에 비해 더 반복되는 발견은 독립적인 발견으로 보고되지 않으며 추가 조사를 할 만한 배치로 이해하여 연결의 본질이 더 분명하게 이해되도록 한다. 그러나 덜 반복되거나 심지어 유일한 연결도 만일 연구자가 '무슨 일이 벌어지고 있는지' 이해하는 데 도움이 될 경우, 동일한 관심 대상이 될 수 있다. **Box 11.14**는 훈련 중재 연구를 예를 들어 이러한 점을 보여주고 있다.

그러므로 질적연구에서 연결의 가치는 단지 반복의 발견이 아니라 연구에서 연구대상에 대한 완전한 이해를 가능하게 하는 주요 단서를 제공하는 패턴을 인식하는 데에 있다. 연결의 범위를 인

Box 11.14

질적연구에서 연결의 분석 가치: 훈련 중재 연구

본 연구에서 평가된 훈련 중재는 연구참여자의 근로태도를 향상시키고 고용자격을 갖춘 사람으로 만들고자 함이다. 아래 표에서는 '훈련 전 직업에 대한 근로태도'와 '훈련 후 고용상태/근로태도' 간의 연결을 보여주고 있다. 별표는 각 연결 형태와 연관된 사례의 숫자이다.

훈련 후 고용상태/근로태도						
훈련 전 직업에 대한 근로태도	⇨	업무에서	일을 즉시 우선으로 한다	어느 시점에서 옵션으로 한다	일은 옵션이 아니다	일을 고려하지 않는다
일을 즉시 우선으로 한다		***** (A)	****** (B)	* (C)		
어느 시점에서 옵션으로 한다	훈련 후 상태	**** (A)	** (A)	**** (B)		
일은 옵션이 아니다		* (A_2)			***** (B)	
일을 고려하지 않는다	⇨					***** (B)

이 방법으로 2가지 현상을 비교할 경우, 일련의 결과가 나타난다. (A) 훈련 후 고용이나 근로태도에 대해 '진전', (B) '동일' 혹은 (C) '후진' 등이다. 질적연구 결과의 양적화를 믿는 연구자는 가장 많이 반복된다는(20사례) 이유로 두 번째의 결과(B)에 집중할 것이며, 다음으로 많이 반복되는 사례(A, 12사례)에 주목할 것이다. 그리고 3분의 1에 해당하는 표본이 훈련 후 더 고용자격을 갖추게 되었으나 약 3분의 2가 변함이 없었다고 보고할 것이다. 그러나 이러한 서술은 표본의 크기와 구조로 인해 통계적으로 유효하지 않다. 더 가치 있는 접근방식은 결과를 순서적으로 조사하는 것이다. '진전'되는 경우에서의 경험은 어떠한 것이었으며, 이러한 변화에 영향을 준 훈련(만일 있다면)은 어떠한 것인가? 이 경험을 '동일' 혹은 '후진'한 훈련자들과 비교해 보았을 때 어떠했는가? 질적연구자에게는 최대한의 변화를 가져온 사례들이 관심의 대상이 될 수 있다. 일이 가장 우선인 순위에서 어느 순간 선택으로 바뀐 사례(C)의 경우 무슨 일이 있었는가? 프로그램의 전달 때문이었는가? A_2는 일을 선택하지 않았던 상황에서 일을 하고 있는 상황으로 그렇게 많이 전진할 수 있었는가?

식한 후 연구자는 분석에서 한 단계 물러나 다음과 같이 질문할 수 있다. '현상이 이러한 형태를 취하는 이유는 무엇인가?', '왜 특정 상황, 신념, 행동, 경험 혹은 결과는 연결되어 있는가?', '연구의 일부 참여자들은 이러한 요소를 설명한 반면, 왜 다른 참여자들은 설명하지 않았는가?' 모든 질적연구가 곧 설명으로 이어지지는 않지만, 만약 연구자가 연결을 조사했다면 어떻게 이러한 연결들이 나타났는지 이해하고 싶을 것이다.

설명: 패턴 설명하기Explanation: accounting for patterns

질적연구의 힘은 설명적 분석이 가져오는 통찰력에 의해 나타난다. 예를 들어, 무엇이 태도, 결정, 동기를 지지하는지 알아내기 위해 애쓰고, 표본 내의 하위그룹 간에 다른 관점을 만드는 요인을 구분하며, 복잡하거나 이해하기 힘든 행동에서 형성되는 중요한 특성을 제안하거나 인식, 기대, 환경, 자원, 보상, 장애 등의 복잡한 상호작용에 근거한 과정을 식별한다. 그러나 설명을 찾고 개발하는 과정에서 연구자는 다양성을 찾아야 한다. 사회는 언제나 복잡하기 때문에 중재의 영향에 대한 하나의 설명만이 존재하거나, 사람들이 특정한 태도를 취하는 데 대해 단 한 가지의 이유만 있는 일은 드물다. 설명을 찾을 때 연구자는 영향을 미칠 만한 일련의 요인이나 특성을 찾고자 한다. 질적연구에서 설명은 대부분 결정적인 원인으로서가 아닌, 주로 어떤 상황이 나왔는지 추측으로서 틀을 잡는 일임을 기억하는 것이 중요하다. 설명은 근거를 제시하거나 시도하기보다는 사례나 주장을 만드는 일에 관련된다.

설명을 찾는 과정은 서술하기 어렵다. 왜냐하면 분류, 요약, 범주화된 자료를 판독하는 과정과 발견된 실마리를 따라가는 과정, 연결 패턴을 연구하는 과정 및 전체 문헌을 다시 읽고 자료를 숙고하는 일반적인 과정이 모두 복합적으로 관련되기 때문이다. 퍼즐의 조각을 맞추기까지 자료와 부여된 설명 사이를 왔다갔다하는 과정을 반복한다. 또한 적합성에 가깝게 다가가기 위해 또 다른 경쟁적 설명을 찾고 시도하는 일을 포함한다. 본질적으로 이 단계에서 무슨 일이 있는지에 대해 상세히 이해하기 위해서는 다양한 방법으로 자료를 교차 검증한다.

이 과정의 서술에서 기대할 수 있듯이, 설명은 단순히 드러나는 것이 아니라 연구자가 적극적으로 자료를 분석하고, 자료가 다른 형태에 비해 어떤 특정 형태를 나타내는지 이론화하는 과정을 수반한다(Braun & Clarke, 2006). Richards와 Richards는 다음과 같이 설득력 있게 설명했다.

> 설명이란 돌 밑에 있는 작은 도마뱀처럼 발견되는 것이 아니라 적극적으로 구축하는 것이다. 자료는 연구자에 의해 계속 구축될 것이다. 이는 연구자들이 자료를 훼손하지 않은 상태에서 형태를 얻기 위해 자료 조각 위에 올린, 의미의 추상적인 그물 같은 인지지도(mental maps)이다. 연구자들은… 종종 상상적인 유추의 창조적 도약을 통해 연결을 찾고 가닥들을 모아 그물을 짜 맞추어야 한다(Miles & Huberman, 1994).

연구의 속성, 자료 내의 패턴, 연구자 자신의 이론적 · 인식론적인 관점에 의거하여 연구자들이 설명을 구축하는 다수의 방법이 있다. 설명이 개발된 방법을 분석하기 위해서는, 설명의 다른 유형들을 서로 구분하는 것이 도움이 된다. 예를 들면, 설명은 참여자들이 제공한 사항에 근거하여 분명할 수도 있고, 반대로 연구자가 만든 추론에 의해 함축적일 수도 있다(Hughes & Sharrock, 1997; Layder, 1993; Lofland & Lofland, 1995). 질적설명은 원인보다는 극소수-사회적 과정의 측면에서 구축되는 경향이 있다. 따라서 장점, 기술 및 한 사람이 가진 역량, 성향을 포함한 개인적인 특성, 개인적인 의도 혹은 동기, 규범(신념 혹은 특정 사회집단 간의 행동 규칙 및 맥락), 환경이나 기회 및 제한 등 개인의 외적 구성요소 등을 포함한 다른 종류의 복잡한 상호작용을 포함한다.

명시적 설명 Explicit explanations

명시적 설명을 위해 연구자는 참여자들의 의도, 신념, 특정한 입장을 만들어내는 상황, 행동, 결과나 그들이 왜 그렇게 했는지를 고려한다. 이런 형태의 설명에서는 주장을 제기하고 사례를 입증하는 것은 연구자보다 참여자가 된다. **Box 11.15**에서 약물중독연구를 사례로 보여주고 있다. 본 예에서 흥미로운 점은 참여자가 사용한 약물의 종류에 따라 다른 요인을 언급한 것이다. 연구자는 약물의 치료가 종종 약물을 포괄적인 방법으로 해결하려고 하여 약의 종류와 다양한 동기 및 직장에

Box 11.15

명시적 설명: 약물중독 연구

명시적 설명은 참여자의 신념, 행동 혹은 결과를 설명하는 방식에 근거를 둔다. 약물중독의 영향 연구에서 연구자들은 청년들이 약물을 사용하는 이유에 대해 어떤 말을 했는지에 초점을 두었다. 연구자는 약물중독의 이유와 영향을 개인이나 맥락에 따라 분류하였다.

개인적 영향들: 구체적 효과를 얻기 위해 선택된 약물들

- 에너지를 높임
- 긴장을 풀어줌
- 다른 약물들의 영향으로부터 도움이 됨
- 억제를 줄여줌
- 무료함을 없애줌
- 생리적 욕구를 억제함
- 일을 처리하려는 동기부여를 높여줌
- 일처리에 도움을 줌(졸음 방지)
- 자신감을 줌

특별한 신체적 또는 정신적 상태

- 얼마나 피로를 느끼는지에 따라서
- 감성적 상태에 따라서(행복, 우울)

다음 날의 역할 책임에 따라(예: 직장)

개인적 경계에 따라: 사람들은 어떤 약물을 사용하고 하지 않을지 자신만의 규칙이 있었다.

맥락적 영향들: 환경적인 영향에 의해서 약물을 사용함

- 접할 수 있는 알맞은 장소에 있었음
- 직장 내 환경(참여자들은 주변 직장동료 또는 직장 내에서 약물사용이 관행처럼 이루어지고 있어 자신들의 행동을 정당화 함)

그 당시에 가능성

재정

서의 상황을 고려하지 못했다고 주장하며 이에 대한 정책적 의미를 드러내고 있다.

어떤 경우 연구자는 참여자가 명시적으로 제공하는 내용에 집중한다. 그 이유는 더 이상의 해석 없이 참여자의 관점을 제시하는 인식론적인 이유 때문이거나 위의 예와 같이 연구의 목적을 반영하기 때문이다. 다른 방법으로 연구자들은 명시적인 설명을 자료의 다른 부분을 포함한 근거의 일부로서 취급하며 자신의 함축적인 설명을 구성할 수 있다.

함축적 설명Implicit explanations

함축적 설명은 참여자보다 연구자가 주장을 제시하고 사례를 입증한다. 이는 참여자가 자신의 관점이나 행동을 설명하지 않았거나 제공한 명시적 설명이 자료 내에서의 모든 변화와 패턴을 설명하지 않기 때문이다. 또한 연구자는 특정한 이론틀 안에 연구결과를 배치하려고 할 수 있다. 동기가 무엇이든 간에, 연구자는 아래 설명된 2가지의 방법으로 함축적 설명을 구축할 수 있다.

자료에 근거한 논리 추론하기: 이 방법에서 연구자는 연결의 다른 형태를 연구하고 규명된 연결의 패턴을 해명하는 설명을 개발한다. 연결 하나로 설명을 하지 않지만 설명이 필요한 퍼즐을 제공한다는 것을 강조하는 것이 중요하다. 연결이 어떻게 작용하며 어떠한 방법으로 어떻게 다른 요소들이 특정 패턴이나 결과에 영향을 미쳤는지 이해할 때까지 반복적으로 자료로 되돌아가 설득력 있는 주장을 구성하는 일은 연구자에게 달렸다. 하위그룹과의 연결성을 조사할 때, 연구자는 계급이나 나이, 성별 등의 속성을 어떤 특정한 결과로 나타나는 개인이 가지고 있는 어떤 형태의 특성으로 다루어서는 안 된다. 그보다는 이러한 속성을 특정 사회적 패턴의 출현, 사회지형(social topography)의 다양한 패턴 간의 상호작용을 다른 단계로 촉진하거나 저해하는 사회적 상황의 특징으로 기억하는 것이 중요하다(Allan, 1989). 바꿔 말하면, 사회-인구학적인 특징을 단순한 이유로 보아서는 안 되고, 이것은 참여자의 경험과 상황의 요약으로 행동과 입장에 영향을 끼치며, 다른 현상과의 조합하에 특정 결과로 이어진다. 잠재적인 논리를 추론하는 예로 약물중재 결과연구를 인용하여 **Box 11.16**에 설명하였다. 이는 설명이 어떤 측면으로 참여자의 동기와 개인적 수용과 거주지를 구하는 어려움의 경험이나 다른 서비스와의 경험 등 맥락적 요소들의 복잡한 상호작용을 포함할 수 있는지를 보여준다.

주요 분석적 개념의 사용: 함축적 설명의 대안적 접근은 자료로부터 강한 설명적 개념을 개발하거나 문헌에 있는 특정 틀에서 분석적 개념을 가져오는 것을 포함한다. 첫 번째 접근법은 자료 내의 패턴을 설명할 수 있는 중심 혹은 핵심 범주가 만들어질 때까지 연구자가 반복적으로 범주를 개발하는 근거이론이다. 이 접근 중에 가장 잘 알려진 예는 Glaser와 Strauss(1967)의 초기 연구에서 찾을 수 있다. 연구자들은 '사회적 상실(social loss)'의 개념을 개발하였는데, 이는 간호사가 측

Box 11.16

자료 내에 함축된 논리 추론: 약물중재 결과연구

함축된 설명은 연구자에 의해 개발된 것이며 자료 내의 패턴을 논리적으로 이해하고자 하는 시도이다. 약물중재 결과연구에서 연구자는 2개의 주요 요소가 Box 11.9에 서술된 중재 후 결과의 범위 설명을 돕는다는 것을 직감했다(회복, 정지, 약물 대체, 약물 사용에 변화 없음, 중독 재발). 이 2개의 주요 요소는 다음과 같다.

- 중재가 서비스를 받는 연구참여자의 요구와 일치했는지의 여부
- 연구참여자에게 동기변화와 약물치료 포기의사가 있는지의 여부

자료를 검토하는 데 있어 위의 두 요소는 중요한 반면, 특정 결과와 일관되게 연결되어 있지 않았으며, 하나의 요소만 보았을 때 설명의 기초를 형성하지 못하였음이 분명히 드러났다. 연구참여자들이 경험과 환경을 설명하는 방식을 각 사례별로 검토하기도 하였으며, 사례를 넘어 요소에 따라서도 재검토하였다. 그리하여 초기 요소들(중재와 변하고자 하는 동기의 일치) 간의 패턴이 있음을 발견하였고, 추가로 다음의 몇 개의 주제를 발견하였다.

압박
- 연구참여자의 환경적인 문제의 경험, 예를 들면 안정적인 주거가 부족하거나 집이 없음
- 연구참여자의 재발 요인에 대한 노출, 예를 들면 약물중독을 상기시키는 사람이나 장소 혹은 물건

수용력
- 연구참여자의 삶의 기술과 압박을 다루는 수용력

다른 서비스의 경험
- 연구참여자가 받았던 비약물 관련 서비스(예: 일반의, 병원, 주거 서비스)와 긍정적 경험 여부

대인관계
- 연구참여자들이 비약물 복용자와의 대인관계 유지 및 지지 네트워크를 유지할 수 있는 능력

확인된 패턴을 기반으로 연구자는 개인의 특성(예: 삶의 기술), 기질(변하고자 하는 동기) 및 상황적 요인(치료와 요구 간의 일치를 포함하거나 환경적인 압박, 재발 요인에의 노출)의 상호작용과 연관되는 상이한 결과에 대한 대체적인 설명을 찾아내었다. 받은 치료와 요구의 일치 여부는 5가지 결과 중에서 단지 2가지 결과에만 설명을 제공하였다.

회복:
연구참여자들은 변화하고자 하는 강한 동기가 있었고 약물중독의 치료법과 연구참여자들의 회복이라는 요구가 일치한 경우 약물복용을 포기하거나 극적으로 줄일 수 있었다. 반면 연구참여자들은 치료와 요구가 일치하지 않았음에도 불구하고 다른 서비스나 지지 네트워크, 일상에서 압박을 다룰 수 있는 역량을 지녔던 경우에는 회복할 수 있었다.

정지:
어떤 연구참여자들은 약물 사용을 줄였으나 현재가 가만히 정지되어 약간의 진전만을 보였을 뿐이다. 그 이유는 변화하고자 하는 어느 정도의 동기부여는 있었으나, 부족한 삶의 기술로 인해 압박을 다룰 수 있는 역량이 제한되어 있었다. 다른 연구참여자들은 변하고자 하는 동기가 있었으나 치료가 요구와 일치하지 못했다.

(계속)

약물의 대체:
원래 복용하던 약물을 끊었지만 다른 약물로 대체한 연구참여자들은 약물중독에서 벗어나는 데 실패했다. 이는 연구참여자들이 변하고자 하는 동기부여가 제한되어 있었고 부족한 삶의 기술로 인해 재발요인이나 압박에 취약했기 때문이다.

변화 없음:
이들은 약물 사용이 전혀 감소하지 않았고 진전에 실패했다. 이 그룹의 연구참여자들은 변하고자 하는 동기가 부족했거나 부족한 삶의 기술과 압박을 다루는 역량이 제한되어 있었기 때문이다.

재발:
마지막으로 약물을 중단한 일정 기간 후에 약물을 다시 복용하기 시작한 연구참여자들인데, 강한 동기부여에도 불구하고 부족한 삶의 기술이 압박을 다루는 능력을 제한했으며 약물 복용정지에 취약하게 만들었기 때문이다.

이 분석에 근거하여 연구자들은 다음과 같은 결론을 내렸다. 모든 요소가 모든 결과와 개인에게 영향을 주지는 않았으나, 위에 식별된 4개의 맥락적 요소와 개인적인 요소는 참여자의 (변하고자 하는 요구와 동기가 치료와 어떻게 잘 조화되었는지로 간단하게 설명되지 않는) 치료 후 행동에 중요한 영향을 끼쳤다.

정하는 환자의 '사회적 가치(social value)'와 환자의 죽음이 그의 가족, 직업 및 지역사회에 미치는 영향을 일컫는다. Glaser와 Strauss는 잠재적인 사회적 상실이 클수록 환자가 받는 치료의 기준이 더 낮다는 것을 발견했다.

개념은 자료에서 개발되기보다 기존 문헌에서 가져올 수도 있으나 설명이 이 방식으로 개발될 경우, 근거의 고유성과 다양성을 반영하는지 주의 깊게 확인하고 사전에 형성된 생각에 맞추기 위해 발견을 억지로 끼워 맞추지 않도록 한다. 공식적인 분석과정의 시작에서 연구자는 참여자 자신의 언어와 단어에 가까이 있어야 하며, 그 분석과정 이후엔 실제 자료를 일치시키기 위한 이론적 개념이나 이론을 소개해야 함을 주장했다. 만일 이론적 틀이 분석 단계에서 너무 빨리 자료에 적용되면 자료의 세밀한 풍부함이 손실될 수 있다. **Box 11.17**에서는 탈개인화 이론과 인지부조화 이론이 2011년 폭동에 참여한 이유를 설명하고 있음을 보여준다. 그러나 이 예에서는 그 개념들이 다각적인 설명 개요의 단지 한 부분만을 설명함을 보여준다.

기존의 지식이나 이론에 연결하기 Making links to existing knowledge or theory

연구자가 기존의 지식을 분석에 연결하는 여러 방법이 있다. 이들 중 일부는 이미 논의되는데, 예를 들어 패턴의 연결을 결정할 때 다른 경험적 연구로부터 단서를 얻거나 설명을 하기 위해 이론적 개념을 사용하는 것 등이다. 그러나 분석의 마지막 단계에서는 연구의 전체적인 결과를 그 분야의 현재 이론이나 견해를 알리는 더 넓은 맥락에서 찾는다. 이는 항상 분석 단계에서 고려되어야 하는데, 이론이나 정책 혹은 실무에서 연구결과가 지평을 넓히거나 깊게 하는 많은 단계가 있기 때문이다. 그러나 이를 위해서는 연구결과물이나 추론적 혹은 설명적 주장이 어떻게 만들어졌는지에 대

Box 11.17

주요 분석 개념이나 이론적 틀을 통합하기: 폭동연구

함축적 설명의 몇 가지 유형에서 연구자는 관련 문헌에서 이론적인 개념을 이용한다. 이 예문에서 제시된 폭동연구를 통해 연구를 위해 개발된 설명 개요의 구성 요소로 탈개별화 이론이 어떻게 도입되었는지 설명하였다. 먼저 연구자들은 자료에 포함된 연결의 패턴을 조사하고 청년들의 폭동 참여의 원인을 이해하려고 시도하였다. 그들의 분석에 있어서 중요한 주제는 참여하게 된 즉각적인 동기와 발견된 3가지의 주요 범주였다.

- 흥분: 청년들은 아드레날린, 쾌감, 한 번도 본적이 없는 것으로 묘사
- 공짜 물건을 갖기 위해: 디자이너 옷과 전자제품을 가질 수 있는 기회
- 보복: 경찰에게 되갚아주기 위해

그러나 폭동에 참여하지 않은 많은 청년들도 같은 동기를 공유하고 있었던 것이 확실했다. 이들 역시 흥분을 찾았고 공짜 물건을 얻기를 원했으며 경찰을 싫어했다. 그 결과, 연구자들은 청년들에게 이러한 동기를 갖게 하거나 촉진 또는 방해하는 다른 요인을 알아보았다. 이 요인은 4개의 제목(headings)으로 아래에 그룹화하여 표에 설명하였다.

	촉진요인	방해요인
상황적(해당 저녁)	그룹 과정: 그룹의 힘에 의해서 휩쓸려감, 다른 이들이 별 문제없이 도망가는 것을 보았음, 익명의 힘을 느낌 동료 압력: 친구들이 참여함 정보: 텔레비전에서 봄, 문자메시지를 받음/페이스북/BBM 메시지를 통해서 보았음 상황: 달리 차지하고 있지 않음, 장소에 가기 편했음/접근이 용이했음 막강한 실력자 또는 기관이 존재함: 어른들이 하지 말라고 말하지 않았음, 모두가 하고 아무도 잡히지 않았음	그룹 과정: 그룹에 휩쓸리지 않음, 자신의 미래 목표에 대하여 적극적으로 생각하고 지금 이 순간에 집중하지 않음(개인적 요소 참조) 동료 압력: 친구들이 참여하지 않음 상황: 장소에 가기 불편함(대중교통이 없고 장소가 멀리 있음) 막강한 실력자 또는 기관이 존재함: 부모, 친지 또는 어린이 보호자가 하지 말라고 말해줌
개인적	이전 범죄 활동: 쉽게 연루됨, '이게 그들이 여기서 하는 일들이야' 기관에 대한 태도: 정치인들이나 기관에 냉소적/화가 남, 경찰과의 안 좋은 경험 기대감: 어려운 일자리 구하기, 낮은 수입, 미래에 대한 제한된 희망, 잃을 것이 없음	이전 범죄 활동: 한번 잡힌 적이 있어 위험성을 인지하고 있음 기관에 대한 태도: 경찰과의 안 좋은 경험 없음 기대감: 직장 또는 업무의 기대감, 열망함–잃을 것이 많음

(계속)

가족/지역	가족 태도: 친척들이 비난하지 않음 지역: 저급 범죄 문화가 만연한 지역에 속해 있음	가족 태도: 비난함, '이렇게 키우지 않았다' 지역: 사회가치/ 문화(지역 내 종교 단체 포함)를 중시하는 지역에 속해 있음
사회적	귀속: 약간의 주인의식 또는 사회 내 이해관계 빈곤과 물질주의: 물질에 대한 강한 욕구는 있지만 구입할 수 있는 돈이 없음	귀속: 주인의식 또는 사회 내 이해관계

연구자들에게 특히 흥미로웠던 것은 그날 밤 몇몇 사람들이 그룹 과정을 통해서 그들 자신들이 일반적으로 하지 않는 행동을 하고 있다고 느꼈다는 것이었다. 이 시점에서 탈개별화 이론은 그룹과정의 일환으로 사람들이 어떻게 억제하고 익명화 되는지를 이해하는 데 도움을 주었고(Feldman, 1993) 인지부조화 이론은 개인이 불법 또는 유해한 행위를 하는데 있어서 정보를 이용하는지 이해하는 데 도움을 주었다(Aronson, 1992). 지금까지의 분석에서는 참여에 영향을 미치는 포괄적인 요인을 나타내고 있지만, 왜 특정 개개인들이 참여 여부를 결정하게 되었는지에 대한 문제는 여전히 답하지 않았다. 결과적으로, 연구팀은 사례마다 보고 자료를 재검토하여 본인들의 주장에서 누락된 것이 있는지를 확인하였다. 이 단계에서 그들은 참여자들이 사실상 두 가지 질문을 하고 있다고 추측했다.

- 참여했던 것이 옳은 일인가?
- 참여함으로써 위험한 것은 무엇인가?

이 두 가지 질문에 대한 대답은 폭동에 찬성인지 반대인지를 판단하게 되었다. 동기부여, 규범적이고 맥락적 요인이 전체 설명에 어떻게 기여하는지 전체 과정을 도식적으로 설명하였다.

	상황적(그날 밤)	개인적	가족/지역	사회적	도덕적 입장	위험의 계산	행동
촉진 요소들	• 탈개인화됨 • 정보를 얻음 • 동료의 참여 • 쉽게 접근 가능함 • 기관에 의해서 그만두지 않음	• 모두가 소규모의 범죄를 저지름 • 경찰과 안좋은 경험 • 보잘 것 없는 미래 • 잃을 것이 없음	• 친척이 비난하지 않음 • 저급 범죄가 만연한 문화	• 낮은 사회적 관심 • 물질주의	• 참여할 권한이 있음	• 얻을 수 있는 이익이 위험보다 많음	• 폭동 또는 약탈
방해 요소들	• 자신의 목표에 집중함 • 정보를 얻지 못함 • 동료들이 참여하지 않음 • 접근하기 불편함 • 기관에 의해서 그만두게 함	• 이전에 잡혔던 경험이 그만두게 함 • 경찰과 안좋은 경험 없음 • 미래에 대한 기대감 • 잃을 것이 많음	• 친척들의 비난 • 사회적 책임의 문화	• 높은 사회적 관심	• 참여하는 것은 옳지 않음	• 위험이 얻을 수 있는 이익보다 높음	• 폭동 또는 약탈에 참여하지 않음

한 명확한 설명과 함께 근거가 제시되어야 한다. 질적자료의 일반화 방법에 대해서는 다음 장에서 다시 다룰 것이다.

이상사례와 부정사례에 관한 후기 A postscript on outliers and negative cases

논의의 다양한 단계에서 연구자의 전개 도식에 맞지 않는 사례들에 대해 언급했었다. 예를 들면, 유형이 표본의 모든 사례에 맞지 않을 수 있거나 설명이 모든 패턴이나 결과를 설명해주지 않을 수 있다. 질적분석에서 이러한 모순적 사례나 이상사례로 불리는 경우를 무시해서는 안 된다. 질적분석은 분석 과정에서 완전히 설명될 수 없다고 해도 모든 시나리오가 발견되고 검토될 때까지 완전히 끝난 것이 아니기 때문이다. 예를 들면, 원래 패턴이 잘못된 단서였거나 아니면 다른 요인들이 연구되고 있는 현상에 영향을 주었다면, 좀 더 개선되거나 복잡한 분석이 개발되어야 한다. 패턴에 들어맞지 않는 모든 경우들이 검토되기까지 검증은 계속되어야 한다. 이런 반복적인 검증은 차후 설명의 분류들을 더 세밀하게 하거나 몇몇 개별 사례를 설명되지 않은 퍼즐로 남겨놓는다. 어느 쪽이든 자료 세트에서 어떤 일이 벌어지고 있는지 이해를 돕는다는 면에서 반복적인 검토는 유용하다.

다른 형태의 질적자료 분석하기

Analysing other forms of qualitative data

위에서 설명한 분석과정은 개별적인 면대면 인터뷰를 통해 생성된 자료에 관한 설명이다. 인터뷰가 아닌 다른 형태의 질적자료에 대한 분석을 위에 설명된 과정의 적용과 관련하여 간략히 설명하고자 한다. 예를 들면 Silverman(2010)은 내용분석, 근거이론, 서술과 대화 분석의 접근을 이용한 시각적 자료의 분석에 대해 설명하였다. 반면 Hine(2008)은 다큐멘터리 분석, 기호학 및 내용분석 기술이 웹페이지 분석에 적용될 수 있다고 제안하였다.

포커스그룹 Focus groups

일반적으로 그룹 자료를 분석할 수 있는 두 가지의 주요 방법이 있다. 일반적으로 사용되는 방법은 다음과 같다.

- 전체 그룹 분석법은 전체 자료에서 개별적인 기여를 자세하게 다루지 않는 그룹에 의해 생성된 자료를 다루는 방법이다. 따라서 그룹이 분석 단위가 되며 개별 자료의 단위와 같은 방법으로 다루어진다. 만일 자료가 자료 관리 단계에서 색인화되고 요약되면 각 그룹당 한 열의 매트릭스가 존재한다.
- 연구참여자에 기반한 그룹 분석은 개인 참여자의 기여가 전체의 논의 맥락에서 분석된다. 만일 자료가 요약될 경우 개별 그룹 구성원은 각각 자신의 열에 할당된다.

질적연구 커뮤니티 내에서는 이러한 각 접근법의 장 · 단점, 심지어는 유효성에 대한 논의가 있다. 참여자 기반 그룹 분석은 각 그룹의 구성원 간뿐만 아니라 표본 내의 모든 그룹에 관한 유사성과 상이성을 연구할 수 있다. 그러나 개별 구성원에 대해 집중하는 경우 그룹 내 역동성이나 개별적인 기여가 어떤 맥락에서 이루어졌는지에 대해 관심이 충분하지 않을 수 있다. 또한 참여자 기반 분석은 논의 전반에 걸쳐 개별 구성원의 기여가 축적되어야 하므로 그룹 기반 분석보다 시간이 더 소모된다. 나아가 포커스그룹은 개별적인 상황이 완전하게 탐색되기 어렵다. 각 참여자에 대한 자료는 시간을 그룹과 공유해야 하므로 면대면 인터뷰에 비해 시간이 더 소요되며, 따라서 개인적 수준의 상세한 분석 분량은 제한된다. 어느 접근을 사용할지에 대한 결정은 얻을 수 있는 참여자에 대한 세부사항의 수준과 자원에 대한 실질적인 문제, 연구목적 및 요구되는 연구결과의 종류에 따른다.

양쪽의 분석에서 그룹 구성원 간의 상호작용을 포착하고 고려하는 것이 중요하다. 다음과 같은 내용이 포함된다.

- 의견 충돌, 동의, 갈등의 영역
- 비언어적 대화와 고개를 끄덕이거나 머리를 좌우로 흔들거나 목소리 크기, 의견 충돌의 단호함 정도 등의 다른 관점이 표현된 방식(포커스그룹 활동 중 표현된 것이나 연구자가 적은 노트)
- 다른 그룹 구성원 간의 참여 수준을 포착하여 평균보다 더 많이 참여한 경우나 더 적게 참여한 참여자들의 특성을 식별
- 시간의 경과에 따른 그룹의 관점의 형성과 진화

어떤 분석적 접근을 선택했든 간에 특정 분석은 개인 인터뷰 자료보다 포커스그룹에서 더 제한된다. 예를 들면 유형의 구별은 그룹 자료 할당의 좀 더 일반적 수준에서 일어나야 하는데 개인별로 다른 수준의 정보를 얻을 수 있기 때문이다. 그룹 자체가 이미 정의된 연구대상의 부분들을 나타냄에 있어 동질적이지 않는 이상 참여자 기반보다 그룹 기반의 분석이 수행되었다면 전혀 진행될 수 없다. 유사하게 연결의 분석은 개별 인터뷰 자료에서 더 작게 개발되는데 이는 그룹 전체 수준에서 분석이 일어나거나 특정 개인에서 증거가 부족하여 미완으로 남을 수 있기 때문이다.

그럼에도 불구하고 그룹 토의에는 개별 자료에 없는 그룹 구성원의 상호작용을 통하여 나오는 부가적 요소들이 있다. 이 요소들은 대단히 창의적이어서 새로운 가설을 만들거나 전략을 세우는 데 풍부한 자료가 될 수 있다. 또한 토론에서 다른 관점을 가진 사람들을 참여시켜 다양성을 이해하는 데 도움이 되며 추가적인 설명력을 갖게 될 수 있다. 이러한 분석적 장점과 한계는 자료 수집의 선택이 이루어질 때 연구목적의 맥락에서 고려되어야 한다. 포커스그룹 자료의 분석에 대한 더 자세한 조언은 Barbour과 Kitzinger(1999) 및 Silverman(2011)의 문헌을 참조하기 바란다.

온라인에서 생성된 자료 Data generated online

포커스그룹, 게시판, 면대면 인터뷰나 이메일 교환을 통해 온라인으로 생성된 텍스트 기반 자료는 면대면 인터뷰나 포커스그룹의 자료 분석 과정과 유사하다. 온라인에서 수집된 자료에서 가능한 분석은 참여자가 제공한 자료의 상세한 수준에 따라 결정될 수 있는데 면대면 인터뷰나 그룹에 비교하여 상당히 다양할 것이기 때문이다. 그러나 IT를 잘 알고 있는 참여자는 직접 대면한 그룹보다 질서 정연하고 덜 균열된, 질문에 더욱 간결하고 통찰력 있는 대답을 제공할 수 있다. 그러한 경우 연구자는 자료가 추가 요약 단계의 요구 없이 매우 간결하며 시각적인 면에 집중될 수 있음을 발견할 수 있다.

온라인에서 수집한 그룹자료의 분석에서 자료의 맥락을 결정하고 유지하는 일은 어려울 수 있는데, 온라인에서는 다른 참여자가 새로운 주제로 넘어가는 동안 어떤 개인이 위에 답했던 다른 연구참여자의 언급에 답을 하는 일이 있다. 따라서 대화를 새로 재생성하는 일이 어려울 수 있다. 일반적으로 토론의 형태와 방향이 참여자의 관점에 영향을 준 방식을 추적하는 일은 참여자가 동시에 반응하는 면대면 그룹보다 제한적이다.

기록 자료 Documentary data

연구설계에 대하여 논의한 바와 같이 질적연구가 특정한 연구를 위해 생성한 자료만 포함하는 것은 아니다. 비공식적으로 출간된 문헌인 회색 문헌의 형태로 존재하는 기존의 자료나 내부 보고서, 회의록, 일지와 언론 보도도 분석될 수 있다. 이러한 기존 기록 자료는 이미 주요 주제에 대하여 질서정연하고 구조를 갖추고 있어 상대적으로 색인화와 분류의 과정을 간단하게 적용할 수 있다. 그러나 이런 적용 과정에서 있어 Flick(2009)은 기존의 문헌들은 특정 목표 대상과 목적을 염두에 두고 쓰였기 때문에 기록은 내용을 담은 도구보다 소통의 도구로 분석이 되어야 한다고 조언하고 있다. 따라서 기록은 구체적이고 때로는 연구주제의 실체에 제한적인 내용을 나타내므로, 그 문헌에 무엇이 나타나 있고 나타나지 않았는지 해설하는 과정에서 이런 사실을 주의 깊게 고려해야 한다. 이는 포커스그룹이나 면대면 인터뷰 자료의 해설에서 인터뷰 맥락과 표출된 상호작용이 갖는 영향을 고려해야 하는 조건과 많은 부분에서 평행하다.

인터넷 문서의 분석은 상호 텍스트성과 비선형 및 일시적 상태에서 발생하는 추가의 실행적 어려움을 갖고 있다(Flick, 2009). 인터넷 페이지는 다른 유형의 자료(소리, 이미지, 문자 등)를 포함하고 있으며 구조가 비선형적이며 하나의 페이지에서 다른 여러 페이지로의 링크를 담고 있어 인터넷 페이지에서 무엇이 분석에 포함되어야 할지를 정확히 결정하는 일은 결코 단순하지 않다. 또한 인터넷 페이지는 일시적이어서 자주 업데이트되거나 없어지기도 하므로 분석을 시작하기에 앞서 웹페이지의 복사본을 저장해야 한다.

기록 분석의 접근에 대한 더 자세한 조언은 Atkinson과 Coffey(2011), Macdonald(2008), Prior(2003) 및 Silverman(2011)의 문헌을 참조한다.

관찰Observation

일부 연구자들은 관찰 자료가 최종적인 결과물이나 발견으로 오해받을 수 있다는 점에 대하여 이야기한다(Berg & Lune, 2012; May, 2011). 그러나 자료를 이해하고 결과를 발견하기 전까지 관찰 자료는 인터뷰 자료와 동일한 방법의 관리와 분석이 필요하다.

첫 번째, 연구자는 관찰 자료에 접근할 수 있고 분석을 위해 계획한 접근방식에 맞게 사용할 수 있도록 자료를 어떻게 저장하고 관리할지 결정해야 한다. 예를 들면 현장노트가 타이핑되어야 하는지 혹은 요약되어야 하는지, 노트와 이미지를 CAQDAS 패키지로 가져와야 하는지를 결정하는 것 등이다. 인터뷰 자료와 같이 공식 분석은 단위나 현장 관찰의 조각이 더 정리되기 전에 범주를 명명하는 것에서부터 시작한다. 여기서 연구자는 관찰 자료에서 묻고 싶어 하는 종류의 질문을 고려하여 무엇에 명칭을 붙일지 살핀다. 예를 들면 관찰되는 사람들의 역할, 행동, 다른 사람들과의 상호작용 및 관찰된 결과 등에 명칭을 붙이는 일이 포함된다. 명칭이 붙거나 색인화된 관찰 자료는 무슨 일이 일어났는지에 따라, 누가 있었는지에 따라, 결과에 따라 주제별로 검토되도록 체계화된다. Lofland 등(2006)은 각 연구참여자와 각 환경, 각 주요 사건과 기록된 활동에 명칭 붙이기를 권한다. 이는 쉽지 않은 일로 보이나, 관찰 자료의 포괄적인 명칭 붙이기와 범주화를 통해서만 기대하지 않았던 패턴과 관계가 식별될 수 있다.

자료 내에서 연결을 찾을 때 연구자는 연구질문과 관련된 패턴과 연관을 찾아보거나 다른 사건, 결과 및 식별된 사람들과 상호간 어떻게 소통했는지에 대해 다른 그룹들을 검토해야 한다. 관찰된 결과의 동일한 부분은 다른 방법을 통해 분석될 수 있다. 내용이 분석될 수도 있고(예: 고용 전문가들이 제공한 조언을 본다거나 약국에 정보 포스터의 배치와 사람들이 어떻게 포스터를 보았는지) 혹은 두서없이 볼 수도 있으며(사용된 언어나 몸짓 언어를 검토) 다른 그룹 간의 다양함을 찾을 수도 있고(예: 남성 대 여성, 노인 대 젊은이) 다른 결과를 찾을 수도 있다(예: 포스터가 약국의 앞이나 뒤에 배치됨에 따라 사람들이 어떻게 포스터를 보았는가).

관찰 자료를 검토하고 해석할 때, 이러한 자료들은 순전히 연구자에 의해 생성되었음을 기억하고, 관찰 자료로부터 드러나는 아이디어를 이에 맞게 다루는 것이 중요하다. 예를 들어 관찰에서 얻는 자료가 보고서에 포함된 설명의 개발에 매우 중요한 요소를 제공한다면 이러한 설명은 연구자의 관찰과 노트의 정확성에 대한 확신에 기초하여 명시적임을 확실히 해야 한다.

관찰 자료 분석에 대한 자세한 조언은 Lofland 등(2006)의 문헌을 참조한다.

시각 자료 Visual data

기술 비용의 감소로 비디오나 사진을 사용한 자료 수집을 통한 사회 연구가 점진적으로 더 가능해졌다. CAQDAS 패키지는 이러한 발전과 목적을 같이 하며, 문서 자료와 동일하게 시각자료의 지표화, 정리 및 검색 기능을 사용하게 하였다. Flick은 시각자료의 대부분 해석 과정이 문서 자료의 분석과 비슷하다고 주장한다.

> 시각 자료는 문서 자료로 간주한다. 사진은 이야기를 말해준다. 텍스트 설명, 요약이나 녹취는 시각자료에 텍스트 해석 방법을 수행하기 전에 시각적 데이터를 수반한다. 이미지에 직접 관련된 실제의 분석절차는 아직 개발이 필요하다(Flick, 2009).

시각 자료는 참여자에 의해, 연구자에 의해 생성되거나 기존의 자료(예: 신문이나 잡지의 사진)로부터 가져올 수 있다. 시각 자료가 연구자에 의해 수집되는 경우 분석은 다른 관찰 자료와 함께 고려의 대상이 된다. 반면 Alexander(2008)는 기존의 시각 자료는 실제 문서라고 주장하면서 기록자료에 적용되는 것과 유사하게 누가 이미지를 만들었고, 왜 만들었는가 등이 고려되어야 한다고 주장했다. 참여자에 의해 이미지가 생성되었고 연구자와 아무 상호작용이 없을 때, 연구자는 제한된 단서를 가지고 참여자가 의도한 것에 관해 이미지가 갖는 의미를 해석해야 한다. 다시 말하면, 설명은 연구자의 명시적인 추론에 근거한다는 점을 분명히 하는 것이 중요하다. 다른 대안은 시각자료를 연구자와 참여자 간의 후속 인터뷰에서 자극으로 사용하는 접근방법이다. 이 상황에서는 이미지를 논의하는 녹취 발췌문과 함께 묘사하며 분석될 수 있다. Alexander(2008)가 일반적으로 사진과 비디오는 액면 그대로 받아들여지도록 요구될 수 있으나 그럴 수 없다고 지적하였다. 이미지는 쉽게 손질되거나 차후 변경될 수 있는 반면 이미지에서 버려지는 것은 이미지가 포함하고 있는 것만큼이나 중요하다. 더 자세한 조언을 위해서는 Alexander(2008), Margolis와 Pauwels(2011), Rose(2012), Silverman(2011)과 Van Leeuwen와 Jewitt(2001)의 문헌을 참조한다.

이 장은 분석과정과 이에 따른 연관 단계를 수행하는 과정에 관해 설명하였다. 분석 실행은 원자료의 정리뿐 아니라 의미 있는 방식으로 자료의 이해와 조합의 지속적인 학문적 과정을 포함하는 몹시 복잡한 작업이 필요함을 보았다. 철저한 분석은 매우 많은 시간을 필요로 할 수 있으나, 질적연구의 수행에 있어 가장 도전적이고 보람 있는 단계가 될 수 있다.

핵심요소
KEY POINTS

- 자료관리는 자료와 친숙해지기, 주제틀 구축하기, 자료의 색인화와 분류, 틀의 재검토, 주제 매트릭스 자료의 요약 및 배치하기와 같은 다수의 작업을 수반한다. 이러한 작업을 돕는 많은 분석 도구가 있지만 자료관리는 일반적으로 힘든 과정이다. 그럼에도 불구하고 원자료를 이 정도의 수준으로 작업하는 것은 가치가 있다. 그리하여 분석 라인을 추구하거나 자료에 의해 제기된 퍼즐이 출현하기 시작한다.
- 추상화와 해석은 범주와 분류 및 그들 간의 연결양식의 식별을 포함한다. 이 과정은 자료의 상세한 탐색을 요구하는데, 이는 개념적으로 순수한 설명을 생성하고 의미 있는 구분을 만들며 이해를 돕는 내용을 보여준다.
- 유형은 사회현상의 부분을 설명하는 데 도움을 준다. 유형은 단순하거나 단일연결 혹은 다중연결로 분류될 수 있으나 항상 이산적이고 서로에게서 독립적인 분류를 동반한다. 유형의 수립은 연관된 차원을 식별하고 유형 범주의 적합성을 자료 세트에 걸쳐 검증하는 과정을 포함한다.
- 설명은 서술적이고 유형적인 작업이 거의 다 수행된 차후 단계에서 개발될 수 있다. 설명은 이미 규명된 연결의 패턴을 설명해주는데 명시적인 이유와 참여자 자신이 제공하는 설명에 기초하거나 연구자가 개발한 함축적인 설명을 포함한다.

핵심용어
KEY TERMS

주제분석(thematic analysis)은 전형적으로 코드화나 요약된 자료를 점검하는 것이며 요소들이 결합된 **범주(categories)**나 자료에서 개념적 차이를 포착하기 위한 높은 수준의 **분류(classes)**를 만들어 낸다. 분석의 다음 단계는 다양한 현상(예: 신념, 행동, 태도)이나 표본의 하위그룹과 일련의 현상 간의 **연관성 매핑(mapping linkage)**을 하는 것이다.

범주나 분류는 **유형(typologies)** 개발로 사용될 수 있는데, 유형은 범주가 서로 독립적이고 특정 종류의 분류를 개발할 수 있다(그래서 각 사례는 오직 하나의 유형에만 속한다).

유형은 차원의 수와 이 차원들 간의 상호작용의 본질에 따라, **단순(simple)**, **단일연결(single-linkage)** 혹은 **다중연결(multiple-linkage)** 유형이 될 수 있다. 단일연결과 다중연결 유형은 자료의 연결을 요약하는 방법의 하나이다. 질적연구에서의 **설명(explanations)**은 자료에서 분명하게 드러나는 참여자가 제공하는 설명에 따라 **명시적(explicit)**이거나 연구자의 자료 해석에 근거하는 **함축적(implicit)**인 과정일 수 있다.

chapter 12

질적연구의 일반화

GENERALISING FROM QUALITATIVE RESEARCH

개요

Chapter outline

- 일반화에 대한 접근법
- 신뢰도와 타당도
- 질적자료로부터 일반화하기

질적연구의 일반화는 표본조사를 기반으로 한 연구를 통해서 발견된 결과들이 표본조사와 연구 자체의 맥락을 초월하여 타당하다고 주장할 수 있는지에 대한 문제이며, 중요한 동시에 이의도 많이 제기되고 있다. 그러나 일반화에 붙여진 의미와 질적연구 결과가 광범위한 추론을 뒷받침할 수 있는지에 대해서는 다양한 의견이 있다. 일반화에 대한 관점은 연구자의 인식론적 · 존재론적 지향에 의해 많은 영향을 받는다(Altheide & Johnson, 2011; Seale, 1999, 2012). 질적연구로부터 폭넓은 추론을 이끌어 내는 것이 타당한지에 대한 논란은 연구자료에 첨부된 의미가 어떻게 인식되고 이해되느냐, 특히 이 의미가 파생된 맥락을 초월하여 실재성(reality)을 가지고 있는가에 달려있다.

이러한 견해의 차이로 연구자는 일반화 문제에 대하여 다양하게 접근한다. 일부 연구자는 자신이 속해있는 인식론적인 테두리 안에서 접근하고, 어떤 연구자는 질적연구와 일반화는 관련성이 없다고 보며, 또 다른 연구자는 이 주제 자체를 완전히 무시한다. 결국 질적연구 결과가 일반화될 수 있는 조건과 이 과정에 속하는 것에 대한 일련의 명확하고 동의된 근거와 원칙이 없음을 의미한다.

이 책에서는 질적연구 결과는 일반화될 수 있지만, 이것을 가능하게 하는 틀은 더 명확하게 설명되어야 한다는 입장에 있다. 이 장에서는 일반화에 대한 정의와 질적연구에서 일반화가 가능한 연구들과 타당도 및 신뢰도, 일반화와의 관계에 대해 논의할 것이다. 그리고 질적연구를 통해서 광범위한 추론을 이끌어 낼 때 발생하는 문제들을 어떻게 다루어야 할지에 대해서 알아볼 것이다.

일반화에 대한 접근법

Approaches to generalisation

일반화는 역사적으로 2가지 맥락에서 논의되어 왔다. Hammersley(1992)와 여러 학자들은 이를 실증적(empirical) 일반화와 이론적(theoretical) 일반화로 설명하였다.

실증적 일반화는 질적연구를 통해 발견한 결과를 조사된 표본을 넘어서 모집단이나 상황에 적용하는 것을 말한다. 이것을 설명하기 위해 사용되는 용어에는 재연가능성(transferability), 외적 타당도(external validity), 사례에서 사례로의 일반화(case to case generalisation)가 있다(Lincoln & Guba, 1985; Polit & Beck, 2010). 연구결과물이 전이될 수 있는 맥락의 유형이 항상 명백할 수 없지만, 이 유형들은 표본연구를 넘어 좀 더 넓은 대상, 집단과 환경, 서비스 또는 중재를 포함하여 규정할 수 있다.

일반화에서 논의되는 두 번째 맥락은 이론구축(theory-building)이다. 이것은 좀 더 폭넓거나 보편적인 적용으로 보이는 이론적 개념이나 명제의 생성을 포함한다. 연구결론은 부분적 또는 단일연구에서 밝혀진 특성이나 구조로부터 도출된다. 단일연구는 추후 다른 상황에도 적용되거나 적용될 수 있는 더 폭넓은 이론으로 발전시키기 위해서 활용된다. 이를 이론적 일반화 또는 분석적 일반화(analytic generalisation)라고 한다(Polit & Beck, 2010; Smaling, 2003).

일반화를 둘러싼 문제들을 이해하는 데 가장 어려운 것 중 하나는 일반화 용어나 실증적 일반화와 이론적 일반화의 차이가 보편적, 지속적으로 적용되지 않는다는 것이다. 이러한 이유로 우리가 일반화의 어떤 관점을 다루고 있는지 명확하지 않은 경우가 있다. 실증적 일반화는 표본이 추출된 모집단으로의 일반화와 다른 상황과 맥락으로의 일반화라는 조건을 요구하는 2가지의 서로 다른 추론 구조를 포함하기 때문에 추가적인 혼란이 발생한다. 그러므로 이러한 문제점을 명확히 하기 위하여 질적연구에서의 일반화는 질적연구와 관련성을 가지는 3개의 각기 다른 추론을 포함해서 살펴볼 것을 제안한다.

- **표상적 일반화(representational generalisation):** 표본연구에서 발견된 결과가 표본이 추출된 모집단으로 일반화될 수 있거나 동일하게 진실로 여겨질 수 있는지에 대한 것
- **추론적 일반화(inferential generalisation):** 특정 연구에서의 발견된 연구결과가 표본을 초월하여 다른 상황이나 맥락에서 일반화되거나 추론될 수 있는지에 대한 것
- **이론적 일반화(theoretical generalisation):** 질적연구를 통해 발견된 결과를 이론적 명제, 원리 또는 진술을 도출하여 좀 더 광범위하게 적용될 수 있는지에 대한 것

위 3가지 유형의 일반화는 Dundee의 소외된 지역 사람들의 금연중재에 금전적 인센티브와 다른 종류의 지원의 효과에 관한 연구를 예로 들 수 있다(Ormston et al., 2012). 이 연구는 40명의 참여자를 대상으로 질적 인터뷰를 이용하여 금전적 인센티브 등을 포함한 프로그램의 다양한 요소에 대한 참여자의 견해를 탐색하였다. 이 연구에서 인센티브가 참여자의 금연시도에 미치는 영향에 관한 견해는 크게 3가지 그룹으로 분류되었다. 첫 번째, 금전적 인센티브가 금연을 하는 데 주요 요인이었다고 믿는 그룹, 두 번째, 참여자 자신의 금연에 대한 결심이나 기타 서비스 관련 요인과 같은 2차적 혹은 부수적인 요인이었다고 느끼는 그룹, 세 번째, 금전적 인센티브는 이 계획을 지속하거나 금연시도를 유지하는 데 있어서 전혀 영향요인이 아니었다고 주장하는 그룹이다. 연구에서는 이러한 견해들의 상대적인 유형에 대한 어떤 결론도 도출하지 않았지만, 3가지 범주화는 특정 금연 프로그램의 참여자에게서 발견될 수 있는 금전적 인센티브에 대한 견해 범위를 모집단 전체에 반영하는 표상적 일반화를 보여주고 있다.

또한 이 연구는 흡연자가 금연을 시도할 때 겪는 다양한 경로를 추정하기 위해서, 참여자와의 인터뷰를 이용하여 흡연자가 금연 후 재흡연을 하게 되는지, 만약 재흡연을 한다면 언제, 얼마나 자주 재흡연했는지, 금연을 재시도하는 경우 성공률에 따라서 6가지 잠재적 경로를 식별하였다.

보고서에 의하면 세 그룹의 견실성(robustness)을 확인하려면 추가적인 양적연구를 포함한 연구가 더 필요하지만, 범주는 다른 금연 인센티브에 대해서 좀 더 넓은 관련성을 가질 수 있다. 특히 연구자는 다른 금연경로와 연관된 특성을 완전히 이해하는 것이 금전적 인센티브가 금연의 중요한 영향요인이 아닌 다른 그룹에게 필요한 지원과 서비스를 그룹의 특성에 맞게 적합한 방식으로 하는 것에 영향을 미칠 수 있다고 제안한다. 연구자는 표본에서 발견된 다른 금연경로는 금연을 시도하고 있는 다른 그룹의 사람들 가운데서도 발견될 가능성이 있다는 추론적인 일반화를 하고 있다.

최종적으로, 이 연구는 흡연가가 겪는 금연 경로에 영향을 준 변화의 기전을 연구했다. 금연과 재흡연의 상이한 유형과 관련된 주요 요인을 분석하기 위해서 참여자의 금연시도를 유지시켜 주거나 방해하는 데 있어서의 사회적 환경의 영향을 강조하였다. 사회적 환경이란 참여자 가족, 친구 및 더 광범위한 의미의 흡연집단의 태도 및 행동을 의미한다. 연구자는 발견된 사항들을 사회적 관계망이 건강행동에 영향을 주는 방식에 관한 이론과 연계하여 건강행동변화에 개인적 요소를 강조했던 전통이론들에 이의를 제기하였다. 이러한 방법을 통해 Dundee의 연구는 사람들이 건강위해행동을 어떻게 변화시키는지에 대한 좀 더 고차원적인 이론, 즉 이론적 일반화를 사용하였다.

표상적 일반화 Representational generalisation

표상적 일반화는 특히 정치적 맥락에서 수행된 많은 연구들의 주요 관심사이다. 이 연구들은 표본조사를 통해 발견된 연구결과들이 추출된 특정 모집단으로 얼마나 일반화될 수 있는지에 대하여 우선적 관심이 있다(Maxwell, 1992). Robson(2011)은 이를 내적 일반화(internal generalisability)라는 용어를 사용하였다. 그러나 이러한 일반화의 적용은 어떻게 명명되든 질적연구 방법에 대한 기존 문헌에서는 이론적 · 추론적 일반화와 비교하여 많은 주목을 받지 못했다.

이러한 유형의 일반화가 문헌에서 다뤄지는 경우 일부 연구자들은 질적연구 사례의 특정 방법이 표상적 일반화에 대한 범위와 충돌하는 것으로 보고 있다. 논쟁은 보통 질적연구가 통계학적으로 대표적일 수 없는 상대적으로 작은 표본을 취급한다는 사실과(Arksey & Knight, 1999; Miles & Huberman, 1994), 반응적이고 비표준화된 인터뷰 방식(Holloway & Wheeler, 1996)을 사용하는 것에 근거하고 있다. 또 다른 연구자들은 연구결과가 일반화될 수 있다고 주장하기 위해서는 모집단에서 유도된 연구라는 확실한 증거가 필요하고(Hammersley, 1992), 이와 같은 경우 양적연구 자료의 역할이 특히 강조된다(Seale, 1999).

표상적 일반화를 이해하기 위한 이면에 있는 것은 확률 표본 및 측정에 중점을 두는 양적연구 패러다임으로부터 파생된 개념이다. 이들은 일반화되어야 하는 것은 통계학적 우세(prevalence), 패턴이나 연관성이라고 가정한다. 이 개념들이 직접적으로 질적연구로 단순히 전치되었을 때 표상적 일반화는 지지되기 힘들다는 것이다.

그러나 질적연구에서 표상적 일반화에 대한 기초는 양적연구와는 매우 상이하다. 질적연구는 통계학적 기준으로 일반화될 수 없다. 즉 더 광범위한 추론은 특정 견해, 경험의 존재나 표본의 특정 부분들 속에서 도출될 수 있는 것이 아니다. 물론 이것이 질적연구의 목적도 아니다. 오히려 질적연구의 가치는 연구 중인 현상의 범위와 본질을 밝히는 데 있다. 모집단으로 일반화될 수 있는 것은 관점, 경험, 결과 등과 범위 그리고 이들을 형성하고 영향을 미친 요인 및 상황의 지도이다. 상황, 관점 또는 경험의 개별적인 변형이 모집단 내에서도 의심의 여지없이 발견되겠지만, 표상적 일반화는 이것이 연구에 의해서 도출된 매우 중요한 개념들이나 지도 내에서도 여전히 분류될 수 있음을 요구한다. 즉, 표상적 일반화는 범주의 수준, 개념 그리고 설명에 따라서 발생할 수 있다.

이러한 유형의 일반화는 Smaling(2003)이 변량 기반 일반화(variation-based generalisation)라고 지칭한 것과 유사하다. 그는 다른 맥락으로 일반화될 수 있는 고차원적 이론을 찾기보다 수많은 실무기반 연구에서 발견된 현상에 대한 설명의 일반화를 추구하자고 제안한다. Smaling의 견해에 의하면, 이것은 어떤 새로운 정보도 발견되지 않을 때까지 의도적으로 비정상적 또는 극단적인 사례를 찾음으로써 달성되고, 포화는 연구대상 집단에서의 비정상적 사례에서 사례를 포함한 변이에 대해 서술함으로써 달성된다.

양적 또는 질적연구를 포함하여 다른 연구근거를 이용하는 것은 발견된 연구결과가 모집단으로 얼마나 일반화될 수 있는지 평가하는 데 도움을 줄 수 있지만, 질적연구에서 이것은 표상적 일반화의 요구조건이 아니다. 질적연구에서 표상적 일반화를 평가하는 것은 두 가지 광범위한 문제를 일으킨다. 첫 번째, 발견된 현상이 연구표본에서 포착되고 해석된 정확도이다. 정확도는 현장조사, 분석 및 해석의 질에 달려있다. 두 번째, 추출된 표본이 모집단을 대표할 수 있는 정도이다. 이미 Chapter 5에서 논의한 바와 같이 표상은 포괄의 문제이지 통계학적 일치의 문제가 아니다. 즉, 표본이 설명에 핵심이 되는 영역 및 구성원의 다양성을 포함하여 상징적인 표상(symbolic representation)을 제공하는가의 문제이다.

추론적 일반화Inferential generalisation

Lincoln과 Guba(1985)는 조사 연구 자체의 맥락에서 다른 현장이나 맥락으로 일반화하는 추론적 일반화 또는 재연가능성(transferability)에 대한 정보를 제공하는 데 특히 영향을 미쳤다. 이들은 Stake(1978)가 자신의 사례연구방법에 관한 논의에서 사용하였던 자연적 일반화(naturalistic generalisation) 개념에 대해서 논의하였다. 논의 결과 합리적이고 법칙과 같은 일반화보다는 연구자 자신의 지식, 경험, 감정에 기초한 좀 더 직관적 형태의 일반화를 제안하였다. Stake는 다음과 같이 서술하였다.

> 유용한 이해란 어떤 것에 대한 완전하고 철저한 지식으로, 그것이 새롭고 다른 맥락에 있어도 구별할 수 있는 것이다. 이러한 지식은 객체(objects)와 이슈의 유사성을 맥락 안과 밖에서 인지하고, 자연적으로 발생한 공동변이(co-variations)를 지각함으로써 도달된 일반화의 형태이다(Stake, 1978).

재연가능성 논의에서, Lincoln과 Guba는 특정 환경을 유일하게 만들어 주는 요인들이 항상 존재하는데, 이것을 고려해야만 다른 환경으로의 재연에 대한 판단을 할 수 있다고 보는 점에서 Chronbach(1975)와 의견이 같다. Patton은 이 문제를 논의하면서 추정(extrapolations)을 다음과 같이 서술하였다.

> 추정은 유사하지만 동일하지 않은 조건 하에 다른 상황들은 연구결과에 얼마나 적용할 수 있는지에 대한 가벼운 추측으로 묘사한다. 추정은 통계적 · 확률적이기보다는 논리적이고, 사려 깊고 문제 지향적이다(Patton, 2002).

이러한 견해를 토대로 할 때 Lincoln과 Guba는 재연가능성이 연구가 유도되는 송신 맥락(sending context)과 이것이 적용되게 될 수신 맥락(receiving context) 간의 일치 정도에 달려 있다고 주장한다. Smaling(2003)은 연구결과가 다른 상황으로의 일반화를 결정하기 위해서 적용되는 유추 추론(analogical reasoning)은 원 연구자, 참여자 그룹 혹은 독자에 의해서 결정될 수 있고 주장한다. 이러한 맥락에서 많은 연구자들은 독자 일반화를 논의하였고, 이를 용이하게 하기 위해서는 충실한 서술(thick description)이 필요하다고 주장하였다. Geertz(1973)가 먼저 소개한 개념인 충실한 서술은 연구자가 참여자의 특성과 환경을 세밀하게 서술하여 독자로 하여금 독자의 환경과 경험에서 서술된 내용의 유사성을 평가하는 것을 돕는 맥락에서 요구되는 것이다(Seale, 2012).

다른 연구자들은 독자 일반화가능성(reader generalisability)의 모호성과 개방성을 싫어한다. 예를 들어 Misco(2007)는 독자 일반화가능성이 질적연구에서의 일반화 문제에 대한 대답으로서 약간은 실망스럽고 임의적이라고 주장한다. 하지만 연구자가 어떻게 자신의 연구로부터 추론적 일반화에 대한 잠재력을 스스로 예측할 수 있었는지 이해하기는 어렵다. 이것은 연구자에게 적절한 유사성을 가지거나 연구결과물이 존재하여 전이할 수 있는 곳에 대한 깊은 이해와 예측이 요구된다. Polit와 Beck(2010)은 연구자는 보고서에 작성된 충실한 서술에 대해서 좀 더 개념적으로 생각할 수 있다고 주장하였다.

> 연구자는 연구결과물을 전이할 수 있도록 만드는 핵심적인 맥락의 특성에 관한 이론적 관점을 개발하고 소통할 수 있고, 독자는 가장 유사한 맥락에 대해 이론적으로 해박한 판단을 내릴 수 있다(Polit & Beck,

2010).

이론적 일반화 Theoretical generalisation

Kaplan(1964)은 일반화의 고전적 개념은 인과관계의 진술을 포함하는 것으로, 보편적으로 적용된다고 하였다. Kaplan은 규범적 일반화(nomic generalisation)를 정의하면서 진정으로 보편적이고, 시간과 공간에 대해서 제한이 없어야 함을 강조하였다. 적합한 조건이 충족만 된다면 언제 어디서나 사실이어야 한다는 것이다. 이렇게 정의된 일반화는 맥락에서 자유로운 이론 또는 법칙이며, 이들의 가치는 예측을 실행하는 능력에 달려 있다.

그러나 많은 연구자들은 자연과학에서 사회과학으로 이러한 개념들이 단순히 변환되는 것에 동의하지 않았다. 특히 사회과학연구에서는 자연과학연구보다 더 넓은 이론적 추론이 도출되는 근거와 관련이 있다. 그러므로 이론적 일반화에 대한 다양한 해석들이, 그것이 파생된 존재론적 기반과 관련된 사회연구에서 발전되어 왔다. 한편으로는 법칙과 같은 자연과학의 보편적인 이론, 다른 한편으로는 개인적 맥락을 벗어난 것은 의미가 없다는 극단적 구성주의자의 주장과 같은 연속선상에 있다.

질적연구에서 이론적 · 분석적 일반화의 가능성에 대한 논쟁은 Glaser와 Strauss(1967)의 연구와 근거이론에서 논의되었다. 연구자는 사회세계의 본질에 관한 이론을 구축하고 관찰된 자료로부터 이론을 이해하는 과정을 거치며, 이후 조사과정을 통해 충분하게 이론을 서술하기까지 자료조사를 반복하여 이론을 평가하고 발전시킨다. 이러한 이론들은 개별적인 연구에 의해서 관찰된 단일 사회적 실제보다는 일반적인 구조에 관심이 있으며, 이것은 이 구조의 단지 예시에 불과하다. Gobo는 Goffman의 정신병원 관찰 연구의 예를 들어 다음과 같이 설명하였다.

> 바닥에 신문지 한 장을 놓고 그것에 대한 주권을 주장하는 것은 어떤 정신병원에서나 관찰되는 행동이지만(Goffman, 1961), 사적인 공간을 갖고 이 영토를 지배할 필요가 있음은 다양한 형태로 여러 번 보고되어 왔다(Gobo & Goffman, 2007).

일부 연구자들은 이론적 일반화가 실제에서 신뢰할 수 있을 것이라는 가능성에 대해 문제를 제기해 왔다. 예를 들면 Thorne과 Darbyshire(2005)는 인위적인 일관성, 즉 자료를 선호하는 이론에 끼워 맞춰 이 이론을 반박할 수 있는 사례를 경시하거나 과소평가하는 경향에 열중한 나머지 표본추출을 멈추거나 포화가 되기 전에 수행된 분석이 포함된 많은 연구에서 이론적 일반화를 훼손하는 경향이 있음을 지적한다.

유사하게 Smaling(2003)은 어떤 연구는 이론 구축보다 더 서술적이며, 특정 연구로부터 도출된 이론의 명료함은 그 연구 이외에 다른 연구에서도 이론이 지지될 것인가에 대한 논의가 동반되는 경우가 드물다는 것을 지적하였다. 그러나 질적연구는 행동, 신념, 경험의 맥락이나 설명의 부분을 형성하는 사회과정 및 구조에 내재된 근거를 제공함으로써 사회이론에 기여할 수 있다. 질적연구의 특정 가치는 자료로부터 귀납적으로 도출된 이론 및 설명으로, 다른 참여자들의 관점에서 문제를 심층 탐구하는 능력에 달려 있다. 연구자료가 기존 이론을 어느 정도 뒷받침하는지, 관찰된 현상들이 이 조건에 어떻게 맞는지 또는 맞지 않는지 비교함으로써 평가될 수 있다. 실제로 Smaling(2003)과 Gobo(2007)는 질적연구의 주요 활용은 보편적인 적용 가능성을 가진다고 여겨지는 이론을 부정하는 부정적인 사례연구를 제공하는 데 있다고 주장한다. 그러므로 이론은 질적연구를 통해서 확인된 행동 또는 상황에서 새롭게 발견된 변형을 감안하여 거부, 발전 또는 정련될 수 있다.

궁극적으로 우리는 Seale(1999)이 주장한 것과 같이 새롭거나 정제된 이론을 더 많은 실증적 조사를 통해서 수립할 필요가 있다고 주장한다. 이론적 일반화를 고정된 불변의 이론으로 보기보다는 이것을 유동적 원칙(fluid principles)과 가설로 이해하는 것이 더 나을 것이다. 이들의 관련성은 절대적인 확실성으로 주장될 수 없고, 확실성의 정도는 연구나 기타 실증적 증거가 얼마나 이들을 지지하는가에 달려 있다.

신뢰도와 타당도

Reliability and validity

신뢰도와 타당도는 모든 일반화 논의에서 중심 개념이다. 달리 말하면 이 두 가지 모두 본래의 연구 증거의 견고함과 신빙성(credibility) 그리고 암시적으로는 더 광범위한 추론이 유지될 수 있는지 여부와 관련되어 있다.

신뢰도와 타당도의 개념은 자연과학에서 발전된 후 양적 사회과학으로 확대되었다. 과학적 맥락에서 신뢰도는 어떤 연구결과의 반복 가능성을 의미한다. 즉 연구 프로젝트를 정확하게 반복한다면 다시 똑같은 결과를 얻을 수 있는가에 대한 것이다(Seale, 2012). 타당도는 연구결과가 얼마나 사실에 입각하고 있는지와 연구 중인 현상을 정확하게 반영하고 있는 정도를 의미한다. 하지만 질적연구는 자연과학 및 양적 사회과학과는 다른 인식론적 근거를 가지기 때문에 이런 개념들이 질적연구 자료 및 조사의 질과 신뢰도를 결정하는데 어떤 가치를 가지는지 여부에 대한 논쟁 역시 존재한다. 확실히 신뢰도와 타당도의 통계학적 검증과 측정은 질적연구에서는 전적으로 부적절하며, 만약 적용된다면 상당한 혼란을 야기할 것이다. 과학 및 양적연구에서의 신뢰도와 타당도의 유래 때문에, 일부 질적연구자는 이 용어들을 거부하고 의존가능성(dependability), 신빙성, 가능성(plausibility), 재연가능성(transferability)과 같은 다른 용어로 대체했다. 이들은 이 용어가 좀 더 질적연구에 적합하다고 여긴다(Lincoln & Guba, 1985; Glaser & Strauss, 1967). 하지만 Robson과 같은 일부 연구자들은 전통적인 용어를 새로 명명하고 부인하는 시도는 질적연구가 믿을 수 없고 유효하지 않다는 견해를 지지하는 것이라고 주장한다(Robson, 2011).

Robson은 신뢰도와 타당도 자체의 용어가 문제가 아니라, 질적연구에 항상 적합하지 않은 방식으로 이것을 지나치게 엄격하게 적용하는 것이라고 주장한다. 신뢰도와 타당도는 완벽한 용어도 아니고 잘못 해석될 수도 있지만, 이 두 개념은 여전히 질적연구와 관련이 있다. 이 장에서 질적연구를 진행하는 과정에서 신뢰도와 타당도가 어떻게 해석되고 이해될 수 있는지 고려하는 것이 이런 이유 때문이다.

신뢰도 Reliability

양적연구와 자연과학에서 신뢰도는 일반적으로 연구결과의 반복 가능성을 말한다. 그런데 질적연구에서 반복실험이 어느 정도 가능할지 수없이 질문되어 왔다. 가장 심각한 반대는 구성주의 학파에 의해서 제기된다. 이들은 첫 번째 상황에서 포착된 실재는 더 이상 없기 때문에 반복은 인위적인 목적을 추구하는 것이라고 주장한다(Hughes & Sharrock, 1997; Marshall & Rossman, 1999). 연구현상의 복잡함과 맥락의 불가피한 영향을 고려해야 하는 질적연구에 활용하기에는 반복실험의 개념은 아직 경험이 부족하다는 주장이 제기되어 왔다(Lincoln & Guba, 1985). 이와 같이 질적연구는 역동적이며 질문에 대한 반응이 핵심이라고 믿는 질적연구자에 의해 지적을 받아 왔는데, 이들은 연구가 결코 반복될 수 없으며, 그러한 시도는 어떠한 가치도 없다고 주장한다(Holstein & Gubrium, 1997).

이러한 점에서, 질적연구에서 신뢰도를 추구하는 것은 회피하게 된다. 그러나 다른 연구자들은 신뢰도와 반복실험은 질적연구에 직접적으로 관련이 있을 수 있지만 이들이 인식되거나 운용 가능한 방식으로 약간의 수정을 해야 한다는 견해를 가지고 있다(LeCompte & Goetz, 1982; Robson, 2011; Seale, 2012; Silverman, 2011). 예를 들면 Seale(1999)은 완벽한 반복실험에 대한 기대가 약간은 비현실적인 요구로 보이지만, 이것은 실재의 개념과 측정과 관련된 극복할 수 없는 철학적 문제이기보다는 질적연구와 연관된 좀 더 현실적인 문제의 결과라고 주장한다. 그는 신뢰도와 반복실험과 관련하여 조사연구의 참여자들에게 특정 결론으로 도달할 수 있는 많은 절차들을 보여주는 방법을 추천했다(Seale, 1999).

신뢰도는 질적연구에서 이질적인 개념으로 여겨져서는 안 된다. 특히 응용정책연구에서 일부 반복실험 가능성 개념은 자료로부터 더 광범위한 추론이 도출되는 경우 매우 중요하다. 예를 들면 질적연구는 고용프로그램에서 수정된 느린 트랙이 요구되는 표본의 특정 그룹에 속해 있는 청년을 보여줄 수 있으며, 왜 그런지 보여줄 수 있다. 이것이 반복중재를 통해서 가능한 발견이라는 것이 다른 연구에서 밝혀지지 않으면, 즉 단순하게 특정 표본의 기이한 사항이 아니었다면, 정책 수립자들이나 이와 관련된 관계자가 이 증거를 토대로 정책을 수립할 수 있는 근거가 없을 것이다.

신뢰도로부터 일반화로 연결하는 것은 표본의 확대뿐 아니라 연구결과의 확실성(sturdiness)에 대한 확신이 요구된다. 다른 유사 표본이 조사된다면 반복적으로 연구결과가 반복될 것이라는 믿음이 없는 한, 원래 형태에서 확인된 바와 같이 현상의 더 광범위한 연관성에 대한 몇 가지 의심의 여지가 생긴다. 이것은 현상 자체의 존재성에 의문을 제기하는 것이 아니라 그것의 반복가능성에 영향을 줄 수 있는 다른 요인이 존재할 수도 있음을 인정하는 것이다. 예를 들어 원 표본 내의 편견이나 맥락 혹은 시간과 관련된 현상들이다. 이것은 Lincoln과 Guba(1985)가 서술한 재연가능성을 가지고 있지 않음을 의미할 수도 있다.

신뢰도 기준을 질적연구에 적용하기 위한 첫 번째 요구사항은 질적인 원자료의 특성이 일관성 있고, 믿을 수 있고 또는 반복 가능할 것으로 예상되는지 명확하게 이해하는 것이다. 기본적으로 반복될 것으로 예상되는 것은 참여자에 의해서 생성된 현상의 집합적 본질과 그들이 현상에 붙인 의미들이다. 즉 원자료에서 발견되는 내적 요소, 차원, 요인, 영역 등이 연구대상 집단 이외 혹은 다른 연구표본에서도 발생할 것이라는 확신이 필요하다. 이와 관련된 고려사항은 그 자료가 일괄적이고 엄격하게 해석되었는지 여부이다. 그러므로 발견사항의 신뢰도는 원자료의 주요 특성들이 가능한 반복되고 완벽하게 분류되었는지에 달려 있다.

타당도 Validity

연구결과나 자료의 타당도는 전통적으로 연구결과의 정확성 혹은 정밀성을 언급하는 것으로 이해된다. Seale(2012)은 타당도의 3가지 구성요소는 과학적 전통에서 시작되었으며 주로 양적연구에 적용된다고 설명한다.

- **측정타당도:** 포착하고자 하는 개념을 성공적으로 포착하기 위해서 사용된 측정의 정도이다.
- **내적타당도:** 인과관계 진술이 연구에 의해서 지지되는 정도이다.
- **외적타당도:** 연구결과가 연구대상 집단과 다른 상황으로 일반화될 수 있는 정도이다.

위 요소들은 과학적 탐구에서 유래했지만, 질적연구에서는 연구결과의 정밀성과 설명적 근거에 의해 지지되는 정도와 광범위한 추론을 도출할 수 있는 능력에 대한 핵심 문제들을 제기한다.

신뢰도에 대해서 Seale은 다양한 형태에서 타당도를 광범위한 방식으로 다루어왔던 해석주의 전통에 2개의 광범위한 방식이 있음을 제시했다. 첫 번째, 전통적인 과학적 아이디어들을 질적연구의 본질에 반영하기 위해서 용어 변형과 운용화 또는 이 2가지 모두를 조금씩 수정하면서 적용하는 것이다. Silverman, Hammersley, Becker, Glaser와 Strauss와 같은 연구자들은 이 전략을 따랐다. 또 다른 의견은 질적연구를 평가하기 위한 기준으로서의 타당도와 신뢰도를 완전히 거부하며 질적연구는 완전히 다른 기준에 의해서 평가되어야 한다는 것이다. Guba와 Lincoln(1994)은 질적연구는 자신의 정통성에 의해서 비평을 받아야 한다고 주장한다. 이것의 지표에는 질적연구가 다양한 다른 현실을 나타냈는지, 사람들이 좀 더 정교하게 이해할 수 있게 돕는지, 사람들이 다른 관점을 존중하여 볼 수 있도록 하였는지, 행동을 자극했는지 그리고 그 사람들이 자신의 사회적 상황을 변화시키기 위한 행동을 할 수 있는 동력이 되었는지 등이 포함된다. 이러한 주장은 일부 학자들로부터 비판을 받아 왔다. 예를 들면 Seale은 연구가 직접적인 정치 프로젝트와 관련성 정도에서 차이가 있지만, 그것의 질은 관련성 정도로부터 독립된 문제라고 하였다 (Seale, 2012).

Altheide와 Johnson은 다양한 영역의 질적연구에 따라 타당도에 대한 접근방식이 달라야 함을 주장한다. 임상연구나 정책연구에 타당한 것이 민족지학(ethnography) 또는 자가기술 민족지학(autoethnograpt) 또는 수행 민족지학(performance ethnography)에는 적절하지 않거나 관련되지 않을 수 있다는 것이다(Altheide & Johnson, 2011). 사회정책연구를 주로 수행하는 연구자의 견해는 Silverman과 Hammersley 등의 견해에 더 가깝다. 만약 이 영역에서 질적연구의 타당도가 신중하게 다루어지고, 정책에 영향을 주기 위해서는 연구결과물을 사용하는 사람들의 연구에 대한 신빙성과 적용가능성에 대하여 광범위하게 평가해야 한다. 그러나 질적연구에 적용하기 위해서는 신뢰도처럼 타당도 역시 작동되는 방식을 수정할 필요가 있다. 예를 들어 Seale(2012)의 주장에 따르면, 질적연구자들은 동일한 문제에 대해 설정해둔 지표와 질문을 통해 얻은 실제 결과를 비교하는 것보다 측정타당도의 측면에서 자신이 자료로부터 도출한 개념과 결과와 그 사례들 사이의 근거 있는 연관성을 찾아내려 한다고 주장했다. 이 타당도의 개념은 질적연구의 주요 강점 중 하나를 포착한다. 즉 발견된 현상을 정확하고 자세하게, 참여자에 의해서 부여된 언어와 의미를 반영하는 방식으로 기술할 수 있도록 해준다. 질적연구 결과의 타당도를 초기에 규정하는 것이 타당도 성취 정도에 영향을 미친다.

질적자료를 타당도와 일반화로 확장하는 것에는 강한 관련성이 있다. 측정타당도와 내적타당도 같은 용어에서와 같이 잘 발견된 질적연구 결과물의 확장에 대한 확실성이 없으면 3가지 유형의 일반화 가운데 어떤 것도 시도하기 어렵다. 이 개념과 연구결과에 포함된 개념 간의 관계가 자료에 의해서 충분히 뒷받침되고 있다고 확신할 수 없다면, 연구결과로부터 광범위한 추론을 도출하는 것은 의미가 없다. 한편 외적타당도는 연구결과가 더 광범위한 연구대상 집단과 다른 그룹이나 다른 현장으로 전이 또는 적용될 수 있는지 묻기 때문에 일반화의 고유한 부분이다. 실제로 많은 연구에서 외적타당도와 일반화가능성은 상호교환되어 사용된다. 물론 이것이 모든 형태의 일반화를 포함하지 않는다고 주장할 수 있다. 그러나 외적타당도는 더 넓은 연구집단으로의 표상적 일반화와 다른 맥락으로의 추론적 일반화가 발생할 수 있는지 여부를 결정하는 데 명백히 하나의 형식으로 사용된다.

타당화 Validation

타당화는 확장에 관심이 있는 것으로 근거의 타당도가 검증되거나 입증된 정도와 관련이 있다. 질적연구에서 타당화는 양적연구의 측정 타당도와 같이 연구참여자의 의미가 얼마나 잘 포착되었고 해석되었는지를 평가하는 데 초점을 두었다. 질적자료의 타당도 검증에 대한 여러 가지 다양한 접근법들이 제안되었지만 트라이앵귤레이션(triangulation)과 구성원 또는 연구참여자의 타당화가 가장 자주 논의되었다.

트라이앵귤레이션은 정보의 원천을 다양하게 활용하면 연구결과물의 명료성 또는 정밀성을 확인 및 향상시켜 줄 것이라고 가정한다. 질적연구자들 간의 트라이앵귤레이션이 자료의 타당도를 점검하는 데 실제로 어느 정도로 유용한지 또는 이것이 여러 측정값의 조합을 통해서 주제에 대한 이해를 넓혀주고 심화시켜주는 것 이상의 의미인지에 대한 논쟁이 있었다(Denzin & Lincoln, 2011, Silverman, 2011). 많은 연구자들은 트라이앵귤레이션이 연구결과를 타당화시키는 데 중대한 역할을 할 수 있다고 주장한다. 예를 들면 Patton(2002)은 트라이앵귤레이션의 전략이 동일한 현상을 다양한 방식으로 볼 수 있을 뿐 아니라, 도출되는 결론에 관계 없이 자료분석 시 자료에 대한 확신을 강화시켜 신빙성을 더하는 데 큰 효력을 발휘한다고 서술하였다. 다른 연구자들과 같이 그는 Denzin(1978)이 처음으로 소개한 개념화에 기초하여 다양한 형태의 트라이앵귤레이션이 있어야 한다고 제안했다.

- **방법 트라이앵귤레이션:** 다양한 방법에 의해 생성된 자료를 비교하는 것으로, 예를 들면 질적자료와 양적자료를 비교하는 것
- **원천 트라이앵귤레이션:** 관찰, 인터뷰, 문서 등 다양한 질적방법으로 수집된 자료를 비교하는 것
- **복수분석을 통한 트라이앵귤레이션:** 자료수집 및 해석을 비교 및 점검하기 위해서 다양한 면접자, 인터뷰자, 분석자를 활용하는 것
- **이론 트라이앵귤레이션:** 다양한 이론적 관점으로 자료를 찾는 것

동료나 연구참여자의 타당화는 자료의 의미나 해석이 자료를 형성하는 데 기여한 사람에게서 확인

되었는지 즉, 연구 중인 주제의 적용 범위가 완전한지 점검하기 위해서 연구근거를 연구참여자에게 다시 적용하는 것이다. 연구결과를 다시 연구참여자에게 적용한다는 의미는 특히 참여행위연구(Participatory Action Research)에서 강조되었지만, Lincoln과 Guba(1985)는 동료 체크가 신빙성을 구축하는 데 가장 중요하다고 주장한다. 이것은 특정 결과의 중요성을 과도하게 강조했거나 연구자 자신이 한정한 해석적 틀 안에 포함되지 않는 부정적인 사례들을 무시하지 않았는지 점검할 수 있는 유용한 방법이다. 또한 연구결과를 해석하고 더 나아가 분석경로를 제안하는 데 도움이 되는 추가적인 정보를 제공해 줄 수 있다. 하지만 일부 연구자들은 동료 타당화와 관련된 여러 문제점들을 지적해 왔다. 예를 들면 Robson는 연구결과물을 다시 연구참여자에게 적용할 때 모든 비판에 대해서 무기력하게 굴복하는 것을 조심해야 한다고 주장한다. 연구참여자가 초초해져서 불편함을 느끼는 자료나 문제 해석을 억누를 수 있기 때문이다. 그는 연구자들이 연구참여자와 그러한 상황에 적용될 수 있는 명확한 규칙을 합의할 필요가 있다고 주장한다.

이와 같이 트라이앵귤레이션과 동료 타당화가 유용할 수 있지만 이 2가지 모두 질적연구 결과를 완전히 확인하기 위해서 할 수 있는 일에는 한계가 있다. 실제로 Hammersley(1992)는 우리가 실재하는 독립적이고 완벽히 신뢰할 수 있는 접근을 가지고 있지 않기 때문에 해석이 진실인지 결코 확신할 수 없다고 반박한다. 그러므로 서술된 현상을 지지하기 위해서 제안된 근거의 정확성을 기반으로 타당도를 판단해야 한다. 연구의 견고성을 판단하기 위해 사용된 조사방법과 분석적 접근법이 핵심적인 역할을 한다.

요약하면, 연구의 신뢰도와 타당도 평가는 사용되는 방법들의 특징과 철학적 기반에 적합한 기준들을 요구한다. 질적연구에서 이것은 연구설계가 적합하고 수행이 엄격해야 할 뿐 아니라, 조사결과의 신빙성이 준수된 분석적 경로와 생성된 증거의 관점에서 이해될 수 있어야 한다.

질적자료로부터 일반화하기

Generalising from qualitative data

일반화는 표본이 추출된 모집단과 관련되어 질적자료로부터 도출될 수 있고(표상적 일반화), 연구된 자료들과 유사한 조건이 있는 다른 환경에서도 존재할 수 있고(추론적 일반화), 이념과 이론의 생성 또는 강화에 기여함으로서 도출될 수 있다(이론적 일반화). 그러나 어떤 질적자료와 적합한 상황들이 일반화될 수 있는지 대해서 많은 제한사항이 존재한다. 지정된 의미나 해석의 수준에 따라서, 추론에 기인할 수 있는 확실성의 수준에 변형이 있을 수 있다. 이 부분에서는 더 광범위한 추론 도출의 신빙성을 평가하는 데 도움이 될 수 있는 연구질문에 대해 설명한다.

해석과정과 연관된 질문Questions relating to the interpretive process

앞의 질문들은 질적연구가 광범위한 추론에 필요한 풍부하고 포괄적인 자료를 생산하는 방식으로 설계되고 수행되었는지 여부를 반영하는 틀을 제공하였다. 그러나 연구결과가 일반화되기 위해서는 이것으로 충분하지 않다. 자료는 투명하고 신뢰할 수 있는 방식으로 분석되고 해석될 필요가 있다. 해석 과정에 관련하여 흔히 제기되는 질문들은 다음과 같다.

- **분석이 체계적이고 포괄적으로 수행되었는가?** 질적연구의 타당도를 수립하고 일화적이거나 선택적인 보고를 반박하기 위해서는 분석이 체계적이고 포괄적이어야 한다. 특별히 다채롭거나 특정 초기 이론에 적합할 뿐만 아니라, 모든 사례들을 분석에 활용해야 한다. Chapter 10, 11은 체계적인 질적분석 수행에 대한 접근법을 설명했다. 많은 연구자들은 분석이 체계적으로 수행되도록 두 가지 접근법의 사용을 제안한다.

  - 지속적 비교방법(Silverman, 2000b, 2011) 또는 자료의 정확성 점검(Glaser & Strauss, 1967)은 자료의 한 부분에서 가설을 도출한 이후 이 가설을 다른 장소, 시간, 사례, 개인 등으로 평가한다. Lincoln과 Guba는 연구자에게 자료의 일부분을 주 분석 이외로 남겨두라고까지 조언한다. 이 부분은 추후에 도출된 개념과 이론들의 적용가능성을 점검할 때 다시 사용된다.

    14~16세의 청소년들이 지속적으로 교육을 받을 수 있게 돕는 직업교육을 제공하는 것이 어떤 영향을 주는지에 대한 연구를 가설 사례로 들어보자. 연구자는 한 학교에서 수집된 자료를 분석하는 것으로 시작할 수 있다. 지속적 비교방법을 준수하면서, 연구자는 범주들이 여전히 적용되는지 또는 수정되거나 확장될 필요가 있는지 여부를 보기 위해서 자신들의 표본에서 범주들을 다른 학교에서 수집된 자료와 비교하면서 체크하게 된다. 자신들의 표본에서 어디에서도 중복되지 않는 한 학교의 고유한 특성으로 보이는 응답의 특정 범주를 발견하면, 연구자는 자신들의 범주들이 여전히 유효한지 여부를 평가하기 위해서 유사한 특징을 가지는 또 다른 학교를 표본추출하거나 발생 원인이 특별하므로 이상사례로 남겨야 한다고 결정할 수도 있다. 모든 자료가 이런 형태로 검증되면 연구자는 자신이 개발한 범주화 작업이 충분한 근거를 가지고 자료에 의해 뒷받침된다고 확신할 수 있으며 이를 일반화시키고 싶어 한다.

  - 비정상적인 사례 분석은 자료의 초기 가설이나 특징에 맞지 않는 사례를 적극적으로 확인하고 발전된 이론이나 설명을 모든 사례에 잘 적용될 때까지 수정하는 것이다. 비정상적 사례들은 가끔 초기 생각을 유도하는 것으로 이어질 수 있지만, 대부분 더 광범위한 상황을 고려하는 심층적인 분석으로 이어진다(Seale, 2012).

    예를 들면 청년 실업자들의 연구에서 이전 경력에 대한 분류화는 잘 구성될 수 있다. 이전 경력과 다른 현상과의 연결을 분석한 결과 유급 고용을 경험하지 못한 청년실업자와 취직을 했다가 실패를 반복하는 경력을 가진 청년실업자는 일반적으로 안정적인 고용 배경을 가진 청년과 비교하여 다른 구직 태도를 보였다. 그러나 안정적인 고용 경력을 가지지 못한 청년들 중에서 조직화된 프로그램, 자원봉사 및 가족구성원과 일하는 것 같은 잘 계획된 지원을 받은 경력을 가진 청년의 경우 안정적인 고용 배경을 가진 사람들과 유사한 태도가 지속적으로 발견되었다. 이들은 모두 자신이 가고 싶은 분야와 구직을 하고 싶다는 의지가 명확했다. 이러한 증거는 무급 직장 경험을 포함하는 이전 경력의 개념을 수정하도록 하였다. 비정상적 사례 또는 이상사례를 주목하는 과정은 분류화가 충분히 광범위하게 이루어져 좀 더 광범위한 집단에까지 적용 가능하다고 느껴질 때까지 지속되어야 한다.

질적연구 결과의 타당도를 평가함에 있어서 다양한 증거를 찾는 것은 매우 중요하다. 어떤 사회적 또는 정신적 현상도 현실적으로 한 가지 관점만을 가지는 경우는 존재하지 않는다. 만약 연구결과가 일차원적이라면 이것은 그 결과들을 모집단과 그 외의 집단으로 일반화할 수 있을지에 대한 의문을 제기할 수 있다. 다양한 증거, 종합적인 자료 적용 범위 및 비정상적 사례의 고려 등 이 모두가 명확한 분석 접근법에 대한 이해와 함께 독자들이 도출된 광범위한 추론의 견고함을 평가하는 데 도움이 될 수 있다.

- **해석된 내용이 자료에 의해서 잘 뒷받침되고 있는가?** 연구결과가 본래의 자료가 갖고 있는 사실대로 잘 서술되었으며 그러한 해석이 어떻게 도출되었는지 다른 사람들이 이해할 수 있도록 잘 설명되었는가? 발견된 현상들은 연구참여자가 부여한 의미를 잘 반영하여 입증되었고 설명되었는가?

  일반화의 토대는 연구 중인 현상을 지지하는 원 자료를 효과적으로 활용함으로써 개선될 수 있다. 원 자료가 질적연구의 기록된 설명 내에서 이용되고 구현될 수 있는 방식들은 다음 장에서 상세하게 논의된다. Altheide과 Johnson(2011)은 모든 논쟁의 근거를 명확하게 하는 것이 매우 중요하다고 강조한다. 특히 자신들의 주장과 자료가 얼마나 밀접하게 연결되어 있는지가 명확해야 함을 강조한다. 이에 대해 명확한 것은 참여자 자신의 설명의 언어와 내용을 표시하는 것뿐만 아니라 연구자의 해석이 얼마나 밀접하게 자료를 반영하고 여기에 기반을 둔 일반화가 얼마나 충분한 근거를 가지는지 독자들이 판단할 수 있도록 도울 수 있다. 또한 삽화와 같이 원 자료가 해석되는 분석 경로와 배치된 의미를 표시함으로써 질문에 대한 개방성과 더 많은 추론의 도출과 같이 다른 사람들이 검토할 수 있는 기회를 제공해 준다.

- **해석은 적절한 분석적 구조를 갖는가? 그리고 일반화가 적절한 수준에 있는가?** 질적연구자는 근거의 본질과 다양성을 표시하기 위해서 범주화, 분류화, 유형학과 같은 분석적 구조를 사용한다. 일반화될 수 있는 것은 개별적인 설명 목록이 아니라 이러한 특징들이다. 할당된 현상의 분류 수준은 일반화가 지지될 수 있는 정도에 영향을 미칠 것이다. 매우 일반적인 규칙으로서 고차원적인 범주의 집합은 구체적이거나 개별화된 범주보다는 좀 더 전이가 가능한데, 이는 형태적으로 덜 특이하기 때문이다. 이러한 고차원적 개념으로의 분석적 경로는 구성의 실행 가능성을 조명하기 위해서는 명확할 필요가 있다. 다음 장에 나오는 질적연구 결과물 작성하기의 예를 참조하기 바란다.

타당화에 관한 질문 Questions relating to validation

- **연구결과물이 다른 원천에 의해서 뒷받침되는가?** 위의 논의와 같이 질적연구 결과물의 타당화가 수립될 수 있는지 여부와 어떻게 수립될 수 있는지에 대해서 상당한 논쟁이 여러 문헌에 나타나 있다. 그러나 맥락상 또는 특성상 다른 표본이 추출된 모집단을 초월하여 일반화가 진행될 때 특히 이러한 논쟁이 제기되고, 각종 일반화의 타당도에 대해서 확실성이 부족할 수 있으며 다른 근거와 비교하는 것도 고려될 수 있다. 예를 들면, 만약 독자가 금전적 인센티브를 사용한 금연 계획에 대한 연구결과를 다른 연구대상 집단 즉, 비만인 사람들

가운데 체중감량 촉진 프로그램, 건강 행동 변화에 대한 인센티브의 영향에 대한 연구에 적용하고 싶다면 좀 더 광범위한 문헌을 참고하는 것이 좋다. 모집단의 특성, 변화하고 싶은 건강행동 특성, 제안된 행동 지원의 유형 및 강도, 인센티브의 유형 및 가치와 집행 절차 등이 인센티브에 대한 참여자들의 반응에 영향을 주는 다양한 방식으로 근거를 고려할 수 있다.

연구설계 및 수행에 관한 질문

Questions relating to the design and conduct of the research

연구설계와 수행에 관한 질문들은 신뢰도, 타당도, 일반화 가능성을 평가하는 데 결정적이며 연구 과정 중에 질문될 필요가 있다. 일반화가 가능하거나 적절한지 결정하는 데 고려해야 할 핵심 질문들은 다음과 같다.

- 연구의 전반적 설계와 수행이 확인되어야 할 모든 관점을 고려하였는가 또는 선별적이거나 누락된 적용 범위를 초래할 수 있었던 특징이 있었는가?
- 표본설계와 선별이 선입견 없이 상징적으로 연구집단을 대표했고, 알려진 모든 구성원들을 포함했는가?
- 자료수집 접근법들이 특정 유형의 사람들을 방해하거나 제외시킬 수 있었는가? 자료수집의 기간이나 방식이 특정 유형의 사람들이 참가하지 못하도록 하였는가?
- 수집된 표본의 특성은 무엇이었는가? 표본 내에 알려진 비참여자나 표본감소와 관련된 것이 있었는가? 있다면 무엇에 영향을 줄 수 있는가?
- 현장조사가 일관성 있게 수행되었는가? 환경이 연구참여자의 의견을 충분히 표현하거나 탐색할 수 있도록 편안했는가? 질문사항들이 관련 근거를 덮을 수 있는 기회를 허락했는가?
- 자료는 어떻게 기록되었는가? 기록, 메모 또는 기타 자료 기록이 얼마나 완전하고 정확한가?
- 분석이 종합적이고 분석 경로를 표시할 수 있는 방식으로 수행되었는가?

이 질문들은 일반화의 3가지 종류 모두와 관련 있다. 예를 들면, 표본이 얼마나 포괄적이었는지 이해하는 것은 표상적 일반화가 어느 정도로 가능한지 평가하는 데 분명 핵심일 것이다. 하지만 표본추출에 대한 질문들 또한 추론적 및 이론적 일반화와도 관련이 있다. 이것은 연구 발견사항이나 이론이 연구 중인 것과 거의 유사한 다른 연구집단에 적용 가능한지 여부를 결정하는 데 도움을 줄 수 있다. 유사하게 만약 현장조사가 결점이 많거나 현장기록이나 메모가 완전하지 못하다면, 연구자는 이 자료를 통해서 연구 중인 이슈들에 대해 충분한 관점의 지도를 그리지 못할 것이다. 연구결과의 신빙성이 줄어들고, 그것들에 기반을 둔 모집단, 더 광범위한 맥락이나 사회이론, 추론에 제한적일 것이기 때문이다.

한 예로 청년들이 지방자치단체에서 관리하는 시설을 떠난 후 겪는 주거 경험 연구를 생각해 보자. 이 연구로부터의 일반화에 대한 적절성을 평가하기 위해 위의 여러 질문들이 얼마나 영향을 줄 수 있는가? 표본설계와 자료수집 과정에서 다양한 주거형태를 가진 청년들이 연구에 포함되도록 할 수 있는지를 고려할 수 있다. 예를 들면, 관리시설을 떠난 후 노숙 경험을 한 사람들을 포함하도록 충분히 노력했는가? 만약 문지기들이 표본평가에 사용되었다면, 특정하게 긍정적이거나 부정적인 경험을 가진 청년을 선택하는 등 연구자가 누구를 참여시키는지에 선별적이었는가? 현장조사의 경우 인터뷰 기간 동안 청년들의 생각에 영향을 주거나 제한할 수 있었던 친척이나 주요 직원 같은 사람들이 옆에 있었는지에 대한 문제도 포함된다. 분석이 서술된 경험 전체에 대한 신뢰할 만한 설명을 제공하는가도 고려될 질문이다.

더 광범위한 추론을 도출하는 과정은 연구와 별개의 단계로 발생하는 것이 아니고, 연구 조사 과정 동안 근거의 강도와 의존가능성이 높아지면서 발생한다. 즉 연구자의 사고에서 가장 고차원에 있는 것을 일반화하는 것이 아니라, 자료수집이 잘 설계되고 수행되도록 하고, 분석 결과가 가능한 포괄적이고 이해에 도움이 되어야 한다. 이렇게 함으로써 근거가 더 광범위한 추론 도출의 가능성을 높여주는 방식으로 강화될 수 있다.

연구수행의 마무리 단계에서 연구자는 질적연구 설계나 수행 과정 동안 대면하는 모든 제한사항을 지적할 필요가 있다. 이 제한사항은 연구가 진행되는 동안 명백해질 수 있는 것으로 예를 들면, 특정 연구그룹으로의 접근을 확보하는 어려움과 분석과 해석이 완료되는 순간 나타날 수 있는 연구대상 집단 가운데 누락된 경험이나 관점이 있다. 이러한 문서들은 독자가 도출될 수 있는 광범위한 추론의 관점으로, 근거의 경계를 이해할 수 있도록 도와줄 것이다. 예를 들면, 청년들의 주거 경험 연구에서 연구가 진행되는 동안 노숙을 하고 있는 청년집단은 접근의 어려움으로 인해 포함되지 않았을 것이다. 관리시설을 떠난 사람들 가운데 상대적으로 노숙 경험이 많아지는 것에 대한 양적자료를 고려할 때, 이것은 연구의 심각한 제한사항으로 인식되어야 하며, 3가지 종류의 일반화의 범위를 제한할 수 있다. 위의 논의와 같이 질적연구의 신뢰도, 타당도 및 일반화가능성을 개선시키기 위해서 연구자가 선택할 수 있는 단계들을 설명함에 있어 많은 저자들이 감사 추적(audit trail)의 중요성에 대해서 언급하고 있다. 이 방법을 통해 연구방법의 명백한 설명으로 연구자가 연구수행에 있어 얼마나 완벽했고, 조심했으며 정직했는지 표현해 준다(Robson, 2011).

일반화의 범위가 많은 연구에서 중요한 특징임에도 불구하고, 광범위한 추론이 가능하지도 않고 의도되지 않는 연구도 있을 것이다. 예를 들면, 고유한 조직의 역할과 능력이나 새로운 중재의 영향을 평가하는 연구에서 연구의도는 단순히 그들이 얼마나 효과적으로 하고 있는지와 그들이 발전될 수 있는 방법에 대해서 배우는 것을 최적화하는 것일 수 있다. 하지만 일반화를 지지할 수 없는 연구들도 여전히 추후 연구에서 검증될 수 있는 가설들을 생성할 수 있다.

이 장은 질적연구에서 일반화가 어떻게 가능한지 보여 주었다. 질적근거가 광범위한 추론을 지지할 수 있는지 여부를 점검하는 데 정해진 방법이나 완벽한 방법이 없다는 것을 강조할 필요가 있다. 이것은 독자가 서술된 추론적 평가를 판단할 수 있도록 연구방법과 분석 과정에 대한 명료한 작성과 광범위한 추론 도출에 대해서 질적으로나 잠재적으로나 근거를 신중하게 반영하고 질문할 것을 요구한다. 또한 모든 일반화는 고정되거나 불변의 결론이기보다는 작업가설(working hypotheses)이나 추후 연구가 필요할 수 있는 추정으로 보아야 하는 잠정적인 특성이 있음을 명심해야 한다.

핵심요소

KEY POINTS

- 일반화에 부여된 의미와 질적연구 결과들이 넓은 추론을 지지할 수 있는지에 대한 연구자의 의견은 다양하다. 이와 같은 다양성은 일반화에 대한 견해들이 인식론과 존재론적 철학에 의해 강력하게 영향을 받기 때문이다. 결과적으로 질적연구 결과가 일반화될 수 있는 조건이나 과정에 무엇을 포함해야 하는지에 대해서 합의되거나 정해진 원칙은 없다.
- 일반화는 분리되어 있지만 연결되어 있는 3개의 개념이 있다.
  - 표상적 일반화: 연구표본에서 발견된 것이 표본이 추출된 모집단으로 일반화될 수 있는지, 또는 동등하게 사실로 여겨질 수 있는지에 대한 것
  - 추론적 일반화: 특정 연구에서 발견된 결과물이 다른 상황이나 맥락을 초월하여 일반화되거나 추론될 수 있는지에 대한 것
  - 이론적 일반화: 연구결과로부터 유도된 이론적 명제, 원칙, 진술들이 더 넓은 범위로 적용될 수 있는지에 대한 것
- 자료의 타당도와 신뢰도는 광범위한 추론이 단일연구에서 도출될 수 있는지에 중요한 의미를 가진다. 이것은 원래의 연구근거의 견고함과 신빙성과 관련되어 있기 때문이다. 그렇지만, 질적연구자들 간에 타당도와 신뢰도가 질적연구에 적용될 수 있는지에 대한 논쟁이 존재한다. 일부 연구자들은 질적연구의 목적과 가치에 더 잘 어울린다고 생각하는 대체 용어를 채택했고, 다른 연구자들은 질적연구에 좀 더 적합한 신뢰도와 타당도를 운용하는 대체방법을 제안하였다.
- 질적연구로부터의 일반화가 어느 정도 가능하거나 적합한지를 반영함에 있어, 연구자와 독자들은 연구가 어떻게 설계되고 수행되었는지, 자료가 어떻게 해석되고 해석에 대한 증거가 어떻게 제공되었는지, 일반화 할 수 있는 수준과 도출된 모든 광범위한 추론을 확증해 주는 다른 근거가 존재하는지 여부를 고려할 필요가 있다.
- 광범위한 추론이 도출되는 과정은 연구의 개별 단계로서 발생하기보다는 연구과정 전반에 걸쳐 근거의 강도와 의존가능성을 발전시키는 가운데 발생한다.

핵심용어

KEY TERMS

일반화(generalisation)는 사회과학연구에서 단일연구로부터 더 광범위한 연구집단, 맥락 또는 사회적 이론으로 추론을 도출하는 잠재력을 가진다. 질적연구에서 일반화는 연구결과의 **재연가능성**(transferability) 또는 **외적 타당도**(external validity)로 지칭된다.

신뢰도(reliability)는 일반적으로 연구결과의 반복실험 가능성 및 이것이 동일하거나 유사한 방법을 사용하는 다른 연구에서도 반복될 것인지에 관한 것이다. 질적연구의 특성상 **확신가능성**(confirmability)이나 **의존가능성**(dependability)이란 용어가 때때로 선호된다.

타당도(validity)는 전통적으로 연구결과의 정확성과 정밀성과 관련되어 이해되었다. 질적연구에서 타당도는 연구참여자에 의해 인식된 것을 연구에서 현상에 대한 내용으로 정확하게 반영하였는가와 관련이 있다. 대체 용어로 **신빙성**(credibility)과 **가능성**(plausibility)이 사용되기도 한다.

타당화(validation)는 분석이나 다른 출처와의 상호 점검을 통해 발견된 내용이나 결론의 타당도를 점검하는 과정을 지칭한다. **구성원**(member)이나 **참여자 타당화**(respondent validation)는 연구근거를 참여자나 연구집단에 역적용하여 부여된 의미나 해석이 인식되고 확인되는지 재점검하는 것이다.

chapter 13

질적연구에서의 글쓰기

WRITING UP QUALITATIVE RESEARCH

개요

Chapter outline

- 질적연구 결과
- 질적자료 보고의 도전과제
- 질적연구 결과 쓰기
- 질적자료 제시하기

질적연구 과정에서 마지막 단계인 연구결과 보고와 발표는 복잡한 연구결과를 매력적이고 통찰력 있는 방법으로 풀어내고 설명해내는 동시에 이해하기 쉽고 일관성 있게 이야기를 만들어가는 것이다. 이렇게 하려면 그 동안 연구되어 왔던 사회적 세계를 표현하는 것뿐만 아니라 연구참여자의 이야기에 기반을 두면서 그 미묘한 차이와 복잡성을 설명할 수 있도록 다시 제시해 줄 필요가 있다. 그러므로 보고서를 작성한다는 것은 분석 결과를 단순히 기록하는 행위가 아니라 연구된 주제의 형태와 본질을 적극적으로 해석하고 재현해 내는 고된 과정이다.

이런 점에서 보고서 작성 단계는 분석과정의 정점으로 볼 수 있다. 이 단계는 대상 청중에게 주요 연구결과를 보여주기 위하여 자료를 일관성 있는 구조로 구성하도록 좀 더 숙고할 수 있는 기회를 제공한다. 자료를 재사정하면서 분석을 지속하게 되면 최종적으로 조직화된 결과물과 성찰적 논의를 얻을 수 있게 된다. 그래서 보고서를 작성한다는 것은 추가적인 자료탐색과 확인, 유형이나 연관성에 대한 의문 그리고 좀 더 구체화된 해석 및 설명과 관련된 과정으로써 끊임없이 정련시켜 나가는 분석적 여정이라 할 수 있다.

> 우리는 우리의 보고와 묘사가 그 연구내용을 충분히 보여줄 수 있도록 설득력 있고 유의미한 형태가 되도록 분석 작업에 임해야만 한다. 또한 글쓰기와 표현이 어떤 자료를 숙고하는 데 실질적인 방법이라고 말하고 싶다. 글쓰기는 우리로 하여금 연구자료를 새롭고 또 다른 방식으로 생각하게 만든다. 자료가 보여주는 의미와 이해 그리고 목소리와 경험을 고려하여 우리가 어떻게 자료가 가지는 영향력을 표현해낼 수 있을 것인가에 관해 고민해 보아야 한다. 그 자체로 글쓰기는 우리의 분석적 노력을 실제적으로 더욱 깊게 만들어준다. 분석적 사고는 글쓰기와 표현하는 과정 속에서 시도되고 성장한다(Coffey & Atkinson, 1996).

많은 질적연구방법 책에서 글쓰기 과정을 기술하고 있다(Corbin & Strauss, 2008; Creswell, 2013; Flick, 2009; Hammersley & Atkinson, 2007; Holloway & Wheeler, 2010; Merriam, 2009; Patton, 2002; Rubin & Rubin, 2012; Seale, 1999; Silverman, 2010, 2011). 사회연구 분야에서도 글쓰기를 잘하는 법에 관해 일부 다루고 있다(Wolcott, 2009). 질적연구방법 책은 글쓰기 과정을 어떻게 조직화할 것이며, 글쓰기의 재료를 어떻게 구조화할 것인지 그리고 기술과 해석 혹은 해설과 실제 예시 사이의 균형을 어떻게 적절히 얻어낼 것인가에 중점을 두고 있다. 그러나 질적자료를 원 자료에 충실하게 기술하고 해석이 이루어지는 과정을 명확하게 제시한 텍스트는 거의 없다. 그러므로 이 장의 목적은 전반적인 보고서 쓰기가 아니라 질적 근거자료를 설명할 수 있는 방법을 보여주기 위하여 독특한 질적자료가 어떤 것인지에 초점을 두고자 한다.

이 장은 연구과정 중 질적연구자가 얻을 수 있는 상이한 결과물들을 다루는 것으로 시작된다. 원 연구자가 연구결과를 어떻게 기술할 것인지에 관해 고민할 때 직면하게 되는 어려운 점을 간략히 이야기한다. 질적자료를 보고하고자 할 때 일반적인 원칙을 논의하면서 질적근거를 드러내 보일 수 있는 방법에 대해 좀 더 구체적으로 다루고 이전의 연구로부터 예시를 들어 설명하고자 한다.

이 장을 읽으면서 이 책에서 조언하고 있는 내용의 유용성을 판단하고 Chapter 1에서 제시하는 질적연구에 접근하는 일반적인 접근방식을 기억하는 것이 중요하다. Creswell(2013)은 질적연구에서 서로 다른 접근법이나 학파에 따라 매우 다른 형태의 글쓰기를 하거나 이야기 구조를 확산시켜나가는 경향이 있다고 하였다. 예를 들어 만약 대화분석이나 담론 분석 혹은 내러티브나 생애사적 접근에 기반을 두고 보고서를 쓰려고 한다면 이 책의 앞부분에서 설명한 내용과 다르기 때문에 이런 종류의 연구를 구체적으로 다루고 있는 다른 책이 좀 더 유용할 것이다.

또한 이 책은 보고서를 가시화하고 또 다른 종류의 자료를 간단하게 다루면서 동시에 면담이나 포커스그룹으로부터 이끌어낸 자료를 문자화시켜 보고서를 작성하는 데 중점을 두고 있다. 그러나 질적연구로부터 얻어지는 결과물을 다루는 방식이 세월이 흐르면서 크게 확장되어 변하더라도 한 가지 혹은 다른 종류의 글쓰기는 가장 보편화된 형태로 남아 있을 것이다. 따라서 설득력 있고 분명하게 기술된 결과물을 만들어낼 수 있어야 하며 이것은 질적연구자에게는 변함없는 중요한 핵심 기술이라 할 수 있다.

질적연구 결과

Qualitative research outputs

수주, 수개월 혹은 수년간 집약적으로 이루어진 연구작업의 성과를 발표하는 것은 연구자에게 매우 중요한 순간이다. 일반적으로 보고서나 학위논문 혹은 학술논문과 같은 형태로 끝내긴 하지만 이용 가능한 또 다른 형태로 만들거나 배포할 기회가 다양하게 있다. Merriam(2009)은 "질적연구 보고서를 작성하는 데 있어서 표준화된 구성방식은 없다. 보고서 형식의 다양성은 시간의 흐름에 따라 특징을 갖게 되고 오늘날 더 실험적이다."라고 하였다.

연구자는 구두발표나 중간보고를 통해 현재까지 드러난 주요 결과를 선택할 수 있거나 요구받을 수 있다. 주요 발견이나 정책에 대한 조언과 방법론적 적용은 세미나, 워크숍, 컨퍼런스, 간략한 논문, 학술지 논문 그리고 책을 통해서 전파될 수 있다. 또한 질적연구는 갈수록 방송 인터뷰나 토론, 신문사설, 온라인 블로그 혹은 온라인으로 올라오는 짧은 동영상과 같은 형태의 대중매체를 통해서 확산되고 있다.

일부 연구자는 연구결과의 전파를 위해 전통적인 형태에서 벗어나려고 시도하고 있다. Creswell(2013)은 질적연구로부터 얻을 수 있는 연구결과의 범위가 '재구성된 신문사설, 연극, 시, 사진, 음악, 콜라주, 데생, 조각품, 퀼팅, 스테인드글라스 그리고 댄스'를 포함하여 계속 확장되어 왔다는 것에 주목하였다. Merriam은 이러한 발전을 전통적인 질적 글쓰기 과정에 대한 포스트모더니즘의 비판과 관련지었으며, 반면에 Richardson은 '좀 더 다양한 삶의 지각과 학습 형태'와 밀접한 연관성이 있는 결과물로 소설, 시, 사진 그리고 데생과 같이 사회과학적인 표현과 현장노트를 결합시킬 것을 주장하였다(Richardson & St. Pierre, 2005). 이러한 관점에서 연구자는 결과의 실질적인 기여나 영향력뿐만 아니라 심미적 가치와 성찰 정도까지 판단해야 한다.

Box 13.1에서 질적연구나 어떤 사회연구 조사로부터 얻어지는 결과를 일부 보여준다. 여기서는 앞서 기술하였던 사회과학, 예술 그리고 인문학과 결합하는 것보다는 좀 더 '전통적인' 사회과학 결과에 우선적으로 초점을 맞추고 있다.

통합적 결과(comprehensive outputs)는 방법론적인 부분에 대한 구체적이고 광범위한 기술, 연구결과와 의의 그리고 기록된 자료의 형태로 제시할 수 있다. 요약 결과(summary outputs)는 연구에서 가장 중요한 이슈에 관해 축약된 형태의 개요를 제공한다. 서면으로, 보고서 전체를 읽을 필요 없이 연구논문의 주요 결과에 독자가 접근할 수 있도록 독립적인 형태로 '연구초록(executive summaries)', '연구개요(research briefs)', '주요 결과(key findings)'로 기술된다. 개발 중인 결과(developmental outputs)는 연구에서 새롭게 드러난 이슈에 대한 논의나 논쟁을 불러일으키도록 고안된다. 개발 중인 결과는 흔히 연구자료에서 드러나는 생각이나 개념으로 연구 분석과정에서 발생한다. 연구의 중간 결과를 발표함으로써 투자자, 정부 주요 인사 혹은 타 연구자와 공유할 수 있으며, 또한 관심 분야에 대한 추후 분석을 제안할 수 있는 기회가 된다. 평가계획을 할 경우에는 지속적으로 연구디자인이나 진행을 조정하고 개선시킬 수 있도록 프로그램 실행 시 조기 피드백을 제공할 수 있다. 그리고 좀 더 학문적인 맥락에서, 중간 결과는 추후 결과를 체계적으로 정리하거나 다른 연구자와 결과를 해석할 수 있는 기회를 제공한다. 마지막으로, 선택 결과(selective outputs)는 구체적인 근거를 기록으로 제공한다. 전문가나 서비스 사용자 혹은 관련 컨퍼런스나 학술지와 같은 특정한 청자에게 관심을 둔다.

학술연구에서 얻은 연구결과의 형태를 결정하기 위한 몇 가지 요인이 있다. 이 요인들은 어떤 형태의 연구에도 적용할 수 있는데, 중요하게 고려해야 할 점은 다음과 같다.

- **보고전략에 근거를 두고 연구의 근거와 목적 결정.** 예를 들어 중재개발이나 정책개발의 정보를 제공하기 위해 수행된 연구결과는 이론적 혹은 학문적 논란에 대한 정보를 제공하기 위해 수행된 연구결과와 상당히 차이가 있다. 전자는 주요 결과의 신속한 발표를 정책결정자에게 하고 이후 다양한 이론적 의의를 언급하는 학술잡지, 학문적 컨퍼런스 보고서 혹은 저서 등과 같은 포괄적인 서면화된 보고서 작성을 한다.
- **청자.** 연구결과의 특성은 본질적으로 특정한 청자에 의해 좌우된다. Silverman(2011)은 질적연구의 주요 청자

Box 13.1

다양한 형태의 연구결과

특성	목적
종합적 • 실질적인 보고서 • 저서 • 학위논문	연구가 완료되면 연구결과, 연구방법 그리고 폭넓은 연구의 의의에 대한 종합적인 고찰을 제공하기 위함
요약결과 • (실행)요약보고서 • 학술지나 논설 • 프리젠테이션 슬라이드(프리젠테이션 개요) • 동영상/기록물	대개 연구가 완료되고 난 이후에 주요 결과를 통합하기 위함
개발결과 • 새로운 연구결과에 대한 중간보고나 구두발표 • 중간보고서 • 학술지나 논설 • 컨퍼런스, 워크샵 혹은 세미나 리포트 • 프리젠테이션 슬라이드	어떤 프로젝트를 하는 동안 새롭게 발견된 결과를 조기에 제시하거나 논쟁의 여지가 있는 이론 및 아이디어를 제공하기 위함
선택적 • 구체적인 주안점을 둔 구두발표 • 주요 청자를 위한 프리젠테이션 슬라이드(발표에 초점) • 책의 장 • 학술지나 논설 • 블로그나 웹사이트 • 짧게 주요 내용을 정리한 보고서 • 짧은 동영상	선별된 주제나 구체적인 청자에 중점을 두기 위함 – 프로젝트를 진행하는 과정이나 완료되는 시점 모두 가능함

를 다음과 같이 4가지 부류로 구분하였다. 청자는 이론적이거나 실제적인 혹은 방법론적인 통찰력이 필요한 학자, 최근의 정책문제와 연관해 실용적인 정보를 얻고자 하는 정책입안자, 대상자의 이해를 도울 수 있는 기본체계나 좀 더 나은 처치나 실무를 할 수 있도록 실현가능한 제안을 원하는 실무자, 마지막으로 새로운 사실이나 더 나은 서비스를 어떻게 받을 수 있을지를 알려주는 지침 그리고 자신의 경험이나 문제를 타인과 공유할 수 있음을 보장받길 원하는 일반 대중이다. Merriam은 여기에 연구결과에서 핵심적인 청중이 될 연구참여자 그리고 참여 혹은 행동 연구(participatory or action research) 전통에서 연구를 위해 항상 존재하는 참여자를 더 추가하였다. 어떤 결과에 포함되는 연구의 초점, 형태, 구조, 길이 및 구체적인 수준은 반드시 대상 청

중의 구체적인 요구와 관심에 의해 모든 정보가 제공되어야 한다. 다양한 청중과 함께 하는 연구에서는 둘 이상의 결과가 필요할 수도 있다.

- **계약 협의/다른 의무 충족.** 위탁 및 연구보조를 받은 연구는 보고서나 기타 결과에 대한 범위, 형태와 보고서 형식, 결과가 보통 계약단계에서 고객 또는 투자자와의 합의를 통해 만들어진다. 예를 들어, 사회정책 부문에 적용되는 계약상의 의무로는 대개 구두발표와 보고서 제출 모두가 필요하다. 학문적 결과는 특정 학술지의 요건을 충족시켜야 하거나 학위논문 심사를 필요로 하게 될지도 모른다.

- **이용 가능한 자원.** 연구나 연구팀에게 이용 가능한 자원은 가능한 연구결과를 제한한다. 보고서로 작성되었거나 구두 혹은 기타 다른 형태이더라도 재정과 시간의 영향을 고려해야 한다. 만약 보고서를 다른 사람(지도교수, 동료연구자 혹은 대상자)이 읽을 가능성이 있다면, 출간 전에 최종 형태가 아닌 몇 개의 초고가 필요할 수 있다.

질적자료 보고의 도전과제

Challenges in reporting qualitative data

질적자료를 가지고 글을 쓰는 주요 목적은 연구대상자를 만족시키고 대상 청중의 관심을 끌어들일 수 있도록 이해하기 쉬운 형태로 결과를 보여주는 것이다. 질적연구자는 보고서를 작성하는 과정에서 통계학자와 수많은 관심사를 함께 나누게 될 것이다. 그러나 Chapter 10에서 언급하였듯이, 질적연구로부터 도출되어 나온 분석결과는 통계표와 차트와는 매우 다른 형태의 자료이다. 질적자료를 가지고 글쓰기를 할 때 확실한 도전과제가 있다.

이야기하기 Telling the story

질적자료의 깊이와 풍부함을 전달하는 것은 글쓰기를 준비할 때 중요하게 고려해야 할 사항이다. 어려운 점은 층을 이루고 있는 복잡한 참여자의 기술에 공정성을 가지고 이야기를 지적이고 일관성 있는 방식으로 풀어내는 것이다. 많은 저서에서(Creswell, 2013; Merriam, 2009; Silverman, 2010; Wolcott, 2009) 질적연구 보고서에 포함해야 할 것과 연구자가 채택할 수 있는 구조에 대해 기술하고 있다. 모든 질적연구에 딱 맞게 적용될 수 있는 체계는 없다. 그러나 가장 적합한 체계를 결정하기 위해서 가장 분명하고도 흥미로운 방식으로 연구결과를 제시하기 위한 연구목적, 청중 및 자료를 세밀하게 검토한다.

근거기반 제시하기 Displaying the evidential base

완전한 보고서의 작성을 위해서는 자료를 바탕으로 도출한 해석과 결론을 서식으로 만들어 가는 과정이 필요하다. 모든 표본을 수치화된 표나 차트로 보여줄 수 있는 통계학적인 연구가 원 자료를 쉽게 간결화 시키기 어려운 질적연구보다는 좀 더 수월하다. 따라서 의미 있는 질적자료가 드러날 때까지 연구자는 분석과 조사를 계속하면서 원 자료가 가지고 있는 미묘한 점이나 세부묘사와 자료의 범주화, 설명과 해석 사이의 사이의 명확성과 균형을 찾는다.

다양성 제시하기Displaying diversity

질적연구의 힘은 연구현상이나 주제의 범위와 다양성을 확인할 수 있다는 것이다. 주요 메시지에만 초점을 둔 보고서나 발표에는 의미있는 자료 전체가 아닌 일부만이 제시될 수 있어 오해를 불러 일으킬 수 있다. 자료 전체를 포함하기 위해서 반복되는 주제뿐만 아니라 비정형적인 주제를 보고하고 설명하는 것이 요구된다.

글의 길이Length in written accounts

의미있는 자료를 잘 표현하기 위해서 전체 글의 길이를 결정하는 것이 필요하다. 결과가 도출되면 글의 길이를 결정하는 것이 바람직하다. 이것은 독자가 특정한 근거자료에 빠져 허우적거리거나 사소한 데에 몰두하는 것을 방지할 수 있다. 연구자는 학술지와 보고서라는 제약 안에서 질적연구 해석의 질을 평가해야 할 필요가 있기 때문에 글을 좀 더 풍성하게 만드는 데 어려움이 있다(Flick, 2009). 연구자는 실제 방법 측면에서 보고서를 길게 쓰는 데 욕심을 낼 것이 아니라 좀 더 명확하고 구체적인 방식으로 쓰는 것이 필요하다.

질적연구의 경계 설명하기Explaining the boundaries of qualitative research

질적연구 보고서를 읽는 독자는 질적연구와 사용된 연구방법 그리고 연구결과에 친숙하지 않다. 그러므로 청중은 질적연구에서 무엇이 가능하고 무엇을 할 수 없는지를 이해하는 것이 중요하다. 가급적이면 연구자는 질적인 자료에서 도출되어 나올 수 있는 추론이나(Chapter 12 참조), 어떤 것에 관한 논의, 연구자의 역할 등을 자신이 쓴 글 안에서 찾아볼 수 있도록 해야 한다.

질적연구 결과 쓰기

Writing up qualitative research findings

글쓰기 준비Preparing to write

글쓰기를 시작해야 하는 순간은 모든 질적연구 과정 속에 존재하고 있다. 연구자의 심리적 · 신체적 준비가 필요하다. 우선, 연구자는 연구개념이나 가설 및 주안점에 대한 생각으로 머릿속이 너무 어수선하기 때문에 분석과정에 열중하는 것이 쉽지 않을 수 있다. 그러므로 이러한 혼란스러움이 방해가 아니라 생산적인 결과로 전환될 수 있도록 심호흡을 하면서 심리적 안정을 취할 필요가 있다. 이를 위해서 연구자는 머릿속에 떠오르는 아이디어 혹은 미처 제대로 갖추어지지 않은 생각을 적어보고, 동료연구자와 함께 논의를 해 보거나 연구초안 혹은 계획서를 재확인해 본다. 단 며칠이라도 다양한 아이디어나 의문점 혹은 흥밋거리를 정리해 보기 위해 연구로부터 벗어나보는 것은 좋은 방법이 된다.

또한 글을 쓰는 데 시간을 좀 더 할애하려면 연구계획에서부터 여지를 좀 만들어두는 것이 좋지만, 현실적으로는 불가능하기 때문에 틈틈이 시간을 내서 글쓰기를 한다. 연구자가 동시에 또 다른 연구의 다른 단계를 진행하고 있다거나 전혀 다른 활동을 하고 있는 경우라면 창의적이고 통찰력 있는 글을 쓰는 데 개념적 가속도를 유지하기가 어렵다.

내러티브와 구조 결정하기 Deciding on a narrative and structure

Wolcott(2009)는 '글을 쓴다는 것은 사고하는 것'이므로 가능한 한 빨리 글쓰기를 시작하라고 주장하였다. 하지만 연구자가 의미있는 연구자료를 만드는 여정을 어떻게 할 것인지에 대해 명확한 생각을 가지기 위해서는 글쓰기를 본격적으로 시작하기 전에 보다 더 많은 심사숙고를 해야 한다. 많은 저자들이 자신이 들은 '이야기'를 숙고할 필요가 있고 그 이야기를 어떻게 하면 분명하고 흥미로운 방식으로 체계화시킬 수 있을 것인지에 대해 강조하고 있는 것은 그 같은 맥락에서이다(Corbin & Strauss, 2008; Creswell, 2013; Holloway & Wheeler, 2010; Patton, 2002p Silverman, 2010; Wolcott, 2009). 이러한 지혜는 글 전체와 세부적인 내용 모두에 적용된다.

Creswell(2013)은 질적연구에 대한 상이한 접근방식이 상이한 보고 구조와 연관되는 경향이 있다고 하였다. 예를 들어 내러티브 글은 현세적이고 단편적인 사건으로 이루어져 있는 반면에 근거이론 글은 연구현상에 대한 구체적인 기술에 초점을 두기보다 연구현상을 뒷받침할 수 있는 이론이나 논쟁에 더 초점을 둔다. 또한 글쓰기의 구조는 자료를 분석하는 과정과 연관성이 크다고 하였다.

Silverman(2010)은 연구결과를 제시하기 위해 전반적인 구조를 계획할 때 사용할 수 있는 세 개의 모델을 제시하였는데, 각각의 모델은 연구에서 드러나는 주요 주제와 개념을 걸기 위한 다른 틀을 제공한다.

- **가설 스토리(hypothesis story).** 양적연구에서 파생되어 나온 가설 형태의 스토리는 가설진술, 가설검증, 결과에 대해 논의하는 3단계 구조를 포함한다. Silverman은 이러한 구조는 가설이 분석과정에서 귀납적으로 개

발되는 질적연구에는 덜 적합하다고 하였다.

- **분석적 스토리(analytic story).** Corbin과 Strauss에 따르면, 이 접근은 연구에서 사용된 주요 개념, 연구결과가 개념을 어떻게 설명해 줄 수 있을 것인지 그리고 이것이 원래의 연구문제와 기존 문헌에 의미하는 것이 무엇인지에 대한 생각을 제시한다.
- **미스터리 스토리(mystery story).** 이러한 구조는 미스터리를 지적하는 것에서부터 시작하여 점차 답을 찾아가는 것이다. Silverman은 이것이 '추리소설'과 같은 방식으로 독자의 관심을 사로잡을 수는 있지만 이를 실행할 수 있는 상당한 기술이 필요하다고 하였다.

또 다른 보고서의 구조화 방법은 횡단적 주제 분석인데 다음과 같은 내용을 포함하고 있다.

- **유형화하여 구조화하기.** 만약 연구가 연구결과에 영향을 미칠 수 있는 유형을 확인하여 개발하려고 하는 것이라면(Chapter 10, 11 참조), 유용화가 결과를 구조화할 수 있는 유용한 도구가 될 수 있다. 이 경우 보고서를 쓰는 초기에 유형을 분류하는 것이 적절할 수 있다. 유형화는 유형의 범주에 대한 상세한 설명을 통해서 그리고 실증적인 사례를 통해서 가능하며, 상이한 집단 간에도 각각 유형화할 수 있다. 유형화는 연구모집단 내에서 주요 차이점을 만들어내는 데 유용하며 다음 연구주제를 얻을 수 있는 유용한 틀도 제공해 줄 수 있다.
- **상이한 모집단 구조화하기.** 연구에서 서로 다른 모집단의 면담을 포함하고 있다면, 연구자는 각 집단에서 드러난 주제를 분리해서 다루어야 할지 아니면 전반적인 주제틀 내에서 주제를 통합해야 할지를 결정해야 한다. 이 질문에 대한 답은 연구자료의 반복 가능성, 집단 간 지속적인 비교분석의 중요성 그리고 집단과 구별되는 독특한 연구주제의 정도와 같은 몇 가지 요인에 따라 다를 것이다. 서로 다른 집단에서 얻은 연구근거는 별도로 제시되며 이것은 분리된 집단을 비교하고 대조해서 나온 근거로 일종의 개요를 얻는 데 유용하다.
- **각각 다른 시간대로 구조화하기.** 시간의 흐름에 따른 프로젝트 과정이나 프로그램을 연구하거나 혹은 반복적으로 연구참여자와 면담을 하는 경우, 연구자료는 명확한 내러티브 방법을 제공해주는 고유한 진행과정이나 연대기를 가질 수 있다.

연구근거에 가장 적합한 구조를 결정할 때, 연구자는 독자의 관심을 끌어들이고 유지할 수 있는 최상의 방법을 창의적으로 생각해야 하며 이야기를 앞뒤에 맞게 잘 엮어내야 한다. 주요 목표는 근원적이고 정확한 묘사를 할 수 있는 제시 형태를 찾아내서 독자가 더 많은 것을 알고싶어 하도록 만드는 것이다. 많은 연구저서는 연구보고서의 순서와 가능한 주제에 관해서 많은 충고를 하고 있다(Holloway & Wheeler, 2010; Kvale & Brinkman, 2009; Silverman, 2010; Wolcott, 2009).

연구요약은 연구로부터 나온 주요 결과를 알리는 수단으로 보편화되고 있다. 따라서 어떤 사람은 연구요약만 읽을 수도 있기 때문에 연구요약에서 연구근거에 관해 정확하고 균형이 잡힌 설명을 제시하는 것이 중요하다. 이는 질적자료를 얻기 위한 특별한 도전이 될 수 있다. 왜냐하면 증류 단계처럼 연구결과를 합성하고자 할 때 맥락과 깊이를 잃어버릴 수 있기 때문이다. 그러므로 기술적이고 설명적 결과에 대한 주요 특징에 한정하여 요약하는 것이 현명하다. 요약은 보고서가 갖는 엄격한 구조를 따를 필요가 없다는 점에서 주목할 만하다.

주장과 언어 보고하기 Reporting voice and language

저자의 주장에 대한 문제는 기존 문헌에서 많이 논의되었다(Creswell, 2013; Flick, 2009; Hammersley & Atkinson, 2007; Rubin & Rubin, 2012; Seale, 1999; Silverman, 2011; Wolcott, 2009). 많은 논쟁이 질적연구의 성찰적 역할에 대한 토론과 관련이 있고(Chapter 1 참조) 접근방식에 대한 다양한 견해와 관련이 있다.

Flick(2009)은 민속지학적 연구결과를 보여주는 3가지 기본적인 형태로 van Mannen의 분류법에 대해 언급하였다.

- 사실주의자 이야기는 저자가 글에서 '벗어나서', 관찰을 사실로 보고하고, 해석은 주관적인 표현으로 나타내지 않으며, 면담대상자의 시각을 강조하고, 참여자의 진술을 '경험–거리' 개념을 사용하여 일반적 수준으로 변화시키는 것이다.
- 고해 이야기는 저자가 관찰한 것에서 그들의 역할을 표현하고 그들의 해석과 사용된 체계를 보여주는 고도의 개인적인 저술이 특징적이다. 대개 연구되어 오던 현상과 현상을 연구하는 연구자의 경험이 혼합된다.
- 인상주의자 이야기는 내러티브를 통해 감격적인 순간의 기억을 형상화하여 쓰여진다.

Silverman은 질적 글쓰기의 모든 면에 스며들어 있는 성찰의 정도와 관련해 주의할 것을 강조하였다. Silverman은 단순히 성찰적이라기보다는 '자기 지시적으로' 될 수 있는 글쓰기에 대해 Gubrium의 경고를 언급하였다. Gubrium(2009)은 '마음속에 두었던 소재로 글쓰기를 하려고 할 때 퇴색할 수 있다.'고 하였다.

또한 질적연구자는 보고서에 능동적 혹은 수동적 표현을 써야 할지 그리고 연구결과를 현재 아니면 과거 시제로 써야할지를 결정해야 한다. 모든 보고서를 작성할 때, 언어적 표현과 스타일은 목표로 하는 것과 대상 청중에 따라 다양해야 한다. 독자층을 최대한 넓히기 위해서, 연구에 사용되는 언어와 스타일은 주요 청자에 초점을 맞출 필요가 있다. 학문 분야의 청중 외에 다른 분야의 청중도 포함될 수 있으므로, 대개 연구 용어나 전문 용어의 사용을 피한다.

설명방법 Explaining methods

많은 저자가 연구근거에 대한 '신뢰도'를 보여주는 한 방법으로써 연구방법을 분명하게 하는 것이

Box 13.2

연구의 구성요소

설계	세부내용
전반적인 연구설계	• 연구설계의 이론적 근거 요약 및 서로 다른 구성요소를 연구에서 어떻게 함께 어울릴 수 있도록 할 것인지에 대한 개관
표본설계와 표본	• 연구모집단 기술 • 핵심 표본추출과 목표로 하는 할당량 기준 • 사회-인구학적 특성 혹은 연구목표와 관련된 주요 특징과 같은 마지막으로 얻은 표본의 세부사항
모집 혹은 선택방법	• 사용되는 표본틀 • 그룹기반 연구에서 참여자 선택 및 동의서 받기에 대한 기술. 게이트키퍼를 활용할 경우, 게이트키퍼 운영방법 및 편견 최소화 관리방법에 대한 세부사항 제공 • 문헌 분석이나 관찰연구에서는 연구자료나 대상자의 선택방법 및 선별도구 사용에 대한 설명 필요
현장연구수행	• 현장연구 수행방법 및 전략, 수집된 자료의 질에 영향을 미치는 문제에 대한 간략한 요약 제공 • 주제안내, 소재자극, 관찰 스케줄과 같은 현장연구 자료에 대한 간략한 기술이 유용
분석방법	• 분석 전반에 걸친 접근법과 목적에 대한 개요 작성(주제와 관련된 것이나 구조적인 것 등) • 자료관리 과정개요 제공 • 자료관리에 사용되는 도구(예: CAQDAS programs) 및 사용방법(예: 코드화, 자료요약, 핵심단어 찾기 등) 논의 • 자료해석에 필요한 접근방법 및 관련 자료수집법 요약
연구범위 및 제한점	• 연구범위 논의, 채택된 접근법의 제한점 확인 혹은 표본을 얻는 것과 관련한 문제, 현장연구에서 사용한 방법 등
연구윤리	• 연구의 주요 윤리적 문제 • 윤리적 위험을 경감시킬 수 있는 방법 채택
부록	예) • 모든 표본의 상세사항 • 주제안내/관찰 일정 • 연구자료 선택 및 보충 • 주제틀

중요함을 강조해왔다(Holliday, 2007; Holloway & Wheeler, 2010; Kvale & Brinkman, 2009; Rubin & Rubin, 2012). 오역을 피하고 질적연구가 낯선 독자의 이해를 돕기 위해서 질적접근방식의 사용에 따라 근거를 요약하고 연구에서 가능한 방법과 가능하지 않은 방법을 명확하게 소통할 수 있도록 하는 것이 중요하다. 또한 보고서에 왜 특정한 질적접근을 하였는지를 설명하고, 연구목적을 충족시킬 수 있는 것으로 접근방법을 선택하며, 연구를 어떻게 전개해 갈지에 대한 실질적인 세부사항을 준비해야 한다. 이는 보고서 본문이나 부록에 제시될 수 있다. 이 내용은 **Box 13.2**에 기술되어 있다.

'감사추적'은 독자가 연구과정을 들여다 볼 수 있도록 허용하며, 독자는 주요 단계를 추적하여 따라간다. 또한 감사추적은 방법적 기술과 함께 연구 팀의 인식론적인 오리엔테이션에 대한 일부 논의를 포함시키는 데 유용하다. 접근방법에 관한 상세한 정보가 프로젝트 결과에서 나온 폭넓은 추론을 가능하게 하는 '깊이 있는 기술(상세한 과정과 방법 그리고 연구의 철학적 근거)'을 제공한다.

질적결과에 관한 숫자 진술 피하기

Avoiding numerical statements about qualitative findings

질적연구의 목적은 빈도를 구하는 것이 아니라 범위와 다양성을 찾아내고, 상이한 현상 간의 관련성을 탐색하여 설명하는 것이다. 질적자료는 우선 수치보다는 단어(혹은 이미지)로 구성된다. 많은 연구자는 수치에 의지하지 않고 어떻게 자료를 요약할 것인가에 관한 문제로 고민한다.

질적 글쓰기에서 흔히 겪는 어려움은 '3명의 사람이 말하는' 혹은 '9명의 사람이 생각하는...' 것처럼 많은 사람이 말하는 무언가를 어떻게 서술해낼 것인가 하는 점이다. 또 다른 사례에서 연구자는 단정적인 주장을 조금 줄이는 대신 '수많은', '가장', '다수', '조금' 등과 같은 용어를 선택하려고 한다. 이러한 용어는 읽을 때 독자를 지루하게 만들 뿐만 아니라 어떻게 해석되는지도 모르면서 숫자나 숫자로 된 표시(가장 좋아하는, 수많은 등)를 굳이 이해하려고 애쓰게 한다. 독자는 '3'이나 '9'란 숫자가 유의미하게 높거나 낮다는 것을 의미하는지 혹은 얼마나 많아야 '수많은'이라고 쓰는지를 이해하려고 한다. 독자가 표본의 크기와 관련지어 이해하려고 한다 해도, 표본이 작기 때문에 그 결과는 의미가 없을 것이며 표본 설계의 목적에도 맞지 않을 것이다. 질적연구 표본에 대해 특정 시각을 가지고 있는 많은 사람은 일반 대중 40명이 가지는 생각이 더 폭넓은 '모'집단이 가지고 있는 견해를 제시하지 못할 것이라고 하였다. 그런데도 어떤 결과를 '다수가 ~라고 생각하였다.'로 표현한다면, 독자 역시도 이러한 결론을 이끌어낼 가능성이 클 것이다.

질적연구에서 수치 혹은 통계적인 추론을 한다는 것은 최악의 형태로, 독자들에게 혼란을 줄 가능성이 크다. 왜냐하면 질적표본은 이러한 목적으로 설계된 것이 아니기 때문이다. 만약 질적보고서에서 표본이 갖는 특정 견해나 경험 혹은 응답군을 되풀이해서 언급한다면, 질적분석에서 이

결과가 왜 생겨났는지를 설명해야만 한다. 이러한 상황에서는 '주요한', '반복되는', '지속적인', '널리 퍼진', '흔한' 혹은 반대로 '특별한', '흔하지 않은', '드물게'와 같은 견해나 반응으로 표현하는 것이 적절하며, 이것은 프로젝트 표본 안에서 우세하거나 희귀한 이유를 논의한다. 질적연구 결과 제시를 질적연구의 목적에 좀 더 맞추기 위해서 질적자료를 숫자로만 제시하거나 혹은 수치를 섞어서 진술하는 방법을 피하는 것이 바람직하다. 이를 위한 구체적인 전략은 다음과 같으며 **Box 13.3**

Box 13.3

수량화를 피할 수 있는 방법 요약

- **수량화는 대상자나 사례보다 주요쟁점에 초점을 맞춤으로써 피할 수 있음.** 신념/의견/경험/동기/상황 등으로 시작하는 문장으로 전환. 예를 들면:
  - 좀 더 큰 집으로 이사 가길 원하는 이유는...
  - 폭동이 왜 일어났는가에 관한 시각에서...
  - 무단결석을 처리하는 방법에 대한 수많은 제안이...
  - 늘어나는 부채를 다루는 사람의 방식은 ...을 포함하여 다양하다.
- 반응의 범위 나타내기. 예를 들어:
  - 동성결혼에 대한 견해는 나뉘어졌다. 한 견해는... 반대 견해로는...
  - 검열이 강화되기를 바라는 사람은... 반대 의견을 가진 사람은 ...에 역점을 두고 반대하였다.
  - 소셜 미디어의 가치는 ...에서부터 ...에까지 이른다.
- 반응을 범주화/군집화하여 표현하기. 예를 들면:
  - 학령전기의 아동을 둔 부모가 보육시설 사용을 원하는 3가지 이유를 가지고 있다. 첫 번째는...
  - 교육관계의 주요 형태는 4가지인 것으로 확인되어...
  - 재활용에 관한 전반적인 3가지 쟁점은...
- 대상자 집단이나 사례의 차이점에 초점을 둔다. 예를 들어:
  - 학생은 대학 수업료 인상에 관한 4가지 큰 문제점을 확인하였다. 학생의 부모도 ...에 관해서 동의하였으며 또한 ...도 염려하였다.
  - 청년 고용 프로그램에 참여한 사람은 다양한 요구나 바라는 것에 따라 5개의 주요 집단으로 나뉘었다. 이것은...
- 재발에 관해서 논의하려면, 재발되는 이유에 초점을 둔다. 예를 들면:
  - 부모와의 면담에서, 공원 내 놀이공간의 안전이 부모의 주요 이슈였다. 왜냐하면... 부모는 아이가 다치는 것을 걱정하고 있었다.
  - 특정 신문에서 그 이슈를 집요하게 비판하면서 다루는 이유는... 예외적인 관점은 ...이다.

에 제시된 '수량화'를 피할 수 있는 유용한 구절을 참고한다.

- 어떠한 사례를 그대로 다루기보다 사례의 주요 쟁점을 다루어 문장을 변환하기. 예를 들어 '7명의 사람들이 혜택 신청서의 길이가 문제라고 이야기를 하면서...'라고 글을 쓰는 대신에 '혜택 신청서는 신청서의 길이 때문에 혹평을 받았다'거나 '혜택 신청서의 길이가 문제시 되어왔으며...'라고 진술할 수 있다.
- 나타나는 반응을 묶어서 상황의 특징이나 경험을 의견으로 나타내기. 위의 예를 다시 사용하면, '사람들이 길이를 포함해 혜택 신청서에서 언급하는 문제...' 혹은 '혜택 신청서와 관련하여 확인된 문제는...'으로 쓸 수 있다.
- 좀 더 분류된 형태로 반응을 묶어 표현하기(집단에 따라 반응을 군집화하기). 예를 들어 부모가 자녀에게 맞는 학교를 결정하고자 할 때 중요하게 여기는 요인을 '부모가 이야기하는 5가지 주요 요인에는...' 혹은 '5개의 그룹으로 크게 나누어 부모가 학교를 선택할 때 중요하게 여기는 요인은...'으로 표현할 수 있다.
- 사례에서 발생하는 집단 간 차이에 초점두기. 예로, '아이에게 적합한 학교를 결정하는 주요 이유에 따라서 부모를 4개 집단으로 나누었다. 첫 번째 군은 자녀가 선택한 학교를 좋아하는지에 무게를 두었다. 두 번째는 ...학교의 평판과 질에 좀 더 관심을 가지고 있었다.' 등등. 설명해낼 수 있는 집단의 특성과 쟁점 간에 어떤 연결성이 있다면, 더 이해가 잘 될 것이다.

질적연구 보고서에 수치가 유용할 때는 확보한 표본의 일반적 특성을 기술할 때이다. 결과해석이나 결과의 적용 가능성 고려 차원에서 모집단이나 인구학적 특성에 관한 정보가 도움이 된다. 그러나 잘못된 해석을 피하기 위해서, 표본에 적용한 수치나 분포에 대한 명확한 진술을 함께 보여주는 것이 중요하다. 실제로 연구근거가 유용하려면, 연구표본을 설명할 때 모집단을 잘 반영하고 있는지 아니면 그렇지 못한지를 보여주어야 한다.

설명자료의 사용 The use of illustrative material

대체로 질적분석에서 글쓰기를 잘하려면 다양한 설명자료를 활용할 수 있어야 한다. 수집한 자료의 유형에 따라서 인용구, 특정 사례에 대한 요약 혹은 대략적인 묘사, 보고서에서 발췌한 내용, 관찰노트, 사진, 그림이나 다른 형태의 이미지를 포함할 수 있다.

인용구 사용 Use of quotations

연구보고서에서 인용의 사용에 대해 Corden과 Sainsbury(2006)는 7개의 잠재적 목적을 제시하였다.

- 연구문제: 내러티브나 대화분석 접근법을 사용한 연구보고서는 필사자료의 일부가 비교적 길게 포함되어 있으며, 세부적인 부분은 다음에 이어질 분석의 주제가 된다.
- 연구근거: 분석의 공정성과 정확성에 대해 독자 스스로 판단이 가능하도록 해줄 수 있다.

- 설명: 참여자 스스로 사건이나 과정의 관련성을 보여줄 수 있다.
- 분석에서 드러나는 주제의 실제 예가 된다.
- 심도 깊은 이해: 표현된 특정한 견해가 감정의 깊이를 전달한다.
- 참여자의 주장 전달: 인용구를 사용함으로써 참여자 이야기의 가치를 전달할 수 있는 하나의 방법이 될 수 있다. 때로는 연구자가 해석한 것보다 참여자가 직접 사용한 단어를 쓰는 것이 독자나 연구비제공자에게 더욱 큰 영향을 미칠 수 있다.
- 가독성 향상: 인용은 텍스트의 긴 대목을 끝마침하여 독자의 관심을 유지하는 데 도움이 될 수 있다.

질적연구에서 인용은 연구근거를 제공하고 연구결과의 부연설명에 도움이 된다. 인용구는 언어나 기술하고 있는 맥락이 가진 어떤 미묘한 뉘앙스 같은 특징을 확인할 수 있다. 그러므로 연구자가 무엇을 말하고자 하는지를 기술한 것보다 한층 더 강력하게 감정을 전달할 수 있다. 그러나 인용은 범위와 다양성, 연관성, 분할이나 설명에 대한 근거로 일부 제공될 수 있다. 인용구는 참여자가 설명하는 생생한 내용을 가져오는 것이 필수이다.

질적연구 보고서에서 인용구로 완전히 채우고 싶은 유혹을 뿌리치고 필요할 때만 신중한 판단으로 절제하여 인용구를 제시해야 한다(Kvale & Brinkman, 2009; Merriam, 2009; Wolcott, 2009). 추상적인 범주는 각 범주의 의견을 뒷받침해 줄 수 있는 인용구 없이 여전히 원 자료 혹은 원래의 언어로 설명된다. 과도한 인용단락의 사용은 글의 길이가 길어져 읽을 때 지루할 수 있으며, 글의 명확성을 감소시킬 수 있다. 보고서의 가치는 개별 이야기를 다시 하는 것이 아니라 개별 이야기에서 드러난 중요한 모든 이야기를 통합시키는 것을 제공하는 것이다.

참여자의 언어 그대로 필사된 문구는 참여자의 이야기에서 '근간이 되는' 복잡한 아이디어나 분석적인 측면에서 결정적인 역할을 한다. 인용구 혹은 또 다른 형태의 초기자료를 효과적으로 사용하기 위해서 아래의 내용을 고려한다.

- 참여자가 어떤 특정한 주제를 논할 때 사용한 언어, 용어 혹은 개념 유형을 설명한다.
- 사회적 현상에 부여하는 의미를 묘사한다.
- 특정한 주제에 관한 견해나 생각을 참여자의 표현으로 묘사한다.
- 연구모형, 과정 혹은 유형에 관련된 상이한 태도를 기술한다.
- 영향력, 양가감정, 망설임, 혼돈 혹은 모순되는 견해와 같이 현상에 대한 참여자의 표현 특징을 설명한다.
- 복잡한 현상을 더 상세하게 기술하고 이해시킨다.
- 개인이나 집단이 가지는 생각을 일반적으로 풍성하게 그려낸다.

일차자료의 사용이 적절하였는지를 보려면 이미 작성한 글을 단순히 반복하여 비평해보는 것보다는 전체 글에 일차자료의 기여를 성찰하는 것이 도움이 된다. 연구보고서를 간결하게 작성하면서 단순히 여러 번 반복되는 부분을 인용구로 사용하는 것은 의미가 없다. 또한 인용구는 해설 없이 사용되어서는 안 되는데, 독자가 매우 선택적인 자료만으로 연구자의 작업을 볼 수밖에 없기 때문이다. Merriam(2009)은 '장황하게 쓰는 것을 피하고, 단일 행으로 된 인용으로 이야기의 근거가 되는 다양한 조각을 좀 더 짧은 형태로 삽입'하라고 하였다. Wolcott(2009)도 긴 인용구는 처음부터 각주나 부록으로 분류해놓거나 삭제할 수도 있다고 하였다.

또한 인용구는 다양성을 보여주어야만 한다. 연구자는 '다채로운' 글이나 특히 설득력 있게 혹은 분명하게 표현하는 참여자의 견해나 설명만을 사용하기 쉽다. 이것은 연구근거에서 일부의 견해만 제시될 수 있어 부정확하고 부적절한 결론이 야기되기도 한다. 특정 개인이나 사례에서 과도하거나 과소한 표현을 검토해보기 위해 서로 다른 출처에서 인용하여 기록하는 작업을 하는 것이 유용하다.

결정적으로, 구문과 사례요약을 할 때 참여자의 비밀유지와 익명성 보장이 중요하다. 특히 조직이나 개인과 관련성이 있어 식별이 쉬운 사례연구를 할 때 문제가 된다. 이러한 상황에서 참여자의 나이를 폭넓게 포함하거나 혹은 사소한 세부사항을 수정하거나 생략한다든지 하여 사람이나 조직에 기반을 둔 기술을 고칠 필요가 있다. 그렇지 않으면 참여자의 익명성을 보장할 수가 없으므로(예: 참여자가 독특한 역할을 맡고 있을 수 있기 때문에), 면담에 앞서 이 부분을 명확하게 해야 한다. 또한 이러한 참여자에게 필사한 면담내용을 중심으로 한 사례요약을 제공하는 것을 고려해 볼 수 있다.

마지막으로, 질적연구자가 연구참여자의 말 그대로 필사된 단락을 확실하게 보여주는 것이 필수적이라는 데에 다른 견해가 있다(Corden & Sainsburyd의 예시 참조, 2006). 어떤 연구자는 인용구에 어떤 망설임이나 말을 반복하는 것이나 혹은 논리에 맞지 않는 것을 포함해서 있는 그대로를 정확하게 보고해야 한다는 견해를 갖는다. 또 다른 연구자는 우물쭈물하는 표현에 독자가 집중하지 못할 수 있기 때문에 유창하게 이야기를 들려주기 위해 일부를 편집하는 것은 괜찮다는 견해를 갖는다. 약간의 수정은 이해를 돕기 위해서 필요할 수도 있으나 만약 수정이 여의치 않다면 인용구는 있는 그대로의 형태로 보여주어야 한다. 또한 청중이 알아보기 쉽게 수정된 인용구를 (...)으로 표시하여 삭제를 하거나 어떤 단어의 이해를 돕기 위해서 [ ] 안에 넣는다.

다른 종류의 설명자료 활용 Use of other kinds of illustrative material

보고서에서 시각자료나 문자가 아닌 다른 종류의 설명자료 사용에 대한 세부지침이 연구에서 구체적으로 기여하고 있음을 텍스트에서 찾을 수 있다. 고려사항은 연구참여자의 언어 그대로의 인용구 활용과 유사하다. 설명자료가 얼마나 많은 정보를 포함하고 있는지, 다양성을 어떻게 확보하는지 그리고 익명성을 어떻게 보호할 것인지를 고려한다. 익명성은 인물사진과 같은 시각적 자료에서 특히 문제가 될 수 있다(추가자료는 British Sociological Association's Study Group on Visual Sociology의 윤리 부분 참조). 시각자료를 사용할 때 독자의 전체적인 상황 해석에 설명글이 어느 정도 필요할 것인지가 계속 논의되고 있다. 일부 연구자는 본문이나 이미지에 딸려오는 '캡션'이 너무 많이 포함되어 있다고 불평하면서 시각적인 이미지가 묘사에 기반을 둔 '단어'와 '숫자'로 세계를 '앎'에 대한 대안적인 방법이 될 수 있는지를 논쟁하고 있다. 캡션과 설명글이 이미지에 대한 연구자의 '선호하는' 해석에 초점을 둠으로써 가능성을 제한할 수 있다(Prosser & Loxley, 2008). 그러나 연구자가 설명글 없이 그림을 사용하는 것은 항상 충분치 않다.

> 최상의 시각적 사회과학은 단어와 이미지를 병용한다. 그림은 정보가 풍부하여 적어도 천 개의 단어보다 가치가 있으며, 많은 설명을 저장할 수 있기 때문이다. 그러나 정보가 풍부하면 또한 의미가 모호할 수도 있다(Alexander, 2008).

질적자료와 양적자료의 결합 Combining qualitative and quantitative data

질적자료와 양적자료를 결합한 연구가 증가하고 있다. 그러나 하나의 연구결과에서 다른 유형의 자료를 사용할 때 연구자는 힘든 의사결정을 해야 한다. 다른 연구방법이나 자료로부터 나온 연구결과는 각각 장을 분리하여 제시해야 하는가? 혹은 다른 자료로부터 나온 연구결과는 각각 실재적인 주제 하에 동시에 나란히 토의되어야 하는가? 만약에 다른 자료를 결합해야 한다면, 다른 종류의 자료 사이에 존재하는 긴장이나 모순을 연구보고서에서 어떻게 언급해야 하는가? 이러한 사항에 대한 의사결정을 할 때, 연구자는 질적자료와 양적자료가 세상에 대한 '앎'의 다양한 방식을 제공한다는 것을 명심해야 한다. 이것은 마치 같은 종류의 실로만 뜨개질을 할 수 없는 것과 같다. 연구결과에서 질적자료와 양적자료를 함께 사용하는 것은 다른 유형의 자료가 어떻게 결합되어 사용될 수 있는가에 대한 주의 깊은 구성과 세심한 고려가 필요하다.

연구자가 보고서에서 질적자료와 양적자료를 어떻게 결합하는가는 다른 방법의 결합을 적용하는 연구자의 이론적 근거와, 질적자료와 양적자료의 상대적인 위치에 대한 연구자의 관점에 따라 다르다. 한 유형의 자료를 주요 자료로 사용하고 다른 유형의 자료를 보조 자료로 사용한다면, 다른 유형의 자료가 주요 자료를 보조하는 것으로 소개되면서 주요 자료로 보고서의 틀을 만들어 낼 것이다. 그러나 통계적인 근거가 중요하게 고려되는 경우, 질적자료를 충분히 사용하는 것은 여전히 중요하다. 인용구를 제공하거나 현상을 조명하기 위한 사례연구에서는 단순히 질적자료를 사용하려는 유혹이 있다. 이것은 질적자료 하나밖에 사용할 수 없는 반면, 질적자료는 통계적 결과를 증폭시키고 설명하거나 맥락을 제공하는 데 다양한 역할을 할 수 있기 때문이다. 질적연구를 통해 통계 질문의 변수를 양화할 수 있는 연구 대상집단에서 주요 집단을 정의하는 근거를 제공할 수 있다.

질적자료와 양적자료가 동등하게 보여지는 경우에, 연구자는 장을 분리하여 자료를 보고하거나 주제별로 결과를 섞어서 제시할 수도 있다. 그러나 보고서의 다른 부분에서 2개의 이야기를 분리해서 이야기하는 것은 일반적으로 선택되는 방법이 아니다. 2가지의 이야기가 유사한 주제라면 읽는 데 반복될 수 있다. 뿐만 아니라, 2가지 연구결과가 결론에서 함께 제시될 수 있지만 2가지 연구결과가 전반적으로 서로 관련성을 갖는 구조보다는 독자가 덜 만족스럽고 일관성이 없음을 느낄 것이다.

어떤 보고서의 구조를 선택하든지에 상관없이, 연구결과에서 질적자료와 양적자료를 함께 결합하였을 때, 다른 2가지 유형의 자료가 주는 차별화된 '읽을거리'를 항상 제공할 것이다. 그런 차이는 하나로 합쳐진 결과를 '잘못된 것'으로 보지 않고, 연구현상의 복잡성을 반영하거나 양적질문과 질적질문에 대한 반응은 성찰의 다른 수준에 있을 수 있음을 반영한다. 그러나 그럼에도 불구하고 연구자가 차이에 대한 이유를 탐색하여 독자에게 혼돈을 줄 만한 모순을 남기지 않는 것이 중요하다.

질적자료와 양적자료를 결합한 보고서에서, 독자는 토의되고 있는 연구결과의 출처가 어디인지 명확히 아는 것이 중요하다. 가끔 이것은 통계적 표에 대한 논평이나 현상을 드러나게 하는 배경적 요인에 대한 토의에서 분명하게 제시된다. 그러나 질적자료나 양적자료가 잘 정리되어 섞여 있다면 언급되는 글의 특정 부분이 어떤 출처로부터 어떻게 유도되고 있는지를 확인하는 것은 가끔 어려울 수 있다. 이에 대한 간단한 언급은 연구가 중계하는 연구주제에 대한 앎의 방식을 독자가 이해하는 데 도움이 될 것이다.

질적자료 제시하기

Displaying qualitative evidence

질적보고는 명확하고 설득력 있는 방식으로 연구의 '이야기'를 말하는 방식을 발견하는 것이 중요하다. 기술과 해석 사이의 균형을 유지하면서 원 자료의 미묘함, 풍부함 그리고 상세함이 제시되는 것이 중요하다. '흥미있고 읽을만한 보고는 독자의 해석을 위한 기본 이해를 제공하기 위해 충분한 기술을 제공한다'(Patton, 2002). 해석이 어떻게 이루어졌고 결론이 해석을 지지하기 위하여 이용가능한 근거를 보여주는 것을 통해 결론에 도달한 근거를 제시할 필요가 있다(Hammersley &

Atkinson, 2007; Holloway & Wheeler, 2010; Morse et al., 2001). 여기서는 Chapter 10과 11에서 기술한 분석적 결과의 주요 유형에 대한 언급과 함께 질적자료를 제시하는 방식의 범위를 기술한다. 질적자료의 제시과정을 조명하는데 몇 가지 실례를 제시한다.

범위와 다양성 제시하기 Displaying range and diversity

질적자료를 보고함에 있어서 자료에서 형성된 분류를 기술하는 것이 필요하다. 이것은 참여자가 보고한 태도, 신념, 판단, 행위와 행동과 같은 것의 범위를 보여줄 수 있고 기여하는 다양한 요인의 범위를 보여줄 수 있다. 또한 절차, 과정이나 사건의 다양한 양상을 기술할 수 있다. 결과 범위의 다양한 방식과 원 자료가 제시될 수 있는 다양한 방식에 대해 아래에 기술하였다. 적용하는 접근방식이 무엇이든지 보고서는 다음과 같은 내용을 포함한다.

- 발견된 자료의 범위와 다양성에 대한 포괄적인 '지도'를 제공한다(예: 관점, 경험이나 신념의 전체 범위).
- 차후 분류의 근거와 어떻게 다양한 요인과 범주가 배정되었는지를 조명한다.
- 기술과 분류에 기본이 되는 원 자료의 예를 제시한다.

자료를 제시하기 위해 가능한 접근법은 다음을 포함해야 한다.

- 먼저 원 자료에서 자료를 추출하는 것을 보여준 다음, 발견된 요인과 범주를 기술하고 범주와 분류를 유도한다.
- 발견된 모든 요소, 범주와 분류를 기술하고 원 자료의 선택을 설명한다.
- 범주와 분류에서 다양한 원인의 선택을 보여준 후, 각각의 범주나 분류 내에서 실례를 보여준다.

질적자료의 다양성을 보여주는 방식에는 절대적으로 옳고 그른 것은 없다. 방법의 선택은 원 자료의 복잡성과 범주와 분류에 사용된 추상성의 수준을 포함하는 다양한 고려에 따라 다르다. 그러나 사용된 제시방법에 상관없이, 어떻게 그리고 왜 특별한 방식으로 분류하고 범주화하였는지를 명확히 해야 한다. **Box 13.4**는 2011년 영국의 폭동 연구보고서에서 폭동 참여에 영향을 미치는 요인의 범위를 어떻게 기술하였는지를 보여준다(Morrell et al., 2011).

현상의 요소, 범주 혹은 분류에 대한 테이블이나 텍스트에 근거한 기술에서 리스트를 제시할 때는 제시의 적절한 순서를 고려한다. 이것은 내용과 관련 있는 약간의 논리나 의미에 순서를 주면서 연대기적으로 제시할 수 있다. 또는 반응자가 첨부된 다양한 범주에 가중치나 중요성을 부여하는 것과 관련이 있을 수 있다. 언급된 빈도순을 보여주는 것과 같이 순서를 고려하는 이유를 독자에게 설명하는 것은 중요하다. 그렇지 않다면, 결과 제시의 일련의 사건에 대해 부정확한 가정을 할 수 있다.

Box 13.4

결과 기술에서 다양성 보여주기

폭동연구를 위해 수집된 자료의 분석에서 젊은이가 소동에 참여하는 데 영향을 미치는 30가지 요인을 확인하였다. 추후 분석에서 확인된 30개의 요인을 (a) 폭동을 촉진하거나 방해하는 요인 (b) 요인이 작동하기 위하여 나타난 요인의 성격과 수준으로 그룹화 하였다. 상황적 요인(그날 일어난 사건이 무엇이었는가, 젊은이가 어디에 있었는가, 그들은 무엇을 하였는가, 누구와 함께 있었는가), 개인적 요인(개인의 특정 환경과 관련된 요인), 가족 및 지역사회 요인(가족 교육과 지역적 연관성/애착과 관련된 요인), 사회적 요인(폭넓은 사회적 이슈와 관련된) 등 4개 유형의 요인을 확인하였다.

보고서에서 먼저 모든 30개의 요인을 촉진요인 혹은 방해요인, 요인이 작용하기 위한 요인의 수준에 따라 표로 제시하였다. 표에서 각 요인을 간단히 기술하였고, 가끔 기술에서 참여자에게 내재된 매우 짧은 인용구를 사용하였다. 표는 폭동이 참여자에게 영향을 미친 요인의 전체 범위와 다양성에 대한 개괄을 독자에게 제시한다.

	촉진요인	방해요인
상황적	• 그룹 과정: 그룹 힘에 의해 자제력이 없이 정신없이 빠져드는 느낌, 책임을 피하는 다른 사람을 봄, 익명의 느낌 • 동료 압박: 친구와 함께 폭동에 참여함 • 정보: TV, 책, 페이스북, BBM 메시지에서 정보를 얻음 • 상황: 폭동자의 거리가 가깝거나 참여하기 쉬움 • 권위적 모습의 부재: 폭동에 참여하지 말라는 어른이 없음, 모든 사람이 참여함, 체포된 사람이 없음	• 그룹 과정: '지금'에 초첨을 두지 않고 미래에 대해 적극적으로 생각함(개인적 요인도 봄) • 동료 압박: 친구들이 폭동에 참여하지 않음 • 정보: 어떤 메시지도 받은 것이 없음, TV를 보지 않음 • 상황: 폭동장에 접근이 어려움(먼 거리, 버스가 없음) • 권위적 모습의 존재: 부모, 친척, 혹은 젊은 노동자가 폭동에 참여하지 말라고 말함

보고서의 남은 장은 4개 유형 요인(상황적, 개인적, 가족 및 지역사회, 사회적)을 더 상세하고 다양하게 제시하고 이 요인에서 하위범주도 더 상세하고 다양하게 제시하였다. 이런 토론은 각각의 범주를 설명하기 위하여 자료에서 더 많은 문단을 포함한다. 예를 들면, 아래 제시된 발췌는 젊은이의 폭동참여에 영향을 미치는 '집단 과정'을 상세하게 설명하는데, 이 과정은 참여자의 관점에서 경험된 하나의 방식을 설명하는 인용구도 함께 소개한다.

> 특히 약탈을 일삼는 젊은이와의 면담에서, 많은 젊은이가 물건을 훔치는 것을 보면서 충동을 억제하지 못하는 효과와 물건을 훔쳐서 도망가는 것을 보는 것은 그들 스스로의 충동적 참여에 분명히 영향을 미치는 것으로 기술되었다. 이것은 행위의 정상 규칙이 적용되지 않았던 시대로 폭동경험이 연결되었다. 젊은이는 다른 사람의 도둑질 행위를 '존경할 만한' 것으로 정상적인 시각으로 기술하였다. 예를 들면, 노인, 아이를 동반한 엄마, 모든 사람이 그것을 하고 있다면 그것은 좋은 것이라고 생각했다.
>
> '우리 중의 많은 사람은 자신이 체포되지 않을 것이라고 생각했다. 폭동에 참여하는 것은 흥분 그 자체였다. 환호성을 질렀다. 그것은 차의 지붕에 앉아 캔을 따면서 마치 파티를 즐기는 것 같았다' (Young person, Salford).

Box 13.5

기술적 결과에서 복잡성 제시하기

온라인 그루밍(online grooming)에 대한 연구에서, Webster 등(2012)은 성적 학대를 저지른 젊은이의 온라인 그루밍에 대해 유죄를 받은 남성 범죄자를 면담하며 온라인 그루밍의 양상과 과정에서 발생한 단계를 탐색하였다. 연구자는 젊은이의 그루밍을 통해 범죄자 과정을 요약하는 것을 포함하는 복잡성에 주목하였다.

> 온라인 그루밍의 양상은 범죄자가 이전에 젊은이를 만났을 때 '잘 했던' 것에 근거한 그들의 활동을 정련화하려는 경향이 있다는 샘플을 공유하였다. 결론적으로, 아래 기술된 온라인 그루밍의 다양한 양상을 통한 움직임은 통합도 아니고 일직선도 아니었다. 대신에, 그것은 채택 유형, 유지, 재발, 시간경과에 따라 다시 채택을 포함하는 주기성을 보였다. 부가적으로, 온라인 그루밍의 실제적 과정은 분, 시간, 날 혹은 달이 걸릴 수 있다. 온라인 몸단장은 그들의 목표와 요구 그리고 젊은이의 스타일이나 반응의 역동적인 상호관련성에 따라 다양한 시간 동안 다양한 행위적 초점에 머물게 한다.

연구자는 온라인 그루밍 과정의 주요 양상을 요약하는 도식을 제시하였다. 그런 다음, 범죄자의 이야기에서 끌어낸 설명과 함께 온라인 그루밍의 개인적 양상에 대한 상세한 기술을 하였다.

다양한 사례에서 얽힌 매듭을 푸는 것 이상으로 복잡한 주제를 찾을 수 있다. 특히, 범주의 차원이 있는 상황 혹은 상황에 첨부된 중요성이 있을 수 있는데 이것은 더 많은 설명을 필요로 한다. 단순히, 맥락이나 세팅과 관련된 분류에 더 부가하기 위한 정련을 할 수 있다. 부가적인 복잡성은 다양한 시나리오의 사례 프로파일을 제공하는 것을 통해서 혹은 도식적 재현에 의해 텍스트에 근거한 논평과 설명을 통해서 드러날 수 있다.

관련성 제시하기 Displaying linkage

자료에서 발생된 유형은 분석 동안 중요한 통찰력을 끌어내는 현상의 관련성과 연결을 통해서 발견된다(Chapter 11 참조). 보고 단계에서, 어떤 자료는 왜 2개 이상의 현상이 연결될 수 있는지 혹은 왜 어떤 현상은 특정 하위그룹과 밀접한 관계를 갖고 있는지를 독자가 이해하도록 전달할 필요가 있다(**Box 13.5**).

첫 번째, 여기서 가장 중요한 것은 관련성을 지지하기 위한 이용 가능한 자료이다. 이 설명은 구체적으로 혹은 함축적으로 원래 텍스트에 전달될 수 있고 더 많은 분석을 통해 추론할 수 있으며, 설명적 가설을 단순화할 수 있다. 이것에 근거하여, 어떻게 설명이 파생되어 왔는지에 대한 약간의 토의가 필요하다(아래 참조).

관련성 묘사의 두 번째 방법은 연결이 변화될 수 있고 수정될 수 있는 상황에 대해 기술하는 것이다. 매우 단순한 예에서, 연구자료가 가정경제관리를 위한 시스템에 대한 남자와 여자의 다른 관점을 보여준다고 가정해 보자. 남녀 가정경제관리의 차이는 연령이 증가함에 따라 더 강화된다는 인식에 차이가 있다. 설명은 성별과 연령이 증가함에 따라 강화되는 요인의 근본적인 관련성에 대한 이유를 아우르는 필요성을 제공한다.

마지막으로 발견된 관련성에 예외가 있을 수 있다. 이것은 유형에서 관련성이 있을 때 원래 관련성을 설명하는 데 도움이 될 수 있다. '아웃라이어'로부터 나온 자료는 먼저 관련성을 이끈 상황이나 요인을 확인하는 데 도움이 되기 때문이다. 발견된 어떤 차이점이 원래 설명에 기여할 수 있고 혼란을 줄 수도 있다. 그러나 이것은 자료를 제시하는 데 도움이 될 수 있는 방식이다. 위에서 언급한 내용은 현상과 Chapter 11에서 기술했던 하위그룹에 대한 애착 사이의 관련성에 동등하게 적용한다(**Box 13.6**).

Box 13.6

관련성 제시하기

'Quit4u' 금연 계획을 통해 금연을 시도하는 종단연구에서 Ormston 등(2012)은 12개월 후 참여자의 금연 결과에 근거하여 유형을 분류하였다. Ormston 등(2012)은 어떤 특정 유형이 사람의 '금연 여정'과 관련이 있는지를 사정하기 위하여 자료를 검토하였다. 인구의학적 특성과 참여자의 금연 동기를 확인하였고 참여자가 금연을 위해 노력하는 동안 동료로부터 받은 지지를 확인하였다. 분석은 '순차적' 금연 여정(금연 후 연구기간 동안 금연을 유지)을 거친 사람과 초기 재흡연자와의 차이를 나타내는 몇 가지 요인을 보여주었다.

> 참여자의 결과는 초기 재흡연과 관련 있는 몇 가지 요인과 '순차적' 금연을 시도하는 것과 관련 있는 몇 가지 요인을 제안한다. 특히, 순차적 금연 궤적은 연령이 높은 사람에서 보였는데, 이들은 금연하고자 하는 내적 동기가 강하였다(대개 특정 건강문제와 관련이 있었음). 그리고 이들은 금연 시도와 관련하여 친구나 가족의 적극적인 사회적 지지가 있었다. 반대로, 모든 연령층의 초기 재흡연자는 사회적 지지가 약하였다. 예를 들면, 금연을 위해 노력하고 있는 참여자에게 가족이나 친구는 지속적으로 담배를 주었고, 금연을 위해 노력하는 참여자의 배우자는 여전히 흡연을 하고 있었고 동료 그룹도 그들의 금연 시도에 지지적이지 않았다.

보고서는 연구결과가 잠정적이며, 이러한 범주와 금연과 관련된 요인을 더 상세하게 이해하기 위해 앞으로 연구가(인구집단에서 다른 '금연 여정'의 분포를 탐색하기 위한 양적연구를 포함) 더 수행될 필요가 있음을 명확히 하였다. 또한 보고서는 다양한 금연 여정을 더 잘 이해하고 금연과 관련된 요인이 흡연자에게 맞춤형 지지 서비스를 제공하는 데 도움이 될 수 있음을 제안한다.

> 다양한 금연 궤적과 관련된 특성을 자세히 이해하는 것은 NHS가 더 좋은 맞춤형 서비스를 제공할 수 있도록 하고 다양한 금연자의 요구를 지지한다.

유형 제시하기Displaying typologies

유형분류는 프로젝트 대상 집단의 다양한 부분과 현상의 다양한 징후에 대한 기술을 제공한다. 이것은 수행하는 연구주제의 특정 부분과 관련이 있고, 보고서 전체에 포괄적으로 사용될 수도 있다. 잘 구성된 유형분류는 그 자체로 중요한 자료를 제공하고 다른 자료를 기술하고 설명하는 매개로 작용한다.

유형을 제시할 때 유형분류 구성을 유발하는 양상을 정의하고 제시하는 것이 중요하다. 이것은 독자가 나중에 자료를 해석하고 제시함에 있어 유형분류의 가치를 판단하는 데 도움이 될 뿐만 아니라 연구 대상집단과 연구 대상집단 내의 다양한 위치의 성격에 대한 중요한 통찰력을 준다. 분류된 유형화 그룹의 다양성의 차원에 대한 약간의 토의와 함께 유형화 형성을 유발하는 분석적 경로를 기술하는 것은 종종 도움이 된다. 사례 설명이나 각 유형의 카메오는 관심 부문에서 특성있는 유형분류의 차원을 보여주는 방식에 의해 '살아 있는' 그룹을 형성하는 데 도움이 될 수 있다. 이것은 이미 관찰했던 사람 혹은 그룹을 독자가 인식하는 데 도움이 되겠지만 그들을 정의할 수는 없다.

아래 **Box 13.7**의 사례연구에서, 참여자에게 필명이 주어졌다(Maureen). 참여자에게 필명을 주는 것과 단순히 참여자를 일반 설명자(예: '젊은이', 'GP', '선생님' 등)로 언급하거나 숫자나 알파벳을 이용하여 익명을 유지하는 것에 대해 연구자의 논쟁이 있다. 필명은 사례를 생생하게 전달하는 데 도움이 될 수 있는 반면, 책의 저자는 참여자가 자신의 사례연구를 읽고 그들을 위해 선택한 필명을 강하게 반대하는 사례를 경험할 수 있음을 주목한다. 초기 단계에서 필명을 사용할 것인지 사용하지 않을 것인지를 고려하고 참여자에게 필명을 지명하기 위해 질문을 한다. 참여자가 친구의 이름을 선택하거나 자신의 실명 사용을 원한다면 이것은 윤리적 문제를 야기할 수 있다.

유형분류가 연구 대상집단 내의 일부 특성과 관련이 있다면, 다른 기본적 특성이 프로젝트 표본 유형의 분포를 기술하는 데 가치가 있을 수 있다. 이것은 나이나 성별과 같은 인구의학적 특성, 연구주제와 구체적으로 관련있는 특성 등이다. 자료를 고려하면서 분포를 보여주는 목적은 사용할 표본에서 단순히 유형 그룹의 구성에 대한 아이디어를 독자에게 주는 것이다.

위에서 언급했듯이, 결과에 근거한 설명을 제시하는 것은 질적연구 글쓰기에서 최대의 도전 중의 하나이다. 반복적인 분석을 통해 몇 개의 자료 조각에 맞추어 설명의 근거를 종종 정확히 밝히기는 어렵다. 또한 '연구자의' 목소리는 연구참여자의 목소리와 함께 쉽게 흐려지게 된다. 설명의 기본은 보고서를 가능한 명확히 쓰는 것이다. 설명이 형성되는 다양한 방식은 다음과 같다.

- **구체적인 이유.** 참여자 자신이 제공한 이야기에 근거한 설명은 어떻게 설명이 도달하게 되었는지에 대한 기술을 가장 쉽게 전달한다. 이것이 유용하다면, 이것은 결과 설명과 함께 참여자가 리스트나 텍스트 형태로 특정 현상에 대해 제공한 모든 근거를 제시하는 것을 통해 할 수 있다. 그런 제시에서는, 왜 몇몇 설명이 다른 설명

Box 13.7

유형 제시하기

도박연구(Kerr et al., 2009)는 도박꾼의 도박 경험, 소비 패턴, 도박이 삶에 미치는 영향 등에 근거하여 도박꾼의 다양한 유형을 분류하는 데 다수의 관련성을 개발하였다. 도박꾼은 주변적 도박사, 열성적 도박사, 비즈니스 도박사, 충동적 도박사로 분류되었다. 유형분류를 알려주는 분석은 Box 11.3에서 언급하였다.

보고서는 다양한 방식으로 이 유형분류를 제시하고 사용한다. 첫 번째, 4개의 유형이 요약 테이블에 간단히 소개된다. 보고서에서 테이블 아래에 다음과 같이 언급되었다. '참여자는 도박행위와 오리엔테이션에 대한 자신의 기술에 근거하여 확인된 유형 범주에 있다', 이것은 개발된 유형의 근거를 명확히 하는 데 도움이 된다.

보고서의 한 장에서 각각의 도박사에 대해 기술하면서 보고서는 전반적인 구조로서 도박사의 4가지 유형분류를 사용한다. 이것은 도박행위와 경험의 차이, 도박에 돈을 쓰는 것, 개인의 삶에 도박이 미치는 영향을 자세하게 탐색한다. 각각의 유형은 각 장의 시작부분에서 텍스트로 상세하게 정의되고 토의되었다. 주변적 도박사의 설명으로부터 짧은 발췌를 아래에 제시하였다.

> 주변적 도박사 범주는 상당히 규칙적으로 혹은 가끔 도박을 한다. 주변적 도박사 범주의 특성은 그들의 재정능력 범위 내에서 도박에 돈을 소비하는 것이다. 또한 그들은 적은 액수의 돈을 도박에 사용하고 도박은 꼭 필요하지 않고 그들의 삶에서 도박은 중요하지 않다. 이 범주의 도박사는 그들이 했던 도박을 인지하는 것은 필요하지 않았다. 이것은 일차적으로 그들이 도박한 액수에 근거를 두었다. 이들은 사람이 '도박을 열심히 하거나' 혹은 궁극적으로 빚을 지게 되었을 때 '진짜' 도박으로 인식하였다.

이 장 각각에서, 사례연구는 다양한 유형으로 분류되는 참여자를 설명하기 위해 사용되었다. 주변적 도박사에 대한 사례연구의 예를 아래에 제시하였다.

> **사례연구(여성, 연령은 51~60세)**
>
> Maureen과 남편은 매주 National Lottery에서 논다. 그녀는 그곳이 지루했지만 매주 남편과 함께 항상 그곳에서 똑같은 숫자로 게임을 하였다. 그들은 혹시라도 똑같은 숫자가 나와서 많은 돈을 딸 기회를 놓치지 않으려고 매주 그 곳에 갔다. 또한 Maureen은 Grand National에 가는 것을 즐겼고 그 곳은 그들에게 도박보다는 사회적 만남의 의미가 있었다. 그녀는 말을 선택한 후에 어떻게 내기를 거는지를 실제로 이해하지 못했다. 그녀는 Grand National에서 돈을 따는 것에 상관하지 않고 하루 내내 즐겼다.
>
> Maureen은 National Lottery에서 놀지 않고 가끔 Grand National에서 하루 종일 도박을 하였다. 그녀가 도박에 사용하는 돈은 소액이었고 그녀의 재정에 부정적인 영향을 미치지는 않았다.
>
> Maureen은 어린시절에 강박적으로 도박을 하는 아버지를 보면서 자랐다. 아버지는 이기적이어서 도박에서 돈을 따도 가족에게 돈을 쓰지 않았다. 그 돈을 도박에 다시 사용하였다. 아버지의 도박행위는 가족의 갈등을 야기하였고 가족에서 소외되었다. 아버지의 도박은 Maureen의 가족에게 영향을 미쳤는데 그녀는 어린 시절 돈의 가치를 배웠고 도박에 돈을 소비하는 것은 끔찍한 일이라는 교훈을 배웠다.

보다 더 자주 주어졌는지를 토의하는 것이 유용할 수 있다. 또한 설명이 그들에게 제공한 사람의 특성이나 상황과 어떻게 그리고 왜 차이가 있는지를 토의하는 것이 유용할 수 있다(Box 13.8).

- **함축적 설명을 제시하기.** 연구자가 설명을 구성하면, 연구자는 논리적 경로를 따르고 '상식'을 사용하면서 자료에서 본 함축적인 연결을 알게 된다. 이 설명의 건축가는 참여자가 아니고 연구자임을 명확히 하는 것이 중요하다. 또한 이것은 설명적 결론으로 연구자를 이끄는 단서와 관련성을 독자가 알게 하는 데 도움이 된다. 이것은 매우 간단할 수 있지만 연구자의 논리가 다른 방향으로 단서와 관련성을 받아들인다면 독자가 원인, 이유 혹은 효과에 대한 다른 판단을 하도록 할 것이다(Box 13.9).
- **설명적 개념 전달하기.** 질적분석에서 중요한 개념은 다른 현상이나 현상의 기원을 설명하는 데 도움을 주기 위해 개발된다. 이것은 연구의 오리엔테이션과 범위 때문에 집중되고 흩어지는 자료와 드러나는 새롭게 정의되거나 확장된 개념 모두를 설명하는 데 도움이 되는 요인이 될 수 있다. 독자에게 개념을 수월하게 인식하도록 하는 것과 다른 형태로 그 자체를 명확하게 설명하는 방법과 같은 개념의 정의에 대한 약간의 배경을 제공할 필요가 있다. 개념이 자료를 설명할 수 있도록 약간의 근거를 제공할 필요가 있다. 예를 들면, Scottish 어린이 청문회와 관련한 대표자의 경험에 대한 연구에서 Ormston(2002)은 개념이 3가지의 분명한 역할(지지자, 촉진자 그리고 법적 옹호자)과 협력하는 '대표자' 개념임을 주장하였다. 다양한 요소는 '대표자' 개념에 포함되었다. '대표자'는 왜 사람이 어린이 청문회에서 젊은이에게 '대표'를 지명하는 장점에 대한 다양한 관점을 갖게 되었는지를 설명한다.

대부분의 응답자는 청문회 시작 전, 청문회 동안과 청문회를 마친 후 어린이를 지지할 수 있는 대표자 유형에 의해 긍정적인 역할을 한다고 생각하였다.(중략) 어린이의 들을 권리를 보장하는 차

Box 13.8

구체적 설명 제시하기

도박연구는 도박꾼이 왜 강박적 도박행위를 보이는지에 대한 이유를 탐색하였다. 연구자는 참여자의 이야기를 행위의 '단계변화'와 관련하여 분류하였고 '점진적 이동'을 기술하는 것으로 분류하였다. '강박'으로부터 멀어지는 '단계변화'의 이유를 설명할 때, 보고서는 왜 그리고 어떻게 이런 요소가 행위 변화를 이끄는지를 보여주기 위한 인용구와 함께 설명하면서 참여자 스스로가 제공한 이유를 기술한다. 일정기간 동안 도박을 중단하게 된 설명은 가족구성원에게 '들킬까봐 조마조마했던' 것과 관련이 있었다.

> 개인의 도박 행위를 모르는 가족에게 '들킬까봐 조마조마함'은 변화를 위한 강력한 계기가 되었다. 변화해야 하는 행위는 도박의 충격 중의 하나, 특히 도박의 경제적 영향과 관련이 있는 경향을 보였다.
>
> 내가 돈을 버는 것보다 더 많이 돈을 잃는다는 것을 알았다. 아내는 나에게 말했다, 그녀는 정말로 도박에 질렸다, 나야 아니면 도박이야, 선택이 없어... 내가 직장에서 아내의 전화를 받았다. 은행 입출금 내역서가 나왔어... 좋지 않아(남성, 연령 31~40세).

Box 13.9

함축적 설명 제시하기

Box 11.16에서 기술하였듯이, 약물 치료 결과에 대한 연구(Barnard et al., 2009)는 다양한 치료를 찾는 사람이 왜 다양한 치료 결과를 경험했는지 설명하고자 하였다. 연구자는 치료 결과와 관련된 패턴, 참여자가 경험한 압박, 이러한 압박을 다루는 능력, 다른 서비스와 관련성, 치료가 참여자의 요구와 일치하거나 일치하지 않는 것에 상관없이 약물을 중단하게 된 동기에 대해 계획을 세웠다.

이러한 분석에 근거하여, 연구자는 개인적 특성, 기질과 맥락적 요인의 상호작용을 포함하는 상이한 치료 결과에 대한 설명의 범위를 개발하였다. 보고서는 이런 설명이 개발된 방식을 기술한다. 연구자는 어떻게 요인의 범위가 상호작용하는가를 찾음으로써 '구성된' 치료법을 찾는 사람의 이유를 명확히 끌어내야 한다.

> 이 장은 이 연구를 통해서 치료 추구자가 보고한 결과의 범위를 기술한다. 치료 추구자의 요구와 동기 그리고 능력, 치료의 개인적이고 지역적인 맥락과 제공자의 반응 등과 같은 요인이 앞 장에서 어떻게 토의되었는지를 보여준다. 모든 상호작용, 기여, 상이한 치료 결과, 치료 추구자의 약물 사용의 특성, 치료 추구자의 마음상태와 삶을 향해 움직이는 능력에 대한 보고를 반영하면서 범주는 치료 추구자의 이야기에 근거하여 구성되었다.

몇몇 참여자가 자신의 약물을 중단하는 '핑계'에 대한 이유를 설명할 때, 연구자는 약물을 중단하게 된 동기에 대해 참여자가 말하는 것을 종합하고, 그들이 경험하는 압박과 도움을 요청하는 이유 등을 종합한다. 그러나 이런 근거는 참여자와 함께 만들어지지 않는다. 어떻게 이런 다른 요인이 참여자의 결과에 영향을 미치는가에 대해 연구자가 해석하려고 노력하고 해석을 명확히 하려고 하는 방식으로 기술한다. 아래의 텍스트는 '핑계'의 이유를 기술하였다.

> 이 그룹에 속하는 몇몇 참여자는 약물 중단에 대해 동기화된 것을 느꼈고 자신의 약물 사용을 줄이거나 중지였다. 그러나 약물 사용을 부추기는 압력을 충분히 이야기하지 않았고 그 결과 회복과정이 지속되지 않았다. 또한 치료 추구자는 변화해야겠다고 생각하는 범주에 있는 사람이었다. 그러나 그들은 회복과정을 시도하거나 유지할 수 없었다. 이것은 그들의 생활에 너무 많은 압박감을 느꼈기 때문이거나 치료 서비스로부터 필요한 도움을 얻을 수 없었기 때문이었다.

원에서 대부분의 응답자는 어린이가 말을 잘 못하는 것을 고려하여 촉진자로서 행동할 수 있었다. 훈련된 전문 법조인에 의해 법적 옹호자 역할을 할 수 있을 것이라는 것이 분명한 가운데, 응답자들은 청문회에서 어린이의 권리와 요구를 충족시키는 데 이러한 역할이 필요하고 유용하다는 것에 의견이 엇갈렸다(Ormston, 2002).

- **다른 이론적 혹은 경험적 근거 기술하기.** 연구자는 자신의 연구결과를 설명하는 데 도움이 되는 다른 연구의 아이디어나 개념을 가져온다. 연구자는 사용한 개념과 이론이 어떻게 개발되었는지에 대한 배경을 제공할 필요가 있다. 또한 연구자는 자신의 자료와 '차용한' 이론이나 아이디어가 적합한가를 이미 기술된 방식으로 근거를 제공할 필요가 있다(Box 13.10).

Box 13.10

기존 이론과 근거 연결하기

폭동연구는 2011년 여름 영국에서 발생한 폭동에 젊은이가 참여하거나 참여하지 않는 이유에 대한 프로젝트의 결과와 관련 있는 2개의 기존 사회심리이론을 확인하였다. 이것은 '탈개인화'(Zimbardo, 1969)와 '자아-위협'모델(Campbell & Sedikides, 1999)이었다. 폭동 보고서의 마지막 장에서 간단히 각 이론을 기술하고 이 이론에 '적합'하기 위해서 이전의 장에서 보여준 증거를 제시하는 방식을 요약하였다. 이것은 탈개인화에 초점을 둔 아래 발췌에서 설명한다.

> 먼저, 탈개인화는 개인이 그들의 개별성과 사회적 규범을 무시하는 과정을 말한다. 탈개인화가 발생되면, 사람은 죄의식과 공포를 덜 민감하게 생각하고 '수용된 사회적 표준'에 덜 관심을 갖게 되고 그것을 무시하는 결과를 가져온다. Zimbardo(1969)는 탈개인화 상태의 도화선이 되는 요인과 결과를 확인한 모델을 제시하였다. 이 연구로 울림이 있는 기여 요인 중에서, 경각심, 익명의 느낌, 그룹으로 있는 것, 여기와 지금에 초점을 맞추는 것(장기적 계획이나 결과가 아닌), 책임감을 분산시키는 것 등이 증가하였다.

- **폭넓은 적용.** 이론이나 정책에의 폭넓은 적용 측면에서, 연구에서 도출된 추론은 연구과정을 통해 발달되고 개발된다. 대부분, 추론은 참여자가 제공한 아이디어나 제안을 통해 직접적으로 기여했음에도 불구하고 연구자가 끌어낸 것이다. 폭넓은 적용의 다양한 형식은 Chapter 12에서 상세하게 기술하였다. 폭넓은 적용은 이론, 정책 혹은 실무에서 언급될 연구의 기여에 대해 연구결과에서 분리된 장으로 제시된다.

도식과 시각적 표현 사용하기 Using diagrams and visual representations

텍스트 위주의 결과가 연구보고서의 전형적인 형식임에도 불구하고, 독자가 복잡한 과정을 더 쉽게 이해하고 관련지을 수 있도록 연구결과에 도식적 또는 시각적 표현을 사용하는 것은 적절할 수 있다. 이것은 도식이나 그림을 상당히 정교화 시키기 위해 단순히 요약 박스나 차트(**Box 13.4**)에 약간의 근거를 제시할 수 있다.

질적연구결과의 도식이나 시각적 표현은 도움이 될 수 있다.

- 현상의 범위와 다양성을 제시한다. 가끔 이것은 매우 효과적으로 의사소통할 수 있다. 예를 들면, 개념 지도나 도식은 다양한 관점, 행위나 모델의 연속선을 보여준다. Box 13.11은 2011년 8월 영국에서 발생한 폭동에 젊은이의 참여에 영향을 미치는 요인의 분류를 보여주기 위해 도식이 어떻게 사용되었는지를 제시한다.
- 다양한 요인 사이의 관련성을 제시한다. 이것은 텍스트로 기술하면 몇 페이지가 필요할지 모르나 종종 하나의 도식으로 간단하게 요약될 수 있다.
- 복잡한 과정을 설명한다. 도식은 다양한 수준과 차원을 제시할 수 있고 어떻게 서로 상호작용하는지를 제시할

Box 13.11

폭동에서 영향을 미치는 요인의 범위

아래 그림은 2011년 영국에서 발생한 폭동에서 젊은이의 개입에 영향을 미치는 요인에 대한 시각적 해석을 제공한다. Box 13.4에서 설명한 요인의 4가지 '최고 수준' 범주는 발생하는 사건에 대한 요인의 직접성에 따라 피라미드로 정리되고 이러한 요인은 아래로 내려가면서 피라미드는 덜 구체적이고 더 많이 드러나지 않은 요인이 있다. 아래 그림은 더 많은 분류를 포함한다. 요인은 밤에 영향을 미치는 요인으로(상황적) 분리되고 개인 전체, 가족 및 지역사회, 사회적 환경과 삶에 영향을 미치는 특성처럼 개인의 이미 존재하는 요인으로 분리된다.

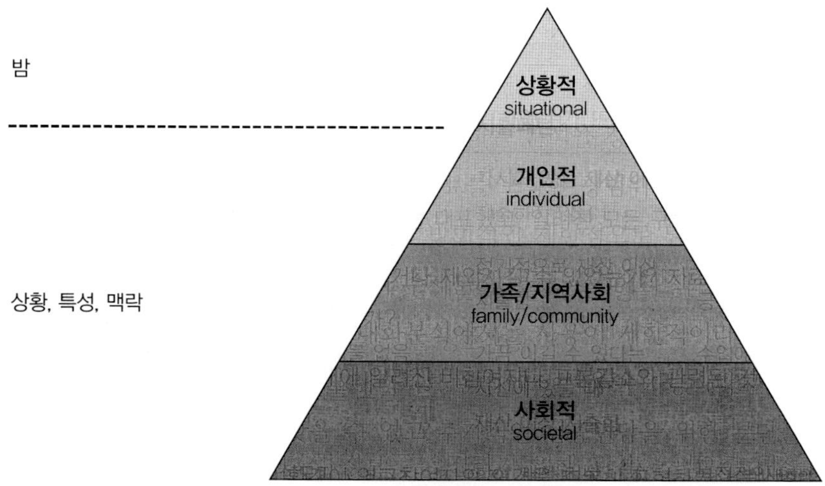

주제분석에서 보여주는 순서와 상호작용

수 있다. Box 13.12는 도식이 살인으로 사별한 사람을 위한 지지 서비스('살인 서비스')의 효과를 요약하는 데 사용한 것을 보여준다. 그리고 이 효과는 어떻게 서비스의 다양한 요소와 관련 있는지를 요약하는 데 사용한 것을 보여준다.

- 다양한 요소, 현상, 그룹이나 위치가 기술되었을 때 자료를 요약하기 위한 효과적인 수단을 제공한다.
- 일반적으로 특정 보고서가 텍스트 위주로 제시되는 것을 지양할 수 있고 다양한 방식으로 연구결과를 제시하는 것을 돕는다. 결과적으로 도식과 시각적 표현은 주의집중에 도움이 되고 초점을 맞추어 요약하고 강조하는 데 도움이 될 수 있다.

도식과 시각적 표현의 사용에 대한 판단은 연구결과를 제시하는데 도식과 시각적 표현의 적절성과 개인의 기호에 따라 다를 것이다. 도식이나 시각적 표현이 텍스트 위주의 기술에 실질적으로 첨

Box 13.12

살인 서비스 사용자에서 살인 서비스 효과

아래 그림은 살인 서비스 사용을 통한 사별자를 위한 지지적 서비스의 효과를 요약하였다. 그림은 보고된 효과의 범위에 대한 '최고 수준' 요약을 제공한다. 이에 대해 주요 텍스트에서 더 상세하게 논의할 것이다. 화살표는 실무적 지지(정보 제공, 옹호, 재정적 지원)의 다양한 요소가 참여자를 위해 어떻게 특별한 직접 결과로 이어지는지를 제시하기 위해 사용되었다. 이러한 직접 결과는 차례로 스트레스와 불안을 완화하고 서비스 사용자가 긍정적인 인식을 형성하는 데 도움이 되었다. 또한 서비스를 통한 정서적 지지는 스트레스와 불안을 완화시켰다(Turley & Tompkins, 2012).

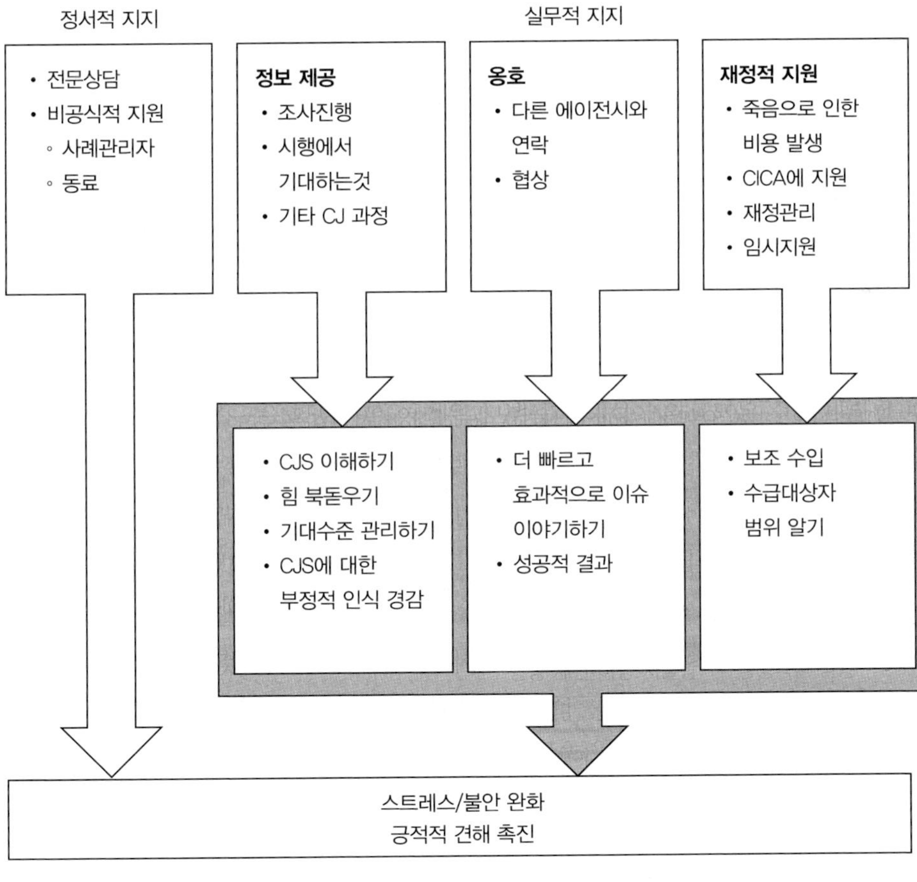

CJ: Criminal Justice
CJS: Criminal Justice System
CICA: Criminal Injuries Compensation Authority

부되거나 기여하지 않을 때도 도식과 시각적 표현을 과도하게 사용하거나 사용하고자 하는 유혹이 있을 수 있다. 약간의 도식이나 시각적 표현을 사용하고 도식이나 시각적 표현이 상대적으로 단순하고 따라하기 쉬울 때 매우 효과적이다.

핵심요소

KEY POINTS

- 보고 단계에서는 자료를 재사정하고 논리적인 구조로 조직하기 때문에 더 깊은 분석적 사고를 할 수 있다.
- 연구과정 동안과 종료시점에서 질적연구에서 나올 수 있는 다양한 글쓰기 결과가 있다. 글쓰기 결과는 포괄적이고 요약적이고, 발달적 혹은 선택적 결과이다.
- 질적연구자는 '이야기 말하기'를 위하여 연구결과를 어떻게 최선의 구조로 제시하고, 무엇이 연구자의 주장으로 가장 적절한지, 해석과 결론으로 이끄는 근거를 제시하고, 글쓰기의 분량을 제한하고(혼합방법연구에서 보고하는 것), 질적자료와 양적자료를 어떻게 잘 결합하여 제시할 것인가에 대해 도전을 받아야 한다.
- 관심을 끌고 설득력있는 방법으로 질적연구의 '이야기 말하기'를 위한 다양한 가능한 접근방법이 있다. 사용할 접근방법에 대한 의사결정은 이론적 혹은 방법론적 연구자의 입장에 의해 결정될 것이고 연구비 제공자의 요구, 학술잡지나 학문적 영역의 요구에 의해 결정될 수 있다.
- 자료를 제시하고 어떻게 편집된 자료가 질적연구의 글쓰기 결과의 주요 요소인지를 제시한다.
- 질적연구 보고에서 피해야 하는 흔한 함정은 질적자료에 대한 숫자 혹은 유사-숫자 진술 그리고 제한적 해석과 함께 제시되는 직접 인용구에 의한 보고서 분량의 초과이다.

핵심용어

KEY TERMS

연구자의 주장(Authorial voice)은 먼저 보고할 것을 결정하고 보고서에 포함되어야 할 성찰의 수준에 대해 고민할 뿐만 아니라 제3자를 아우른다.

근거 기반(Evidential base)은 원 자료를 선택적으로 보여주는 것뿐만 아니라 자료가 발생했던 분류, 설명, 해석을 포함한다.

다양성 제시하기(Displaying diversity)는 중요한 요인뿐만 아니라 연구주제나 현상과 관련된 전반적인 범위를 제시하기 위한 필요성과 관련이 있다.

유사-숫자 진술(Quasi-numeric statements)은 질적연구에서 수를 포함하는 것이 아니고 '많은', '대부분', '가장 많은', '흔하지 않은' 등과 같은 용어를 사용하는 것이다. 이러한 진술은 중요한 것에 대한 숫자적 기초를 제안하므로 질적연구에서 피한다.

참고문헌

Abma, T.A. and Widdershoven, G.A.M. (2011) 'Evaluation as a relationally responsible practice', in N.K. Denzin and Y.S. Lincoln (eds), *The Sage Handbook of Qualitative Research*, 4th edition, London: Sage, pp. 669–680.

Adler, P. and Adler, P. (2012) 'Expert Voices', in S. Baker and R. Edwards, *How Many Qualitative Interviews is Enough? Expert Voices and Early Career Reflections on Sampling and Cases in Qualitative Research*, Southampton: The National Centre for Research Methods Review Paper, pp. 8–11, http://eprints.ncrm.ac.uk/2273/4/how_many_interviews.pdf (accessed 23 February 2013).

Alasuutari, P., Bickman, L. and Brannen, J. (2008) *The Sage Handbook of Social Research Methods*, London: Sage.

Alderson, P. and Morrow, V. (2011) *The Ethics of Research with Children and Young People: A Practical Handbook*, London: Sage.

Aldiabat, K.M. and Le Navenec, C-L. (2011) 'Philosophical roots of classical grounded theory: its foundations in symbolic interactionism', *The Qualitative Report*, 16 (4): 1063–80.

Alexander, V.D. (2008) 'Analysing visual materials', in N. Gilbert, *Researching Social Life*, 3rd edition, London: Sage, pp. 343–360.

Allan, G. (1989) *Friendship: Developing a Sociological Perspective*, Boulder, CO: Westview Press.

Altheide, D.L. and Johnson, J.M. (2011) 'Reflections on interpretative adequacy in qualitative research', in N. Denzin and Y. Lincoln (eds), *The Sage Handbook of Qualitative Research*, 4th edition, London: Sage, pp. 581–594.

Angrosino, M. and Rosenberg, J. (2011) 'Observations on observations', in N. Denzin and Y. Lincoln (eds), *The Sage Handbook of Qualitative Research*, 4th edition, London: Sage, pp. 467–478.

Arksey, H. and Knight, P.T. (1999) *Interviewing for Social Scientists*, London: Sage.

Aronson, E. (1992) 'The return of the repressed: dissonance theory makes a comeback', *Psychological Enquiry*, 3: 303–11.

Atkinson, J.M. and Heritage, J. (1984) *Structures of Social Action: Studies in Conversation Analysis*, Cambridge: Cambridge University Press.

Atkinson, P. (2005) 'Qualitative research – unity and diversity', *Forum: Qualitative Social Research*, 6 (3): Art 26. http://www.qualitative-research.net/index.php/fqs/article/view/4/9#gcit (accessed 12 April 2012).

Atkinson, P. and Coffey, A. (2011) 'Analysing documentary realities', in D. Silverman (ed.) *Qualitative Research: Issues of Theory, Method and Practice*, 3rd edition, London: Sage, pp. 77–92.

Atkinson, P. and Silverman, D. (1997) 'Kundera's immortality: the interview society and the invention of the self', *Qualitative Inquiry*, 3 (3): 304–25.

Atkinson, P., Coffey, A., Delamont, S., Lofland, J. and Lofland, L. (eds) (2001) 'Editorial introduction', in *Handbook of Ethnography*, London: Sage, pp. 1–7.

Ayling, R. and Mewes, A. (2009) 'Evaluating Internet interviews with gay men', *Qualitative Health Research*, 19: 566–76.

Baker, S. and Edwards, R. (2012) *How Many Qualitative Interviews is Enough? Expert Voices and Early Career Reflections on Sampling and Cases in Qualitative Research*, Southampton: The National Centre for Research Methods Review Paper, pp. 3–6, http://eprints.ncrm.ac.uk/2273/4/how_many_interviews.pdf (accessed 23 February 2013).

Bamberger, M., Rao, V. and Woodcock, M. (2010) 'Using mixed methods in monitoring and evaluation', in A. Tashakkori and C. Teddlie (eds), *Handbook of Mixed Methods in Social and Behavioural Research*, 2nd edition, Thousand Oaks, CA: Sage, pp. 613–642.

Bamberger, M., Rugh, J. and Mabry, L. (2012) *Real World Evaluation*, 2nd edition, Thousand Oaks, CA: Sage.

Bannister, D. and Mair, J.M.M. (1968) *The Evaluation of Personal Constructs*, London: Academic Press.

Bannister, D., Burman, E., Parker, I., Taylor, M. and Tindall, C. (1994) *Qualitative Methods in Psychology: A Research Guide*, London: British Psychological Society.

Barbour, R.S. (2008) *Introducing Qualitative Research*, London: Sage.

Barbour, R.S. and Kitzinger, J. (1999) *Developing Focus Group Research: Politics, Theory and Practice*, London: Sage.

Barnard, M. (2012a) 'Critical qualitative theory and "Framework analysis"', in S. Becker, A. Bryman and H. Ferguson (eds), *Understanding Research for Social Policy and Social Work*, 2nd edition, Bristol: The Policy Press, pp. 332–336.

Barnard, M. (2012b) 'Critical qualitative theory: opening up the black box of criminal justice interventions', in E. Bowen and S. Brown, *Perspectives on Evaluating Criminal Justice and Corrections*, Coventry: Emerald Group Publishing, pp. 129–145.

Barnard, M., Webster, S. and O'Connor, W. with Jones, A. and Donmall, M. (2009) *The Drug Treatment Outcomes Study: Qualitative Study*, Home Office, available at: http://www.dtors.org.uk/(accessed 13 December 2012).

Barry, C.A. (1998) 'Choosing qualitative data analysis software: Atlas/ti and Nudist compared', *Sociological Research Online*, 3 (3): available at: http://www.socresonline. org.uk/socresonline/3/3/4.html (accessed 17 April 2012).

Becker, H.S. (1986) *Writing for Social Sciences*, Chicago, IL: University of Chicago Press.

Bentham, J. (1789) *An Introduction to the Principles of Morals and Legislation*, 1907 reprint of 1823 edition, Oxford: Claredon Press.

Berelson, B. (1952) *Content Analysis in Communication Research*, Glencoe, IL: Free Press.

Beresford, P. (2007) 'User involvement, research and health inequalities: developing new directions', *Health and Social Care in the Community*, 15 (4): 306–12.

Berg, B. and Lune, H. (2012) *Qualitative Research for the Social Sciences*, 8th edition, Boston, MA: Pearson International Edition.

Bhaskar, R. (1978) *A Realist Theory of Science*, Hassocks: Harvester Press.

Blaikie, N. (2000) *Designing Social Research: the Logic of Anticipation*, Cambridge: Polity Press.

Blaikie, N. (2007) *Approaches to Social Inquiry*, 2nd edition, Cambridge: Polity.

Blumer, H. (1969) *Symbolic Interactionism*, Englewood Cliffs, NJ: Prentice Hall.

Boeije, H. (2010) *Analysis in Qualitative Research*, London: Sage.

Bogdan, R. and Taylor, S.J. (1975) *Introduction to Qualitative Research Methods: a Phenomenological Approach to the Social Sciences*, New York: John Wiley.

Boothroyd, R. (2000) 'The impact of research participation on adults with severe mental illness', *Mental Health Services Research*, 2: 213–21.

Boothroyd, R. and Best, K. (2003) 'Emotional reactions to research participation and the relationship to understanding the informed consent procedure', *Social Work Research*, 27: 242–51.

Bornat, J. (2005) 'Recycling the evidence: different approaches to the reanalysis of gerontological data', *Forum: Qualitative Social Research*, 1 (6): Art. 42.

Bourne, J. (1998) 'Researchers experience emotion too', in R. Barbour and G. Huby (eds), *Meddling with Mythology: Aids and the Social Construction of Knowledge*, London: Routledge, pp. 90–103.

Bourne-Day, J. and Lee-Treweek, G. (2008) 'Interconnecting lives: examining privacy as a shared concern for the researched and researchers', in B. Jegatheesan (ed.), *Access, a Zone of Comprehension, and Intrusion (Advances in Program Evaluation, Volume 12)*, Bingley: Emerald Group Publishing Limited, pp. 29–61.

Bowles, G. and Klein, R.D. (1983) *Theories of Women's Studies*, London: Routledge and Kegan Paul.

Boyzatis, R. (1998) *Transforming Qualitative Information: Thematic Analysis and Code Development*, London: Sage.

Brady, L.M., Gibb J., Henshall, A. and Lewis, J. (2008) *Play and Exercise in Early Years: Physically active play in early childhood provision*, London: DCMS, available at: http://www.culture.gov.uk/images/research/Playresearch2008.pdf (accessed 15 January 2013).

Braun, V. and Clarke, V. (2006) 'Using thematic analysis in psychology', *Qualitative Research in Psychology*, 3: 77–101, available at: http://www.informaworld.com/smpp/content~db=all~content=a795127197~frm=titlelink (accessed 25 April 2012).

Brickman Bhutta, C. (2012) 'Not by the book: Facebook as a sampling frame', *Sociological Methods & Research*, 41 (57): 57–88, available at: http://smr.sagepub.com/content/41/1/57 (accessed 10 March 2012).

British Psychological Society (2009) *Code of Ethics and Conduct*, available at: http://www.bps.org.uk/sites/default/files/documents/code_of_ethics_and_conduct.pdf (accessed 10 March 2013).

British Sociological Association (2004) *Statement of Ethical Practice*, available at: http://www.britsoc.co.uk/media/27107/StatementofEthicalPractice.pdf (accessed 10 March 2013).

Brown, P. and Scullion, L. (2009) 'Doing research with gypsy-travellers in England – reflections on experience and practice', *Community Development Journal*, 45 (2): 169–85.

Brownlie, J. (2011) '"Being there": multidimensionality, reflexivity and the study of emotional lives', *The British Journal of Sociology*, 62 (3): 462–81.

Brownlie, J., Anderson, S. and Ormston, R. (2006) *Children as Researchers*, Scottish Executive Education Department, Edinburgh: Scottish Executive.

Brydon-Miller, M., Kral, M., Maguire, P., Noffke, S. and Sabhlok, A. (2011) 'Jazz and the banyan tree: roots and riff on participatory action research', in N. Denzin and Y. Lincoln (eds), *The Sage Handbook of Qualitative Research*, 4th edition, London: Sage, pp. 387–400.

Bryman, A. (1988) *Quantity and Quality in Social Research*, London: Unwin Hyman.
Bryman, A. (2008) *Social Research Methods*, 3rd edition, Oxford: Oxford University Press.
Bryman, A. (2012) *Social Research Methods*, 4th edition, Oxford: Oxford University Press.
Bulmer, M. (1982) *The Uses of Social Research: Social Investigation in Public Policy Making*, London: George Allen and Unwin.
Burgess, R.G. (1982) 'Elements of sampling in field research', in R.G. Burgess (ed.), *Field Research: A Source Book and Field Manual*, London: Allen & Unwin, pp. 76–78.
Burgess, R.G. (ed.) (1995) *Computing and Qualitative Research*, London: JAI Press.
Cameron, L. and Murphy, J. (2007) 'Obtaining consent to participate in research: the issues involved in including people with a range of learning and communication difficulties', *British Journal of Learning Disability*, 32: 77–85.
Campbell, D.T. (1977) 'Descriptive epistemology: psychological, sociological, and evolutionary', *Preliminary Draft of the William James Lecture*, Harvard University.
Campbell, W.K. and Sedikides, C. (1999) 'Self-threat magnifies the self-serving bias: a meta-analytic integration', *Review of General Psychology*, 3(1): 23.
Chamberlayne, P., Bormat, J. and Wengraf, T. (2000) *The Turn to Biographical Methods in Social Science: Comparative Issues and Examples*, London: Routledge.
Charmaz, K. (2006) *Constructing Grounded Theory: a Practical Guide through Qualitative Analysis*, London: Sage.
Cicourel, A.V. (1964) *Method and Measurement in Sociology*, New York: Free Press.
Clark, A. and Emmel, N. (2010) *Using Walking Interviews*, Realities Toolkit 13, available at: http://www.socialsciences.manchester.ac.uk/morgancentre/realities/toolkits/walking-interviews/13-toolkit-walking-interviews.pdf. (accessed 17 June 2012).
Cleghorn, N., Kinsella, R. and McNaughton Nicholls, C. (2010) *Engaging with the Views of Young People with Experience of the Youth Justice System*, London: The Police Foundation, NatCen and Paul Hamlyn Foundation.
Coffey, A. and Atkinson, P. (1996) *Making Sense of Qualitative Data: Complementary Research Strategies*, London: Sage.
Cohen, L., Manion, L. and Morrison, K. (2011) *Research Methods in Education*, London: Routledge.
Colic-Peisker, V. (2004) 'Doing ethnography in "one's own ethnic community"', in L. Hume and J. Mulcock (eds), *Anthropologists in the Field. Cases in Participant Observation*, New York: Columbia University Press, pp. 82–94.
Cook, T. (2012) 'Where participatory approaches meet pragmatism in funded (health) research: the challenge of finding meaningful spaces', *Forum: Qualitative Social Research*, 13 (1): Art. 18, available at: http://www.qualitative-esearch.net/index.php/fqs/article/view/1783 (accessed 25 April 2012).
Corbin, J. and Strauss, A. (1990) 'Grounded theory research: procedures, canons, and evaluative criteria', *Qualitative Sociology*, 13 (1): 3–21.
Corbin, J. and Strauss, A. (2008) *Basics of Qualitative Research*, 3rd edition, Thousand Oaks, CA: Sage.
Corden, A. and Sainsbury, R. (2006) '*Using Verbatim Quotations in Reporting Qualitative Social Research: Researchers' Views*', University of York, available at: http://www.york.ac.uk/inst/spru/pubs/pdf/verbquotresearch.pdf (accessed 3 October 2012).
Crabtree, B.F. and Miller, W.L. (eds) (1999) *Doing Qualitative Research*, 2nd edition, Thousand Oaks, CA: Sage.

Creswell, J.W. (2013) *Qualitative Inquiry and Research Design: Choosing among Five Approaches*, 3rd edition, London: Sage.

Creswell, J.W. (2011) 'Controversies in mixed methods research' in N.K. Denzin and Y.S. Lincoln (eds), *The Sage Handbook of Qualitative Research*, 4th edition, London: Sage, pp. 269–284.

Cronbach, L. (1975) 'Beyond the two disciplines of scientific psychology', *American Psychologist*, 30: 116–27.

Crotty, M. (1998) *The Foundations of Social Research: Meaning and Perspective in the Research Process*, London: Sage.

Czaja, R. and Blair, J. (2005) *Designing Surveys: A Guide to Decisions and Procedures*, 2nd edition, Thousand Oaks, CA: Sage, Pine Forge Press.

Davidson, J. and Di Gregorio, S. (2011) 'Qualitative research and technology: in the midst of a revolution' in N.K. Denzin and Y.S. Lincoln (eds), *The Sage Handbook of Qualitative Research,* 4th edition, London: Sage, pp. 627–643.

De Vaus, D.A. (2002) *Surveys in Social Research*, London: Routledge.

Denzin, N.K. (1978) *The Research Act: a Theoretical Introduction to Sociological Methods*, 2nd edition, New York: McGraw-Hill.

Denzin, N.K. and Lincoln, Y.S. (eds) (1994) *Handbook of Qualitative Research*, Thousand Oaks, CA: Sage.

Denzin, N.K. and Lincoln, Y.S. (eds) (2000) *Handbook of Qualitative Research,* 2nd edition, Thousand Oaks, CA: Sage.

Denzin, N.K. and Lincoln, Y.S. (2008) *Collecting and Interpreting Qualitative Materials*, 3rd edition, Thousand Oaks, CA: Sage.

Denzin, N.K. and Lincoln, Y.S. (eds) (2011) *The Sage Handbook of Qualitative Research*, 4th Edition, London: Sage.

Department of Health (2005) *Department of Health's Research Governance Framework for Health and Social Care*, available at: http://www.dh.gov.uk/prod_consum_dh/groups/dh_digitalassets/@dh/@en/documents/digitalasset/dh_4122427.pdf (accessed 10 March 2013).

Dey, I. (1993) *Qualitative Data Analysis: A User-Friendly Guide for Social Scientists*, London: Routledge.

Dickens, S., Mitchell, M. and Creegan, C. (2009) *Management Handling of Sexual Orientation, Religion and Belief in the Workplace*, London: ACAS and the CIPD Ref. 01/09.

Dickson-Swift, V., James, E., Kippen, S. and Liamputtong, R. (2008) 'Risk to researchers in qualitative research on sensitive topics: issues and strategies', *Qualitative Health Research*, 18: 133–44.

Dingwall, R. (1980) Ethics and ethnography, *Sociological Review*, 28 (4): 871–91.

Duncombe, J. and Jessop, J. (2003) '"Doing rapport" and the ethics of "faking friendship"', in M. Mauthner, M. Birch, J. Jessop and T. Miller (eds), *Ethics in Qualitative Research*, London: Sage, pp. 108–121.

Dyregrov, K. (2004) 'Bereaved parents' experience of research participation', *Social Scientific Medicine*, 58: 391–400.

Economic and Social Research Council (2012) *Research Ethics Framework*, available at: http://www.esrc.ac.uk/_images/Framework-for-Research-Ethics_tcm8-4586.pdf (accessed 10 March 2013).

Erikson, K.T. (1967) 'A comment on disguised observation in sociology', *Social Problems*, 14 (4): 366–73.

ESOMAR (2009) 'Passive data collection, observation and recording', *ESOMAR World Research Codes and Guidelines*, available at: http://www.esomar.org/knowledge-and-standards/codes-and-guidelines.php (accessed 11 November 2012).

Evans, J. and Jones, P. (2011) 'The walking interview: methodology, mobility and place', *Applied Geography*, 31 (2): 849–58.

Faulkner, A. (2012) 'Participation and service user involvement', in D. Harper and A.R. Thompson (eds), *Qualitative Research Methods in Mental Health and Psychotherapy*, Chichester: Wiley-Blackwell, pp. 39–54.

Feldman, P. (1993) *The Psychology of Crime: A Social Science Textbook*, Cambridge: Cambridge University Press.

Fielding, N. and Fielding, J. (2000) 'Resistance and adaptation to criminal identity: using secondary analysis to evaluate classic studies of crime and deviance', *Sociology*, 34 (4): 671–89.

Fielding, N., Lee, R. and Blank, G. (2008) *The Handbook of Online Methods*, London: Sage.

Fielding, N.G. and Fielding, J.L. (1986) *Linking Data*, London: Sage.

Filstead, W.J. (1979) 'Qualitative methods: a needed perspective in evaluation research', in T.D. Cook and C.S. Reichardt (eds), *Qualitative and Quantitative Methods in Evaluation Research*, Beverly Hills, CA: Sage, pp. 33–48.

Finch, J. (1984) '"It's great to have someone to talk to": the ethics of interviewing women', in C. Bell and H. Roberts (eds), *Social Researching: Politics, Problems, Practice*, London: Routledge & Kegan Paul, pp. 70–87.

Finnegan, J., Kenny, T., Coutinho, S., Haywood, S., Sadro, F., Whalley, R. and McNaughton Nicholls, C. (2012) *Three Corners Trust: The Adult Learner's Journey*, London: NatCen, available at: http://www.natcen.ac.uk/study/3-corners'-trust-the-adult-learners'-journey (accessed 25 February 2013).

Firestein, S. (2012) *Ignorance: How it Drives Science*, New York: Oxford University Press.

Fluehr-Lobban, C. (1998) 'Ethics', in H. Bernard (ed.), *Handbook of Methods in Cultural Anthropology*, London: Alta Mira Press, pp. 173–202.

Flick, U. (2009) *An Introduction to Qualitative Research*, 4th edition, London: Sage.

Flick, U (2012) 'Discussion paper', in S. Baker and R. Edwards, *How Many Qualitative Interviews is Enough? Expert Voices and Early Career Reflections on Sampling and Cases in Qualitative Research*, Southampton: The National Centre for Research Methods Review Paper, pp. 27–28 available at: http://eprints.ncrm.ac.uk/2273/4/how_many_interviews.pdf (accessed 10 February 2013). pp. 27–28.

Flyvbjerg, B. (2011) 'Case study', in N. Denzin and Y. Lincoln (eds), *The Sage Handbook of Qualitative Research*, 4th edition, London: Sage, pp. 301–316.

Foot, P. (2002) *Virtues and Vices and Other Essays in Moral Philosophy* (reprint of 1978 edition), Clarendon Press: Oxford.

Forbes, L., McNaughton Nicholls, C., Linsell, L., Graham, J., Tompkins, C. and Ramirez, A.J. (2010) 'Qualitative study to involve users in the design of a randomised controlled trial of an intervention to promote early presentation in breast cancer', *BMC Medical Research Methodology*, 10 (110), doi:10.1186/1471-2288-10-110.

Frost, D.M. (2011) 'A search for meaning: recognizing the potential of narrative research in social policy-making efforts', *Sexuality Research and Social Policy*, 8 (3): 151–61.

Garfinkel, H. (1967) *Studies in Ethnomethodology*, Englewood Cliffs, NJ: Prentice Hall.

Geertz, C. (1973) *The Interpretation of Cultures*, New York, NY: Basic books.

Georgaca, E. and Avdi, E. (2012) 'Discourse analysis', in D. Harper and A.R. Thompson (eds), *Qualitative Research Methods in Mental Health and Psychotherapy: An Introduction for Students and Practitioners*, Chichester: Wiley-Blackwell, pp. 147–162.

Gibbs, G. (2007) *Analysing Qualitative Data*, London: Sage.

Gibson, L. (2010) *Using Email Interviews*, Realities Toolkit 9, National Centre for Research Methods, available at: www.manchester.ac.uk/realities (accessed 10 July 2011).

Giddens, A. (1984) *The Constitution of Society*, Cambridge: Polity Press.

Gilbert, N. (2008) *Researching Social Life*, 3rd edition, London: Sage.

Gilhooly, K. and Green, C. (1996) 'Protocol analysis: theoretical background', in J. Richardson (ed.), *Handbook of Qualitative Research Methods for Psychology and the Social Sciences*, Leicester: BPS Books, pp. 43–54.

Gill, V., Bridges, S. and McNaughton Nicholls, C. (2013) *The Standards Expected of Doctors – Patient and Public Attitudes*, London: The General Medical Council available at http://www.gmc-uk.org/about/research/21840.asp (accessed 2nd July 2013)

Glaser, B.G. and Strauss, A.L. (1967) *The Discovery of Grounded Theory: Strategies for Qualitative Research*, Chicago, IL: Aldine de Gruyter.

Gobo, G. (2007) 'Sampling, representativeness and generalizability', in C. Seale, G. Gobo, J.F. Gubrium and D. Silverman (eds), *Qualitative Research Practice: Concise Paperback Edition*, London: Sage, pp. 405–426.

Gobo, G. (2011) 'Ethnography', in D. Silverman (ed.), *Qualitative Research*, 3rd edition, London: Sage, pp. 15–34.

Goffman, E (1961) *Asylums: Essays on the Social Situation of Mental Patients and Other Inmates*, Chicago, IL: First Anchor Books.

Gold, R. (1958) 'Roles in sociological field observation', *Social Forces*, 36: 217–23.

Goode, E. (1996) 'The ethics of deception in social research: A case study', *Qualitative Sociology*, 19 (1): 11–33.

Gordon, W. and Langmaid, R. (1988) *Qualitative Market Research: A Practitioner's and Buyer's Guide*, Aldershot: Gower.

Government Social Research Unit (2005) *GSR Professional Guidance: Ethical Assurance for Social Research in Government*, London: Cabinet Office, available at: http://resources.civilservice.gov.uk/wp-content/uploads/2011/09/ethics_guidance_tcm6-5782.pdf (accessed 10th March 2013).

Graffigna, G. and Bosio, A. (2006) 'The influence of setting on findings produced in qualitative health research: a comparison between face-to-face and online discussion groups about HIV/AIDS', *International Journal of Qualitative Methods*, 5 (3), available at: http://www.ualberta.ca/~iiqm/backissues/5_3/HTML/graffigna.htm (accessed 23 January 2013).

Graham, J., Grewal, I. and Lewis, J. (2007a) *Ethics in Social Research: the Views of Research Participants*, London: Government Social Research Unit, Cabinet Office.

Graham, J., Mitchell, M., Day, N. and Lewis, J. (2007b) *Young People's Views and Experiences of Specialist Substance Misuse Services*, London: Department of Health.

Greenall, P.V. and Marselle, M. (2007) 'Traumatic research: interviewing survivors of 9/11', *The Psychologist*, 20: 544–66.

Greene, J.C., Caracelli, V.J. and Graham, W.F. (2005) 'Toward a conceptual framework for mixed-method evaluation designs', in E. Stern (ed.), *Evaluation Research Methods*, London: Sage, Vol. 2, pp. 195–221.

Greene, S., Ahluwalia, A., Watson, J., Tucker, R., Rourke, S., Koornstra, J., Sobota, M., Monette, L. and Byers, S. (2009) 'Between scepticism and empowerment: the experiences of peer research assistants in HIV/AIDS, housing, homelessness community-based research', *International Journal of Social Research Methodology*, 12 (4): 361–73, available at: http://www.pshp.ca/documents/Additional%20Resources/articles/Between%20Skepticism%20and%20Empowerment.pdf (accessed 10 June 2012).

Guba, E. G. and Lincoln, Y. S. (1994) Competing paradigms in qualitative research. In N. Denzin and Y. Lincoln (eds.), *Handbook of qualitative research*, London: Sage, pp. 105–117.

Gubrium, J. (2009) *Curbing Self-referential Writing*, Durham University, Anthropology Department, available at: http://www.dur.ac.uk/writingacrossboundaries/writingonwriting/jaygubrium/. (accessed 11 December 2012).

Gubrium, J. and Holstein, J. (2011) 'Animating interview narratives', in D. Silverman (ed.), *Qualitative Research*, 3rd edition, London: Sage, pp. 149–167.

Hagan, F. (2006) *Research Methods in Criminal Justice and Criminology*, 7th edition, Boston, MA: Allyn and Bacon.

Hakim, C. (2000) *Research Design: Successful Research Designs for Social and Economic Research*, 2nd edition, London: Routledge.

Hammersley, M. (1992) *What's Wrong with Ethnography?*, London: Routledge.

Hammersley, M. (1995) *The Politics of Social Research*, London: Sage.

Hammersley, M. (2004) 'Teaching qualitative method: craft, profession or bricolage?', in C. Seale, G. Gobo, J.F. Gubrium and D. Silverman (eds), *Qualitative Research Practice*, London: Sage, pp. 549–560.

Hammersley, M. (2009) 'Can we re-use qualitative data via secondary analysis? Notes on some terminological and substantive issues', *Sociological Research Online*, 15 (1), available at: at www.Socresonline.org.uk/15/1/5.html/(accessed 23 June 2012).

Hammersley, M. and Atkinson, P. (1993) *Ethnography: Principles in Practice*, Routledge.

Hammersley, M. and Atkinson, P. (1995) *Ethnography: Principles in Practice*, 2nd edition, London: Routledge.

Hammersley, M. and Atkinson, P. (2007) *Ethnography: Principles in Practice*, 3rd edition, London: Routledge.

Hammersley, M. and Traianou, A. (2012) *Ethics in Qualitative Research*, London: Sage.

Harper, D. and Thompson, A. (eds) (2012) *Qualitative Research Methods in Mental Health and Psychotherapy: An Introduction for Students and Practitioners*, Chichester: Wiley-Blackwell.

Harré, R. and Secorde, P.F. (1972) *The Explanation of Social Behaviour*, Oxford: Blackwell.

Henwood, K. and Nicholson, P. (1995) 'Qualitative research (Editorial)', *Psychologist*, 8 (3): 109–10.

Hine, C. (2005) *Virtual Methods: Issues in Social Research on the Internet*, Oxford: Berg.

Hine, C. (2008) 'The Internet and research methods', in N. Gilbert, *Researching Social Life*, 3rd edition, London: Sage, pp. 304–320.

Husain, F., Wardle, H., Kenny, T., Balarajan, M. and Collins, D. (forthcoming) *Machines 2: Examining machine player behaviour,* London: The Responsible Gambling Trust.

HM Treasury (2012) *Quality in Qualitative Evaluation: A Framework for Assessing Research Evidence (Supplementary Magenta Book Guidance)*. Republication of: Spencer, L., Ritchie, J., Lewis, J. and Dillon L. (2003) *Quality in Qualitative Evaluation Government*, Chief Social

Researcher's Office, http://www.hm-treasury.gov.uk/data_magentabook_supguidance.htm (accessed 17 February 2013).

Holliday, A. (2007) *Doing and Writing Qualitative Research*, 2nd edition, London: Sage.

Holloway, W. and Jefferson, T. (2013) *Doing Qualitative Research Differently: A Psychosocial Approach,* 2nd edition, London: Sage.

Holloway, I. and Wheeler, S. (1996) *Qualitative Research for Nurses*, Oxford: Blackwell Science.

Holloway, I. and Wheeler, S. (2010) *Qualitative Research in Nursing and Healthcare*, 3rd edition, Chichester: Wiley-Blackwell.

Holmes, C.A. (2006) 'Mixed (up) methods, methodology and interpretive frameworks', paper presented at the *Mixed Methods Conference*, Cambridge, UK.

Holstein, J.A. and Gubrium, J.F. (1997) 'Active interviewing', in D. Silverman (ed.), *Qualitative Research: Theory, Method and Practice*, London: Sage, pp. 138–161.

Holstein, J.A. and Gubrium, J.F. (2004) 'The active interview', in D. Silverman (ed.), *Qualitative Research: Theory, Method and Practice*, London: Sage, pp. 140–161.

Honman, M. (1992) 'The ethics of open methods', *The British Journal of Sociology*, 43: 321–32.

Hubbard, G., Backett-Milburn, K. and Kemmer, D. (2001) 'Working with emotion: issues for the researcher in fieldwork and teamwork', *International Journal of Social Research Methodology*, 4: 119–37.

Hughes, J. and Sharrock, W. (1997) *The Philosophy of Social Research*, London: Longman.

Irvine, A. (2010) *Using Telephone Interviews*, Realities Toolkit 14, available at: http://www.socialsciences.manchester.ac.uk/morgancentre/realities/toolkits/phone-interviews/14-toolkit-phone-interviews.pdf. (accessed 10 May 2012).

Irvine, A., Drew, P. and Sainsbury, R. (2012) '"Am I not answering your questions properly?" Clarification, adequacy and responsiveness in semi-structured telephone and face-to-face interviews', *Qualitative Research*, doi: 10.1177/1468794112439086, Available at: http://qrj.sagepub.com/content/early/2012/03/27/1468794112439086.abstract (accessed 10 January 2013).

Irwin, S. and Winterton, M. (2011) *Debates in Qualitative Secondary Analysis: Critical Reflections*, Timescapes Working Paper No. 4, available at: http://www.timescapes.leeds.ac.uk/assets/files/WP4-March-2011.pdf (accessed 25 June 2012).

Jacobs, S.E. (1980) 'Where have we come', *Social Problems*, 27 (3): 371–8.

Jacobs, B. (2006) 'The case for dangerous fieldwork', in D. Hobbs and R. Wright (eds), *The SAGE Handbook of Field Work*, London: Sage, pp. 157–168.

Jago, N. (forthcoming) *Review of Qualitative Methods in Government Commissioned Research 2012*, London: NatCen.

Janesick, V. (2000) 'The choreography of qualitative research design: minuets, improvisations and crystallization', in N. Denzin and Y. Lincoln (eds), *Handbook of Qualitative Research*, 2nd edition, Thousand Oaks, CA: Sage, pp. 379–399.

Janesick, V. (2011) *'Stretching' Exercises for Qualitative Researchers*, 3rd edition, London: Sage.

Janowitz, M. (1971) *Sociological Methods and Social Policy*, New York: General Learning Press.

Joffe, H. (2012) 'Thematic analysis', in D. Harper and A. Thompson (eds), *Qualitative Research Methods in Mental Health and Psychotherapy: An Introduction for Students and Practitioners*, Chichester: Wiley-Blackwell, pp. 209–224.

Jordan, B. (2009) 'Blurring boundaries: the "real" and the "virtual" in hybrid spaces', *Human Organisation*, 68 (2): 181–93.

Kant, I. (1785) *Groundwork of the Metaphysics of Morals*, for a recent edition, see Gregor, M. and Timmermann, J. (eds) (2012) *Kant's Groundwork of the Metaphysics of Morals*, Cambridge: Cambridge University Press.

Kaplan, A. (1964) *The Conduct of Enquiry: Methodology for Behavioural Science*, San Francisco, CA: Chandler.

Kelle, U. (1997) 'Theory building in qualitative research and computer programs for the management of textual data', *Sociological Research Online*, 2 (2): available at: http://www.scoresonline.org.uk/2/2/1.html

Kellogg Foundation, W.K. (2004) *Logic Model Development Guide*, Michigan, MI: W.K. Kellogg.

Kelly, G.A. (1955) *The Psychology of Personal Constructs*, New York: Norton.

Kerr, J., Kinsella, R., Turley, C., Legard, R., McNaughton Nicholls, C. and Barnard, M. (2009) *Qualitative follow-up of the British Gambling Prevalence Survey 2007*, NatCen Social Research, available at: http://www.natcen.ac.uk/study/qualitative-follow-up-of-the-british-gambling-prevalence-survey-2007 (accessed 10 December 2012).

Kerr, J., Tompkins, C., Tomaszewski, W., Dickens, S., Grimshaw, R., Wright, N. and Barnard, M. (2011) *The Dedicated Drug Courts Pilot: Evaluation Process Study*, London: Ministry of Justice Research Series, 1/11.

Kindon, S.L., Pain, R. and Kesby, M. (2007) *Participatory Action Research Approaches and Methods: Connecting People, Participation and Place*, Routledge Studies in Human Geography, 22. London: Routledge.

Kozinets, R. (2010) *Netnography: Doing Ethnographic Research Online*, London: Sage.

Krueger, R.A. and Casey, M.A. (2009) *Focus Groups: A Practical Guide for Applied Research*, 4th edition, Thousand Oaks, CA: Sage.

Kvale, S. (1996) *An Introduction to Qualitative Research Interviewing*, CA: Sage.

Kvale, S. and Brinkman, S. (2009) *Interviews – Learning the Craft of Qualitative Research Interviewing*, London: Sage.

Larkin, M. and Thompson, A.R. (2012) 'Interpretive phenomenological analysis in mental health and psychotherapy research', in D. Harper and A.R. Thompson (eds), *Qualitative Research Methods in Mental Health and Psychotherapy: An Introduction for Students and Practitioners*, Chichester: Wiley-Blackwell, pp. 101–116.

Layder, D. (1993) *New Strategies in Social Research*, Cambridge: Polity Press.

Lazarsfeld, P.P. and Barton, A. (1951) 'Qualitative measurement in the social sciences: classification, typologies and indices', in D.P. Lerner and H.D. Lasswell (eds), *The Policy Sciences*, Stanford, CA: Stanford University Press, pp. 155–193.

LeCompte, M.D. and Goetz, J. (1982) 'Problems of reliability and validity in ethnographic research', *Review of Educational Research*, 52 (1): 31–60.

LeCompte, M.D. and Preissle, J. with Tesch, R. (1993) *Ethnography and Qualitative Design in Educational Research*, 2nd edition, Chicago, IL: Academic Press.

Lefstein, A. and Snell, J. (2011) 'Beyond a unitary conception of pedagogic pace: quantitative measurement and ethnographic experience', *British Educational Research Journal*, doi:10.1080/01411926.2011.623768 iFirst Article 1–34 https://www.sussex.ac.uk/webteam/gateway/file.php?name=lefstein-snell---beyond-a-unitary-conception-of-pedagogic-pace.pdf&site=319 (accessed 23 January 2013).

Leisey, M. (2008) 'Qualitative enquiry and the IRB: protection at all costs', *Qualitative Social Work*, 7: 415–26.

Lerias, D. and Byrne, M.K. (2003) 'Vicarious traumatisation: symptoms and predictors', *Stress and Health*, 19: 129–38.

Lewin, R. (1999) *Complexity: Life at the Edge of Chaos*, 2nd edition, Chicago, IL: University of Chicago Press.

Lewins, A. (2008) 'Computer-assisted qualitative data analysis', in N. Gilbert (ed.), *Researching Social Life*, 3rd edition, London: Sage, pp. 302–323.

Lewins, A. and Silver, C. (2007) *Using Software in Qualitative Research – a Step-by-step Guide*, London: Sage.

Liamputtong, P. and Rumbold, J. (2008) *Knowing Differently: Arts-based and Collaborative Research Methods*, New York, NY: Nova Science Pub Incorporated.

Lincoln, Y.S. and Guba, G.E. (1985) *Naturalistic Inquiry*, Beverley Hills, CA: Sage.

Linstone, H.A. and Turoff, M. (eds) (2002) *The Delphi Method: Techniques and Applications*, Reading, MA: Addison-Wesley, available at: http://is.njit.edu/pubs/delphibook/ (accessed 3rd July 2013).

Lofland, J. (1971) *Analyzing Social Settings*, Belmont, CA: Sage.

Lofland, J. and Lofland, L.H. (1995) *Analyzing Social Settings*, 3rd edition, Belmont, CA: Wadsworth.

Lofland, J., Snow, D.A., Anderson, L. and Lofland, L. (2006) *Analyzing Social Settings: a Guide to Qualitative Observation and Analysis*, 4th edition, Belmont, CA: Wadsworth.

Lugosi, P. (2006) 'Between overt and covert research: concealment and disclosure in an ethnographic study of commercial hospitality', *Qualitative Inquiry*, 12: 541–61.

Lynn, P. (2002) *Principles of Sampling in Research Methods for Postgraduates*, 2nd edition, London: Arnold.

Macdonald, K. (2008) 'Using documents', in N. Gilbert (ed.), *Researching Social Life*, London: Sage, pp. 285–303.

Mack, N., Woodsong, C., MacQueen, K., Guest, G. and Namey, E. (2005) *Qualitative Research Methods: A Data Collector's Field Guide*, Durham, NC: Family Health Interventions.

Madill, A., Jordan, A. and Shirley, C. (2000) 'Objectivity and reliability in qualitative analysis: realist, contextualist and radical constructionist epistemologies', *British Journal of Psychology*, 91 (part 1): 1–20.

Margolis, E. and Pauwels, L. (eds) (2011) *The Handbook of Visual Methods*, London: Sage.

Market Research Society (2010) *Code of Conduct*, available at:
http://www.mrs.org.uk/pdf/Code%20of%20Conduct%20(2012%20rebrand).pdf (accessed 10 March 2013).

Market Research Society (2012) *MRS Guidelines for Online Research*, available at: http://www.mrs.org.uk/pdf/2012-02-16%20Online%20Research%20Guidelines.pdf (accessed 10 March 2013).

Markham, A. (2011) 'Internet research', in D. Silverman (ed.), *Qualitative Research*, London: Sage, pp. 111–127.

Marsh, P., Rosser, E. and Harré, R. (1978) *The Rules of Disorder*, London: Routledge.

Marshall, C. and Rossman, G.B. (1999) *Designing Qualitative Research*, 3rd edition, Thousand Oaks, CA: Sage.

Marshall, C. and Rossman, G.B. (2011) *Designing Qualitative Research*, 5th edition, Thousand Oaks, CA: Sage.

Mason, J. (1996) *Qualitative Researching*, London: Sage.

Mason, J. (2002) *Qualitative Researching*, 2nd edition, London: Sage.

Mason, J. (2006) *Working Paper: Six Strategies for Mixing Methods and Linking Data in Social Science Research*, ESRC National Centre for Research Methods, available at: http://www.socialsciences.manchester.ac.uk/morgancentre/realities/wps/(accessed 24 June 2011).

Mason, J. (2007) 'Re-using qualitative data: on the merits of an investigative epistemology', *Sociological Research Online*, 12 (3), available at: www. Socresononline.org.uk/12/3/3.html (accessed 24 June 2011).

Mauthner, N. and Parry, O. (2010) 'Ethical issues in digital data archiving and sharing', *e-Research Ethics*, available at: http://eresearch-ethics.org/position/ethical-issues-in-digital-data-archiving-and-sharing/(accessed 10 January 2013).

May, T. (2001) *Social Research Issues, Methods and Process*, 3rd edition, Buckingham: Open University Press.

May, T. (2011) *Social Research: Issues, Methods and Process*, 4th edition, Buckingham: Open University Press.

Maxwell, J.A. (1992) 'Understanding and validity in qualitative research', *Harvard Educational Review*, 62: 279–300.

Maxwell, J. (2005) *Qualitative Research Design: An Interactive Approach,* 2nd edition, Applied Social Research Series, Vol. 42, London: Sage.

McIntyre, A. (2007) *Participatory Action Research*, London: Sage.

McNaughton, C. (2008) *Transitions Through Homelessness*, Buckingham: Palgrave Macmillan.

McNaughton Nicholls, C. (2009) 'Agency, transgression and the causation of homelessness: a contextualised rational action analysis', *European Journal of Housing Policy*, 9 (1): 69–84.

McNaughton Nicholls, C. and Boodhna, G. (2011) *Mind Listening 2011*, London: Mind/NatCen, available at: http://intranet.mind.org.uk/assets/0001/3685/Mind_Listening_Report_Summary.pdf (accessed 23 January 2013).

McNaughton Nicholls, C., Arthur, S. and Creegan, C. (2010b) *Perceptions of Unfair Treatment in the Public Services*, London: Government Equalities Office, available at: http://www.natcen.ac.uk/study/measuring-perceptions-of-unfair-treatment-in-the-public-services (accessed 10 December 2012).

McNaughton Nicholls, C., Callanan, M., Legard, R., Tomaszewski, W., Purdon, S. and Webster, S. (2010a) *Examining Implementation of the Stable and Acute Dynamic Risk Assessment Tool in England and Wales*, London: Home Office, available at: http://www.natcen.ac.uk/media/693059/sexual-offenders-risk[1].pdf (accessed 10 December 2012).

McNaughton Nicholls, C., Mitchell, M., Simpson, I., Webster, S. and Hester, M. (2012) *Attitudes to Sentencing Sexual Offences*, Sentencing Council Research Series 1/12, available at: http://sentencingcouncil.judiciary.gov.uk/docs/Attitudes_to_Sentencing_Sexual_Offences_(web).pdf (accessed 23 January 2013).

McNiff, J. and Whitehead, J. (2006) *All You Need to Know about Action Research*, London: Sage.

McNiff, S. (2008) 'Art-based research', in G. Knowles and A. Cole (eds), *Handbook of the Arts in Qualitative Research*, London: Sage, pp. 29–40.

Mead, G.H. (1934) *Self and Society: From the Standpoint of a Social Behaviorist*, Chicago, IL: University of Chicago Press.

Merriam, S.B. (2009) *Qualitative Research: A Guide to Design and Implementation*, San Francisco, CA: Jossey-Bass.

Merrick, E. (1999) 'An exploration of quality in qualitative research: are "reliability" and "validity" relevant?', in M. Kopala and L.A. Suzuki (eds), *Using Qualitative Methods in Psychology*, Thousand Oaks, CA: Sage, pp. 25–36.

Mertens, D.M. and Ginsberg, P.E. (2009) *Handbook of Social Research Ethics*, Thousand Oaks; CA: Sage.

Merton, R.K. (1987) 'The focused interview and focus groups', *Public Opinion Quarterly*, 51 (4): 550–66.

Merton, R.K., Fiske, M. and Kendall, P.L. (1956) *The Focused Interview*, Glencoe, IL: Free Press.

Miles, M.B. (1979) 'Qualitative data as an attractive nuisance', *Administrative Science Quarterly*, 24: 590–601.

Miles, M.B. and Huberman, A.M. (1994) *Qualitative Data Analysis: An Expanded Sourcebook*, London: Sage.

Mill, J.S. (1863) *Utilitarianism*, for a recent edition, see West, H. (ed.) (2006) *The Blackwell Guide to Mill's Utilitarianism*, Oxford: Blackwell.

Miller, J. and Glassner, B. (2011) 'The "inside" and the "outside": finding realities in interviews', in D. Silverman (ed.), *Qualitative Research*, London: Sage, pp. 131–148.

Miller, R.L. (2000) *Researching Life Stories and Family Histories*, London: Sage.

Mills, C. Wright (1959) *The Sociological Imagination*, Oxford: Oxford University Press.

Misco, T. (2007) 'The frustrations of reader generalizability and grounded theory: alternative considerations for transferability', *Journal of Research Practice*, 3 (1):), Art. M10, <http://jrp.icaap.org/index.php/jrp/article/view/45/77>.

Mitroff, I. (1974) *The Subjective Side of Science: Philosophical Inquiry into the Psychology of the Apollo Moon Scientist*, Amsterdam: Elsevier.

Morrell, G., Scott, S., McNeish, D. and Webster, S. (2011) *The August Riots in England: Understanding the Involvement of Young People*, London: NatCen, available at: http://www.natcen.ac.uk/study/the-august-riots-in-england- (accessed 16 November 2012).

Morse, J.M., Kuzel, A.J. and Swanson, J.M. (eds) (2001) *The Nature of Qualitative Evidence*, Thousand Oaks, CA: Sage.

Murphy, E. and Dingwall, R. (2001) 'The ethics of ethnography', in P. Atkinson, A. Coffey, S. Delamont, J. Lofland and L. Lofland (eds), *Handbook of Ethnography*, London: Sage, pp. 339–351.

National Centre for Social Research, Institute for Volunteering Research, University of Southampton, University of Birmingham and Public Zone (2011) *Formative Evaluation of V: Final Report, The National Young Volunteers' Service*, London: NatCen, available at: http://www.natcen.ac.uk/study/evaluation-of-v, (accessed 17 December 2012).

NatCen Social Research, The Office for Public Management, and New Philanthrophy Capital (2012) *Evaluation of National Citizen Service Pilots: Interim Report*, The Cabinet Office, available at: http://www.natcen.ac.uk/study/national-citizen-service-evaluation (accessed 17 December 2012).

Ness, R.B. (2012) *Innovation Generation: How to Produce Creative and Useful Ideas*, New York: Oxford University Press.

Newman, E., Willard, T., Sinclair, R. and Kaloupek, D. (2001) 'Empirically supported ethical practice: the costs and benefits of research from the participants' view', *Account Research*, 8: 309–29.

Nielsen, J.M (ed.) (1990) *Feminist Research Methods: Exemplary Readings in the Social Sciences*, Boulder, CO: Westview.

Nikhilesh, N. and Zhang, D. (2004) 'Online qualitative research in the age of E-commerce: data sources and approaches', *Forum: Qualitative Social Research*, 5 (2): Art. 29, <http://nbn-resolving.de/urn:nbn:de:0114-fqs0402299>.

Nind, M. (2008) *Conducting Qualitative Research with People with Learning, Communication and Other Disabilities: Methodological Challenges*, ESRC National Centre for Research Methods Review Paper. NCRM/012, Southampton: National Centre for Research Methods.

Noddings, N. (1984) *Caring: A Feminine Approach to Ethics and Moral Education*, Berkeley, CA: University of California Press.

O'Connor, H. and Madge, C. (2001) 'Cyber-mothers: online synchronous interviewing using conferencing software', *Sociological Research Online*, 5 (4), available at: http://www.socresonline.org.uk/9/2/hine.html (accessed 25 June 2011).

O'Reilly, K. (2005) *Ethnographic Methods*, Abingdon: Routledge.

Oakley, A. (1981) 'Interviewing women – a contradiction in terms', in H. Roberts (ed.), *Doing Feminist Research*, London: Routledge & Kegan Paul, pp. 30–61.

Olesen, V.L. (2000) 'Feminisms and qualitative research at and into the millennium', in N.K. Denzin and Y.S. Lincoln (eds), *Handbook of Qualitative Research*, 2nd edition, Thousand Oaks, CA: Sage, pp. 215–256.

Ormston, R. (2002) 'Welfare, rights and legal representation in children's hearings', *Scottish Youth Issues Journal*, 5: 51–72.

Ormston, R. and Marryat, L. (2009) *Review of the Children's Legal Representation Grant Scheme: Research Report*, Edinburgh: Scottish Government Social Research, available at: http://www.scotland.gov.uk/Resource/Doc/277910/0083496.pdf (accessed 19 December 2012).

Ormston, R., McConville, S., van der Pol, M., Ludbrook, A. and Amos, A. (2012) *Evaluation of Quit4u: Main Report*, Edinburgh: NHS Health Scotland.

Pagano, R. (2004) *Understanding Statistics in Behavioral Sciences*, 7th edition, Belmont, CA: Thomson Learning, Inc.

Patton, M.Q. (2002) *Qualitative Research and Evaluation Methods*, 3rd edition, Thousand Oaks, CA: Sage.

Patton, M.Q. (2012) *Essentials of Utilization-focused Evaluation*, Thousand Oaks, CA: Sage.

Payne, G., Dingwall, R., Payne, J. and Carter, M. (1981) *Sociology and Social Research*, London: Routledge & Kegan Paul.

Penfold, C., Webster, S., Neil, H., Ranns, H. and Graham, J. (2009) *Understanding the Needs, Attitudes and Behaviours of Teleworkers*, London: Department for Transport.

Pickering, P., Fitzpatrick, S., Hinds, K., Lynn, P. and Tipping, S. (2003) *Tracking Homelessness: a Feasibility Study*, Edinburgh: Scottish Executive.

Pink, S. (2007) *Doing Visual Ethnography*, 2nd edition, London: Sage.

Pole, C. and Lampard, R. (2002) *Practical Social Investigation: Qualitative And Quantitative Methods in Social Research*, Harlow: Pearson Education.

Polit, D.F. and Beck, C.T. (2010) 'Generalization in quantitative and qualitative research: myths and strategies', *International Journal of Nursing Studies*, 47: 1451–8.

Pope, C. and Mays, N. (2006) *Qualitative Research in Healthcare*, 3rd edition, Oxford: Blackwell Publishing.
Poynter, R. (2010) *The Handbook of Online and Social Media Research: Tool and Techniques for Market Researchers*, Chichester: Wiley.
Prior, L. (2003) *Using Documents in Social Research*, London: Sage.
Prosser, J. (2011) 'Visual methodology: towards a more seeing research', in N. Denzin and Y. Lincoln (eds), *The Sage Handbook of Qualitative Research*, 4th edition, London: Sage, pp. 479–496.
Prosser, J. and Loxley, A. (2008) *Introducing Visual Methods*, ESRC National Centre for Research Methods Review Paper, NCRM, available at: http://eprints.ncrm.ac.uk/420/1/MethodsReviewPaperNCRM-010.pdf (accessed 23 October 2012).
Puchta, C. and Potter, J. (2004) *Focus Group Practice*, London: Sage.
Ragin, C.C. (2012) 'Expert Voices', in S. Baker and R. Edwards, *How Many Qualitative Interviews is Enough? Expert Voices and Early Career Reflections on Sampling and Cases in Qualitative Research*, Southampton: The National Centre for Research Methods Review Paper, pp. 34 , http://eprints.ncrm.ac.uk/2273/4/how_many_interviews.pdf (accessed 23 February 2013).
Rahim, N. and Arthur, S. (2012) *Experiences of Debt and Debt Advice Services in Islington*, Islington Debt Coalition, http://www.natcen.ac.uk/study/experiences-of-debt-and-debt-advice-services-in-islington (accessed 10 December 2012).
Rapley, M. (2012) 'Ethnomethodology/conversation analysis', in D. Harper and A.R. Thompson (eds), *Qualitative Research Methods in Mental Health and Psychotherapy: An Introduction for Students and Practitioners*, Chichester: Wiley-Blackwell, pp. 177–192.
Reason, P. (1994) *Participation in Human Inquiry*, London: Sage.
Reason, P. and Rowan, J. (1981) *Human Inquiry: A Sourcebook Of New Paradigm Research*, Chichester: Wiley.
Reeves, A., Bryson, C., Ormston, R. and White, C. (2007) *Children's Perspectives on Taking Part in Surveys*, London: NatCen.
Rich, R.F. (1977) 'Uses of social science information by federal bureaucrats: knowledge for action versus knowledge for understanding', in C. Weiss (ed.), *Uses of Social Research in Public Policy*, Lexington, MA: DC Heath, pp. 199–212.
Richards, L. (2005) *Handling Qualitative Data: A Practical Guide*, London: Sage.
Richards, L. and Richards, T. (1994) 'From filing cabinet to computer', in A. Bryman and R. Burgess (eds), *Analyzing Qualitative Data*, London: Routledge, pp. 146–172.
Richardson, J. (ed.) (1996) *Handbook of Qualitative Research Methods for Psychology and the Social Sciences*, Leicester: BPS Books.
Richardson, L. and St Pierre, E.A. (2005) 'Writing: a method of inquiry', in N.K. Denzin and Y.S. Lincoln (eds), *Handbook of Qualitative Research*, 3rd edition, Thousand Oaks, CA: Sage, pp. 959–978.
Riessman, C. (2008) *Narrative Methods for the Human Sciences*, London: Sage.
Riessman, C. and Speedy, J. (2007) 'Narrative inquiry in the psychotherapy professions: a critical review', in D.J. Clandinin (ed.), *Handbook of Narrative Inquiry: Mapping a Methodology*, Thousand Oaks, CA: Sage, pp. 426–456.
Ritchie, J. and Spencer, L. (1994) 'Qualitative data analysis for applied policy research', in A. Bryman and R. Burgess (eds), *Analyzing Qualitative Data*, London: Routledge, pp. 173–194.

Ritchie, J., Spencer, L. and O'Connor, W. (2003) 'Carrying out qualitative analysis', in J. Ritchie and J. Lewis (eds), *Qualitative Research Practice*, London: Sage, pp. 219-262.

Roberts, B. (2002) *Biographical Research*, Buckingham: Open University Press.

Roberts, H. (1981) *Doing Feminist Research*, London: Routledge.

Robinson, W.S. (1951) 'The logical structure of analytic induction', *American Sociological Review*, 16: 812-18.

Robson, C. (2002) *Real World Research*, 2nd edition, Oxford: Blackwell.

Robson, C. (2011) *Real World Research*, 3rd edition, Chichester: Wiley.

Rook, D. (2006) 'Let's pretend: projective methods reconsidered', in R. Belk (ed.), *Handbook of Qualitative Research Methods in Marketing*, Cheltenham: Edward Elgar Publishing Ltd, pp. 143-155.

Rose, G. (2012) *Visual Methodologies: An Introduction to Researching with Visual Materials*, 3rd edition, London: Sage.

Rossi, P.H. and Lyall, K.C. (1978) 'An overview of the NIT experiment', in T.D. Cook (ed.), *Evaluation Studies Review Annual*. Vol.3, Newbury Park, CA: Sage, pp. 412-428.

Rubin, H. and Rubin, I. (2012) *Qualitative Interviewing: the Art of Hearing Data*, London: Sage.

Russo, J. (2012) 'Survivor-controlled research: a new foundation for thinking about psychiatry and mental health' *Forum: Qualitative Social Research*, 13 (1): Art. 8, available at: http://www.qualitative-research.net/index.php/fqs/article/view/1790 (accessed 17 June 2012).

Ryan, G.W. and Bernard, H.R. (2000) 'Data management and analysis methods', in N. Denzin and Y. Lincoln (eds), *Handbook of Qualitative Research*, 2nd edition, Thousand Oaks, CA: Sage, pp. 769-802.

Ryen, A. (2011) 'Ethics and qualitative research', in D. Silverman (ed.), *Qualitative Research*, 3rd edition: London: Sage, pp. 416-438.

Saldana, J. (2009) *The Coding Manual for Qualitative Researchers*, London: Sage.

Sanders, T. (2005) 'Researching the online sex work community', in C. Hine (ed.), *Virtual Methods: Issues in Social Research on the Interne*t, Oxford: Berg, pp. 67-79.

Scott, D., Boyle, F., Bain, C. and Valey, P. (2002) 'Does research into sensitive areas do harm? Experiences of research participation after a child's diagnosis of Ewing's sarcoma', *Medical Journal of Australia*, 177 (9): 507-10.

Scott, R.A. and Shore, A.R. (1979*) Why Sociology Does Not Apply: A Study Of The Use Of Sociology In Public Policy*, New York: Elsevier.

Scriven, M. (1967) 'The methodology of evaluation', in R.W. Tyler, R.M. Gagne and M. Scriven (eds), *Perspectives on Curriculum Evaluation*, Chicago, IL: Rand McNally, pp. 39-83.

Seale, C. (1999) *The Quality of Qualitative Research*, Oxford: Blackwell.

Seale, C. (2010) 'Using computers to analyse qualitative data', in D. Silverman (ed.), *Doing Qualitative Research: a Practical Handbook*, 3rd edition, London: Sage, pp. 251-267.

Seale, C. (2012) 'Validity, reliability and the quality of research', in C. Seale (ed.), *Researching Society and Culture*, 3rd edition, London: Sage, pp. 71-84.

Seale, C., Gobo, G., Gubrium, J.F. and Silverman, D. (2007) *Qualitative Research Practice*, London: Sage.

Shaw, C., Brady, L-M. and Davey, C. (2011) *Guidelines for Research with Children and Young People*, available at: http://www.nfer.ac.uk/nfer/schools/developing-young-researchers/NCBguidelines.pdf (accessed 10 March 2013).

Shaw, I. (2008) 'Ethics and the practice of qualitative research', *Qualitative Social Work*, 7: 400–14.

Shaw, I.F. (1999) *Qualitative Evaluation*, London: Sage.

Sheldon, R., Cleghorn, N., Penfold, C., Brown, A. and Newmark, T. (2009) *Exploring Attitudes to GM Food: Final Report*, Social Science Research Unit, Food Standards Agency, available at: http://www.food.gov.uk/science/research/ssres/foodsafetyss/gmfoodpublicattitudes (accessed 9 December 2012).

Sherman Heyl, B. (2001) 'Ethnographic interviewing', in P. Atkinson, A. Coffey, S. Delamont, J. Lofland and L. Lofland (eds), *Handbook of Ethnography*, London: Sage, pp. 348–394.

Silva, E. (2007) 'What's (yet) to be seen? Re-using qualitative data', *Sociological Research Online*, 12 (3): available at: www.socresonline.org.uk/12/3/4.html (accessed 23 June 2012).

Silverman, D. (1972) 'Methodology and meaning', in P. Filmer, M. Phillipson and D. Silverman (eds), *New Directions in Sociological Theory*, London: Collier-Macmillan, pp. 183–201.

Silverman, D. (1993) *Interpreting Qualitative Data: Methods for Analysing Talk, Text and Interaction*, London: Sage.

Silverman, D. (2000a) 'Analysing conversation', in C. Seale (ed.), *Researching Society and Culture*, London: Sage, pp. 261–274.

Silverman, D. (2000b) *Doing Qualitative Research: A Practical Handbook*, London: Sage.

Silverman, D. (2001) *Interpreting Qualitative Data: Methods for Analysing Talk, Text and Interaction*, 2nd edition, London: Sage.

Silverman, D. (2010) *Doing Qualitative Research*, 3rd edition, London: Sage.

Silverman, D. (2011) *Interpreting Qualitative Data: Methods for Analysing Talk, Text and Interaction*, 4th edition. London: Sage.

Singer, E. (2003) 'Exploring the meaning of consent: participation in research and beliefs about risks and benefits', *Journal of Official Statistics*, 19: 273–85.

Sloman, A. (1976) 'What are the aims of science', *Radical Philosophy*, Spring: 7–17.

Smaling, A (2003) 'Inductive, analogical and communicative generalization', *International Journal of Qualitative Methods*, 2 (1): 52–67.

Smith, J.A., Flowers, P. and Larkin, M. (2009) *Interpretative Phenomenological Analysis: Theory, Method and Research*, London: Sage.

Smith, J.A., Harre, R. and Van Langehore, L. (eds) (1995) *Rethinking Methods in Psychology*, London: Sage.

Social Research Association (2003) *Ethical Guidelines*, http://the-sra.org.uk/wp-content/uploads/ethics03.pdf (accessed 10 March 2013).

Spencer, L. and Pahl, R. (2006) *Rethinking Friendship: Hidden Solidarities Today*, Princeton, NJ: Princeton University Press.

Spencer, L. and Ritchie, J. (2012) 'In pursuit of quality', in D. Harper and A.R. Thompson (eds), *Qualitative Research Methods in Mental Health and Psychotherapy*, Chichester: Wiley-Blackwell, pp. 227–242.

Spencer, L., Ritchie, J., Lewis, J. and Dillon, L. (2003/2012) *Quality in Qualitative Evaluation: a Framework for Assessing Research Evidence*, Government Chief Social Researcher's Office, available at: http://www.civilservice.gov.uk/wp-content/uploads/2011/09/Quality-in-qualitative-evaulation_tcm6-38739.pdf (accessed 20 February 2013).

Spradley, J. (1980) *Participant Observation*, New York, NY: Holt, Rinehart and Winston.

Stake, R. (1978) 'The case study method in social enquiry', *Education Researcher*, 7: 5–8.

Stake, R. (2008) 'Qualitative case studies', in N. Denzin and Y. Lincoln (eds), *Strategies of Qualitative Inquiry*, 3rd edition, Thousand Oaks, CA: Sage, pp. 119–150.

Staley, K. (2009) *Exploring Impact: Public Involvement in NHS, Public Health and Social Care Research*, Eastleigh: INVOLVE, available at: http://www.twocanassociates.co.uk/perch/resources/files/Involve_Exploring_Impactfinal28_10_09(4).pdf (accessed 10 February 2013).

Steinman, R. (2009) 'Projective techniques in consumer research', *International Bulletin of Business Administration*, 5, available at: http://www.eurojournals.com/ibba_5_04.pdf (accessed 20 November 2012).

Stern, E. (ed.) (2005) *Evaluation Research Methods*, London: Sage.

Stewart, D.W., Shamdasani, P.N. and Rook, D.W. (2007) *Focus Groups: Theory and Practice*, 2nd edition, Thousand Oaks, CA: Sage.

Strauss, A.L. (1987) *Qualitative Analysis for Social Scientists*, Cambridge: Cambridge University Press.

Strauss, A.L. and Corbin, J. (1998) *Basics of Qualitative Research: Grounded Theory Procedures and Techniques*, 2nd edition, Thousand Oaks, CA: Sage.

Suler, J. (2004) 'Online disinhibition effect', *CyberPsychology and Behavior*, 7: 321–6.

Tanner, E., Brown, A., Day, N., Kotecha, M., Low, N., Morrell, G., Turczuk, O., Brown, V., Collingwood, A., Chowdry, H., Greaves, H., Harrison, C., Johnson, G. and Purdon, S. (2011) *Evaluation of Every Child a Reader*, Department for Education, Research Report DFE-RR114, available at: https://www.education.gov.uk/publications/eOrderingDownload/DFE-RR114.pdf (accessed 6 December 2012).

Taylor, A., Fleming, A., Rutherford, J. and Goldberg, D. (2004) *Examining the Injecting Practices of Injecting Drug Users in Scotland*, Edinburgh: Scottish Executive – Drug Misuse Research Programme, available at: http://www.scotland.gov.uk/Resource/Doc/47210/0013525.pdf (accessed 20 February 2013).

Tennant, R., Taylor, J. and Lewis, J. (2006) *Separating from Cohabitation: Making Arrangements for Finances and Parenting*, London: Department for Constitutional Affairs.

Tennant, R., Webster, S., Callanan, M., Maher, J. and O'Connor, W. (2007) *Helping Older People Engage with Benefits and Services: An Evaluation of the Partnership Fund*, DWP Research Report No 411, London: DWP.

Thelwall, M. (2010) *Researching the Public Web, E-research Ethics*, available at: http://eresearch-ethics.org/position/researching-the-public-web/(accessed 10 March 2013).

Thomas, W.I. (1931) *The Unadjusted Girl*, Boston, MA: Little, Brown.

Thompson, P. (2000) *The Voice of the Past: Oral History*, 2nd edition, Oxford: Oxford University Press.

Thorne, S. and Darbyshire, P. (2005) 'Landmines in the field: a modest proposal for improving the craft of qualitative health research', *Qualitative Health Research*, 15: 1105–13.

Tonkiss, F. (2000) 'Analysing discourse', in C. Seale (ed.), *Researching Society and Culture*, London: Sage, pp. 245–260.

Torrance, H. (2011) 'Qualitative research, science and government: evidence, criteria, policy and politics', in N.K. Denzin and Y.S. Lincoln (eds), *The Sage Handbook of Qualitative Research*, 4th edition, London: Sage, pp. 569–580.

Tuckman, B. (1965) 'Developmental sequence in small groups', *Psychological Bulletin*, 63 (6): 384–99.

Tuckman, B. and Jenson, M. (1977) 'Stages of small-group development revisited', *Group and Organisational Studies*, 2 (4): 419–27.

Turley, C. and Tompkins, C. (2012) *Early Learning from Victim Support's Homicide Service*, Ministry of Justice, available at: http://www.justice.gov.uk/downloads/publications/research-and-analysis/moj-research/early-learning-victim-support-homicide-service.pdf (accessed 5 December 2012).

Turley, C. and Webster, S. (2010) *Implementation and Delivery of the Test Beds Virtual Campus: Case Study*, London: Department of Business, Innovation and Skills.

Turley, C., Payne, C. and Webster, S. (2013) *Enabling Features of Psychologically Informed Planned Environments*, London: National Offender Management Services (NOMS) available at: https://www.gov.uk/government/publications/enabling-features-of-pipes-research-report (accessed 17 July 2013).

Turley, C., Ranns, H., Callanan, M., Blackwell, A. and Newburn, T. (2012) *Delivering Neighbourhood Policing in Partnership*, Research Report 61, London: Home Office.

Van den Hoonard, W. (2001) 'Is research ethics review a moral panic?', *Canadian Review of Sociology and Anthropology*, 38: 19–36.

Van Leeuwen, T. and Jewitt, C. (eds) (2001) *The Handbook of Visual Analysis*, London: Sage.

Walker, R. (ed.) (1985) *Applied Qualitative Research*, Aldershot: Gower.

Wallcraft, J., Schrank, B. and Amering, M. (eds) (2009) *Handbook of Service User Involvement in Mental Health Research*, Chichester: Wiley-Blackwell.

Webb, B. and Webb, S. (1932) *Methods of Social Study*, London: Longmans Green.

Webster, S., Davidson, J., Bifulco, A., Gottschalk, P., Caretti, V., Pham, T., Grove-Hills, J., Turley, C., Tompkins, C., Ciulla, S., Milazzo, V., Schimmenti, A. and Crapapo, G. (2012) *European Online Grooming Project: Final report*, European Commission Safer Internet Plus Programme, available at: http://www.european-online-grooming-project.com/ (accessed 6 December 2012).

Weiss, C.H. (ed.) (1977) *Uses of Social Research in Public Policy*, Lexington, MA: DC Heath.

Weitzman, E.A. (2000) 'Software and qualitative research', in N.K. Denzin and Y.S. Lincoln (eds), *Handbook of Qualitative Research*, 2nd edition, Thousand Oaks, CA: Sage, pp. 803–820.

Weitzman, E.A. and Miles, M.B. (1995) *Computer Programs for Qualitative Data Analysis: A Software Sourcebook*, Thousand Oaks, CA: Sage.

White, C., Morrell, G., Luke, C., Young, P. and Bunker, D. (2012) *Serving all Ages: The Views of the Audience and Experts*, London: BBC and NatCen, available at: http://www.natcen.ac.uk/study/serving-all-ages (accessed 20 October 2012).

Whittemore, R., Langness, L. and Koegel, P. (1986) 'The life history approach to mental retardation', in L. Langness and H. Levine (eds), *Culture and Retardation*, Dordrecht: D. Reidel, pp. 1–18.

Whyte, W.F. (ed.) (1991) *Participatory Action Research*, Newbury Park, CA: Sage.

Wiles, R., Coffey, A., Robison, J. and Prosser, J. (2012) 'Ethical regulation and visual methods: making visual research impossible or developing good practice?', *Sociological Research Online*, 17 (1): 8, available at: http://www.socresonline.org.uk/17/1/8.html (accessed 20 February 2013).

Wiles, R., Heath, S., Crow, G. and Charles, V. (2005) *Informed Consent in Social Research: A Literature Review*, Southampton: National Centre for Research Methods Review Paper.

Will, V., Eadie, D. and MacAskill, S. (1996) 'Projective and enabling techniques explored', *Marketing Intelligence and Planning*, 14: 38–43.

Williams, M. (2000) *Science and Social Science: an Introduction*, London: Routledge.

Willig, C. and Stainton-Rogers, W. (2008) *The Sage Handbook of Qualitative Research in Psychology*, London: Sage.

Willis, G.B. (2005) *Cognitive Interviewing: a Tool for Improving Questionnaire Design*, Thousand Oaks, CA: Sage.

Willis, J.W. (2007) *Foundations of Qualitative Research*, Thousand Oaks, CA: Sage.

Wolcott, H.F. (2009) *Writing Up Qualitative Research*, 3rd edition, Newbury Park, CA: Sage.

Wood, C., Salter, J., Morrell, G., Barnes, M., Paget, A. and O'Leary D. (2012) *Poverty in Perspective*, Demos, available at: http://www.demos.co.uk/files/Poverty_-_final.pdf?1354014565 (accessed 10 February 2013).

Xu, S.J. (2010) 'Narrative inquiry for school-based research', *Narrative Inquiry*, 20 (2): 349–70.

Yin, R.K. (2009) *Case Study Research: Design and Methods*, 4th edition, Beverly Hills, CA: Sage.

Yin, R.K. (2012) *Applications of Case Study Research*, 3rd edition, Thousand Oaks, CA: Sage.

Zimbardo, P. (1969) 'The human choice: individuation, reason and order versus deindividuation, impulse and chaos', in W.J. Arnold and D. Levine (eds), *Nebraska Symposium on Motivation*, vol. 17. Lincoln, NE: University of Nebraska Press, pp. 237–307.

찾아보기

ㅈ

ㅊ

A

B

C

D

E

F